lonely planet

CHILI ET ÎLE DE PÂQUES

Isabel Albiston, Ashley Harrell, Mark Johanson,
Shafik Meghji, Kevin Raub

SOMMAIRE

Préparer son voyage

Le voyage commence ici 4
Carte du Chili 6
Expériences incontournables 8
Villes et régions 20
Villes, vin et visages moais 22
Aventure en Atacama 24
Circuit des lacs et des volcans 26
Voyage en Patagonie 28
Quand partir 30
Avant de partir 32
Nos recommandations pour bien se préparer 32
À table ! 34
Activités de plein air 38
Les meilleurs spots 40

Sur la route

Santiago 44
S'orienter 47
Planifier son séjour 48
Centro 50
Bellavista 56
Barrio Franklin 61
Barrio Yungay et Barrio Brasil 63
Providencia et Ñuñoa 68
Las Condes et Vitacura 75
Vignobles du Valle del Maipo 80
Cajón del Maipo et stations de Ski andines 83

Norte Grande 99
S'orienter 100
Planifier son séjour 102
San Pedro de Atacama 104
Environs de San Pedro de Atacama 109
Antofagasta 112
Iquique 116
Environs d'Iquique 121
Arica 124
Environs d'Arica 128

Norte Chico 138
S'orienter 140
Planifier son séjour 142
La Serena 144
Environs de La Serena 150
Caldera 158
Environs de Caldera 161

Centre 171
S'orienter 172
Planifier son séjour 174
Valparaíso 176
Environs de Valparaíso 182
Viña del Mar 186
Environs de Viña del Mar 189
Santa Cruz 193
Environs de Santa Cruz 198
Cobquecura 201
Environs de Cobquecura 206
Termas de ChillÁn 209
Environs de Termas de Chillán 212

Danseur en tenue traditionnelle (p. 388), île de Pâques

Cerro Santa Lucía (p. 52)

Sur Chico 220
S'orienter 222
Planifier son séjour 224
Temuco 226
Environs de Temuco 228
Pucón 233
Environs de Pucón 236
Valdivia 241
Environs de Valdivia 245
Puerto Montt et Lago Llanquihue 248
Environs de Puerto Montt et du Lago Llanquihue 256

Chiloé 271
S'orienter 273
Planifier son séjour 274
Ancud 276
Environs d'Ancud 279
Castro 283
Environs de Castro 285

Nord de la Patagonie 290
S'orienter 292
Planifier son séjour 294
Route australe 296
Futaleufú 307
Parque Nacional Laguna San Rafael 311
Autour du Parque Nacional Laguna San Rafael 314
Parque Nacional Patagonia 317
Environs du Parque Nacional Patagonia 320

Sud de la Patagonie et Terre de Feu 329
- S'orienter 330
- Planifier son séjour 332
- Punta Arenas 334
- Environs de Punta Arenas 340
- Puerto Natales 344
- Environs de Puerto Natales 348
- Parque Nacional Torres del Paine 352
- Environs du Parque Nacional Torres del Paine 360
- Puerto Williams 364
- Environs de Puerto Williams 370

Île de Pâques (Rapa Nui) 382
- S'orienter 385
- Planifier son séjour 386
- Hanga Roa 388
- Environsde Hanga Roa 392
- Parque Nacional Rapa Nui 395

San Pedro de Atacama (p. 104)

Carnet pratique

- **Arriver au Chili** 402
- **Comment circuler** 404
- **Argent** 405
- **Hébergement** 406
- **Avec des enfants** 407
- **Santé et sécurité** 408
- **Manger, boire et sortir** 410
- **Voyage responsable** 412
- **Voyageurs LGBTQIA+** 414
- **Voyage et handicap** 415
- **Visiter l'île Robinson Crusoé** 416
- **Bon à savoir** 419
- **Langue** 420

Comprendre

- **Une histoire du Chili et de l'île de Pâques en 15 lieux** 424
- **À la rencontre des Chiliens** 428
- **"Chile Despertó"** 430
- **La Planète entière sur une Île** 433

EN HAUT : MAURIZIO BERSANELLI/SHUTTERSTOCK ©

Chemin inca dans le désert d'Atacama, San Pedro de Atacama (p. 104)

CHILI ET ÎLE DE PÂQUES

LE VOYAGE COMMENCE ICI

Si la société chilienne a rejeté en 2022 la Constitution progressiste élaborée en remplacement de celle héritée de Pinochet, les manifestations qui ont précédé le référendum n'en témoignaient pas moins d'un profond désir de réforme. La période actuelle est la promesse d'un séjour intéressant.

Le pays offre un nombre incalculable d'occasions de s'immerger dans des paysages sublimes. Ici, il est facile de vivre des aventures, mais il y a aussi de l'espace pour la réflexion tout au long du chemin. Ce constat est encore plus vrai dans le désert d'Atacama. Aucune photographie ne saurait rendre justice à la vie et à l'énergie du désert. Il faut faire l'expérience de la lumière changeante, de la brise et des fleurs sauvages qui apparaissent après la pluie. Mais ce que je préfère, c'est m'asseoir à l'ombre d'un caroubier dans les contreforts du Cerro Mamalluca, avec Vicuña en contrebas, pour contempler le coucher du soleil derrière les collines.

Isabel Albiston
@isabel_albiston

Née à Londres, Isabel a vécu en Argentine et beaucoup voyagé en Amérique du Sud.

Mon expérience préférée est une randonnée sur le chemin pré-inca de Putre jusqu'aux peintures rupestres de Wilacabrani (p. 131). Il traverse une vallée paisible, égayée d'innombrables papillons et oiseaux.

SUR LE TERRAIN

Nos auteurs présentent les lieux qui, pour eux, incarnent le mieux le Chili et l'île de Pâques.

Amoureuse des road trips, je n'en étais pas moins légèrement nerveuse à l'idée de rouler seule sur la **Carretera Austral** (p. 296), très isolée, rarement goudronnée et entourée de bétail. Tout s'atténua quand j'ai embarqué deux auto-stoppeurs, qui m'ont finalement tenu compagnie pendant cinq jours. Les choses se passent ainsi sur la Carretera. Bonne route à vous, Emil et Silvia !

Ashley Harrell

Journaliste indépendante basée en Californie, Ashley écrit sur le voyage et le plein air. Elle a participé à la rédaction de plus de 50 guides Lonely Planet.

La ville portuaire et multifacettes de **Valparaíso** (p. 176) s'apparente à ce genre d'ami qu'on a tous et dont la vie semble sans cesse frôler le chaos. Vous voyez... un peu désordonné, enclin à se démarquer et prêt à affronter tous les obstacles. Si cela vous rend parfois dingue, ce côté excentrique et ce goût de l'imprévu vous fascinent totalement et vous feriez n'importe quoi pour bénéficier de leur énergie ne serait-ce qu'une journée de plus.

Mark Johanson

@MarkOnTheMap

Depuis Santiago, Mark écrit sur le voyage, la cuisine et la durabilité en Amérique du Sud et au-delà.

Difficile de trouver lieu plus isolé, terrain plus aventureux et paysages plus bouleversants qu'à **Puerto Williams** (p. 364). Sur le rivage du canal Beagle, adossée à l'imposant massif des Dientes de Navarino, la ville la plus méridionale du monde est petite et chaleureuse. Difficile à atteindre – aucune route ne la relie au reste du Chili –, Puerto Williams est un lieu si captivant qu'il risque d'être plus difficile d'en repartir que d'y parvenir !

Shafik Meghji

@ShafikMeghji

Journaliste au travail souvent selectionné pour divers prix, Shafik est écrivain voyageur.

Pucón et Puerto Varas ont beau avoir de nombreux traits communs, il existe entre les deux une différence majeure qui tient pour **Pucón** (p. 233) au volcan Villarrica. Sa proximité (seulement quelques kilomètres) et sa beauté indéniable vous donneront l'impression de flirter avec le danger, une sensation encore plus prégnante quand le halo du magma en fusion fait rougeoyer les nuages.

Kevin Raub

@raubontheroad

Installé à Bologne, Kevin est journaliste de voyage et fin connaisseur de bière artisanale. Il a coécrit plus de 110 guides Lonely Planet sur quatre continents.

Île de Pâques (Rapa Nui)
OCÉAN PACIFIQUE
Parque Nacional Rapa Nui
Cerro Puhi
Hanga Roa
0
10 km
Île de Pâques
Un face-à-face avec les moais (p. 382).
Valparaíso
Plongez dans l'ambiance bohème et le street art de cette ville portuaire (p. 176).
Santa Cruz
Dégustez du vin dans la vallée de Colchagua (p. 193).
Arica
Putre
Iquique
San Pedro de Atacama
Antofagasta
Copiapó
La Serena
Coquimbo
Valparaíso
SANTIAGO
Santa Cruz
Talca
Mendoza
Córdoba
Sucre
BOLIVIE
BRÉSIL
PARAGUAY
ARGENTINE
URUGUAY
ASUNCIÓN
BUENOS AIRES
MONTEVIDEO
Iquique
Surfez sur des vagues de classe mondiale (p. 116).
San Pedro de Atacama
Explorez le plus haut champ de geysers au monde (p. 104).
Valle del Elqui
Contemplez les étoiles dans une vallée enchantée (p. 153).
Santiago
Skiez dans les stations andines surplombant la capitale (p. 44).

Temuco
Pucón
Valdivia
Puerto Montt
Castro
Chiloé
Futaleufú
Coyhaique
Comodoro Rivadavia
Villa O'Higgins
Parque Nacional Bernardo O'Higgins
Puerto Natales
Río Gallegos
Parque Nacional Torres del Paine
Punta Arenas
Parque Nacional Tierra del Fuego
Ushuaia
Puerto Williams
Navarino
Stanley
Îles Malouines (Islas Malvinas)
Mar del Plata
OCÉAN ATLANTIQUE
OCÉAN PACIFIQUE
0
1,000 km
Chiloé
Faites un road trip sur l'archipel aux singulières églises de bois classées au patrimoine de l'Unesco (p. 271).
Pucón
Gravissez les pentes du Villarrica, volcan tout proche de la capitale du plein air (p. 233).
Futaleufú
Osez une descente en rafting sur une rivière alimentée par un glacier (p. 307).
Route australe
Traversez les paysages inouïs qui bordent la fameuse Carretera Austral (p. 296).
Parque Nacional Torres del Paine
Randonnez sur les fabuleux sentiers patagoniens (p. 352).
Puerto Williams
Découvrez la vie quotidienne dans la ville la plus méridionale du monde (p. 364).

PURE ADRÉNALINE

Les âmes voyageuses que la nature sauvage enchante tout particulièrement seront gâtées au Chili. On y vient du monde entier pour des descentes en rafting mémorables, pour skier, se mesurer à de titanesques volcans et monter à cheval dans des contrées où il est roi. Il y a les sports d'aventure et les expériences plus extrêmes, comme l'héliski, le parapente, l'escalade glaciaire, le char à voile et le sandboard. Mettez dans vos bagages toutes vos envies d'aventure !

Équipement

Vous trouverez facilement à louer kayak, VTT ou planche de surf, mais, si vous êtes grimpeur, kitesurfeur ou fan de hors-piste, prévoyez d'apporter votre propre équipement.

Saisons

La saison des sports d'hiver s'étend de juin à octobre, celle du rafting d'octobre à mars. Pour parcourir la Route australe à vélo, visez les mois d'octobre à avril.

Grand événement

En 2023, Santiago a organisé les Jeux panaméricains. Épreuves de canoë, surf et vélo sont entre autres au programme de la plus importante compétition multisport internationale des Amériques.

Kayak sur le Río Futaleufú (p. 237)

100% SENSATIONS FORTES

Regardez droit dans les yeux les entrailles de l'un des volcans les plus actifs du Chili, le **Volcán Villarrica ❶**. Ses fréquentes explosions et effusions de lave l'ont rendu célèbre. (p. 237)

Lancez-vous sur les eaux vives du **Río Futaleufú ❷** (classes IV et V) venues des glaciers. En kayak ou en rafting, c'est totalement grisant. (p. 308)

Allez vous frotter à l'un des plus célèbres breaks des Amériques, la gauche de **Punta de Lobos ❸**, à Pichilemu. (p. 199)

En selle ! pour trotter jusqu'à une **estancia ❹** (immense ferme d'élevage) comme celles de gauchos chiliens dans le nord de la Patagonie. (p. 302)

Descendez les pentes enneigées d'un volcan actif dans la plus jolie station d'hiver du Chili, **Termas de Chillán ❺**, et célébrez la prouesse dans une source chaude. (p. 209)

Parque Nacional Torres del Paine (p. 352)

PAYSAGES INOUBLIABLES

Sur cette terre de glace et de feu, la beauté des paysages vous secoue au sens propre, tout comme leur diversité épate. Le ruban chilien déroule sur 4 300 km ses dunes arides, ses vallées fertiles, ses volcans fumants, ses forêts millénaires, ses fjords glacés. Et ce n'est que la partie visible de l'iceberg (que vous croiserez !).

Territoire protégé

Le Chili compte plus de 100 zones naturelles protégées (parcs, réserves et monuments). Certains, comme le Torres del Paine, sont pris d'assaut, mais les autres sont en majorité délaissés.

Hauts sommets

Les Andes chiliennes s'élèvent régulièrement à plus de 6 000 m. Deuxième sommet du continent sud-américain, l'Ojos del Salado (6 893 m) est le volcan actif le plus haut de la planète.

PAYSAGES HORS CLASSE

Succombez à la beauté des flèches de granit, des lacs bleus et des glaciers crevassés du **Parque Nacional Torres del Paine ❶**. (p. 352)

Atteignez l'ultime bastion habité au sud du continent, **Puerto Williams ❷**. (p. 364)

Contemplez le **Valle de la Luna ❸**, tout pourpré et enrobé des ors du soleil couchant. (p. 106)

Traversez les paysages volcaniques, les forêts et les canyons du **Parque Nacional Conguillío ❹**. (p. 230)

Parcourez les 1 240 km de la **Route australe ❺**, un road trip inoubliable. (p. 296)

VINS CHILIENS

Le Chili est l'un des premiers pays producteurs de vin au monde. Les vignes y habillent des vallées entières sur des centaines de kilomètres. Le climat est ici chaud et sec, là frais et humide. À la clé, tout une gamme de rouges hauts en goût, de blancs frais et de rosés floraux. En salle de dégustation, il ne vous reste qu'à arrêter votre choix...

Passé et présent

C'est au milieu du XVIe siècle que le vin fit son entrée au Chili, avec les conquistadors et les missionnaires venus d'Europe. Les prêtres jésuites sont ainsi les premiers à faire pousser la vigne à partir d'un cépage d'origine espagnole, le país. Aujourd'hui, il existe au Chili pas moins de 800 vignobles.

Vendanges

La saison des vendanges s'étend de février à mi-mars pour le raisin blanc, de mi-mars à fin avril-début mai pour le rouge.

S'organiser

Si certains domaines viticoles vous reçoivent sans réservation, il est préférable de réserver au moins la veille, surtout pour la formule repas compris.

VALLÉES VITICOLES DE CHOIX

Sans vous éloigner de la capitale, expérimentez les rouges charpentés (cabernet sauvignon) du **Valle del Maipo** ❶. (p. 80)

Poussez la porte des grands chais de la plus célèbre région viticole du Chili, le **Valle de Colchagua** ❷, pays du cabernet et du carménère. (p. 195)

Dans la **vallée de Casablanca** ❸, près de Valparaíso, dégustez des vins nés sous des climats plus frais, pinot noir et sauvignon blanc en tête. (p. 183)

Découvrez le fruit des vieilles vignes et les vins naturels du Far West chilien dans le **Valle del Itata** ❹. (p. 207)

Sur la Plaza de Armas de **Santa Cruz** ❺, les établissements viticoles installent leurs stands pour la Fiesta de la Vendemia. S'ensuit le couronnement de la reine des vendanges avec des chants et des danses un peu partout alentour. (p. 193)

RANDONNÉES D'UNE VIE

Appuyé sur 4 000 km à sa dorsale andine, le Chili est un rêve pour qui aime randonner. Si ses montagnes escarpées déroulent un superbe terrain de jeu, le marcheur peut aussi s'attaquer à son désert brûlant, sa forêt humide tempérée, ses lacs glaciaires, ses fleuves écumants, ses cratères volcaniques ou encore ses glaciers. La Patagonie est particulièrement saisissante, mais la région des lacs, le désert d'Atacama et la région de Santiago vous offriront aussi d'inoubliables souvenirs de randonnée.

À GAUCHE : ENCIERRO/SHUTTERSTOCK ©, AU MILIEU : YOANN COMBRONDE/SHUTTERSTOCK ©, À DROITE : ANSEMS - DE JONG/SHUTTERSTOCK ©

Rando responsable

Ne laissez pas le moindre déchet, soyez très vigilant avec les feux de camp et ne nourrissez pas la faune sauvage. Acquittez le droit d'entrée sur les terrains privés et laissez les barrières à bétail comme vous les avez trouvées.

Meilleures périodes

Mieux vaut choisir l'été (décembre à février) pour randonner en Patagonie, la période de juin à janvier pour le désert d'Atacama et de mars à décembre pour l'île de Pâques.

D'un parc à l'autre

De Puerto Montt au cap Horn, un itinéraire de plus de 2 700 km traverse environ un tiers du Chili. Ce sentier relie 17 parcs nationaux et plus de 60 localités.

Cerro Castillo (p. 304), Route australe

LES PLUS BELLES RANDOS

Empruntez le **Sendero Enladrillado** ❶, l'une des randos à la journée les plus géniales du Centre chilien, qui conduit dans les Andes. (p. 200)

Votre sac bouclé, lancez-vous sur l'un des deux itinéraires légendaires au sein du Parque Nacional Torres del Paine : le **W Trek** (p. 354) ou le **Circuito Paine** ❷.(p. 354)

Partez pour un trek de cinq jours dans les paysages d'altitude des **Dientes de Navarino** ❸, dominés par des sommets acérés. (p. 321)

Faites l'ascension du **Cerro Castillo** ❹ pour voir de près ses tours de basalte et la Lagune Chaguay, ou bien planifiez quatre jours pour une aventure magnifique. (p. 304)

Parcourez à pied le **Parque Nacional Patagonia** ❺ dans toute sa longueur, du secteur du Valle de Chacabuco à celui du Lago Jeinimeni. (p. 317)

Valparaíso (p. 176)

EXPLORATION URBAINE

Avec leurs rues égayées de peintures murales, leurs marchés étendus, leur architecture lumineuse et leurs floppées d'escaliers sans fin, les villes de Santiago, Castro et Concepción débordent de vie. Le plus magique consiste souvent à y déambuler au gré de ses envies.

La capitale

Santiago est une grande métropole aux sept millions d'âmes. Aucune autre ville chilienne ne peut rivaliser en taille avec ce pôle politique et culturel majeur.

Urbanisation

Depuis les années 1930, la population chilienne est majoritairement citadine et le reste. 90% des habitants habitent en ville – un pourcentage qui ne cesse de croître.

LE MUST EN VILLE

La façade colorée des *palafitos* de **Castro** ❶ (p. 282), qu'on voit côté estuaire, à l'opposé de leur entrée côté rue.

Les caves à vin, boutiques et cafés du **Barrio Italia** ❷, à Santiago. (p. 73)

L'atmosphère empreinte du passage de nombreux artistes à **Valparaíso** ❸, et ses collines aux mille couleurs. (p. 176)

Le street art et les concerts à **Concepción** ❹, berceau du rock chilien. (p. 208)

Une visite guidée de **Santiago Centro** ❺ pour découvrir places, musées, cathédrales et petites tables. (p. 50)

SEUL AU MONDE

Que ce soit dans le désert d'Atacama, sur les portions sauvages de la Route australe, dans les paysages vierges de la Terre de Feu, les glaciers et fjords moins fréquentés des champs de glace de Patagonie, vous trouverez toujours un lieu pour vous échapper loin de tout. Et il y a l'île du Pacifique la plus lointaine de toutes : Rapa Nui, aussi nommée l'île de Pâques.

Bien voyager loin

Prévoyez quelques jours de battement en cas de mauvais temps, notamment en Patagonie. Emportez de grandes quantités d'eau et d'en-cas, mais aussi les vêtements et l'équipement adéquats.

Oubliez le téléphone

Partez du principe que vous n'aurez ni réseau ni Wi-Fi. Si vous utilisez votre téléphone pour vous orienter, téléchargez les cartes avant votre départ.

Liaisons aériennes

Au Chili, certaines compagnies low cost comme Sky Airline et JetSmart proposent des vols vers des destinations reculées et peu desservies.

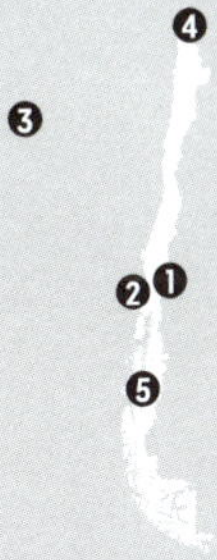

LOIN, C'EST MIEUX

Retirez-vous du monde quelques jours dans le Sur Chico, au **Refugio Tinquilco ❶**, entouré de sentiers nature fabuleux. (p. 238)

Goûtez au paradis à **Caleta Cóndor ❷**, portion de côte protégée, difficilement accessible. (p. 257)

Atterrissez dans l'aéroport de tourisme le plus reculé au monde, sur l'**île de Pâques ❸**, pour une rencontre avec les imposants moais. (p. 382)

Grimpez haut sur l'Altiplano pour vous plonger dans le spectaculaire paysage andin du **Parque Nacional Volcán Isluga ❹**. (p. 123)

Frottez-vous aux glaciers solitaires du **Parque Nacional Laguna San Rafael ❺** à la faveur d'une croisière de quelques jours. (p. 272)

Condor des Andes

TERRE SAUVAGE

Le Chili héberge une végétation d'une diversité exceptionnelle, ainsi qu'une multitude de représentants du monde animal, sur terre, dans le ciel et dans l'eau. Les camélidés font la course dans les parcs nationaux, tout comme le plus rare *huemul*, cervidé menacé d'extinction, devenu symbole national. Le condor des Andes survole les hauts sommets et le courant de Humboldt (froid) charrie une abondante vie marine.

Espèces endémiques

Entourées par un océan, un désert et une chaîne de montagnes, les terres du Chili conservent nombre d'espèces endémiques.

Plantes

La faune chilienne n'a d'égale que sa flore, avec sa forêt humide tempérée, la *nalca* (rhubarbe) et plus de 20 espèces de succulentes.

RENCONTRES SAUVAGES

Suivez les allées et venues des manchots de Humboldt et de Magellan au **Monumento Natural Islotes de Puñihuil ❶**. (p. 280)

Observez les flamants de James, du Chili et des Andes à la **Reserva Nacional Los Flamencos ❷**. (p. 110)

Tentez de croiser des guanacos dans le **Parque Nacional Patagonia ❸**. (p. 317)

Partez voir les baleines en kayak dans le **Marine Parque Francisco Coloane ❹**. (p. 341)

Laissez le condor des Andes approcher à l'*estancia* **Punta del Monte ❺**. (p. 303)

Céramiques andines, Museo Arqueológico San Miguel de Azapa (p. 129)

HISTOIRE MILLÉNAIRE

Le Chili renferme l'un des plus anciens sites de colonisation humaine des Amériques. Anthropologues et archéologues ne cessent de réajuster notre approche du peuplement de l'Amérique du Sud. Sondez vous aussi l'histoire du Chili dans ses ruines, ses villages fantômes, ses édifices coloniaux et au travers d'us et coutumes ancestraux.

Trace humaine

Une empreinte de pas découverte à Monte Verde remontant à 15 000 ans au moins remet en question la colonisation de l'Amérique par le détroit de Béring.

Histoire(s) à vivre

Montez à bord d'un navire de guerre à Iquique, enfourchez un cheval comme un gaucho et découvrez des traditions centenaires dans les villages chilotes.

L'HISTOIRE AUTREMENT

La collection de momies du **Museo Arqueológico San Miguel de Azapa** ❶ vous ébahira. (p. 129)

Frissons assurés dans les villages fantômes de **Humberstone** et de **Santa Laura** ❷.(p. 122)

Les cultures européenne et indigène se mêlent dans la construction des **églises en bois** ❸ de Chiloé, inscrites à l'Unesco. (p. 283)

Découvrez l'architecture et les musées de **Punta Arenas** ❹. (p. 334)

Approchez le culte rapa nui de l'homme-oiseau dans le **village cérémoniel d'Orongo** ❺ sur l'île de Pâques. (p. 393)

Curanto

SUR LA TABLE

Que vous aimiez siroter un cocktail ou boire un café dans un lieu animé, goûter un plat traditionnel ou vous offrir un repas gastronomique, le Chili a ce qu'il vous faut. Tout pousse dans ce pays au climat méditerranéen, tandis que les ranchs fournissent une viande fraîche et la pêche des produits iodés.

Marchés

Petit budget pour voyager ? Filez sur les marchés, comme celui de La Vega Central à Santiago, ou encore au Mercado Central, promesse d'un déjeuner iodé délicieux.

Asados

Ne quittez pas le Chili avant d'avoir participé à un *asado* (barbecue traditionnel au feu de bois). À la fois festins et moments de fête, les *asados* se tiennent souvent dans les ranchs.

OBJECTIF RÉGAL

Osez une imposante assiette fumante de ***curanto*** ❶ (viande, pommes de terre et fruits de mer), star de la cuisine chilote. (p. 278)

Dînez au **Boragó** ❷, l'un des 50 meilleurs restaurants de la planète. (p. 77)

Visitez les **distilleries de pisco** ❸, dans le Valle del Elqui. (p. 154)

Régalez-vous de **cordero al palo** ❹ (agneau ouvert cuit à la broche), spécialité régionale de Patagonie. (p. 349)

En Terre de Feu, la **centolla** ❺ (crabe royal) s'accompagne avec tout ! (p. 336)

Musicien, près de San Pedro de Atacama (p. 104)

VILLAGES SANS PAREILS

Le temps semble s'écouler plus lentement dans les villages chiliens. Ces localités isolées, loin des réflexes touristiques, offrent l'occasion de découvrir la culture chilienne, d'observer les traditions et de toucher du doigt la vie rurale. Sans parler des écrins – désert, montagne, champ de glace – dans lesquels ils sont nichés.

Séjour chez l'habitant

Séjournez dans une *casa de familia* (chez l'habitant) et découvrez un Chili plus authentique, au contact des personnes qui y vivent. Liste sur turismoruralchile.cl.

Logistique

Prévoyez de régler en espèces, en pensant à avoir sur vous de petites coupures. Mieux vaut aussi faire le plein avant de partir quand on voyage en auto.

EXPÉRIENCES UNIQUES

Au village d'artisans de **Pomairer ❶**, essayez-vous à la poterie. (p. 184)

Arpentez les passages en planches de **Caleta Tortel ❷**, village isolé où l'on vit de la pêche et du bois. (p. 315)

Déambulez dans les rues sableuses de **San Pedro de Atacama ❸**. (p. 104)

Embarquez pour le village le plus méridional de la planète, **Puerto Toro ❹**, et passez un moment avec ses 12 habitants. (p. 368)

Place à la détente et au cheval dans le village de montage de **Palena ❺**. (p. 310)

VILLES ET RÉGIONS

Composez votre voyage selon vos envies.

Île de Pâques (Rapa Nui)

MUSÉE À CIEL OUVERT, LÉGENDE DE LA POLYNÉSIE

Rapa Nui attire d'abord les voyageurs par ses ruines et sites historiques, notamment les énigmatiques moais, ces monolithes géants aux traits humains, dont la présence interroge. La plus grande ville de cette île loin de tout, Hanga Roa, vous révélera la culture polynésienne et ses danses traditionnelles.

p. 383

Île de Pâques (Rapa Nui)
p. 382

Santiago

CŒUR BATTANT DE LA NATION

La capitale du Chili, que l'on peut embrasser du regard depuis le sommet du Cerro San Cristóbal, s'étend dans un décor impressionnant à l'ombre des Andes. Frottez-vous à la fascinante histoire du pays dans les musées du centre-ville, puis profitez des restaurants, galeries et boutiques de Bellavista, très bohème, de Lastarria et du Barrio Italia.

p. 44

Chiloé

MYSTÉRIEUSE ÎLE IODÉE ET RICHESSE DES TRADITIONS

Inscrites au patrimoine mondial de l'Unesco, les églises en bois de l'Isla Grande de Chiloé charment invariablement les visiteurs, tout comme sa mythologie insulaire. L'architecture de Castro, chef-lieu de l'île, mérite un détour, quand Ancud est la promesse de belles aventures entre hauteurs balayées par le vent, forêts embrumées et parcs nationaux loin de tout.

p. 271

Nord de la Patagonie

MONTAGNES, FLEUVES, GLACIERS ET FJORDS

Rouler au pied des montagnes et au cœur d'une forêt millénaire le long de la Route australe (en partie bitumée) s'inscrit au nombre des grands road trips d'une vie. Allez voir les glaciers du Parque Nacional Laguna San Rafael avant qu'ils ne fondent. Accroc à l'adrénaline ? Partez en rafting sur les eaux turquoise de la vallée du Futaleufú.

p. 290

Norte Chico

PLAGES, CIEL ÉTOILÉ ET VALLÉES VERDOYANTES

La Serena est une ville charmante longée par une vaste plage de sable. Plus au nord, le sable blanc de Bahía Inglesa et le Parque Nacional Pan de Azúcar séduisent l'œil et l'âme. Dégustez du pisco dans les distilleries du Valle del Elqui, qui est aussi l'une des grandes destinations mondiales pour observer les étoiles.

p. 138

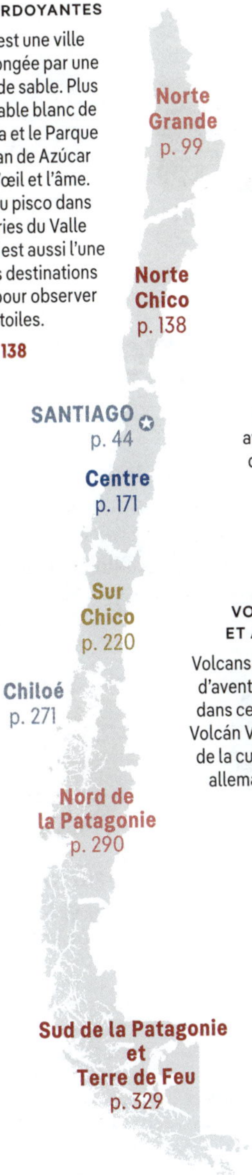

Norte Grande

DÉSERT, ALTIPLANO ET SURF

Cap sur San Pedro de Atacama pour découvrir les formations rocheuses et les geysers fumants de la région. Surf le jour et fête la nuit : voici le programme à Iquique et à Arica. Séjournez à Putre pour mieux accéder au lacs d'altitude du Parque Nacional Lauca.

p. 99

Centre

SURF, SKI ET VIN

La cité portuaire de Valparaíso a l'âme résolument bohème et ses rues sont tapissées de street art. Sa voisine, Viña del Mar, est une ville côtière plus policée, avec d'excellents musées. Dégustez les crus du Valle de Colchagua, surfez à Maitencillo et randonnez ou skiez dans les Andes.

p. 171

Sur Chico

VOLCANS MENAÇANTS, FLEUVES ET AVENTURES EN PLEINE NATURE

Volcans actifs et lacs étincelants : les amoureux d'aventures au grand air trouvent leur bonheur dans cette région. Pucón est le tremplin vers le Volcán Villarrica. L'Araucanie est le cœur battant de la culture mapuche et Puerto Varas une ville allemande sur les rives du Lago Llanquihue.

p. 220

Sud de la Patagonie et Terre de Feu

AVENTURES AUX CONFINS DU MONDE

Cette région faiblement peuplée jouit de paysages absolument superbes, principalement au sein du Parque Nacional Torres del Paine, qu'un trek de plusieurs jours permet de parcourir de bout en bout. En Terre de Feu, Puerto Williams est un bon point de chute d'où explorer le canal Beagle et randonner dans les montagnes des Dientes de Navarino.

p. 329

Moais à Ahu Tongariki (p. 396), île de Pâques

ITINÉRAIRES

Villes, vin et visages moais

Durée : 11 jours **Distance :** 575 km, plus un vol

Cet itinéraire mène de la capitale chilienne, Santiago, aux vallées viticoles en vous ménageant le long de la côte Pacifique balades sur la plage et pauses délices de la mer avant de rejoindre les collines colorées de Valparaíso. Cap ensuite sur l'île de Pâques pour une escapade polynésienne à la rencontre des mystérieux moais, qui restent une énigme.

1

SANTIAGO 2 JOURS

Explorez **Santiago** (p. 44) : musées, places et parcs...sans oublier les Barrios Lastarria et Italia et l'effervescence des marchés du Centro. Après un dîner dans un restaurant chic, admirez les Andes se parer de mille feux à l'heure du couchant.

2 heures

Détour : *prenez les transports publics pour rejoindre les domaines viticoles du proche Valle de Maipo où savourer quelques bons crus chiliens. 1 heure*

2

SANTA CRUZ 1 JOUR

Santa Cruz (p. 193) est au cœur du Valle de Colchagua, première région viticole du Chili ! Si les cépages de cabernet sauvignon et de carménère dominent, on y produit aussi du malbec ou encore du chardonnay. Le matin pourra être consacré à l'incroyable collection de l'homme d'affaires chilien controversé Carlos Cardoen.

2 heures 30

3

MATANZAS 1 JOUR

Sa longue plage de sable gris, ses déferlantes et son architecture balnéaire originale donnent beaucoup de cachet au petit village de **Matanzas** (p. 185), lieu magique pour se détendre, longer ou chevaucher les flots, et se régaler de la pêche du jour. Poussez jusqu'aux villages voisins, dont La Boca, pour des vues hors norme sur l'océan Pacifique.

3 heures

4

VALPARAÍSO ⏱1 JOUR

Succombez aux charmes artistiques de **Valparaíso** (p. 176), la petite chérie des touristes. Son cœur battant se situe sur Cerros Alegre et Concepción, aux bâtiments tapissés de fresques murales. Excellents hôtels et restaurants participent à l'enchantement, outre nombre de balades romantiques à souhait à travers les collines qui dominent la ville.

30 minutes

5

VALLÉE DE CASABLANCA ⏱1 JOUR

Pénétrez dans les terres pour tester les vins de climat frais, tels le sauvignon blanc et le pinot noir, de la **vallée de Casablanca** (p. 183). Ses domaines et caves majestueuses sont largement ouverts à la visite. Notez que ses vins souvent moins titrés que d'autres crus chiliens se boivent aussi plus frais.

1heure 30

6

ÎLE DE PÂQUES ⏱5 JOURS

Terminez en beauté en vous envolant vers les terres isolées de l'**île de Pâques** (p. 382). Ses colossaux et énigmatiques moais ont fait de ce petit territoire perdu au milieu du Pacifique Sud un lieu mythique pour le monde entier. D'autres sites archéologiques méritent votre intérêt comme le village cérémoniel d'Orongo, au sommet d'un volcan.

5 heures

ITINÉRAIRES

Aventure en Atacama

Durée : 10 jours

Distance : 900 km

Cette aventure épique dans l'extrême nord du Chili se vit au cœur du désert le plus aride au monde. Partant de la très touristique San Pedro de Atacama, vous irez de découverte en découverte : pétroglyphes, villages en pisé, geysers jaillissants, hauts volcans et lacs d'altitude peuplés de flamants roses.

Valle de la Luna (p. 106), San Pedro de Atacama

1 SAN PEDRO DE ATACAMA

3 JOURS

Village en pisé et oasis la plus touristique de la région, **San Pedro de Atacama** (p. 104) sera votre premier contact avec la rudesse du milieu désertique. De là, partez à la journée pour le *salar* (désert de sel), les dunes de sable et les ruines archéologiques alentour, comme Aldea de Tulor. Profitez aussi du coucher du soleil sur les paysages lunaires du Valle de la Luna et, la nuit, des observatoires publics pour contempler le ciel étoilé.

1 heure 30

2 GEYSERS D'EL TATIO

1 JOUR

Une fois pleinement acclimaté à l'altitude, dépassez les 4 000 m pour visiter **El Tatio** (p. 110), le plus grand site de geysers de l'hémisphère sud et la plus haute zone géothermale du monde. Sur la route menant à ce site saisissant, vous traverserez des villages andins typiques, des vallées pleines de cactus et les *bofedales* (zones humides alluviales), où vivent des vigognes sauvages et des lamas domestiqués.

5 heures 30

3 IQUIQUE 2 JOURS

Le trajet jusqu'à la ville côtière d'**Iquique** (p. 116) est vraiment long, mais il passe par divers sites qui vous tiendront en haleine, dont les géoglyphes géants de Pintados, le lieu de pèlerinage de La Tirana – où l'on fête en juillet la Vierge du Carmen – et les étranges villes fantômes de Humberstone et de Santa Laura. Consacrez le second jour à la visite d'Iquique et au farniente sur ses plages dorées.

3 heures 30

4

ARICA 1 JOUR

Ville la plus septentrionale du Chili, **Arica** (p. 124) repose sur une nécropole chinchorra, dont les momies ont été conservées in situ (musée sur site). Cette population de pêcheurs fut la première ethnie indigène à momifier ses morts. Dans le proche Valle de Azapa, un vaste musée leur est en partie consacré. Point crucial dans la guerre du Pacifique, Arica est aujourd'hui un bon spot de surf, où bien manger face à la mer.

2 heures 30

5

PUTRE 1 JOUR

Le petit village aymara de **Putre** (p. 130) se niche à plus de 3 500 m d'altitude. C'est l'emplacement idéal pour explorer les parcs des hautes Andes, à la frontière bolivienne. Prévoyez néanmoins une journée d'acclimatation avant de continuer vers les sources chaudes, les volcans et les animaux sauvages.

45 minutes

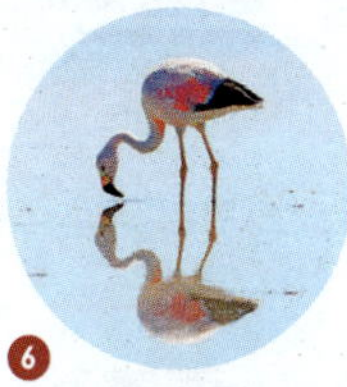

6

PARQUE NACIONAL LAUCA 2 JOURS

De tous les parcs nationaux chiliens à couper le souffle, le **Parque Nacional Lauca** (p. 131) l'est au sens propre. Ses vertigineux volcans culminent à plus de 6 000 m, la vie sauvage y foisonne et, à la fonte des neiges, les lacs bleu azur se peuplent de centaines de flamants roses.

***Détour :** Le second jour, faites une escapade dans la Reserva Nacional Las Vicuñas. 1 heure 30*

ITINÉRAIRES

CIRCUIT DES LACS ET DES VOLCANS

Durée : 10 jours

Distance : 815 km

Épaisses forêts humides tempérées, prairies bucoliques et bassins d'eau chaude fumants : ce circuit a bien d'autres charmes que sa myriade de lacs de volcans. Il traverse aussi la patrie des Mapuches, plus grande communauté indigène du pays, dont l'influence se ressent dans de multiples villes du trajet.

Lago Panguipulli, entre Valdivia (p. 241) et Huilo-Huilo (p. 246)

1 CASTRO ⏱ 2 JOURS

Connue pour ses *palafitos* aux façades colorées côté mer, **Castro** (p. 282), la plus grande ville de l'archipel de Chiloé, fait un parfait pied-à-terre pour partir à la découverte des églises en bois de l'île (photo), inscrites au Patrimoine mondial. N'oubliez pas pour autant ses forêts tempérées et sa succulente cuisine à base de pêche et de pommes de terre locales.

3 heures 30

2 PUERTO VARAS ⏱ 2 JOURS

L'influence germanique saute aux yeux dès l'arrivée à **Puerto Varas** (p. 252). Sis au bord de l'hypnotique Lago Llanquihue que dominent de majestueux volcans, le cadre est exceptionnel. C'est aussi le port d'attache idéal pour explorer les imposantes chutes d'eau, les lacs vert émeraude et les forêts denses de cyprès géants (*alerces*) des parcs alentour.

2 heures 30

3 VALDIVIA ⏱ 1 JOUR

Retrouvez la côte Pacifique le temps d'une escale dans la trépidante **Valdivia** (p. 241), grande ville universitaire du sud du Chili, aussi appréciable pour son énergie juvénile que pour ses parcs, ses musées et ses forts espagnols. Devenue l'épicentre de la bière artisanale au Chili, Valdivia a aussi donné son nom à un type de forêt humide tempérée (dite valdivienne) que l'on découvre à l'extérieur de la ville.

2 heures 30 minutes

4

HUILO-HUILO 2 JOURS

C'est une nature de rêve qu'offre la **Reserva Biológica Huilo-Huilo** (p. 246), réserve naturelle privée au pied du Volcán Mocho-Choshuenco. Ce projet d'écotourisme invite à l'aventure au bord du Río Fuy : habitations en bois, sentiers familiaux, chutes d'eau rugissantes, plages en bord de rivière, thermes, bike park, brasserie, ateliers d'artisanat et musée d'objets indigènes.

2 heures 30

5

PUCÓN 2 JOURS

Spot majeur des sports d'aventure, la ville cossue de Pucón (p. 233) repose au bord du Lago Villarrica, au pied de l'époustouflant volcan éponyme. Partez en excursion à la journée pour l'un des parcs alentour, tels le Parque Nacional Villarrica ou le Parque Nacional Huerquehue. On y trouve des sources d'eau chaude, dont les fameuses Termas Geométricas (photo).

2 heures

6

PARQUE NACIONAL CONGUILLÍO 1 JOUR

Dominé par le Volcán Llaima, l'un des plus actifs du Chili, le **Parque Nacional Conguillío** (p. 230) s'étend autour d'un lac bleu sarcelle, offrant des paysages de rêve, avec ses collines verdoyantes, parsemées d'arbres parasols. On y ressent intensément le poids du temps sur les vieux araucarias du Chili.

2 heures 30

ITINÉRAIRES

Voyage en Patagonie

Durée : 14 jours

Distance : 500 km, avec traversée en ferry

Partez en pleine nature sauvage par la célèbre Route australe (Carretera Austral), seule artère à traverser le nord de la Patagonie chilienne. Gagnez ensuite le sud en ferry à travers des fjords brumeux pour rejoindre Puerto Natales, la porte d'entrée de Torres del Paine, parc national mythique de l'Amérique du Sud.

Mirador Las Torres (p. 355), Parque Nacional Torres del Paine

1

CERRO CASTILLO
2 JOURS

Arrivé à Balmaceda, empruntez une portion sinueuse de la Route australe pour gagner au sud le **Cerro Castillo** (photo). Au pied de ce massif déchiqueté se trouve une petite ville qui en a pris le nom, perdue en plein cœur de la Patagonie. Le second jour, prenez à pied le chemin des lacs andins du parc national ou enfourchez une monture comme les gauchos.

2 heures

2

PUERTO RÍO TRANQUILO
1 JOUR

Poursuivez vers le sud, jusqu'à **Puerto Río Tranquilo** (p. 299), où l'on embarque en kayak ou en bateau à destination de la Capilla de Mármol (chapelle de marbre), de célèbres formations géologiques sculptées par les eaux du fleuve. L'après-midi, rejoignez le Valle Exploradores pour approcher du Glaciar Exploradores.

3 heures

3

PARQUE NACIONAL PATAGONIA
2 JOURS

Au centre de la réintroduction d'espèces menacées, le **Parque Nacional Patagonia** (p. 317) est l'un des plus beaux parcs du Sud chilien et le lieu idéal où observer la faune endémique. Créé en 2018 par deux philanthropes américains, il compte de nombreux sentiers pédestres et cyclables, un musée, un lodge et un restaurant.

4 heures

4 CALETA TORTEL ⏱ 2 JOURS

À **Caleta Tortel** (p. 315), hameau perdu d'un autre temps, des passages en planches longent le détroit aux eaux laiteuses ou grimpent à l'assaut des collines. Longez la baie ou randonnez jusqu'à des points de vue sublimes. Planifiez votre venue en fonction du jour de départ du ferry hebdomadaire pour Puerto Natales, un trajet d'une quarantaine d'heures passant par des fjords isolés.

40 heures

5 PUERTO NATALES ⏱ 2 JOURS

Point de départ des excursions pour Torres del Paine, **Puerto Natales** (p. 344) est un petit port pittoresque de Patagonie du Sud, avec une superbe promenade en bord de mer, des grottes où vivaient jadis des mylodons géants, de sympathiques restaurants et une distillerie de gin très prisée.

1 heure

6 TORRES DEL PAINE ⏱ 5 JOURS

Bouclez votre aventure en Patagonie par 5 jours de randonnée dans le **Parque Nacional Torres del Paine** (p. 352), sur le "W". L'itinéraire de ce trek mythique passe le long des trois pics de granit qui donnent leur nom au parc, des glaciers qui craquent (photo), des prairies dorées et des lacs turquoise. Divers campings, refuges, voire quelques hôtels jalonnent l'itinéraire (71 km au total pour l'aller).

SL-PHOTOGRAPHY/SHUTTERSTOCK ©

QUAND PARTIR

Étroite et longiligne bande de terre coincée entre la côte Pacifique et les hautes montagnes andines, le Chili se visite avec plaisir toute l'année, grâce à sa belle diversité de climats.

Hormis sa pointe sud, à explorer plutôt l'été, ce pays a de quoi séduire les amateurs d'activités de plein air, de vie sauvage et de culture douze mois sur douze. Visiter Santiago au printemps permet de profiter d'une météo clémente et de la féerie mauve des jacarandas en fleur. L'automne, lui, est le temps des vendanges dans les vignobles chiliens et pour les distilleries de pisco. En hiver, la saison bat son plein dans les stations de ski proches de Santiago et à Termas de Chillán, mais c'est aussi le moment rêvé pour surfer sur les énormes vagues d'Iquique et d'Arica, et une bonne période pour explorer le désert d'Atacama (emportez juste des vêtements chauds pour les nuits froides).

Loin de la foule

La haute saison court de décembre à février : les Chiliens en congé envahissent les plages, et la Patagonie est resplendissante... mais très chère. Pour bénéficier de tarifs avantageux dans les stations balnéaires et le Sud, mieux vaut viser les mois de septembre à novembre, et de mars à mai.

Observation des étoiles (p. 107), désert d'Atacama

PAROLE D'HABITANT

ÉTOILES EN HIVER

Alfredo Burgos Rivera a vécu toute sa vie à Vicuña et travaille au Centro Astronómico Omega. @omegaastronomico

Le ciel a beau être dégagé toute l'année dans le Valle del Elqui, en tant qu'astronome, je préfère l'hiver. On peut alors voir la plus belle planète qui soit à observer, Saturne, laquelle est parfois masquée en été. La Voie lactée apparaît aussi dans toute sa splendeur et l'on observe bien la constellation du Sagittaire. Mais, enfant, c'est l'été que je préférais à Vicuña, surtout pendant les festivals.

LE DÉSERT D'ATACAMA

Couvrant 105 000 km² au nord du Chili, le désert d'Atacama est le plus aride au monde. Les températures moyennes, assez douces, avoisinent 18°C. L'air sec, le ciel dégagé et l'absence de pollution lumineuse sont idéaux pour observer les étoiles.

La météo au fil des mois

JANVIER
Temp. max. moyenne : **25°C**
Jours de pluie : **0** (Iquique)

FÉVRIER
Temp. max. moyenne : **15°C**
Jours de pluie : **14** (Punta Arenas)

MARS
Temp. max. moyenne : **27°C**
Jours de pluie : **1** (Santiago)

AVRIL
Temp. max. moyenne : **18°C**
Jours de pluie : **1** (La Serena)

MAI
Temp. max. moyenne : **20°C**
Jours de pluie : **0** (Iquique)

JUIN
Temp. max. moyenne : **4°C**
Jours de pluie : **11** (Punta Arenas)

DIVERSITÉ CLIMATIQUE

Le centre du Chili bénéficie d'un climat méditerranéen aux hivers froids et été chauds, une aubaine pour les vignobles chiliens. Celui de la Patagonie est océanique, avec de fortes précipitations, des températures basses et des vents majoritairement d'ouest.

Les grands rendez-vous

Le festival des arts de la scène **Santiago a Mil** est l'événement culturel majeur de la capitale (p. 44), des artistes du monde entier jouant dans la rue et au théâtre. **Janvier**

Depuis 1960, **Viña del Mar** (p. 186) accueille le **Festival Internacional de la Canción**, retransmis en direct sur tout le continent. Stars latinos comme internationales de la pop, du rock et de la folk se succèdent sur la scène de l'amphithéâtre. **Février**

Tout le pays entame le printemps avec les **Fiestas Patrias** (p. 175). Nombre de festivités, surtout dans les régions du Centre, célèbrent l'indépendance du Chili dans une débauche de barbecues, largement arrosés de détonnants Terremotos (cocktails au blanc sec et au cognac/rhum avec du sorbet ananas). **Septembre**

La Saint-Sylvestre (p. 175) de Valparaíso est la plus grande fête populaire : on se presse aux balcons et dans les rues pour danser, boire et assister aux feux d'artifice dans la baie. Aux douze coups de minuit, la tradition est de manger une cuillerée de lentilles. **Décembre**

Fêtes locales culturelles et religieuses

Musiques, danses folkloriques et moult spécialités culinaires rendent hommage aux coutumes de Chiloé lors du **Festival Costumbrista Chilote** qui se déroule toute une semaine à **Castro** (p. 282). **Février**

Deux semaines durant, l'île de Pâques vit au rythme de sa fête traditionnelle, le **Tapati Rapa Nui** (p. 386). Au programme : concours de chant, de danse et d'artisanat, compétitions de sports typiques entre clans (Haka Pei, Tau'a Rapa Nui...), élection d'une reine. **Février**

Lors des 3 jours du **Carnaval Andino con la Fuerza del Sol** (p. 102), des fanfares et troupes de *comparsas* (danses andines traditionnelles en costume), plus de somptueux défilés enflamment les rues d'Arica. **Février**

La fête religieuse la plus marquante du Chili rend hommage à la **Virgen del Carmen** (p. 123). Durant 10 jours, des milliers de pèlerins, de danseurs et d'orchestres investissent les rues de La Tirana, petit village près d'Iquique. **Juillet**

PAROLE D'HABITANT

L'ÉTÉ SUR LA PLAGE

Née à Caldera, Camila Ahumada Tiska y tient une boutique de location de vélos et un bar à jus de fruits. @tiska.caldera

J'adore l'été à Caldera, car j'aime la plage, mais en janvier et février, elle est prise d'assaut. Mars me convient mieux : il fait encore très bon, et la foule a disparu. Dès que j'ai le temps, je vais me baigner à la Playa Loreta, plage familiale tranquille où l'eau est chaude, et les vagues sont peu nombreuses.

Bahía Inglesa (p. 162) à Caldera

FRAÎCHEUR DU PACIFIQUE

À cause du courant de Humboldt qui longe la côte chilienne, l'eau de l'océan Pacifique reste fraîche toute l'année, voire froide. Comptez sur 21°C à Iquique mais seulement 9°C dans le Sud, et 15 à 17°C près de la côte dans le Centre.

JUILLET	AOÛT	SEPTEMBRE	OCTOBRE	NOVEMBRE	DÉCEMBRE
Temp. max. moyenne : **16°C**	Temp. max. moyenne : **16°C**	Temp. max. moyenne : **19°C**	Temp. max. moyenne : **23°C**	Temp. max. moyenne : **19°C**	Temp. max. moyenne : **14°C**
Jours de pluie : **7** (Santiago)	Jours de pluie : **3** (La Serena)	Jours de pluie : **0** (Iquique)	Jours de pluie : **3** (Santiago)	Jours de pluie : **1** (La Serena)	Jours de pluie : **14** (Punta Arenas)

À GAUCHE : TOLOBALAGUER.COM/SHUTTERSTOCK ©, À DROITE : CINEMATIC COLLECTION/ALAMY STOCK PHOTO ©

Trek du "W" (p. 354), Parque Nacional Torres del Paine

AVANT DE PARTIR

Nos recommandations pour bien se préparer.

Dans sa valise

Des habits superposables L'été, il fait chaud le jour, mais, quand le soleil se couche, la température chute dans de nombreuses régions du pays. Dans le Nord, les matins sont souvent nuageux et étonnamment frais sur la côte, en raison de la *camanchaca* (brouillard).

Des vêtements et sous-vêtements thermiques La fraîcheur glacée des nuits dans les Andes et en Patagonie nécessite ce type d'équipement. Il en va de même certaines nuits d'hiver dans le désert d'Atacama.

Un/des couvre-chefs Pour se préserver des ardeurs du soleil, surtout dans les zones désertiques du Nord et dans les Andes. Dans les montagnes et en Patagonie, n'oubliez pas un bon bonnet de laine ou autre matière thermique.

Un imperméable/coupe-vent : en montagne et en Patagonie, prévoyez une veste protégeant de la pluie et du vent.

Des chaussures de marche confortables, voire de grande randonnée Plus le terrain est difficile, mieux vous devez être chaussé pour profiter pleinement de votre sortie.

À savoir

Dîtes *señor* ou *señora* et employez le pronom **usted** (l'équivalent du "vous" de politesse en français) pour vous adresser à un inconnu ou une personne plus âgée que vous.

Évitez de parler trop fort dans les lieux publics, **les Chiliens étant plus réservés** que leurs voisins d'Amérique du Sud.

Au Chili, il n'est **pas courant de marchander**. Une négociation minime et amicale du prix est acceptable, mais demander une grosse réduction peut être mal vu.

LIRE

La Maison aux esprits (*La casa de los espíritus* 1982), d'Isabel Allende, est un récit de réalisme magique, qui suit trois générations dans un pays qui pourrait être le Chili.

Vingt poèmes d'amour et une chanson désespérée (*Veinte poemas de amor y una canción desesperada*, 1924), de Pablo Neruda, lauréat du prix Nobel de littérature en 1971.

Nocturne du Chili (*Nocturno de Chile*, 2000), de Roberto Bolaño, est une réflexion satirique sur la vie d'un prêtre qui fut le professeur de Pinochet.

Je tremble, ô matador (*Tengo miedo torero*, 2001), de Pedro Lemebel, mêle Histoire et histoire intime en narrant la rencontre entre un vieux travesti retiré de la prostitution et un jeune étudiant révolutionnaire durant la dictature.

En quelques mots

buenos días (le matin) / **buenas tardes** (l'après-midi) sont les formules classiques pour dire bonjour.
hola est une manière plus informelle de dire bonjour, équivalent de "salut". À utiliser avec des personnes que vous connaissez.
por favor signifie s'il vous plaît.
gracias signifie merci.
de nada signifie "de rien", en réponse à "gracias".
¿cómo estai? est une variante chilienne de **¿cómo estás?**, une manière informelle de demander "comment vas-tu ?"
nos vemos est l'équivalent de "à la prochaine". On entend généralement "no vemo" car beaucoup de Chiliens ne prononcent pas le "s" à la fin des mots.
po est un tic de langage fréquemment utilisé par les Chiliens pour marquer l'emphase, qui n'a pas de sens réel. Il est souvent ajouté à la fin des mots : **sí** ("oui") devient **sipo** et **no** devient **nopo**.
harta est utilisé par de nombreux Chiliens pour dire "beaucoup".
¿cachai? est une expression chilienne que l'on peut traduire par "tu captes ?" ou "OK ?"
al tiro signifie tout de suite, une version chilienne de **ahora**.
weón est un mot d'argot chilien à utiliser avec précaution. Il peut être utilisé comme insulte, par exemple à l'encontre de quelqu'un qui vous doublerait dans une file d'attente. Toutefois, il peut aussi être utilisé pour se saluer entre amis. C'est donc le contexte qui fait la différence et, en l'employant au mauvais moment, vous pourriez offenser votre interlocuteur.
bacán signifie bien.
filete signifie vraiment bien.

VOIR

No (Pablo Larraín, 2012 ; photo). Ce film se penche sur l'implication d'un publicitaire dans la campagne du "non" au référendum de 1988 sur le régime de Pinochet.

Une femme fantastique (Sebastián Lelio, 2017). À Santiago, une femme transgenre face au deuil et aux discriminations après la mort de son petit ami.

Mon ami Machuca (Andrés Wood, 2004). Durant les derniers mois du gouvernement d'Allende, deux garçons de milieux sociaux-économiques différents deviennent amis.

La Nana (Sebastián Silva, 2009). Une employée de maison travaillant pour la même famille depuis 20 ans s'accroche coûte que coûte à son poste.

ÉCOUTER

Norma (Mon Laferte, 2018). Découverte lors d'une émission de téléréalité chilienne, elle est désormais l'une des plus grandes stars du pays.

Invisible (La Ley, 1995). Le quatrième album de ce groupe de rock, sorti après la mort de son fondateur Andrés Bobe en 1994, lui a offert un succès international.

Quilapayún (Quilapayún, 1967). Si Quilapayún a expérimenté de nombreux genres musicaux, son premier album comportait surtout de la musique andine.

Mamalluca (Los Jaivas, 1999). Un album inspiré par la montagne surplombant Vicuña et le Valle del Elqui. Enregistré avec un orchestre symphonique.

LARISA BLINOVA/SHUTTERSTOCK ©

Pastel de jaiba

À TABLE !

Les poissons et fruits de mer, les légumes frais, l'huile d'olive et le vin sont les ingrédients clés des spécialités chiliennes emblématiques.

À quand remonte votre dernier repas dans un restaurant chilien ? Avant d'arriver dans le pays, beaucoup de voyageurs n'ont jamais fait l'expérience de la cuisine chilienne. Le cas échéant, ne vous laissez pas intimider. Vous avez sans doute vu du bar chilien ou des vins comme le carménère sur les cartes de certains établissements dans votre pays. Le Chili exporte aussi du saumon et des fruits dans le monde entier. Bref, vous avec déjà mangé chilien sans le savoir.

Contrairement à celle de ses voisins de l'autre côté des Andes, la cuisine chilienne est moins axée sur la viande que sur le poisson. Aussi trouverez-vous des produits de la mer incroyablement frais où que vous alliez. Pour compléter le tableau, il faut ajouter de copieux ragoûts, des *empanadas* moelleuses, des desserts à base de *dulce de leche* et des vins très abordables.

L'incroyable longueur du territoire, 4 270 km d'un bout à l'autre, signifie que la nourriture consommée à Arica, dans l'extrême Nord, n'a pas grand-chose à voir avec celle de Punta Arenas, en Patagonie. Voici un aperçu de ce qui vous attend région par région.

Désert d'Atacama

L'immense majorité des habitants de l'Atacama vit dans des villes du littoral, où les produits de la mer dominent l'alimentation. Parmi ceux-ci figurent les *ostiones* (coquilles Saint-Jacques) et les *locos* (ormeaux), les premiers souvent servis dans leur coquille avec du parmesan, les seconds sur de la salade avec une noix de mayonnaise.

Les traditions culinaires des villes de l'arrière-pays, comme San Pedro de Atacama et Putre, s'apparentent davantage à celles de la Bolivie voisine : le quinoa, la viande de

Les meilleurs plats chiliens

CEVICHE
Poisson cru mariné dans du jus de citron vert avec oignons, poivrons et coriandre.

POROTOS GRANADOS CON MAZAMORRA
Ragoût estival composé de haricots blancs, grains de maïs et courge.

PASTEL DE JAIBA
Gratin de crabe à la crème et au fromage cuit dans un plat en terre.

lama et le *charqui* (viande de bœuf séchée et salée) font partie des produits courants. On boit aussi des infusions à base de feuilles de coca pour combattre le mal des montagnes. Enfin, une herbe du désert au goût citronné appelée *rica-rica* entre fréquemment dans la composition des cocktails et des glaces.

Centre du Chili

Cette région agricole, parmi les plus productives au monde, regorge de cultures maraîchères, de vergers et de vignobles. On y trouve aussi bien des artichauts au printemps que des courges en automne.

Les plats s'accompagnent presque toujours d'un verre ou deux de vin rouge. Quant au pisco (eau-de-vie de raisin) produit dans les vallées juste au nord de Santiago, il sert à la préparation du cocktail Pisco sour, pris en apéritif avec du ceviche (poisson cru mariné).

La plupart des Chiliens évitent les plats relevés, mais le piment fumé *merkén,* typique de la cuisine mapuche, est de plus en plus répandu.

Patagonie

Le Chili méridional se distingue par une cuisine beaucoup plus roborative et carnée qu'ailleurs dans le pays. L'île de Chiloé, en particulier, possède un grand nombre de recettes – pains, ragoûts et même desserts – reposant sur ses variétés de pommes de terre endémiques. Le *curanto* – viande, poisson et pommes de terre cuits dans un trou sur des pierres chaudes selon l'ancestrale coutume polynésienne – constitue la spécialité traditionnelle de l'île.

En Patagonie, plus au sud, la viande dominante est l'agneau, souvent rôti à la flamme. Sont également très présents la *centolla* (crabe royal), les champignons et les *calafate*, ces baies bleu sombre dont on fait des confitures et des desserts et avec lesquelles on aromatise le Pisco sour.

ÉVÉNEMENTS CULINAIRES

Fiestas Costumbristas (p. 294). En janvier et février, les petites villes du sud du Chili organisent des fêtes traditionnelles et l'on y sert souvent de l'agneau et du porc rôtis.
Cocinas del Pacífico (p. 142). En février, lors de cette foire gastronomique internationale, des chefs expérimentent des recettes avec les produits du littoral de l'Atacama.
Fiesta de la Vendimia Colchagua (p. 174). Le Valle de Colchagua, la principale région viticole du pays, célèbre les vendanges fin mars ou début avril. Au programme : foulage du raisin, cuisine locale et vin à gogo.
Día Nacional del Pisco (p. 143). Le 15 mai, les localités du Valle del Elqui fêtent la journée du pisco à grand renfort de cocktails et d'ateliers conduits par des barmen.
Fiestas Patrias (p. 175, 387). Des *fondas*, de grandes tentes entre fête foraine et marché artisanal, fleurissent dans tout le Chili à l'occasion de la fête de l'Indépendance (18 septembre).

Pisco sour

Centolla

PASTEL DE CHOCLO	**CALDILLO DE CONGRIO**	**MACHAS A LA PARMESANA**	**CORDERO AL PALO**	**CHARQUICÁN**
Sorte de hachis Parmentier à la purée de maïs.	Soupe de congre avec des légumes et de la crème.	Palourdes gratinées au vin blanc et au parmesan.	Agneau entier lentement rôti à la flamme sur une broche verticale (typique de Patagonie).	Ragoût d'origine précolombienne à base de pommes de terre, courge et *charqui.*

Spécialités locales

Produits de la mer

Paila marina Soupe de coquillages.
Choritos con arroz Moules au riz.
Pulmay Coquillages, saucisses, poulet et pommes de terre pilés dans un bol.
Tiradito Poisson cru façon sashimi servi avec une sauce sucrée ou relevée.
Chupe de centolla Cassolette de crabe royal.

En-cas et cuisine de rue

Empanadas Chaussons farcis, cuits au four ou frits.
Completo Hot dog garni d'avocat écrasé.
Anticuchos Brochette de viande.
Churrasco Italiano Petit pain rond garni de bœuf émincé, tomates, avocat et mayonnaise.
Choripán Chorizo grillé dans un petit pain toasté.

Pour les curieux

Piure "Figue de mer" ou ascidie, un mollusque orange à la saveur d'oursin.
Cochayuyo Algue brune qui fait un excellent ceviche végan.
Lengua de vaca Langue de bœuf cuite dans l'eau salée.
Prieta Boudin noir.
Lapas Patelles. Souvent servies dans des *empanadas* frites.

Calzones rotos

Plaisirs sucrés

Calzones rotos Ces "culottes déchirées» sont des beignets au zeste d'orange ou de citron, saupoudrés de sucre glace pouvant rappeler les bugnes.
Cuchuflíes Gaufrettes tubulaires recouvertes de chocolat et fourrées de manjar (confiture de lait).
Mote con huesillos Boisson sucrée rafraîchissante à base de grains de blé cuits et de pêche séchée.
Kuchen de nuéz Gâteau aux noix.
Alfajores Deux petits biscuits nappés de chocolat avec un fourrage de manjar entre les deux.

TABLES D'EXCEPTION

Boragó (p. 77). À Santiago, ce restaurant classé parmi les 50 meilleurs au monde offre un voyage culinaire, de la Patagonie au désert d'Atacama.
Tío Jacinto (p. 113). Cet établissement de poissons et fruits de mer sans prétention jouit d'une solide réputation auprès des gourmets d'Antofagasta.
Te Moai Sunset (p. 391). Régalez-vous d'un ceviche ou d'un *tiradito* de thon ou de mahi-mahi fraîchement pêché en contemplant les moais de l'île de Pâques.
Rucalaf (p. 284). Un restaurant au décor de chalet dont la carte inscrite sur une ardoise met à l'honneur les spécialités et produits typiques de Chiloé.
CB Gastronomia Patagonia (p. 303). Cette institution de Coyhaique réinvente la cuisine régionale avec des plats comme le carpaccio d'agneau et les morilles rôties.

UNE ANNÉE DANS L'ASSIETTE

PRINTEMPS

Les célébrations des Fiestas Patrias, en septembre, donnent lieu à de nombreuses *fondas*, avec des stands d'*empanadas*, *anticuchos* et *terremotos* (boisson à base de vin doux et de glace à l'ananas).

ÉTÉ

Les ragoûts aux haricots abondent, de même que les plats de maïs comme les *humitas* (pâte de maïs enveloppée dans une feuille de maïs puis cuite à l'eau ou au four). Dans le centre du Chili, on trouve du *mote con huesillos*.

AUTOMNE

Les températures plus fraîches inaugurent la saison des *cazuelas* (ragoûts de viande et de légumes) et du substantiel *charquicán*. Dans les régions viticoles, les fêtes des vendanges se traduisent par force libations.

HIVER

Durant la période froide et pluvieuse, les Chiliens préparent des *sopaipillas* (tortillas au blé farcies au potiron et frites). S'il en reste, on les trempe dans une sauce chaude à base de mélasse pour faire des *sopaipillas pasadas*.

Curanto al hoyo (ragoût de viande, fruits de mer et pommes de terre, p. 411)

SHARPTOYOU/SHUTTERSTOCK ©

Trek du "W" (p. 354), Parque Nacional Torres del Paine

ACTIVITÉS DE PLEIN AIR

Foisonnant de paysages éblouissants, le Chili est un véritable paradis pour les amoureux de nature et passionnés de sports de plein air.

Déserts féeriques, glaciers scintillants, sommets vertigineux, forêts pluviales tempérées, plages de sable, lacs cristallins, prairies caressées par le vent et îles éloignées : on ne pourrait rêver plus belle diversité ! Le Chili offre des possibilités infinies aux sportifs en quête d'aventure à pied ou à vélo, en rafting ou en kayak, à cheval ou à ski... Il peut combler les mordus de sensations fortes par l'ascension de volcans et le canyoning, tout comme les adeptes d'activités plus tranquilles, comme l'observation de ciels étoilés ou des manchots.

Randonnée et alpinisme

Le Chili est doté de sentiers de classe mondiale, pour la plupart dans des parcs nationaux et des réserves privées. Des randonnées faciles d'une demi-journée sur des itinéraires bien balisés à des treks d'au moins une semaine au cœur de régions moins fréquentées, chacun y trouvera son compte selon son niveau, avec ou sans guide.

C'est en Patagonie que se situent les circuits les plus célèbres, dont le "W" et Paine, dans le sublime Parque Nacional Torres del Paine. Mais vous pouvez aussi chausser les crampons pour arpenter les glaciers de ce parc.

Les randonneurs plus entraînés adoreront l'époustouflant trek des Dientes de Navarino en Terre de Feu. L'archipel de Chiloé et la région du Sur Chico, surtout la réserve biologique de Huilo-Huilo et le Parque

Sports d'aventure

ÉQUITATION
Guidé par un *baqueano* (cow-boy), traversez à cheval de vastes élevages de moutons près de **Puerto Natales** (p. 350), en Patagonie du Sud.

PARAPENTE
Volez au-dessus du Cerro Dragón, dune de sable géante qui domine la ville d'**Iquique** (p. 119), dans le Nord.

SKI ET SNOWBOARD
Profitez de la neige dans l'une des stations de ski réputées du Chili, telles **Portillo** (p. 86) ou **Valle Nevado** (p. 85).

EN FAMILLE

Aux côtés des manchots au **Monumento Natural Los Pingüinos** (p. 342) et dans la **Reserva Nacional Pingüino de Humboldt** (p. 157).

Des étoiles plein les yeux dans le ciel sans pollution lumineuse du **désert d'Atacama** (p. 30) ou du **Valle del Elqui** (p. 153).

À tyrolienne, à cheval et en rafting dans la réserve naturelle privée de la **Cascada de Las Ánimas** (p. 86).

Un étonnant face-à face avec les moais sur l'**île de Pâques** (p. 390).

La magie de l'évasion dans les paysages de la Reserva Biológica **Huilo-Huilo** (p. 246).

Une journée à la plage dans une station du Norte Chico, près de **La Serena** (p. 149) ou à **Bahía Inglesa** (p. 162).

Du sandboard dans les dunes près de **San Pedro de Atacama** (p. 105) et d'**Iquique** (p. 120).

Nacional Villarrica, regorgent aussi de parcours inoubliables.

Le nord du Chili recèle également des itinéraires de randonnée dans des paysages radicalement différents, tels le Parque Nacional Pan de Azúcar dans le Norte Chico, le Parque Nacional Lauca et la région autour de San Pedro de Atacama dans le Norte Grande. Il y a même de beaux circuits pas très loin de la capitale, comme dans le Parque Nacional Glaciares de Santiago.

Vu ses centaines de sommets, le Chili se prête aussi parfaitement à l'alpinisme et à l'escalade sur glace.

Rafting et kayak

Le Chili abonde en rivières, lacs, fjords et canaux. Fougueux mais exaltant, le Río Futaleufú en Patagonie du Nord est mondialement connu pour ses rapides de classes IV et V. Pucón et le Sur Chico proposent des descentes moins techniques.

La Patagonie du Sud offre aussi de beaux spots pour le rafting et le kayak, comme le Parque Nacional Torres del Paine et alentour, et le détroit de Magellan, où l'on aperçoit parfois des baleines. À Chiloé, pagayer à l'aube au travers des forêts englouties de Chepu est fascinant. Autre bon spot pour le rafting en eaux vives : le Cajón del Maipo, gorge au sud-est de Santiago.

LES MEILLEURS SPOTS ET CIRCUITS

Localisez-les sur la carte p. 40.

Pont sur le Río Futaleufú (p. 308)

Vélo et VTT

Des promenades aux randonnées épiques, le Chili sait combler les cyclistes. Sans compter les magasins de location et réparation de vélos, surtout dans les grandes villes et les endroits touristiques.

Les vététistes préféreront les régions de San Pedro de Atacama et du Sur Chico, les plus en jambes qui ont le temps pouvant tenter les 1 240 km exigeants mais spectaculaires de la Route australe (Carretera Austral). Certains intrépides ont même déjà traversé tout le Chili, du désert d'Atacama à la Terre de Feu.

De plus en plus de tour-opérateurs, y compris à Puerto Natales, proposent des sorties à vélo électrique autoguidées ou avec guide.

PLONGÉE
Plongez au large de l'île de Pâques (p. 391) et dans les petites villes autour de **Valparaíso** (p. 184).

SURF
Défiez les breaks et les longues gauches de **Pichilemu** (p. 199), capitale chilienne du surf, sinon à **Iquique** (p. 120) ou à **Arica** (p. 127).

ASCENSION DE VOLCAN
Grimpez à 6 893 m, tout en haut de l'**Ojos del Salado** (p. 165), le plus haut volcan actif au monde, dans le Norte Chico.

CANYONING
Vivez le grand frisson en rappel dans des cascades ou en dévalant des canyons du côté de **Puerto Varas** (p. 252) et de **Pucón** (p. 237).

LES MEILLEURS SPOTS

Notre sélection d'activités de plein air

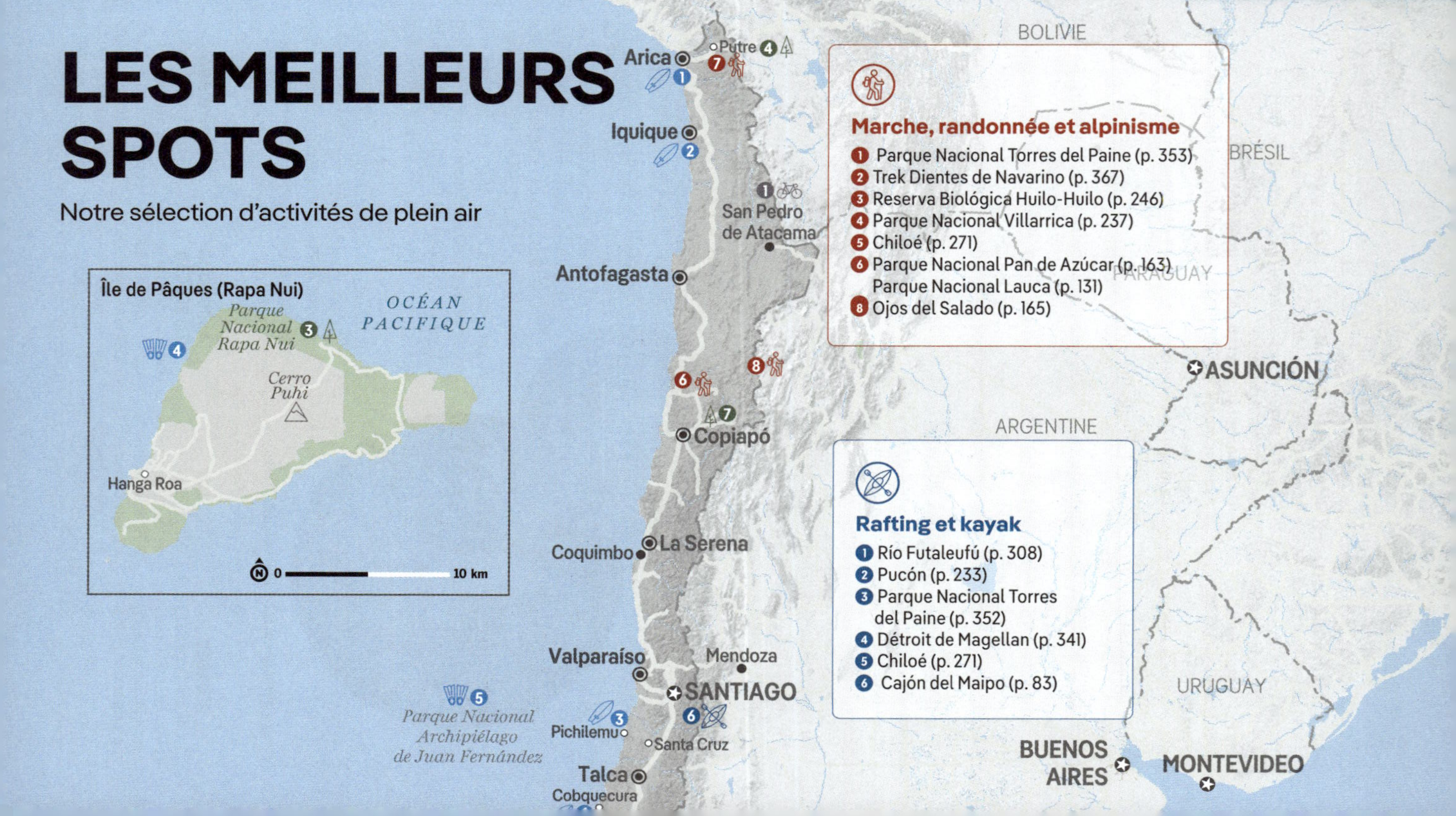

Marche, randonnée et alpinisme

1. Parque Nacional Torres del Paine (p. 353)
2. Trek Dientes de Navarino (p. 367)
3. Reserva Biológica Huilo-Huilo (p. 246)
4. Parque Nacional Villarrica (p. 237)
5. Chiloé (p. 271)
6. Parque Nacional Pan de Azúcar (p. 163)
Parque Nacional Lauca (p. 131)
8. Ojos del Salado (p. 165)

Rafting et kayak

1. Río Futaleufú (p. 308)
2. Pucón (p. 233)
3. Parque Nacional Torres del Paine (p. 352)
4. Détroit de Magellan (p. 341)
5. Chiloé (p. 271)
6. Cajón del Maipo (p. 83)

Surf et plongée sous-marine

1. Arica (p. 127)
2. Iquique (p. 120)
3. Pichilemu (p. 199)
4. Île de Pâques (p. 391)
5. Archipel Juan Fernández (p. 418)
6. Cobquecura (p. 204)

Parcs nationaux

1. Parque Nacional Torres del Paine (p. 352)
2. Parque Nacional Patagonia (p. 317)
3. Parque Nacional Rapa Nui (p. 395)
4. Parque Nacional Lauca (p. 131)
5. Parque Nacional Pumalín (p. 300)
6. Parque Nacional Conguillío (p. 230)
7. Parque Nacional Nevado Tres Cruces (p. 164)
8. Parque Nacional Villarrica (p. 237)
9. Parque Nacional Queulat (p. 302)

Vélo et VTT

1. San Pedro de Atacama (p. 107)
2. Sur Chico (p. 220)
3. Carretera Austral (p. 296)
4. Puerto Natales (p. 344)

CHILI ET ÎLE DE PÂQUES

SUR LA ROUTE

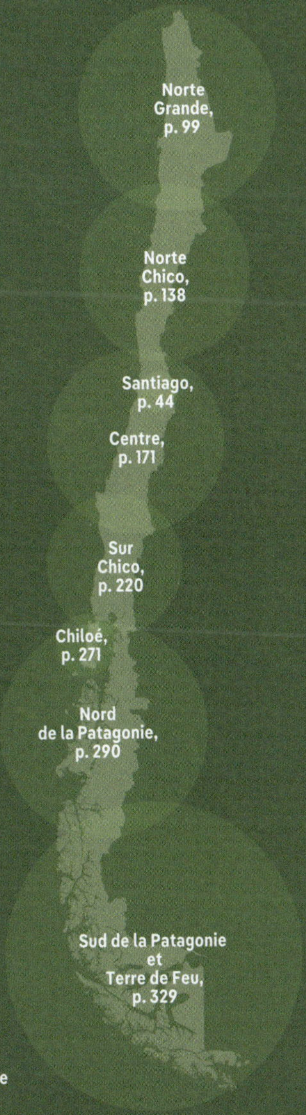

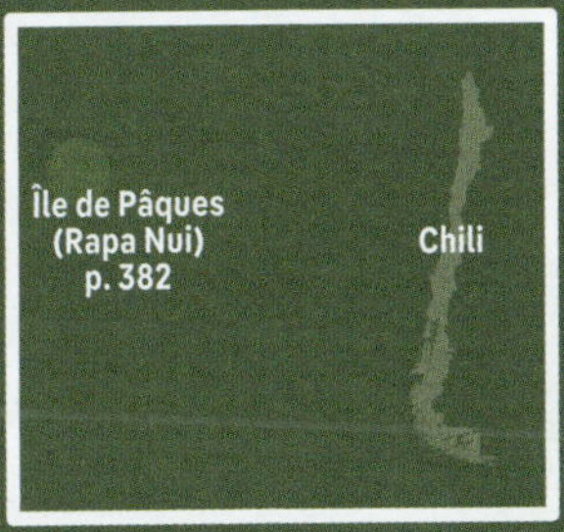

Les chapitres de cette partie s'organisent autour des sites essentiels, qui pourront vous servir de base pour partir à la découverte des environs. Vous y trouverez toutes nos recommandations ainsi que des conseils d'habitants de la région pour vivre des expériences uniques.

Los Cuernos (p. 353), Parque Nacional Torres del Paine

KAVRAM/GETTY IMAGES/ISTOCKPHOTO ©

SANTIAGO

LE CŒUR BATTANT DE LA NATION

Presque chaque voyage au Chili débute dans son immense capitale ensoleillée, volontiers méconnue, mais riche de son caractère et de sa culture.

Située entre les collines de la chaîne côtière, à l'ouest, et les Andes, à l'est, où vous pourrez skier, randonner et faire du rafting sur les plus hauts sommets du monde hors de l'Himalaya, Santiago a l'attrait d'un cadre exceptionnel. Avec ses gratte-ciel et ses immeubles d'habitation hérissant une vallée baignée de soleil, cette métropole est désormais une véritable jungle urbaine de 7 millions d'habitants, dont nombre sont arrivés récemment de Haïti, du Pérou, de Colombie et du Venezuela.

Même si quelque 40% de la population du pays résident dans la capitale et sa banlieue, les autres Chiliens disent volontiers que *Santiago no es Chile* ("Santiago n'est pas le Chili"). Et pourtant, la ville est, à maints égards, le moteur et le cœur battant de la vie nationale.

EDNO KAZUTO MORIGUCHI/SHUTTERSTOCK ©

Aussi vaste que diverse, Santiago est inclassable et doit plutôt s'envisager comme un ensemble de quartiers, chacun fort de sa propre identité, que comme une entité d'un bloc. Ainsi, avec ses imposants bâtiments d'État et les meilleurs musées et centres culturels, le Centro est le cœur historique de la ville, tandis que des quartiers plus bohèmes, à l'exemple de Lastarria, Bellavista et Barrio Italia, sont connus respectivement pour leurs restaurants, leur vie nocturne et leurs boutiques. Modernes et clinquants, avec moult gratte-ciel, les quartiers huppés de l'Est, tels Las Condes et Vitacura, préfigurent, eux, le Chili de demain. Mais si tant d'urbanité vous pèse, il est facile de s'évader, autour d'un verre de carménère (un cabernet d'origine bordelaise), dans un vignoble de classe mondiale en périphérie de la ville.

Jadis, les voyageurs en route pour la Patagonie, l'île de Pâques ou le désert d'Atacama voyaient leur étape obligée à Santiago comme un *pensum*. Or, à y passer quelques jours, on découvre une ville foisonnante et fascinante, traversée de courants culturels, animée de fêtes et de marchés, et sublimée par ses parcs, ses musées et ses restaurants de premier ordre.

QUARTIERS PRINCIPAUX

CENTRO
Le cœur historique.
p. 50

BELLAVISTA
Parcs et vie nocturne.
p. 56

BARRIO FRANKLIN
Alimentation et marchés.
p. 61

BARRIO YUNGAY ET BARRIO BRASIL
Fleurons du patrimoine.
p. 63

DIEGO GRANDI/SHUTTERSTOCK ©

À gauche : Vignoble près de Santiago (p. 80). Ci-dessus : *Teleféricos* (téléphérique, p. 59)

PROVIDENCIA ET ÑUÑOA
Boutiques et cafés. p. 68

LAS CONDES ET VITACURA
Au cœur des gratte-ciel. p. 75

VIGNOBLES DU VALLE DEL MAIPO
De la vigne au vin. p. 80

CAJÓN DEL MAIPO ET STATIONS DE SKI ANDINES
Rando et nature. p. 83

DEPUIS L'AÉROPORT

Le plus économique pour rejoindre la ville depuis l'aéroport consiste à prendre un bus public 555 (25 min) ou un bus privé Turbus (new.turbus.cl) ou Centropuerto (www.centropuerto.cl ; 15-25 min, 6h-22h30), qui s'arrête au Terminal Pajaritos, tout près du métro. Sinon, vous pouvez prendre un taxi collectif ou privé au guichet juste après la douane.

VÉLO

Bien qu'entourée de montagnes, Santiago est assez plate et particulièrement propice au vélo, avec un réseau croissant de *ciclovías* (pistes cyclables). Celle qui longe le Río Mapocho est très pratique pour les déplacements est-ouest. Plusieurs sociétés proposent des vélos en libre-service, mais Bike Itaú (bikeitau.com.br ; applications disponibles pour IOS et Android) est la principale.

TRANSPORTS EN COMMUN

Pour se déplacer en ville, le plus simple est le métro de Santiago (www.metro.cl), l'un des meilleurs réseaux de transport public des Amériques. Toutes les stations vendent des cartes Tarjeta bip! que vous chargerez du montant voulu pour prendre le métro ou un bus public.

TAXI

Il est aisé de trouver un taxi n'importe où en ville, mais nombre de voyageurs préfèrent s'en remettre à des applications de covoiturage comme Uber et Cabify. (Elles sont techniquement illégales à l'aéroport, mais beaucoup les utilisent clandestinement). Les trajets courts sont, en principe, bon marché.

S'orienter

Santiago impressionne par sa superficie. Pourtant, les touristes s'en tiennent souvent aux quartiers de part et d'autre du Río Mapocho. Globalement, plus on s'éloigne vers l'est (et donc les Andes) du centre historique de cette ville divisée socio-économiquement, plus le niveau de vie est élevé.

Planifier son séjour

Mieux vaut visiter Santiago quartier par quartier, car la capitale tient davantage d'une ensemble bigarré de *barrios* que d'une ville homogène.

TONI FLAP/GETTY IMAGES ©

Palacio de La Moneda (p. 54)

JOUR 1

Matin

- Le Centro est idéal pour une balade matinale. Partez de la Plaza de Armas historique et gagnez le **Palacio de La Moneda** (p. 54), palais présidentiel, avec une pause culturelle au **Museo Chileno de Arte Precolombino** (p. 53) ou au **Centro Cultural La Moneda** (CCLM, p. 52).

Après-midi

- Après avoir flâné sur les marchés animés de **La Vega Central** (p. 53) et du **Mercado Central** (p. 53), découvrez les musées d'art du **Barrio Lastarria** (p. 55) et profitez du *happy hour* pour vous offrir un Pisco sour au **Chipe Libre** (p. 55) ou un vin chilien au **Bocanáriz** (p. 81).

Soir

- Lastarria est le quartier parfait pour dîner, avant un spectacle au **GAM** (p. 55) ou au **Teatro Municipal de Santiago** (p. 52).

Vous aimerez aussi...

Les quartiers hors du centre-ville, les pistes de ski, la rando dans les Andes, les vignobles et des lieux méconnus.

RANDO DANS LES ANDES

Ponctuez une rando dans le **Cajón del Maipo** (p. 83), où planent les condors, par un bain thermal.

VIGNOBLES DU VALLE DE MAIPO

Plusieurs caves assez près de la ville, dont **Viña Santa Rita** (p. 82), proposent dégustations et visites.

SKI DANS LES ANDES

En hiver, **Portillo** (p. 86) et **Valle Nevado** (p. 85) sont des stations de ski de choix.

PAMELASTASCZAK/SHUTTERSTOCK ©, CEXM/SHUTTERSTOCK ©, ALEXFE/SHUTTERSTOCK ©

JOUR 2

Matin

- Montez au sommet du **Cerro San Cristóbal** (p. 59) en téléphérique pour apprécier la vue panoramique, vous repérer et mesurer la majesté du cadre andin de la ville.

Après-midi

- Après la descente en **funiculaire** (p. 59), regagnez le **Barrio Italia** (p. 73) et ses boutiques de qualité pour un déjeuner suivi d'une séance de lèche-vitrine.

Soir

- Vous pouvez vous essayer au **once** (p. 74), sorte de quatrième repas à la mode chilienne, ou en rester à un dîner classique dans un superbe café ou restaurant de **Providencia** (p. 68), puis, selon votre forme, rejoindre **Bellavista** (p. 56) pour un dernier verre dans un bar ou un club, ou une soirée en ville.

JOUR 3

Matin

- Après une visite édifiante du **Museo de la Memoria y los Derechos Humanos** (p. 65), consacré aux crimes du régime de Pinochet, d'autres musées moins oppressants vous attendent près du **Parque Quinta Normal** (p. 67).

Après-midi

- Direction le Barrio Yungay et ses rues historiques ornées de **street art** (p. 65) chatoyant pour un déjeuner à la **Peluquería Francesa**, puis le **Barrio El Golf** (p. 78) par la L1 du métro pour voir l'énorme contraste entre le vieux Santiago et le moderne.

Soir

- Assistez au coucher du soleil sur la ligne d'horizon de Santiago depuis le **Parque Bicentenario** (p. 77), avant de dîner dans une rue chic de **Vitacura** (p. 79).

ARTISANAT CHILIEN

Le marché d'artisanat du **Pueblito Los Dominicos** (p. 77) est le lieu où acheter des souvenirs.

ESCAPADE AU BARRIO FRANKLIN

Le week-end, visitez la très branchée **Factoría Franklin** (p. 62) près de ce marché, au sud.

DE PARC EN PARC

Le petit **Cerro Santa Lucía** (p. 52) du Centro tient d'un superbe cadre pour une balade au calme.

ASSISTER À UN MATCH DE FOOT

Un jour de match, l'**Estadio Nacional** (p. 69), plus grand stade du Chili, est le seul lieu qui vaille !

CENTRO

LE CŒUR HISTORIQUE

Assez carré, le Centro est le plus vieux quartier de Santiago et le plus animé. Trois frontières quasi infranchissables en délimitent la partie nord : le Río Mapocho, la voie express Autopista Central et l'Alameda, une avenue à plusieurs voies dont on ne s'imagine guère enjamber le terre-plein central. Sur le plan architectural, le Centro est plus exubérant qu'élégant, tant la ville a subi de tremblements de terre. Entre des bâtiments du XIXe siècle plus ou moins bien entretenus et des gratte-ciel modernes, des *paseos* (zones piétonnes) noirs de monde sont jalonnés de boutiques de vêtements bon marché, de fast-foods et de *cafés con piernas*, cafés typiques de la capitale, dont le service est assuré par de jeunes femmes court-vêtues.

Le Centro est également au cœur de la vie civique. On y trouve des administrations publiques, le palais présidentiel ainsi que des banques et d'excellents musées. En revanche, mieux vaut ne pas compter y déjeuner, dîner ou se loger, sauf à rester près du charmant petit quartier bohème de Lastarria ou des somptueuses rues pavées du Barrio París-Londres, dont les ravissants hôtels particuliers, de style européen, ont été construits dans les années 1920.

Pour les infos pratiques, voir le Carnet d'adresses p. 90

À SAVOIR

Le Centro a durement pâti des deux chocs consécutifs des troubles sociaux de 2019 et de la pandémie, et nombre d'entreprises l'ont quitté pour s'installer dans des quartiers plus prospères. Quand bien même certaines reviennent, il reste meurtri. Moyennant un peu de débrouillardise et en laissant vos objets de valeur à l'hôtel, vous y passerez toutefois un bon moment.

Barrio París-Londres

GUBIN YURY/SHUTTERSTOCK ©

INCONTOURNABLES
1 Centro Cultural Palacio La Moneda
2 Cerro Santa Lucía
3 La Piojera
4 La Vega Central
5 Mercado Central
6 Museo Chileno de Arte Precolombino
7 Teatro Municipal de Santiago

VOIR
8 Centro de Extensión UC
9 Centro Gabriela Mistral
10 Museo de Arte Contemporáneo
11 Museo de Artes Visuales
12 Museo Nacional de Bellas Artes

SE LOGER
13 Hostal Forestal
14 Luciano K Hotel
15 Hotel Magnolia
16 The Singular Santiago

SE RESTAURER
17 Pan Mostacho

PRENDRE UN VERRE ET FAIRE LA FÊTE
18 Bar Don Rodrigo
19 Bar El Bajo
20 Bocanáriz
21 Chipe Libre
22 El Honesto Mike
23 Santiago Wine Club

SORTIR
24 Cine Arte El Biógrafo

SHOPPING
25 La Tienda Nacional

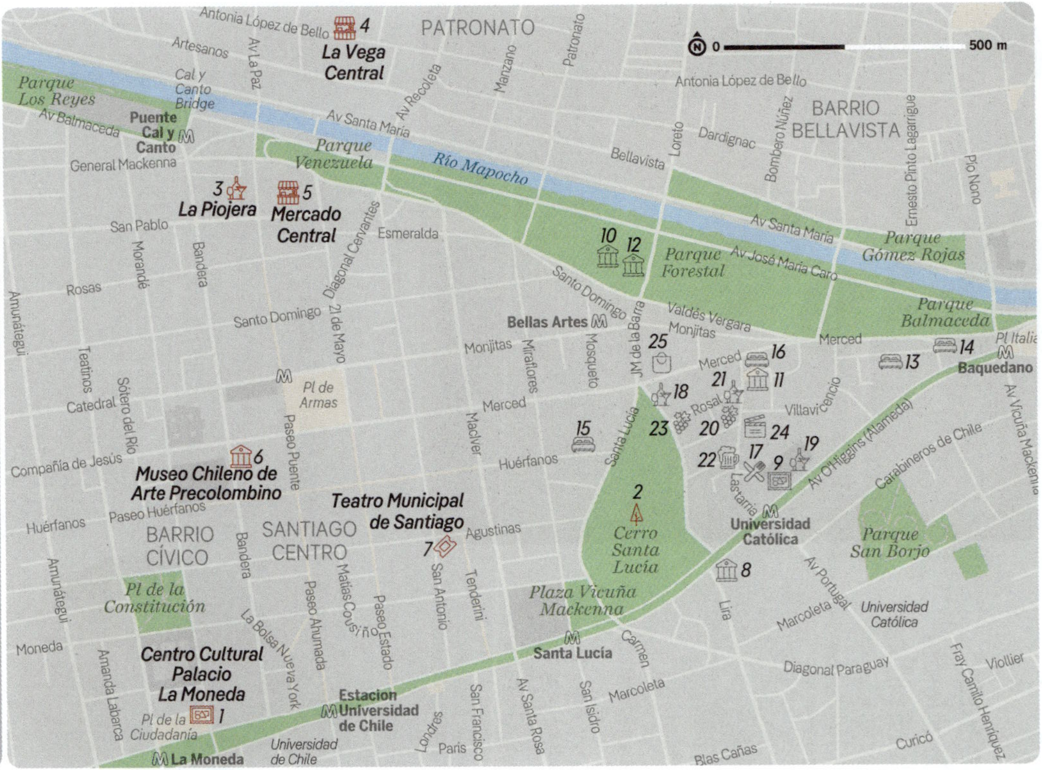

Teatro Municipal de Santiago

UNE SOIRÉE AU THÉÂTRE

Plus prestigieuse salle de spectacle de la capitale et scène de l'Ópera Nacional de Chile, le magnifique Teatro Municipal, de style néoclassique, accueille aussi des ballets, des concerts de musique classique et des invités de renommée mondiale. Il est l'une des rares institutions d'Amérique latine à avoir, à demeure, un orchestre de chambre ainsi que des compagnies de danse et d'opéra, et à fabriquer ses décors, accessoires et costumes. Contactez visitasguiadas@municipal.cl pour une visite guidée du plus ancien théâtre chilien encore en activité ou consultez le programme sur le site Web.

Ballet *La Belle au Bois Dormant* au Teatro Municipal de Santiago

Cerro Santa Lucía

UNE OASIS URBAINE

Appelé Cerro Huelén par le peuple mapuche, ce parc de 63 300 m² entretenu avec goût est un lieu de balade idéal pour un après-midi à l'abri de la frénésie du Centro. C'est le maire Benjamín Vicuña Mackenna qui, au XIXᵉ siècle, fit d'une banale colline ce superbe espace vert. De terrasse en terrasse, plusieurs sentiers et escaliers, assez raides, mènent à la Torre Mirador, au sommet, passant devant des chapelles et d'autres édifices intéressants, dont le Castillo Hidalgo, petit "château" de 200 ans. L'entrée principale se situe près de la Fuente Neptuno, fontaine à plusieurs arches et niveaux.

Fontaine Fuente Neptuno

Centro Cultural La Moneda

ART, ARTISANAT ET CINÉMA

Construit, à l'ombre du palais présidentiel, sous la Plaza de la Ciudadanía, le CCLM est l'une des institutions culturelles majeures du Chili. Cet espace souterrain offre un nouveau regard sur l'art alternatif. Quatre petites galeries y sont dédiées au patrimoine culturel, à la photo, au design et à des programmes pour enfants, et deux grandes salles accueillent de somptueux spectacles itinérants, des concerts, des salons du livre, d'immenses sculptures et des expositions locales consacrées à l'art, l'architecture, et l'histoire de l'homme et de la nature. Au niveau supérieur se trouvent des magasins de souvenirs, dont la principale boutique d'artisanat de la Fundación Artesanías de Chile. Le CCLM abrite aussi la cinémathèque nationale, le Cineteca Nacional de Chile, où se déroulent defréquents festivals.

Museo Chileno de Arte Precolombino

Museo Chileno de Arte Precolombino

OBJETS FASCINANTS DE LA VIEILLE AMÉRIQUE

Les magnifiques poteries de diverses grandes cultures précolombiennes sont le joyau de ce musée phare de Santiago, qui expose notamment des récipients anthropomorphes très travaillés, d'imposantes stèles mayas en pierre, d'immenses totems mapuches, des tissus andins raffinés et, plus étonnant, des spatules vomitives en bois qu'utilisaient les chamans amazoniens avant de prendre des poudres psychotropes. Le manque de fonds, accentué par la pandémie et la révolte sociale, a entraîné la fermeture temporaire du 1er étage (environ 750 pièces). Aussi, avant la visite, vérifiez quelles salles sont ouvertes.

La Vega Central et le Mercado Central

LES PLUS GRANDS MARCHÉS DE SANTIAGO

Plus vaste marché de fruits et légumes de Santiago, La Vega Central est tellement bondé que le gouvernement en a créé une version plus touristique juste devant : Tirso de Molina. Chacun peut donc acheter dans la cohue ou le calme des fruits locaux, comme des *tunas* (figues de Barbarie) ou des *cherimoyas*, ou des légumes, telles des *papas chilotas* (pommes de terre de Chiloé) de différentes couleurs. De l'autre côté du Río Mapocho, les poissons frais et crustacés du superbe Mercado Central en fer forgé, empilés sur des monticules de glace brillante, ravissent gourmets et photographes.
Les essentiels de la côte Pacifique sont délicieux : *congrio* (congre), *locos* (ormeaux chiliens), *piures* ("figues de mer" ou ascidies), *erizos* (oursins), etc. Les restaurants touristiques sont tentants... mais pas très bons.

Mercado Central

La Piojera

LE PARADIS DU TERREMOTO

Avec ses murs couleur ketchup et moutarde, ses tables invariablement collantes et ses airs de guitare joués des musiciens itinérants, La Piojera est le *dive bar* le plus emblématique du Chili. Bien sûr, on peut y manger de la *chorrillana* (plâtrée de frites recouvertes de viande et d'œufs au plat), mais on y vient d'abord pour un verre de Terremoto ("tremblement de terre"). Typiquement consommé lors des Fiestas Patrias, ce cocktail se compose de glace à l'ananas, de pipeño (vin blanc sucré) et de fernet (alcool amer). De quoi vous secouer un brin !

PROMENADE DANS LE CŒUR HISTORIQUE DE SANTIAGO

Cette balade pittoresque débute à la **1 Plaza de Armas**, à la fois cœur physique du Centro et symbolique de la ville depuis 1541. Au milieu de palmiers à vin du Chili, une fontaine rend hommage au *libertador* (libérateur) Simón Bolívar. À l'angle nord-ouest se dresse la **2 Catedral Metropolitana**, de style néoclassique, bâtie entre 1748 et 1800, tandis que l'imposant **3 Museo Historico Nacional** domine côté nord et que les arcades à l'est abritent de charmants restaurants, dont **4 Comedor Central**. Prenez la Compañia de Jesús à l'ouest de la place, passez devant le **5 Museo Chileno de Arte Precolombino** et continuez jusqu'au **6 Palacio de los Tribunales de Justicia de Santiago**, bâtiment néoclassique où siège la Cour suprême. Engagez-vous à gauche sur San Martín et, un pâté de maisons plus loin, visitez le **7 Palacio Pereira**, splendide demeure rénovée pour accueillir la Convention constitutionnelle du Chili entre 2021 et 2022, avec un excellent café et des expositions d'art itinérantes. Un pâté de maisons plus loin vers le sud, tournez à gauche et marchez jusqu'à la **8 Plaza de la Constitución**, esplanade où flottent de nombreux drapeaux, devant le **9 Palacio de La Moneda**, palais présidentiel. Hôtel des monnaies, à l'origine, cet édifice fut conçu par l'architecte italien Joaquín Toesca à la fin du XVIIIe siècle. Sa façade nord fut très abîmée par les bombardements aériens du coup d'État militaire de 1973, qui renversa le président Salvador Allende. Sur la place, un **10 monument** rend hommage au dirigeant socialiste qui refusa de quitter les lieux. Descendez sur Morandé jusqu'au **11 CCLM** pour un moment artistique, et finissez par un repas au **12 Salvador Cocina y Café**, adresse typiquement chilienne, mais forte d'un certain standing.

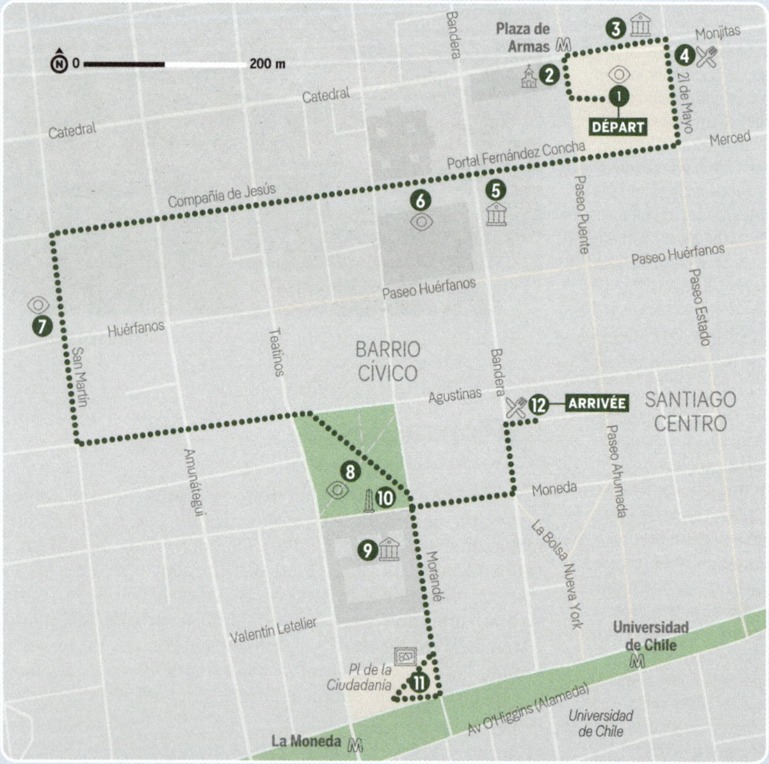

Centro Gabriela Mistral

ÉGALEMENT À SANTIAGO CENTRO

Scène artistique et culturelle

BALADE DANS LE QUARTIER BOHÈME DE LASTARRIA

Perle du centre-ville, le Barrio Lastarria, entre le Parque Forestal, le Cerro Santa Lucía et la Plaza Italia, est le quartier le plus apprécié des visiteurs de Santiago. Il a pour curiosité majeure le Centro Gabriela Mistral (**GAM**), haut lieu de la culture et des arts de la scène, nommé en l'honneur de la poétesse chilienne Gabriela Mistral, première personne d'Amérique latine à avoir reçu le Nobel de littérature. Son architecture emblématique, aux voûtes et travées en porte-à-faux, évoque une immense râpe à fromage rouillée. Y sont organisés concerts, théâtre et danse, tandis que son rez-de-chaussée accueille des expositions temporaires. On aime aussi les placettes, les fresques murales et les cafés alentour.

Juste à côté, la charmante rue José Victorino Lastarria est bordée de cafés et de restaurants. Vous y croiserez des artistes, dont certains proposent du *lambe lambe* (théâtre miniature). On y trouve aussi le **Cine Arte El Biógrafo**, principal cinéma d'art et d'essai de Santiago, le raffiné Museo de Artes Visuales (**MAVI**), avec 4 galeries d'art contemporain ouvertes, et des magasins, dont **La Tienda Nacional** pour les livres, la musique et les cadeaux, et le **Santiago Wine Club** pour des vins atypiques.

À l'opposé du GAM, dans un majestueux palais néoclassique bâti en 1910, à l'occasion du centenaire de l'indépendance du Chili, se trouvent deux musées gratuits : le **Museo Nacional de Bellas Artes** et le Museo de Arte Contemporáneo (**MAC**). Le premier, dédié aux beaux-arts, abrite une collection d'art chilien d'envergure. Le second propose des expositions temporaires consacrées à divers arts contemporains : photographie, design, sculpture, WebArt, etc.

OÙ SE LOGER DANS LE CENTRO

Hotel Magnolia
Hôtel au design élégant qui allie à merveille ancien et moderne dans un bâtiment des années 1920 restauré. **$$$**

Hostal Forestal
Meilleure auberge de Lastarria dans sa gamme de prix, avec une cuisine commune, des dortoirs et des chambres privées. **$**

Hotel Luciano K
Hôtel très chic et stylé dans un immeuble historique en partie Art déco, avec un formidable toit-terrasse. **$$**

The Singular Santiago
La crème des hôtels de luxe à Santiago, dont le bar en toit-terrasse vaut la visite même pour les non-résidents. **$$$**

OÙ PRENDRE UN VERRE À LASTARRIA

Bar El Bajo
Décor de théâtre pour ce bar où artistes et acteurs viennent siroter des cocktails après un spectacle au GAM.

Chipe Libre
Seul bar de Santiago qui vaille pour un pisco chilien ou péruvien... mais toujours bondé.

Bar Don Rodrigo
Éclairage rouge et boissons bon marché dans ce piano-bar bohème de Lastarria au charme intemporel.

BELLAVISTA

PARCS ET VIE NOCTURNE

Si les touristes viennent à Bellavista pour la maison de Pablo Neruda et la statue de la Vierge qui domine la ville depuis la colline du parc Cerro San Cristóbal, les Santiaguinos, eux, préfèrent la *carrete* (fête). Ainsi, les rues pittoresques et les places pavées si calmes en journée s'enflamment du soir jusqu'à l'aube. Les promeneurs apprécient les rues résidentielles arborées de Mallinkrodt à l'est, et les photographes, les graffitis des bâtiments à l'ouest.

Un peu piège à touristes, le Patio Bellavista, vaste ensemble de boutiques et de stands alimentaires au cœur du quartier, ne s'en prête pas moins à une agréable flânerie. On trouve les meilleurs bars et restaurants dans les alentours, notamment dans Pío Nono, avec ses débits de boissons bon marché, dans la principale rue gay de Santiago, Bombero Núñez, et dans Constitución, idéale pour dîner. Ils voisinent avec de petits théâtres, d'excellents hôtels et des clubs underground.

Pour les infos pratiques, voir le Carnet d'adresses p. 91

À SAVOIR

Nombre de clubs n'ouvrent qu'à minuit – 23h, au mieux – et ne connaissent une réelle affluence qu'une ou deux heures plus tard. Les bars avec service à table, eux, ouvrent souvent vers 19h.

Patio Bellavista

À GAUCHE : GUBIN YURY/SHUTTERSTOCK ©; À DROITE : DIEGO GRANDI/SHUTTERSTOCK ©

INCONTOURNABLES
1 La Chascona
2 Patronato

VOIR
3 Cerro San Cristóbal
4 Funiculaire
5 Plaza de la Dignidad
6 Téléphérique
7 Terraza Bellavista
8 Virgen de la Inmaculada Concepción

SE LOGER
9 Castillo Rojo
10 Eco-Hostal Tambo Verde
11 Hotel Boutique Santiago Suite

SE RESTAURER
12 Bar El Retiro
13 Dae Jang Kum
14 Sarita Colonia

PRENDRE UN VERRE ET FAIRE LA FÊTE
15 AlmodoBar
16 Infierno Divas
17 Tamango Brebajes House of Beer

SORTIR
18 Club Vita
19 El Clan
20 Illuminati
21 KLAMA
22 La Feria
23 Thelonious

Cementerio General

Cementerio General

CITÉ SÉPULCRALE

Le cimetière de Santiago n'a rien d'ordinaire : les sépultures sont ornées d'œuvres de sculpteurs locaux notoires, et les noms gravés sont un florilège d'histoire chilienne. En témoignent la tombe de Salvador Allende et le Memorial del Detenido Desaparecido y del Ejecutado Político, hommage aux "disparus" de la dictature de Pinochet. Il est situé à environ 2 km au nord-ouest de Bellavista, dans le quartier Recoleta, et accessible en métro (station Cementerios). Pour accéder au mémorial, suivez l'Avenida O'Higgins, prenez à droite dans Limay et poursuivez sur 200 m jusqu'au Patio Recoleta Norte.

La Chascona

EN HAUT: DIEGO GRANDI/SHUTTERSTOCK ©, BOTTOM: JEFFREY GREENBERG/UNIVERSAL IMAGES GROUP VIA GETTY IMAGE ©

La Chascona

MAISON PITTORESQUE DE PABLO NERUDA

C'est pour vivre secrètement sa liaison avec sa maîtresse Matilde Urrutia que Pablo Neruda fit bâtir La Chascona ("l'Ébouriffée"), nom inspiré par les boucles indomptées de la belle. Amoureux fou de la mer, il aménagea la salle à manger comme la cabine d'un bateau et le salon tel un phare. Des audioguides (français disponible), font découvrir l'histoire de la demeure et la collection de verre teinté, de coquillages, de meubles et d'œuvres d'art réalisées par des amis célèbres. Hélas, nombre d'objets ont été perdus lors du saccage des lieux sous la dictature. La Chascona est le siège de la Fundación Neruda, propriétaire d'une boutique de souvenirs sur place et des trois maisons du poète.

Patronato

BOUTIQUES BON MARCHÉ ET CUISINE INTERNATIONALE

Globalement délimité par les rues Recoleta, Loreto, Bellavista et Dominica, ce *barrio* dans un *barrio* accueille plusieurs populations immigrées arrivées à Santiago au fil du XXe siècle, notamment coréennes, chinoises et palestiniennes, cette dernière communauté étant la plus importante hors du Proche-Orient. Bien qu'un peu délabrés, ces blocs hauts en couleur, ponctués d'enseignes lumineuses, sont bordés de bâtiments anciens et semblent ne jamais se départir d'un air de cumbia. Prenez le temps de fureter dans ses magasins, de savourer un repas coréen et de flâner sur le marché aux vêtements, en observant les clients marchander des robes et des pantoufles chinoises.

Street art au Patronato

MIZZICK/SHUTTERSTOCK ©

Vue depuis le Cerro San Cristóbal

ÉGALEMENT À BELLAVISTA

Parcs, aires de jeu et points de vue

DÉCOUVERTE DU PARQUE METROPOLITANO

C'est depuis les hauteurs du Parque Metropolitano, plus connu sous le nom de **Cerro San Cristóbal**, que l'on a la plus belle vue sur Santiago. Principal espace vert de la ville avec ses 737 ha, il n'en reste pas moins résolument urbain. D'un côté, un funiculaire mène de Bellavista au sommet ; de l'autre, un *teleférico* offre une descente vertigineuse sur Providencia.

Haute de 14 m et d'une blancheur de neige, la statue de la Virgen de la Inmaculada Concepción, dressée sur le *cumbre* (sommet) situé au bout du parc, côté Bellavista, est visible de tout le centre-ville. Les bancs à ses pieds accueillirent les fidèles lors de la messe en plein air célébrée ici par le pape Jean-Paul II en 1984. Depuis la Terraza Bellavista, en contrebas, on a une vue sans pareille sur la ville. Offrez-vous, à l'un des stands que vous trouverez ici, un *mote con huesillo*, boisson chilienne typique à base de blé cuit et de pêches séchées. L'accès se fait par un sentier en lacets escarpé ou en funiculaire depuis la

ZONA CERO : PLAZA DE LA DIGNIDAD

Appelée tantôt Plaza Italia, tantôt Plaza Baquedano, la place centrale de Santiago fut longtemps le lieu où les habitants convergeaient pour des moments de liesse nationale, à l'exemple d'une victoire sportive, ou pour exprimer leur mécontentement. Après la révolte sociale qui démarra en octobre 2019, elle devint l'épicentre d'un soulèvement populaire massif (l'*Estallido Social*), avec des manifestations quasi quotidiennes jusqu'au début de la pandémie, en mars 2020. Le 25 octobre 2019, plus d'un million de Chiliens s'y réunirent pour protester contre la hausse du coût de la vie, le chômage, les privatisations et les inégalités. Beaucoup l'ont rebaptisée Plaza de la Dignidad en référence à la revendication majeure : davantage de dignité.

OÙ SE RESTAURER À BELLAVISTA

Bar El Retiro
Resto-bar animé, doté d'une vraie atmosphère, avec un patio géant ; le fin du fin pour des tapas pas trop chères. **$**

Dae Jang Kum
Restaurant coréen authentique et simple, mais dont les fruits de mer sont un pur délice. **$$**

Sarita Colonia
Excellente cuisine fusion péruvienne et Pisco sour exquis dans ce lieu de rencontre gay, kitsch à souhait. **$$$**

Plaza Caupolicán, ou en téléphérique à partir de l'entrée nord, rue Pedro de Valdivia.

Parmi les autres curiosités de ce parc, citons le **Jardín Mapulemu** (un jardin botanique), la **Plaza Gabriela Mistral**, espace pour enfants avec des jeux en bois et une fontaine interactive, les deux piscines publiques géantes Tupahue et Antilén, forte d'une vue superbe sur Santiago et, juste au-dessus de l'entrée rue Pedro de Valdivia, le petit **Jardín Japonés**, tout en raffinement.

Piscola et fiesta jusqu'au bout de la nuit

VIE NOCTURNE À BELLAVISTA

Chaque soir, lorsque le soleil disparaît derrière la chaîne côtière, Bellavista s'enflamme. Avec des clubs pour tous les goûts et toutes les envies, c'est le quartier de Santiago par excellence pour les fêtards de la nuit. Bar intime de début de soirée, avec des vins à des prix abordables et des plats à partager, le **Thelonious** comblera les amateurs de jazz qui aspirent à un divertissement plutôt calme et raffiné. D'autres lieux de musique live du *barrio*, en revanche, se muent en clubs avec DJ plus tard dans la soirée. Ainsi **El Clan**, assez expérimental dans son offre musicale, et **KLAMA**, où se produisent surtout des groupes de rock émergents.

Pour les fans d'EDM underground, pas d'hésitation : **La Feria**, plus célèbre club de Santiago et l'un des rares du monde à fonctionner avec une énergie 100% propre. Pas très grand, il n'en accueille pas moins régulièrement jusqu'à 300 personnes et invite des DJ de partout, de Berlin à Brooklyn.

Bellavista est aussi le lieu le plus accueillant du pays pour les visiteurs LGBTQIA+. La nuit débute généralement dans un bar qui ouvre tôt, comme le **AlmodoBar**, au décor d'un kitsch assez criard. La tournée des bars peut se poursuivre par des scènes hyperbranchées de Bombero Núñez. **Infierno Divas** est souvent la plus fréquentée, avec des spectacles de comédie et de musique dans un cadre hypnotique. Le club **Illuminati** tout proche est une valeur sûre pour la musique pop, mais aussi des photos mémorables de la piste de danse avec les murs phosphorescents en arrière-plan. Si vous aspirez à une ambiance plus underground et électronique, vous trouverez votre content au **Club Vita**. Quel que soit le lieu, vous pourrez vous joindre à la foule et commander un Piscola, cocktail de pisco (eau-de-vie) et Coca-Cola.

OÙ BOIRE DE LA BIÈRE ARTISANALE

Maison de la bière Tamango Brebajes
Dans ce resto-bar très vivant du meilleur brasseur artisanal de Santiago, essayez la bière blonde trouble Corta Corriente.

El Honesto Mike
Avec trois établissements à Santiago, un choix de pressions inégalé et des burgers américains, cette enseigne de la première heure reste très prisée.

Oculto Beergarden
Ce *biergarten* branché à l'abri des regards sert 20 bières chiliennes à la pression et de délicieux accompagnements, tels des tacos et sushis.

Cervecería Intrinsical
Face au succès, cette première brasserie artisanale du Barrio Brasil, éclairée par des néons, a ouvert un autre établissement à Providencia.

OÙ SE LOGER À BELLAVISTA

Castillo Rojo
Manoir rouge pivoine avec des chambres spacieuses, un patio tranquille et un décor vintage. **$$$**

Eco-Hostal Tambo Verde
Havre de paix propre à petit prix, à deux pas des bars, avec de super petits-déjeuners. **$**

Hotel Boutique Santiago Suite
La qualité d'un boutique-hôtel 3 étoiles avec jardin à un prix raisonnable. **$**

BARRIO FRANKLIN

ALIMENTATION ET MARCHÉS

Quartier ouvrier chaotique, souvent boudé par les voyageurs, le Barrio Franklin vaut pourtant le détour le week-end, pour ses spectaculaires marchés tentaculaires. Les Santiaguinos y viennent en masse acheter tout et n'importe quoi à moindre coût : meubles anciens, jouets, disques, jeux vidéo, vêtements, et abondance de curiosités. Depuis l'arrivée récente d'une nouvelle génération de chefs, brasseurs, distillateurs, artistes et créateurs, un vent de renouveau souffle sur le quartier. Non pas qu'il se soit embourgeoisé, mais on y trouve subitement des restaurants ultraraffinés, de superbes galeries d'art et des bars-distilleries remplis de hipsters. Du vin aux articles de mode, les marchés du week-end attirent une clientèle des plus éclectiques.

Se repérer dans ces dédales de stands et de rues bondées est une utopie, et vous risquez vite de vous égarer, sans compter les pickpockets à l'affût. Pour passer un moment détendu et agréable, mieux vaut donc vous en tenir aux sites décrits dans cette section.

Pour les infos pratiques, voir le Carnet d'adresses p. 92

À SAVOIR

La plupart des marchés et magasins du Barrio Franklin sont ouverts seulement le week-end, et beaucoup de restaurants uniquement le midi, les samedis et dimanches. Il faut donc visiter ce quartier entre 10h et 16h, après quoi il se rendort un peu. Il est aussi à éviter la nuit.

Galeries d'art

LE MEILLEUR DE L'ART CONTEMPORAIN

Si vous voulez être à la page en matière d'art chilien, les galeries du Barrio Franklin sont idéales pour découvrir des talents émergents. Ainsi, le petit local industriel **AFA Galería** de la Factoría Franklin propose des expositions itinérantes et un très bon magasin de souvenirs. Plus grandes et plus ambitieuses, les **Factoría Santa Rosa** et **Galería 314** du Persa Santa Rosa (qui fait partie du Persa Biobío) ont l'œil pour repérer les jeunes artistes avant qu'ils rencontrent le succès à l'étranger.

Boutique d'antiquités

Persa Biobío

LA FOLIE DES MARCHÉS

Ce célèbre marché aux puces, déployé sur plusieurs pâtés de maisons au nord et au sud de Bío Bío, déborde d'objets d'art, d'antiquités, de meubles, de bibelots et autres vieilleries fascinantes. Écrémer ce bric-à-brac chaque week-end en quête de vieux verres à whisky ou à cognac, d'éperons de cow-boy et d'anciens magazines est vraiment très instructif. De plus en plus de grands chefs séduits par Persa Biobío y ont ouvert des restaurants expérimentaux, comme **Willimapu**, qui sert une cuisine fusion mapuche, et **DeMo**, renommé pour ses brunchs, tous deux situés dans le Persa Victor Manuel, partie la plus artistique et branchée du marché.

Persa Biobío

Factoría Franklin

LE PARADIS DES HIPSTERS

Dans cet ancien complexe industriel, devenu l'un des repaires favoris des amateurs de bonne chère, boissons fortes et art avant-gardiste, toutes sortes de créateurs exposent leurs productions : brasseurs artisanaux, torréfacteurs de café, fabricants de vermouth, fromagers et chocolatiers *bean-to-bar*. Pas moins de trois distilleries produisant du gin à partir des meilleures plantes locales, le gin tonic coule à flots. Pour l'accompagner, rien de tel qu'un kimchi ou un ramen au **Mirai Food Lab**, ou un sandwich piquant au **Barra de Pickles**, bar à cornichons des experts vinaigriers de **By María**. Des événements ont lieu chaque week-end : foires d'art, expositions de design, dégustations de vin à thème, etc. Le programme est consultable sur Instagram (@factoria_franklin).

BARRIO YUNGAY ET BARRIO BRASIL

FLEURONS DU PATRIMOINE

Un peu poussiéreux, mais ô combien photogéniques, ces deux quartiers de l'ouest à l'écart du centre-ville se prêtent à une plongée dans le passé. Entre murs aux peintures et graffitis très colorés, maisons vieillottes, voies de tramway désaffectées de longue date, marchés tranquilles et bouis-bouis, ces *barrios* historiques font un pendant bienvenu aux gratte-ciel clinquants des quartiers d'affaires de l'est de Santiago.

Passés de l'opulence au XIXe siècle à la décrépitude dans les années 1940, ils restent une ode à une époque oubliée, balayée par les urbanistes des décennies suivantes, pour qui progrès rimait avec gratte-ciel. Redécouverts après la dictature, ils connaissent un renouveau grâce aux amoureux du patrimoine, à de jeunes artistes chiliens et à des immigrants du Pérou, de Haïti et du Venezuela. Le Barrio Yungay, surtout, a le vent en poupe depuis que Gabriel Boric, plus jeune président de l'histoire du Chili, s'y est installé au début de son mandat, en 2022.

Pour les infos pratiques, voir le Carnet d'adresses p. 93

À SAVOIR

Le taux de criminalité est plus élevé dans ces quartiers que dans bien d'autres fréquentés par les touristes. Il convient de rester vigilant, malgré une présence policière renforcée dans le Barrio Yungay depuis que Gabriel Boric y habite. Évitez néanmoins de vous y rendre la nuit, en particulier Plaza Brasil.

Barrio Yungay

INCONTOURNABLES
1 Blondie
2 Centro Cultural Matucana 100
3 El Huaso Enrique
4 Espacio Gárgola
5 Museo de la Memoria y los Derechos Humanos
6 NAVE
7 Peluquería Francesa

VOIR
8 Museo Artequin
9 Museo de Arte Contemporáneo Quinta Normal
10 Museo Ferroviario de Santiago
11 Museo Nacional de Historia Natural
12 Parque Quinta Normal

SE RESTAURER
13 Creme Caramel Pastelería
14 Squella Restaurant

PRENDRE UN VERRE ET FAIRE LA FÊTE
15 Cervecería Intrinsical

Centro Cultural Matucana 100

Centro Cultural Matucana 100

ART AVANT-GARDISTE

Installé dans d'immenses bâtiments en brique rouge, qui servaient autrefois d'entrepôts publics, Matucana 100 est l'un des centres culturels les plus en pointe de Santiago, avec des programmes éducatifs résolument progressistes et un calendrier d'événements culturels dense. Cet espace avant-gardiste aurait amplement sa place dans n'importe quelle métropole pionnière. En constante expansion, il inclut un petit cinéma, un grand théâtre et des galeries de tailles diverses. Après une exposition en journée, vous pourrez, en soirée, assister à une pièce de théâtre expérimentale ou voir un film d'art et d'essai.

Museo de la Memoria y los Derechos Humanos

Museo de la Memoria y los Derechos Humanos

VISITE PESANTE MAIS CRUCIALE

À la fois bouleversant et édifiant, ce “musée de la mémoire” revient sur les terribles violations des droits humains et les “disparitions” à grande échelle qui marquèrent la dictature militaire chilienne, dont les 40 000 victimes furent, pour beaucoup, torturées avant leur exécution. Il faut absolument le visiter pour découvrir cette période sombre de l’histoire du pays et en comprendre ses répercussions sur la société actuelle. Ce musée, qui dispose d’informations en anglais, vous mènera du coup d’État de 1973 (souvent appelé “l’autre 11-Septembre” du fait de sa date) au retour de la démocratie en 1990 et à la quête de justice en aval. Les objets d’art contestataires, les témoignages de victimes et les photos de disparus ne manqueront pas de vous remuer.

Peluquería Francesa

DE LA COIFFURE
À LA RESTAURATION

Avec ses murs en briques apparentes, son mobilier ancien dépareillé et ses objets insolites à foison, ce restaurant tout en longueur – d’où son autre nom, Boulevard Lavaud –, est une véritable institution du Barrio Yungay. Il propose une cuisine à la fois chilienne et française, comme du canard à l’orange ou de la langue de bœuf aux amandes, et souvent, le week-end, des concerts. Les sets de table deviennent d’excellents guides de visite, car un plan des sites du quartier y est imprimé. La pièce adjacente n’est autre qu’un salon de coiffure, où officient des stylistes.

Peluquería Francesa

NAVE

SCÈNE ARTISTIQUE INTIMISTE

L'ouverture du NAVE en 2015 consacra définitivement le Barrio Yungay comme lieu artistique majeur de l'ouest de la ville. Ce centre culturel expérimental, aménagé dans une demeure du XXe siècle, permet aux artistes en résidence de présenter leurs œuvres au public dans une salle intimiste de 146 sièges. Au programme : danse, performances, musique et théâtre. La qualité varie fortement d'une prestation à l'autre, dont la nature expérimentale n'est pas forcément du goût de tous (certaines ne sont même pas achevées).

Danseurs de *cueca*

Blondie

UN CLASSIQUE CULTE DE LA VIE NOCTURNE

L'immortelle Blondie est une discothèque culte de Santiago, qui s'est ouverte dans l'ancien Cine Alessandri en 1993. Malgré ses trois décennies d'existence, elle reste fidèle à sa prédilection originelle pour la new wave, le post-punk et la brit pop, mais des divas de la pop et des artistes indé modernes s'y produisent également. Ce club attire donc aujourd'hui un public résolument hétéroclite : quels que soient votre âge, votre genre et vos goûts musicaux, il vous accueille à bras ouverts et vous encourage à être vous-même.

Blondie

Au rythme de la cueca

LA DANSE NATIONALE CHILIENNE

Les Fiestas Patrias de septembre sont la meilleure occasion pour voir de la *cueca*, danse nationale du Chili qui évoque la parade de séduction d'un coq devant une poule. Sinon, il n'y a guère que les institutions de la vieille école du Barrio Yungay pour perpétuer fièrement cette tradition tout au long de l'année. Les soirs de week-end, néanmoins, le bar **El Huaso Enrique** est rempli de clients occupés à admirer les danseurs. Ceux-ci montent sur scène avec superbe, un mouchoir à la main, pour fouler le sol et tournoyer autour de leur partenaire. Le samedi soir, l'**Espacio Gárgola** voisin programme souvent de la *cueca*. Le premier n'est pas vraiment connu pour sa cuisine, mais le second sert des cocktails et des plats traditionnels délicieux dans un espace de deux étages on ne saurait plus chilien.

ÉGALEMENT DANS LE BARRIO YUNGAY ET LE BARRIO BRASIL

Musées du Parque Quinta Normal

ART, TRAINS ET HISTOIRE NATURELLE

Le Parque Quinta Normal est le cœur culturel des quartiers ouvriers à l'ouest de Santiago. Sa partie centrale est charmante, avec un étang vert émeraude plein de cygnes et de pédalos. Des six musées présents dans ce parc de 40 ha, peu ont un réel intérêt. L'imposant **Museo Nacional de Historia Natural** propose, au rez-de-chaussée, une formidable introduction à la flore, faune et géographie du Chili, de l'Atacama à la Patagonie, sans oublier l'Antarctique et les îles du Pacifique. Son squelette géant de rorqual boréal, les dioramas immersifs et les scientifiques au travail derrière des baies vitrées font le bonheur des enfants. Le premier étage est hélas fermé depuis le séisme de 2010, et les informations quasi exclusivement en espagnol.

Les vieux trains exposés au **Museo Ferroviario de Santiago** valent le coup d'œil. Étonnante architecture de fonte et de verre, le **Museo Artequin**, lui, est plus éducatif et ludique, avec des copies d'œuvres célèbres suspendues à hauteur d'enfant. Davantage destiné aux adultes, le **Museo de Arte Contemporáneo (MAC) Quinta Normal** propose une ligne curatoriale plus audacieuse et expérimentale que le MAC de Bellas Artes.

Muralisme dans de vieilles rues

BALADE ENTRE ART ET HISTOIRE

Depuis que ses habitants ont créé la première organisation communautaire de protection du patrimoine de la ville en 2006, le Barrio Yungay est le seul quartier de Santiago à protéger aussi fièrement ses bâtiments et sa culture, défendant son passé avec ferveur. Particulièrement pittoresques, le **Pasaje Adriana Cousiño** avec son sol en damier et le **Pasaje Lucrecia Valdés** pavé témoignent à merveille de l'époque glorieuse du quartier.

Pour apprécier pleinement le Barrio Yungay, il faut flâner dans ses rues endormies en admirant les graffitis et autres peintures murales des maisons historiques. **Artistas Yungay** (artistasyungay.cl) organise souvent des portes ouvertes et des événements présentant les œuvres d'artistes locaux, mais les fresques somptueuses de Sofrenia, Stfi!, PabloEtrom, Pikoenelojo Stencil, etc. sont visibles en permanence, surtout dans les rues entre Parque Portales et Santo Domingo.

D'autres sont à découvrir au musée à ciel ouvert **Museo Cielo Abierto**, au sud.

RESTAURANTS CHILIENS INCONTOURNABLES

Amaia Restaurante
Restaurant haut en couleur de Maipú, dont le chef mapuche, le plus célèbre du Chili, cuisine des plats du Sud copieux, surtout à base de baies, d'herbes et de pommes de terre de la région. **$$**

Pulpería Santa Elvira
Ce restaurant, parmi les plus chics de la capitale, occupe une vieille maison chilienne du Barrio Matta. On y sert des entrées, plats et desserts ultramodernes, dans un cadre au charme d'antan, orné d'antiquités. **$$$**

Maestranza
Le restaurant où il faut déjeuner dans le Barrio Franklin (en témoigne la liste d'attente permanente), avec des menus manuscrits tant les plats chiliens sont typiquement familiaux. **$**

OÙ SE RESTAURER DANS LE BARRIO YUNGAY ET LE BARRIO BRASIL

Creme Caramel Pastelería
Boulangerie végane dont l'aspect modeste ne saurait augurer la saveur incroyable de ses gourmandises. **$**

Squella Restaurant
Huîtres et vins extra, toit-terrasse, service au top : peut-être le meilleur restaurant de fruits de mer de la ville. **$$**

Cervecería Intrinsical
Brasserie artisanale la plus branchée des quartiers ouest, avec des plats chiliens. **$**

PROVIDENCIA ET ÑUÑOA

BOUTIQUES ET CAFÉS

Quartiers arborés de la classe moyenne, Providencia et Ñuñoa sont coincés entre le centre historique de Santiago, à l'ouest, et les gratte-ciel des secteurs d'affaires, à l'est. À défaut de curiosités majeures, ils offrent un cadre paisible, au cœur de la ville, pour quiconque aime le shopping, les restaurants et observer les gens. Les cafés y tiennent, davantage encore qu'ailleurs, d'un mode de vie, et vous ne trouverez pas mieux en matière de gastronomie.

Providencia, surtout, abonde en excellents hôtels, magasins, cafés de la troisième vague, restaurants novateurs et bars animés, qui se concentrent principalement dans les rues juste au nord et au sud de l'avenue éponyme. Plus résidentiel, Ñuñoa connaît un essor fulgurant depuis l'ouverture de deux lignes de métro, entre 2017 et 2019, qui l'ont enfin relié au réseau de transport public de la ville. À cheval sur les deux, le Barrio Italia, quartier le plus à la mode de Santiago, mérite bien un tour.

Pour les infos pratiques, voir le Carnet d'adresses p. 93

À SAVOIR

Les *ciclovías* (pistes cyclables) qui sillonnent Providencia et Ñuñoa sont remarquablement calmes, surtout le long du Río Mapocho et des avenues Tobalaba, Pocuro et Ricardo Lyon. Le dimanche matin (jusqu'à 14h), nombre de rues ferment à la circulation pour la CicloRecreoVía, où les cyclistes affluent. Bike Itaú, notamment, loue des vélos à petit prix.

Providencia

JOSE LUIS STEPHENS/SHUTTERSTOCK ©

Estadio Nacional de Chile

POUR LES FOOTEUX

Les Chiliens sont d'un naturel plutôt placide... jusqu'à ce qu'ils entrent dans un stade de *fútbol*. La ferveur est à son comble lors des matchs contre des pays voisins, comme l'Argentine, où les 48 665 places de l'Estadio Nacional vibrent sous les "Chi-Chi-Chi-Lay-Lay-Lay". Le stade accueille aussi les plus grands concerts de la ville, notamment de superstars mondiales. Mais ce haut lieu de divertissement a un passé bien sombre, car quelque 40 000 personnes y furent emprisonnées sous la junte militaire qui suivit le coup d'État de 1973.

Parque de las Esculturas

Fans de foot chiliens

Parque de las Esculturas

SCULPTURES DANS UN PARC PAISIBLE

En plus d'offrir une vue magnifique sur les gratte-ciel, à l'est, le parc abrite nombre d'araucarias rares, où les perruches veuves aiment à se poser. Des dizaines de sculptures d'artistes locaux et internationaux sont disséminées ici et là, beaucoup dotées d'un QR code qu'il suffit de scanner pour accéder à des informations supplémentaires. Au centre, une galerie octogonale accueille des expositions d'art temporaires. Lieu de pique-nique populaire, le parc est souvent rempli d'adolescents et de jeunes amoureux, venus échanger des baisers à l'abri des regards parentaux.

Drugstore

PRIORITÉ AUX MARQUES LOCALES

Aux grands centres commerciaux, certains chiliens avisés préfèrent cette galerie marchande animée au nom trompeur, axée sur les jeunes designers, artistes et auteurs. Snog, Bastardo & Reptil et Mo Store, par exemple, vendent d'excellents articles de mode – surtout masculins – à des prix défiant toute concurrence. Bestias, une enseigne de chaussures locale prisée du public, y a aussi un magasin. La plupart des boutiques sont au sous-sol, et les cafés, tel La Resistencia, au rez-de-chaussée. Le week-end, vous pourrez acheter les produits bio de fermiers locaux sur un marché extérieur. Certains des meilleurs bars et restaurants de Providencia se situent dans les rues adjacentes, à l'est et à l'ouest.

INCONTOURNABLES
1 Bao Bar
2 Bar Porfirio
3 Drugstore
4 Parque de las Esculturas
5 Pepperland

VOIR
6 D21 Art Projects

SE LOGER
7 Carménère eco Hotel
8 Hostal Vitalia
9 Hotel Boutique Le Reve

SE RESTAURER
10 Café de la Candelaria
11 CORA Bistró
12 Fiol Dulceria
13 InPasta
14 La Popular Infante
15 Lomit's
16 Óbolo
17 Piso Uno
18 Sapiens
19 Silvestre Bistró
20 Violeta Restaurant

PRENDRE UN VERRE ET FAIRE LA FÊTE
21 Bar Rapa Nui
22 Bravo 951
23 Café Black Mamba
24 Chueca
25 Gracielo Bar
26 La Cava del Barrio

PROVIDENCIA ET ÑUÑOA

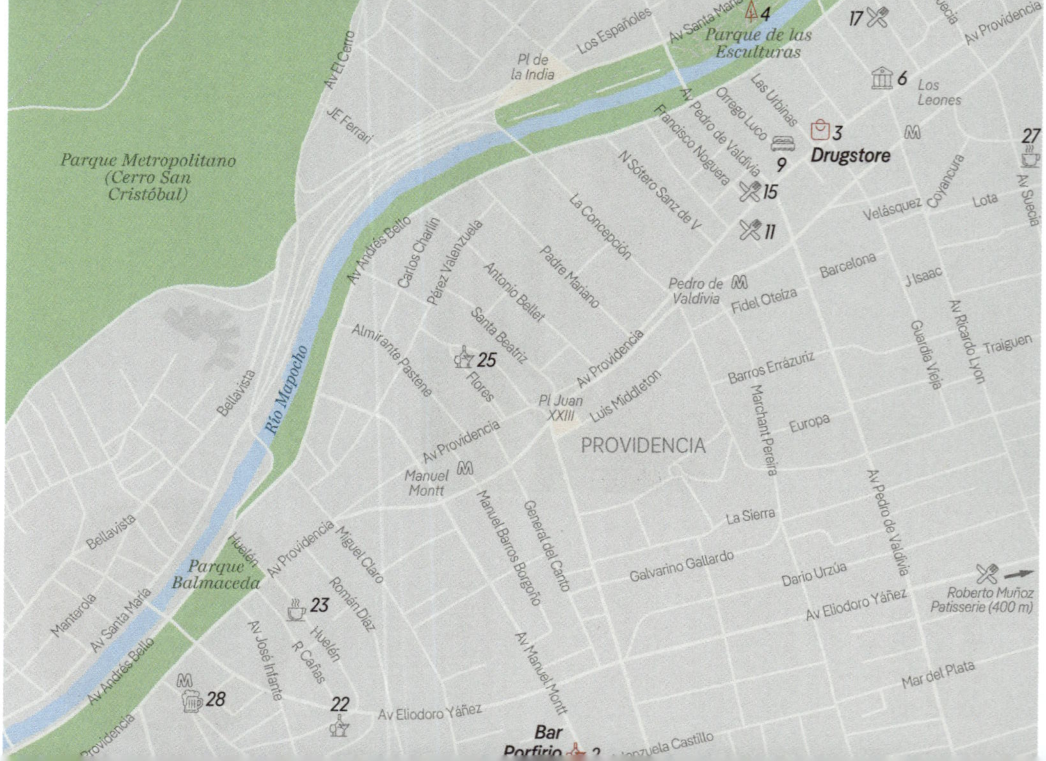

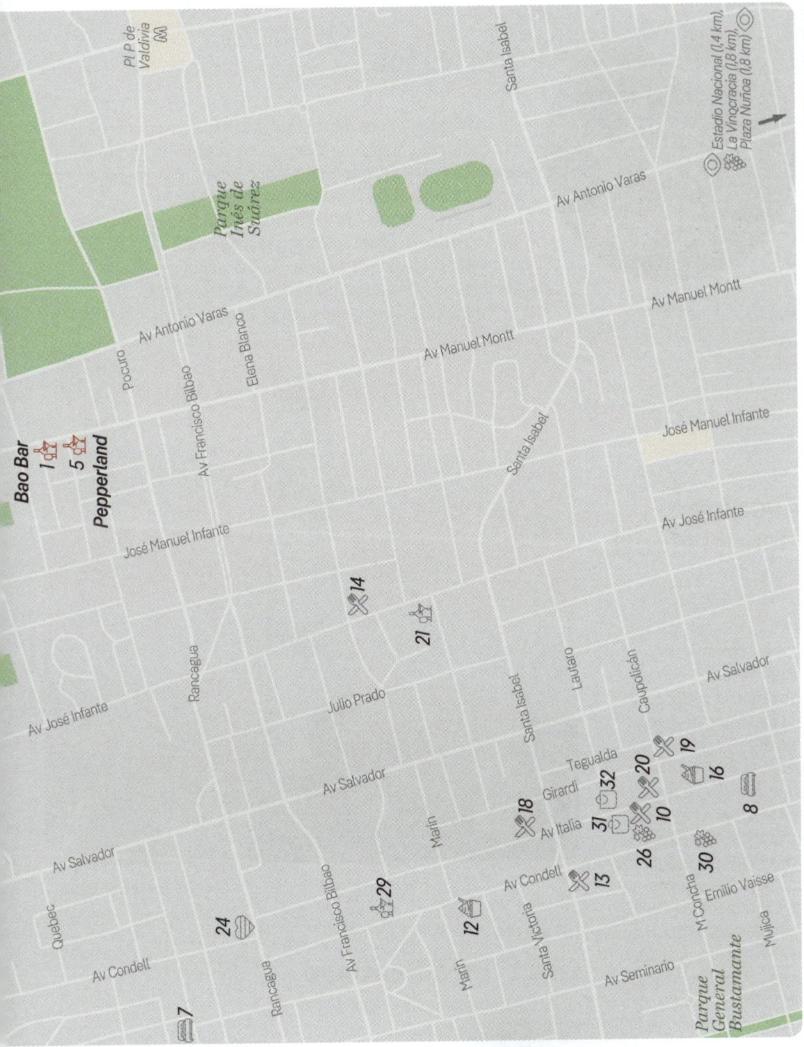

27 La Pastora Coffee House
28 Oculto Beergarden
29 Ruca Bar
30 Vinoteca Italia

SHOPPING
31 Estacion Italia
32 Tienda Larry

Cycliste sur Providencia
JOAO KERMADEC/SHUTTERSTOCK ©

Plaza Ñuñoa

Plaza Ñuñoa

"ÑUÑORK CITY"

Les Santiaguinos considèrent Ñuñoa comme un quartier peuplé de bobos, adeptes de cafés végans, de jardineries, de brownies au cannabis et de *carretes* (fêtes) nocturnes interminables. *Cela se ressent surtout sur la* jolie Plaza Ñuñoa, noyau vert du *barrio*, bordée de restaurants, bars et boîtes de nuit tranquilles et sans prétention, où se donnent souvent des concerts le week-end. C'est aussi sur cette place qu'eurent lieu d'immenses manifestations, presque toutes pacifiques, notamment lors du soulèvement populaire de 2019-2020.

Avenida Manuel Montt

TRINQUER ET SE RESTAURER

Parfois appelée le Barrio Manuel Montt, cette longue avenue, entre Providencia et Ñuñoa, est peu à peu devenue l'un des principaux endroits de la ville où venir prendre un verre ou manger un morceau. La présence de plusieurs universités privées amène une population jeune, et, par ricochet, les lieux sont plus décontractés et moins onéreux qu'ailleurs dans l'est de Santiago. Nombre d'adresses se prêtent à prendre un verre ou se restaurer juste au sud de Nueva Providencia, mais les meilleurs restos-bars, dont **Bar Porfirio**, **Bao Bar** et **Pepperland**, se trouvent surtout plus au sud, près d'Eliodoro Yañez.

Gran Torre Santiago

Gran Torre Santiago

CENTRE COMMERCIAL PANORAMIQUE

Ce gratte-ciel de 64 étages est la plus haute tour (300 m) d'Amérique du Sud et la quatrième de l'hémisphère sud, mais seuls quelques niveaux en sont occupés, de sorte que les habitants y voient souvent le symbole de la cupidité et de l'orgueil des milliardaires du Chili. Les visiteurs n'en aiment pas moins gagner son sommet pour admirer la vue à 360° sur la ville (pour peu qu'elle ne soit pas gâchée par le smog) depuis le **Sky Costanera**, une plateforme d'observation. Ce géant est un des gratte-ciel du **Costanera Center**, qui regroupe des bureaux et le plus grand centre commercial d'Amérique du Sud, l'un des rares où dénicher à coup sûr tout le matériel requis si vous allez camper, randonner ou à la neige dans les Andes. C'est aussi là que se trouve la crème des supermarchés (Jumbo), des cinémas (Cineplanet) et des grands magasins (Falabella).

GERARDO ERNESTO CAMACHO/SHUTTERSTOCK ©

Barrio Italia

ÉGALEMENT À PROVIDENCIA ET ÑUÑOA

Le quartier le plus tendance de Santiago

BALADE DANS LE BARRIO ITALIA

Le Barrio Italia est le quartier par excellence où venir se balader sans but ni horaire précis, en particulier le dimanche après-midi, lorsque le reste de la ville est à l'arrêt. Partagé entre Providencia et Ñuñoa, il s'est gentrifié sans avoir pour autant perdu, dans l'aventure, son caractère ouvrier.

Il tire son nom des Italiens qui vinrent travailler à la chapellerie Girardi au début du XXe siècle. Celle-ci est fermée depuis longtemps, mais la mode occupe toujours une place majeure dans les dédales des galeries marchandes comme **Estacion Italia**, dont les boutiques vendent des chaussures, vêtements et lunettes de soleil *made in Chile*. D'autres galeries, dont beaucoup occupent de vieilles bâtisses, proposent des disques, des livres, de l'artisanat, des objets insolites, voire des articles locaux chics, comme **Tienda Larry**. Il n'est pas rare qu'une cour intérieure abrite un café, tel **Sapiens**, un fleuron végan. Disséminés parmi les boutiques modernes

PAROLE D'HABITANT : PLACE À LA CULTURE

Meilleurs lieux culturels du quartier conseillés par **Felipe Bascuñán**, directeur adjoint du CCLM.

D21 Art Projects
Petite galerie au premier étage d'un vieil immeuble de la fameuse galerie D21, à côté d'un *caracol* (centre commercial à l'ancienne en colimaçon), qui expose des talents chiliens contemporains des arts visuels.

Centro de Extensión UC
Jeunes artistes, concerts, films et pièces de théâtre au programme des deux galeries d'art Galería Macchina et Espacio Vilches, situées dans un couvent vieux de 100 ans.

Ojoporojo Tienda
Concept store axé sur les livres d'art, les fanzines, les tee-shirts classe et la sérigraphie, le tout réalisé sur place. Liste des ateliers sur Instagram : @ojoporojo.cl.

OÙ SE LOGER À PROVIDENCIA ET ÑUÑOA

Carménère ecoHotel
Hôtel responsable très élégant sur le thème du vin, dans une petite rue calme du Barrio Italia. **$$$**

Hostal Vitalia
Emplacement hors pair au cœur du Barrio Italia pour cette petite auberge très accueillante. **$**

Hotel Boutique Le Reve
Hôtel calme ultrachic aux murs couverts de lierre, dans un cadre verdoyant, avec une cour d'inspiration française. **$$$**

LES MEILLEURS RESTAURANTS À PROVIDENCIA ET ÑUÑOA

CORA Bistró
Saveurs imaginatives, assiettes peintes et vins originaux conseillés par des sommeliers dans un cadre décontracté : une expérience gastronomique mémorable à prix raisonnable. $$

Piso Uno
Resto-bar confortable et animé, où la cuisine Nikkei (nippo-péruvienne) est à l'honneur. $$$

Lomit's
Ambiance à l'ancienne dans cette sandwicherie traditionnelle, inégalable pour la qualité de ses produits bon marché et de son service. $

Rishtedar
Ambiance typique dans ce restaurant indien qui sert des curries et poulets tandoori exquis, à accompagner d'un Pisco sour. $$

des *avenidas* Condell et Italia se trouvent des antiquaires à l'ancienne, avec des ouvriers en bleu de travail occupés à peindre et à polir.

Le Barrio Italia compte également d'excellents cavistes, dont **La Cava del Barrio**, qui promeut de petits producteurs, et **Vinoteca Italia**, qui organise régulièrement des dégustations. Les gourmands aimeront **Fiol Dulceria**, pour ses douceurs vraiment originales, et la chocolaterie *bean-to-bar* **Óbolo**. Parmi les restaurants les plus en vogue, citons **Violeta Restaurant**, végétarien, **InPasta**, le paradis des pâtes, et **Silvestre Bistró**, qui mise sur les circuits courts. Les cocktails à base de gin du **Ruca Bar** et la foule LGBTQIA+ branchée du **Chueca** font que, même à la nuit tombée, le quartier ne désemplit pas.

Le “quatrième repas” chilien

NE DITES PLUS “TEATIME”, MAIS “ONCE”

Introduit au Chili par les exploitants anglais des mines de salpêtre, le *teatime* (heure du thé) britannique s'est répandu à la vitesse de l'éclair et transformé en “quatrième repas” de fin d'après-midi, appelé *once* (“onze”). Accompagné de thé ou de café, il allie généralement sucré et salé : pains, pâtisseries, fromage, œufs et purée d'avocat. Bien que la chaîne **Tavelli** se soit fait une spécialité de cette collation, mieux vaut la prendre dans une boulangerie ou un café indépendant, qui font le renom de Providencia.

Le Chili est, de loin, le plus gros consommateur de pain d'Amérique latine. Les *marraqueta* (paire de petits pains) et *hallulla* (pain plat et rond) sont les plus répandus, mais des boulangeries modernes, comme **Pan Mostacho** et **La Popular Infante** (dont le pain au levain a rang de légende), ont nettement diversifié la gamme. Si vous préférez un *once* plus sucré, essayez les pâtisseries artistiques de la **Roberto Muñoz Patisserie**. Vous pourrez aussi choisir la facilité avec le merveilleux **Café de la Candelaria**, qui propose une formule toute faite dans une cour intérieure du Barrio Italia.

Santiago commence à tourner le dos au café soluble, autrefois servi partout, et les adeptes pourront passer un très bon moment dans l'un des fantastiques établissements du quartier, comme **Café Black Mamba**, **La Pastora Coffee House** ou **Casino Latriana**, lieu très branché qui organise aussi des dîners clandestins.

OÙ PRENDRE UN VERRE À PROVIDENCIA ET ÑUÑOA

Gracielo Bar
Ancien manoir avec un intérieur raffiné et un toit-terrasse, très fréquenté pour ses cocktails artisanaux et ses tapas.

Bravo 951
Lieu chéri des hipsters pour ses fêtes fréquentes et ses DJ, mais aussi sa multitude de cocktails et sa bonne chère.

Bar Rapa Nui
Le top pour les amateurs de *dive bars*, de traditions locales et de solides Piscolas (pisco et Coca-Cola).

LAS CONDES ET VITACURA

AU CŒUR DES GRATTE-CIEL

Alliant gratte-ciel étincelants, immeubles d'habitation ultrasécurisés et centres commerciaux récents clinquants, Las Condes s'affiche clairement comme le visage du Chili moderne. Donnant sur les Andes, le verdoyant Barrio El Golf avec ses restaurants huppés, ses superbes demeures et ses hôtels de luxe en est l'illustration parfaite, au point d'avoir gagné le surnom de "Sanhattan". Les rues juste au nord et au sud du Parque Araucano sont aussi bordées d'immeubles et animées, mais c'est plus un secteur d'affaires, dominé par des chaînes internationales.

Au nord, le quartier de Vitacura est encore plus cossu, avec la crème de Santiago en matière de rues commerçantes, galeries d'art, bars et restaurants. Le secteur le plus trépidant se trouve à l'est du spectaculaire Parque Bicentenario, dans un triangle délimité par les avenues Nueva Costanera, Vitacura et Alonso de Córdova. Cette partie huppée et anonyme de la capitale, prisée des voyageurs d'affaires, remplit les attentes en matière de mode, shopping et restauration.

Pour les infos pratiques, voir le Carnet d'adresses p. 95

À SAVOIR

Ces deux quartiers forment une sorte de Santiago à part entière, au point que nombre de leurs habitants n'ont jamais franchi l'avenue Tobalaba ni mis les pieds dans les secteurs moins aisés à l'ouest. Ne les imitez pas, car les prix y sont quasi équivalents, voire supérieurs à ceux pratiqués dans les grandes villes d'Europe ou d'Amérique du Nord.

Las Condes

JOSE LUIS STEPHENS/SHUTTERSTOCK ©

INCONTOURNABLES
1 Casacostanera
2 Galería Animal
3 Galeria de Arte Patricia Ready
4 Galería Isabel Aninat
5 Gran Torre Santiago
6 Museo Interactivo Las Condes
7 Parque Bicentenario
8 Tiramisú

SE LOGER
9 Hotel Bidaosa
10 NOI Vitacura
11 Select by Time

SE RESTAURER
12 CV Galería
13 La Calma by Fredes
14 La Mesa
15 La Punta
16 Rishtedar
17 Tip y Tap

PRENDRE UN VERRE ET FAIRE LA FÊTE
18 Les Dix Vins
19 Vinolia

SHOPPING
20 Ojoporojo Tienda

Pueblito Los Domínicos

ARTISANAT

À l'exception des très beaux magasins de l'enseigne Artesanías de Chile, dont celui ouvert ici, il n'y a pas meilleur endroit à Santiago pour acheter de l'artisanat de qualité vraiment fabriqué au Chili. Ce village factice de Las Condes, au bout de la ligne de métro L1, réunit des dizaines de petites boutiques, des galeries d'art et des cafés traditionnels, et affiche un vaste choix de souvenirs : bijoux en lapis-lazuli, authentiques tissus andins, bols en bois faits à la main, paniers tissés et céramiques ornées de motifs indigènes.

Textiles chiliens

Boragó

LE SUMMUM DE LA GASTRONOMIE CHILIENNE

En ouvrant ce restaurant novateur, classé depuis dix ans parmi les 50 meilleurs du monde, le chef Rodolfo Guzmán a porté la gastronomie chilienne à un niveau jamais atteint. Au fil des divers plats du menu, composés d'ingrédients peu connus des vallées, fjords et collines qui s'étendent de la Patagonie au désert d'Atacama, les clients font un véritable voyage culinaire, à un prix pourtant plus abordable qu'à la plupart des tables de ce standing. Ajoutez un vin chilien rare en accompagnement, et l'expérience devient purement inoubliable. Installé dans un bâtiment minimaliste face au Cerro Manquehue, ce restaurant inclut un laboratoire culinaire époustouflant, où Guzmán conçoit ses créations.

Boragó

Parque Bicentenario

SIESTE AU PIED DES GRATTE-CIEL

Créée en 2010, lors du bicentenaire de la proclamation d'indépendance du Chili, cette paisible oasis urbaine sillonnée de sentiers impeccables est agrémentée de sculptures, d'étangs où s'ébattent des d'oiseaux, d'aires de jeux et de lieux de restauration, comme la table gastronomique Mestizo, idéale pour un verre en fin de soirée, avec vue sur "Sanhattan". Ce parc est aussi le lieu de projections de films en plein air et accueille toutes sortes de foires, de la mode au vin, en passant par le design. Pour un peu d'évasion, louez un vélo public auprès de Bike Itaú, attrapez la ciclovía (piste cyclable) juste à l'ouest du parc et longez le Río Mapocho vers le nord-est sur 6 km, en profitant de vues spectaculaires sur le Cerro Manquehue et les Andes, au loin. Le parc est à quelques minutes en taxi de la station de métro Tobalaba et à trois rues à l'ouest de l'arrêt de bus Alonso de Córdova.

Parque Araucano

Parque Araucano

DE LA VERDURE AU SHOPPING

Écrin de verdure au pied de gratte-ciel scintillants, ce parc de 22 ha vaut le détour, avec un joli jardin de roses, des aires de jeux fantastiques, des fontaines dansantes, un skatepark, des terrains de sport et un petit parc à thème éducatif, appelé KidZania. Très fréquenté, il voit passer beaucoup de touristes des pays voisins en route pour le centre commercial du même nom, de style américain, situé à sa périphérie nord, qui réunit des enseignes mondiales haut de gamme, d'immenses grands magasins et maints restaurants en plein air.

Galeries d'art de Vitacura

POUR LES FINS CONNAISSEURS

Les galeries autour de l'avenue Alonso de Córdova constituent un haut lieu de l'art chilien contemporain et un endroit privilégié pour observer les fashionistas dans leur environnement naturel. La **Galería Animal** est un espace étonnant sur plusieurs niveaux, dont la sélection de choix d'œuvres contemporaines comblera les amateurs en quête d'achats. Doublée d'une librairie et d'un café, la **Galeria de Arte Patricia Ready** expose, elle, des artistes plus émergents. Enfin, la très respectée Galería Isabel Aninat, située dans la **CV Galeria**, présente depuis 1983 les œuvres d'artistes chiliens et internationaux majeurs, dont Joan Miró et Antoni Gaudí.

Isidora Goyenechea

EN HAUT : JOSE LUIS STEPHENS/SHUTTERSTOCK ©, CI-CONTRE : JOSE LUIS STEPHENS/SHUTTERSTOCK ©

Isidora Goyenechea et Nueva Costanera

AVENUES CHIC

Ces larges *avenidas* sont les deux poumons de leurs quartiers. Dans le Barrio El Golf (Las Condes), Isidora Goyenechea s'est peu à peu détachée des chaînes de restaurants internationales pour accueillir des tables plus dynamiques, notamment autour de la Plaza Peru, où le restaurant **Tiramisú** ne désemplit pas. Entre ces adresses culinaires s'intercalent quelques magasins de vêtements et d'articles ménagers, et le **Museo Interactivo Las Condes**, musée technologique qui fait la part belle aux enfants. À Vitacura, Nueva Costanera est la rue commerçante la plus sélecte de Santiago, avec des boutiques de designers (**Karyn Coo**, **Lia Fernández**, **SISA**) et un centre commercial luxueux en plein air (**Casacostanera**). Bon nombre des restaurants parmi les plus renommés de la ville (**La Calma**, **Dondoh**, **Osaka** et **Aquí Está Coco**) ont aussi payé le prix fort pour être présents.

Cerro Provincia

ÉGALEMENT À LAS CONDES ET VITACURA

Vers d'autres horizons

PRENEZ DE LA HAUTEUR DANS LA CORDILLÈRE

Les férus de randonnée, prompts à envisager un trek en Patagonie, trouveront déjà d'excellents itinéraires dans la précordillère, à l'extrémité est de Las Condes, accessibles en taxi ou transport public. L'Asociación Parque Cordillera y gère plusieurs parcs privés, où il faut entrer avant 12h ou 13h, voire 9h, selon le parcours. Toutes les cartes, conditions d'accès et réglementations se trouvent sur asociacionparquecordillera.cl.

La boucle de 17 km jusqu'à la cascade **Salto de Apoquindo** dans le **Parque Aguas de Ramón** est l'un des circuits pour randonneurs aguerris qui offre le plus de panoramas et d'ombre, mais celle de 6,5 km, **Sendero Los Peumos**, est tout aussi pittoresque. Les parcs voisins **Parque La Plaza** et **Parque San Carlos de Apoquindo** plairont davantage à ceux qui veulent grimper certains sommets des pré-Andes, comme le **Morro Las Papas** (1 357 m, 7 km) ou, plus difficile, l'**Alto Las Vizcachas** (1 871 m, 10 km). Tous deux ont l'attrait d'une vue à couper le souffle sur Santiago. Dans le Parque San Carlos de Apoquindo, des itinéraires formidables et moins fréquentés mènent notamment à l'**Alto del Naranjo** (1 890 m, 13 km) et au **Cerro Provincia** (2 750 m, 22 km).

Haut de 1 639 m, le **Cerro Manquehue** (sans lien avec l'Asociación Parque Cordillera), à Vitacura, est le point culminant intra-muros de Santiago. Le circuit qui grimpe au sommet, fatigant malgré ses 5 km, seulement, est l'une des marches les plus populaires de la ville. La faire juste après la pluie garantit l'absence de smog et des vues exceptionnelles.

OÙ SE RESTAURER À LAS CONDES ET VITACURA

La Mesa
Cuisine raffinée, essentiellement à base de produits locaux. $$$

La Calma by Fredes
Toute la côte pacifique et un festival de fruits de mer locaux dans une assiette. $$$

La Punta
Peut-être les meilleures *empanadas* de Santiago, tout simplement. $

Tip y Tap
Chaîne de l'est de Santiago proposant une cuisine familiale abordable. $

BordeRio
Centre gastronomique au bord du Río Mapocho, où se trouvent nombre de restaurants très prisés de Vitacura. $$$

CV Galería
Ambiance artistique dans ce restaurant très branché. $$$

OÙ SE LOGER À LAS CONDES ET VITACURA

Select by Time
Très bon hôtel sur une place calme, avec un intérieur raffiné et une piscine en terrasse. $$

Hotel Bidasoa
Ambiance tropicale chic et charmante dans cet hôtel très branché, avec un restaurant végétalien animé. $$$

NOI Vitacura
Hôtel grand luxe avec une situation privilégiée sur Nueva Costanera, un spa et un toit-terrasse. $$$

VIGNOBLES DU VALLE DEL MAIPO

DE LA VIGNE AU VIN

Une fois rassasié de la capitale, vous pourrez quitter Santiago pour le Valle de Maipo, au sud, afin de découvrir les superbes vignobles familiaux et les grandes exploitations viticoles. La production fait la part du lion aux rouges corsés. L'emportant sur les autres cépages présents, tels que merlot, carménère et syrah, la véritable star de ce terroir est le cabernet sauvignon. Celui produit ici est même l'un des vins chiliens les plus exportés, vendu dans des magasins et restaurants du monde entier. Situé au cœur de la vallée, le pastoral Pirque en est l'endroit le plus pittoresque, avec divers domaines viticoles, restaurants et hôtels. Cela étant, vous pourrez déguster d'excellents vins du Valle de Maipo à Santiago même, car des caves intra-muros et de plus en plus de bars à vin servent un large choix de crus singuliers.

Pour les infos pratiques, voir le Carnet d'adresses p. 96

À SAVOIR

Maints domaines ne sont ouverts au public que sur réservation et en restent à des visites guidées sans dégustation (sauf Viña Santa Rita et Concha y Toro). Mais il y a plus de guides polyglottes à Maipo que dans les autres vallées viticoles, et certaines visites incluent un dîner au coucher du soleil et une balade à vélo dans les vignes.

Cousiño Macul

SAUVÉ PAR L'HISTOIRE

Avec son bâtiment historique de 1872, Cousiño Macul est l'un des seuls vignobles à se tailler une part de verdure dans l'agglomération de Santiago, même si la plupart des vignes se trouvent maintenant à 40 km de là, à Buin. Les visites classiques présentent l'histoire du vin chilien et incluent trois dégustations, mais il est possible de réserver un circuit à vélo dans les vignes, qui comprend quatre dégustations. Le bus public 418 vous dépose juste devant le site.

CI-CONTRE : DOUGLAS PEEBLES PHOTOGRAPHY/ALAMY STOCK PHOTO ©, EN BAS : ALFREDO MAIQUEZ/SHUTTERSTOCK ©

Vin au Viña Cousiño Macul

Viña Concha y Toro

DES VINS MONDIALEMENT CÉLÈBRES

Viña Concha y Toro

Viña Concha y Toro est le principal producteur de vin d'Amérique latine et l'un des dix plus grands noms mondiaux. Cette reconnaissance internationale lui vaut d'être aussi la cave la plus visitée du Chili et de disposer d'une excellente infrastructure pour accueillir les visiteurs dans plusieurs langues. Différentes visites des vignobles sont envisageables, mais vous pourrez en rester à une dégustation au verre ou à la volée au Bodega 1883, le bar à vin. Bien que moins singulière ou intime que d'autres caves, Viña Concha y Toro est l'une des rares accessibles en transport public depuis Santiago. Depuis l'arrêt de métro Las Mercedes (L4), prenez le bus 73, 80 ou 81 jusqu'à Pirque à quelques pas du vignobles.

Bars à vin de Santiago

LE BOOM DES BARS À VIN

Nul besoin de quitter Santiago pour goûter aux meilleurs crus des vignobles alentour. Fin du fin des bars à vin, **Bocanáriz**, à Lastarria, aurait initié le boom de ce type d'établissement au début des années 1980. Dans le Barrio El Golf, **Les Dix Vins**, plus récent, propose des crus chiliens et français de prestige, des dégustations de fromage et d'huîtres, et des animations en soirée, comme des concerts de jazz. La liste de vins de **La Vinocracia**, bar discret près de la Plaza Ñuñoa, est l'une des plus longues d'Amérique du Sud : vous pourrez y goûter des dizaines de grands crus au prix de 1 000 $CH le verre. À Vitacura, **Vinolia** propose des dégustations multisensorielles dans un intérieur semblable à une salle de cinéma.

Visite de la Viña Santa Rita

Chile Wine Trails

VISITE DE LA RÉGION VITICOLE

Cette société australienne organise des visites sur mesure de la vallée viticole du Maipo pour de petits groupes, avec des guides bilingues et départ/arrivée à Santiago. Certaines excursions à la journée incluent des dégustations dans plusieurs vignobles, une visite du village d'artistes de **Pomaire** pour la poterie ou un pique-nique dans les vignes. Chile Wine Trails propose aussi des excursions à la journée dans les vallées voisines de Casablanca, Aconcagua et San Antonio, et de plusieurs jours dans le Valle de Colchagua.

Dégustation de vin à Viña Santa Rita

Alyan Family Wines

VISITE AU CRÉPUSCULE

Vignoble extrêmement touristique du Grand Santiago, Alyan a l'attrait d'un cadre de rêve au pied des Andes. Si la plupart des domaines organisent des visites en journée, lui mise, au contraire, sur les soirées. Au fil de visites pouvant durer jusqu'à quatre heures, vous dégustez des chardonnays et des cabernets, accompagnés de charcuterie fine, tout en parcourant les vignobles soignés. Le point d'orgue est un repas au coucher du soleil avec vue sur la chaîne côtière, au dernier étage de la cave. Même s'il y a alors parfois affluence, il constitue une expérience hors norme à un prix somme toute raisonnable.

Viña Santa Rita

RESTAURANTS, HÉBERGEMENTS ET OPULENCE

Si vous ne deviez visiter qu'un seul domaine viticole du Valle de Maipo, ce serait forcément Viña Santa Rita, qui a de quoi vous occuper plusieurs heures, non seulement avec ses différentes visites (à vélo ou en calèche, avec ou sans pique-nique), mais aussi avec un musée de l'art précolombien **(Museo Andino)** aussi somptueux que le Museo Chileno de Arte Precolombino de Santiago. L'offre de restauration s'étend à tous les budgets, d'un déjeuner à prix raisonnable dans un café à un repas plus raffiné, accompagné de vin dans un restaurant. Pour la nuit, difficile de résister à l'hôtel de charme **Casa Real**, situé au cœur d'un jardin botanique de 40 ha, dessiné par Guillaume Renner. Le site Web santarita.com affiche toutes les informations pour y venir en transport public.

CAJÓN DEL MAIPO ET STATIONS DE SKI ANDINES

RANDONNÉE ET NATURE

Les montagnes qui dominent Santiago connaissent un regain d'activité lors de la saison de ski australe, de juin à septembre. La plupart des stations, dont Valle Nevado, Farellones, El Colorado et La Parva, se trouvant à Tres Valles, au-dessus de la forêt, vous pouvez fréquenter divers domaines en quelques jours. Portillo, elle, se situe juste au nord, près de Los Andes, et Lagunillas au sud, dans le Cajón del Maipo. Si toutes sont accessibles depuis Santiago, passer une nuit en altitude dans les Andes peut être une expérience plaisante, quoique coûteuse.

Certaines stations organisent des activités estivales, comme de la randonnée et du VTT de descente, mais à cette période, les Santiaguinos fuyant la chaleur privilégient le Cajón del Maipo pour sa fraîcheur. Le printemps est la saison optimale, car après la fonte des neiges hivernales, le paysage est d'un vert incroyable. En automne, à l'inverse, les montagnes sont brunies et asséchées.

Pour les infos pratiques, voir le Carnet d'adresses p. 97

À SAVOIR

Des bus publics desservent San José de Maipo toute l'année et poursuivent jusqu'à Baños Morales (au bout du Cajón del Maipo) chaque jour en été, mais seulement le week-end en hiver. En saison, des compagnies assurent la navette depuis Las Condes pour les stations de Tres Valles.

Valle Nevado (p. 85)

CAJÓN DEL MAIPO ET STATIONS DE SKI ANDINES

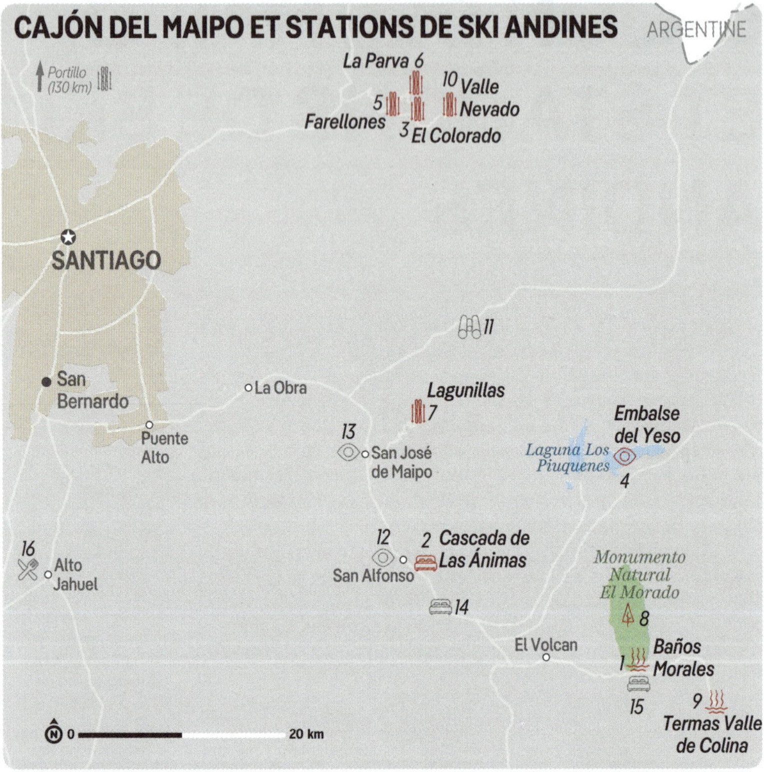

INCONTOURNABLES
1 Baños Morales
2 Cascada de Las Ánimas
3 El Colorado
4 Embalse El Yeso
5 Farellones
6 La Parva
7 Lagunillas
8 Monumento Natural El Morado
9 Termas Valle de Colina
10 Valle Nevado

VOIR
11 Mirador de Cóndores
12 San Alfonso
13 San José de Maipo

ACTIVITÉS
voir 13 Rutavertical Rafting

SE LOGER
14 Cabañas y Camping Parque Almendro
voir 12 Hotel A ltiplanico Cajón del Maipo
15 Lodge El Morado

SE RESTAURER
voir 12 Casa Chocolate, Cervecería y Pizzería Jauría
16 Mitifuu

La Parva

La Parva

GORTEX ET GLAMOUR

Plus petite station de ski de Tres Valles, La Parva n'en reste pas moins la plus huppée, et s'adresse davantage à une clientèle familiale aisée, qu'à des fêtards en quête de poudreuse. Ainsi, le village de Villa La Parva se compose-t-il surtout de maisons et d'appartements privés. Ses 15 télésièges mènent aux 48 pistes du domaine, la plus haute débutant à 3 574 m d'altitude. Les amateurs de hors-piste seront comblés, eux aussi. Moyennant un enneigement suffisant, les plus audacieux pourront rejoindre Valle Nevado ou El Colorado.

Télécabine de Valle Nevado

Valle Nevado

DES PENTES MONDIALEMENT CÉLÈBRES

Station cosmopolite à l'européenne, à 12 km de Farellones, Valle Nevado est la mieux entretenue de la région de Santiago. Son domaine skiable est le plus grand d'Amérique du Sud (quasi 900 ha). On y trouve des pistes parmi les plus difficiles, mais celles pour débutants conviennent aux enfants. 13 télésièges et remonte-pentes, et une télécabine de 8 places mènent au départ des 39 pistes somptueuses, la plus haute culminant à 3 670 m d'altitude. Avec un parc à neige, le hors-piste et l'héliski (plus un *bike park* en été), les amateurs de sensations fortes sont comblés. Pour l'hébergement, aucune hésitation : direction l'**Hotel Valle Nevado**, à un pas des pistes, avec piscine extérieure chauffée, spa et piano-bar avec cheminée. Valle Nevado est la seule station d'Amérique du Sud à figurer dans les pass internationaux IKON et Mountain Collective.

El Colorado et Farellones

LES JOIES DE LA NEIGE EN FAMILLE

Bien adaptée aux enfants, la station de Farellones, première créée dans le pays, est très appréciée des skieurs et snowboarders débutants désireux de prendre des cours. Les familles y viennent aussi pour le *snowtubing*, la luge ou la tyrolienne. Sa voisine El Colorado, qui culmine à 3 333 m d'altitude, réjouira davantage les plus expérimentés. À elles deux, elles totalisent 19 remontées mécaniques et 101 pistes. La plupart de ces dernières s'adressent à des skieurs moyens, mais les pros trouveront quand même de quoi faire. Le domaine d'El Colorado est considéré comme le plus vaste du pays.

El Colorado

Portillo

HISTORIQUE ET ÉPIQUE

Laguna del Inca

Très renommée, la station Portillo s'étend au bord du Laguna del Inca, lac d'altitude exceptionnel. Les équipes nationales de ski alpin des USA, d'Autriche et d'Italie s'y entraînent en été, et c'est là que les 200 km/h furent franchis pour la première fois. Malgré des pistes pour débutants, les accrocs de la glisse ont ici part belle. Le domaine skiable de 500 ha compte 35 pistes, entre 2 590 m et 3 310 m d'altitude. Comme Portillo est assez loin de Santiago, au col vers Mendoza (et à portée de vue de l'Aconcagua, point culminant des Amériques), mieux vaut y passer au moins deux jours, d'autant qu'il y a des hébergements à tous les prix.

Cascada de Las Ánimas

RÉSERVE PRIVÉE EN MONTAGNE

Nommée d'après une cascade accessible par une courte marche, cette réserve naturelle privée ne se visite que dans le cadre d'activités organisées, comme des randonnées guidées d'une demi-journée dans les collines, du rafting ou des sorties à cheval, organisées par le ranch de la réserve. Outre les Suites Premium du **Cascada Lodge**, avec un design chic et rustique, agrémenté de mosaïques, et des lits *king-size*, vous pourrez loger dans un *Domo Loft* (sorte de yourte), une *cabaña*, un bungalow calme en bord de rivière ou monter votre tente dans un camping ombragé. Des hébergements de caractère, donc, complétés par un spa, une piscine et un restaurant.

Cascada de Las Ánimas

Lagunillas

CHARMANTE PETITE STATION

Seule station de ski du Cajón del Maipo, Lagunillas est la garantie d'une ambiance chaleureuse, de tarifs bien moins chers et d'une circulation plus fluide si vous rentrez à Santiago après une journée sur les pistes. Malheureusement, comme elle n'est qu'à 2 100 m d'altitude, l'enneigement est moindre, et la saison, plus courte. Au-delà des trois remontées mécaniques et des treize pistes, le réel plaisir se trouve dans les 200 ha fantastiques pour le hors-piste.

Monumento Natural El Morado

TREK SUR UN GLACIER

Une fois entré dans ce petit parc par le village de Baños Morales (accessible par la G-25 depuis San Alfonso), on aperçoit le glacier San Francisco, l'un des plus proches de Santiago. Environ 2 heures de marche, plus tard, on atteint les berges de la scintillante Laguna El Morado, à 6 km de là, avec, à la clef, des vues fabuleuses sur le glacier et le sommet du Cerro El Morado, à 4 674 m d'altitude. Le paysage est particulièrement beau en hiver, lors d'une rando en raquettes. Pour des raisons de sécurité, on ne peut pas entrer dans le parc après 12h30.

Randonneur dans le Monumento Natural El Morado

Embalse El Yeso

UN RÉSERVOIR D'ALTITUDE

Embalse El Yeso est un grand classique des excursions à la journée proposées depuis Santiago. Formé par le barrage du Río Yeso, qui fait partie du bassin du Río Maipo, ce réservoir aux eaux bleu-vert limpides approvisionne la capitale en eau potable. Outre pour la pêche et le windsurf, les visiteurs y viennent surtout photographier les hautes Andes depuis un lieu à plus de 2 500 m d'altitude. À condition d'avoir bien préparé leur trajet, les amateurs d'aventure et de sensations peuvent continuer en 4x4 jusqu'aux Termas del Plomo, sources chaudes naturelles, à près de 3 000 m d'altitude.

Embalse El Yeso

Baños Morales et Termas Valle de Colina

SOURCES CHAUDES RETIRÉES ET ACCUEILLANTES

Au bout de la route goudronnée du Cajón del Maipo, le village de Baños Morales réunit auberges de jeunesse, campings et restaurants. Si les visiteurs viennent surtout pour le **Centro Termal Baños Morales** et ses deux piscines chaudes à l'eau marron, des *huasos* (cowboys) vous emmèneront volontiers randonner à cheval dans la campagne en été. D'un niveau bien supérieur, les **Termas Valle de Colina** et leurs sublimes bassins d'eau chaude naturelle turquoise se situent à 13 km de là, en direction de l'Argentine, au bout d'une route en terre à faire plutôt en 4x4, même si un véhicule surélevé peut suffire. La vue à couper le souffle sur les sommets andins donne à se croire à mille lieues de Santiago. Le site est équipé de toilettes et de douches pour se changer.

POURQUOI J'AIME LE CAJÓN DEL MAIPO ET LES STATIONS DE SKI ANDINES

Mark Johanson, auteur
Par temps dégagé, la vue sur les Andes depuis Santiago est absolument magique, surtout quand les montagnes s'embrasent au coucher du soleil. Peu de villes au monde sont nichées au pied de sommets si imposants. C'est ce qui m'a toujours plu à Santiago : à même pas 1 heure 30 des gratte-ciel ultramodernes, on peut randonner sur un glacier, dévaler une pente à ski, défier des rapides de classe IV en rafting ou se baigner dans un bassin thermal isolé. Les montagnes ne vous quittent jamais. Elles vous aident à vous orienter si vous êtes perdu, et à retrouver de l'allant aux mauvais jours.

ABRIENDOMUNDO/SHUTTERSTOCK ©

Randonneurs dans le Cajón del Maipo

ÉGALEMENT À CAJÓN DEL MAIPO ET DANSLES STATIONS DE SKI ANDINES

Au paradis des condors

RANDONNÉE DANS LES HAUTEURS DE SANTIAGO

Situé dans les hauteurs des Andes, le **Parque Nacional Glaciares de Santiago** fut créé en 2022 pour protéger 18 000 ha de glaciers, vitaux pour l'approvisionnement en eau de la capitale et principal habitat de la faune locale, notamment la buse aguia, le colocolo (chat des pampas), le puma et le condor des Andes. Il marque l'aboutissement du mouvement populaire **Queremos Parque** (queremosparque.cl), qui recueillit plus de signatures que toute autre campagne environnementale dans l'histoire du Chili.

Le parc ne protège hélas que les terres situées au-dessus de 3 600 m : on est loin aussi bien de toute route existante, que d'ouvrir ces montagnes aux Santiaguinos, comme le voudrait Queremos Parque, soucieux de faire tomber les barrières qui bloquent de longue date l'accès à ces lieux du fait d'intérêts énergétiques locaux. Les visiteurs peuvent néanmoins explorer des territoires que Queremos Parque espère voir un jour inclus dans le parc, en pénétrant dans le Cajón del

OÙ SE RESTAURER DANS LE CAJÓN DEL MAIPO

Cervecería y Pizzería Jauría
Microbrasserie préférée des *hipsters* de la vallée, avec des bières maison et de délicieuses pizzas. **$$**

Casa Chocolate
Une boutique de conte de fées enchanteresse, où acheter des chocolats maison, glaces, douceurs et cafés. **$**

Mitifuu
Service impeccable, plats de viande copieux et menu en anglais dans ce lieu charmant avec boiseries intérieures. **$$$**

Maipo et en bifurquant vers **El Alfalfal**. Là, une randonnée époustouflante d'une demi-journée (9 km aller-retour) mène au **Mirador de Cóndores**, au sommet d'une falaise où les condors planent à votre hauteur. Juste après El Alfalfal, les **vallées du Río Olivares et du Colorado** ont l'attrait de paysages alpins exceptionnels, à explorer de préférence avec un guide, comme les bassins thermaux étagés de **Baños Azules**, les zones humides de haute altitude (*bofedales*) et les "pénitents", étranges lames de glace sculptées par le vent.

Eaux vives

RAFTING SUR LE RÍO MAIPO

En s'enfonçant dans le Cajón del Maipo entre les villes de **San Alfonso** et **San José de Maipo**, le Río Maipo alterne entre rapides et zones plus calmes. Les rafteurs y sont souvent très chahutés. Cependant, ils courent bien moins de risques que les premiers kayakistes à avoir descendu ces eaux vives dans les années 1980, et qui s'étaient retrouvés face aux armes automatiques des hommes du général Pinochet en traversant sa propriété, à **El Melocotón**. Cette étroite cascade entre deux rochers, aujourd'hui appelée **El Pinocho** (surnom de l'ancien dictateur), est l'un des rapides les plus ludiques du Río Maipo.

La plupart des excursions de rafting se concentrent sur les 9 km entre El Melocotón et San José de Maipo, où le niveau de l'eau est particulièrement haut à la fonte des neiges, au printemps. Il est plus bas de février à octobre, ce qui limite les risques et permet de partir de San Alfonso. L'eau est aux alentours de 9°C toute l'année.

Basé à San José de Maipo, comme presque tous les opérateurs, **Rutavertical Rafting** organise des sorties d'une heure fabuleuses, accompagnées de guides polyglottes enjoués, avec descente de rapides de classe III ou IV dans de superbes gorges, puis retour en ville. Il faut compter environ 2 heures 30 au total, le temps d'écouter les instructions, de s'équiper et de rallier le point de départ en amont. Le casque, la combinaison et le gilet de sauvetage sont fournis, et il y a des casiers où laisser ses affaires.

LE PLAISIR DE LA RANDO

Si vous manquez de temps pour aller au Cajón del Maipo, l'**Asociación Parque Cordillera** (p. 79) gère plusieurs parcs privés à Las Condes où des transports publics pourront vous mener au point de départ des sentiers vers les sommets préandins.

CAPITALE MONDIALE DU TOURISME DE MONTAGNE ?

Santiago a rejoint un ambitieux programme de 10 ans financé par la CORFO (agence chilienne de développement économique), dans le but d'accéder au rang de "capitale mondiale du tourisme de montagne" d'ici 2030. C'est Andes Santiago (andesstgo.cl), partenariat public-privé, qui mène la danse, notamment en formant des guides de montagne selon les normes internationales, en améliorant l'offre touristique locale et en régissant l'utilisation publique des parcs jouxtant la ville. Il tente aussi de créer une randonnée de 150 km de refuge en refuge dans les Andes centrales, reliant les stations de ski de Tres Valles au Cajón del Maipo. Son objectif ultime : faire de Santiago une sorte de Katmandou des Andes.

OÙ SE LOGER DANS LE CAJÓN DEL MAIPO

Lodge El Morado
L'adresse la plus chic d'El Morado, où profiter des sources d'eau chaude, d'un spa et d'une vue imprenable. **$$$**

Hotel Altiplanico Cajon del Maipo
Hôtel très correct, avec des airs de station de montagne à la mode. **$$$**

Cabañas y Camping Parque Almendro
Terrains de camping en bord de rivière, chalets, piscine et café saisonnier. **$**

Carnet d'adresses

CENTRO

Catedral Metropolitana
Voir p. 54 (catedraldesantiago.cl ; Plaza de Armas ; messe 12h30 et 18h ; M Plaza de Armas)

Centro Cultural Palacio La Moneda
Voir p. 52 (www.cclm.cl ; Plaza de la Ciudadanía 26 ; tarif plein/étudiant à partir de 3 000/1 500 $CH ; 10h-19h30, expositions 10h-19h30 mar-dim : M La Moneda)

Centro de Extensión UC
Voir p. 73 (extension.uc.cl ; Avenida Libertador Bernardo O'Higgins 390 ; entrée libre ; 9h-22h, galerie 10h-18h ; M Universidad Católica)

Centro Gabriela Mistral
Voir p. 55 (www.gam.cl ; Avenida Libertador Bernardo O'Higgins 227 ; entrée libre ; places 8h-23h mar-sam, 8h-22h dim-lun, salles d'exposition 10h-21h mar-sam, 11h-21h dim ; M Universidad Católica)

La Piojera
Voir p. 53 (2-2698-1682 ; Aillavilú 1030 ; 12h-minuit lun-sam : M Puente Cal y Canto)

La Vega Central
Voir p. 53 (www.vegacentral.cl ; angle Nueva Rengifo et Antonia López de Bello ; 7h-17h : M Patronato)

Mercado Central
Voir p. 53 (angle 21 de Mayo et San Pablo ; 6h-16h lun-sam, 6h-14h dim ; M Puente Cal y Canto)

Museo Chileno de Arte Precolombino
Voir p. 53 (museo.precolombino.cl ; Bandera 361 ; tarif plein/étudiant 10 000/5 000 $CH ; 10h-18h mar-dim ; M Plaza de Armas)

Museo de Arte Contemporáneo
Voir p. 55 (mac.uchile.cl ; Ismael Valdés Vergara 506 ; entrée libre ; 11h-17h30 mar-sam ; M Bellas Artes)

Museo de Artes Visuales
Voir p. 55 (mavi.uc.cl ; José Victorino Lastarria 307, Plaza Mulato Gil de Castro ; tarif plein/réduit 2 500/1 000 $CH, prix libre dernier dim du mois ; 10h-18h mar-dim, M Universidad Católica)

Museo Historico Nacional
Voir p. 55 (www.mhn.gob.cl ; Plaza de Armas 951 ; entrée libre ; 10h-19h mar-dim ; M Plaza de Armas)

Museo Nacional de Bellas Artes
Voir p. 55 (www.mnba.gob.cl ; José Miguel de la Barra 650 ; entrée libre ; 10h18h30 mar-dim ; M Bellas Artes)

Palacio de La Moneda
Voir p. 54 (visitasguiadas.presidencia.cl ; angle Morandé et Moneda ; entrée libre ; visite guidée 16h30 lun-jeu ; M La Moneda)

Palacio Pereira
Voir p. 54 (palaciopereira.cl ; Huerfanos 1515 ; entrée libre ; 10h-18h lun-ven, 10h-15h sam, visite guidée 11h, 16h jeu-ven, 12h sam ; M Santa Ana)

Teatro Municipal de Santiago – Ópera Nacional de Chile
Voir p. 52 (municipal.cl ; Agustinas 794 ; billets à partir de 3 000 $CH ; guichet 10h-18h lun-jeu, 10h-17h ven, 1h30 avant représentation sam-dim ; M Santa Lucía)

Hostal Forestal
Voir p. 55 (2-2632-4294 ; www.hostalforestal.com ; Colonel Santiago Bueras 122 ; M Baquedano)

Hotel Magnolia
Voir p. 55 (2-2664-4043 ; hotelmagnolia.cl ; Huérfanos 539 ; M Santa Lucía)

Luciano K Hotel
Voir p. 55 (2-2620-0900 ; www.lucianokhotel.com ; Merced 84 ; M Baquedano)

The Singular Santiago
Voir p. 55 (2-2306-8800 ; www.thesingular.com ; Merced 294 ; M Bellas Artes)

Comedor Central
Voir p. 54 (2-3291-9417 ; comedorcentral.cl ; Plaza de Armas 489 ; 9h-20h lun-sam ; M Plaza de Armas)

Pan Mostacho
Voir p. 74 (2-2742-8809 ; www.panmostacho.com ; José Ramón Gutiérrez 284 ; 9h-21h ; M Universidad Católica)

Salvador Cocina y Café
Voir p. 54 (9-5817-9777 ; www.facebook.com/SalvadorCocinaYCafe ; Bombero Adolfo Ossa 1059 ; 8h-16h lun-ven ; M Estacion Universidad de Chile)

Bar Don Rodrigo
Voir p. 55 (2-2639-6261 ; www.forestahotel.cl ; Victoria Subercaseaux 355 ; 18h-2h lun-sam ; M Bellas Artes)

Bar El Bajo
Voir p. 55 (9-4807-2775 ; barelbajo.cl ; Avenida Libertador Bernardo O'Higgins 227 ; 13h-1h lun-mar, 13h-2h mer-sam, 13h-minuit dim ; M Universidad Católica)

Bocanáriz
Voir p. 81 (2-2638-9893 ; bocanariz.cl ; José Victorino Lastarria 276 ; 12h30-23h lun-ven, 13h-minuit sam ; M Bellas Artes)

Chipe Libre
Voir p. 55 (2-2664-0584 ; www.chipe-libre.cl ; José Victorino Lastarria 282 ; 12h30-0h30 lun-mer, 13h-1h jeu-sam ; M Bellas Artes)

El Honesto Mike
Voir p. 60 (www.elhonestomike.cl ; Padre Luis de Valdivia 338 ; 13h-1h30 lun-dim ; M Bellas Artes)

Santiago Wine Club
Voir p. 55 (2-2639-3085 ; santiagowineclub.cl ; Rosal 386 ; 11h-19h lun-sam ; M Bellas Artes)

Cine Arte El Biógrafo
Voir p. 55 (2-2633-4435 ; elbiografo.cl ; José Victorino Lastarria 181 ; M Bellas Artes)

Fundación Artesanías de Chile
Voir p. 52 (2-2697-2784 ; artesaniasdechile.cl ; Plaza de la Ciudadanía 26 ; 10h-18h lun-ven, 10h-18h30 sam-dim ; M La Moneda)

La Tienda Nacional
Voir p. 55 (2-2638-4706 ; www.latiendanacional.cl ; Merced 369 ; 11h-14h45 et 15h30-18h lun-ven ; M Bellas Artes)

BELLAVISTA

Cementerio General
Voir p. 57 (cementeriogeneral.cl ; Avenida Profesor Alberto Zañartu 951 ; 8h30-18h ; M Cementerios)

LUCIO ANDONI GUDINO IBACACHE/GETTY IMAGES ©

Cerro Santa Lucía

La Chascona
Voir p. 58 (fundacionneruda.org ; Fernando Márquez de La Plata 0192 ; tarif plein/réduit 8 000/3 000 $CH ; 10h-18h mer-dim ; M Baquedano)

Funiculaire
Voir p. 59 (funicularsantiago.cl ; Pío Nono 445 ; aller simple adulte/enfant à partir de 2 800/1 400 $CH, aller-retour 3 990/2 000 $CH ; 10h-18h45 mar-dim, 13h-18h45 lun ; M Baquedano)

Teleférico
Voir p. 59 (www.parquemet.cl ; Parque Metropolitano ; semaine/week-end aller 1 910/2 290 $CH ; 10h-19h mar-dim ; M Baquedano)

Piscina Antilén
Voir p. 60 (parquemet.cl ; Cerro San Cristóbal s/n, Parque Metropolitano ; adulte/enfant 7 500/4 000 $CH ; 10h-18h30 mar-dim nov-mars ; M Baquedano)

Piscina Tupahue
Voir p. 60 (2-2730-1331 ; parquemet.cl ; Cerro San Cristóbal s/n, Parque Metropolitano ; adulte/enfant 7 000/4 000 $CH ; 10h30-18h mar-dim nov-mars ; M Baquedano, Pedro de Valdivia)

Castillo Rojo
Voir p. 60 (2-2352-4500 ; www.castillorojohotel.com ; Constitución 195 ; M Baquedano)

Eco-Hostal Tambo Verde
Voir p. 60 (2-2316-0128 ; www.hostal-tamboverde.com ; Capellán Abarzúa 131 ; M Salvador)

Hotel Boutique Santiago Suite
Voir p. 60 (Alberto Reyes 50 ; M Baquedano)

Bar El Retiro
Voir p. 59 (Constitución 181 ; 13h-1h mar-mer, 13h-2h jeu-sam, 13h-minuit sam ; M Baquedano)

Dae Jang Kum
Voir p. 59 (2-2732-4722 ; www.wonderchile.net ; Bombero Núñez 174 ; 12h-22h mar-sam, 12h30-20h30 dim ; M Patronato)

Sarita Colonia
Voir p. 59 (2-2881-3937 ; www.saritacoloniarestoran.cl ;

Loreto 40 ; 18h-23h mar, 13h-16h et 18h-minuit mer-sam, 12h-16h dim ; M Patronato)

AlmodoBar
Voir p. 60 (almodobar.cl ; Constitución 172 ; 17h30-0h30 lun-jeu, 17h30-1h30 ven-sam, 14h30-22h30 dim ; M Baquedano)

Cervecería Intrinsical
Voir p. 60 (www.intrinsical.cl ; Dr Luis Middleton 1654 ; 18h-minuit lun-jeu, 13h-minuit ven-sam ; M Pedro de Valdivia)

El Honesto Mike
Voir p. 60 (9-3242-7394 ; Avenida Los Leones 96 ; 13h-minuit lun-mer, 13h-0h30 jeu-sam ; M Los Leones)

Infierno Divas
Voir p. 60 (Bombero Núñez 125 ; 20h-3h dim-mer, 20h-5h jeu-sam ; M Patronato)

Oculto Beergarden
Voir p. 60 (9-8165-2431 ; oculto.cl ; General Salvo 38 ; 13h-16h et 18h-1h mar-mer, 13h-16h et 18h-2h jeu-sam, 14h-21h dim ; M Salvador)

Tamango Brebajes House of Beer
Voir p. 60 (5-1248-7976 ; www.bartamango.cl ; Dardignac 0195 ; 17h-minuit mar-mer, 17h-1h jeu, 13h-1h ven-sam ; M Baquedano)

Club Vita
Voir p. 60 (9-7797-0987 ; Buenos Aires 207 ; entrée 8 000 $CH ; 23h-4h jeu, 23h-5h ven-sam ; M Patronato)

El Clan
Voir p. 60 (2-2735-3655 ; elclan.cl ; Bombero Núñez 363 ; entrée 12 000 $CH ; 22h-4h mer-jeu, 22h-5h ven-sam ; M Patronato)

Illuminati
Voir p. 60 (9-9052-8580 ; Antonia López de Bello 133 ; minuit-4h mer, minuit-4h45 jeu-sam ; M Patronato)

Barrio Lastarria

DIEGOGRANDI/GETTY IMAGES ©

KLAMA
Voir p. 60 (www.klamacultura.cl ; Santa Filomena 17 ; entrée à partir de 5 000 $CH ; 18h-2h mar-jeu, 18h-4h ven-sam, 18h-minuit dim ; M Patronato)

La Feria
Voir p. 60 (laferia.cl ; Constitución 275 ; entrée 10 000 $CH ; 23h-4h jeu, 23h-5h ven-sam ; M Baquedano)

Thelonious
Voir p. 60 (2-2735-7962 ; Bombero Núñez 336 ; 20h30-1h30 mar-sam)

BARRIO FRANKLIN

AFA Galería
Voir p. 62 (afagaleria.com ; Franklin 741 ; 11h-16h ven-dim ; M Bío Bío)

Factoría Franklin
Voir p. 62 (@factoria_franklin ; Franklin 741 ; 10h-18h30 lun-ven, 10h-19h sam-dim ; M Bío Bío)

Factoría Santa Rosa
Voir p. 62 (factoriasantarosa.cl ; Avenida Santa Rosa 2260, 1er ét. ; 10h-17h jeu-ven, 10h-18h sam-dim ; M Bío Bío)

Galería 314
Voir p. 62 (www.facebook.com/galeria314cl ; Avenida Santa Rosa 2260 ; 9h-17h lun et mer-ven ; M Bío Bío)

Barra de Pickles
Voir p. 62 (9-9410-3087 ; www.barradepickles.cl ; Franklin 741, 1er ét. ; 12h30-17h ven, 12h-17h30 sam-dim, M Bío Bío)

By María
Voir p. 62 (9-5302-8103 ; bymaria.cl ; Franklin 741 ; 14h-18h lun-ven, 12h-18h sam-dim ; M Bío Bío)

DeMo
Voir p. 62 (@demofranklin ; Víctor Manuel 2022 ; sam-dim 10h-16h ; M Bío Bío)

Mirai Food Lab
Voir p. 62 (9-9214-4516 ; www.miraifoodlab.cl ; Franklin 741 ; 12h30-16h ven, 12h30-17h sam-dim ; M Bío Bío)

Willimapu
Voir p. 62 (569-8497-6269 ; @ willimapu_gastronomiaancestral ; Víctor Manuel 2250, Local 4 ; sam-dim et jours fériés ; M Bío Bío)

Persa Biobío
Voir p. 62 (www.persa-biobio.com ; 10h-17h sam-dim, horaires variables pour certains magasins ; M Franklin)

BARRIO YUNGAY ET BARRIO BRASIL

Museo Artequin
Voir p. 67 (www.artequin.cl ; Avenida Portales 3530 ; tarif plein/étudiant 3 000/1 000 $CH ; 9h-17h mar-ven, 11h-18h sam-dim, fermé fév ; M Quinta Normal)

Museo Cielo Abierto
Voir p. 67 (www.museoacieloabiertoensanmiguel.cl ; quartier San Miguel ; entrée libre ; 24h/24 ; M Departamental)

Museo de Arte Contemporáneo Quinta Normal
Voir p. 67 (mac.uchile.cl ; Matucana 464 ; entrée libre ; 11h-16h mar-ven, 11h-17h30 sam ; M Quinta Normal)

Museo de la Memoria y los Derechos Humanos
Voir p. 65 (mmdh.cl ; Matucana 501 ; entrée libre ; 10h-18h mar-dim ; M Quinta Normal)

Museo Ferroviario de Santiago
Voir p. 67 (www.corpdicyt.cl ; Parque Quinta Normal ; tarif plein/réduit 1 000/700 $CH ; 10h-17h50 mar-ven, 11h-17h50 sam-dim ; M Quinta Normal)

Museo Nacional de Historia Natural
Voir p. 67 (www.mnhn.gob.cl ; Parque Quinta Normal ; entrée libre ; 10h-17h30 mar-sam ; M Quinta Normal)

NAVE
Voir p. 66 (nave.io ; Libertad 410 ; entrée libre, réservation obligatoire ; horaires variables selon les événements ; M Quinta Normal)

Amaia Restaurante
Voir p. 67 (9-3387-5113 ; @amaia_restaurante ; Central Gonzalo Pérez Llona 348 ; 13h-23h lun-sam, 12h-20h dim ; M Santiago Bueras)

Creme Caramel Pastelería
Voir p. 67 (2-2609-2248 ; Avenida Ricardo Cumming 109 ; 9h-19h30 lun-ven, 11h-14h30 sam ; M Cumming, República)

Maestranza
Voir p. 67 (9-6687-3516 ; www.maestranzafranklin.cl ; Franklin 1215 ; 12h-16h mar-dim ; M Franklin)

Peluquería Francesa
Voir p. 65 (2-2682-5243 ; peluqueriafrancesa.com ; Compañía de Jesús 2789 ; 10h-minuit lun-sam, 10h-18h dim ; M Quinta Normal, Cumming)

Pulpería Santa Elvira
Voir p. 67 (9-4111-6000 ; pulperiasantaelvira.cl ; Santam Elvira 475 ; 19h-23h30 mer, 13h-15h30 et 19h-23h30 jeu-sam, 13h-16h dim ; M Avenida Matta)

Squella Restaurant
Voir p. 67 (2-2699-3059 ; Avenida Ricardo Cumming 94 ; 12h30-22h lun-sam, 12h30-18h dim ; M Cumming, República)

Cervecería Intrinsical
Voir p. 67 (9-6796-3791 ; www.intrinsical.cl ; Avenida Brasil 88 ; 18h-minuit lun-ven, 13h-minuit sam ; M República)

Blondie
Voir p. 66 (9-4137-7529 ; www.blondie.cl ; Avenida Libertador Bernardo O'Higgins 2879 ; entrée à partir de 8 000 $CH ; à partir de 23h ; M Union Latinoamericana)

Centro Cultural Matucana 100
Voir p. 64 (9-5004-5340 ; Matucana 100 ; www.m100.cl ; galeries gratuites, prix des spectacles variables ; galeries 11h-21h mer-jeu, 11h-21h30 ven-dim ; M Quinta Normal)

El Huaso Enrique
Voir p. 66 (9-2070-1885 ; @elhuasoenriqueoficial ; Maipú 462 ; entrée 2 500-3 000 $CH ; 13h-21h mar-mer, 13h-minuit jeu-sam, 13h-17h30 dim ; M Quinta Normal)

Espacio Gárgola
Voir p. 66 (2-2682-2808 ; www.lagargola.cl ; Maipú 357 ; 13h-23h mar-jeu, 13h-minuit ven-sam, 13h-17h dim ; M Quinta Normal)

PROVIDENCIA ET ÑUÑOA

D21 Art Projects
Voir p. 73 (www.d21virtual.cl ; Nueva de Lyon 19 ; entrée libre ; 11h-19h lun-ven ; M Los Leones)

Sky Costanera
Voir p. 72 (www.skycostanera.cl ; Avenida Andrés Bello 2425 ; tarif adulte/4-12 ans à partir de 12 000/5 000 $CH ; 10h-22h ; M Tobalaba)

Carménère ecoHotel
Voir p. 73 (2-2993-5040 ; www.hotelcarmenere.com ; María Luisa Santander 0292 ; M Baquedano)

Hostal Vitalia
Voir p. 73 (9-7702-9628 ; Avenida Italia 1689 ; M Irarrázaval)

Hotel Boutique Le Reve
Voir p. 73 (2-2757-6000 ; www.lereve.cl ; Orrego Luco 023 ; M Los Leones)

Cafeì de la Candelaria
Voir p. 74 (Avenida Italia 1449 ; 10h-21h lun-sam, 10h-19h dim ; M Irarrázaval)

CORA Bistró
Voir p. 74 (@cora.bistro ; Monseñor Félix Cabrera 14 ; 19h-tard mar-sam ; M Pedro de Valdivia)

Fiol Dulceria
Voir p. 74 (9-5325-5670 ; dulceriafiol.cl ; Avenida Condell 1065 ; 12h-20h ; M Parque Bustamante)

InPasta
Voir p. 74 (2-2634-7575 ; www.in-pasta.cl ; Santa Isabel 0395 ; 13h-22h lun et mer-sam, 13h-19h dim ; M Parque Bustamante)

La Popular Infante
Voir p. 74 (2-3339-2109 ; www.lapopularpizzaypan.cl ; José Manuel Infante 1232 ; 8h-23h lun-ven, 9h-23h sam, 9h-16h30 dim ; M Parque Bustamante)

Lomit's
Voir p. 74 (2-2233-1897 ; lomitsrestaurant.com ; Avenida Providencia 1980 ; 10h-23h lun-sam ; M Pedro de Valdivia)

Óbolo
Voir p. 74 (obolochocolate.cl ; Avenida Italia 1584 ; 10h-20h30 ; M Irarrázaval)

Piso Uno
Voir p. 74 (2-2840-1800 ; pisounorestaurant.cl ; Santa Magdalena 116 ; 12h30-tard ; M Los Leones)

Roberto Muñoz Patisserie
Voir p. 74 (9-8171-7119 ; robertomunoz.cl ; Suecia 994 ; 10h-20h ; M Los Leones)

Sapiens
Voir p. 73 (9-3254-9685 ; sapiensrestaurant.cl ; Avenida Italia 1206 ; 12h-22h30 lun-sam, 12h-21h30 dim ; M Parque Bustamante)

Silvestre Bistró
Voir p. 74 (2-3289-0481 ; @silvestrebistro ; Tegualda 1513 ; 12h30-23h30 mar-sam, 12h30-16h dim ; M Irarrázaval)

Tavelli
Voir p. 74 (2-3223-8420 ; www.tavelli.cl ; Andrés de Fuenzalida 36 ; 9h-20h30 lun-sam, 10h-18h45 dim ; M Los Leones)

Violeta Restaurant
Voir p. 74 (2-2929-8084 ; Avenida Italia 1468 ; 13h-16h et 18h30-22h mar-sam, 13h-16h dim ; M Irarrázaval)

Bao Bar
Voir p. 72 (2-3267-4334 ; baobar.cl ; Avenida Manuel Montt 925 ; 17h-0h30 lun-jeu, 14h-2h ven-sam ; M Ines de Suárez)

Bar Porfirio
Voir p. 72 (9-3391-9721 ; barporfirio.com ; Avenida Manuel Montt 697 ; 18h-1h mar-mer, 18h-2h jeu-sam, 1330-18h dim ; M Manuel Montt)

Bar Rapa Nui
Voir p. 74 (9-8859-5605 ; José Manuel Infante 1397 ; 12h30-minuit lun-jeu, 12h30-21h ven, 12h30-18h sam ; M Parque Bustamante)

Bravo 951
Voir p. 74 (9-4176-8287 ; bravo951.cl ; Bravo 951 ; 18h-0h30 mar-ven, 19h-1h30 sam ; M Salvador)

Café Black Mamba
Voir p. 74 (@cafeblackmamba ; Huelén 71 ; 9h-15h lun, 9h-20h mar-ven, 9h-18h sam-dim ; M Salvador)

Casino Latriana
Voir p. 74 (9-8336-0068 ; www.latriana.cl ; Triana 861 ; 9h30-16h30 lun-ven ; M Salvador)

Chueca
Voir p. 74 (9-5864-0093 ; www.chuecabar.cl ; Rancagua 406 ; 18h-1h lun-mer, 18h-13h50 jeu-sam ; M Parque Bustamante)

Gracielo Bar
Voir p. 74 (9-8128-9360 ; casagarla.cl ; Cirujano Guzmán 194 ; 16h-1h lun-mar, 13h30-2h jeu-sam, 14h30-23h30 dim ; M Manuel Montt)

La Cava del Barrio
Voir p. 74 (9-8242-2176 ; www.lacavadelbarrio.cl ; Avenida Italia 1449 ; 12h-20h mar-dim ; M Irarrázaval)

La Pastora Coffee House
Voir p. 74 (@lapastoracoffee ; Suecia 264 ; 7h30-21h lun-ven, 9h-20h sam-dim ; M Los Leones)

Oculto Beergarden
Voir p. 60 (General Salvo 38 ; 13h-16h et 18h-1h mar-mer, 13h-16h et 18h-2h jeu-sam, 14h-21h dim ; M Salvador)

Pepperland
Voir p. 72 (9-5673-9507 ; www.pepperlandbar.cl ; Avenida Manuel Montt 983 ; 16h30-minuit lun-mer, 16h30-1h jeu, 13h-2h ven, 13h-1h sam, 13h-22h dim ; M Ines de Suárez)

Ruca Bar
Voir p. 74 (2-2706-0813 ; Avenida Condell 868 ; 17h-minuit lun-jeu, 17h-1h ven-sam ; M Parque Bustamante)

Vinoteca Italia
Voir p. 74 (9-9316-9703 ; vinotecaitalia.cl ; Avenida Condell 1575 ; 11h-20h mer, 11h-18h30 jeu-ven, 11h-17h30 sam ; M Irarrázaval)

Drugstore
Voir p. 69 (www.drugstore.cl ; Avenida Providencia 2124 ; magasins 10h30-20h lun-ven, 10h30-18h sam ; M Los Leones)

Estacion Italia
Voir p. 73 (www.estacionitalia.cl ; Avenida Italia 1439 ; 11h-19h dim-lun, 11h-20h mar-sam ; M Irarrázaval)

Tienda Larry
Voir p. 73 (2-2769-9472 ; www.tiendalarry.cl ; Avenida

Italia 1412 ; 10h-19h mar-sam, 11h-19h dim ; M Irarrázaval)

LAS CONDES ET VITACURA

Galería Animal
Voir p. 78 (www.galeriaanimal.cl ; Avenida Nueva Costanera 3731 ; 10h30-19h lun-ven, 10h30-14h sam)

Galeria de Arte Patricia Ready
Voir p. 78 (www.galeriapready.cl ; Espoz 3125 ; 10h30-19h30 lun-ven, 11h-17h sam)

Galería Isabel Aninat
Voir p. 78 (www.aninatgaleria.org ; Alonso de Córdova 4355 ; 10h30-19h30 lun-ven, 11h-14h sam)

Gran Torre Santiago
Voir p. 72 (Avenida Andrés Bello 2425 ; M Tobalaba)

Museo Interactivo Las Condes
Voir p. 78 (www.mui.cl ; Isidora Goyenechea 3400 ; 2 500 $CH ; 10h-19h mar-dim ; M El Golf)

Asociación Parque Cordillera
Voir p. 79 (2-2275-0112 ; asociacionparquecordillera.cl)

KidZania
Voir p. 78 (9-5628-9523 ; santiago.kidzania.com ; Avenida Presidente Riesco 5330, Las Condes ; tarif adulte/4-17/2-3 ans 11 950/19 950/9 950 $CH ; 10h-16h jeu, 15h-20h ven, 9h-14h et 15h-20h sam, 11h-19h dim ; M Manquehue)

Hotel Bidaosa
Voir p. 79 (2-2602-3900 ; www.hotelbidasoa.cl ; Avenida Vitacura 4873)

NOI Vitacura
Voir p. 79 (2-2941-8100 ; www.noihotels.com ; Avenida Nueva Costanera 3736)

DIEGOGRANDI/GETTY IMAGES ©

Museo Artequín

Select by Time
Voir p. 79 (2-2757-2000 ; time.cl ; Versalles 3001 ; M Tobalaba)

Aquí Está Coco
Voir p. 78 (9-6341-1510 ; aquiestacoco.cl ; Avenida Nueva Costanera 3960 ; 13h-15h30 et 19h-22h30 mar-sam)

Boragó
Voir p. 77 (2-2953-8893 ; borago.cl ; Avendia San Josemaría Escrivá de Balaguer 5970 ; 19h-23h15 lun-mer, 19h-23h45 jeu-sam)

BordeRio
Voir p. 79 (2-2941-5000 ; www.borderio.cl ; Avenida San Josemaría Escrivá de Balaguer 6400 ; 12h-23h30 lun-ven, 12h-1h30 sam, 12h-22h dim)

CV Galería
Voir p. 79 (www.cvgaleria.cl ; Alonso de Córdova 4355 ; restaurant 12h30-1h lun-sam)

Dondoh
Voir p. 78 (2-3210-2289 ; www.dondoh.com ; Avenida Nueva Costanera 3969 ; 13h-22h lun-sam, 13h-17h dim)

La Calma by Fredes
Voir p. 79 (9-9613-0353 ; lacalma.squarespace.com ; Avenida Nueva Costanera 3832 ; 13h-22h lun-sam)

La Mesa
Voir p. 79 (9-9072-2461 ; www.restaurantlamesa.com ; Alonso de Córdova 2767 ; 13h-23h lun-sam)

La Punta
Voir p. 79 (2-2244-5685 ; comidaslapunta.cl ; Los Abedules 3016 ; 8h-19h lun-sam, 8h-16h dim)

Mestizo
Voir p. 77 (9-6843-7146 ; mestizorestaurant.cl ; Avenida Bicentenario 4050 ; 12h30-16h30 et 18h30-23h)

Osaka
Voir p. 78 (9-8681-8516 ; www.osakanikkei.com ; Avenida Nueva Costanera 3736 ; 13h-23h lun-mer, 13h-minuit jeu-sam, 13h-16h dim)

Rishtedar
Voir p. 74 (2-3230-1278 ; rishtedar.cl ; Holanda 160 ; 12h30-15h30 et 18h-23h lun-jeu, 12h30-23h ven-sam, 12h30-22h30 dim ; M Tobalaba)

Tip y Tap
Voir p. 79 (2-2334-3302 ; www.tipytap.cl ; Isidora Goyenechea 2922 ; 12h30-21h30 ; M Tobalaba)

Tiramisú
Voir p. 78 (2-2519-4900 ; www.tiramisu.cl ; Isidora Goyenechea 3141 ; 12h45-16h et 19h-minuit ; M El Golf)

Les Dix Vins
Voir p. 81 (2-2247-4705 ; www.lesdixvins.cl ; Avenida Vitacura 2935 ; 10h-minuit lun-sam ; M Tobalaba)

Vinolia
Voir p. 81 (9-5754-4897 ; www.vinolia.cl ; Alonso de Monroy 2869, Local 5 ; dégustation à partir de 34 900 $CH ; 8h30-minuit lun-ven, 12h-minuit sam)

Artesanías de Chile
Voir p. 77 (2-2211-4064 ; artesaniasdechile.cl ; Apoquindo 9085, local 35, Las Condes ; 10h30-14h et 15h-19h ; M Los Dominicos)

Casacostanera
Voir p. 78 (www.casacostanera.cl ; Avenida Nueva Costanera 3900 ; 10h-20h30)

Karyn Coo
Voir p. 78 (2-3224-3756 ; karyncoo.com ; Avenida Nueva Costanera 3980 ; 11h-19h lun-sam)

Lia Fernández
Voir p. 78 (2-2207-3305 ; www.liafernandez.cl ; Avenida Nueva Costanera 3833 ; 11h-19h lun-ven, 11h-14h30 sam)

Ojoporojo Tienda
Voir p. 73 (9-3381-1876 ; ojoporojo.cl ; Avenida Providencia 2608 ; 11h-19h lun-ven ; M Tobalaba)

Parque Bicentenario, Vitacura

MICHEL.PAUTASSO/STOCK.ADOBE.COM ©

Parque Araucano
Voir p. 78 (www.parquearauco.cl ; Avenida Presidente Kennedy 5413, Las Condes ; 10h-20h30 lun-sam, 11h-20h dim ; M Manquehue)

Pueblito Los Domínicos
Voir p. 77 (9-9253-3863 ; Avenida Apoquindo 9085, Las Condes ; barriopueblitolosdominicos.cl ; 10h30-20h30 ; M Los Dominicos)

SISA
Voir p. 78 (www.shopsisa.com ; Avenida Nueva Costanera 3919 ; 10h30-19h30 lun-ven, 10h30-15h sam)

VIGNOBLES DU VALLE DE MAIPO

Alyan Family Wines
Voir p. 82 (9-5729-2157 ; www.alyanwines.com ; G425, Pirque ; circuit 39 000 $CH ; 18h-21h)

Cousiño Macul
Voir p. 81 (2-2351-4100 ; www.cousinomacul.com ; Avenida Quilín 7100, Peñalolen ; circuits 18 000-37 000 $CH ; visites guidées en espagnol ou en anglais)

Museo Andino
Voir p. 82 (www.museoandino.cl ; Camino Padre Hurtado 0695, Alto Jahuel ; entrée libre ; 10h30-17h mar-dim)

Viña Concha y Toro
Voir p. 81 (2-2476-5000 ; conchaytoro.com ; Avenida Virginia Subercaseaux 210, Pirque ; circuit standard 20 000 $CH ; 9h-17h)

Viña Santa Rita
Voir p. 82 (2-2362-2520 ; www.santarita.com ; Camino Padre Hurtado 0695, Alto Jahuel ; circuits 20 000-80 000 $CH ; circuits 10h30-17h mar-dim)

Chile Wine Trails
Voir p. 82 (9-5119-4956; chilewinetrails.com ; circuits à partir de 125 $US)

La Vinocracia
Voir p. 81 (2-2769-9276 ; www.lavinocracia.com ; Avenida Irarrázaval 3470 ; 18h30-2h lun-sam ; M Chile-España)

CAJÓN DEL MAIPO ET STATIONS DE SKI ANDINES

Centro Termal Baños Morales
Voir p. 87 (bañosmoralesjjvv.cl ; Baños Morales ; tarif plein/-10 ans 5 000 $CH/gratuit ; 10h-18h mar-dim mai-août, 9h30-19h mar-dim sept-avr)

Monumento Natural El Morado
Voir p. 87 (www.conaf.cl/parques/monumento-natural-el-morado ; Baños Morales, San Jose de Maipo ; adulte/enfant 5 000/2 500 $CH ; entrée entre 8h30-12h30 ; sortie avant 17h30 mai-sept, entrée entre 8h30 et 13h ; sortie avant 18h oct-avr)

Termas Valle de Colina
Voir p. 87 (termasvallecolina.cl ; Camino al Volcán, San José de Maipo ; entrée avec camping inclus adulte/enfant 8 000/4 000 $CH)

Cascada de Las Ánimas
Voir p. 86 (2-2861-1303 ; www.cascadadelasanimas.cl ; Camino al Volcán 31087, San Alfonso ; activités 8 000-100 000 $CH)

El Colorado
Voir p. 85 (www.elcolorado.cl ; El Colorado 503, Lo Barnechea ; forfait journalier tarif plein/réduit/enfant 59 000/44 000/38 000 $CH ; remontée mécanique 9h-17h)

Farellones
Voir p. 85 (centrofarellones.cl ; Los Cóndores 12, Lo Barnechea ; forfait journalier adulte/enfant 20 000/18 000 $CH ; remontée mécanique 9h-17h)

La Parva
Voir p. 84 (laparva.cl ; Los Clonquis, Lo Barnechea ; forfait journalier adulte/enfant 46 000/33 000 $CH ; remontée mécanique 8h-17h)

Lagunillas
Voir p. 86 (www.skilagunillas.cl ; Camino a Lagunillas, San José de Maipo ; forfait journalier adulte/enfant 25 000/20 000 $CH ; remontée mécanique 8h-17h)

Portillo
Voir p. 86 (2-2263-0606 ; skiportillo.com ; Renato Sánchez 4270, Portillo ; forfait ski journée adulte/enfant 44 000/26 000 $CH ; remontées mécaniques 9h-17h)

Rutavertical Rafting
Voir p. 89 (9-9435-3143 ; www.rutavertical.cl ; Camino al Volcán 19635, San José De Maipo ; excursion 25 000 $CH ; départs tlj à 11h, 14h et 16h30)

Valle Nevado
Voir p. 85 (2-2477-7705 ; vallenevado.com ; Camino a Valle Nevado, Lo Barnechea ; forfait journalier tarif plein/réduit/enfant 63 000/47 000/42 000 $CH ; remontées mécaniques 9h-17h)

Cabañas y Camping Parque Almendro
Voir p. 89 (2-2861-2301 ; Camino al Volcán 38713, San José de Maipo)

Cascada Lodge
Voir p. 86 (2-2861-1303, 9-9870-3912 ; www.cascadadelasanimas.cl ; Camino al Volcán 31087, San Alfonso ; 2 nuits minimum, chalet/dôme/ch pour 2 pers. à partir de 250 000/420 000/132 000 $CH)

Hotel Altiplanico Cajón del Maipo
Voir p. 89 (9-5407-9725 ; altiplanicocajondelmaipo.cl ; Camino al Volcán 29955, San Alfonso)

Lodge El Morado
Voir p. 89 (9-6492-7823 ; el-morado.cl ; Camino al Volcán km 75,6, Lo Valdés)

Casa Chocolate
Voir p. 88 (2-2861-1481 ; Camino al Volcán 30288, San Alfonso ; 10h30-19h30)

Cervecería y Pizzería Jauría
Voir p. 88 (9-6737-2564 ; cervezajauria.cl ; Bernardo O'Higgins 18, San Alfonso ; 16h30-22h jeu, 16h30-23h ven, 13h30-23h sam, 13h30-19h dim)

Mitifuu
Voir p. 88 (9-7211-4330 ; mitifuu.mesa247.la ; Camino el Arpa 2250, Buin ; 13h-21h lun-jeu, 13h-22h ven-sam, 13h-20h dim)

Ci-dessus : Vigognes, Norte Grande ; à droite : Valle de la Luna (p. 106)

NORTE GRANDE

DÉSERT, ALTIPLANO ET SURF

Des paysages surréalistes de San Pedro de Atacama aux spots de surf de la côte, l'extrémité nord du Chili est la promesse d'aventures chargées en adrénaline.

À la pointe septentrionale du Chili, la région d'Arica et Parinacota marque le début du désert d'Atacama, coincé entre les Andes et les vagues puissantes de l'océan Pacifique. En dépit de l'extrême aridité du désert, la région est peuplée depuis plusieurs milliers d'années. Les Chinchorros comptèrent parmi les premiers habitants du secteur ; ils laissèrent derrière eux une extraordinaire collection de momies.

Malgré son éloignement de Santiago, le Norte Grande a toujours joué un rôle important dans la politique et l'économie du Chili, en raison principalement des minéraux enfouis sous sa surface. Le nitrate, contenu dans le sable du désert, a jadis été vital pour l'économie de la région. Sa valeur monétaire fut l'une des causes de la guerre du Pacifique (1879-1884), au terme de laquelle les villes côtières péruviennes d'Arica et Iquique devinrent chiliennes. Aujourd'hui, ces deux localités sont des hauts lieux du surf.

L'Altiplano (hauts plateaux) du nordest du pays constitue son cœur andin. Les communautés aymaras dispersées à travers la région se regroupent pour des fêtes traditionnelles avec fanfares, danses et costumes colorés. Parmi les volcans coiffés de neige, les vicuñas (vigognes) et alpacas (alpagas) paissent dans les *bofedales*, des zones humides d'altitude dotées d'une flore et d'une faune uniques.

La destination phare du Norte Grande est la bourgade en adobe de San Pedro de Atacama, qui invite à des excursions à la journée dans le plus haut champ de geysers du monde et dans un désert aux formations rocheuses époustouflantes.

SITES PRINCIPAUX

SAN PEDRO DE ATACAMA
Aventures dans le désert. p. 104

ANTOFAGASTA
Plus grande ville du Norte Grande. p. 112

IQUIQUE
Surf et vie nocturne. p. 116

ARICA
Plages, vagues et histoire. p. 124

S'orienter

Le Norte Grande couvre une vaste partie du nord du Chili, notamment de grandes étendues de désert. Les villes côtières et San Pedro de Atacama, localité de la *precordillera*, sont des centres culturels et constituent de bonnes bases pour les explorations.

Arica, p. 124

À la frontière avec le Pérou, Arica offre des plaisirs multiples : randonnées côtières, produits de la mer, plage et surf, mais aussi musées conservant les plus anciennes momies du monde.

Iquique, p. 116

Avec des kilomètres de larges plages de sable, Iquique est une ville hédoniste où il est possible de surfer la journée, faire la fête le soir et même de s'essayer au parapente.

BUS

Les bus relient les principales villes de la région, mais les distances importantes impliquent de longs trajets. En dehors des principales localités, les liaisons sont limitées, et aucun bus ne dessert les villages et zones rurales de l'Altiplano.

Antofagasta, p. 112

Les musées et les édifices historiques de ce centre urbain majeur offrent une pause attrayante. Faites le plein de victuailles dans les centres commerciaux de la ville.

San Pedro de Atacama, p. 104

Avec ses rues poussiéreuses et ses maisons en adobe, le village-oasis de San Pedro est une base accueillante pour des aventures dans les paysages hallucinants du désert environnant.

VOITURE

À moins de participer à des circuits organisés, louer une voiture est le meilleur moyen de découvrir la région au-delà des principaux centres urbains. Un véhicule personnel est indispensable pour gagner certains sites isolés du désert d'Atacama.

AVION

Si vous avez peu de temps, l'avion sera sans doute le moyen de plus pratique de voyager depuis/vers le Norte Grande. Plusieurs vols quotidiens entre Santiago et les aéroports de Calama (près de San Pedro de Atacama), Antofagasta, Arica et Iquique.

NORTE GRANDE

Planifier son séjour

Le Norte Grande couvre une vaste région et la plupart des sites les plus intéressants sont très éloignés les uns des autres. Soignez votre itinéraire pour optimiser les temps de trajet.

R.M. NUNES/SHUTTERSTOCK ©

Valle de la Luna (p. 106)

Si vous avez peu de temps

- Concentrez-vous sur **San Pedro de Atacama** (p. 104) pour optimiser votre temps. Commencez par des aventures à proximité de la ville pour vous acclimater à l'altitude. Passez une journée à pédaler dans le **Valle de Catarpe** (p. 107), à randonner autour de la **Pukará de Quitor** (p. 106) ou à visiter les intrigants vestiges de l'**Aldea de Tulor** (p. 108) avant de contempler le coucher de soleil dans le **Valle de la Luna** (p. 106).

- Ensuite, flottez sur les eaux salées de la Laguna Cejar (p. 110) et observez les flamants roses à la **Laguna Chaxa** (p. 110).

- Enfin, levez-vous avant l'aube pour découvrir les eaux jaillissantes et fumantes des **geysers d'El Tatio** (p. 110).

Au fil des saisons

En hiver, les nuits sont froides dans le désert. C'est aussi la meilleure saison pour surfer de grosses vagues. À la fin de l'été, l'oasis de San Pedro de Atacama est le plus vert.

JANVIER

L'été attire les vacanciers sur les **plages** d'Arica (p. 127) et d'Iquique (p. 120). Réservez vos hébergements bien à l'avance.

FÉVRIER

Des milliers de spectateurs se rassemblent pour admirer les danseurs et les fanfares du **Carnaval Andino con la Fuerza del Sol**, à Arica.

MARS

En février ou mars, San Pedro de Atacama célèbre son **carnaval** avec des danseurs costumés et des parades.

JOSEMAR FRANCO/SHUTTERSTOCK ©, JEREMY RICHARDS/SHUTTERSTOCK ©, JEREMY RICHARDS/SHUTTERSTOCK ©

Une semaine dans le nord

- Prolongez votre séjour à **San Pedro** (p. 104) et calez une excursion pour admirer les couleurs du **Valle del Arcoiris** (p. 111) et la galerie d'art rupestre des **pétroglyphes de Yerbas Buenas** (p. 111) avant de gagner **Iquique** (p. 116). Passez la matinée à **surfer** (p. 120) et l'après-midi à explorer le **centre historique** (p. 118). À l'heure où le soleil se couche, dégustez un cocktail sur la Península **de Cavancha** (p. 119).

- Le lendemain matin, cap sur **Arica** (p. 124) pour longer la côte à vélo jusqu'aux **Cuevas de Anzota** (p. 127). Consacrez l'après-midi à la découverte des momies du **Museo de Sitio Colón 10** (p. 123) et du **Valle de Azapa** (p. 129).

Si vous avez plus de temps

- Après avoir exploré **San Pedro** (p. 104), passez quelques jours à **Iquique** (p. 116). Prenez le temps de vous détendre à la **plage** (p. 120) et de visiter les villes fantômes de **Humberstone** et **Santa Laura** (p. 122).

- Poursuivez jusqu'à **Arica** (p. 124) et restez le temps suffisant pour surfer.

- Rendez-vous ensuite à **Putre** (p. 130), ville de la precordillera qui pourra vous servir de base pour des randonnées ponctuées d'art rupestre, des bains dans des sources chaudes et des excursions à la journée jusqu'au **Parque Nacional Lauca** (p. 131) et ses fabuleux lacs d'Altiplano, ainsi que dans le **Salar de Surire** (p. 131).

MAI

Organisé chaque année à Iquique, le **Héroes de Mayo Pro**, l'un des plus grands événements de surf du Chili, attire les meilleurs surfeurs du monde.

JUIN

La **Semana Ariqueña** («semaine d'Arica ») commémore la bataille d'Arica (7 juin 1880) avec des parades, des concerts et des feux d'artifice.

JUILLET

Les pèlerins affluent à La Tirana pour 10 jours de parades religieuses et de spectacles de danse en l'honneur de la **Vierge du Carmen** (p. 123).

AOÛT

Le 10 août, les mineurs se réunissent à Tarapacá pour célébrer leur saint patron **San Lorenzo** avec des groupes de musique et des parades.

SAN PEDRO DE ATACAMA

À l'approche de cet oasis de la *precordillera*, l'agréable bourgade de San Pedro apparaît d'abord comme une tâche de verdure au milieu des paysages couleur sable et café du désert d'Atacama. Les accros à l'adrénaline trouveront des possibilités infinies, du sandboard aux balades en montgolfière. En périphérie de San Pedro, plusieurs vallées criblées de formations rocheuses surréalistes sont accessibles à vélo. La nuit, l'observation des étoiles à l'écart des lumières de la ville a quelque chose de magique.

Visible depuis le village, le cône du Volcán Licancabur (5 916 m) est une montagne sacrée pour le peuple amérindien des Lickan Antay (ou Atacameños), qui pratique encore l'agriculture irriguée dans les *ayllus* (petites communautés amérindiennes). Beaucoup cultivent sur des terrasses vieilles de plus de 1 000 ans. On peut y admirer des champs de geysers, d'insolites formations rocheuses et de magnifiques paysages lunaires.

Volcán Licancabur

FERNANDO TATAY/SHUTTERSTOCK ©

Pour les infos pratiques, voir le Carnet d'adresses p. 133

À SAVOIR

Le VTT est un moyen pratique de se déplacer à San Pedro et d'explorer les environs, par exemple le Valle de la Muerte, le Valle de la Luna et Aldea de Tulor. Dans Caracoles, plusieurs agences louent des vélos et fournissent des plans. Prévoyez de la crème solaire et beaucoup d'eau.

SAVEURS DU DÉSERT D'ATACAMA

Rica-rica
Cette herbe odorante est endémique de la région. Elle est parfois saupoudrée sur le Pisco sour.

Pingo-pingo
Une plante du désert utilisée pour soigner le rhume.... et comme aphrodisiaque naturel.

Picante de conejo
Plat typique de la région, à base de lapin cuit à petit feu.

Patasca Atacameña
Ce ragoût à base de maïs est préparé pour les fêtes religieuses.

Ayrampo
Les graines rouges de cette fleur de cactus peuvent être utilisées pour parfumer la crème glacée. À goûter à l'Heladería Babalú, dans Caracoles.

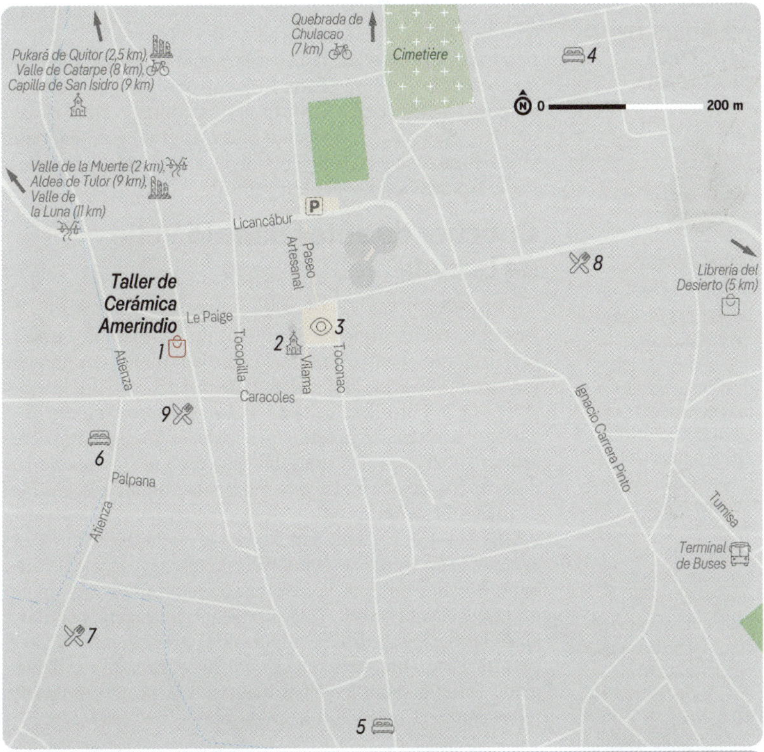

INCONTOURNABLE	VOIR	SE LOGER	SE RESTAURER
1 Taller de Cerámica Amerindio	**2** Iglesia San Pedro **3** Plaza de Armas	**4** Backpackers San Pedro **5** Hostal Quinta Adela B&B **6** Hotel Poblado Kimal	**7** Baltinache **8** Franchuteria **9** La Casona

Explorer San Pedro

BALADE EN VILLE

On peut facilement explorer San Pedro à pied. La plupart des agences de voyages, restaurants et autres services touristiques sont situés dans la rue piétonne **Caracoles** et ses rues secondaires. À un pâté de maisons au nord de Caracoles, vous pourrez faire une pause sur la jolie **Plaza de Armas** pour grignoter un en-cas dans l'un des nombreux cafés et restaurants avec terrasse surplombant la verdure.

Jetez un œil à l'**Iglesia San Pedro**, à l'ouest de la place. L'édifice date du XVIIe siècle, mais les actuels murs en adobe furent bâtis en 1745 et le clocher fut ajouté en 1890. Remarquez le toit de l'église, en *cardón* (bois de cactus).

Dans la Calle Calama, le **Taller de Cerámica Amerindio** est l'atelier du céramiste Fernando Alfaro, qui façonne

ART AMÉRINDIEN

De nombreux symboles amérindiens utilisés dans les pièces de Fernando Alfaro peuvent être repérés dans la galerie d'art rupestre **Petroglifos de Yerbas Buenas** (p. 111). Les céramiques découvertes à l'**Aldea de Tulor** (p. 108) sont exposées dans le musée du site.

POURQUOI J'AIME SAN PEDRO DE ATACAMA

Isabel Albiston, auteure

Pour moi, San Pedro est un lieu pour apprendre, à la fois de la relation entre la communauté des Lickan Antay et le monde naturel, et de la nature elle-même. Couleurs des rochers du désert au coucher du soleil, volcans enneigés, flamants survolant les lacs de l'Altiplano et geysers crachant de la vapeur depuis les entrailles de la Terre : la beauté est partout.

Près de San Pedro, les pétroglyphes de la Quebrada de Yerbas Buenas racontent comment l'homme a, pendant des siècles, parcouru de longues distances pour se retrouver ici dans le cadre de célébrations et d'échanges de savoirs. Je me sens chanceuse d'avoir été accueillie dans cette ville poussiéreuse, en plein désert, comme tant d'autres voyageurs avant moi.

des pièces avec l'argile locale, en utilisant des techniques traditionnelles. Son travail reflète le style amérindien de la région d'Atacama et certaines pièces sont ornées de symboles pouvant être observés dans l'art rupestre des environs. Le parcours de Fernando Alfaro est fascinant : l'une de ses œuvres, *El Abrazo*, est inspiré d'une étreinte qu'il partagea avec Nelson Mandela. Les pièces en céramique qui s'accumulent sur les étagères sont toutes à vendre.

Coucher du soleil dans le Valle de la Luna

PAYSAGES LUNAIRES

Dénichez un perchoir sur les dunes du **Valle de la Luna** et préparez-vous pour le spectacle du soleil plongeant derrière l'horizon. Soudain, la couronne de volcans au loin, les pics acérés de la Cordillera de la Sal et les paysages lunaires de la vallée se teintent de violets, roses et dorés intenses. Plusieurs sentiers courts et bien marqués menant à des points de vue passent par des formations géologiques singulières, résultat d'années d'érosion.

À 15 km à l'ouest de San Pedro, le Valle de la Luna est accessible en voiture ou en VTT (si vous prévoyez de pédaler après le coucher du soleil, assurez-vous d'avoir des lumières et un gilet réfléchissant). C'est aussi le circuit le plus populaire au départ de San Pedro. Les excursions partent habituellement vers 16h et comprennent un cocktail au coucher du soleil. Pour éviter la foule, venez le matin, mais vous ne profiterez pas des folles couleurs précédant le crépuscule.

Montée à la Pukará de Quitor

ANCIENNE FORTERESSE SUR UNE COLLINE

Accroché au flanc d'une colline de la rive gauche du Río San Pedro, à 3 km à pied, à vélo ou en voiture au nord de la ville, le **Pukará de Quitor** se compose des ruines de 200 édifices du XIIe siècle. Le site fut un village permanent avant d'être utilisé par le peuple amérindien des Lickan Antay comme fort de défense contre les colons espagnols. En partie grâce à la forteresse, il fallut 20 ans aux Espagnols pour prendre la Pukará de Quitor et soumettre leurs adversaires, qu'ils tuèrent dans la foulée.

Les ruines peuvent être découvertes depuis un sentier pédestre. Le chemin passe par plusieurs points de vue avant d'atteindre le sommet, qui surplombe le Valle de la Muerte, avec les volcans au loin. La balade prend environ 1 heure 30. Prévoyez de l'eau, de la crème solaire et un chapeau.

OÙ SE LOGER À SAN PEDRO DE ATACAMA

Backpackers San Pedro
Auberge de jeunesse avec dortoirs, cuisines communes et patio doté de hamacs et d'un brasero. **$**

Hostal Quinta Adela
Les hamacs et la vue sur le verger contribuent à l'ambiance décontractée de cette pension. **$$**

Hotel Poblado Kimal
Juste en retrait de Caracoles, Kimal possède une piscine et de spacieux bungalows en adobe dans des jardins luxuriants. **$$$**

Coucher du soleil, Valle de la Luna

Depuis l'entrée du complexe, un chemin séparé mène à une place agrémentée d'un magnifique *algarrobo* ("caroubier"). Non loin, repérez les gravures de plusieurs grands visages sur le rocher.

Valle de Catarpe à vélo

GORGES ROCHEUSES, SABLE ET POINTS DE VUE

À 4 km au nord de San Pedro, juste après la Pukará de Quitor, le **Valle de Catarpe** est émaillé de chemins de VTT serpentant dans des gorges étroites entre des rochers brûlés par le soleil, sur des dunes et autour de pics. Des sentiers de randonnée offrent des points de vue imprenables. Depuis l'entrée, où vous devrez signer un registre en arrivant et en partant, la boucle de 14 km prend environ 3 heures à vélo. Prévoyez beaucoup d'eau. Le chemin longe la rivière avant de bifurquer vers la **Quebrada de Chulacao**, un ravin traversé par un étroit sentier sablonneux qui passe entre d'imposantes formations rocheuses et des corniches scintillant au soleil. À plusieurs endroits, vous devrez descendre de vélo et le porter pour franchir des passages difficiles.

Après avoir débouché dans un secteur plus ouvert, le chemin rejoint un sentier balisé menant à un point de vue. Gravissez la colline pour un panorama sur le Volcán Licancabur. Une fois remonté sur votre vélo, deux options : refaire le parcours dans

LES MEILLEURES ACTIVITÉS À SAN PEDRO DE ATACAMA

Sandboard
Dévalez des dunes de 150 m de hauteur sur une planche. Sensations fortes garanties !

Balades à cheval
Explorez les dunes et canyons du désert à cheval. Balades de 2 heures à plusieurs jours.

Escalade
Parmi les bons spots des environs figurent les volcans Sairecabur (5 971 m) et Láscar (5 592 m).

Vols en montgolfière
Survolez le désert à l'aube et contemplez le lever du soleil sur les volcans.

Observation des étoiles
Les circuits d'astronomie, avec explications et télescopes, ont lieu à l'écart des sources lumineuses, en dehors de la ville.

OÙ SE RESTAURER À SAN PEDRO DE ATACAMA

Franchuteria
Cette boulangerie française propose pâtisseries, croissants, sandwichs et baguettes dans un adorable jardin. **$**

La Casona
Restaurant chilien typique, avec vastes espaces intérieur et extérieur, braseros et concerts. **$$$**

Baltinache
Restaurant atacameño offrant un menu de trois plats avec des produits locaux comme le lapin et le rica-rica. **$$$**

LÉGENDES DU DÉSERT D'ATACAMA

Selon la croyance locale, chaque chose que l'on peut voir autour de San Pedro, des volcans et flamants aux étoiles du cosmos, a une histoire à raconter. L'une des légendes les plus populaires est celle du Volcán Licancabur et de son amour pour la montagne Quimal, qui fut chassée de l'autre côté de la vallée. Une fois par an, en juin, l'ombre du Licancabur atteint la montagne Quimal : les amoureux sont réunis.

Près de San Pedro, la **Librería del Desierto** vend de beaux livres illustrés racontant les récits du désert d'Atacama et des étoiles. Éditions en espagnol, anglais et ckunsa, la langue amérindienne locale.

l'autre sens à travers la Quebrada de Chilacao, ou continuer sur le chemin, qui devient vite plus éprouvant, avec du sable plus profond et des pentes plus raides. Il mène à la **Capilla de San Isidro**, une minuscule église construite en 1913 sur une colline par Lucas Cenzano, un colon italien.

De là, suivez la route poussiéreuse sur la berge de la rivière pour regagner l'entrée du Valle. En chemin, vous verrez peut-être un fermier emmenant paître ses lamas, chèvres et moutons.

Paysages surnaturels du Valle de la Muerte

DUNES ONDOYANTES ET ROCHERS DÉCHIQUETÉS

À 3,5 km à l'ouest de San Pedro (longue marche à pied ou court trajet à vélo), l'impressionnant **Valle de la Muerte** ("vallée de la Mort") est aussi appelé Valle de Marte ("vallée de Mars") en raison de ses paysages désolés et inhospitaliers aux couleurs rougeâtres. Découvrez les gigantesques bancs de sable et les formations rocheuses en forme d'incisives, sur une boucle de 4 km à travers la vallée. Vous passerez par un point de vue donnant sur la cordillère, au loin.

Les dunes sont prisées pour le **sandboard** : plusieurs prestataires organisent des excursions depuis San Pedro.

Merveille archéologique

CULTURE AMÉRINDIENNE ET RUINES HISTORIQUES

Les vestiges en adobe mis au jour à l'**Aldea de Tulor** constituent l'un des sites archéologiques majeurs de la région. Le secteur, qui était alors une vallée luxuriante, fut habité il y a 2 500 ans mais abandonné en 300, quand l'oasis s'assécha. À 11 km au sud-ouest de San Pedro, le site est accessible en voiture ou à VTT.

La communauté locale des Lickan Antay gère le site et organise des visites guidées des ruines. La réplique d'une habitation traditionnelle permet de se figurer le mode de vie dans les maisons en adobe de la vallée, circulaires et reliées entre elles. Non loin, on découvre les édifices partiellement excavés de l'*aldea* ("village") original, entouré d'un mur d'enceinte.

Les explications sont réhaussées par le lien personnel entre le guide et le paysage et par l'importance du site, jadis peuplé par les ancêtres des Lickan Antay. La vallée offre un cadre magnifique pour en apprendre davantage sur les croyances traditionnelles de la communauté, les légendes locales associées aux volcans des environs et l'importance de la nature dans la culture des Lickan Antay.

Un petit musée possède les céramiques découvertes sur le site, ainsi qu'une galerie consacrée à la faune et la flore locales.

COMMENT CIRCULER

On peut facilement explorer San Pedro à pied ou à vélo. Les sites des environs sont accessibles à VTT, en voiture ou dans le cadre d'un circuit organisé. Les bus pour Calama (1 heure 30) partent tout au long de la journée de la gare routière de San Pedro, à 1 km au sud de la Plaza de Armas.

Environs de San Pedro de Atacama

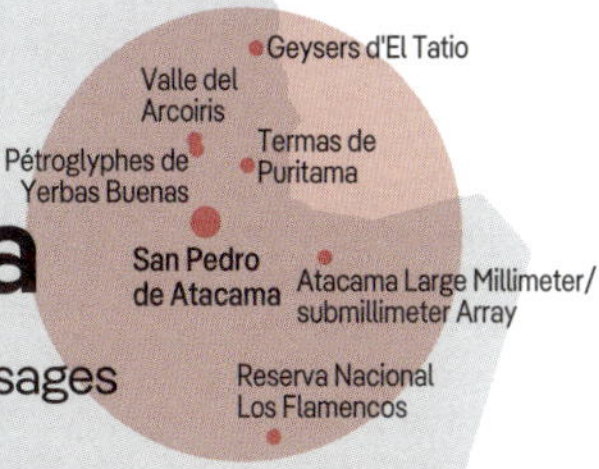

San Pedro est entourée par certains des paysages les plus spectaculaires du nord du Chili et d'innombrables aventures vous tendent les bras.

Au-delà des rues poussiéreuses de San Pedro, des champs de geysers fumants, des lacs de montagne peuplés de flamants et des pics volcaniques sont situés à des distances autorisant des excursions à la journée. Beaucoup visitent les sites majeurs dans le cadre de circuits organisés, mais il est aussi possible d'explorer avec un véhicule personnel ou lors d'une randonnée de plusieurs jours à pied ou à cheval. L'aéroport le plus proche de San Pedro se trouve dans la ville minière de Calama.

Bon nombre des sites les plus visités de la région se trouvent au sein de la Reserva Nacional Los Flamencos (740 km^2), cogérée par la Conaf (Corporación Nacional Forestal) et la communauté amérindienne locale des Lickan Antay. En 2023, la Conaf a rapporté que la fermeture aux touristes du Salar de Tara en 2018 avait permis le retour de la faune endémique dans ce secteur.

Flamant des Andes, Reserva Nacional Los Flamencos (p. 110)

Pour les infos pratiques, voir le Carnet d'adresses p. 133

À SAVOIR

Prévoyez du temps pour vous acclimater à l'altitude à San Pedro (2 400 m) avant de visiter les geysers d'El Tatio (4 300 m) ou les lacs de l'Altiplano (4 000 m).

FAUNE SAUVAGE AUTOUR DE SAN PEDRO DE ATACAMA

Flamants
Le bout des plumes de la queue des flamants des Andes est noir, ce qui n'est pas le cas pour les flamants du Chili. Le flamant de James, le plus petit des trois, se reconnaît à ses pattes rouges et à son bec jaune et noir.

Vigogne (*vicuña*)
Repérez ces délicats camélidés à haute altitude, surtout autour des lacs de l'Altiplano.

Nandou d'Amérique (*ñandú*)
Le plus gros oiseau d'Amérique du Sud, également appelé Rhéa ou Suri.

L'UNE DES PLUS GRANDES MINES DU MONDE

Chaque jour, quelque 600 000 tonnes de minerai de cuivre sont extraites de la vaste mine à ciel ouvert de Chuquicamata, à 17 km au nord de Calama et visible depuis le bus lors du trajet entre Calama et Iquique. La mine existe depuis plus de 100 ans et la fosse mesure désormais 4,5 km de long, 3 km de large et 1,1 km de profondeur. Codelco, entreprise gouvernementale de production de cuivre, exploite la mine et emploie environ 20 000 ouvriers et participe à faire du Chili le plus grand producteur mondial.

En 1952, Ernesto Che Guevara et Alberto Granado visitèrent Chuquicamata durant leur célèbre périple en Amérique du Sud. Dans son livre *Voyage à motocyclette,* Che Guevara narre les conditions de travail dangereuses et se demande combien de mineurs sont morts à Chuquicamata, à l'époque propriété des Américains.

Observation des flamants

VOLCANS, SALARES ET LACS

La **Reserva Nacional Los Flamencos** (740 km^2) englobe certains des paysages les plus spectaculaires du nord du Chili : vastes salares (déserts de sel), crêtes brunes et lacs topaze, avec d'imposantes montagnes en toile de fond.

À 22 km au sud de San Pedro, la **Laguna Cejar** est un lac à l'eau tellement salée que l'on flotte sans effort à la surface. Un cadre exceptionnel pour se détendre et admirer les montagnes et volcans des environs. Doté de vestiaires et de douches, le site est ouvert aux individuels le matin et aux groupes l'après-midi (fermé le mardi). Un ponton mène à la proche **Laguna Piedra**, où l'on voit parfois des flamants (la baignade n'est pas autorisée).

Plus au sud, à 40 km, la **Laguna Chaxa** s'étend parmi les croûtes de sel du **Salar de Atacama**. Cet important site de nidification est un bon endroit pour observer des flamants des Andes, du Chili et de James, ainsi que des pluviers, des foulques et des canards. Le sentier d'interprétation est doté de dessins des divers oiseaux.

Continuez dans les montagnes et passez par le village traditionnel de **Socaire**, connu pour son église coloniale au plafond en bois de cactus et ses cultures en terrasses datant des Incas, pour atteindre des points de vue sur d'autres lacs de l'Altiplano : la **Laguna Miñiques** et la **Laguna Miscanti**. Les eaux bleues scintillantes sont encore plus sublimes avec un arrière-plan de pics enneigés. Encore plus loin, la **Laguna Tuyajto** (4 000 m) est réputée pour ses *piedras rojas* ("pierres rouges") bordant le rivage. Un sentier mène au bord de l'eau.

Geysers bouillonnants

LE PLUS HAUT CHAMP DE GEYSERS DU MONDE

Découvrir les célèbres **geysers d'El Tatio** à l'aube est une expérience viscérale qui stimule tous les sens : la vue des colonnes de fumée tourbillonnant, sur fond de volcans imposants et de lever du soleil, l'odeur d'œuf caractéristique des émanations de soufre, le bruit des bouillonnements, projections et sifflements, et la sensation du froid matinal s'immisçant dans le corps. Ce champ de 80 geysers, à 4 300 m de hauteur, est une fenêtre sur le passé et laisse imaginer l'apparence du monde à l'heure des premières formes de vie. Restez bien sur les sentiers au risque de transpercer la fine croûte et de tomber dans l'eau bouillante.

Les geysers se trouvent à 95 km au nord de San Pedro. La plupart des visiteurs participent à un circuit organisé, avec un départ de San Pedro vers 5 heures pour arriver à l'aube sur le

OÙ SE RESTAURER À CALAMA

Om Cafe
Café coloré avec un menu demidi d'un bon rapport qualité/prix. Options végétariennes. **$**

Osumi Sushi
Ce restaurant japonais offre un large choix de sushis et de plats chauds. **$$**

Pasión Peruana
Ce restaurant sert de généreuses portions de plats péruviens typiques. Plusieurs succursales en ville. **$$**

MARAMADE/SHUTTERSTOCK ©

Valle del Arcoiris

champ de geysers. On peut aussi venir en voiture, mais il n'y a pas de transport public. Les champs sont ouverts jusqu'en fin de matinée, mais ils sont particulièrement impressionnants au petit jour.

Pierres aux couleurs de l'arc-en-ciel

ART RUPESTRE ET PAYSAGES MULTICOLORES

À environ 70 km au nord de San Pedro, le **Valle del Arcoiris** ("vallée de l'Arc-en-ciel") doit son nom à ses pierres aux teintes remarquables. Les nuances caractéristiques sont plus faciles à distinguer sous le soleil matinal et quand le ciel est nuageux. Le lieu est paisible et vous verrez peut-être un ou deux guanacos postés sur un promontoire proche. La vallée se situe dans le bassin du Río Grande et on s'y rend en voiture ou dans le cadre d'un circuit organisé. La bifurcation se trouve sur la route entre San Pedro et Calama.

Au sud du Valle del Arcoiris, dans la Quebrada de Yerbas Buenas, on découvre une impressionnante galerie d'art rupestre. Les **Petroglifos de Yerbas Buenas** furent créés au fil de centaines d'années, quand les rochers étaient un lieu de rencontre pour des personnes venues des deux côtés de la cordillère échanger savoirs et marchandises. Repérez les pétroglyphes (gravures) représentant des serpents, des flamants, des renards et le cycle de vie des lamas. Les représentations humaines aux bras tendus sont probablement des chamanes. D'autres pétroglyphes semblent être liés à l'astronomie andine : la position saisonnière des camélidés dans le ciel nocturne indiquait les moments de semer et de récolter.

OBSERVATOIRES D'ATACAMA

Grâce à ses ciels clairs et à l'absence de pollution lumineuse, le désert d'Atacama abrite plusieurs observatoires majeurs.

À 40 km au sud-est de San Pedro, l'**Atacama Large Millimeter/submillimeter Array** (ALMA) est le plus grand projet d'astronomie au sol du monde. Il comporte 66 gigantesques antennes, des "oreilles" interstellaires jouant le rôle d'un télescope capable de capter des signaux très faibles dans l'espace. Visites possibles le week-end.

L'European Southern Observatory (ESO) compte quatre très grands télescopes de 8,2 m dans son **observatoire du Cerro Paranal** futuriste, à 130 km au sud d'Antofagasta. En journée, les visites des installations ont lieu le samedi. Quand il sera opérationnel, en 2027, l'Extremely Large Telescope (télescope extrêmement grand) de l'ESO, sur le **Cerro Armazones** voisin, devrait révolutionner l'observation spatiale au sol.

COMMENT CIRCULER

Les agences de voyages de San Pedro proposent des excursions guidées vers les sites des environs. On peut aussi les visiter en voiture (location à Calama). Des bus relient San Pedro à Calama, avec correspondances pour Antofagasta, Iquique, Arica et ailleurs. De l'aéroport de Calama, plusieurs vols relient chaque jour Santiago.

ANTOFAGASTA

Antofagasta est une gigantesque ville portuaire et le principal centre urbain du nord du Chili. Au-delà des grands immeubles en béton et de la frénésie de la vie urbaine, Antofagasta possède des musées captivants et une architecture élégante. Non loin, une gigantesque main en granit dans le désert au sud et une arche naturelle en pierre dans l'océan au nord constituent des excursions attrayantes. La plupart des minéraux d'Atacama, en particulier le cuivre de Chuquicamata, transitent dans le port qui demeure un important nœud d'import-export avec la Bolivie, laquelle perdit la région durant la guerre du Pacifique.

À Antofagasta, le nombre d'immigrés a augmenté ces dernières années ; ils arrivent principalement de Colombie et de Bolivie. Beaucoup de non-Chiliens ont lutté pour trouver du travail et vivent dans des conditions précaires. Selon des statistiques de 2022, plus de 900 personnes vivaient dans la rue, pour une population d'environ 390 000 habitants.

Pour les infos pratiques, voir le Carnet d'adresses p. 133

À SAVOIR

Les principaux sites d'Antofagasta peuvent être visités en une journée. Le centre-ville et le Barrio Histórico, sur le bord de mer, témoin des vestiges de l'âge d'or du nitrate visibles sur les façades des maisons victoriennes et géorgiennes, peuvent être explorés à pied pendant la journée. Une fois la nuit tombée, évitez de vous déplacer à pied dans le centre : il est plus prudent de prendre un taxi ou un Uber.

SE LOGER
1 Hotel Paola

SE RESTAURER
2 Tío Jacinto

SORTIR
3 Café del Sol

SHOPPING
4 Mercado Central
5 Terminal Pesquero

Mano del Desierto

LA MAIN DU DÉSERT

À 75 km au sud d'Antofagasta par la Ruta 5 (Panaméricaine), la **Mano del Desierto** est une grande main en granit surgissant du sable du désert. Pour Mario Irarrázabal, le sculpteur à l'origine de cette œuvre de 11 m de haut, c'est au spectateur de décider ce que la main signifie.

La sculpture est incroyablement photogénique. Elle est encore plus extraordinaire la nuit, avec le ciel étoilé en toile de fond.

Histoire minière du nord du Chili

MUSÉE ET VESTIGES DU BUREAU DES MINES

Un musée digne d'intérêt est installé à l'emplacement de l'ancien bâtiment de la Bolivian Huanchaca Company. Si le complexe ressemble aux ruines d'un ancien village, les **Ruinas de Huanchaca** datent en fait de la fin du XIXe siècle. À la fin des années 1800, la compagnie était l'une des plus riches entreprises d'extraction d'argent. Plus de 1 000 personnes travaillaient sur le site, qui servait de fonderie et de raffinerie pour les matériaux bruts extraits à Pulacayo (Potosí, Bolivie). Les ruines ont le statut de monument national ; les photos sont autorisées mais il est interdit de pénétrer dans l'enceinte. Pour le meilleur point de vue, gravissez les marches à gauche de la porte du musée, en face du site.

Dans le musée, commencez par la galerie de la mine, qui se concentre sur la vie quotidienne dans les villes minières de la pampa durant le boom du nitrate, avec notamment des éléments consacrés aux enfants qui y travaillaient. Scannez les QR codes pour avoir les traductions en anglais des panneaux d'explication.

MINES DE NITRATE : VILLES FANTÔMES

Près d'Iquique, les anciennes villes minières, désormais abandonnées, de **Humberstone** et **Santa Laura** (p. 122), sont désormais des musées. Ces villes fantômes sont les vestiges de l'exploitation du nitrate dans la région.

OÙ SE LOGER ET SE RESTAURER À ANTOFAGASTA

Hotel Paola
En centre-ville, un élégant hôtel avec toit-terrasse et chambres bien équipées. **$$$**

Tío Jacinto
Ce petit restaurant familial de produits de la mer est l'un des meilleurs de la région ; excellente carte des vins. **$$$**

Café del Sol
Peña (café-concert) avec musique andine en live et menu de généreux plats chiliens. **$$**

PROMENADE À PIED DANS LE QUARTIER HISTORIQUE D'ANTOFAGASTA

Les édifices prestigieux du Barrio Histórico d'Antofagasta témoignent de la richesse générée par le boom du nitrate au XIXe siècle. Commencez sur la **1 Plaza Colón**, une belle place du XIXe siècle avec des fontaines, des palmiers et du bougainvillier. La Torre Reloj construite en 1911, est un cadeau de la communauté britannique qui avait des intérêts miniers. À l'angle d'Antonio José de Sucre et José de San Martín, les murs du **2 Teatro Municipal** sont ornés d'une fresque de Luis Núñez San Martín, qui rend hommage à l'histoire minière de la région. De l'autre côté de la place, l'ancien bureau de poste central de la ville est désormais la **3 Biblioteca Regional de Antofagasta**, une bibliothèque publique. Jetez un coup d'œil à l'intérieur de l'édifice pareil à un palais, achevé en 1930. À deux pâtés de maisons direction est, dans Jorge Washington, le **4 Centro Cultural Estación de Antofagasta** accueille des expositions captivantes. Dans Bolívar, remarquez la **5 Estación Ferrocarril** (1887), couleur vert bouteille, le terminus restauré de l'ancienne liaison ferroviaire Antofagasta-La Paz. Elle est fermée au public, mais on peut voir plusieurs vieilles locomotives et des cabines téléphoniques de style britannique sur les rails côté ouest. Tournez à gauche dans Adrónico Abaroa pour découvrir une grande **6 fresque** de San Martín représentant une ville minière de la pampa, ainsi qu'une série de jolies mosaïques colorées. De retour dans Bolívar, l'ancienne Aduana (poste de douane) héberge désormais le **7 Museo Regional**, avec des collections liées à l'histoire naturelle et à la culture locale. Passez devant les balustrades en bois de l'**8 ancien bâtiment de l'administration maritime (Resguardo Maritimo)** datant de 1910, et continuez jusqu'au **9 Muelle Salitrero** (quai du nitrate), restauré.

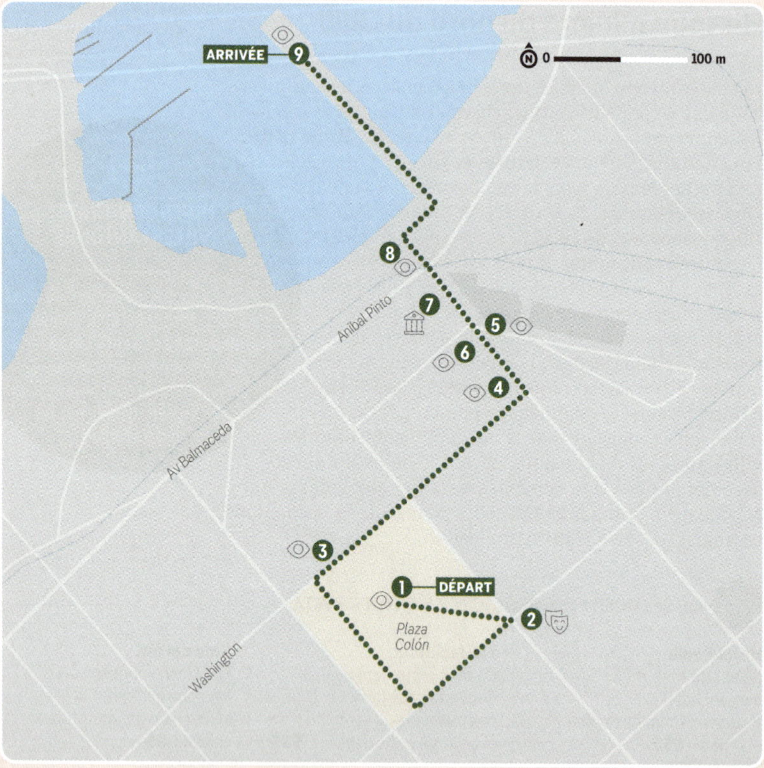

Dans les cours entre les galeries, remarquez les fresques évocatrices de l'artiste plasticien Luis Núñez San Martín, à qui l'on doit aussi des œuvres dans le Barrio Histórico d'Antofagasta. L'agencement judicieux permet de voir les ruines au-dessus des fresques.

Une autre galerie expose de splendides photographies rétroéclairées, réalisées à l'European Southern Observatory (ESO) La Silla, à 170 km au nord de La Serena, dans le Norte Chico.

Face à l'entrée du musée, ne manquez pas *Out of Sync*, une installation de 10 000 jonquilles en céramique, du célèbre sculpteur Fernando Casasempere.

Arche en pierre naturelle dans l'océan

POINT DE VUE CÔTIER

L'énorme arche du **Monumento Natural La Portada** se situe au large des falaises, à environ 20 km au nord d'Antofagasta. Surmontée de sédiments marins et soutenue par une imposante base en pierre volcanique, l'arche a été façonnée par les vagues du Pacifique. Il s'agit de l'élément phare d'une zone protégée gérée par la Conaf, qui constitue un habitat pour les manchots de Humboldt, les lions de mer, les sternes et les faucons pèlerins.

Parcourez le sentier de 70 m le long des falaises et contemplez la vue sur la Portada et les plages 50 m en contrebas. Prendre des photos, scruter la mer et admirer les oiseaux de mer sont les principales activités ici. Un escalier escarpé descendant au rivage a été fermé pour des raisons de sécurité. Consultez le site Internet de la Conaf (conaf.cl) pour savoir si le chemin côtier a rouvert. Le site est accessible en voiture ou avec un bus partant d'Antofagasta à destination du nord (2 km à pied depuis la route nationale).

Déjeuner au marché d'Antofagasta

JUS FRAIS ET PRODUITS DE LA MER

Aménagé dans le beau bâtiment d'une ancienne gare ferroviaire, sur la Plaza Sotomayor, le **Mercado Central** est un marché couvert truffé d'étals de bouchers et de primeurs, ainsi que de restaurants informels servant des plats chiliens typiques à midi, comme des soupes, des *empanadas* et des jus de fruits frais.

Sur le front de mer, vous verrez peut-être des lions de mer et des pélicans devant le marché aux poissons très animé du **Terminal Pesquero**. À l'intérieur, une douzaine de stands servent des soupes de fruits de mer, du ceviche et du poisson frit.

MUSIQUE DU NORTE GRANDE

À bien des égards, la musique du nord du Chili est similaire aux sonorités des régions de l'Altiplano de la Bolivie et du Pérou. Parmi les instruments typiques figurent les *bombos* (tambour), *sikus* (flûte de pan), *quenas* (flûte) et *charangos* (instrument à cordes). Les fanfares de cuivre sont une autre tradition importante dans la région. Vous les entendrez lors de célébrations et d'événements, dont la fête de la Vierge du Carmen (p. 123) à La Tirana.

Outre la musique traditionnelle dans les villages de montagne, on retrouve l'influence des rythmes andins dans le travail d'artistes contemporains du Norte Grande, comme Paulina Camus et Natalia Norte. Vous pourrez écouter de la musique andine et des groupes locaux au **Café del Sol** à Antofagasta.

COMMENT CIRCULER

Les bus circulent dans toute la ville. Pour gagner les Ruinas de Huanchaca, prenez le bus n°103 de Plaza Colón à Calle Sangra. Les bus desservent aussi Santiago et des destinations dans tout le nord du Chili depuis la gare routière, à 4 km au nord de la ville. Ils circulent entre la gare routière et le centre-ville ; possibilité de prendre un taxi ou un Uber. L'aéroport Cerro Moreno, à 25 km au nord de la ville, assure des vols pour Santiago et d'autres destinations.

IQUIQUE

Sur un croissant de littoral doré, Iquique est un paradis pour les vacanciers chiliens, qui se baladent sur les passerelles en bord de plage, font du surf sur les vagues et sautent en parapente depuis les falaises sablonneuses. La ville bouillonne d'activités de jour comme de nuit : cours d'aérobic en plein air tôt le matin à la Playa La Gaviota, séances de beach-volley l'après-midi et cocktails au coucher du soleil sur la péninsule de Cavancha. La dune urbaine du Cerro Dragón est très prisée pour le sandboard.

Plusieurs musées reflètent à quel point l'essor minier du XIXe siècle et la guerre du Pacifique ont façonné Iquique. Dans la rue de Baquedano, les bâtiments géorgiens en bois rénovés datent de l'époque où Iquique était une base d'exportation pour le nitrate provenant des mines de Humberstone et Santa Laura. Après l'effondrement du nitrate, Iquique est devenue un important port de pêche. Régalez-vous de produits de la mer dans l'un des excellents restaurants de la ville.

Pour les infos pratiques, voir le Carnet d'adresses p. 134

À SAVOIR

Iquique est une ville agréable à explorer à pied ou à vélo. Le centre commercial Mall Zofri se situe à proximité d'un quartier assez sulfureux, donc il est plus sûr de venir en taxi ou en Uber. Le soir, évitez de vous déplacer à pied dans les secteurs peu fréquentés.

Parapente, Iquique

INCONTOURNABLES
1 Chiringuito Cavancha
2 Dominga Bistro
3 Lagerhaus
4 Playa Cavancha
5 Radicales

VOIR
6 Museo Corbeta Esmeralda

SE LOGER
7 Backpacker's Hostel Iquique
8 NH Iquique
9 Sunfish Hotel

SE RESTAURER
10 Fábrica de Chumbeques M.Koo
11 La Mulata
12 Marrasquino
13 Santorini

PRENDRE UN VERRE ET FAIRE LA FÊTE
14 Ciocciata

SHOPPING
15 Caleta Riquelme

PROMENADE À PIED DANS LE QUARTIER HISTORIQUE D'IQUIQUE

Cette balade concentre les plus beaux édifices historiques d'Iquique. Commencez au **1 Monumento Boya Esmeralda**, une copie de la bouée marquant l'emplacement de l'épave de l'*Esmeralda*. Passez devant la statue de son capitaine, Arturo Prat, sur la **2 Plaza 21 de Mayo**, pour atteindre le boulevard de Baquedano, où les édifices restaurés furent construits en pin de l'Oregon entre 1820 et 1920. Au nord, un poste de douane bâti en 1871 quand Iquique faisait encore partie du Pérou, abrite désormais le **3 Museo Naval**, qui conserve des éléments récupérés sur l'*Esmeralda*. Continuez le long de Baquedano jusqu'à Bernardo O'Higgins, où vous verrez le **4 Palacio Astoreca**, une demeure construite en 1904 pour un magnat du nitrate. C'est aujourd'hui un centre culturel accueillant des expositions d'art contemporain dans son intérieur sophistiqué. De retour dans Baquedano, entrez dans la boutique **5 Pájaro en Mano**, proposant affiches, tee-shirts et mugs imaginés par des créateurs locaux. Parmi les motifs figurent des personnages historiques et des images associées au festival de La Tirana (p. 123). Non loin, prenez le temps d'explorer les galeries du **6 Museo Regional**, aménagées dans l'ancien tribunal de la ville datant de 1892. Outre la collection permanente consacrée à l'histoire régionale, le musée organise d'intéressantes expositions temporaires. Continuez sur deux pâtés de maisons pour gagner la **7 Plaza Prat**, avec sa **8 Torre Reloj** de 1877. Au sud de la place se dresse le **9 Teatro Municipal**, de style néoclassique, qui programme des opéras et des pièces depuis 1890. Terminez par l'édifice le plus tape-à-l'œil, le **10 Casino Español**, un palais de style mauresque construit en 1904, désormais un restaurant. Entrez pour admirer les époustouflantes céramiques, les plafonds à caissons et les superbes fresques.

JEREMY RICHARDS/SHUTTERSTOCK ©

Museo Corbeta Esmeralda

À bord du Museo Corbeta Esmeralda

MUSÉE RÉPLIQUE D'UN NAVIRE DE GUERRE

Occupant un espace privilégié sur le port d'Iquique, le **Museo Corbeta Esmeralda** est aménagé dans la réplique du navire de guerre éponyme et explique le rôle de ce bateau lors de la guerre du Pacifique (1879-1884), au terme de laquelle le Chili domina l'alliance Pérou-Bolivie et étendit son territoire au nord. La véritable épave gît encore au fond de l'océan et une bouée marque son emplacement. De nombreuses places et rues du pays portent le nom d'Arturo Prat, capitaine du navire.

Réservez une visite guidée du bateau en espagnol ou un audioguide en anglais. Le musée (museoesmeralda.cl ; fermé le lundi) offre un récit patriotique de la guerre du Pacifique et dépeint la vie à bord dans les quartiers du personnel, reconstitués. La réplique de l'*Esmeralda* fut bâtie selon les plans d'origine. Ne manquez pas la cabine du médecin, avec médicaments et instruments de chirurgie.

Non loin, les restaurants au-dessus du marché aux poissons de la **Caleta Riquelme** sont parfaits pour déjeuner.

Soirée à Iquique

RESTAURANTS ET BARS DE PLAGE

Au sud de la Playa Cavancha, la **Península de Cavancha** est un site très prisé pour l'immobilier, avec quelques immeubles d'appartements haut de gamme et plusieurs bars et restaurants fréquentés par la jeunesse pour la *previa* (début de soirée). À l'extrémité sud de la plage de Cavancha, le **Chiringuito Cavancha** est une adresse tendance, où les tables extérieures dominent l'océan : pensez à réserver. Traversant le milieu de

LES MEILLEURES TABLES D'IQUIQUE

La Mulata
Une adresse de choix : vue sur l'océan et fabuleuse carte nippo-péruvienne. $$$

Santorini
Cuisine grecque exceptionnelle servie dans un patio drapé de bougainvilliers. $$

Ciocciata
Café du centre-ville servant des sandwichs, des gâteaux et du café. $$

Marrasquino
Boutique de gâteaux et glaces sur le front de mer, avec une immense sélection de saveurs. $

Fábrica de Chumbeques M.Koo
La meilleure adresse de la ville pour goûter les *chumbeques* : des biscuits fourrés de mangue, citron, goyave, fruit de la passion ou *manjar* (*dulce de leche*). $

OÙ SE LOGER À IQUIQUE

Backpacker's Hostel Iquique
Sur la Playa Cavancha, une auberge de jeunesse conviviale avec cuisine, bar et café. $

NH Iquique
Cette branche de la chaîne NH est l'un des meilleurs hôtels d'Iquique ; vues sur l'océan. $$$

Sunfish Hotel
Grand édifice près de la Playa Cavancha aux chambres spacieuses et piscine sur le toit. $$$

LES MEILLEURES ACTIVITÉS À IQUIQUE

Parapente
Vols proposés toute l'année. Décollage depuis les hauteurs d'Alto Hospicio (500 m), survol de la ville et atterrissage au niveau de la mer.

Sandboard
Activité proposée sur le Cerro Dragón, une gigantesque dune urbaine et zone protégée.

Surf et Bodyboard
La meilleure période est l'hiver, quand la houle arrive du nord, mais le surf et le Bodyboard sont possibles toute l'année.

Vélo
Une piste cyclable parallèle à la plage couvre plus de 8 km. D'autres voies cyclables sont en cours d'aménagement.

la péninsule, **Filomena Valenzuela** est un boulevard jalonné d'établissements animés, des restaurants de sushis assez chics aux pizzerias et bars des sports. **Dominga Bistro** est un bon choix pour les produits de la mer et les cocktails ; choisissez entre la salle et la terrasse, au luxueux décor contemporain.

Après un dîner et quelques boissons sur la péninsule, gagnez les bars de la rue piétonne de **Baquedano**. Tentez aussi les deux étages et le labyrinthe de salles du **Radicales**. Non loin, **Lagerhaus** est une bonne adresse pour une bière artisanale.

Plaisirs de la plage à Iquique

SOLEIL, MER ET SURF

La plage la plus populaire d'Iquique est la **Playa Cavancha**, une belle étendue de sable ourlée d'herbe et de palmiers. L'eau de l'océan est l'une des plus chaudes du Chili. Elle est sûre pour la baignade et permet aussi de pratiquer le surf, le Bodyboard, le kayak et le paddle. Cavancha est généralement calme le matin mais très fréquentée l'après-midi en été. Les surfeurs et les bodyboardeurs sont moins nombreux à se disputer les vagues tôt le matin à l'extrémité nord de la plage. Plusieurs prestataires louent des surfs et proposent des cours.

Les matinées étant généralement fraîches à Iquique, elles constituent un bon moment pour pédaler, courir ou marcher le long de la côte. De la Playa Cavancha, dirigez-vous vers le sud le long des sentiers pédestres ou cyclistes pour atteindre la **Playa Brava**, une large plage de sable. La baignade n'est pas possible. Le soir, les roses et orange du coucher du soleil sont extraordinaires.

En mai, les meilleurs surfeurs du monde s'affrontent à Iquique lors du **Héroes de Mayo Pro**. L'événement attire quelque 200 surfeurs espérant remporter des milliers de dollars et améliorer leur classement au sein de la World Surf League. La compétition implique de surfer la vague Ola El Colegio, au nord de Playa Cavancha.

La **Caleta Los Verdes**, une petite baie à 25 km au sud d'Iquique, est réputée pour ses excellents restaurants de poisson. La compétition de Bodyboard de **Copa Verano Iquique** se déroule à la Caleta Los Verdes chaque année en janvier.

SURF DANS LE NORTE GRANDE

Pour surfer d'autres vagues exceptionnelles dans le nord du Chili, gagnez la **Playa Las Machas** (p. 127) à Arica, où l'eau est chaude et les vagues sont adaptées aux surfeurs de tous les niveaux.

COMMENT CIRCULER

Les *colectivos* (taxis collectifs) sont pratiques pour se déplacer en ville. Les bus longue distance à destination d'Arica, Calama, Antofagasta et Santiago partent du Terminal Rodoviario, à 4 km au nord de la Playa Cavancha. L'aéroport Diego Aracena se trouve à 40 km au sud d'Iquique, avec des vols pour Santiago et Arica.

Environs d'Iquique

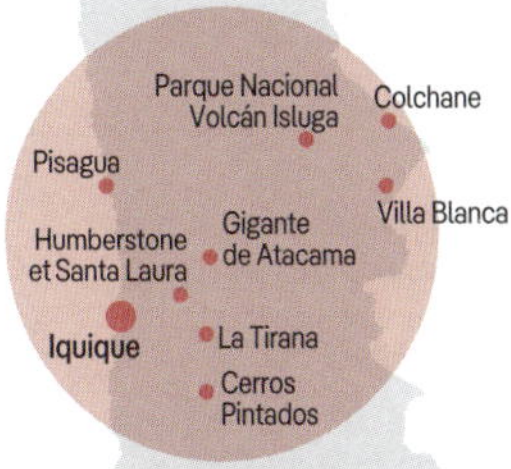

Le désert au-delà d'Iquique porte les marques de l'histoire. Il accueille aussi l'un des plus importants festivals religieux du Chili.

Dans l'arrière-pays d'Iquique, le désert est ponctué de villes fantômes, reliques des anciennes communautés minières qui exploitaient le nitrate, désormais des musées. À proximité, de mystérieux géoglyphes tracés sur les paysages arides évoquent un passé plus lointain, quand la région était une route commerciale entre les montagnes et la côte.

De la Panaméricaine, la route reliant Huara à Colchane grimpe à travers les avant-monts et les volcans de l'Altiplano ; là, le Parque Nacional Volcán Isluga se caractérise par sa beauté et son isolement. Les traditions culturelles sont très préservées dans les communautés des villages aymaras : les habitants élèvent des alpagas et des lamas et tissent leur laine. Le Pisco sour et les grands immeubles d'Iquique semblent à des années-lumière de là.

Pour les infos pratiques, voir le Carnet d'adresses p. 135

À SAVOIR

Pendant le festival de la Vierge du Carmen, les bus allant de La Tirana à Iquique et l'oasis de Pica circulent toute la journée. Réservez votre hébergement bien à l'avance. Pourquoi ne pas profiter d'une escale à Pica, à 2 heures d'Iquique, pour profiter de la fraîcheur de sa végétation luxuriante et de sa source ?

Cerros Pintados (p. 123)

LE SOMBRE PASSÉ DU CHILI

À 120 km au nord d'Iquique, Pisagua fut l'un des plus importants ports d'exportation du nitrate du Chili du XIXe siècle. Cependant, Pisagua est surtout connue aujourd'hui pour son camp de prisonniers politiques sous la dictature militaire de Pinochet (1973-1990) et pour la découverte d'un charnier dans le cimetière local.

Le cimetière est situé à flanc de colline, à 3 km au nord de la ville. Une plaque commémorative indique l'emplacement de la fosse où les dépouilles de 21 prisonniers politiques furent enfouies. Les traces de blessures par balle indiquent qu'ils avaient été fusillés.

JEREMY RICHARDS/SHUTTERSTOCK ©

Santa Laura

Villes minières fantômes

MINES DE NITRATE TRANSFORMÉES EN MUSÉES

Accueillant jadis une communauté prospère de mineurs entourés de leurs familles, les villes abandonnées de **Humberstone** et **Santa Laura** ont été transformées en musées. Les édifices de ces villes fantômes intrigantes ont désormais le statut de patrimoine protégé, en hommage aux personnes qui fournirent un travail acharné lors du boom du nitrate. Fondée en 1872 sous le nom de La Palma, la ville de Humberstone était bouillonnante de vie, mais le développement des nitrates synthétiques entraîna la fermeture du site en 1960.

La visite des villes abandonnées est une expérience déconcertante. Sur fond de désert, les structures industrielles de Humberstone et Santa Laura constituent des sujets photographiques intéressants. Certains bâtiments sont restaurés mais d'autres tombent en ruine, donc soyez prudent. À l'entrée de Humberstone, les maisons abritent de petits musées présentant des collections thématiques d'objets découverts sur le site : des murs entiers couverts de jouets d'enfants, d'ustensiles de cuisine et d'outils de travail.

À 2 km à l'ouest de Humberstone (à pied ou en voiture), Santa Laura est plus petite et fait partie du même musée ;

OÙ SE LOGER ET SE RESTAURER DANS LES ENVIRONS D'IQUIQUE

Hostal Inka Thaki
Seule option de Colchane, cette pension possède un restaurant et des douches chaudes. **$**

Hostal La Roca
Pension de Pisagua gérée par un couple sympathique, avec chambres charmantes et vue sur l'océan. **$**

Restaurante Qori Inti
À Pica, ce restaurant andin sert des plats typiques : lapin, lama et soupe de quinoa. **$$**

on y trouve moins d'artefacts qu'à Humberstone. Les musées peuvent être visités lors d'une excursion d'une demi-journée au départ d'Iquique (45 minutes en bus ou voiture).

Fête de la Vierge du Carmen à La Tirana

COSTUMES, FANFARES ET DANSES

Le festival de la **Vierge du Carmen** est l'un des événements religieux les plus spectaculaires du Chili : 250 000 danseurs costumés, musiciens et festivaliers emplissent les rues de **La Tirana**, localité très paisible le reste du temps. Les origines de la ville sont liées à la légende de la princesse inca nommée La Tirana, qui résista aux envahisseurs espagnols et fut tuée après être tombée amoureuse d'un Espagnol. Le village fut fondé à l'emplacement de sa tombe.

Le 15 juillet, l'excitation monte et, à minuit, un feu d'artifice marque le début du festival. Le 16 juillet commence avec une messe à l'aube, puis la Vierge est portée à travers le village, suivie d'une longue procession de danseurs et de fanfares.

Pendant le festival, des bus font la navette entre La Tirana et Iquique, sise à 72 km, tout au long de la journée et de la nuit, afin de ramener les fêtards à leur logement.

Aventures dans l'Altiplano

CULTURE ET PAYSAGES ANDINS

Haut dans l'Altiplano, 250 km après Iquique, le **Parque Nacional Volcán Isluga** englobe des cônes volcaniques enneigés et des *bofedales* (marécages) peuplés de guanacos, vigognes et nandous. Parmi la flore de haute altitude, on découvre des cactus pouvant atteindre 4 m de hauteur. Au sein du parc, un sentier de 6 km mène au sommet du Volcán Isluga (prévoyez 8 heures). Près du volcan se trouve le village inhabité d'Isluga. Lors des fêtes religieuses, les habitants éparpillés dans les environs se rassemblent dans l'église en adobe du XVIIe siècle. À la frontière bolivienne, **Colchane** est l'un des seuls villages du secteur dotés d'hébergements.

Au sud de Colchane, le village traditionnel aymara de **Villablanca** jouit d'un emplacement privilégié, entouré de montagnes et volcans sacrés. Composé de modestes maisons en adobe et d'une charmante église, le village n'a pas d'ambition touristique, mais les visiteurs reçoivent un accueil chaleureux. Demandez à acheter des textiles traditionnels en laine d'alpaga et des guitares fabriquées à la main. Baladez-vous autour de la **Laguna Villablanca**, un beau site fréquenté par les flamants et les fermiers du coin, qui amènent leurs lamas et alpagas paître sur le rivage.

MYSTÉRIEUX GÉOGLYPHES DANS LE DÉSERT

Mesurant 100 m de longueur, le **Géant de l'Atacama** est l'un des plus gros géoglyphes (motifs créés dans le paysage en ajoutant des pierres, en retirant de la terre ou en mêlant ces deux techniques) du monde. Également appelé Géant de Tarapacá, il daterait de 900 ans environ et pourrait représenter un chaman. On peut le voir sur le versant isolé du Cerro Unita, à 14 km à l'est de Huara sur la route de Colchane (Ruta 15). Le plus simple pour s'y rendre est soit de louer une voiture, soit de prendre un taxi, à moins de se joindre à une excursion.

Plus au sud, quelque 420 géoglyphes représentant des animaux ou des humains peuvent être observés sur les **Cerros Pintados**. La plupart auraient été tracés entre 500 et 1450. Ils auraient un lien avec les itinéraires d'anciennes caravanes de lamas et pourraient indiquer des sources d'eau.

COMMENT CIRCULER

Pour gagner Humberstone et Santa Laura, prenez le bus Santa Angela à Iquique en direction de Pozo Almonte. De la grand-route, une courte marche mène aux musées. Des bus quotidiens relient Iquique et La Tirana ; les transports sont assurés toute la journée pendant le festival. Les bus reliant Iquique à Oruro (Bolivie) s'arrêtent à Colchane. Il faut son propre véhicule pour gagner le Parque Nacional Volcán Isluga et les villages des environs.

ARICA

Avec un climat agréable, des kilomètres de plages de sable et un sympathique esprit de surfeurs, Arica est une ville charmante pour se poser quelques jours. Les tensions historiques entre le Chili et le Pérou voisin sont cependant palpables dans les sites commémorant la guerre du Pacifique, au terme de laquelle Arica devint chilienne. Au sommet d'une colline, le lieu de l'importante bataille d'El Morro est marqué par un gigantesque drapeau chilien, probablement visible depuis le Pérou.

Les conflits passés d'Arica ne sont qu'une anecdote à l'aune de l'histoire des Chinchorros, qui vivaient dans la région il y a quelque 7 000 ans et y laissèrent d'intrigants sites funéraires. Le long du littoral, un chemin pédestre passe par des grottes jadis utilisées comme base pour la pêche et la chasse. Dans ce site préservé, on imagine facilement la vie il y a des milliers d'années, lorsqu'Arica était l'aboutissement d'une importante voie commerciale entre les habitants des côtes et ceux de la *precordillera* et de l'Altiplano.

Pour les infos pratiques, voir le Carnet d'adresses p. 135

À SAVOIR

Faites coïncider votre séjour avec l'un des festivals hauts en couleurs d'Arica. Le Carnaval Andino Con la Fuerza del Sol a lieu en février, durant trois jours, avec fanfares et troupes de *comparsas* (danses traditionnelles) et la Semana Ariqueña en juin, offre défilés, concerts et feux d'artifice.

INCONTOURNABLE
1 Museo de Sitio Colón 10

VOIR
2 El Morro
3 Playa El Laucho

ACTIVITÉS, COURS ET CIRCUITS ORGANISÉS
4 Isla del Alacrán

SE LOGER
5 Hotel Arica
6 Hotel Casa Beltrán

SE RESTAURER
7 Cafe del Mar
8 Los Aleros de 21
9 Salteñas y Empanadas Caupolicán

PRENDRE UN VERRE ET FAIRE LA FÊTE
10 Salon de Te 890

TRANSPORTS
11 Turismo Chogña

Cuevas de Anzota (p. 127)

Sites funéraires des Chinchorros

RESTES HUMAINS

Près du centre-ville d'Arica, le **Museo de Sitio Colón 10** expose les restes de 48 individus dans leurs positions d'origine. À la fin du XIXe siècle, une maison fut construite ici. Repérez le tronçon préservé des murs originaux, à côté de la billetterie du musée. En 2004, quand les architectes commencèrent à fouiller le site pour préparer la construction d'un nouvel hôtel, ils découvrirent des ossements, qui s'avérèrent avoir appartenu à des Chinchorros.

Les Chinchorros vivaient dans les zones côtières des actuels nord du Chili et sud du Pérou entre 8000 et 2000 av. J.-C. Durant cette période, leurs coutumes funéraires évoluèrent. Le site funéraire de Sitio Colón 10 daterait d'une période ultérieure, entre 4200 et 3800 av. J.-C., quand les dépouilles n'étaient plus momifiées mais couvertes de fibres végétales et de plumes d'oiseaux. Les corps inhumés se conservaient bien en raison de la sécheresse du climat et de la forte salinité du sol.

Au 1er étage du petit musée, on peut voir les restes tels qu'ils furent découverts. Marchez sur les panneaux vitrés couvrant les dépouilles pour scruter les détails, tels que les pagnes et les plumes. Sur les murs, les pancartes numérotées identifient entre autres un enfant aux cheveux peints en rouge et une

LES MEILLEURES TABLES D'ARICA

Salteñas y Empanadas Caupolicán
Meilleure adresse de la ville pour des *empanadas* chiliennes et des *salteñas* boliviennes (chaussons salés). $

Salón de Té 890
Chaleureux salon de thé proposant des sandwichs et des gâteaux, dont la spécialité de la maison, le gâteau *siete sabores* (sept saveurs). $

Cafe del Mar
Grand choix de burgers, sandwichs, en-cas et desserts. $$

Medina's Restaurant Gourmet
Près de la Playa Las Machas, ce restaurant mérite le détour pour sa divine cuisine péruvienne. $$$

Los Aleros de 21
Restaurant de quartier ; excellentes viandes chiliennes grillées et produits de la mer. $$$

OÙ SE LOGER À ARICA

Sunny Days
Pension décontractée près de la Playa de Chinchorro, à 2 km au nord-est du centre-ville d'Arica. $

Hotel Casa Beltrán
Boutique-hôtel en centre-ville ; chambres spacieuses dotées de tous les équipements modernes. $$

Hotel Arica
Grand complexe hôtelier face à l'océan près de la Playa Laucho, avec des bungalows et une piscine en bord de plage. $$$

PROMENADE À PIED DANS LE CENTRE-VILLE D'ARICA

Cette promenade passe par les sites historiques les plus importants d'Arica. Commencez à la **1 Estación de Ferrocarril Arica–La Paz**, l'ancien terminal de la ligne ferroviaire qui reliait la Bolivie à la côte. Traversez la place à pied jusqu'à la **2 Ex Aduana**, l'ancien poste de douane de la ville devenu un centre culturel. Conçu par Gustave Eiffel, l'édifice fut préfabriqué à Paris et assemblé sur place en 1874. À l'intérieur, admirez le sol carrelé d'origine et l'escalier en colimaçon en fer forgé. Les galeries accueillent des expositions temporaires d'artistes locaux. Traversez la **3 Plaza Colón**, ponctuée de palmiers et de fontaines, jusqu'à la **4 Catedral San Marcos**. Eiffel conçut cette église de style gothique, préfabriquée en France dans les années 1870 et envoyée à Arica, avant sa célèbre tour parisienne. Elle est faite en fonte estampée et moulée, puis peinte. Jetez un coup d'œil aux ferronneries à l'intérieur de la cathédrale. Remontez la rue 7 de Julio et tournez à droite dans Colón. À l'angle de Yungay, remarquez les élégantes vérandas en bois de la **5 Casa Bolognesi**. L'édifice était jadis le quartier général du commandant péruvien Francisco Bolognesi, tué en 1880 pendant la guerre du Pacifique. Il s'agit désormais du consulat péruvien. Continuez de grimper sur un pâté de maisons jusqu'au **6 Museo de Sitio Colón 10**. Prévoyez au moins une heure pour découvrir les vestiges fascinants d'un site funéraire chinchorro. Sur la colline derrière le musée, un escalier monte au sanctuaire du **7 Mirador de la Virgen**, avec vue sur la ville et l'océan. Si vous avez l'énergie, prenez le sentier escarpé à gauche du Mirador pour atteindre **8 El Morro**, le mémorial militaire qui se dresse à la cime.

perruque en cheveux humains. Un bébé porte un masque noir en argile.

À l'étage, une galerie présente des répliques de figures anthropomorphiques trouvées dans des sites funéraires chinchorros des environs. Des reproductions d'hameçons et de filets de pêche en fibres végétales témoignent du mode de vie des Chinchorros, qui étaient des pêcheurs et plongeurs aguerris.

ENCORE PLUS DE MOMIES

Ne manquez pas la remarquable collection de momies exposées au **Museo Arqueológico San Miguel de Azapa** (p. 129), niché au cœur d'un jardin luxuriant à 12 km à l'est d'Arica. Ces momies furent découvertes à divers emplacements dans les environs.

Colline historique

MÉMORIAL MILITAIRE ET POINTS DE VUE

Point de repère le plus remarquable d'Arica, **El Morro** est un imposant rocher couleur café se dressant à 110 m au-dessus de la ville. Un immense drapeau chilien est planté au sommet, accessible par la route ou par un sentier escarpé partant du haut de Colón. Le superbe point de vue embrasse la ville, le port et l'océan Pacifique.

Le promontoire fut le théâtre d'une bataille cruciale en 1880, pendant la guerre du Pacifique, quand l'armée chilienne prit El Morro aux forces péruviennes en moins d'une heure. On accède au sommet en voiture, ou bien à pied par un sentier raide partant de l'extrémité sud de la Calle Colón. Au sommet de la colline, la bataille est matérialisée par un musée militaire et une tombe du Soldat inconnu. Un sentier pédestre fait le tour de la colline en passant par plusieurs statues et mémoriaux militaires.

Route côtière jusqu'aux Cuevas de Anzota

PLAGES, GROTTES ET FAUNE SAUVAGE

La route côtière au sud d'Arica passe par les plus belles plages de la ville en direction des Cuevas de Anzota. Cet itinéraire de 10 km est agréable à vélo (location possible auprès de **Turismo Chogña**). De Plaza Colón, prenez la piste cyclable direction sud le long d'Avenida Comandante San Martín. La première plage que vous atteindrez est la **Playa El Laucho**, adaptée à la baignade. Plus au sud, la **Playa La Lisera** est plus jolie et pourvue de vestiaires et douches.

La route côtière se termine sur les falaises déchirées et le rivage rocheux des **Cuevas de Anzota** (fermé le lundi), où un sentier d'interprétation de 2,2 km mène sous une corniche rocheuse et dans des grottes (prévoyez 40 minutes). Il y a des milliers d'années, les grottes servaient de refuges et de sites funéraires aux Chinchorros. L'accès au sentier est gratuit, mais il faut signer une décharge et porter un casque de protection. Repérez les lions de mer et les loutres.

LES MEILLEURES VAGUES D'ARICA

Au nord du centre-ville d'Arica, la **Playa Las Machas** est un repaire de surfeurs, avec des vagues convenant à tous les niveaux. Plusieurs établissements proposent des cours et louent des planches. Les vagues sont les plus impressionnantes en juillet, attirant des surfeurs professionnels du monde entier.

Les surfeurs chevronnés apprécient aussi les gros rouleaux d'**El Gringo** (ou Chilean Pipeline, "tuyau chilien") et d'**El Buey** sur Isla del Alacrán, point break renommé à l'ouest du yacht-club.

COMMENT CIRCULER

Des bus relient le centre-ville d'Arica à la Playa Las Machas et à la gare routière, d'où partent des liaisons pour Iquique, Calama, Antofagasta et Santiago. L'aéroport international de Chacalluta se trouve à 18 km au nord d'Arica, avec des vols quotidiens pour Santiago.

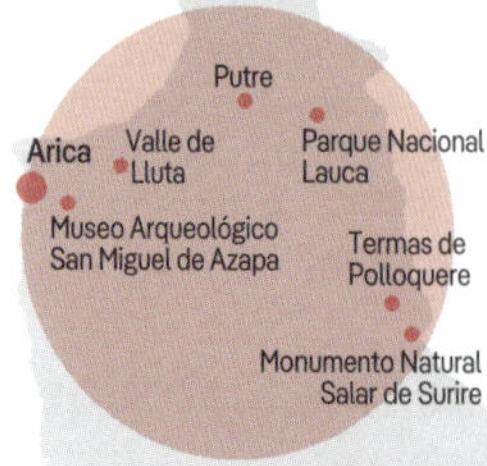

Environs d'Arica

Arica est la porte d'entrée pour le Valle de Azapa, les villages de la *precordillera* et les hauteurs étourdissantes de l'Altiplano.

Le secteur entourant Arica est empreint d'une atmosphère aussi dynamique que celle de la ville et paraît moins désolé que certaines zones du désert plus au sud. La vallée d'Azapa est un important centre de recherche pour les fascinantes momies chinchorras de la région. L'importance des reliques de cette culture ancestrale suscite une véritable fierté.

Non loin, la Ruta 11 grimpe dans les collines de la *precordillera*, où des villages aymaras sont égayés de fleurs colorées, de papillons et de colibris. Putre est une base accueillante pour des aventures dans l'Altiplano, où les eaux somptueuses du Lago Chungurá miroitent à 4 000 m d'altitude. La biodiversité du secteur est très riche, des vigognes aux flamants.

Pour les infos pratiques, voir le Carnet d'adresses p. 135

À SAVOIR

Situé à 3 530 m d'altitude, Putre est une étape idéale pour s'acclimater avant le Parque Nacional Lauca, dans l'Altiplano.

Colibri, Valle de Azapa

JOSE ARCOS AGUILAR/SHUTTERSTOCK ©

MICHELE BURGESS/ALAMY STOCK PHOTO ©

Momies chinchorras

Momies chinchorras dans le Valle de Azapa

9 000 ANS D'HISTOIRE

Le **Museo Arqueológico San Miguel de Azapa** conserve certaines des momies les plus anciennes du monde. Installé dans des jardins luxuriants, le musée comporte plusieurs sections. Commencez dans la galerie couvrant l'histoire de la région, de 7000 av. J.-C. à l'invasion espagnole. Les collections bien agencées mettent à l'honneur les cultures des différentes périodes, avec des céramiques, des outils agricoles et des textiles d'origine. Une salle est dédiée à la production d'huile d'olive dans la vallée d'Azapa, avec un énorme pressoir du XVIIIe siècle.

De l'autre côté des jardins, une deuxième galerie abrite une exposition dédiée aux momies chinchorras, avec des vitrines renfermant des outils, des vêtements et des ornements utilisés lors des cérémonies funéraires. Les momies elles-mêmes sont présentées dans les dernières vitrines.

LES PLUS VIEILLES MOMIES DU MONDE

Les momies des Chinchorros sont les plus anciennes dépouilles conservées de manière artificielle dans le monde : elles précèdent leurs homologues égyptiennes de plus de 2 000 ans. Plusieurs centaines de momies ont été découvertes : on les doit au peuple Chinchorro, qui pêchait et chassait le long du littoral des actuels sud du Pérou et nord du Chili, vers 8 000 avant notre ère.

Le processus de momification impliquait de retirer les organes internes, de laisser sécher le corps, de le remplir de brindilles, roseaux, argile et fourrure animale, de le recoudre puis d'ajouter une perruque de cheveux humains et un masque d'argile. La dépouille était ensuite badigeonnée de noir de manganèse. Plus tard, les Chinchorros se mirent à utiliser de l'ocre rouge.

OÙ SE LOGER À PUTRE

Terrace Lodge
Les chambres de cette pension sont coquettes et chauffées, avec vue sur la montagne. Jardins appréciés des colibris. **$$**

Hostal Vientos del Altano
Pension bien tenue ; chambres sobres et chauffées avec balcons surplombant les jardins. **$$**

Pachamama Hostel
Auberge de jeunesse conviviale, avec salles de bains communes, cuisine et patio central. **$**

JE VIS ICI : IDÉES D'EXCURSIONS DEPUIS PUTRE

Odlanier Veliz, qui travaille à l'office du tourisme de Putre, partage ses conseils et idées d'excursions depuis le village.

Acclimatation
Avant d'explorer l'Altiplano, il est essentiel de passer du temps dans la *precordillera* pour s'acclimater. Faites une virée en voiture jusqu'aux villages de Saxamar, Tignamar et Belén, où vous pourrez goûter le fromage de chèvre local.

Sources chaudes
Rendez-vous aux Termas de Jurasi et aux Termas de las Cuevas.

Suriplaza
Au nord de Putre, Suriplaza est surnommée la colline aux couleurs en raison des bruns, rouges, verts et dorés qui composent son paysage.

Quand partir
De mars à mai, quand le paysage est au plus vert après la pluie.

JAROUS/SHUTTERSTOCK ©

Volcan Parinacota

On peut facilement se rendre au musée d'Arica en bus ou taxi collectif (30 minutes). Prévoyez une ou deux heures pour la visite.

Randonnée près de Putre

SENTIER ANCESTRAL ET ART RUPESTRE

Dans la *precordillera*, le village de **Putre**, à 150 km à l'est d'Arica (3 heures en bus ou voiture), est une bonne base pour s'aventurer plus loin dans l'Altiplano. Putre était une *reducción* (avant-poste espagnol bâti pour contrôler les populations locales), ce qui explique la présence d'éléments architecturaux caractéristiques de la fin de l'ère coloniale. D'ici, une randonnée d'une demi-journée vous fera découvrir les paysages de montagne autour du village aymara.

Marchez direction ouest depuis la place et suivez la route devant l'école et jusqu'à la rivière. Traversez la rivière et continuez sur la route, avec la rivière à votre gauche, jusqu'à atteindre un secteur plat avec plusieurs bâtiments agricoles. Continuez à travers champ et prenez le chemin le plus au nord (on peut facilement se perdre ici). Quand vous verrez un

OÙ SE RESTAURER À PUTRE

Casona del Rey
Le meilleur restaurant de Putre propose divers plats à base d'ingrédients locaux, dont d'excellentes pizzas. **$$**

Suma Q'antati
Restaurant d'un bon rapport qualité/prix avec menu andin typique à midi : soupe, plat et fruit. **$**

Rosamel
Sur la place, une carte de nombreux plats andins, dont plusieurs options végétariennes. **$$**

bâtiment sur votre droite, repérez un sentier escarpé descendant à la rivière, traversez-le et grimpez pour atteindre un chemin étroit accroché à flanc de colline.

Vous êtes désormais sur le **Sendero de Wilacabrani**, un sentier pré-inca qui faisait partie de la route reliant l'Altiplano à la côte. Continuez le long d'un étroit chemin caillouteux passant par une cascade. Quand vous verrez une maison, un chemin sur votre droite mène à des **peintures rupestres** de lamas et d'autres motifs.

DIRECTION SUD JUSQU'AU VOLCAN ISLUGA

Du Monumento Natural Salar de Surire, poursuivez direction sud jusqu'au village de Colchane, près du **Parque Nacional Volcán Isluga** (p. 123). Renseignez-vous sur l'état de la route avant d'entreprendre cet itinéraire isolé et aventureux.

Explorer le Parque Nacional Lauca

LACS ET VOLCANS DE HAUTE ALTITUDE.

Les époustouflants paysages d'Altiplano du **Parque Nacional Lauca** se situent à 50 km à l'est de Putre (1 heure en voiture) le long de la Ruta 11. Une excursion à la journée depuis Arica est possible, mais mieux vaut passer au moins une nuit à Putre pour s'acclimater. Le Lago Chungará, point d'orgue du parc, se situe à 4 517 m d'altitude, ce qui en fait l'un des plus hauts du monde.

Plusieurs points de vue donnent sur le cône parfait et enneigé du **Volcán Parinacota**. Marchez sur un sentier au bord du scintillant **Lago Chungará** (environ 20 minutes), où des tables de pique-nique invitent à un déjeuner dans un cadre idyllique. La faune du parc est très variée, avec entre autres des vigognes, viscaches et condors.

N'hésitez pas à faire un court détour pour une balade dans le village de **Parinacota**, doté d'une église typiquement andine. Pour un repas au restaurant **Uta Kala Don Leo**, les réservations sont essentielles (☎9-8895-3373).

Observation des flamants dans les salares

LACS FUMANTS DE L'ALTIPLANO

Le *salar* de **Monumento Natural Salar de Surire** est un secteur naturel isolé, avec des sources thermales pour se baigner et des animaux sauvages à observer, que l'on peut explorer dans le cadre d'un circuit organisé ou en voiture lors d'une excursion à la journée au départ de Putre. La piste de terre menant direction sud jusqu'au *salar* passe par plusieurs *bofedales*, des zones de végétation gorgées d'eau où les vigognes, guanacos et nandous viennent brouter. Faites

GÉOGLYPHES DU VALLE DE LLUTA

Les versants arides du Valle de Lluta ont fait office de toile pour de nombreux géoglyphes, appelés les **Gigantes de Lluta**. Tentez de repérer une grenouille, un aigle, des lamas et des humains. Vous les verrez au bord de la Ruta 11, juste après avoir quitté la Panaméricaine. Les géoglyphes témoignent de l'importance de la vallée en tant que route pour les caravanes marchandes pré-incas entre Tiwanaku (actuelle Bolivie) et la côte Pacifique.

Des géoglyphes sont aussi visibles dans le Valle de Azapa. Observez-les sur la route du musée à San Miguel de Azapa (p. 129).

COMMENT CIRCULER

Les *colectivos* (taxis collectifs) pour San Miguel passent devant l'entrée du Museo Arqueológico San Miguel de Azapa. Ils partent de l'angle entre Chacabuco et Patricio Lynch à Arica. Un bus quotidien circule entre Arica et Putre. Pour se rendre au Parque Nacional Lauca et au-delà, il faut un véhicule personnel ou participer à un circuit organisé.

MARISA ESTIVILL/SHUTTERSTOCK ©

Transport d'alpagas dans les environs de Guallatiri

PRENDRE DE LA HAUTEUR

La quasi-totalité du Parque Nacional Lauca culmine à plus de 4 000 m d'altitude, aussi vaut-il mieux se préserver les premiers jours, observer un temps d'adaptation et manger et boire avec modération (nourriture légère et pas de boissons gazeuses ni d'alcool). Si le mal aigu des montagnes vous rattrape, essayez une tisane de chachacoma ou le maté de coca, des remèdes aymaras. Ayez toujours de l'eau à portée de main car la gorge se dessèche vite et l'on se déshydrate facilement dans ce climat aride. Couvrez-vous d'écran total et portez un chapeau à large bord. Les rayons solaires ne pardonnent pas à cette altitude.

une pause dans le hameau isolé de **Guallatiri** pour son église en pierre et adobe du XIXe siècle.

Continuez jusqu'aux **Termas de Polloquere**, un lac spectaculaire où vous pourrez plonger dans des eaux thermales. Sachez toutefois que vous n'aurez pas la possibilité de vous rincer après la baignade. Personne ne travaille sur le site, donc vous devrez évaluer vous-même la température de l'eau. Attention : certaines zones sont plus chaudes que d'autres. Une fois immergé, profitez du somptueux panorama de *salares* et de volcans. Trois espèces de flamants nichant dans les *salares* isolés sont fréquemment observées dans ce désert de sel de 113 km^2. De décembre à avril, vous aurez plus de chance de les voir.

Prévoyez de la nourriture et de l'eau, partez tôt et comptez environ huit heures. Renseignez-vous sur l'état de la route avant de partir (certaines routes sont impraticables après la pluie). L'office du tourisme de Putre est de bon conseil.

Carnet d'adresses

SAN PEDRO DE ATACAMA

Backpackers San Pedro
Voir p. 106 (9-9247-0952 ; hostels.backpackersanpedro.cl ; Pasaje Portal del Inca 486)

Hostal Quinta Adela
Voir p. 106 (55-285-1272 ; Toconao 624)

Hotel Poblado Kimal
Voir p. 106 (55-285-1030 ; kimal.cl ; Calle Domingo Atienza 452)

Baltinache
Voir p. 107 (9-7821-4807 ; @baltinache_restaurant ; Domingo Atienza 2 ; 19h30-22h30 mer-lun)

Franchuteria
Voir p. 107 (9-6660-1122 ; @lafranchuteria ; Gustavo Le Paige 527 ; 7h-21h)

La Casona
Voir p. 107 (55-285-1026 ; Caracoles 195 ; 12h-23h)

Librería del Desierto
Voir p. 108 (9-7749-8473 ; www.libreriadeldesierto.cl ; Solor)

Taller de Cerámica Amerindio
Voir p. 105 (9-7568-6447 ; Calama 430 ; 9h-21h)

ENVIRONS DE SAN PEDRO DE ATACAMA

Atacama Large Millimeter/ submillimeter Array
Voir p. 111 (almaobservatory.org ; Route 23, km 121 ; gratuit avec inscription en ligne ; visite guidée sam-dim)

Geysers d'El Tatio
Voir p. 110 (15 000 $CH ; 6h-18h)

Laguna Cejar
Voir p. 110 (ticket.lagunascejarypiedra.com ; 10 000-15 000 $CH ; 9h-17h)

Paranal Observatory
Voir p. 111 (www.eso.org/public/teles-instr/paranal-observatory ; près de la Ruta 710 ; 9h30-17h sam)

Reserva Nacional Los Flamencos
Voir p. 110 (www.conaf.cl/parques/reserva-nacional-los-flamencos ; prix différent selon les sites ; horaires variables)

Om Cafe
Voir p. 110 (9-8269-8585 ; Nueva Poniente 2766, Calama ; 12h-21h30 lun-ven, 17h-21h sam)

Osumi Sushi
Voir p. 110 (55-236-0762 ; osumisushi.cl ; Avenida Balmaceda 2526, Calama ; 12h30-0h30 lun-sam)

Pasión Peruana
Voir p. 110 (9-4698-3056 ; www.pasionperuana.cl ; Vicuña Mackenna 2274, Calama ; 12h-20h30 lun-sam, 12h-17h dim)

ANTOFAGASTA

Biblioteca Regional de Antofagasta
Voir p. 114 (www.bibliotecaregionalantofagasta.gob.cl ; Jorge Washington 2623 ; entrée libre ; 9h30-18h mar-ven)

Centro Cultural Estación de Antofagasta
Voir p. 114 (www.facebook.com/Centro.Cultural.Estacion.Antofagasta ; Bolívar 280 ;

Geysers d'El Tatio

entrée libre ; 10h-14h et 15h-19h lun-sam)

Humberstone
Voir p. 122 (www.museodelsalitre.cl ; Ruta 16, km 47, Pozo Almonte ; adulte/enfant accès à l'Oficina Santa Laura inclus 4 000/2 000 $CH ; 9h-18h avr-nov, 9h-19h déc-mars)

Monumento Natural La Portada
Voir p. 116 (www.conaf.cl/parques/monumento-natural-la-portada ; entrée libre ; musée 10h30-17h mer-ven)

Museo Regional
Voir p. 114 (www.museodeantofagasta.gob.cl ; Avenida Balmaceda 2786 ; entrée libre ; 10h-14h mar-ven)

Ruinas de Huanchaca
Voir p. 113 (55-241-7860 ; ruinasdehuanchaca.cl ; Avenida Angamos 01606 ; musée adulte/enfant 2 000/1 000 $CH ; 10h-18h mar-dim)

Teatro Municipal
Voir p. 114 (55-289-6422 ; culturaantofagasta.cl ; Antonio José de Sucre 433)

Hotel Paola
Voir p. 113 (55-226-8989 ; www.hotelpaola.cl ; Manuel Antonio Matta 2469)

Tío Jacinto
Voir p. 113 (55-222-8486 ; tiojacinto.cl ; Uribe 922 ; 12h30-16h et 20h-22h30 mar-ven, 12h30-16h30 sam-dim)

Café del Sol
Voir p. 113 (55-283-5143 ; @cafedelsol_antofagasta ; Esmeralda 2013 ; 19h15-2h mar-jeu, 19h15-4h ven-sam)

Mercado Central
Voir p. 115 (José Santos Ossa ; 9h-19h lun-ven, 9h-21h sam, 9h-17h dim)

Terminal Pesquero
Voir p. 116 (La Cañada 15 ; 7h30-18h)

IQUIQUE

Casino Español
Voir p. 118 (casinoespanoliquique.cl ; Plaza Prat 584 ; restaurant 13h-16h et 20h-23h mar-sam)

Entrée dans le village de San Pedro, avec le désert en fond

NATALIYA HORA/STOCK.ADOBE.COM ©

Museo Corbeta Esmeralda
Voir p. 119 (www.museoesmeralda.cl ; Paseo Almirante Lynch ; 4 000 $CH ; 10h-13h30 et 15h-17h mar-dim)

Museo Naval
Voir p. 118 (Baquedano 1396 ; entrée libre ; 9h30-14h et 15h-17h30 mar-ven, 10h-14h sam)

Museo Regional
Voir p. 118 (Baquedano 951 ; entrée libre ; 9h-18h mar-jeu, 9h-16h ven, 10h-16h30 sam)

Palacio Astoreca
Voir p. 119 (Bernardo O'Higgins 399 ; entrée libre ; 10h-13h lun-jeu, 10h-13h et 14h30-19h15 ven, 11h-14h sam)

Pájaro en Mano
Voir p. 118 (www.facebook.com/TallerPajaroenMano ; Baquedano 997 ; entrée libre ; 10h-14h et 16h-20h lun-sam, 16h-20h dim)

Backpacker's Hostel Iquique
Voir p. 119 (57-232-0223 ; www.hosteliquique.com ; Amunátegui 2075)

NH Iquique
Voir p. 119 (57-273-6300 ; www.nh-hotels.fr ; Avenida Héroes de la Concepción 2855)

Sunfish Hotel
Voir p. 119 (57-254-1000 ; www.sunfish.cl ; Amunátegui 1990)

Dominga Bistro
Voir p. 120 (9-4408-6274 ; www.domingabistro.cl ; Filomena Valenzuela 230 ; 12h30-1h dim-jeu, 12h30-2h30 ven-sam)

Fábrica de Chumbeques M.Koo
Voir p. 119 (9-9764-8168 ; Eleuterio Ramirez 949 ; 9h-20h lun-ven, 10h-17h sam)

La Mulata
Voir p. 119 (57-247-3727 ; lamulata.cl ; Avenida Arturo Prat Chacón 902 ; 12h-16h et 20h-minuit lun-sam, 12h30-17h dim)

Marrasquino
Voir p. 119 (57-221-7958 ; Avenida Arturo Prat Chacón 580 ; 9h-20h mar-dim)

Santorini
Voir p. 119 (57-222-5392 ; santorinirestobar.cl ; Aeropuerto 2808 ; 9h-minuit lun, 18h-minuit mar-jeu, 9h-2h ven-sam, 13h-minuit dim)

Chiringuito Cavancha
Voir p. 119 (9-5808-2258 ; www.chiringuitocavancha.cl ; Capitán Roberto Pérez 250 ; 19h-minuit lun, 13h-17h et 19h-minuit mar-mer, 13h-17h et 19h-1h30 jeu-sam, 13h-17h dim)

Ciocciata
Voir p. 119 (57-253-2290 ; cioccolata.cl ; Aníbal Pinto 487 ; 8h30-22h lun-ven, 11h-22h sam)

Lagerhaus
Voir p. 120 (9-7124-6882 ; www.lagerhaus.cl ; Baquedano 1220 ; 18h-2h30 lun-sam)

Radicales
Voir p. 120 (9-8248-3595 ; radicales.cl ; Baquedano 1074 ; 12h-minuit lun-mer, 12h-1h jeu, 12h-2h ven-sam)

Caleta Riquelme
Voir p. 119 (Avenida Arturo Prat ; 7h-18h)

ENVIRONS D'IQUIQUE

Humberstone
Voir p. 122 (www.museodelsalitre.cl ; Ruta 16, km 47, Pozo Almonte ; adulte/enfant accès à Santa Laura inclus 4 000/2 000 $CH ; 9h-18h avr-nov, 9h-19h déc-mars)

Santa Laura
Voir p. 122 (www.museodelsalitre.cl ; Ruta 16, Pozo Almonte ; adulte/enfant accès à Humberstone inclus 4 000/2 000 $CH ; 9h-18h avr-nov, 9h-19h déc-mars)

Vieille locomotive, Antofagasta

Hostal Inka Thaki
Voir p. 122 (9-6613-2971 ; Ruta 15, Colchane)

Hostal La Roca
Voir p. 122 (9-4061-9433 ; h.larocapisagua@gmail.com ; Manuel Rodríguez 20, Pisagua)

Restaurante Qori Inti
Voir p. 122 (9-9189-7667 ; Pintados-Matilla-Pica 962, Pica ; 12h-18h mer-sam)

ARICA

Catedral San Marcos
Voir p. 126 (San Marcos 260 ; 8h30-21h lun-ven, 11h-13h sam, 9h-13h et 19h30-21h dim)

Museo de Sitio Colón 10
Voir p. 126 (Cristóbal Colón 10 ; adulte/enfant 2 000/1 000 $CH ; 10h-18h mar-dim mars-déc, 10h-19h mar-dim jan-fév)

Turismo Chogña
Voir p. 127 (58-223-0574 ; www.turismochogna.cl ; San Marcos 257 ; 9h-19h lun-ven, 9h-18h sam-dim)

Hotel Arica
Voir p. 125 (58-225-4540 ; www.hotelarica.cl ; Avenida Comandante San Martín 599)

Hotel Casa Beltrán
Voir p. 125 (9-8189-2171 ; hotelcasabeltran.cl ; Rafael Sotomayor 266)

Sunny Days
Voir p. 125 (58-224-1038 ; sunny-days-arica.cl ; Tomas Aravena 161)

Cafe del Mar
Voir p. 125 (58-223-1936 ; www.cafedelmararica.cl ; 21 de Mayo 260 ; 9h30-minuit lun-sam)

Los Aleros de 21
Voir p. 125 (58-225-4641 ; 21 de Mayo 736 ; 12h-16h et 19h30-23h mar-sam, 12h30-16h30 dim)

TIFONIMAGES/GETTY IMAGES ©

Pêcheur dans la marina d'Iquique

Medina's Restaurant Gourmet
Voir p. 125 (9-5305-8462 ; España 2990 ; 12h-minuit lun-sam)

Salteñas y Empanadas Caupolicán
Voir p. 125 (9-3214-6386 ; www.caupo.cl ; Yungay 546 ; 8h30-22h lun-sam, 8h30-16h dim)

Salon de Te 890
Voir p. 125 (58-225-6643 ; www.890.cl ; 21 de Mayo 890 ; 9h-23h lun-sam)

ENVIRONS D'ARICA

Museo Arqueológico San Miguel de Azapa
Voir p. 129 (Camino Azapa, km 12, San Miguel de Azapa ; adulte/enfant 2 000/1 000 $CH ; 10h-18h mar-sam mars-déc, 9h-20h mar-sam jan-fév)

Hostal Vientos del Altiplano
Voir p. 129 (57-241-8407 ; Lynch 120, Putre)

Pachamama Hostel
Voir p. 129 (9-6353-5187 ; près de Baquedano, Putre)

Terrace Lodge
Voir p. 129 (58-223-0499 ; terracelodge.com ; Circunvalacion 25, Putre)

Casona del Rey
Voir p. 130 (9-5397-7487 ; Arturo Perez Canto 339, Putre ; 12h30-22h lun-sam, 18h-22h dim)

Rosamel
Voir p. 130 (angle Carrera et Latorre, Putre ; 8h-22h)

Suma Q'antati
Voir p. 130 (9-9836-9377 ; A-147 233, Putre ; 7h-22h lun-sam, 8h-17h30 dim)

Uta Kala Don Leo
Voir p. 131 (98-895-3373 ; Parinacota)

El Tatio

NORTE CHICO

PLAGES, NUITS ÉTOILÉES ET VALLÉES VERDOYANTES

Bande de terre émaillée de réserves naturelles riches en faune, de villes charmantes et de vallées mystiques, le "Petit Nord" du Chili offre une belle diversité en dépit de sa superficie modeste.

Entre les Andes et l'océan, le désert d'Atacama s'étend au nord de La Serena, ville coloniale et chef-lieu de la région. À l'est de la ville, le Río Elqui est bordé d'un ruban de verdure. Dans cette vallée mystique, le raisin est distillé en pisco et les observatoires astronomiques pointent leurs télescopes vers un ciel nocturne sans nuage. Les paysages de la région ont inspiré l'œuvre de la poétesse Gabriela Mistral.

Un chapelet de jolies plages ourle le littoral, des stations balnéaires proches de La Serena aux étendues de sable immaculées de Bahía Inglesa et Pan de Azúcar. Grâce au courant de Humboldt, l'océan Pacifique est ici très poissonneux. Les réserves naturelles de la région travaillent à protéger la vie marine du secteur, notamment les manchots de Humboldt. Le courant océanique froid est aussi responsable de la *camanchaca*, une brume marine qui recouvre les zones côtières le matin.

Extraits dans les profondeurs du désert, les minéraux sont le socle de l'économie locale. Toutefois, l'épisode des 33 mineurs prisonniers de la Mina San José en 2010, une tragédie évitée de justesse, rappela à tous les dangers de cette industrie, et un projet controversé de mégamine a été rejeté début 2023 par le gouvernement chilien, après des années de combat par les mouvements écologistes.

Si le désert peut paraître désolé, son sous-sol est bien vivant et partout des graines endormies attendent la pluie. Ainsi, les années où les précipitations sont suffisantes, le désert se couvre d'un tapis de fleurs sauvages coloré.

SITES PRINCIPAUX

LA SERENA
Édifices historiques et plages de sable.
p. 144

CALDERA
Ville côtière et port minier.
p. 158

À gauche : Phare (p. 146), La Serena ; ci-dessus : Bahía Inglesa (p. 162)

S'orienter

Le Norte Chico englobe un littoral accidenté très préservé, des stations balnéaires populaires, des étendues de désert, des vallées verdoyantes et des montagnes andines isolées. La Serena et Caldera sont des viviers culturels et des bases stratégiques pour explorer la région.

Caldera, p. 158
La ville portuaire historique de Caldera se targue de musées et d'excellents produits de la mer, à courte distance à vélo de la plage de Bahía Inglesa.

La Serena, p. 144

La deuxième ville la plus ancienne du Chili possède une élégante place principale, des édifices historiques, un marché couvert effervescent et une large plage de sable.

BUS

Des bus relient les villes le long de la côte et dans le Valle del Elqui ; ils sont économiques et pratiques. Toutefois, de nombreux sites, notamment les parcs nationaux et réserves naturelles, ne sont pas desservis par les transports publics.

VOITURE

Louer une voiture permet d'atteindre les zones moins accessibles du Norte Chico. Les principales autoroutes de la région sont en bon état, mais on peut facilement se perdre dans les secteurs de montagne isolés, où le verglas et la neige peuvent aussi constituer un risque.

CIRCUITS ORGANISÉS

En matière de temps et de coût, un circuit organisé est souvent la manière la plus pratique de visiter les parcs nationaux et réserves naturelles du Norte Chico. La présence d'un guide spécialisé est aussi un gage de sécurité dans les secteurs où l'orientation est difficile.

Planifier son séjour

Il serait dommage de se hâter dans le Norte Chico. Prévoyez du temps pour profiter des villes de la vallée et des stations balnéaires qui vous attirent le plus.

MARK PITT IMAGES/SHUTTERSTOCK ©

Coquimbo (p. 151)

Si vous avez peu de temps

- Allez directement à **La Serena** (p. 144) pour explorer le **centre-ville** (p. 145), acheter des **produits locaux** (p. 148), marcher sur la plage au coucher du soleil et déguster des produits de la mer.

- Humez l'air de l'océan lors d'un **circuit à vélo** (p. 146) le long de la côte jusqu'à **Coquimbo** (p. 151), où les édifices historiques du Barrio Inglés sont entourés de fresques fabuleuses.

- Cap à l'est pour le vert Valle del Elqui. La ville de Vicuña sera votre base pour visiter les **distilleries de pisco** (p. 154) de la vallée pendant la journée, puis, en soirée, participer à une **séance d'observation des étoiles** (p. 153) dans un observatoire proche. Imprégnez-vous de la beauté naturelle du secteur à l'occasion d'une **balade à vélo** ou d'une **randonnée** (p. 152).

Au fil des saisons

En été (janvier et février), les stations balnéaires font le plein de vacanciers. De décembre à mars, les baleines sont de passage.

JANVIER

Verano en La Serena est un programme d'événements culturels comportant des danses folkloriques, du ballet et du théâtre.

FÉVRIER

Le festival international de gastronomie **Cocinas del Pacífico**, à Bahía Inglesa, propose des démonstrations de cuisine et une foule de dégustations.

MARS

Bon mois pour visiter les **distilleries de pisco** du Valle del Elqui, où le raisin est vendangé de février à mai.

SEBIKUS/SHUTTERSTOCK ©, PABLO ROGAT/SHUTTERSTOCK ©, JORGE DONOSO/SHUTTERSTOCK ©

Si vous avez cinq jours

- Après deux jours à La Serena et dans le Valle del Elqui, passez une journée à la **Reserva Nacional Pingüino de Humboldt** (p. 157), où vous verrez des manchots, des lions de mer et peut-être des baleines.

- Ensuite, dirigez-vous au nord jusqu'à **Caldera** (p. 158). Passez la matinée dans les **musées** (p. 159) de la ville et longez la côte à vélo. Déjeunez à **Bahía Inglesa** (p. 162) puis allez découvrir les fossiles du **Parque Paleontológico Los Dedos** (p. 160).

- Enfin, une excursion à la journée au **Parque Nacional Pan de Azúcar** (p. 163) vous permettra d'apprécier les points de vue et de vous détendre sur des plages immaculées.

Si vous avez une semaine

- Commencez par les plages au sud de **La Serena** (p. 144), pour du surf sur la **Playa Totoralillo** (p. 152) et des produits de la mer à **Tongoy** (p. 152).

- Après avoir exploré La Serena et le Valle del Elqui, gagnez **Caldera** (p. 158), au nord. La ville sera votre base pour explorer les plages des environs. Prévoyez une journée pour la côte au sud de Caldera jusqu'à la **Playa La Virgen** (p. 162) et une autre vers le nord via le **sanctuaire de granite orbiculaire** (p. 163) jusqu'au **Parque Nacional Pan de Azúcar** (p. 163).

- Passez les deux derniers jours dans les montagnes isolées du **Parque Nacional Nevado Tres Cruces** (p. 164).

MAI

Le 15 mai, les villes des vallées de l'Elqui et de Limarí célèbrent le **Día Nacional del Pisco** avec des fêtes et des cocktails.

JUILLET

À Caldera, la **Fiesta de la Recreación** commémore l'inauguration du premier chemin de fer du Chili avec une série d'événements culturels.

OCTOBRE

La Serena accueille le **FECILS**, un festival international de cinéma de cinq jours, avec des projections partout dans la ville.

DÉCEMBRE

Du 23 au 27 décembre, la ville d'**Andacollo**, près de La Serena, héberge un festival religieux avec des danses folkloriques.

LA SERENA

Capitale régionale, la deuxième ville la plus ancienne du Chili est une station balnéaire très prisée. La Serena est agréable à explorer et se targue de plusieurs belles plages de sable à proximité. Elle bénéficie d'une profusion de produits frais des vallées de l'Elqui et de Limarí, ainsi que de produits de la mer venus de Coquimbo, la ville portuaire voisine.

Pour les premières colonies espagnoles, l'emplacement de La Serena représentait un point stratégique entre Santiago et le Pérou, dans un secteur habité depuis longtemps par le peuple des Diaguitas. L'architecture du centre-ville semble être de style colonial espagnol, mais la plupart des bâtiments furent bâtis à la fin des années 1940 dans le cadre du projet de rénovation urbaine de Gabriel González Videla. Président de 1946 à 1952, ce natif de La Serena fut un personnage controversé. Politicien rusé, il prit le pouvoir avec l'aide des communistes, avant de proclamer ce parti hors la loi et de forcer le poète Pablo Neruda à quitter le Sénat et à s'exiler.

Pour les infos pratiques, voir le Carnet d'adresses p. 166

À SAVOIR

L'office de tourisme de la Plaza de Armas est une excellente source d'information sur La Serena et la région.
Les hébergements se remplissent vite en janvier et février ; à cette période, beaucoup d'hôtels exigent un minimum de deux nuits.

La Serena

MARK PITT IMAGES/SHUTTERSTOCK ©

INCONTOURNABLES
1 La Recova
2 Plaza de Armas

VOIR
3 Iglesia San Francisco
4 Jardín Japonés
5 Museo Arqueológico
6 Museo Histórico Casa Gabriel González Videla
7 Patio Colonial

SE LOGER
8 Hostal El Arbol
9 Hostal El Punto
10 Terra Diaguita

SE RESTAURER
11 Donde El Guatón
12 La Terrazza

Places, jardins et édifices historiques

CENTRE HISTORIQUE DE LA SERENA

Avec ses rues ombragées d'arbres et ses coquets édifices en pierre, le centre historique de La Serena est agréable à explorer à pied, d'autant qu'il est assez resserré. Prévoyez quelques heures pour une balade tranquille avec de nombreuses pauses.

Commencez sur la verdoyante **Plaza de Armas** et imitez les habitants qui se reposent sur les bancs, bercés par le murmure de la fontaine. À l'angle sud-ouest de la place se dresse le **Museo Histórico Casa Gabriel González Videla**, musée éponyme largement consacré au président du Chili de 1946 à 1952. Aménagé dans une maison

ACHATS DE SOUVENIRS

À deux pâtés de maisons à l'est du Patio Colonial, **La Recova** (p. 148) est un marché couvert très animé, un bon endroit pour acheter des produits locaux, de l'artisanat et des bijoux.

À VÉLO DE LA SERENA À COQUIMBO

Cette belle balade à vélo longe la route côtière (Avenida del Mar) qui relie La Serena à sa voisine Coquimbo, ville portuaire, moins chic mais appréciée des fêtards. Prévoyez au moins 3 heures pour l'aller-retour, avec des pauses.

De **1 La Serena**, empruntez la piste cyclable d'Avenida Francisco de Aguirre pour atteindre le **2 Faro**, le phare à l'extrémité nord d'Avenida del Mar. Admirez le littoral avant de pédaler direction sud sur la piste cyclable, avec l'océan sur votre droite. En arrivant à Coquimbo, la piste cyclable se termine juste avant le Mall Vivo. Continuez le long d'Avenida Costanera. Sur votre droite, le **3 Terminal Pesquero** est un marché au poisson : la prise du jour est servie dans des restaurants décontractés. Prenez le temps de déjeuner et observez les bateaux de pêche qui oscillent dans la baie. Tournez à gauche dans Francisco Bilbao, montez sur trois pâtés de maisons puis tournez à droite dans José Santiago Aldunate. Continuez tout droit jusqu'à atteindre les édifices du XIXe siècle, restaurés, du Barrio Inglés (quartier anglais). Plusieurs maisons sont dotées de plaques racontant leur histoire. Repérez la **4 Casa Wilson** (1880), la **5 Casa Bauza** (1889), des exemples d'architecture portuaire traditionnelle, et la **6 Casa Vicens** (1846). Non loin, la **7 fresque de la Génèse** représente l'histoire de Coquimbo. Jetez un œil à l'intérieur du **8 Centro Cultural Palace**, qui accueille des expositions et des événements culturels. Ne manquez pas la cour carrelée. Continuez tout droit dans Regimiento Coquimbo, dépassez le port puis prenez à droite dans le Camino Al Fuerte pour découvrir le **9 Fuerte Coquimbo**. Ce fort du XIXe siècle fut construit sur les rochers à la pointe nord-est de la péninsule, avec vue sur la baie. Depuis les tours d'observation, face aux flots tumultueux, vous verrez peut-être des pélicans et d'autres oiseaux marins.

Vélo le long de la plage de La Serena (p. 146)

du XIXe siècle qui appartenait à González Videla, le musée conserve d'intéressants vestiges du passé, entre autres des *mates* (récipients à maté) finement décorés.

À l'ouest de la Plaza de Armas, le paisible **Jardín Japonés** comporte des jardins de pierres japonais, des pagodes, des ponts voûtés, des étangs remplis de tortues et une île en forme de cœur. Ne manquez pas la collection de bonsaïs à la pépinière.

Marchez direction est, le long de la jolie rue Eduardo La Barra et admirez l'**Iglesia San Francisco** (XVIe siècle), seule église à avoir survécu à l'incendie causé par le pirate anglais Bartholomew Sharp, qui embrasa La Serena en 1680. Notez les détails raffinés de la façade et l'élégant clocher d'inspiration baroque. À l'intérieur, les murs en pierre et plafonds en bois confèrent à l'église une beauté tout en sobriété.

À un pâté de maisons au nord de l'église, sur l'Avenida Balmaceda, le **Patio Colonial** est une allée piétonnière bordée de plantes dans des pots colorés et de boutiques de livres, bijoux et chocolats. Plusieurs cafés avec terrasse invitent à s'arrêter pour une boisson ou un en-cas.

En vous dirigeant vers l'ouest, vous tomberez sur le **Museo Arqueológico**, installé dans un édifice en forme de croissant

POURQUOI J'AIME LA SERENA ET LE VALLE DEL ELQUI

Isabel Albiston, auteure

La Serena est une base parfaite pour découvrir la région. Ses jolies rues dallées sont très agréables à arpenter, tandis que les plages des environs offrent une vue imprenable sur la côte Pacifique. Dans cette ville conviviale, vous pourrez découvrir la culture locale, glaner des conseils, vous régaler de fruits de mer et humer l'air marin avant une aventure dans le Valle del Elqui. Je trouve qu'il y a quelque chose de profondément inspirant dans l'atmosphère surréaliste et la beauté naturelle de la vallée, des couleurs des collines dans la lumière éclatante du jour aux spectaculaires nuits étoilées. Même les plus sceptiques admettront que ce lieu mystique dégage une énergie particulière.

OÙ SE LOGER À LA SERENA

Terra Diaguita
Cet hôtel se démarque grâce à ses patios végétalisés et ses espaces décorés avec créativité. Location de vélos. **$$**

Hostal El Arbol
Chaleureuse auberge de jeunesse du centre-ville avec chambres privées, dortoirs, cuisine et salon douillet. **$**

Hostal El Punto
Emplacement central, décoration colorée, personnel efficace, terrasses ensoleillées et café. **$**

LES MEILLEURS RESTAURANTS DE LA SERENA

Lighthouse Beach
Café en bord de plage ; sandwichs, burgers, excellents gâteaux et cafés. **$$**

La Terrazza
Ce restaurant animé est une excellente adresse pour une pizza, des pâtes ou une boisson. **$$**

Donde El Guaton
Restaurant traditionnel servant des viandes grillées et d'autres plats chiliens classiques dans un charmant patio. **$$**

Mar Adentro
Sur la route côtière entre La Serena et Coquimbo, ce bar-restaurant est spécialiste du poisson et des fruits de mer. **$$$**

Architecture du littoral, La Serena

et doté d'un patio verdoyant. Ses collections embrassent le passé des peuples originaires du Chili. On retient parmi les pièces majeures une momie atacameña, un imposant moai de l'île de Pâques haut de 2,50 m et d'intéressants objets diaguitas, notamment un canot en peau d'otarie.

STATIONS BALNÉAIRES

Au sud de La Serena, plusieurs plages de sable sont très prisées, notamment celles de la station balnéaire de **Tongoy** (p. 152). En été (janvier et février), elles sont souvent bondées.

Shopping au marché artisanal

PIERRES PRÉCIEUSES, ARTICLES EN CUIR ET PAPAYE

À trois pâtés de maisons à l'est de la Plaza de Armas, **La Recova** est un marché couvert regroupant de l'artisanat et des produits locaux. La papaye, fruit local très apprécié, est présente sous toutes les formes, des lanières séchées aux chamallows, confitures, jus et gâteaux. En plus des stands typiques proposant des vêtements et couvertures en laine andine, repérez les articles en cuir de grande qualité, vendus par les artisans locaux qui les confectionnent. La Recova est aussi recommandée pour

Surf, La Serena

acheter de la *combarbalita*, une pierre volcanique multicolore que l'on trouve uniquement à Combarbalá, non loin, et du lapis-lazuli provenant de la vallée de Limarí. Les vendeurs sont sympathiques et discutent volontiers de leurs pièces.

Escapade à la plage

SOLEIL, MER ET SABLE

Les kilomètres de larges plages de sable ourlant le littoral entre La Serena et Coquimbo sont l'un des gros points forts de la région. Des maîtres-nageurs assurent la surveillance en été, mais prenez garde aux forts courants. Le surf, la planche à voile et la voile sont aussi possibles. Les meilleurs spots pour les sports nautiques se situent au sud de Coquimbo, par exemple la belle **Playa Totoralillo**. À La Serena, la **Poisson Surf School** propose des cours et loue des planches.

Observez attentivement les dunes et vous verrez peut-être des fleurs sauvages violettes : la *malvilla* et le *suspiro del mar*. Parmi les oiseaux présents figurent les huîtriers, les pluviers neigeux et les courlis.

Une large promenade, une piste cyclable et une route côtière bordée de bars et de restaurants s'étirent parallèlement à la plage. Sublime au coucher du soleil.

LES SOIRÉES À LA SERENA

La fête est au rendez-vous aux abords du carrefour entre Eduardo de la Barra et O'Higgins, où se rassemblent tous les jeunes. Les néons des boîtes de nuit scintillent le soir sur le front de mer, après le phare et jusqu'au Barrio Inglés à Coquimbo. L'animation y bat son plein, surtout en été.

Pour une ambiance des plus estudiantines, rendez-vous à **La Rocca**, pour savourer une bière dans son patio. Il accueille parfois des musiciens.

COMMENT CIRCULER

En plus des transports locaux, les grandes compagnies privées Pullman et Tur Bus desservent la ville (comptez 6 heures pour Santiago, 5 heures 10 pour Caldera). La gare routière se trouve à 1 km au sud de la Plaza de Armas.

Le stationnement est difficile en centre-ville. Si vous avez un véhicule, demandez où vous garer à votre hôtel. Le centre-ville se découvre facilement à pied. Le vélo est pratique pour aller à la plage et explorer la côte (location à l'Hostal Luna del Mar). Le soir, utilisez des taxis officiels (mettez-vous d'accord sur le prix de la course au préalable) ou Uber pour vous déplacer entre le centre-ville et la plage.

Environs de La Serena

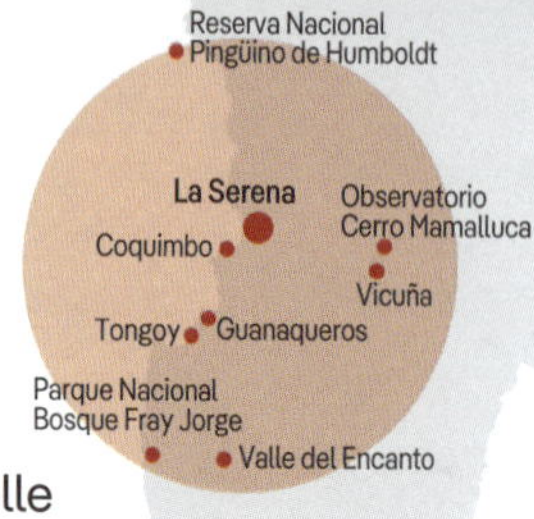

La Serena est la porte d'entrée pour une kyrielle d'aventures dans le captivant Valle del Elqui et les stations balnéaires du littoral.

La région offre beaucoup à explorer, des sorties en bateau pour observer la faune aux randonnées dans la forêt de nuages en passant par les stations balnéaires. À l'est de La Serena, les sols du Valle del Elqui produisent un raisin transformé en pisco dans plusieurs distilleries, et Vicuña constitue une excellente base pour découvrir la vallée. En l'absence de nuages, les collines autour de la ville offrent un point de vue spectaculaire sur le firmament nocturne. On y trouve certains des plus importants centres d'astronomie de la planète, ainsi que des observatoires proposant des séances guidées d'observation des étoiles.

Plus loin dans la vallée, Pisco Elqui est un village tranquille, avec des possibilités d'excursions à cheval ou à VTT dans les montagnes des environs.

Pour les infos pratiques, voir le Carnet d'adresses p. 166

À SAVOIR

Il est possible d'explorer le Valle del Elqui en une journée, mais mieux vaut passer une nuit à Vicuña ou à Pisco Elqui.

Pisco Elqui (p. 155)

Cruz del Tercer Milenio

Point de vue renversant

GRAVIR LA CROIX EMBLÉMATIQUE DE COQUIMBO

Visible depuis les plages de La Serena, la **Cruz del Tercer Milenio** est une croix en béton de 93 m de haut, posée sur une colline de Coquimbo et offrant un point de vue inouï. Un musée religieux est aménagé au 1er étage et pour accéder aux plateformes panoramiques, vous devrez acheter un billet d'entrée au musée. Prenez l'ascenseur jusqu'au point de vue situé à 70 m, d'où vous verrez la baie dans sa totalité.

Coquimbo est à 30 minutes de bus de La Serena. La croix se trouve à côté de quartiers assez dangereux, donc prenez un taxi depuis la gare routière de Coquimbo, située au sud du Barrio Inglés, ou le Mall Vivo.

Soirée festive à Coquimbo

FIESTA SUR LE PORT

Le week-end, les fêtards investissent les rues, les bars et les clubs du Barrio Inglés de Coquimbo. Prenez un taxi jusqu'à la Calle José Santiago Aldunate (30 minutes de La Serena) et composez votre soirée entre Las Heras et la Plaza Vicuña Mackenna. Essayez **Mi Bar Coquimbo** pour des cocktails et

ART RUPESTRE

Partout dans le nord du Chili, vous trouverez des exemples d'intrigantes œuvres d'art rupestre laissées par les individus qui peuplèrent le secteur sur une période de quelque 4 000 ans. Une immense galerie d'art rupestre, le Monumento Arqueológico, est nichée dans le **Valle del Encanto**, à 120 km au sud de La Serena et 20 km à l'ouest d'Ovalle. Les œuvres ont été attribuées aux Molle, Ánimas et Diaguitas.
L'art rupestre se présente sous forme de pictogrammes (dessins peints sur des rochers avec des pigments végétaux et minéraux), de pétroglyphes (gravures de tailles diverses, réalisées avec différentes techniques) et de *piedras tacitas* (rochers criblés de trous ronds, de la taille d'une tasse, qui servaient sans doute de mortiers pour piler des aliments et des plantes cérémonielles).

OÙ SE LOGER DANS LE VALLE DEL ELQUI

Campo de Cielo
Passez une nuit magique dans une tente bédouine sous un ciel étoilé, dans les collines près de Vicuña. **$**

Hostal Alfa Aldea
Une pension modeste au milieu des vignes, en périphérie de Vicuña. les chambres donnent sur les montagnes. **$$**

Luna de Cuarzo
Bungalows indépendants dans la montagne près de Cochiguaz, avec piscines et bain chaud. **$$**

LES MEILLEURES PLAGES PRÈS DE LA SERENA

Playa el Faro
La plage la plus proche de La Serena, romantique à souhait pour une balade au coucher du soleil.

Punta de Teatinos
Marécages à la faune très riche, à 10 km au nord de La Serena. Fabuleux site pour observer les oiseaux.

Playa Totoralillo
Belle plage de sable blanc à 15 km au sud de Coquimbo ; baignade, snorkeling et pêche.

Playa de Guanaqueros
Les familles apprécient les eaux limpides et la longue étendue de sable.

Playa Socos
À Tongoy, une plage de sable abritée parfaite pour la baignade, le kayak et le paddle.

de la musique live, avec notamment du jazz. Le quartier peut être sulfureux une fois la nuit tombée, donc ne vous écartez pas de l'axe principal.

Produits de la mer à Tongoy

SAINT-JACQUES SUR LA PLAGE

Station balnéaire chic et animée, **Tongoy** est l'occasion d'une excursion à la journée depuis La Serena, en bus ou voiture. Le beau trajet le long de la côte dure environ une heure, ce qui laisse beaucoup de temps pour des balades sur les plages, un déjeuner de poisson et un plongeon dans l'océan.

Au **marché au poisson du Terminal Pesquero**, les vendeurs proposent des produits de la mer frais, dont des saint-jacques, des huîtres, des palourdes, du crabe, de la sole et du turbot. Les habitants affirment que les saint-jacques (*ostiones*) de Tongoy sont les meilleures du Chili. Des restaurants de fruits de mer jalonnent l'Avenida Costanera, parallèle à la large étendue de sable de **Playa Grande**. **La Bahía Restaurante** est un bon choix à midi. Du côté nord de la péninsule, la **Playa Socos** est un site de baignade abrité.

Le bus reliant La Serena à Tongoy s'arrête à Guanaqueros : descendez pour voir sa célèbre plage de sable blanc. Là aussi, vous pourrez déguster des produits de la mer. En bord de plage et très animé, le restaurant **El Pequeño** est l'un des meilleurs de la ville.

Randonnée dans la forêt de nuages

MIRACULEUSE ENCLAVE DE FORÊT TEMPÉRÉE

Des scientifiques viennent du monde entier pour étudier la végétation unique du **Parque Nacional Bosque Fray Jorge**, une poche de verdure entre désert et océan, classée Réserve de biosphère de l'Unesco. Des quatre écosystèmes du parc, le plus remarquable est le résidu de forêt tempérée qui subsiste dans un environnement semi-désertique hérissé de cactus grâce à son altitude particulière et à l'humidité de la *camanchaca* (p. 164), une épaisse brume provenant de l'océan Pacifique. Cette forêt dense est similaire aux forêts tempérées

LE BARRIO INGLÉS DE COQUIMBO EN JOURNÉE

Datant du XIXe siècle et restaurés, les édifices du quartier anglais sont accessibles à vélo depuis **La Serena** (p. 144). Consultez le programme du Centro Cultural Palace, qui propose entre autres des pièces de théâtre et des concerts.

OÙ SE RESTAURER DANS LE VALLE DEL ELQUI

Heladería La Bilbaina
Glacier artisanal et familial à Vicuña, avec des saveurs comme la figue et le *copao* (cactus). **$**

Chivato Negro
Bar-restaurant de Vicuña servant des pizzas, des sandwichs et des salades, avec jardin et feu réconfortant. **$$**

Cervecería Guayacán
Bière artisanale locale Guayacán, pizzas et burgers. Il y a des branches à Vicuña et Pisco Elqui. **$$**

valdiviennes présentes quelque 1 000 km plus au sud. Le matin est le meilleur moment pour venir, car la condensation de la *camanchaca* fait dégouliner la végétation. Aux environs de midi, la couverture de nuages blancs flottant au-dessus de la mer dérive peu à peu vers la forêt.

Dans le parc, un sentier d'interprétation de 1 km traverse un écosystème semi-aride puis serpente entre les arbres couverts de mousse de la forêt de nuages et le long d'une crête surplombant l'océan. Le parc abrite des mouffettes, des renards et jusqu'à 120 espèces d'oiseaux différentes. Repérez les petits faucons perchés sur des cactus et scrutez le ciel pour apercevoir des aigles en quête de proies. Toutefois, plus que la faune, le plus fascinant est l'existence même d'une telle forêt dans un secteur semi-désertique, telle une relique naturelle du passé.

Aucun transport public ne dessert le parc, situé à 2 heures de voiture au sud de La Serena. Le dernier tronçon de route est raide, bosselé et poussiéreux, il peut devenir impraticable après la pluie. Les frais d'entrée doivent être réglés à l'avance sur le site de la Conaf (conaf.cl).

Observation des étoiles dans le Valle del Elqui

ÉTOILES, PLANÈTES ET GALAXIES LOINTAINES

Quand le soleil se couche derrière les collines du Valle del Elqui, le ciel piqueté d'étoiles au-dessus de Vicuña est époustouflant. Les observatoires proches de la ville fournissent des explications astronomiques et sont l'occasion d'observer les anneaux de Saturne, les lunes de Jupiter et les galaxies lointaines à travers des télescopes. On peut les visiter dans le cadre d'un circuit organisé ou en voiture (1 heure) depuis La Serena, mais la plupart des voyageurs préfèrent passer la nuit à Vicuña. La visibilité est optimale le jour de la nouvelle lune (ou juste avant/après), au moment où le ciel est le plus sombre.

Le circuit le plus populaire est proposé à l'**Observatorio Cerro Mamalluca**, à 9 km au nord-est de Vicuña, mais, en raison de la présence de grands groupes, il faut parfois patienter pour observer les galaxies, les amas stellaires et les nébuleuses à travers les télescopes. Le bureau de l'observatoire (Plaza Gabriela Mistral, à Vicuña) vend des billets pour les circuits nocturnes bilingues (anglais-espagnol) et un bus fait la navette entre Vicuña et l'observatoire.

Non loin, au pied du Cerro Mamalluca, le **Centro Astronómico Omega** organise des circuits personnalisés comportant de l'astronomie andine traditionnelle, de l'astrologie et des observations à travers trois télescopes différents. Ce que vous verrez dépendra de la saison. Durant

OBSERVATOIRES ASTRONOMIQUES

En raison de l'absence de nuages et de pollution lumineuse, le nord du Chili est considéré comme le meilleur endroit du monde pour observer les étoiles. Bon nombre des centres astronomiques de la planète sont situées ici. Il est possible d'organiser une visite en journée des infrastructures de l'**Observatorio InterAmericano Cerro Tololo** près de Vicuña et de voir les deux télescopes de 8,1 m de **Gemini Sud** et non loin le **télescope SOAR** sur le Cerro Pachón.

Prévu pour être opérationnel en 2024, le Legacy Survey of Space and Time (LSST) de l'**Observatoire Vera Rubin** fournira un volume d'images de 500 pétabytes qui devrait livrer de nouvelles informations sur la structure et l'évolution de l'Univers.

OÙ SE RESTAURER DANS LE VALLE DEL ELQUI

Delicias del Sol
Dans ce restaurant solaire de Villaseca, les plats sont cuisinés grâce à une méthode novatrice exploitant les rayons du soleil. **$$**

El Bosque
Déjeuner servi en plein air, dans un cadre idyllique : les berges boisées d'une rivière à Horcón. **$$**

Alóe Restorán
À Vicuña, des plats chiliens exquis, une excellente carte des vins et des cocktails préparés avec brio. **$$$**

PAROLE D'HABITANT
EXPLORER LES ENVIRONS DE VICUÑA

Max Elicer, propriétaire de Campo de Cielo (@campo_de_cielo_mamalluca), partage ses meilleures activités.

Excursion à vélo
De Vicuña, pédalez le long de l'ancienne ligne ferroviaire jusqu'à Diaguitas, un village aux maisons en adobe classées. Rafraîchissez-vous dans la rivière et pique-niquez à l'ombre des saules.

Pause au temple
Le temple de Krishna d'Eco Truly Hare ouvre ses portes le dimanche. Repas végétariens, conférences et méditation.

Sur la route
Randonnée autour de la Laguna el Cepo à Cochiguaz, à pied ou à cheval.

Férus de voile
Le réservoir du barrage de Pulcaro est l'un des meilleurs spots du monde pour le kitesurf et la planche à voile.

JESS KRAFT/SHUTTERSTOCK ©

Valle del Elqui de nuit

l'été austral, on voit les nébuleuses d'Orion et de la Tarentule, des amas globulaires dont le 47 Tucanae, l'amas stellaire de la Boîte à bijoux, les galaxies d'Andromède et du Sculpteur, et les planètes Jupiter, Saturne, Mars, Vénus et Mercure. En hiver, vous verrez les nébuleuses Oméga, de la Lagune et de l'Haltère, le Fantôme de Jupiter, l'amas globulaire de l'Oméga du Centaure, la galaxie du Sombrero et Mars. Les possibilités de voir la Lune dépendent du cycle lunaire.

En périphérie de Vicuña, **Alfa Aldea** propose des circuits (en anglais et espagnol) qui débutent par une introduction à l'astronomie, avec un film en 3D accompagné d'une bande-son évocatrice du musicien chilien Joakín Bello. Une fois votre curiosité émoustillée, vous scruterez le ciel criblé d'étoiles à travers un télescope. Le tout se déroule en plein air, sous la voûte céleste constellée d'étoiles. Couvrez-vous bien, même si les couvertures, le vin et la soupe de légumes proposés réchauffent !

Situé loin de toute pollution lumineuse dans les collines, à 17 km au sud de Vicuña, l'**Observatorio del Pangue** propose chaque soir des observations en petit groupe, avec plusieurs télescopes puissants. Les circuits sont commentés en anglais, espagnol et français, le transport est assuré depuis Vicuña.

Route du Pisco dans le Valle del Elqui

DISTILLERIES, VIGNOBLES ET BRASSERIES

Le climat du verdoyant Valle del Elqui convient bien aux variétés de raisin utilisées pour produire le pisco. Ces distilleries de pisco sont situées sur le tronçon de 40 km entre

OÙ SE LOGER ET SE RESTAURER À GUANAQUEROS ET TONGOY

Akítespero
Appartements calmes et équipés à Guanaqueros, avec terrasses et vue sur la mer. $

La Bahía
Dans ce restaurant de Tongoy, choisissez une table au bord de l'océan et régalez-vous de saint-jacques et de sole. $$

El Pequeño
À Guanaqueros dégustez crabe, crevettes, saint-jacques, *empanadas* aux fruits de mer et poisson tout frais. $$

Destileria Pisco Mistral

Vicuña (1 heure à l'est de La Serena) et la périphérie sud de Pisco Elqui. La plupart sont situées à distance de marche du parcours du bus entre Vicuña et Pisco Elqui. Après Pisco Elqui, vous devrez louer un vélo pour atteindre Doña Josefa et Fundo los Nichos. Il est possible de visiter toutes les distilleries en une journée, à condition de déguster avec modération.

À quelques pas de la Plaza Gabriela Mistral à Vicuña, **Planta Pisco Capel** est une distillerie artisanale se doublant d'un petit musée du pisco. Cours de préparation de cocktails, visites et dégustations sont proposés.

À l'est de Vicuña, facilement accessible à vélo ou en taxi, les visites de la **Pisquera Aba** abordent tous les aspects de la production et se terminent dans la salle de dégustation pour tester les produits de la boutique, notamment des mélanges créatifs à base de fruits. À l'approche de Noël, vous goûterez la *Cola de Mono*, une boisson traditionnelle à base de pisco, café, lait et épices. Dans le village voisin de Diaguitas se trouve la **Cervecería Guayacán**, une brasserie artisanale très réputée qui utilise principalement l'énergie issue de ses panneaux solaires. N'hésitez pas à vous arrêter pour une visite de la brasserie, une dégustation ou un déjeuner sous la canopée dans le jardin. Au nord de Montegrande, **Cavas del Valle** est un vignoble haut de gamme proposant des visites et des dégustations de vin. Vous repartirez sans doute avec une ou deux bouteilles de syrah.

À Pisco Elqui, la **Destileria Pisco Mistral** est l'une des plus renommées de la région, à juste titre. La visite du musée et de la distillerie, qui comprend une découverte complète du processus de distillation, doit être réservée (piscomistral.cl).

L'ÉNERGIE SINGULIÈRE DE COCHIGUAZ

Selon les habitants, le secteur isolé à l'est de Montegrande, le long du Río Cochiguaz, serait empreint d'une énergie puissante. On admet aisément qu'il y a quelque chose de particulier dans le scintillement du quartz dans le sol, les eaux cristallines de la rivière, la présence intimidante des montagnes et le bruissement du vent dans les arbres. Rien d'étonnant à ce que le coin soit prisé des mystiques et des guérisseurs. Cochiguaz possède même un stupa bouddhique, agrémenté de drapeaux de prière tibétains. Sachez que les énergies de Cochiguaz semblent aussi attirer des éléments extra-terrestres : plusieurs ovnis ont été signalés à proximité !

OÙ SE RESTAURER PRÈS DE LA RESERVA NACIONAL PINGÜINO DE HUMBOLDT

Los Troncos
À Los Choros, des plats d'un bon rapport qualité/prix, dont du poisson frais et des *empanadas*. **$**

Costa Bahia
Bonne adresse à Punta de Choros pour des produits de la mer avec vue sur l'océan. **$$**

El Pingüino
Le restaurant du camping Marea Alta propose un menu avec options végétariennes et desserts maison. **$$**

UNE ESPÈCE EN PÉRIL

Les manchots de Humboldt vivent sur les côtes chiliennes et péruviennes. L'international Union for the Conservation of Nature and Natural Resources les classe dans les "espèces vulnérables", avec une population totale estimée à 32 000 adultes. La pêche excessive et l'exploitation du guano sont les premières causes du déclin de leur population. Selon les experts, si de nouvelles mesures de protection ne sont pas prises, ils pourraient disparaître au cours des prochaines décennies. La faune et la flore marines pâtissent aussi du bruit et de la pollution générés par les bateaux. L'Isla Damas, le seul endroit où les embarcations peuvent accoster, souffre le plus. D'après les biologistes locaux, le nombre d'oiseaux résidents a considérablement chuté. Si vous visitez le parc, pourquoi ne pas envisager de faire l'impasse sur l'Isla Damas ? Et si vous décidez d'aller dans l'île, restez impréativement sur les sentiers existants.

À Caleta Chañaral

Prévoyez du temps pour vous balader dans la ville et admirer la jolie église avant de poursuivre vers le sud.

La distillerie artisanale et familiale **Doña Josefa** mérite une pause pour une visite rapide et une dégustation avant d'enchaîner avec **Fundo los Nichos**, non loin. Fondée en 1868, cette distillerie produit encore le pisco selon des méthodes traditionnelles et la visite est peut-être la plus intéressante du Valle del Elqui. Elle comprend des explications passionnantes sur les vendanges et la distillation ainsi qu'un parcours dans les caves hantées, avec des histoires de sociétés secrètes, de présidents ivres et de fantômes. Les shots de pisco inclus dans la dégustation seront bienvenus pour vous remettre de vos émotions.

Sur les traces de Gabriela Mistral

LES SOURCES D'INSPIRATION DE LA POÉTESSE

La vie et l'œuvre de Gabriela Mistral (1889-1957), poétesse lauréate du prix Nobel de littérature, sont mis à l'honneur dans divers sites de sa ville natale, Vicuña, et du village de Montegrande, où elle passa son enfance. Des bus circulent de La Serena à Vicuña (1 heure) et Montegrande (40 minutes de plus) depuis la gare routière (Via Elqui) ou depuis la Plaza de Abasto (Via Elqui ou Sol de Elqui). Prévoyez environ deux heures pour découvrir les différents sites.

À Vicuña, le **Museo Gabriela Mistral** (fermé le lundi) comprend une reconstitution de la première maison de la poétesse. Dans le principal espace d'exposition, d'émouvants extraits de ses textes ornent les murs (en espagnol uniquement), dont beaucoup font référence au paysage alentour. Ne manquez pas son bureau et plusieurs lettres manuscrites. À l'extérieur, le "jardin de la poétesse" est joliment paysager, avec vue sur les montagnes et une balade odorante parmi les lavandes, complétée par le poème *Lavande* inscrit sur une tablette. Le lieu idéal pour s'offrir un ouvrage de la poétesse dans la librairie qu'il abrite.

Gabriela Mistral passa la majeure partie de son enfance à Montegrande. Avant d'adopter son nom de plume, elle s'appelait Lucila Godoy Alcayaga et fréquentait l'école primaire dans laquelle enseignait sa sœur aînée. Elle vivait d'ailleurs avec sa sœur et sa mère dans le dortoir de l'école. L'édifice abrite désormais le petit **Museo Casa-Escuela Gabriela Mistral**, consacré à l'écrivaine, qui commença elle-même à enseigner à l'adolescence. À Montegrande se trouve aussi le **mausolée** de Gabriela Mistral. Le chemin menant à sa tombe est jalonné de citations et de détails biographiques : un bel hommage à la vie extraordinaire de la poétesse.

La marche des manchots de Humboldt

CROISIÈRES D'OBSERVATION DE LA FAUNE

Une excursion d'une journée à la **Reserva Nacional Pingüino de Humboldt** est l'une des meilleures expériences à faire dans le Norte Chico. De grands dauphins (tursiops) jouent dans les eaux de cette réserve nationale dont le territoire s'étend sur 888 ha. Les sorties en bateau autour de deux des trois îles de la réserve partent de Punta de Choros (1 heure 30 en voiture de La Serena). La manière la plus facile de visiter la réserve est un circuit avec une agence basée à La Serena, comme **Eco Turismo La Serena**. Vous pourrez aussi vous rendre à Punta de Choros par vos propres moyens. Une fois sur place, vous organiserez votre excursion en bateau.

Les bateaux naviguent autour de l'**Isla Choros** mais n'ont pas le droit d'accoster. Vous verrez des lions de mer, des groupes de manchots de Humboldt et de gigantesques colonies de goélands, cormorans et fous. Il est généralement possible de passer une heure sur la proche **Isla Damas**. Pour raison sanitaire, l'entrée de l'île de Damas est fermée depuis le 6 janvier 2023, jusqu'à nouvel ordre. Renseignez-vous auprès du centre de la Conaf avant de vous y rendre et préparez des espèces pour régler les frais d'entrée si elle était de nouveau accessible. Des sentiers d'interprétation mettent en valeur la flore unique de l'île et offrent des points de vue sur les eaux turquoise et les plages de sable blanc.

La troisième et plus grande île de la réserve est l'**Isla Chañaral**, accessible en bateau depuis Caleta Chañaral de Aceituno, à 25 km au nord de Punta de Choros. De décembre à mars, on voit souvent des baleines dans ce secteur.

Le trajet de La Serena à Punta de Choros traverse de sublimes paysages de littoral et de désert. Ouvrez l'œil pour repérer des guanacos près de la Quebrada Honda. À 20 km à l'est de Punta de Choros, le village de **Los Choros** est un bon endroit pour une pause déjeuner. Goûtez les olives cultivées sur place et admirez l'**Iglesia de San José**, construite en 1600.

OBSERVATION DE LA FAUNE DANS L'ARCHIPEL DE HUMBOLDT

Manchots de Humboldt
Vous pourrez voir les stars de la région se dandiner sur l'Isla Choros.

Pélicans
Ces grands oiseaux sont faciles à observer.

Cormorans de Gaimard
Souvent observés en couple sur l'Isla Choros.

Lions de mer
Regardez-les se prélasser au soleil sur les rochers.

Grands dauphins (tursiops)
Des bancs de dauphins batifolent souvent à côté des bateaux.

Loutres marines
Ces petits mammifères aiment se cacher dans les rochers et les failles.

Baleines à bosse
Si vous êtes chanceux, vous verrez peut-être ces baleines entre décembre et mars.

COMMENT CIRCULER

Des bus fréquents relient La Serena à Vicuña, Montegrande (1 heure) et Pisco Elqui (1 heure 30). Des bus longent aussi la côte de La Serena à Coquimbo et Tongoy. Le meilleur moyen d'atteindre le Parque Nacional Bosque Fray Jorge et la Reserva Nacional Pingüino de Humboldt est la voiture ou un circuit organisé depuis La Serena.

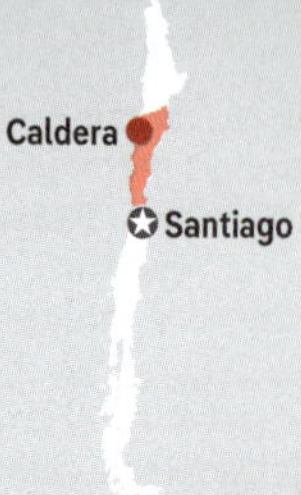

CALDERA

Des communautés nomades vivaient déjà sur cette bande de littoral depuis des milliers d'années, mais les origines de Caldera en tant que ville portuaire sont fortement liées au boom minier du XIXe siècle. En 1849, la baie fut identifiée par William Wheelwright, natif du Massachusetts, pour être le terminal d'un chemin de fer permettant de transporter les minéraux issus des mines de Copiapó pour les exporter. Caldera devint ainsi un important port minier. Si la voie ferroviaire est désormais obsolète, le port est toujours utilisé pour les exportations de cuivre. Par ailleurs, l'industrie locale de la pêche est florissante.

Caldera est une ville où il fait bon vivre, au climat ensoleillé et aux coquettes maisons à un étage bien entretenues, avec des jardinets plantés de cactus. En été, l'atmosphère change : les vacanciers chiliens affluent et la musique résonne dans les bars tard le soir. Le sable blanc et les eaux limpides de la proche Bahía Inglesa sont encore plus attrayants que la plage de Caldera.

Pour les infos pratiques, voir le Carnet d'adresses p. 168

À SAVOIR

Beaucoup de visiteurs préfèrent les plages, restaurants et bars de la proche Bahía Inglesa à ceux de Caldera. Toutefois, si votre budget est limité, vous ferez des économies en logeant à Caldera et en passant vos journées sur la plage de Bahía Inglesa.

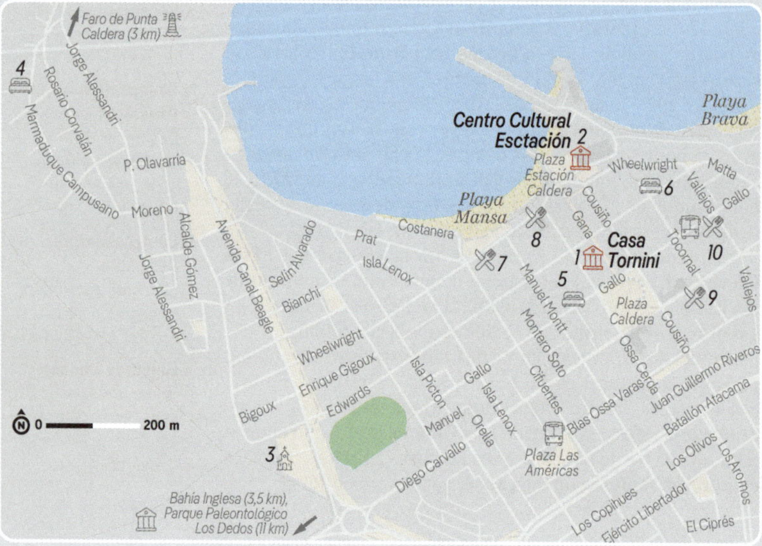

INCONTOURNABLES
1 Casa Tornini
2 Centro Cultural Estación

VOIR
3 Gruta del Padre Negro

SE LOGER
4 Hostal El Faro
5 Hotel Costa Fósil
6 Hotel Quinta Estación

SE RESTAURER
7 Big Bang Caldera
voir 1 Caffe Museo
8 El Cafe de Wheelwright
9 Kavana Restobar
10 Vecino Otto

BERNAT MATEU SALAT/SHUTTERSTOCK ©

Phare de Punta Caldera

La Caldera historique

ARCHITECTURE ET TRAINS

Réservez une visite de la **Casa Tornini**, une demeure rouge de style néoclassique construite en 1875 pour Thomas Smith, administrateur des chemins de fers américains. Plus tard, elle fut achetée par l'Italien Bernardo Tornini Capelli. Les pièces sont pourvues du mobilier d'époque et les explications sont données par l'arrière-petit-fils de Capelli, qui a lui-même grandi dans cette maison et propose son récit personnel de l'histoire locale.

Non loin, le **Centro Cultural Estación** est aménagé dans le terminal de la première ligne ferroviaire d'Amérique du Sud, un bâtiment à la charpente apparente construit en 1850, grande source de fierté à Caldera. Aujourd'hui, il abrite un musée de paléontologie conservant des fossiles découvert dans la région, ainsi qu'un espace d'exposition.

Cap sur le phare

OBSERVATION DES OISEAUX AU PHARE DE CALDERA

Tout au bout de la Punta de Caldera, à 5 km au nord-ouest de la place principale de Caldera, le **Faro de Punta Caldera**, rayé de rouge et de blanc, est perché sur les rochers et entouré de nuées d'oiseaux de mer. On peut y venir à vélo, mais les montées

LES MEILLEURS RESTAURANTS DE CALDERA

Caffe Museo
Jouxtant la Casa Tornini, ce café sert des expressos, des sandwichs et des gâteaux. $

Big Bang Caldera
Restaurant animé où la qualité de la cuisine et des cocktails est à la hauteur de la déco raffinée. $$$

El Cafe de Wheelwright
Aménagé dans un édifice historique, ce café, restaurant et bar se targue d'un comptoir débordant de gâteaux. $$

Vecino Otto
Ce restaurant de quartier sert de généreuses portions de ragoût et viandes grillées. $

Kavana Restobar
Pub chaleureux avec des bières à la pression, des *fajitas*, des burgers et autres en-cas. $$

OÙ SE LOGER À CALDERA

Hostal El Faro
À 2 km à l'ouest de la ville, cette pension joyeuse offre une vue sur la mer et une petite piscine. $

Hotel Costa Fósil
Emplacement central, personnel sympathique, patios frais et chambres confortables. $$

Hotel Quinta Estación
Bons petits-déjeuners, chambres immaculées et emplacement central : un sans-faute. $$

LA CÔTE DES FOSSILES

Un grand nombre de fossiles vieux de neuf millions d'années ont été mis au jour près de Caldera. L'épisode le plus marquant fut la découverte en 2010 des fossiles de 10 sortes de vertébrés marins sur le Cerro Ballena ("colline de la Baleine"), juste au nord de Caldera. Le site s'enorgueillit de la plus forte concentration au monde de fossiles de baleines (plus de 40) et d'autres mammifères marins disparus, dont certains sont exposés au musée de paléontologie (p. 159) à Caldera. On peut voir d'autres fossiles au musée en plein air du Parque Paleontológico Los Dedos (p. 160).

sont raides. Sur le côté est de la péninsule, la route menant au phare offre une belle vue sur le port coloré de Caldera. Juste avant le Faro, un tronçon de littoral complètement vide apparaît et le sentiment d'isolement est très fort.

Construit en 1868 en pin d'Oregon, le phare est singulier car l'édifice lui-même pouvait effectuer des rotations (le mécanisme ne fonctionne plus). L'endroit est idéal pour contempler le fracas des vagues et les oiseaux bruyants : pélicans, cormorans, fous et mouettes.

Vélo le long de la côte

PLAGES, DÉSERT ET DINOSAURES

Le vélo est un moyen ludique pour explorer la côte de Caldera à Bahía Inglesa et au-delà. Prévoyez au moins trois heures pour l'aller-retour jusqu'au Parque Paleontológico, avec des pauses.

La piste cyclable commence à l'ouest de la ville, au rond-point de Carvallo. Avant de partir en direction de Bahía Inglesa, jetez un œil dans la **Gruta del Padre Negro**, une étonnante église dans Avenida Canal Beagle. Pareil à une grotte, l'édifice en pierre fut bâti durant les années 1930 et 1940 en l'honneur de la Vierge de Lourdes et les fresques intérieures ont été ajoutées en 1978.

Le long du tronçon de piste cyclable de 6 km, les paysages côtiers ne sont pas spectaculaires, mais, dès que vous aurez quitté la route principale en direction de la plage (suivez les pancartes), le sable blanc et l'eau turquoise de Bahía Inglesa vous émerveilleront. Déjeunez dans l'un des nombreux restaurants.

Continuez sur Avenida El Morro et reprenez la piste cyclable le long de la **Playa Las Machas**. Au bout de la piste cyclable, à l'extrémité sud de la plage, regagnez la route côtière principale et pédalez en direction du sud sur 7 km, avec l'océan à droite et les immenses dunes du désert d'Atacama à gauche. Vous atteindrez vite le **Parque Paleontológico Los Dedos**, l'un des plus importants gisements de fossiles du Chili, en très bon état de conservation.

Garez votre vélo à l'entrée et empruntez le sentier d'interprétation de 500 m à travers les dunes. En chemin, vous verrez des fossiles découverts sur le site, notamment le gavialis, un crocodile aujourd'hui disparu, le mégalodon (ou carcharodon), qui était un énorme requin de 15 m de long, l'acrophoca, ancêtre du phoque, et le manchot de Caldera, qui vivait dans la région il y a quelque neuf millions d'années. Le site doit son nom Los Dedos ("les doigts") à ses monticules de sable ressemblant à des doigts.

PLONGEON DANS L'OCÉAN

L'eau de Caldera est légèrement polluée par l'essence de l'embarcadère. Pour la baignade, préférez **Bahía Inglesa** (p. 162) ou la **Playa La Virgen** (p. 162).

COMMENT CIRCULER

Caldera se parcourt à pied. Des taxis collectifs circulent entre Caldera et Bahía Inglesa, mais vous pourrez aussi vous y rendre à vélo sur la piste cyclable. À Caldera, Tiska Bicicletas loue des vélos. Des bus partent tout au long de la journée à destination de Copiapó (1 heure), un lieu de départ majeur en bus pour le nord et le sud. Les compagnies de bus Pullman et TurBus assurent des trajets de nuit pour Santiago (entre 11 heures 30 et 13 heures 30), et de jour pour Coquimbo (6 heures 30). De l'aéroport Desierto de Atacama, à 25 km au sud de Caldera, départs quotidiens pour Santiago.

Environs de Caldera

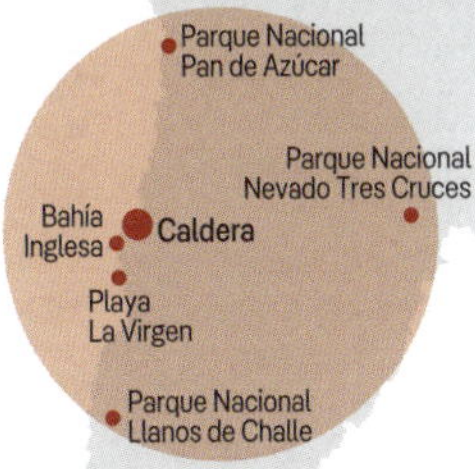

Du littoral immaculé aux vastes étendues de désert en passant par le plus haut pic du Chili, Caldera est entourée de paysages très divers.

Caldera se situe à 75 km à l'est de la capitale régionale, Copiapó, ville agréable dotée de quelques édifices historiques. La ruée vers l'or du XVIIIe siècle mena à l'inauguration du premier chemin de fer d'Amérique du Sud en 1851, une liaison entre Copiapó et le port de Caldera. Aujourd'hui, c'est l'extraction du cuivre qui fournit des emplois dans la région. Non loin, la Mina San José est l'ancienne mine dans laquelle 33 ouvriers pris au piège furent miraculeusement sauvés en 2010.

Outre son activité minière, le secteur possède une incroyable beauté naturelle : sable blanc sur la côte, montagnes andines majestueuses à l'est, et au milieu le désert, qui fleurit certaines années. Le sable se couvre alors de fleurs sauvages.

Pour les infos pratiques, voir le Carnet d'adresses p. 168

À SAVOIR

Si vous prévoyez de visiter les montagnes, préparez-vous à de chaudes journées sur la côte et à de froides nuits andines.

***Corona de fraile* (couronne de moine ; p. 164)**

LES PIRATES DE BAHÍA INGLESA

Bahía Inglesa ("baie anglaise") doit son nom aux pirates britanniques aperçus dans le secteur au XVIIe siècle. Selon la légende locale, un trésor est caché quelque part dans la baie. En 1687, le pirate Edward Davis jeta l'ancre au large et passa près d'une semaine à Bahía Inglesa. La durée de son séjour souleva des doutes : il cherchait peut-être des biens enterrés dans les environs, mais le résultat fut vain.

DORLING KINDERSLEY LTD/ALAMY STOCK PHOTO ©

Renard, Parque Nacional Pan de Azúcar

LA CÔTE À VÉLO

Une piste cyclable de 6 km relie Caldera à Bahía Inglesa. Le **Parque Paleontológico Los Dedos** (p. 160) se trouve 7 km plus au sud, le long de la route côtière, en direction de la Playa La Virgen.

Les plages immaculées de Bahía Inglesa

SABLE BLANC ET EAUX TURQUOISE

Les promontoires rocheux, eaux cristallines et sable blanc de **Bahía Inglesa** en font un lieu de vacances idyllique. Au choix : plongeons dans la mer, cocktails et produits de la mer dans les bars et restaurants branchés de la baie. Sur les plages, des cabanes louent des paddles et des kayaks ; des spots de plongée et de snorkeling sont présents autour de la baie. Sur la **Playa Las Machas**, vous trouverez des balançoires et une aire de jeux sur le thème des dinosaures, ainsi que des tables de ping-pong, des terrains de volley, des pontons en bois et des pistes cyclables.

Route côtière jusqu'à la Playa La Virgen

UNE TRANCHE DE PARADIS

De Bahía Inglesa, suivez une route côtière sur 46 km, direction sud, pour atteindre la **Playa La Virgen**, un croissant de sable blanc immaculé considéré comme l'une des plus belles criques du Chili. En route, la **Playa Chorrillos** est un bon endroit pour faire une pause et se balader sur un sentier au milieu des

OÙ SE LOGER À BAHÍA INGLESA

Nautel
Pension contemporaine en bord de plage, avec de beaux patios pour la détente et une cuisine extérieure. $$

Coral de Bahía
Avec son emplacement privilégié surplombant la plage, cet hôtel chic fait rapidement le plein en été. $$$

Hotel Rocas de Bahía
Chambres spacieuses décorées de motifs géométriques, balcons avec vue sur l'océan et petite piscine. $$$

rochers, jusqu'à la plage. Plus loin sur la côte, la route longe la plage paisible de **Bahía Cisne**, les époustouflantes falaises en grès de **Salto del Gato** et les marais des **Humedalas Salinas**, à l'embouchure du Río Copiapó.

Le trajet depuis Caldera prend environ une heure. Si vous avez une voiture, l'excursion est facile sur une journée. Il y a aussi des cabanes et un camping sur la plage si vous prévoyez une ou plusieurs nuits sur place. Des agences de voyages organisent des circuits avec visite des sites intéressants sur le parcours.

Le sauvetage des mineurs

SAUVETAGE DES 33

Pendant 121 ans, les travailleurs de la **Mina San José**, à 40 km à l'est de Caldera, ont creusé le sable du désert d'Atacama en quête de cuivre. Mais, pendant l'après-midi du 5 août 2010, un terrible affaissement piégea 33 mineurs 700 m sous terre. L'opération de sauvetage qui s'ensuivit fut diffusée à la télévision partout dans le monde. Le gouvernement chilien prit les commandes de la manœuvre et supervisa des équipes de forage internationales et des spécialistes de la NASA. Finalement, le 13 octobre 2010, soit plus de deux mois après l'accident, environ un milliard de téléspectateurs assistèrent à la libération des hommes à travers un puits étroit.

Après cet accident, la mine cessa ses activités mais ses portes sont ouvertes aux visiteurs depuis 2015. La découverte du site (30 minutes en voiture de Caldera) est très émouvante. À l'entrée, les 33 drapeaux représentent chacun des mineurs, dont un Bolivien. C'est ici que les familles et soutiens installèrent leur campement pour assurer une surveillance permanente jusqu'au sauvetage. Surplombant la mine, un petit musée présente des photographies, des vidéos et une chronologie de la mission. Jorge Galleguillos, l'un des 33 protagonistes, est généralement présent au musée pour accueillir les visiteurs et leur montrer l'endroit précis des événements.

La capsule de sauvetage, construite spécialement pour cette opération et dans laquelle les mineurs furent extirpés un par un, est exposée dans la cour du **Museo Regional de Atacama** de Copiapó (45 minutes de voiture au sud de la Mina San José). Au musée, dans la galerie de la mine, remarquez la note qui apprit au monde entier que les mineurs étaient vivants : "*Estamos bien en el refugio los 33*" ("Nous allons bien, les 33 dans le refuge").

Explorer le Parque Nacional Pan de Azúcar

RANDONNÉE, PLAGES ET OBSERVATION DE LA FAUNE

Les plages de sable blanc, les chemins de randonnée et les fabuleuses flore, faune et vie marine du **Parque Nacional**

PAROLE D'HABITANT : EXCURSIONS DEPUIS CALDERA

Yerko Invernizzi de Thaqhiri Tour Atacama (@thaqhiri_tour_atacama) nous suggère quelques aventures autour de Caldera.

Granite orbiculaire
À 12 km au nord de Caldera, ce sanctuaire est une plage dotée de formations de tonalite extrêmement rares, façonnées près du noyau terrestre et amenées à la surface par le mouvement tectonique.

Zoológico de Piedras
Le "zoo de pierres" se trouve 3 km plus au nord. Au fil des années, le vent et la pluie ont érodé le grès jusqu'à façonner des formes évoquant des animaux.

Termas de Juncal
Mon excursion favorite : un bain dans ces sources chaudes, dans les montagnes. Le trajet est déjà une aventure : il faut franchir des rivières, sur un parcours ponctué de cascades et de dunes.

OÙ SE RESTAURER À BAHÍA INGLESA

Ostiones Vivos
Sur la plage, cette cabane de produits de la mer sert des assiettes de délicieuses saint-jacques (*ostiones*). **$**

Punto de Referencía
Non loin du front de mer, ce restaurant douillet propose des produits de la mer, des sushis et des sashimis. **$$**

Coral Restaurant
Ce restaurant de Coral de Bahía est parfait pour un ceviche et un verre de vin. **$$$**

BROUILLARD MATINAL

La *camanchaca* est une brume provenant de l'océan Pacifique, qui flotte au-dessus des zones côtières du nord du Chili. Quand l'air océanique froid - conséquence du courant de Humboldt - rencontre l'air chaud du désert, il s'élève et reste bloqué contre les collines ; il se condense ensuite et se transforme en épais brouillard. Ce phénomène maintient l'aridité du désert d'Atacama. Face à la pénurie d'eau dans la région, une solution innovante consiste à recueillir les minuscules gouttelettes de *camanchaca* dans des filets spécifiques. Vous pourrez les voir sur les collines au nord de Chañaral, en route vers le Pan de Azucar. À la brasserie artisanale **Atrapaniebla**, l'eau ainsi récupérée est utilisée pour fabriquer la bière.

Pan de Azúcar en font un site attrayant pour un retour à la nature. Le parc est émaillé de sentiers. Le point de départ pour le **Mirador Grande** (2,5 km), parcours le plus populaire, se trouve à 4 km (en voiture ou à pied) de la Caleta, le secteur du parc regroupant les restaurants de poisson et l'embarcadère. Du Mirador Grande, le point de vue est spectaculaire. En chemin, repérez des guanacos et des renards. Si vous n'avez pas de véhicule et avez envie de marcher plus longtemps, suivez le chemin plus paisible jusqu'au **Mirador Chico** (11 km), à travers des paysages constellés de cactus. Le point de vue est situé un peu plus bas, mais le panorama n'en est pas moins impressionnant.

L'**Aguada los Sapos** (5 km) est une route côtière parfaite pour observer la flore du désert, tandis que le chemin de **Las Lomitas** (4 km) parcourt des collines ondoyantes dans les terres.

À courte distance au large, l'**Isla Pan de Azucar** abrite des manchots de Humboldt, des lions de mer et des loutres marines. Les excursions en bateau sont l'occasion d'observer la faune marine de l'île de près. Départ de l'embarcadère dès lors que le nombre de passagers permet de rentabiliser le trajet.

La visite est possible sur la journée depuis Caldera (1 heure 30 en voiture), mais des emplacements de camping et des cabanes sont aussi disponibles. Pour accéder au parc, inscrivez-vous en ligne sur le site Web de la Conaf (conaf.cl).

Désert en fleurs

FLEURS SAUVAGES DANS LE SABLE

Certaines années, une incroyable transformation s'opère dans le désert du Norte Chico. En cas de fortes pluies, le sol desséché se couvre d'un tapis multicolore de fleurs sauvages. Ce phénomène appelé *desierto florido* ("désert fleuri") a généralement lieu entre juillet et septembre, les années les plus humides. Repérez la *garra de león* ("griffe de lion"), le *suspiro de campo* ("soupir du champ" ; fleur délicate, blanche ou violette), la *pata de guanaco* ("sabot de guanaco", violet vif) et la *corona de fraile* ("couronne de moine", jaune).

La floraison du désert peut être observée à différents endroits, mais elle est difficile à prévoir et rien ne garantit qu'elle se produira une année ou une autre. L'un des meilleurs lieux est le **Parque Nacional Llanos de Challe**, un parc national isolé, à 2 heures au sud de Caldera, accessible uniquement en voiture ou dans le cadre d'un circuit organisé. À défaut de fleurs, vous pourrez peut-être observer des guanacos et des renards.

Lacs de montagne isolés

VOLCANS, FLAMANTS ET SALARS

Haut dans les Andes, le **Parque Nacional Nevado Tres Cruces** est difficile à atteindre, mais ceux qui feront l'effort seront

OÙ SE LOGER ET SE RESTAURER À COPIAPÓ

Cumbres de Atacama
Hôtel immaculé avec chambres spacieuses, à distance de marche de la place principale. $$

Aji Rocoto
Cet excellent restaurant doté d'un patio chaleureux est presque une raison suffisante de visiter Copiapó. $$

Legado
Restaurant luxueux servant des steaks grillés, des risottos aux fruits de mer et des desserts joliment dressés. $$$

LR LIFE REPORT PHOTO/SHUTTERSTOCK ©

Salar de Pedernales

éblouis par sa beauté âpre et son isolement. Le parc est divisé en deux secteurs : le plus grand est le Sector Laguna Santa Rosa, avec le lac et le Salar de Maricunga, et le plus petit, le Sector Laguna del Negro Francisco, où le lac attire des milliers d'oiseaux durant l'été austral, de décembre à février. On y voit des flamants des Andes et du Chili et même quelques flamants de James. On peut voir aussi des vigognes et des guanacos sur les pentes proches, et, à l'occasion, un puma ou un condor en vol.

Le Sector Santa Rosa se situe à 150 km à l'est de Copiapó (230 km à l'est de Caldera) ; le Sector del Negro Francisco est 80 km plus loin. Le Sector Santa Rosa dispose d'un camping et de cabanes. Il est facile de se perdre sur les routes de montagne rudimentaires et dépourvues d'indication, donc un circuit organisé au départ de Caldera ou Copiapó peut être judicieux. Les circuits de plusieurs jours comprennent parfois la visite du beau **Salar de Pedernales**, une étendue de sel au nord du parc, souvent fréquentée par des flamants des Andes.

LE PLUS HAUT VOLCAN DU MONDE

Le plus haut pic du Chili est l'**Ojos del Salado**, près du Parque Nacional Nevado Tres Cruces (p. 164), à la frontière avec l'Argentine. Culminant à 6 893 m, c'est le deuxième sommet d'Amérique du Sud, après l'Aconcagua en Argentine, et le plus haut volcan du monde. L'ascension de l'Ojos del Salado est possible de novembre à mars. Il n'y a pas de difficulté technique, sauf pour le tronçon final, mais l'altitude complique les choses. Il est important de prévoir beaucoup de temps pour s'acclimater avant de tenter d'atteindre le sommet – comptez au moins 12 jours. Les agences de Copiapó et Santiago organisent des expéditions, qui commencent généralement près de la Laguna Santa Rosa à 3 600 m, ou à la Laguna Verde (4 342 m), un lac d'un incroyable bleu turquoise.

COMMENT CIRCULER

La plupart des excursions au départ de Caldera sont difficiles sans voiture. Pour de courtes balades le long de la côte, vous pourrez louer un vélo. Si vous n'avez pas de véhicule, vous pourrez gagner le Parque Nacional Pan de Azucar en prenant un bus jusqu'à Chañaral puis un taxi jusqu'au parc. Demandez au chauffeur de taxi de revenir vous chercher. Autre possibilité : les agences de voyages de Caldera organisent des sorties au Pan de Azucar, au Parque Nacional Nevado Tres Cruces, à la Mina San José et à la Playa La Virgen.

Carnet d'adresses

LA SERENA

Centro Cultural Palace
Voir p. 146 www.facebook.com/CentroCulturalPalace ; José Santiago Aldunate 599, Coquimbo ; 9h-19h lun-sam)

Jardín Japonés
Voir p. 147 (www.cmp.cl/jardin-japones ; Eduardo de La Barra ; adulte/enfant 1 000/300 $CH ; 10h-19h45 mar-dim avr-nov, 10h-19h40 tlj déc-mars)

La Recova
Voir p. 148 (angle Cantournet et Cienfuegos ; 9h-18h lun-sam)

Museo Arqueológico
Voir p. 147 (51-256-2566 ; www.museoarqueologicolaserena.gob.cl/ ; Coin Cordovez Cienfuegos, s/n ; entrée libre ; 10h30-17h30 mar-ven)

Museo Histórico Casa Gabriel González Videla
Voir p. 145 (www.museohistoricolaserena.gob.cl ; Manuel Antonio Matta 495 ; entrée libre ; 10h-18h lun-ven, 10h-13h sam)

Patio Colonial
Voir p. 147 (Avenida Balmaceda 432 ; 9h-20h lun-ven, 9h-16h sam)

Poisson Surf School
Voir p. 149 (9-3229-1681 ; escueladesurfpoisson.wixsite.com/poisson-2 ; Avenida del Mar 1001 ; location planches de surf 5 000 $CH/heure ; 9h30-22h30)

Hostal El Arbol
Voir p. 147 (9-2049-5008 ; www.hostalelarbol.com ; Eduardo de la Barra 29)

Hostal El Punto
Voir p. 147 (51-222-8474 ; www.hostalelpunto.cl ; Andrés Bello 979)

Terra Diaguita
Voir p. 147 (51-221-6608 ; hotel-terra-diaguita.negocio.site ; Eduardo de La Barra 440)

Donde El Guatón
Voir p. 148 (51-221-1519 ; dondelguaton.cl ; Brasil 750 ; 12h-21h mar-sam, 12h-18h dim)

La Terrazza
Voir p. 148 (51-248-8454 ; www.terrazza.cl ; Eduardo de la Barra 435 ; 10h-23h lun-jeu, 10h-1h ven, 12h30-23h sam)

Lighthouse
Voir p. 148 (9-2068-4812 ; www.lighthousecoffee.cl ; Avenida del Mar 2498 ; 8h30-22h lun-ven, 9h-22h sam, 9h-21h30 dim)

Mar Adentro
Voir p. 148 (51-224-0121 ; www.maradentrorestaurant.cl ; Rengo 4629, Coquimbo ; 12h30-20h)

Terminal Pesquero
Voir p. 152 (Avenida Costanera, Coquimbo ; 8h-20h)

La Rocca
Voir p. 149 (9-3211-0811 ; facebook.com/publarocca ; Eduardo de la Barra, 569 ; 8h-20h)

ENVIRONS DE LA SERENA

Cavas del Valle
Voir p. 155 (9-6842-5592 ; www.cavasdelvalle.cl ; Ruta 485, km 14,5, Montegrande ; entrée libre ; 10h-19h)

Centro Astronómico Omega
Voir p. 153 (omegaastronomico.cl ; Vicuña ; 23 000 $CH/pers, navette 8 000 $CH ; 19h30-21h30)

Cevecería Guayacán
Voir p. 152 (guayacan.cl ; Calle Principal 33, Diaguitas ; 11h-18h30)

Cruz del Tercer Milenio
Voir p. 151 (www.monumentocruzdeltercermilenio.cl ; Juan Pablo II S/N, Coquimbo ; adulte/enfant 2 000/1 000 $CH ; 9h-20h30 haute saison, 10h-17h lun-ven, 10h-14h sam-dim basse saison)

Destileria Pisco Mistral
Voir p. 155 (www.piscomistral.cl ; O'Higgins 746, Pisco Elqui ; visite guidée à partir de 6 000 $CH ; visite 12h-16h mar-dim mars-déc, 12h-17h jan-fév)

Doña Josefa
Voir p. 156 (9-6201-5414 ; www.piscodonajosefa.cl ; Ruta 485, Pisco Elqui ; visite 20/60/120 minutes gratuit/12 000/25 000 $CH ; 11h-19h)

Fundo los Nichos
Voir p. 156 (51-245-1085 ; fundolosnichos.cl ; Ruta 485, Pisco Elqui ; visite à partir de 1 000 $CH ; 10h-18h)

Gemini South
Voir p. 153 (www.gemini.edu ; Vicuña)

Mausoleum
Voir p. 156 (Ruta 485, Montegrande ; 1 000 $CH ; 9h-13h et 15h-17h mar-ven et dim, 9h-18h sam)

Museo Casa-Escuela Gabriela Mistral
Voir p. 157 (9-6203-7197 ; www.caminoagabrielamistral.cl ; Calle Principal, Montegrande ; 500 $CH ; 10h-13h et 15h-18h mar-dim)

Museo Gabriela Mistral
Voir p. 156 (www.mgmistral.gob.cl ; Avenida Gabriela Mistral 759, Vicuña ; entrée libre ; 10h-17h mar-ven, 10h-16h30 sam)

Observatorio Cerro Mamalluca
Voir p. 153 (www.observatoriomamalluca.com ; billetterie San Martín 275, Vicuña ; adulte/enfant 12 000/4 500 $CH, navette 5 000 $CH ; 20h30-2h30 été, 18h30-1h30 hiver)

Observatorio del Pangue
Voir p. 154 (www.observatoriodelpangue.blogspot.com ; près de la Ruta D-445 ; 30 000 $CH transport inclus)

Observatorio Interamericano Cerro Tololo
Voir p. 153 (noirlab.edu ; Cerro Tololo, Vicuña ; entrée libre ; 9h sam, 13h dim)

Parque Nacional Bosque Fray Jorge
Voir p. 152 (www.conaf.cl ; près de la Ruta 5, sud de Coquimbo ; adulte/enfant 8 200/4 100 $CH ; 9h-17h30 haute saison, 9h-15h basse saison)

Planta Pisco Capel
Voir p. 155 (www.centroturisticocapel.cl ; Ruta 357, Vicuña ; visite 5 000-20 000 $CH ; 10h-18h mars-déc, 11h30-19h30 jan-fév)

GUBIN YURY/SHUTTERSTOCK ©

Jardin Japonés, la Serena

Pisquera Aba
Voir p. 155 (pisquera-aba.cl ; Ruta 41, km 66, Vicuña ; entrée libre ; 10h-18h30)

Reserva Nacional Pingüino de Humboldt
Voir p. 157 (www.conaf.cl ; adulte/enfant 7 400/3 700 $CH ; 9h-15h déc-mars, 9h-15h mer-dim avr-nov)

SOAR telescope
Voir p. 153 (51-220-5200 ; Vicuña ; 8h-16h lun-sam)

Valle del Encanto
Voir p. 151 (www.ovalleturismo.cl ; Ruta 45, Ovalle ; adulte/enfant 1 000/500 $CH ; 9h-17h30 mars-nov, 9h-20h déc-fév)

Vera Rubin Observatory
Voir p. 153 (www.lsst.org ; Vicuña)

Alfa Aldea
Voir p. 154 (9-5694-3280 ; www.facebook.com/alfa.aldeal ; Parcela 17, La Viñita ; adulte/enfant 15 000/5 000 $CH ; 10h-23h)

Eco Turismo La Serena
Voir p. 157 (51-221-9500 ; www.ecoturismolaserena.cl ; Avenida Francisco de Aguirre 76, La Serena ; 8 000 $CH ; 9h-18h)

Akítespero
Voir p. 154 (51-239-5311 ; www.akitespero.cl ; Calle La Serena, Guanaqueros)

Alfa Aldea
Voir p. 154 (51-241-2441 ; Parcela 17, La Viñita)

Campo de Cielo
Voir p. 151 (9-9435-3533 ; www.campodecielo.cl ; Ruta 359, km 4,1, Vicuña)

Luna de Cuarzo
Voir p. 151 (9-8501-5994 ; www.facebook.com/lunadecuarzocochiguaz ; Cochiguaz)

Alóe Restorán
Voir p. 153 (9-3900-9058 ; aloerestoran.choiceqr.com ; Gabriela Mistral 697, Vicuña ; 13h-16h30 et 18h-22h)

Chivato Negro
Voir p. 152 (9-3556-2498 ; Gabriela Mistral 565, Vicuña ; 12h-minuit lun et jeu, 12h-18h mar-mer et dim, 12h-2h ven-sam)

Costa Bahia
Voir p. 155 (9-8265-9697 ; Punta de Choros ; 12h-19h)

Delicias del Sol
Voir p. 153 (9-3230-3382 ; delicias-del-sol-restaurant.negocio.site ; Calle Chiloé 164, Villaseca ; 12h-17h30)

El Bosque
Voir p. 153 (9-9531-3856 ; Ruta 485, Horcón ; 13h-17h mar-dim)

El Pequeño
Voir p. 152 (51-239-5341 ; Avenida Guanaqueros 2315, Guanaqueros ; 12h-21h30 lun-ven, 12h-19h dim)

El Pingüino
Voir p. 155 (9-7931-3496 ; Punta de Choros ; 10h-18h)

Heladería La Bilbaina
Voir p. 152 (51-241-1392 ; Gabriela Mistral 383, Vicuña ; 11h-19h30 lun-sam, 11h-19h dim)

La Bahía Restaurante
Voir p. 152 (9-8548-7116 ; Avenida Playa Grande 38, Tongoy ; 9h30-20h30 lun-ven, 9h-21h sam-dim)

Los Troncos
Voir p. 155 (Ruta 110, Los Choros ; 10h-21h)

Mi Bar Coquimbo
Voir p. 151 (9-6418-0663 ; Freire 387, Coquimbo ; 17h-minuit mar-jeu, 17h-2h ven, 19h30-2h sam)

CALDERA

Casa Tornini
Voir p. 159 (casatornini.cl ; Paseo Gana 210 ; 2 500 $CH ; visites guidées 11h30 et 16h30 mars-déc, 12h et 20h jan-fév)

Centro Cultural Esctación
Voir p. 159 (Wheelwright 1 ; entrée libre, Musée paléontologique adulte/enfant 1 000/500 $CH ; 9h30-13h30 et 14h30-20h30 mar-dim)

Parque Paleontológico Los Dedos
Voir p. 160 (52-225-3604 ; Ruta 302 ; Musée paléontologique adulte/enfant 1 000/500 $CH ; 10h-18h mar-dim)

Hostal El Faro
Voir p. 159 (9-3508-8306 ; hostalelfaro.jimdo.com ; Pasaje Alcalde Hugo Gigoux 1240)

Hotel Costa Fósil
Voir p. 159 (52-231-6451 ; www.costafosil.cl ; Avenida Gallo 560)

Hotel Quinta Estación
Voir p. 159 (52-231-6041 ; Edwards 298)

Big Bang Caldera
Voir p. 159 (9-5334-0066 ; @bigbang_caldera ; Wheelwright 651 ; 13h-17h mer-dim)

Caffe Museo
Voir p. 159 (9-9280-0486 ; Edwards 479 ; 10h-13h30 et 16h30-20h)

El Cafe de Wheelwright
Voir p. 159 (9-8817-6328 ; elcafedewheelwright.cl ; Wheelwright 509 ; 11h-21h lun-ven, 12h-18h sam-dim)

Kavana Restobar
Voir p. 159 (9-8707-4549 ; Carvallo 299)

Vecino Otto
Voir p. 159 (9-3385-9446 ; Gallo 203 ; 9h30-17h30)

ENVIRONS DE CALDERA

Playa La Virgen
Voir p. 162 (www.playalavirgen.cl ; 8h-21h30)

Mina San José
Voir p. 163 (près de la Carretera C-327, Copiapó ; centre d'accueil des visiteurs gratuit, visite guidée 5 000 $CH ; 10h-18h mer-sam, 9h-17h dim)

Tongoy

Museo Regional de Atacama
Voir p. 163 (www.museodeatacama.gob.cl ; Atacama 98, Copiapó ; entrée libre ; 9h-17h mar-ven, 10h-12h45 et 15h-17h30 sam)

Parque Nacional Llanos de Challe
Voir p. 164 (www.conaf.cl ; Ruta C-440 ; adulte/enfant 8 000/4 000 $CH ; 9h-18h avr-nov, 8h30-20h déc-mars)

Parque Nacional Nevado Tres Cruces
Voir p. 164 (www.conaf.cl ; Ruta 31 ; adulte/enfant 8 000/4 000 $CH)

Parque Nacional Pan de Azúcar
Voir p. 163 (www.conaf.cl ; Ruta C-120 ; adulte/enfant 8 000/4 000 $CH)

Coral de Bahía
Voir p. 162 (9-8434-7749 ; www.coraldebahia.cl ; Avenida El Morro 564, Bahia Inglesa)

Cumbres de Atacama
Voir p. 164 (52-233-6449 ; hotelcumbresdeatacama.cl ; Infante 1025, Copiapó)

Hotel Rocas de Bahía
Voir p. 162 (52-231-6005 ; www.rocasdebahiainglesa.cl ; Avenida El Morro 888, Bahía Inglesa)

Nautel
Voir p. 162 (9-7849-9030 ; nautel.inn.fan ; Copiapó 549, Bahía Inglesa)

Aji Rocoto
Voir p. 164 (9-5491-9957 ; www.facebook.com/ajirocoto ; Manuel Rodríguez 781, Copiapó ; 12h-22h30 lun-sam, 12h-18h30 dim)

Coral Restaurant
Voir p. 163 (9-8434-7749 ; www.coraldebahia.com ; Avenida El Morro 564, Bahía Inglesa ; 8h-20h)

Legado
Voir p. 164 (52-254-1776 ; Bernardo O'Higgins 12, Copiapó ; 12h-16h et 19h-minuit sam)

Ostiones Vivos
Voir p. 163 (9-6854-9690 ; Avenida El Morro, Bahía Inglesa ; 11h-17h)

Punto de Referencía
Voir p. 163 (9-6779-0221 ; Miramar 182, Bahía Inglesa ; 13h-23h)

Atrapaniebla
Voir p. 164 (www.atrapaniebla.cl ; Ruta 607, Pena Blanca)

Ci-dessus : Valle de Colchagua (p. 195). Page de droite : surf à Punta de Lobos (p. 199)

CENTRE

SURF, SKI ET VIN

Entre Viña del Mar et Valparaíso, deux villes aussi dissemblables que possible, les destinations chics de la côte, les vignobles ensoleillés et les stations de ski des Andes, le centre du Chili satisfait tous les goûts.

Si vous aimez le vin et la bonne chère, les printemps éternels, l'art urbain, le ski, la randonnée le VTT, le surf ou tout simplement le farniente sur des rivages perdus, il existe sans doute pour vous un endroit idéal dans le centre du Chili.

Le climat et les paysages évoquent immanquablement la Méditerranée : terres agricoles baignées de soleil, reliefs vallonnés et littoral rocheux émaillé de plages de sable. C'est aussi la principale zone viticole du pays, où vous pourrez faire voyager vos sens dans les caves et les confortables B&B au cœur des vallées de Colchagua, Casablanca, Maule et Itata.

Les surfeurs trouveront des vagues de rêve sur toute la côte et une communauté très vivante dans des villes comme Maitencillo, Pichilemu, Matanzas et Cobquecura. Les randonneurs et les skieurs adoreront les lacs perdus et les pistes pentues des Andes, à l'est. Quant aux amateurs de culture, ils ne manqueront évidemment pas les temps forts du rock à Concepción ni les fresques et le dédale de ruelles de Valparaíso.

Si cette dernière et Santa Cruz, dans la vallée de Colchagua, font clairement partie des destinations touristiques internationales, on s'étonne que le centre du Chili, pourtant proche de Santiago, reçoive dans l'ensemble beaucoup moins de visiteurs étrangers que la Patagonie et le désert d'Atacama. En tout cas, ceux qui s'y aventurent ne le regrettent pas.

SITES PRINCIPAUX

VALPARAÍSO
Ville bohème et artistique.
p. 176

VIÑA DEL MAR
Station balnéaire huppée.
p. 186

SANTA CRUZ
Vignes, vins et restaurants.
p. 193

COBQUECURA
Sable, surf et lions de mer.
p. 201

TERMAS DE CHILLÁN
Ski et ascension des volcans.
p. 209

S'orienter

Le cœur du pays abrite 75% de la population. Il dispose d'excellentes infrastructures pour se déplacer en voiture et en transports publics.

BUS

Se déplacer en bus dans le centre du pays implique des correspondances, surtout en direction du sud, où il faut parfois changer dans des villes de la Ruta 5. Ils sont néanmoins souvent plus fréquents que les trains et aussi moins chers. Les localités côtières juste au nord et au sud de Valparaíso sont bien desservies par les transports publics.

VOITURE

Pas besoin d'être motorisé à Viña del Mar ou à Valparaíso. En revanche, un véhicule est absolument nécessaire pour rejoindre les parcs nationaux des Andes et explorer les vignobles par ses propres moyens. Prévoyez des espèces pour les fréquents péages de la Ruta 5 et autres autoroutes.

Valparaíso, p. 176

Ce port interlope et bohème, dont le dédale émaillé de fresques murales se déploie sur les versants de 42 collines, est une fête pour les yeux.

Viña del Mar, p. 186

Aux antipodes de sa voisine Valparaíso, la "ville jardin" possède des parcs luxuriants, des plages sans fin, des rues bien entretenues et d'intéressants musées.

Santa Cruz, p. 193

Épicentre de l'industrie vinicole chilienne, cette jolie ville aux hôtels et restaurants élégants s'impose comme point de chute pour des dégustations ou des visites de domaines dans la vallée de Colchagua.

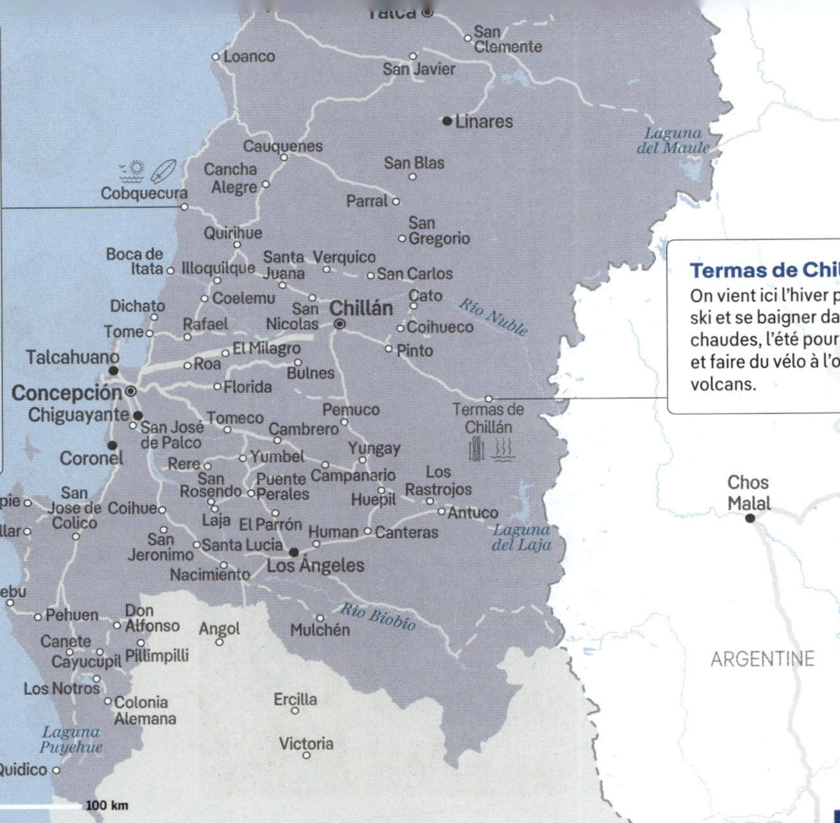

Cobquecura, p. 201
Cette charmante bourgade côtière est fort appréciée pour sa plage de surf aux vagues puissantes, ses estuaires peuplés d'oiseaux et ses couchers de soleil sur le Pacifique.

Termas de Chillán, p. 209
On vient ici l'hiver pour faire du ski et se baigner dans les sources chaudes, l'été pour randonner et faire du vélo à l'ombre des volcans.

TRAIN
L'une des rares lignes ferroviaires encore en activité, la TrenCentral, va de Santiago à Chillán, au sud, via San Fernando, Curicó et Talca. Prenez ensuite le bus pour rallier des destinations des Andes ou du littoral.

Planifier son séjour

À vous de choisir où passer votre temps selon que vous préférez l'animation urbaine, les vignes bucoliques, les sentiers de montagne ou les longs dîners paresseux en bord de plage.

SKREIDZELEU/SHUTTERSTOCK ©

Valparaíso (p. 176)

Si vous avez trois jours

- Mettez directement le cap sur la côte, en prenant pour point de chute la chaotique **Valparaíso** (p. 176) ou l'élégante **Viña del Mar** (p. 186). Quel que soit l'endroit où vous décidez de passer la nuit, vous pourrez voir les deux villes. Consacrez la première journée à arpenter les rues de Valparaíso à la découverte des fresques bigarrées du **Cerro Alegre** et du **Cerro Concepción** (p. 177), avant de visiter **La Sebastiana** (p. 180), la maison fantasque du poète Pablo Neruda. Le lendemain, direction les musées, les parcs et les larges plages de Viña del Mar.

- Le dernier jour, faites une excursion au sud jusqu'à la paisible crique de **Quintay** (p. 184) ou au nord jusqu'aux plages de **Maitencillo** (p. 191) et de **Zapallar** (p. 191).

Au fil des saisons

La haute saison se situe l'été sur la côte, en hiver dans les stations de ski des Andes. Les saisons intermédiaires se prêtent idéalement à la randonnée et aux dégustations de vin.

JANVIER

Dans l'environnement du Parque Nacional La Campana, le **Festival del Huaso de Olmué**, dans la petite ville éponyme, met le folklore musical à l'honneur.

FÉVRIER

Le flamboyant **Festival de Viña del Mar** reçoit des musiciens de toute l'Amérique latine dans la verdure du Parque Quinta Vergara.

AVRIL

Fin mars et début avril, place aux fêtes des vendanges comme la **Fiesta de la Vendimia Colchagua** dans les vallées productrices de vin.

DIEGO SUGONIAEV/SHUTTERSTOCK ©, NICOLAS LISPERGUIER/SHUTTERSTOCK ©, JOSE LUIS STEPHENS/SHUTTERSTOCK ©

Si vous avez une semaine

- Ajoutez à votre programme des dégustations de vin dans le **Valle de Casablanca** (p. 163), qui produit surtout du blanc, ou le **Valle de Colchagua** (p. 195), réputé pour ses rouges et accessible depuis **Santa Cruz** (p. 193). Ne manquez pas les remarquables domaines Viña MontGras et Viña Vik.

- Gagnez ensuite l'une ou l'autre de ces destinations de surf : **Pichilemu** (p. 199), un repaire de backpackers typique, ou **Matanzas** (p. 185), plus tranquille et plus chic. Toutes deux possèdent des tables et des hébergements de premier ordre.

- Pour finir, rejoignez dans les Andes la **Reserva Nacional Altos de Lircay** (p. 200), dont les collines boisées abritent le Sendero Enladrillado, un bel itinéraire de randonnée à la journée.

Si vous avez plus de temps

- Poussez vers le sud jusqu'à la bourgade andine de **Termas de Chillán** (p. 209). En hiver, **Nevados de Chillán** (p. 210) attend les skieurs. En été, les pentes de la station se prêtent au VTT et l'on peut monter à la **Laguna del Huemul** (p. 211). Le **Parque Nacional Laguna del Laja** (p. 213) voisin, où se dresse le cratère conique du volcan Antuco, offre aussi l'occasion de pratiquer le ski et la randonnée.

- De retour sur le littoral, concluez votre périple par **Cobquecura** (p. 201), une petite ville de surf paisible et bien pourvue en hébergements et restaurants de qualité. Ses alentours recèlent d'immenses grottes et une faune abondante. De là, ralliez le **Valle del Itata** (p. 207) pour de nouvelles dégustations de vin ou **Concepción** (p. 208) pour un bain de culture.

JUIN

Les villages de pêcheurs de la région célèbrent la **Fiesta de San Pedro** à grand renfort de processions et de bateaux décorés.

JUILLET

La neige recouvre les Andes et la **saison de ski** bat son plein dans les stations comme Nevados de Chillán.

SEPTEMBRE

Valparaíso se déchaîne à l'occasion des **Fiestas Patrias** avec danses, drag-queens et groupes musicaux à gogo.

DÉCEMBRE

Aucune autre ville du Chili ne fête le **réveillon du Nouvel An** comme Viña del Mar ou Valparaíso, où l'on tire des feux d'artifice au-dessus du Pacifique.

BILL PERRY/SHUTTERSTOCK ©, ERICSMANDES/SHUTTERSTOCK ©, LARISA BLINOVA/SHUTTERSTOCK ©, GALBIATI/SHUTTERSTOCK ©

VALPARAÍSO

Vallonnée, décrépite, colorée, poétique… Valparaíso évoque un merveilleux chaos. Pablo Neruda l'a parfaitement exprimé : "Valparaíso, comme tu es inconséquente… tu n'as pas peigné tes cheveux, tu n'as jamais le temps de t'habiller, tu te laisses surprendre par la vie." Il ne fut pas le seul artiste à tomber sous son charme. Peintres, photographes et apprentis philosophes ont de tout temps été attirés par cette ville classée au patrimoine de l'Humanité par l'Unesco depuis 2003. Cette communauté bohème côtoie la population du port, où se fréquentent marins, dockers et prostituées, conférant à "Valpo" l'impression que tout est possible. Ajoutez à cela l'émouvante beauté un peu fanée de ses *cerros* (collines), un art urbain remarquable, un labyrinthe de rues, de passages et d'escaliers pentus où s'empilent de vieilles demeures délabrées, et vous comprendrez pourquoi certains visiteurs passent plus de temps ici qu'à Santiago.

Pour les infos pratiques, voir le Carnet d'adresses p. 214

À SAVOIR

Valparaíso a une réputation d'insécurité. Si les collines touristiques (Alegre, Concepción, Carcel, Bellavista et Florida) sont moins touchées par la petite délinquance, soyez toutefois vigilant, surtout le soir, et évitez d'exhiber vos objets de valeur.

Valparaíso

JOHN W BANAGAN/GETTY IMAGES ©

BELLES GALERIES D'ART À VALPARAÍSO

Bahía Utópica
Une adresse réputée qui vend le travail d'artiste locaux de renom, parmi lesquels la chanteuse Mon Laferte et le graveur muraliste Loro Coirón.

Galería Artemark Online
Reconnu pour son goût raffiné, cette galerie assez récente accueille une nouvelle exposition presque chaque mois.

Galería Espacio Rojo
Proche du Palacio Baburizza, cette galerie expose un ensemble assez éclectique d'œuvres d'artistes du cru, dont quelques grands noms, mélangées à des souvenirs kitsch.

Cerro Alegre et Cerro Concepción

UN MUSÉE À CIEL OUVERT

Les façades couvertes de fresques bigarrées des collines **Cerro Alegre** et **Cerro Concepción** constituent indéniablement le principal atout charme de Valparaíso. Prenez l'**Ascensor El Peral**, le funiculaire qui monte jusqu'au **Palacio Baburizza**, imposant édifice Art nouveau qui abrite le musée des Beaux-Arts. Traversez le Paseo Yugoslavo, puis descendez Alvaro Besa jusqu'au **Paseo Gálvez**, une ruelle tortueuse dont les murs présentent un kaléidoscope de couleurs et d'idées. Il n'est pas rare d'y surprendre des muralistes en pleine création.

Plusieurs promenades spectaculaires surplombent la ville, telles que le **Paseo Gervasoni** (où se trouve un des bureaux du tourisme) ou encore le **Paseo Atkinson**. De là, longez Beethoven pour rejoindre la bien nommée **Escalera Piano** ("escalier piano") et monter jusqu'à Templeman où se déploie la fresque **We Are Not Hippies, We Are Happies** signée Art+Believe. Non loin, parmi les galeries bordant Lautaro Rosas, la gravure chilienne a son institution, le **Museo Universitario del Grabado** où est exposée l'œuvre graphique d'artistes aussi connus que Mario Toral, Roberto Matta ou Beatriz Leyton.

Les œuvres exposées changent sans cesse, mais repérez en particulier celles des artistes locaux Inti Castro, Anis et Un Kolor Distinto. Pour mettre les choses en contexte, vous pouvez participer à une visite guidée de **Valpo Street Art Tours**.

Plaza Sotomayor et El Plan

LA SPLENDEUR PERDUE DE VALPARAÍSO

Ville basse entre les collines et l'océan, **El Plan** regroupe la quasi-totalité des édifices publics et commerciaux. La zone est un peu glauque, mais ses immeubles anciens à la grandeur décrépite témoignent de la prospérité de Valparaíso avant que la construction du canal de Panama n'entraîne le déclin de son activité portuaire. Derrière leurs façades couvertes de tags, les banques révèlent des intérieurs opulents.

El Plan se divise en deux secteurs : **Barrio Puerto** et **El Almendral**. Réservez votre temps au premier en commençant par la **Plaza Sotomayor**, que domine la silhouette bleue néo-Renaissance de l'**Edificio Armada de Chile**. Face à ce bâtiment de l'état-major de la marine chilienne se dresse le **Monumento a los Héroes de Iquique**, hommage aux marins chiliens morts en 1879 lors d'une bataille de la guerre du Pacifique et qui reposent dans le mausolée souterrain. La place est investie par des vendeurs d'artisanat, surtout à l'arrivée d'un bateau de croisière. Vu l'important trafic de voitures et de bus, soyez vigilant.

OÙ SONT PASSÉS LES FUNICULAIRES ?

Monter et descendre en funiculaire et contempler le paysage montueux de la ville fait partie des plaisirs de Valparaíso. Hélas, sur les 30 *ascensores* autrefois en service, il n'en reste plus que 16, dont seulement cinq fonctionnaient lors de nos recherches : Polanco, San Augustín, El Peral, Reina, Victoria et Barón. Dix autres ont été fermés depuis leur rachat par l'État en 2012. Certaines rénovations promises n'ont pas été suivies d'effet. D'autres ont pris des années de retard, provoquant la colère des habitants et empêchant les touristes d'accéder à des sites majeurs.

OÙ SE RESTAURER À VALPARAÍSO

María María
L'éternelle file d'attente de cette boulangerie en dit long sur la qualité de ses pâtisseries, cafés et brunchs. **$**

La Caperucita y el Lobo
Le grand restaurant haut de gamme de Valpo allie cuisine inventive, présentation esthétique et service pro. **$$$**

Circular
Voué aux produits de la mer, ce restaurant panoramique semble flotter au-dessus de la ville. **$$**

INCONTOURNABLES
1 Escalera Piano
2 Parque Cultural de Valparaíso
3 Paseo Atkinson
4 Paseo Gálvez
5 Paseo Gervasoni
6 We Are Not Hippies, We Are Happies

VOIR
7 Ascensor El Peral
8 Ascensor Espíritu Santo
9 Bahía Utópica
10 Catedral de Valparaíso
11 Cerro Bellavista
12 Edificio Armada de Chile
13 Galería Artemark Online
14 Galería Espacio Rojo
15 Mercado Puerto
16 Monumento a Los Héroes de Iquique
17 Muelle Prat
18 Museo a Cielo Abierto
19 Museo Universitario del Grabado
20 Palacio Baburizza
21 Plaza Sotomayor
22 Plaza Victoria

SE LOGER
23 Fauna Hotel
24 Maki Hostel

SE RESTAURER
25 Circular
26 La Caperucita y el Lobo
27 María María

28 Porto di Vino
29 Ropa Tendida Bar y Cocina

PRENDRE UN VERRE ET FAIRE LA FÊTE
30 Bar del Tio
31 Bar Ritual
32 Callejón Café
33 Casa Cervecera Altamira
34 Cinzano

SORTIR
35 La Quinta de los Nuñez
36 Máscara

***Ascensor* (funiculaire, p. 177)**

PAROLE D'HABITANT : OÙ MANGER COULEUR LOCALE

Marcelo del Pino, barman, DJ et consultant en hôtellerie à Valpo, nous dévoile ses bonnes adresses.

La Españita
Une typique *fuente de soda* (snack-bar de quartier) où goûter le *completo*, version chilienne du hot dog, ou bien siroter une bière fraîche au milieu de marins retraités. $

San Pedro
Doña Rosana fait des merveilles avec ce que son mari Don Carlos pêche chaque jour dans l'océan Pacifique. Le *loco* et l'*empanada* frite au fromage se distinguent. $

Ropa Tendida Bar y Cocina
Ce charmant restaurant en terrasse affiche un superbe choix de cocktails et une carte de bières artisanales parfaitement choisies. À déguster avec vue imprenable sur la ville. $$

DIEGO GRANDI/SHUTTERSTOCK ©

Plaza Sotomayor (p. 177)

De la Plaza Sotomayor, dirigez-vous vers l'océan pour rejoindre le **Muelle Prat**, la petite promenade sur le port passant devant des grues, des containers et des navires militaires. Au nord de la place, on pénètre au cœur du vétuste Barrio Puerto. Partiellement rénové, le quartier historique compte maintenant quelques cafés de 3e vague, à l'image du **Callejón Café**, et des restaurants qui font la part belle aux vins, comme **Porto di Vino**. Au **Mercado Puerto** réhabilité, les fruits et légumes côtoient des souvenirs artisanaux et même des vins de garage. Partant de la Plaza Aduana, la longue montée du **Cerro Artillería** – l'*ascensor* (funiculaire) brinquebalant ne fonctionne plus – mène au **Paseo 21 de Mayo**, d'où un ample panorama embrasse ce que vous venez de parcourir. L'occasion de jeter un coup d'œil au **Museo Marítimo Nacional**, largement consacré à la victoire du Chili sur la Bolivie et le Pérou dans la guerre du Pacifique.

Cerro Bellavista et Cerro Florida

LE "VALPO" DE NERUDA

Le **Cerro Florida** est devenu l'une des collines les plus emblématique de Valparaíso quand, en 1961, Pablo Neruda (1904-1973) a emménagé dans cette maison perchée tout en haut qu'on appelle **La Sebastiana**. La montée se poursuit sur les cinq étages de

OÙ SE LOGER À VALPARAÍSO

Fauna Hotel
Une réussite architecturale avec ses chambres lambrissées en bois recyclé et son formidable restaurant sur le toit. $$$

Winebox
Follement inventif sur le Cerro Florida, un hôtel fait de containers multicolores avec hublots. $$

Maki Hostel
Une auberge de jeunesse soignée aux dortoirs spacieux et jolies chambres individuelles à des prix imbattables. $

l'habitation d'où l'on a une vue à couper le souffle sur le port. La visite libre permet de déambuler à sa guise parmi toute une collection hétéroclite de figures de proue, objets en verre, meubles des années 1950 et œuvres d'art des amis célèbres de Neruda.

Au coin de la rue, le **Verso Restaurante** décline d'étonnants mariages de saveurs dans des plats à la présentation artistique. C'est la meilleure table où déjeuner dans un secteur qui n'en manque pas. En descendant un peu plus, vous voici arrivé au **Cerro Bellavista**, royaume des fresques murales et mosaïques éclatantes. La vingtaine de *murales* signés de maîtres du street art chilien qui jalonnent le **Museo a Cielo Abierto** (Musée à ciel ouvert), ancienne attraction phare du quartier, sont hélas en piètre état. Alentour, quelques restaurants et cafés de premier ordre sauront néanmoins vous consoler si vous êtes un peu attristé par ces effets du temps. L'**Ascensor Espíritu Santo** conduit ensuite juste derrière la **Plaza Victoria**, une place à l'ombre de palmiers bordée par la **cathédrale** et d'autres édifices historiques.

Vie nocturne

BARS ET CLUBS

Des générations de Chiliens ont afflué à Valparaíso avec un seul but : danser jusqu'au bout de la nuit dans ses discothèques notoirement trépidantes où l'esprit débridé de la ville s'exprime à fond. Ne songez pas une seconde à arriver avant minuit, sous peine d'être seul sur la piste. Débutez plutôt la soirée dans l'un des super bars de la ville. La **Casa Cervecera Altamira** décline une excellente sélection de IPA troubles et de stouts de style irlandais, le tout accompagné d'une consistante cuisine de brasserie. Si vous préférez les boissons plus fortes, le **Bar del Tío** concocte des cocktails originaux très avantageux à siroter dans un cadre séduisant sur fond de musique d'ambiance. De l'autre côté de la rue, le **Bar Ritual** sert de puissants Pisco sour peu chers qui lui valent d'être complètement bondé le week-end.

La prochaine étape dépend des goûts de chacun. Le classique **Cinzano**, doyen des clubs de la ville, passe de la musique traditionnelle chilienne et attire une clientèle de marins endurcis. Comportant deux pistes de danse où se déhanche une faune branchée autour de la trentaine, le **Máscara** voisin programme disco, new wave, divas et Britpop (cher aux Chiliens). Bien qu'il soit très gay-friendly, beaucoup de membres de la communauté LGBTQIA+ lui préfèrent le **Pagano** pour s'amuser sans limite, notamment devant des spectacles de drag-queens. Les lieux nocturnes vont et viennent, mais ces trois-là perdurent.

DE LA PRISON À LA CULTURE

Le **Parque Cultural de Valparaíso** a été aménagé sur les ruines de l'ancienne prison du Cerro Cárcel où les opposants politiques étaient torturés sous la dictature. Cet espace culturel inclusif offre un peu de tout : arts plastiques, théâtre, musique et danse, dans son bâtiment principal et son centre d'innovation à l'extrémité d'un parc bourdonnant. Sur la même colline, **La Quinta de los Nuñez**, un tiers-lieu 100% du cru, ouvre le dimanche pour un après-midi inoubliable de *cueca*, tango et boléro. Vous y serez sans doute l'unique étranger.

COMMENT S'Y RENDRE ET CIRCULER

La plupart des compagnies de bus se situent au Terminal Rodoviario, à l'est du centre-ville. Quelques destinations : Santiago (1 heure 30), Chillán (8 heures) ; Concepción (9 heures), Pucón (12 heures), Puerto Montt (15 heures).

Le réseau municipal, Transporte Metropolitano Valparaíso, dessert les stations balnéaires au nord de Valparaíso et Viña del Mar.

Vu les rues labyrinthiques, très étroites et fort abruptes de Valparaíso mieux vaut privilégier le bus ou le *colectivo à la voiture*. La majeure partie de la ville est praticable à pied, en utilisant les rares funiculaires pour s'épargner certaines montées trop raides.

Environs de Valparaíso

De plaisantes stations balnéaires, des plages désertes et des domaines viticoles cossus justifient de pousser au-delà de Valpo.

Aussi envoûtante que soit Valparaíso, plusieurs jours d'immersion dans son atmosphère chaotique vous feront probablement rêver de campagne. À seulement 30 minutes au sud-est, les meilleurs vignobles de climat frais du Chili produisent des sauvignons blancs frais et des pinots noirs soyeux, exportés dans le monde entier. Le littoral au sud est quant à lui remarquablement préservé. À environ une heure de route se succèdent des criques de pêche attrayantes, des stations balnéaires fréquentées par la classe moyenne et des villes plus ouvrières qui ont inspiré de célèbres poètes chiliens. Un peu plus au sud encore, la localité branchée de Matanzas séduit autant par son architecture que par sa plage de sable gris où déferlent des vagues propices aux sports de glisse.

Pour les infos pratiques, voir le Carnet d'adresses p. 215

À SAVOIR

Les vignobles et les stations balnéaires proches de Valparaíso connaissent une forte affluence le week-end. Pour économiser sur l'hébergement, allez-y plutôt en milieu de semaine.

Vignoble, vallée de Casablanca

FILIPE.LOPES/SHUTTERSTOCK ©

ANDREASFINK/SHUTTERSTOCK ©

Bariques, vallée de Casablanca

Vallée de Casablanca

ŒNOTOURISME

Un climat frais et de grands écarts de températures entre le jour et la nuit font de Casablanca la vallée la plus renommée du Chili pour les vins blancs. Les cépages chardonnay et sauvignon blanc y poussent particulièrement bien, mais les amateurs de rouge apprécieront ses pinots noirs soyeux et ses syrahs d'une fraîcheur étonnante. Partagée en deux par l'autoroute qui mène à Santiago, 40 km au sud-est de Valparaíso, elle peut sembler très étendue : passez au centre d'informations **Ruta del Vino**, sur la place principale de Casablanca, qui fournit des cartes et indique les domaines ouverts au public (les exploitations viticoles ne sont cependant pas toutes membres de ce réseau).

À l'ouest de Casablanca, **Casas del Bosque** est l'un des domaines les plus touristiques de la zone, doté d'un espace de dégustation de style hacienda. Si les vins s'avèrent remarquables, les visites ont un petit côté commercial et expéditif. Tout le contraire des **Bodegas RE** voisines, spécialisées dans les mélanges sortant de l'ordinaire comme le syragnan (syrah et carignan) ou le chardonnoir (chardonnay et pinot noir). **Villard Fine Wines**, autre affaire familiale de charme, s'inscrit au milieu des vignes de la pittoresque zone vallonnée de

CASABLANCA : DOMAINES MODE D'EMPLOI

Les exploitations de la vallée de Casablanca prennent l'œnotourisme très au sérieux. Les domaines ont souvent un restaurant, proposent des expériences originales et disposent de guides polyglottes. Pour autant, il n'est pas si simple de les découvrir. Malgré la proximité de Casablanca avec Valparaíso et Santiago, les visites inopinées ne sont guère appréciées et nombre de domaines exigent la réservation d'un circuit, d'une dégustation ou d'un déjeuner pour vous accueillir. Sachez que, comparé à l'excellent rapport qualité/prix (le plus souvent) des bouteilles, ces autres prestations sont facturées extrêmement cher. S'il arrive de pouvoir déguster du vin au verre en arrivant à l'improviste, attendez-vous néanmoins le plus souvent à un refus faute de réservation.

OÙ SE LOGER DANS LA VALLÉE DE CASABLANCA

Indomo Casablanca
Les dômes de toile et les petits bungalows installés sur la propriété de la Viña Matetic s'adressent aux familles. **$$**

Hotel Casablanca BCW
Un hôtel de style hacienda avec des espaces cosy autour du feu, un sauna et deux piscines couleur vin. **$$$**

Residencial del Valle
Cette affaire familiale bien tenue est l'un des rares hébergements économiques de Casablanca. **$**

LES POTIERS DE POMAIRE

À mi-chemin entre la côte des Poètes et Santiago, les talentueux potiers de **Pomaire** ont largement contribué au renom du village. Ils ont produit des pièces record comme la plus grosse tirelire en terre cuite. Pots, pichets... et petits souvenirs dans les tons bruns et noirs, l'essentiel de leur production plaisent énormément aux excursionnistes venus de Santiago. Nombreux le week-end, ils apprécient d'y manger les rituelles *empanadas* géantes, spécialités du cru, tout comme les grillades au barbecue. On y croise surtout des *huasos* (cow-boys chiliens) de la campagne environnante, reconnaissables à leurs bottes poussiéreuses et à leur *chupalla* (chapeau de paille à larges bords). En semaine, point de touristes ou presque.

Plage de Tunquen

Tapihue, et propose aussi des dégustations plus abordables. Pour changer du vin, arrêtez-vous à la **Cervecería CODA**. Installée dans un complexe industriel au nord de Casablanca, cette brasserie artisanale tendance met l'accent sur les IPA.

Côte des Poètes

ROAD TRIP VERS LES PLAGES DU SUD

À 2 heures de route de Valparaíso, la campagne sauvage débouche sur des plages splendides et des villes côtières animées qui ont nourri l'œuvre des plus grands poètes chiliens. Protégée par des rochers escarpés, la petite crique de pêcheurs de **Caleta Quintay** est la première étape, agréable pour déjeuner et pratiquer la plongée. Cette ancienne station baleinière (1943-1967), la plus importante du littoral chilien, employa à son apogée jusqu'à un millier d'hommes pour la chasse, le dépeçage et le conditionnement de 13 700 baleines bleues et cachalots. Depuis 1967, toute chasse de ces cétacés est proscrite et un attractif **Museo Ex Ballenera** en plein air a été construit sur le site de l'ancienne usine de dépeçage.

Au sud de Quintay, les pinèdes littorales exploitées par l'industrie forestière abritent **Tunquén**, un ensemble de résidences secondaires et de restaurants isolés à l'image de la **Casa Tunquén**, qui allie cuisine de la mer créative et vue dégagée

OÙ SE LOGER À MATANZAS

OMZ - Olas de Matanzas
Lodge en bord de mer, bungalows en bois et emplacements de camping à l'ombre des pins. **$$**

Hotel Surazo
Perchées sur pilotis devant la plage, des chambres et des parties communes au design très étudié. **$$$**

Hostal Mar de Boca
Juchée sur un promontoire face aux flots, une aubaine pour les petits budgets. Circuits guidés au programme. **$**

sur la plage sauvage. Le coin a la faveur des vacanciers qui veulent décompresser loin de tout. À proximité mais radicalement différente, **Algarrobo** est une fière station balnéaire de la classe moyenne dont le complexe résidentiel San Alfonso del Mar (11 immeubles) est séparé de la plage principale par la deuxième plus grande piscine au monde (1 km de long !). Beaucoup plus belle, la **Playa El Canelillo** voisine se niche au creux d'une forêt protégée.

Continuez vers le sud pour longer la **côte des Poètes**. Pablo Neruda repose sur la terrasse de la **Casa de Isla Negra**, celle de ses trois maisons qui s'inscrit dans le cadre le plus spectaculaire (dommage qu'elle ait été disneylandisée !). Les rochers sombres du promontoire balayé par les vents dessinent un cadre spectaculaire, d'où ce nom d'Isla Negra (île Noire) trouvé par le poète. Deux autres auteurs aimés des Chiliens ont laissé leur trace dans les parages : Nicanor Parra, qui vécut à **Las Cruces**, et Vicente Huidobro, auquel **Cartagena** a consacré un musée. Si vous allez jusqu'au bout et n'avez pas envie de faire demi-tour, les hôtes passionnés du B&B **Patio Ferreiro** vous accueilleront dans un décor artistique lui aussi plein de poésie.

Matanzas, station tendance

ARCHITECTURE CONTEMPORAINE, PLAGES ET SPORTS NAUTIQUES

Les bungalows qui bordent la côte chilienne près de **Matanzas**, à environ 160 km au sud de Valparaíso, figurent souvent sur les pages des magazines d'architecture. Des cabinets d'architecture locaux comme WMR Arquitectos ont doté la région d'une identité esthétique particulière en émaillant ses falaises de résidences secondaires caractérisées par des formes cubiques, une conception modulaire, des structures en bois et de vastes baies vitrées. Nombre de ces maisons sont offertes à la location saisonnière. Les mêmes architectes ont dessiné divers hôtels et restaurants à Matanzas comme dans les localités voisines de **Puertecillo** et **Boca de Pupuya**. Les amateurs de design contemporain sont donc ici aux anges.

Les conditions de vent constantes ont aussi fait de Matanzas un paradis pour véliplanchistes. Des surfeurs viennent aussi du monde entier dompter les vagues à l'extrémité sud de Puertecillo, où se trouve un point break de gauche à fond sablonneux. Sinon, on appréciera se promener sur les longues plages de sable gris et d'explorer les hameaux sur fond de collines verdoyantes. **La Boca**, au nord de Matanzas, présente beaucoup d'attraits. À cet endroit, l'estuaire du Río Rapel se prête idéalement à la pratique du kayak et du paddle. Du **Mirador La Boca** (plateforme panoramique), une passerelle en planches serpente jusqu'à une plage pittoresque et pourtant peu fréquentée.

OÙ SE RESTAURER ET PRENDRE UN VERRE AUTOUR DE MATANZAS

Surazo
Les poissons grillés tiennent la vedette, mais on peut se contenter d'une modeste pizza. À défaut de dîner, prendre l'apéro sur la plage est un bonheur pur. **$$$**

Caleta de Pescadores
Des stands de glaces artisanales, d'expressos et de smoothies côtoient maintenant les comptoirs d'*empanadas* de la mer et de ceviches bon marché. **$**

Márola
Réservation indispensable pour avoir la chance de déguster les copieux plats de viande et de poisson de ce superbe restaurant sur le front de mer de Pupuya. **$$$**

COMMENT CIRCULER

Des bus desservent Casablanca (35 minutes) et Algarrobo (1 heure 15), mais nombre de curiosités se situent au-delà. Pour parcourir les vignobles ou la côte, vous aurez besoin d'une voiture. Sinon, il est possible d'effectuer des circuits guidés ou de se déplacer à vélo.

VIÑA DEL MAR

Propre et ordonnée, Viña del Mar contraste avec le charmant fouillis de sa voisine, l'imprévisible Valparaíso. Des boulevards soigneusement entretenus bordés de palmiers, une immense plage publique et de grands parcs magnifiques lui valent le surnom de Ciudad Jardín ("ville jardin"). Ancienne hacienda de la famille Carrera, elle tire son nom officiel, "vigne de la mer", de son passé colonial.

Viña a plus de succès auprès des Santiaguinos aisés et des vacanciers sud-américains que des touristes étrangers, qui se contentent d'y faire un saut dans la journée depuis Valparaíso. Cela dit, elle a tout pour plaire à ceux qui aiment à la fois les balades sur la plage, la verdure et le confort urbain.

Pour les infos pratiques, voir le Carnet d'adresses p. 215

À SAVOIR

Plate et resserrée, Viña del Mar se parcourt aisément à pied. D'une manière générale, les plus beaux commerces et restaurants se situent au nord de l'estuaire. Valparaíso n'est qu'à 15 minutes en bus, taxi ou train de banlieue.

INCONTOURNABLES
1 Artequin
2 Museo Palacio Vergara

VOIR
3 Caleta Abarca
4 Mirador Jorge Alessandri
5 Museo de Arqueología e Historia Francisco Fonck
6 Palacio Rioja
7 Plaza Vergara
8 Quinta Vergara
9 Reloj de Flores

SE RESTAURER
10 Bakery Lynch
11 Donde Willy
12 Ilo Mapu

Playa Los Cañones

De plage en plage

À PIED LE LONG DE LA CÔTE

La ville animée de Viña del Mar a pour principal atout son rivage sablonneux, à découvrir sans se presser au fil d'une longue promenade. Faites-vous déposer en taxi sur la plage la plus au nord, **Playa Las Salinas**, une baie protégée où se baigner en toute sécurité avant de regagner à pied le centre-ville (3 km). En chemin, vous tomberez d'abord sur la **Playa del Deporte** qui, comme son nom l'indique (*deporte* veut dire "sport"), réunit tout un tas d'équipements sportifs publics. Ses terrains de beach-volley et son joli amphithéâtre sur le front de mer regardent les tours de Valparaíso au loin.

Après l'école navale, qui exhibe quelques pièces d'artillerie, la plage prend le nom de **Playa Los Cañones**. Un réseau de sentiers fleuris longeant le front de mer conduit à l'extrémité nord de Viña, où se dressent des immeubles de plus de 20 étages. Vous voici maintenant à la **Playa El Sol**, la partie la plus fréquentée, où opèrent des vendeurs, officiels ou à la sauvette (les seconds proposent souvent des mojitos aux fruits pas chers). Au nord du **Muelle Vergara** (jetée) se tient un marché de souvenirs, au sud s'achèvent la plage et le sentier côtier. L'itinéraire est tout aussi plaisant à vélo ou pour une séance de jogging le matin ou le soir.

Musées

PEINTURE, ARCHÉOLOGIE ET BEAUX-ARTS

Plage mise à part, Viña a d'autres charmes, notamment celui de ses musées. Gracieux édifice rose de style néogothique

BALADE DANS LE CERRO CASTILLO

Dominant la ville et la mer, c'est un quartier formidable pour se promener l'après-midi. On y accède en suivant la Bajada Britannia (près du Castillo Wulff) ou Vista Hermosa (près de la Calle Valparaíso). C'est au sommet de la colline que le président chilien prend ses quartiers d'été au **Palacio Presidencial de Cerro Castillo**, au milieu de demeures soigneusement restaurées, de beaux points de vue et d'un petit "château". Du **Mirador Jorge Alessandri**, le regard plane sur un panorama incroyable. Il suffit ensuite de redescendre jusqu'au **Reloj de Flores** et à la plage de la **Caleta Abarca**.

OÙ SE RESTAURER À VIÑA DEL MAR

Donde Willy
Cette célèbre adresse familiale au cachet local sert d'excellents poissons accompagnés de vins *ad hoc*. **$$**

Bakery Lynch
Un café-boulangerie lambrissé où manger des pâtisseries et sandwichs abordables. Essayez la *mechada Italiana*. **$**

Ilo Mapu
Goûtez les saveurs indigènes des forêts du Sud dans ce restaurant de cuisine mapuche fusion. **$$$**

vénitien, le palais du domaine Alvares-Valgaras, devenu le Parque Quinta Vergara, a rouvert ses portes en 2021 pour accueillir la collection de peintures du XXe siècle et d'œuvres plus contemporaines d'artistes de la région du **Museo Palacio Vergara**. S'y tiennent aussi des expositions temporaires de premier ordre. À proximité, le musée pédagogique **Artequin** sensibilise les enfants à l'art au moyen d'installations interactives.

Au nord du parc puis de la vaste **Plaza Vergara**, on rejoint le petit **Museo de Arqueología e Historia Francisco Fonck**. Le moai (statue de l'île de Pâques) qui monte la garde devant le musée est un avant-goût des découvertes archéologiques de Rapa Nui exposées ici aux côtés de bijoux en argent mapuche et de céramiques diaguitas à motifs, entre autres artefacts des cultures indigènes du Chili. À l'étage, la collection entomologique invite à se familiariser, à l'ancienne, avec la faune chilienne tels que puma et condor, ici naturalisés.

Dernier édifice du patrimoine à remarquer, le **Palacio Rioja** est consacré aux arts décoratifs appréciés de l'aristocratie chilienne du XXe siècle. L'escalier à double volée et la loggia de ce petit palais blanc construit en 1909 pour un banquier évoquent l'architecture française. Outre un charmant café, il accueille assez régulièrement des concerts classiques.

LE RENDEZ-VOUS DES STARS

Viña occupe une place particulière dans le cœur de générations de Sud-Américains qui ont grandi en regardant le **Festival Internacional de la Canción de Viña del Mar**, organisé dans l'amphithéâtre du Parque Quinta Vergara le troisième week-end de février. Chaque année, quelque 15 000 spectateurs s'y pressent et 150 millions d'autres suivent à la télévision les concerts de stars latinas de la pop, du rock et du folk, ainsi que d'une brochette d'artistes internationaux. Cet événement d'envergure a lancé la carrière de nombreuses vedettes, dont Shakira.

La "ville jardin"

OASIS URBAINES

Il suffit d'arpenter ses parcs pour constater que Viña del Mar n'usurpe en rien son titre de Ciudad Jardín. Commencez par le **Reloj de Flores** ("horloge florale"), une grande horloge dessinée par un parterre de fleurs, au pied du Cerro Castillo. Contrôlée par GPS, cette curiosité inaugurée en 1962 pour la Coupe du monde de football sonne tous les quarts d'heure. Ancienne propriété de l'une des plus illustres familles de la ville, les Alvares-Vergara, le **Parque Quinta Vergara** héberge quantité de fleurs multicolores, des palmiers et de vastes pelouses propices aux pique-nique en amoureux. Des bancs à l'ombre des araucarias invitent à une pause détente. À 8 km au sud-est du centre-ville, les 400 ha du **Jardín Botánico Nacional** rassemblent plus de 3 000 espèces végétales, dont le *Sophora toromiro*, un arbre de Rapa Nui quasi éteint, et des plantes endémiques rares de l'archipel Juan Fernández. D'agréables sentiers pédestres sillonnent ses 26 collections botaniques.

COMMENT S'Y RENDRE ET CIRCULER

Tous les services longue distance partent du Rodoviario Viña del Mar. Plusieurs bus locaux de Transporte Metropolitano Valparaíso assurent des liaisons fréquentes avec les villes de la côte nord, ainsi qu'entre Valparaíso et Viña del Mar. Sinon on peut pour cela prendre le train de banlieue Limache-Puerto.

Assez plate, Viña del Mar est aisément praticable à pied. Des taxis opèrent en ville et l'on peut aussi utiliser certaines applications internationales de VTC comme Uber.

Environs de Viña del Mar

Villages typiques, stations balnéaires huppées ou *cerros* tapissés de forêt de l'arrière-pays pour marcher au calme : chacun trouve son bonheur.

La côte au nord de Viña del Mar abrite les localités de bord de mer les plus huppées de tout le pays, où les Santiaguinos fortunés passent l'été à se régaler de fruits de mer en sirotant du rosé face au Pacifique. Chaque week-end, les citadins migrent en masse pour venir s'ébattre sur les vastes plages de Maitencillo et de Cachagua ou dans la crique arborée de Zapallar. Vous pouvez leur emboîter le pas pour frayer avec le gratin, à condition toutefois d'avoir le portefeuille bien garni.

Les marcheurs et amoureux de la nature préféreront le Parque Nacional La Campana, une zone montagneuse un peu à l'intérieur des terres, qui conserve la plus grande forêt de cocotiers du Chili encore debout.

Pour les infos pratiques, voir le Carnet d'adresses p. 216

À SAVOIR

Les applications de téléphone mobile traduisent *ostiones* par "huîtres", mais le mot désigne en espagnol du Chili les coquilles Saint-Jacques, couramment consommées sur le littoral.

Maitencillo (p. 191)

JOSE LUIS STEPHENS/SHUTTERSTOCK ©

LE CHARME RURAL D'OLMUÉ

Avec ses monts verdoyants en toile de fond et ses rues plantées de palmiers et de jacarandas où déambulent des cow-boys, **Olmué** a du caractère à revendre. Ce lieu de villégiature prisé des Chiliens mais largement ignoré des touristes étrangers célèbre fièrement sa culture lors du **Festival del Huaso de Olmué**, un événement de musique folklorique organisé en janvier dans l'Anfiteatro El Patagual. Une halte ici en allant vers La Campana est un saut dans le Chili rural d'autrefois.

BRYAN TORO/ALAMY STOCK PHOTO ©

Cocotier du Chili, Cerro La Campana

Parque Nacional La Campana

RANDONNÉE SOUS LES COCOTIERS

À une cinquantaine de kilomètres à l'est de Viña del Mar par la route, le **Parque Nacional La Campana** (8 000 ha) englobe le **Cerro La Campana** (1 890 m), l'un des deux plus hauts sommets de la chaîne côtière, que Charles Darwin escalada en 1834. Le **Sendero Andinista** (7 km) qui mène au sommet connaît un tel succès qu'il faut réserver à l'avance parmi 50 spots (aspticket.cl). Autre atout du parc : ses 60 000 cocotiers du Chili (*Jubaea chilensis*), l'espèce de palmier au tronc le plus large appelée jubéa.

Les plus vastes forêts de jubéas restantes se situent dans le secteur d'**Ocoa**, au nord. Pour l'ascension du Cerro La Campana, vous devrez rejoindre le secteur de **Granizo**, près d'Olmué – où se tient la principale base administrative de la Conaf (Corporación Nacional Forestal, organisme d'État responsable de la préservation des forêts, et qui gère les parcs nationaux). Un troisième poste de gardes forestiers se tient à l'entrée du secteur de **Cajón Grande** où il existe quelques itinéraires plus plats, ainsi qu'un parcours menant au-dessus d'une vallée couverte de palmiers, le **Sendero El Portezuelo de Ocoa** (6 km aller).

OÙ SE LOGER PRÈS DU PARQUE NACIONAL LA CAMPANA

Domos Ocoa
Avantageuse option à l'entrée du secteur d'Ocoa, des tentes-dômes pour quatre avec deux chambres. **$**

Biosfera Lodge
À flanc de coteau, près de Cajón Grande, de superbes bungalows ovoïdes en toile et bois. Piscine, restaurant et salle de yoga. **$$$**

El Copihue
En plein sur la place d'Olmué, un complexe hôtelier à petites structures au charme campagnard. **$$**

Passé les trois entrées, vous ne trouverez pas la moindre route à l'intérieur de la zone protégée et la sécheresse endémique a nécessité la fermeture des emplacements de camping. Comme le parc ne se traverse plus de de bout en bout, il convient de bien choisir son point d'accès. Ocoa est le plus isolé, avec des infrastructures touristiques sommaires. Cajón Grande et Granizo, en revanche, se trouvent à la lisière d'**Olmué**, une ville touristique desservie par les transports publics et dotée de nombreux hôtels, bungalows et campings.

Road trip à Cachagua

PLAGES, DUNES ET MANCHOTS

À une heure de route au nord de Viña del Mar se dressent les immeubles résidentiels de **Reñaca** et de **Concón**, laquelle est appréciée pour ses restaurants de poisson. On quitte enfin le cadre urbain à **Ritoque**, un petit groupe de bars-restaurants, de bungalows et de *cabañas* (nous avons aimé celles de **La Ritoqueña**) qui donne au sud sur 15 km de plage adossés à des dunes désertes. L'environnement sauvage ne demande qu'à être exploré à pied, à vélo ou à cheval.

Au nord s'étirent les kilomètres de plage de **Maitencillo**, la station balnéaire des nouveaux riches, jalonnés de restaurants et de magasins branchés, et de boutiques de surf. C'est un super endroit pour passer la nuit sur cette portion de côte, dans une paisible pension sur une colline face à la mer comme la **Posada Portal del Sol**, ou encore à deux pas du sable, dans les **Cabañas Hermansen**. Si les bungalows ne vous disent rien, poussez plus loin vers le nord. On longe plusieurs résidences haut de gamme, puis une anse en demi-lune au bout de laquelle semblent somnoler **Cachagua** et ses somptueuses villas balnéaires des deux côtés de pistes en terre. À l'extrémité nord de cette superbe baie léchée par les flots, l'**Isla de Cachagua** abrite 3% de la population mondiale de manchots de Humboldt, protégée par une interdiction de débarquer sur l'île. On peut néanmoins s'en approcher en bateau-taxi à louer à la Caleta de Zapallar. L'arrière-pays de Cachagua préserve aussi l'une des dernières forêts littorales intactes du secteur, grâce à la brume côtière qui pénètre jusqu'à l'**Outlife Parque Aguas Claras**, un parc privé.

Zapallar

LE SAINT-TROP' CHILIEN

Environ 70 km au nord de Viña del Mar, **Zapallar** est la station balnéaire la plus cossue du Chili, l'endroit où se frotter à l'élite du pays qui y séjourne les week-ends et durant

SAVEURS MARINES À CONCÓN ET À MAITENCILLO

Aquí Jaime
Face au port de Concón, pour se délecter d'huîtres, de coquilles Saint-Jacques et de palourdes. **$$$**

Empanadas El Hoyo
On fait la queue à Maitencillo pour ces *empanadas* au crabe et au fromage à savourer en bord de mer. **$**

5unset Lounge
Ambiance électro, tables en bois sur le sable, plats Nikkei (cuisine nippo-péruvienne) de haut vol et couchers de soleil spectaculaires attirent ici sur la côte de Maitencillo les férus de gastronomie. Goûtez le *tiradito* inspiré du sashimi. **$$$**

La Perla Del Pacífico
La tradition est la clé du succès de cette institution de Concón souvent copiée qui s'y connaît comme personne en matière de produits de la mer. **$$**

OÙ SE LOGER À ZAPALLAR

Hotel Casa Zapallar
Un boutique-hôtel design avec des lits moelleux, un beau salon et une petite piscine. **$$**

Casa Wilson
Comment imaginer plus bel emplacement que celui de ce B&B historique en bord de mer. Délicieux charme désuet. **$$$**

Hostería Zapallar
Auberge à l'ancienne disposant d'une cuisine commune. L'hébergement le plus économique de Zapallar. **$$**

À L'EAU ! PLONGÉE, GLISSE ET PAGAIE

Kayak Zapallar
Les eaux calmes de Zapallar se prêtent au kayak de mer et au paddleboard. Vous trouverez des guides autres qu'hispanophones à condition de le prévoir pour ce prestataire comme pour les deux suivants.

Escuela de Surf Maitencillo
Ouverte aux surfeurs distingués comme aux débutants, l'école loue du matériel, dispense des cours et a installé sur la plage un café qui a du succès.

Austral Divers
Toute une vie marine a fleuri autour des épaves de baleiniers de Quintay. Austral Divers est le club numéro un pour la plongée et a même sa propre auberge de jeunesse.

Playa Zapallar (p. 192)

l'été. Son centre paisible se compose de maisons, cafés, pâtisseries, boutiques de mode et galeries d'art à flanc de coteau qui descendent jusqu'à la **Playa Zapallar**, superbe croissant de sable ourlé de forêts luxuriantes. Il n'y a pas d'eaux plus calmes pour la baignade.

Au nord de la plage, un magnifique **sentier côtier** de 2 km longe les belles villas entourées de jardins paysagers dégringolant vers la mer. Au sud, on atteint la **Caleta de Zapallar**, une petite crique de pêcheurs où pratiquer le kayak et la plongée. Tout près, l'adresse vedette de Zapallar, **El Chiringuito**, déroule ses tables en terrasse face aux plongeons en piquet des pélicans. À l'ouest, la réserve naturelle du **Cerro La Cruz** est sillonnée de chemins de randonnée. En poursuivant vers le sud, le sentier côtier taillé dans la roche longe des rochers et des criques de rêve sur des kilomètres. S'il vous est permis de loger sur ce rivage enchanteur, n'hésitez pas un seul instant.

COMMENT S'Y RENDRE ET CIRCULER

Des bus font régulièrement la navette le long de la côte entre le Terminal de Buses de Viña del Mar, Zapallar et les destinations au-delà en s'arrêtant dans les principales stations balnéaires. Pour rallier Olmué, on peut prendre le Tren Limache jusqu'à Limache (50 minutes) puis un bus jusqu'à Olmué (15 minutes) ou l'entrée Cajón Grande du parc national (environ 20 minutes) ; billets combinés en vente auprès de l'EFE (efe.cl).

SANTA CRUZ

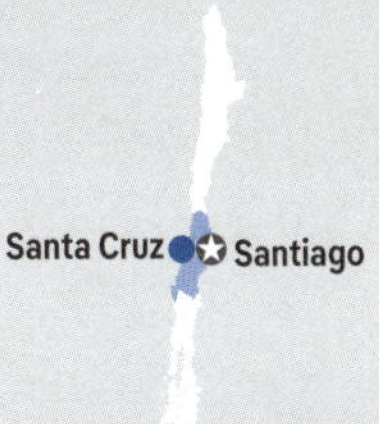

Pour les infos pratiques, voir le Carnet d'adresses p. 217

Introduit par les missionnaires jésuites, le carménère a été redécouvert en 1994 au Chili au milieu de plants de merlot, alors qu'il avait disparu depuis plus d'un siècle sur son terroir natif, le Bordelais. Il n'a guère fallu alors plus d'une décennie pour qu'il devienne le cépage emblématique du Chili reconnu dans le monde entier. La vallée de Colchagua, des collines brûlées de soleil rappelant les paysages méditerranéens, est sa terre d'élection.

Au cœur de la vallée, la paisible Santa Cruz offre un point de chute idéal avec sa grand-place pittoresque, sa gamme de tables gastronomiques, ses musées étonnants et de plus en plus d'excellents hôtels. Le style hacienda – murs en adobe, toits de tuiles rouges et hauts plafonds à poutres apparentes – domine en ville comme dans la campagne, là où réside le vrai charme de la région. Venez déguster de bons crus, rendre visite à des vignerons passionnés et découvrir tout l'attrait de ce haut lieu de la production vinicole chilienne.

Viña Santa Cruz (p. 196)

À SAVOIR

Si nombre des domaines cités dans ce guide proposent des dégustations aux personnes qui se présentent à l'improviste, il est vivement recommandé de réserver au moins 24 heures à l'avance pour les visites guidées, surtout avec repas inclus. Beaucoup ferment le dimanche ou en début de semaine.

PALMARÈS DU VALLE DEL MAULE

Viña Gillmore
Passé en viticulture biologique, ce sympathique domaine produit un formidable Vigno Carignan. Visites, dégustations et possibilité de se restaurer et de dormir dans le lodge Tabonkö.

Viña Balduzzi
Juste en retrait de la Panaméricaine (Ruta 5), ce domaine accueille volontiers les touristes sans réservation pour une visite comme une dégustation.

Viña J Bouchon
Certains des vins les plus intéressants du Chili sortent de ces chais. Réservez pour visiter le superbe domaine Mingre, qui comprend un hôtel haut de gamme (Casa Bouchon), à l'atmosphère romantique.

INCONTOURNABLES
1 Laura Hartwig
2 Parker Wine
3 Viña Encierra
4 Viña Estampa
5 Viña Maquis
6 Viña MontGras
7 Viña Vik
8 Viu Manent

VOIR
9 Hacienda Araucano
10 Museo Colchagua
11 Museo de la Artesania
voir 12 Museo del Automóvil
12 Museo del Vino
13 Viña Santa Cruz

SE RESTAURER
14 Casa Colchagua
15 Time Coffee
16 Vino Bello

SHOPPING
17 La Vinogarage
18 Tienda Ecobazar
19 Wine Outlet

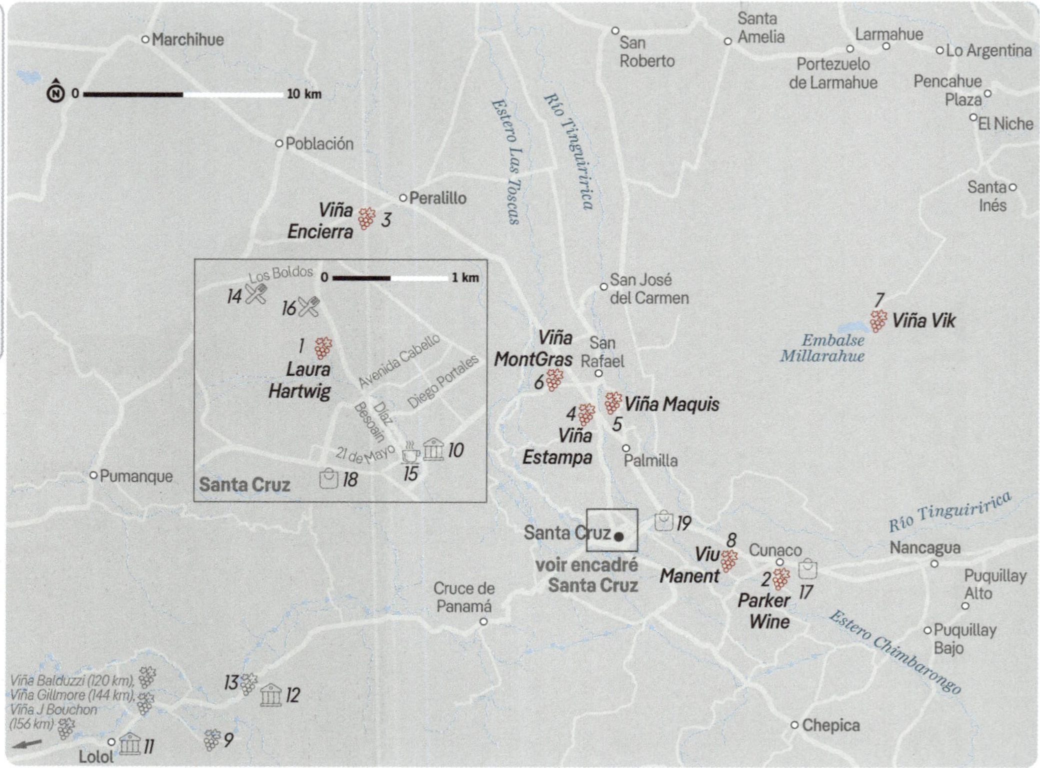

Tonneaux de vin, Viña Vik
AGENT WOLF/SHUTTERSTOCK ©

Les barons du vin chilien

DOMAINES VEDETTES DE LA VALLÉE DE COLCHAGUA

Les grands domaines de Colchagua sont des entreprises multimillionnaires affichant de somptueuses *bodegas* (chais). Ainsi l'opulente Casa Silva, connue aussi pour son excellent restaurant donnant sur un terrain de polo où se régaler après avoir visité les lieux ou dégusté des vins. Il y a aussi la **Viña Vik**, dont le bâtiment sculptural a été conçu par l'architecte chilien de renom Smiljan Radic. Un peu plus éloignée de Santa Cruz, elle cultive dans le Valle de Cachapoal voisin des légumes bio destinés à son **Pavilion Restaurant** décoré d'art contemporain (optez pour une visite incluant le déjeuner).

Spécialiste du rare malbec chilien, la propriété **Viu Manent** décline diverses formules de dégustation et circuits, dont une promenade en attelage dans les vignes. Vous pourrez faire une pause dans son café abordable ou ripailler sur la terrasse de son luxueux restaurant **Rayuela**. Adepte de l'agriculture durable, la **Viña Maquis** se distingue par son chai de style brutaliste et son magnifique emplacement à la confluence de deux rivières. On peut parcourir le vignoble, notamment à vélo, et goûter des vins d'une élégance exceptionnelle, souvent à base de cabernet franc, un cépage inhabituel au Chili.

Si vous ne devez voir qu'un seul domaine dans la vallée de Colchagua, direction la très sympathique **Viña MontGras**, qui ne se la raconte pas malgré ses superbes bâtiments de style hacienda et la qualité de sa production. À l'honneur, le cabernet sauvignon et le syrah font l'objet de dégustations après les visites ou peuvent être servis au verre. Des ateliers pour assembler et mettre en bouteille son propre vin et des formules vendanges participatives (février-avril) complètent l'offre.

Vignobles alternatifs

PETITES PROPRIÉTÉS DU VALLE DE COLCHAGUA

Au moins une douzaine de petites propriétés permettent une approche plus personnalisée des vins locaux que les gros exportateurs mondiaux. À la **Viña Encierra**, sur la route de Marchigüe, on peut goûter de remarquables carménères et rouges d'assemblage dans une mini-salle de dégustation ou réserver un dîner privé au milieu des vignes. En périphérie proche de Santa Cruz, le domaine **Laura Hartwig**, spécialiste du petit verdot, se visite très facilement. On paie une petite somme en échange d'un verre que l'on remplit à volonté des vins de la maison à siroter dans le patio ombragé, éventuellement avec une planche de fromages.

Plus moderne, la **Viña Estampa** produit surtout des vins d'assemblage, mais aussi quelques vins expérimentaux de cépage

DÉGUSTATION, MODE D'EMPLOI

Si vous êtes habitué aux terroirs où les vignerons font déguster leur production au débotté, vous vous sentirez peut-être un peu frustré dans le Valle de Colchagua, et au Chili plus largement. Il faut comprendre qu'ici les propriétaires de domaines souhaitent présenter leurs vins sur 1 ou 2 heures, surtout dans le secteur d'Apalta où les ego peuvent prendre de la place et les prix être gonflés. Nous avons donc sélectionné des propriétés qui accueillent plus volontiers les personnes de passage souhaitant juste goûter quelques vins, dans le cadre d'une formule dégustation ou au verre.

OÙ SE RESTAURER À SANTA CRUZ

Time Coffee
Expressos, pâtisseries et copieux sandwichs bon marché à déguster dans un jardin luxuriant près de la place. **$**

Vino Bello
Une chaleureuse table italienne donnant sur les vignes dans l'axe du soleil couchant où se régaler de pâtes maison. **$$$**

Casa Colchagua
Dotée d'une terrasse, la Casa sert des viandes et plats de poisson de premier ordre, à assortir de vins locaux. **$$**

unique. Des visites, des dégustations sans réservation et des déjeuners dans le café sur place sont possibles en journée. Mais, s'agissant d'un des rares domaines ouverts certains soirs (jeudi-samedi), rien ne vaut un passage en fin d'après-midi pour goûter un assortiment de vins accompagnés d'en-cas en regardant le spectacle du coucher du soleil sur la chaîne côtière. L'expérience la plus intimiste vous attend toutefois chez **Parker Wine**, détenu par un Californien, qui accueille le public (sur réservation) depuis 2022. Ses vignes centenaires donnent un sémillon aux saveurs d'agrumes et un cabernet sauvignon structuré, ainsi que d'excellents cidres.

POUR LES AMATEURS DE VIN

Vous voulez aller plus loin dans votre exploration des vignobles chiliens ? **Le Valle del Itata** (p. 207) est une sorte de Far West viticole qui fait la part belle aux vins naturels et à faible intervention.

VISITES DE VIGNOBLES

Ruta del Vino Colchagua
Différents domaines du Valle de Colchagua se sont réunis en cette association dont le bureau d'information se trouve sur la place de Santa Cruz. Diverses formules sont proposées (rutadelvino.cl) et l'on peut réserver aussi sur place au bureau.

Casa Suiza
L'auberge de jeunesse propose de rencontrer des petits producteurs en circuits guidés (anglais possible) à vélo. Si vous préférez la découverte indépendante, elle vous louera des VTT ou de plus polyvalents *gravel bikes*.

Upscape
Un tour-opérateur réputé pour ses circuits haut de gamme dans le Valle de Colchagua combinant vins et gastronomie.

Des armes aux musées

COLCHAGUA CÔTÉ CULTURE

Grâce à la Fundación Cardoen, la vallée de Colchagua recèle les plus beaux fonds archéologiques et historiques du Chili après ceux de la capitale. À Santa Cruz, l'incontournable **Museo de Colchagua**, principal musée privé du pays, conserve des fossiles, des momies et céramiques précolombiennes, des armes, des bijoux en argent mapuches et des objets d'art sacré. Une salle montre l'équipement des *huasos* (cow-boys) et une vaste section est consacrée au sauvetage, en 2010, de 33 mineurs bloqués pendant 69 jours à 700 m de profondeur près de Copiapó.

À quelque 25 km à l'ouest du centre, le somptueux domaine **Viña Santa Cruz** s'adresse spécifiquement aux touristes. Le **Museo del Automóvil** donne à voir, entre autres voitures de collection, une des DeLorean du film *Retour vers le futur*. De loin le plus grand musée du vin d'Amérique du Sud, le **Museo del Vino** attenant illustre l'histoire du divin breuvage de son apparition dans le Caucase jusqu'après son introduction au Chili à travers du matériel ancien et une salle des arômes. Dommage que les explications soient uniquement en espagnol.

Peut-être aussi intéressante que ces musées, la biographie de leur fondateur, Carlos Cardoen (né en 1942), retient l'attention. Suspecté d'avoir vendu des armes à l'Irak sous le régime de Saddam Hussein, l'homme d'affaires figura pendant trente ans sur la liste des personnes recherchées par Interpol. Ne pouvant quitter le Chili, il s'employa à développer le tourisme dans sa ville natale à travers la Fundación Cardoen.

OÙ FAIRE DU SHOPPING À SANTA CRUZ

Outlet de Vinos
Des prix avantageux sur les vins de surplus, surtout si l'on opte pour une caisse de six bouteilles.

Tienda Ecobazar
Une coopérative de créateurs locaux où acheter céramiques, textiles, objets de déco et cosmétiques.

La Vinogarage
Vend des vins originaux de petits vignerons qu'on ne trouve nulle part ailleurs.

SALLY ANDERSON/ALAMY STOCK PHOTO ©

Domaine Laura Hartwig (p. 195)

POURQUOI J'AIME SANTA CRUZ

Mark Johanson, auteur

Si vous me demandez pourquoi je vis au Chili, je vous répondrai que le vin en est l'une des raisons. Outre qu'il coule à flots lors des réunions familiales, il est au cœur de la *sobremesa*, la tradition qui consiste à discuter longuement à table après le dessert. Le vin fait partie intégrante de l'identité nationale, au point d'être perçu à l'étranger comme l'élément le plus emblématique du pays, avant même les pics enneigés des Andes et les moais de l'île de Pâques. Pour autant, la plupart des meilleurs crus ne sont pas exportés et un séjour dans le Valle de Colchagua peut être une véritable révélation pour œnophiles non avertis.

Lolol l'espagnole

PATRIMOINE HISTORIQUE ET ARTISANAT

La bourgade de Lolol a su préserver son patrimoine colonial espagnol au fil de ses rues pavées. Autre création de de la Fundación Cardoen), le **Museo de la Artesania** s'intéresse à l'artisanat chilien, des textiles éclatants de l'Atacama aux sculptures sur bois de Rapa Nui en passant par la vannerie de Chiloé. La création propre au centre du Chili y est particulièrement bien illustrée à travers les céramiques populaires de Quinchamalí. Les panneaux explicatifs ne figurent hélas qu'en espagnol. Si la collection vous a plu, faites un saut à la **Casa del Artesano**, qui vend des objets faits main.

En périphérie de Lolol, on peut visiter les chais et déjeuner sur réservation à l'**Hacienda Araucano**, immense propriété bio du vigneron français François Lurton. En raison de l'influence de l'océan Pacifique, ce dernier produit des vins notablement plus frais que partout ailleurs dans la vallée de Colchagua.

COMMENT S'Y RENDRE ET CIRCULER

Santa Cruz possède un réseau de voies cyclables en expansion, mais il ne s'étend pas à la campagne environnante où se trouvent les vignobles. Souvent poussiéreuses et dépourvues d'ombre, les routes se prêtent mal au vélo. Pour rallier Lolol ou Curico, prenez les bus locaux. Pour découvrir les domaines viticoles, mieux vaut louer une voiture à Santiago ou effectuer un circuit organisé incluant le transport au départ de Santiago ou de Santa Cruz. Vous pouvez aussi recourir aux taxis et applications de VTC. Sachez que le Chili applique une politique de tolérance zéro en matière d'alcool au volant.

Environs de Santa Cruz

Plages de sable gris battues par les vagues et hautes montagnes peuplés de condors : la région offre des contrastes saisissants.

La situation centrale de Santa Cruz fait que le voyageur n'est jamais à plus d'une heure et demie de route du Pacifique ou des sommets andins. À l'ouest s'étend un littoral paisible aux plages venteuses qui abrite des stations balnéaires huppées et les breaks de surf les plus fous d'Amérique du Sud. Pichilemu, paradis des surfeurs, présente les hébergements de bord de mer les plus avantageux à proximité du Valle de Colchagua, de même qu'une gamme de restaurants formidables.

À l'est, les superbes parcs et réserves des Andes séduisent les adeptes des vacances actives. Souvent ignorés des étrangers, qui préfèrent se ruer sur la région des lacs ou la Patagonie, des destinations comme la Reserva Nacional Altos de Lircay méritent pourtant qu'on s'y attarde.

Pour les infos pratiques, voir le Carnet d'adresses p. 218

À SAVOIR

La plupart des réserves et parcs nationaux des Andes centrales ne sont accessibles que sur réservation (aspticket.cl) et sont fermés le lundi.

Pichilemu

CHRISTIAN CREIXELL/ALAMY STOCK PHOTO ©

Surfeur, Pichilemu

Pichilemu

ROYAUME DU SURF

Dieux et déesses de la vague bravent toute l'année les eaux glacées de **Pichilemu**, la capitale officieuse du surf située à environ 90 km à l'ouest de Santa Cruz. Spot le plus proche de la ville, **La Puntilla** possède un point break long et lent. À 6 km au sud, la **Punta de Lobos** vous gratifie d'une gauche abrupte. Prestataire aux moniteurs souvent anglophones, **Océanos Chile** dispense des cours, loue des équipements et assure l'hébergement dans sa Surf House. Et pour simplement lézarder sur la plage, les longues bandes de sable gris conviennent parfaitement durant l'été austral, de décembre à mars.

Le centre de Pichilemu même n'a rien de magnifique, mais autour ses constructions en bois à l'esthétique contemporaine ont un côté résolument tendance. En direction de Punta de Lobos, en particulier, la route est jalonnée de restaurants, de cafés et d'hébergements d'un bon rapport qualité/prix. Les surfeurs apprécient les smoothies et les bols de céréales véganes de **Cúrcuma**, ainsi que les cafés et le *matcha latte* de **Taller 2470**. Ils se rassemblent en début de soirée à **Los Piures**, un club social branché qui sert des bières artisanales et des tapas de la mer originales. On est vite addict aux bonnes vibrations de Pichilemu.

ROUTE DU SEL DE CÁHUIL

À 12 km au sud de Pichilemu, **Cáhuil** est connu dans tout le Chili pour son sel de mer, utilisé par les grands chefs du pays. Un marché à l'entrée de la ville (où vous arriverez probablement en voiture) vend ce gros sel à un prix modique. Mieux vaut toutefois suivre la **Ruta de la Sal**, qui conduit, via le marché, des restaurants et des boutiques d'artisanat, dans le pittoresque estuaire de Cáhuil où vivent 46 espèces d'oiseaux, dont des cygnes et des hérons. Là, vous pourrez acheter directement aux producteurs dans des exploitations comme **Barrancas**, où vous en apprendrez davantage sur le sujet.

OÙ SE LOGER À PICHILEMU

SudEste Hostel
Auberge de jeunesse en front de mer avec piscine, dortoirs et chambres individuelles pas chères. Vue imprenable. **$**

Surf Lodge Punta de Lobos
Design tendance et vastes espaces de loisirs (deux piscines plus un spa compris) pour ce complexe tout en bois. **$$**

Hostal Moreno
Centrale, propre, accueillante et dotée d'une cour-jardin, une bonne adresse pour les petits budgets. **$**

ÉCHAPPÉES : LES PARCS NATIONAUX

Les Santiaguinos désireux de fuir la chaleur de la vallée centrale viennent se réfugier dans la **Reserva Nacional Río de Los Cipreses**, au sud-est. Deux excellents campings, des sentiers pédestres adaptés aux familles et les nuées de *tricahue* (conures de Patagonie) vert olive qui migrent le soir justifient la popularité de la réserve.
Au sud, le **Parque Nacional Radal Siete Tazas** compte deux cascades de 50 m de haut qui dégringolent dans des bassins naturels vert émeraude propices à la baignade. Le site phare de ces montagnes boisées reste toutefois les *siete tazas* ("sept tasses"), une série de sept chutes et bassins creusés dans le basalte noir par le Río Claro.
Dans la chaîne côtière, le **Parque Nacional Las Palmas de Cocalán**, peu visité, englobe une forêt de quelque 35 000 jubéas (cocotiers du Chili).

OBSCUR/SHUTTERSTOCK ©

Reserva Nacional Altos de Lircay

Reserva Nacional Altos de Lircay

RANDONNÉE DANS LES ANDES

Parc bien organisé et facilement accessible à 180 km au sud-est de Santa Cruz, la **Reserva Nacional Altos de Lircay** vous étonnera par le nombre et la variété de ses itinéraires pédestres. Sans doute la plus belle randonnée à la journée du centre du Chili, le **Sendero Enladrillado** (10 km, 7 heures aller-retour, 4 à la montée, 3 à la descente) conduit au sommet d'un plateau basaltique perché à 2 300 m. On emprunte d'abord pendant 2 heures le **Sendero de Chile** vers l'est, puis un sentier raide indiqué à l'embranchement sur la droite grimpe à travers une épaisse forêt avant de s'aplanir. C'est alors qu'on émerge sur la plateforme d'El Enladrillado (destinée aux ovnis si l'on en croit la rumeur !). À l'ouest se dessinent le sommet plat du cratère du **Volcán Descabezado** ("volcan décapité") et, à côté, le pic pointu du **Cerro Azul**.

On peut enchaîner avec le **Sendero Laguna del Alto** (9 km, 3 heures de montée abrupte), menant au lac du même nom que cernent quelques 2 000 m. À Talca, **Trekking Chile**, installé dans le superbe **Lodge Casa Chueca**, vend des cartes topographiques et fournit des guides pour des randonnées à la journée ou de longs treks comme le **Circuito los Cóndores** (6 jours). La Conaf gère aussi un terrain bien ombragé où planter sa tente, le **Camping Antahuara**, situé 800 m après l'Administración.

L'exploration du parc achevée, n'oubliez pas d'aller voir en aval le **Lago Colbún**. Niché dans les contreforts andins, ce lac turquoise se prête au kayak et compte sur ses rives plusieurs hébergements, dont le sympathique **Ecorefugio Spa** composé de containers maritimes.

COMMENT S'Y RENDRE ET CIRCULER

Rallier les environs de Santa Cruz implique souvent au moins un changement, à San Fernando. Depuis le Terminal de Buses Santa Cruz, à environ quatre rues à l'ouest de la Plaza de Armas, des bus desservent Pichilemu (2 heures), San Fernando (45 minutes) et Santiago (3 heures).

Dans les Andes, pour ne pas avoir à attendre les bus régionaux peu fréquents le long de la Panaméricaine (Ruta 5), la voiture constitue la seule solution. Dans l'ensemble, les routes qui mènent aux parcs nationaux sont en bon état.

COBQUECURA

Pour les infos pratiques, voir le Carnet d'adresses p. 218

Cette petite localité tranquille a vu beaucoup de ses pittoresques maisons et murs en pierres sèches s'effondrer lors du séisme de 2010. Mais ses longues et larges plages de sable noir battues par des vagues puissantes continuent d'attirer les surfeurs du monde entier. Pour autant, "Cobque" ne donne jamais l'impression d'être envahie comme le sont les spots plus proches de Santiago. D'ailleurs, il n'est pas rare de croiser sur les routes des charrettes tirées par des bœufs, témoins du rythme lent de la vie locale.

Au nord, la plage de Buchupureo abrite un chapelet d'hébergements exceptionnels. On y trouve également en bord de mer des restaurants de premier ordre, tout comme à Pullay, la crique suivante. Au sud de la ville, la Playa Rinconada est à la fois un lieu de pêche et l'endroit le plus sûr pour la baignade.

À SAVOIR

La commune de Cobquecura se compose en réalité d'une série de localités de bord de mer qui s'étire de Taucú au sud à Buchupureo et Pullay au nord. Cobquecura même regroupe la majorité des infrastructures, mais la plupart des touristes préfèrent l'atmosphère plus balnéaire de Buchupureo.

Pullay (p. 205)

OÙ MANGER À COBQUECURA

El Chiringuito de Pullay
Un repaire de surfeurs où se régaler de *pastel de jaiba* (gratin de crabe). Paiement en espèces. **$$**

Salón Verde
Une table de Pullay qui met à l'honneur les produits frais locaux de saison et les vins du Valle del Itata. **$$**

Ruka Antu
Un cran au-dessus des autres restaurants d'hôtel, cette adresse dotée d'une large vue sur l'océan sert des plats de la mer créatifs, dont des riz à la péruvienne. **$$$**

Caleta Rinconada de Taucú
Sur ce marché au poisson, les ceviches de produits de la mer du jour coûtent un prix modique. **$**

INCONTOURNABLRES
1 La Boca
2 La Lobería
3 Playa Rinconada
4 Pullay

VOIR
5 Parque Las Nalkas

ACTIVITÉS, COURS ET CIRCUITS
6 El Chiringuito de Pullay
7 Escuela Nanosurf Cobquecura
8 Iglesia de Piedra

SE LOGER
9 Complejo Turístico Ayekan
10 Hotel Boutique Kurayafu
11 View Buchupureo

SE RESTAURER
12 Ruka Antu
13 Salón Verde

PRENDRE UN VERRE
voir 9 Café La Mano
14 Cerveceria Kofke

Lions de mer (p. 204), Cobquecura

POUR LES SURFEURS

La Punta de Lobos à **Pichilemu** (p. 199) possède la gauche la plus célèbre du Chili. Si vous avez la passion du surf, c'est là qu'il faut séjourner.

Iglesia de Piedra

Promenade côtière

LIONS DE MER, GROTTES ET BALANÇOIRES

La balade est reine à Cobquecura, à commencer le long de sa grande plage qui s'étire sur 8 km. En marchant vers l'ouest, vous parviennent les grognements des lions de mer rassemblés à 50 m au large sur l'îlot rocheux de de **La Lobería**. Chaque année, la colonie s'agrandit en janvier, l'odeur des femelles en train de mettre bas se répandant à des kilomètres.

Quelque 4 km plus au nord, une imposante formation rocheuse appelée l'**Iglesia de Piedra** (l'église de pierre) fut à l'époque préhispanique le lieu de cérémonies rituelles dans ses grottes à la lumière magique ouvertes sur la mer. Les femmes enceintes sont censées ne pas y entrer, sous peine d'être emportées par les flots – une superstition qui s'explique par la rapidité de la marée montante (à l'origine d'accidents fatals par le passé) –, d'où le panneau d'avertissement à l'entrée.

Poussez plus au nord jusqu'à Buchupureo, puis bifurquez dans les terres pour rejoindre une étonnante réserve forestière privée de 22 ha. Des sentiers nature fantaisistes sillonnent ce **Parque Las Nalkas**, menant à des cascades, des plateformes perchées dans la canopée et de gigantesques balançoires en haut des arbres. On aurait volontiers envie de rester une nuit ou deux dans ce monde fantasque, et cela est possible pour qui le souhaite grâce aux petites cabanes dans les arbres reliées par des allées en planches rouges.

Surf

À CHACUN SA VAGUE

Premiers touristes à avoir découvert Cobquecura au début du millénaire, les surfeurs lui demeurent fidèles. Ici, pas besoin d'être un as de la discipline pour monter sur une planche. Les débutants fréquentent plutôt les breaks de la **Playa Rinconada**, la plage la plus animée en été, avec sa petite boutique

LE TREMBLEMENT DE TERRE DE 2010

Dans la nuit du 26 au 27 février 2010, un tremblement de terre de magnitude 8,8 sur l'échelle de Richter au large de la côte secoua Cobquecura pendant trois longues minutes. Le sixième plus fort séisme enregistré à ce jour causa pour plus de 5 milliards de dollars de dégâts. Quelque 525 personnes périrent, la plupart à cause du tsunami et des glissements de terrain consécutifs, tandis qu'environ 9% de la population se retrouva sans abri. À Cobquecura, particulièrement touchée, le niveau du sol se souleva de 3 m dans certaines zones, détruisant une grande partie des vieilles maisons en adobe. Aujourd'hui, il ne reste plus aucune trace de la catastrophe.

OÙ SE LOGER À COBQUECURA

Parque Las Nalkas
Un étonnant ensemble de *cabañas* et de maisonnettes perchées dans les arbres, avec piscine et terrain de jeu. **$$$**

Hotel Boutique Kurayafu
Une délicieuse terrasse, de l'artisanat et des tissages locaux… Inutile de dire que l'endroit a bien du cachet. **$$**

View Buchupureo
Les baies vitrées des bungalows en bois sur pilotis à flanc de coteau offrent une vue imprenable sur l'océan. **$$**

de surf, ses campings et plusieurs stands de restauration servant des *empanadas* de produits marins au déjeuner. Au nord, le point break de gauche sablonneux de **Pullay** peut être amusant quel que soit votre niveau de pratique, avec de fortes vagues qui déferlent vers le rivage à intervalles réguliers. **La Boca**, à Buchupureo, est un break d'exception pour les pros, comportant de longues gauches et un excellent *barrel*. Quant au break de droite de Cobquecura, ses vagues sont généralement trop agitées pour être surfées.

Les gauches qui dominent dans le secteur conviennent mieux aux surfeurs intermédiaires ou expérimentés. Une combinaison épaisse s'impose toute l'année, car la température de l'eau varie entre 14 et 17°C. Si la **Escuela Nanosurf Cobquecura** a davantage l'habitude des novices, la petite école du **Chiringuito de Pullay** donne des cours en anglais. Les deux louent des équipements à prix abordables, mais le second est le grand lieu de rendez-vous des surfeurs dans la région. Ces derniers viennent aussi boire des pintes à la **Cerveceria Kofke**, un bar à bières au décor plaisant, qui sert de bons burgers. Le matin, beaucoup viennent prendre leur dose de caféine au **Café La Mano**.

La côte sauvage à la pagaie

KAYAK, SUP ET ORNITHOLOGIE

Sur la côte de sable gris de Cobquecura, les adeptes du paddle-board peuvent compter sur les estuaires aux eaux calmes de plusieurs rivières descendant des Andes, en particulier à Taucú et à Buchupureo. **Stand Up Paddle Buchupureo** dispense des cours de paddle tout en organisant des circuits en journée comme en nocturne. María Elvira, de **Kayak Vilu Cobquecura**, fournit des kayaks mono et biplaces pour pagayer dans les estuaires peu profonds de Taucú, où l'on croise souvent foulques, cygnes, canards et hérons.

Tour-opérateur local axé sur la nature et le patrimoine, **Ancestral Ecoturismo** conduit les visiteurs dans des zones humides, sur des sentiers pour observer les oiseaux ou à la découverte de l'histoire humaine. Souvent les guides du tourisme d'aventure à Cobquecura ne parlent qu'espagnol, à l'exception d'un tout petit lexique anglais. La connaissance de quelques mots clés en espagnol de votre part et le langage des gestes suffiront amplement à rendre la sortie très agréable. Contactez les agences quelques jours à l'avance pour organiser une excursion en compagnie d'un guide anglophone.

LE GOÛT DE LA MER : SPÉCIALITÉS LOCALES

La **Caleta Rinconada de Taucú**, à Cobquecura, est le lieu parfait pour découvrir les fruits de mer de la côte centrale du Chili. Abondant, le crabe (*jaiba*) se prépare typiquement sous forme de *pastel de jaiba*, une sorte de gratin incluant crème, parmesan et chapelure. Les moules bleues chiliennes (*choritos*), cuites à la vapeur avec du vin blanc, du riz et de l'ail, entrent quant à elles dans la composition de l'*arroz con choritos*. La durviléa (*cochayuyo*), une algue brune, se mange en salade ou en ceviche végan. Les couteaux (*navajuelas*) et la *piure*, un mollusque de couleur orange, sont vendus en quantité. Consommée crue, la seconde a un goût semblable à celui des oursins.

COMMENT S'Y RENDRE ET CIRCULER

Les bus en provenance de Chillán et de Concepción qui passent par Cobquecura (3 heures) continuent souvent jusqu'à Buchupureo (du moins en haute saison) et Pullay, ce qui rend les déplacements sans voiture possibles (à défaut d'être idéals).

Cela dit, le chapelet de plages s'étirant sur une vingtaine de kilomètres, les personnes non motorisées ont plutôt intérêt à choisir une zone et à y demeurer. Les hôtels peuvent généralement organiser transferts et transports.

Environs de Cobquecura

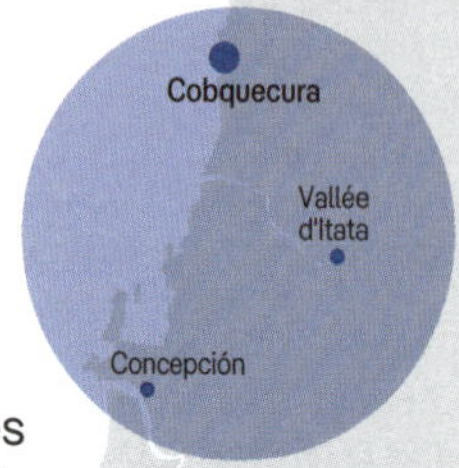

Dans un rayon de 125 km, des domaines viticoles atypiques éveilleront votre intérêt tout comme la ville de Concepción, injustement sous-estimée.

Dans l'intérieur des terres, les vignes arbustives non greffées du Valle del Itata couvrent de vertes collines autrement tapissées de forêts de pins et d'eucalyptus. La frontière sud du Chili viticole présente un aspect et un esprit entièrement différents de ceux des vallées plus traditionnelles du nord. En vogue dans les milieux œnophiles de la capitale, la région abrite des vignobles parmi les plus anciens des Amériques et s'est tournée vers la production de vins naturels et à faible intervention.

Au cœur du territoire coule le Río Itata. En suivant le Río Biobío, le fleuve le plus large du pays et le seul navigable, on arrive à Concepción, connue pour ses universités, ses groupes de rock, sa scène artistique et ses cafés animés.

Pour les infos pratiques, voir le Carnet d'adresses p. 219

À SAVOIR

Le tourisme est moins développé dans le Valle del Itata et à Concepción. Pour connaître les coordonnées et les heures d'ouverture, les réseaux sociaux seront votre meilleur allié pour les dernières mises à jour.

Concepción (p. 208)

CRISTIAN MUNOZ/SHUTTERSTOCK ©

CHRIS MELLOR/ALAMY STOCK PHOTO ©

Raisins de cuve

Valle del Itata

LE FAR WEST DU VIN CHILIEN

Si vous demandez à un œnologue de Santiago quelle région l'enthousiasme aujourd'hui, il citera sans doute la vallée d'Itata. La plus établie des zones viticoles du sud du Chili reste paradoxalement une terre de petits vignobles de charme et de producteurs de "vins de garage", où tout reste à faire en matière d'œnotourisme. Vu l'ampleur de la vallée, mieux vaut se concentrer sur la commune rurale de **Guarilihue**, à environ 70 km au sud de Cobquecura, qui possède un début d'organisation touristique. Installé dans un joli bâtiment en adobe, le **Borra Bar de Vinos** est un endroit plaisant pour déjeuner et trouver ses marques. Les jeunes patrons ne servent que des vins sans intrants ni manipulations techniques, accordés à d'excellents plats de saison créatifs.

À proximité, **Vinos TresC** se distingue par ses cinsault et país de premier ordre, tandis que la **Viña Piedras del Encanto** est reconnue pour ses vins pétillants. La **Viña Mora Reyes** décline une large gamme de vins, notamment issus de cépages rares dans le pays comme le chasselas et l'aramon. La formidable **Viña La Fábula de Guarilihue** fait visiter ses chais centenaires en adobe, puis vous emmène avec

VIEILLES VIGNES, VINS ORIGINAUX

Forte d'un demi-millénaire d'expérience, le Valle del Itata est considéré comme l'une des plus anciennes régions viticoles des Amériques. Cultivant traditionnellement des cépages utilisés pour des vins d'assemblage, ce terroir viticole n'a toutefois jamais beaucoup fait parler de lui, mais cela change ! Ses vignobles plantés de cépages comme le país (rouge rustique) ou le muscat d'Alexandrie (blanc légèrement sucré) peuvent être plus que centenaires et leurs raisins entrent souvent dans la fabrication de vins naturels. Les œnologues ne tarissent pas d'éloges sur le sémillon vieilles vignes (blanc floral) et le cinsault (rouge frais et fruité), servis dans les grands restaurants gastronomiques du Chili. À Ñipas, la **Tienda Alma del Itata** vend plus de 160 étiquettes d'Itata, dont certaines bouteilles rares.

OÙ SE LOGER DANS LE VALLE DEL ITATA

Dans cette terre de vignobles, les hébergements se font plutôt rares. Voici nos meilleures recommandations.

TresC
Ce domaine vous loge en dôme sur les hauteurs ou en chambres confortables à l'orée des vignes. **$**

Entre Viñedos
Un gîte rural tenu par des hôtes enthousiastes. Piscine superbe et chambres ouvrant sur les vignes de cinsault. **$$**

IVAN KONAR/ALAMY STOCK PHOTO ©

Universidad de Concepción

quelques bouteilles jusqu'à un point de vue panoramique sur la forêt peuplée d'oiseaux qui a inspiré ses étiquettes. Ouvert le week-end, c'est le seul domaine du coin où l'on parle anglais. Comme dans tous les vignobles d'Itata, il faut réserver au moins 24 heures à l'avance.

Concepción

ART ET CULTURE

À quelque 125 km au sud de Cobquecura, "Conce" est la troisième métropole du Chili après Santiago et l'agglomération de Valparaíso. Bien que d'un grand dynamisme sur le plan artistique et culturel, cette ville jeune et attrayante demeure peu touristique. Sur le campus de l'**Universidad de Concepción** (UdeC), l'une des universités les plus prestigieuses d'Amérique latine, la **Casa del Arte** a pour pièce maîtresse **La Presencia de América Latina**, une fresque de l'artiste mexicain Jorge González Camarena (1908-1980).

L'art social a aussi investi d'autres parties du campus sous forme de peintures murales éclatantes. À trois pâtés de maisons de là, le centre culturel **Artistas del Acero** accueille des expositions d'art temporaires. Consultez aussi l'affiche du **Teatro Biobío**, qui programme concerts, opéras, pièces de théâtre et spectacles de danse.

Des lieux de concert trépidants à l'image de la **Casa de Salud** témoignent de la vitalité musicale de Concepción. Expérience multisensorielle pour le corps, le cœur et l'esprit, cet espace labyrinthique brouille les lignes entre bar, club, salle de concerts, galerie d'art et centre culturel. À la **Bodeguita de Nicanor** voisine, tout aussi bohème, on peut écouter toutes sortes de musiques, du folklore chilien au rock latino.

LA VILLE ROCKEUSE

Concepción est connue pour être le berceau du rock chilien. Sa scène musicale pleine de vitalité a vu émerger des vedettes nationales, comme Los Tres, l'un des groupes hispanophones les plus influents du XXe siècle, et Los Bunkers, qui jouent un mélange de rock inspiré des Beatles et de musique traditionnelle. Citons également Emociones Clandestinas, Santos Dumont, De Saloon, Machuca et Julius Popper. Parmi les musiciens chiliens les plus connus à l'étranger, Los Prisioneros, pionniers du mouvement Nuevo Pop Chileno, ont fait leurs premiers grands concerts à "Conce".

COMMENT S'Y RENDRE ET CIRCULER

Deux bus quotidiens Eme Bus circulent entre Cobquecura et Concepción. Des bus de la compagnie Via Itata desservent les villes du Valle del Itata, mais il faut être motorisé pour visiter les vignobles. Sinon, des agences comme Itata Expediciones, à Coelemu, proposent des circuits guidés.

TERMAS DE CHILLÁN

Chaque hiver, les Chiliens amateurs de poudreuse rallient la jolie station de ski de Termas de Chillán. Leur plaisir : dévaler la plus longue piste d'Amérique du Sud, qui serpente à travers une épaisse forêt persistante à l'ombre du Volcán Chillán toujours actif. Après une journée de glisse, les skieurs vont se délasser dans des bassins alimentés par des sources chaudes. Aussi n'est-il pas rare en haute saison (juin-août) de se retrouver dans un embouteillage.

Mais, dès que toute la vallée autour se teinte d'un vert luxuriant, le rythme ralentit. Place aux activités montagnardes estivales, de l'automne jusqu'au printemps de l'année suivante. Hauteurs vallonnées et volcans coiffés de neige attirent alors randonneurs, grimpeurs, vététistes et cavaliers, comme les simples contemplatifs heureux de souffler en terrasse face à la montagne.

Bourg de montagne à l'esprit jeune, Termas de Chillán abrite les meilleurs chalets, auberges de jeunesse et bungalows du centre du Chili, et sa scène culinaire ne cesse de s'affirmer un peu plus.

Pour les infos pratiques, voir le Carnet d'adresses p. 219

À SAVOIR

Séjourner à Termas de Chillán en semaine peut être très avantageux car tout, des remonte-pentes à l'hébergement, revient alors moins cher. Hors saison de ski hivernale, vous ne croiserez pas grand monde. Néanmoins nombre d'établissements n'ouvrent que le week-end en basse saison ; prévoyez des provisions.

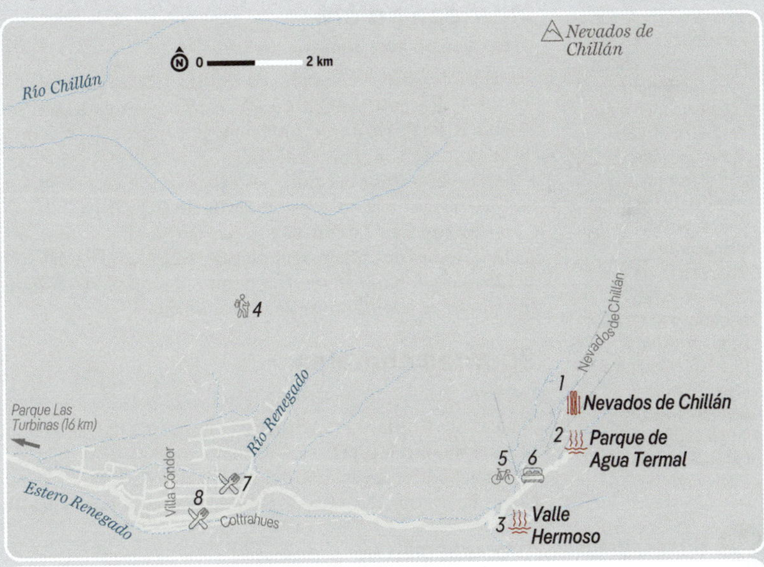

INCONTOURNABLES
1 Nevados de Chillán
2 Parque de Agua Termal
3 Valle Hermoso

ACTIVITÉS, COURS ET CIRCUITS
4 Laguna del Huemul
10 Bike Park

SE LOGER
5 Hotel Termas Chillán

SE RESTAURER
8 Bistro Las Cabras
9 Las Bravas Bar & Café
voir 9 Malcontenta Panadería

Capitale sud-américaine de la poudreuse

LA STATION DE NEVADOS DE CHILLÁN

Ce paradis du ski a pour cadre époustouflant le versant méridional du **Volcán Chillán** (3 186 m). À défaut de drainer autant de touristes étrangers que les stations proches de Santiago, le site a toujours séduit les skieurs avisés. Nombre de ses 34 pistes filent à travers la forêt, ce qui est peu courant au Chili. Débutants et experts y trouvent leur bonheur. Et, à la plus longue piste d'Amérique du Sud, **Las Tres Marías** (13 km), s'ajoutent le plus long télésiège et de superbes aventures hors piste.

La saison peut commencer dès mi-juin et durer jusqu'à mi-septembre, même si le réchauffement climatique l'écourte un peu plus chaque année – selon les habitants, la très bonne neige, les pistes vides et les forfaits à prix réduits font de début septembre la meilleure période. D'une manière générale, les auberges de jeunesse et les locations d'équipements plus économiques permettent ici un séjour de ski à moindre coût qu'aux environs de la capitale. Toutefois, si votre budget vous le permet, l'**Hotel Termas Chillán** au pied des pistes justifie amplement la dépense. Ce très beau lodge de ski possède une déco en bois inspirée des forêts environnantes, une piscine intérieure/extérieure chauffée, le plus grand spa du Chili et des restaurants gastronomiques haut de gamme.

MENACÉ D'EXTINCTION : LE CERF ANDIN

Au nord et au sud de Valle Las Trancas, la **Reserva Nacional Los Huemules de Niblinto** et la **Reserva Nacional Ñuble** protègent les populations de *huemules* (cerfs du sud andin) les plus septentrionales du Chili. Ce cervidé menacé se caractérise par sa carrure robuste, ses pattes trapues et son pelage brun-gris. Le *huemul* figure sur les armoiries du Chili aux côtés du condor, mais on dénombre actuellement moins de 1 500 individus àl'état sauvage, dont une quarantaine vivent dans les deux réserves susnommées. Diverses organisations, parmi lesquelles la Fundación Rewilding Chile, œuvrent pour sauver l'espèce de l'extinction, en particulier dans cet habitat aujourd'hui fractionné.

Montagne d'été

VTT ET PARC D'AVENTURES

De décembre à avril, Nevados de Chillán troque le ski contre le VTT de descente et d'enduro. Plusieurs télésièges desservent alors le **Bike Park**, ouvert uniquement le week-end en dehors de la haute saison (janvier-février).

Sinon, Verde Tour organise des excursions à vélo de 26 km sur des pistes de la pittoresque **Valle de Diguillín**.

Le **Parque Las Turbinas**, un parc privé sur la route qui mène à Termas de Chillán, renferme des cascades et des bassins naturels où se baigner, des tyroliennes, des passerelles dans la canopée et autres attractions familiales.

Sources chaudes

THERMALISME AU CŒUR DES VOLCANS

Termas de Chillán se distingue véritablement des autres stations de ski par la présence de nombreuses sources chaudes, véritables édens après l'effort. Entre la ville de Valle las Trancas et la station Nevados de Chillán, l'aire de loisirs **Valle**

OÙ SE RESTAURER À TERMAS DE CHILLÁN

Malcontenta Panadería
Cette boulangerie branchée vend des baguettes et des croissants alléchants, ainsi que des pizzas délicieuses. $

Las Bravas Bar & Café
Bar-restaurant de montagne proposant bières artisanales, burgers, pizzas, ceviches et salades. Une valeur sûre. $$

Bistro Las Cabras
Ses plats de viande et ses pâtes succulentes désignent la meilleure table de la vallée. Fermée hors été et hiver. $$$

Hermoso réunit en pleine verdure trois piscines thermales et un restaurant. À une altitude supérieure, le **Parque de Agua Termal** plus exposé compte quatre bassins et dévoile une vue panoramique sur la vallée. Aucune des deux installations ne respire le luxe, mais leurs prix grimpent en hiver.

Pour une expérience plus sauvage, parcourez à pied les 9 km qui vous séparent du **Valle de Aguas Calientes**, un itinéraire jalonné de bassins dans des cours d'eau alimentés par des sources chaudes. Vu la nature volcanique du terrain, mieux vaut prendre un guide. Vous pouvez vous adresser à **Verde Tour**, qui propose aussi des excursions à vélo, des randonnées sac au dos et des ascensions de volcans petits (**Volcán Nevado**) et grands (**Volcán Renegado**) en compagnie de professionnels anglophones bien formés.

Laguna del Huemul

RANDONNÉE VERS UN LAC ANDIN

La **Laguna del Huemul** est à juste titre la destination de randonnée la plus populaire autour de Termas de Chillán. Le parcours grimpe jusqu'à des perspectives spectaculaires sur un lac andin, le Volcán Chillán et les Nevados de Chillán. Au passage, on traverse de denses forêts endémiques de chênes, de lengas (hêtres blancs de la Terre de Feu) et de coigües (hêtres de Dombey). Les 10 km aller-retour avec 700 m de dénivelé positif sont assez exigeants mais restent à la portée de la plupart des visiteurs dynamiques.

Le sentier part près de l'Ecoparque Shangri-La, un parc d'aventure aujourd'hui fermé. Suivez les indications jusqu'aux ruines du **Refugio Shangri-La**, un ancien refuge de montagne en pierre des années 1940, où la montée débute réellement. En vous enfonçant dans les bois, tendez l'oreille pour entendre les martèlements des pics de Magellan. En haut, près de la cime escarpée du **Cerro Las Cabras** (2 024 m), vous profiterez d'une vue panoramique sur les eaux turquoise de la Laguna del Huemul cernée de sommets. Les randonneurs en solo ont intérêt à télécharger l'application chilienne SUDA, qui permet de consulter les cartes des sentiers hors connexion. Durant l'hiver, le sentier a toutes les chances d'être inaccessible, mais on peut grimper jusqu'au Refugio Shangri-La à condition de chausser des raquettes.

MARCHES COURTES

Le **Sendero El Mirador** est l'un des itinéraires pédestres les plus jolis et les plus faciles au départ du centre-ville. Il monte rapidement sur 600 m jusqu'à un point de vue d'où le panorama embrasse le Valle Las Trancas de haut en bas. Empruntez-le au soleil couchant, quand le paysage revêt des teintes splendides. Encore plus aisé, bien fléché et accessible même aux enfants, le **Sendero Los Pangues** mène en 300 m à une paisible grotte et à une petite cascade en ruban. Rien ne vaut toutefois la **Ruta Fumarolas**, aussi rapide que spectaculaire. Elle grimpe du Parque de Agua Termal vers les fumerolles et autres phénomènes volcaniques des Nevados de Chillán. Attention où vous mettez les pieds !

COMMENT S'Y RENDRE ET CIRCULER

Deux à quatre bus quotidiens de la compagnie RemBus (busesrembus.cl) rallient Termas de Chillán depuis Chillán, elle-même desservie par de nombreux bus depuis Santiago (entre 4 heures 30 et 6 heures). Le service de train à Concepción et Chillán était suspendu jusqu'à nouvel ordre au moment de nos recherches. Les liaisons sont plus fréquentes l'hiver.

En été, la vallée se prête merveilleusement aux trajets à vélo. Pour autant, la majorité des voyageurs préfèrent venir en voiture de location depuis Santiago.

Environs de Termas de Chillán

Peu d'étrangers en visite au Chili s'aventurent dans les parcs nationaux qui ourlent les Andes au nord et au sud de Termas de Chillán.

Si renommée soit Termas de Chillán, la station n'est guère la seule de la région. Des routes asphaltées partant d'à peu près toutes les villes importantes le long de la Ruta 5 sillonnent les montagnes andines. D'une manière générale, le paysage devient de plus en plus verdoyant à mesure qu'on avance vers le sud et davantage de volcans se détachent à l'horizon. En allant dans cette direction depuis Termas de Chillán, le village montagnard le plus proche est Antuco, porte d'accès au splendide Parque Nacional Laguna del Laja.

Pour les infos pratiques, voir le Carnet d'adresses p. 219

À SAVOIR

Chillán, la capitale régionale, est la plaque tournante des transports pour rallier les parcs andins au sud ou la côte à l'ouest.

Laguna del Laja

TEDDY ARAOS MOORE/SHUTTERSTOCK ©

JEREMY RICHARDS/SHUTTERSTOCK ©

Volcán Antuco

Parque Nacional Laguna del Laja

RANDONNÉES ENTRE LAC, CASCADES ET VOLCANS

Ce parc englobe le cône symétrique du **Volcán Antuco** (2 979 m), dont le sommet perpétuellement enneigé attire en hiver les adeptes de ski. Il révèle toutefois son véritable attrait le reste de l'année, quand on peut parcourir ses myriades de sentiers de randonnée à travers des champs de lave lunaires, des glaciers dont la fonte s'accélère et, surtout, la **Laguna del Laja**, l'un des plus grands lacs alpins du Chili.

Les deux sentiers les plus appréciés partent du *mirador* Chacay. Le **Sendero Los Coigües** (3,4 km, 1 heure aller-retour) chemine parmi les cyprès de la cordillère pour atteindre un formidable point de vue sur le volcan. Itinéraire vedette, le **Sendero Las Chilcas** (3,2 km, 1 heure aller-retour) commence par un tronçon de 500 m accessible en fauteuil roulant, puis descend dans un champ de lave avant de décrire une boucle près du Río Laja jusqu'à deux puissantes cascades, le Salto Las Chilcas et le Salto del Torbellino. Les plus sportifs s'attaqueront au **Sendero Sierra Velluda** (4,6 km, environ 5 heures aller-retour), qui mène au glacier au pied de la Sierra Velluda (3 585 m), un volcan endormi. L'Antuco voisin demeure quant à lui très actif et, même si sa dernière éruption remonte à 1869, des fumerolles s'en échappent fréquemment.

Malgré sa proximité avec Termas de Chillán, il faut parfois plus de 3 heures pour rejoindre le secteur et il est recommandé d'y passer la nuit. Parmi les hébergements, citons **Antucalhue** (*cabañas* basiques, piscine et restaurant), à environ 5 minutes du parc, et le **Parque Antuco** (bungalows et emplacements de camping), à l'intérieur du parc, dans une superbe vallée.

SALTO DEL LAJA

Au nord de Los Ángeles près de la Ruta 5, le Río Laja plonge de près de 50 m du haut d'un escarpement pour former le **Salto del Laja**, une cascade en forme de fer à cheval. Lorsqu'elle coule à plein débit, certains la qualifient de chutes d'Iguazú miniatures, mais la comparaison est exagérée. Le site justifie néanmoins une halte pour pique-niquer, faire une promenade en bateau et acheter quelques souvenirs. On peut loger dans l'un des complexes de vacances économiques des environs, très couleur locale, ou au tranquille **Hotel Salto del Laja**, un peu plus sophistiqué.

COMMENT S'Y RENDRE ET CIRCULER

À moins d'avoir le temps de prendre des correspondances dans les principales villes de la Ruta 5 et d'attendre des bus parfois rares, une voiture de location s'impose pour visiter les parcs andins au nord et au sud de Termas de Chillán. Les routes sont généralement en bon état, mais vous aurez besoin de chaînes entre mai et septembre.

Carnet d'adresses

VALPARAÍSO

Ascensor El Peral
Voir p. 177 (Plaza de Justicia et Paseo Yugoslavo ; 100 $CH ; 7h-23h)

Bahía Utópica
Voir p. 176 (bahiautopica.cl ; Almirante Montt 372, Cerro Alegre ; entrée libre ; 11h-15h et 16h-19h lun et mer-ven, 11h-19h30 sam-dim)

Galería Artemark Online
Voir p. 176 (www.artemarkonline.cl ; Calle Abtao 529, Cerro Concepción ; entrée libre ; 11h-19h)

Galería Espacio Rojo
Voir p. 176 (www.rojogaleria.com ; Pasaje Miramar 175, Cerro Alegre ; entrée libre ; 10h-18h lun-sam, 10h-17h30 dim)

La Sebastiana
Voir p. 180 (32-223-3759 ; fundacionneruda.org ; Ferrari 692 ; tarif plein/réduit 8 000/3 000 $CH ; 10h-18h mer-dim)

Mercado Puerto
Voir p. 180 (Valdivia 269 ; 8h30-20h lun-sam, 10h-20h dim)

Museo Universitario del Grabado
Voir p. 177 (www.mugupla.cl ; Lautaro Rosas 485, Cerro Alegre ; entrée libre ; 10h-18h mar-dim)

Palacio Baburizza
Voir p. 177 (museobaburizza.cl ; Monte Alegre 132, Cerro Alegre ; tarif plein/réduit 2 000/1 000 $CH ; 10h-18h mar-dim avr-déc, 10h-19h mar-dim jan-mars)

Parque Cultural de Valparaíso
Voir p. 181 (parquecultural.cl ; Cárcel 471 ; entrée libre ; 10h-20h mar-dim)

Découverte du port
Voir p. 181 (Muelle Prat ; 30 min à partir de 3 000 $CH ; 9h30-18h30)

Valpo Street Art Tours
Voir p. 177 (9-3248-5231 ; www.valpostreetart.com ; Pasaje Galvez 25, bureau 2 ; visites guidées à partir de 35 $US ; 10h30 et 15h30)

Fauna Hotel
Voir p. 180 (2-2419-3677 ; faunahotel.cl ; Pasaje Dimalow 166, Cerro Alegre)

Maki Hostel
Voir p. 180 (9-6749-3760 ; makihostels.com ; Calle Urriola 428)

Winebox
Voir p. 180 (9-5824-4497 ; Baquedano 763, Cerro Mariposas)

Circular
Voir p. 177 (9-8133-7792 ; @circularvalpo ; Paseo Yugoslavo 15 ; 11h-16h30 dim-jeu, 11h-21h30 ven-sam)

La Caperucita y el Lobo
Voir p. 177 (32-317-2798 ; www.lacaperucitayellobo.cl ; Ferrari 75, Cerro Florida ; 13h-16h et 18h30-22h jeu-sam, 13h-16h dim)

La Españita
Voir p. 180 (Avenida Francia 517 ; 10h-21h30 lun-sam, 12h-18h dim)

María María
Voir p. 177 (@mariamaria_valpo ; Beethoven 286 ; 10h-17h mer-sam, 10h-16h dim)

Porto di Vino
Voir p. 180 (9-4071-0327 ; Cochrane 70 ; 12h30-18h lun-jeu, 12h30-23h30 ven-sam)

Ropa Tendida Bar y Cocina
Voir p. 180 (9-7680-1677 ; Urriola 476, Cerro Alegre ; 13h-17h dim-lun, 13h-minuit mar-sam)

Verso Restaurante
Voir p. 181 (2-2495-7744 ; restaurant.versohotel.cl ; Mena 665 ; 16h-23h jeu-ven, 13h30-23h sam)

Bar del Tío
Voir p. 181 (9-8674-9722 ; Almirante Montt 67 ; 12h30-17h lun, 12h30-1h mar-ven, 19h-2h sam)

Bar Ritual
Voir p. 181 (Almirante Montt 48 ; 17h-1h30)

Callejón Café
Voir p. 180 (Serrano 487 ; 9h30-18h30)

Casa Cervecera Altamira
Voir p. 181 (32-365-6062 ; cerveceraaltamira.cl ; Elías 126 ; 17h30-minuit mar-mer, 17h30-0h30 jeu, 16h30-1h30 ven, 12h30-1h sam, 12h30-17h dim)

Cinzano
Voir p. 181 (32-221-3043 ; cinzanooficial.cl ; Plaza Aníbal Pinto 1182 ; 18h-2h jeu-sam)

La Quinta de los Nuñez
Voir p. 181 (9-9734-9070 ; www.facebook.com/laquintadelosnunez ; Camila 125 ; 13h-20h sam-dim)

Máscara
Voir p. 181 (32-221-9841 ; Plaza Aníbal Pinto 1178, El Plan ;

entrée 2 000-3 500 $CH ; 21h-tard)

Pagano
Voir p. 181 (32-259-8192 ; Errazuriz 1852, El Plan ; tarifs variables ; 23h30-4h lun et mer-jeu, 23h30-5h ven-sam, plus 23h30-4h dim jan-mars)

ENVIRONS DE VALPARAÍSO

Casa de Isla Negra
Voir p. 185 (35-246-1284 ; fundacionneruda.org ; Poeta Neruda, Isla Negra ; adulte/enfant 8 000/3 500 $CH ; 10h-18h mer-dim)

Museo Ex Ballenera
Voir p. 184 (fundacionquintay.com ; Costanera, Caleta Quintay ; adulte/enfant 1 500 $CH/gratuit; 11h-18h mar-dim)

Ruta del Vino de Casablanca
Voir p. 183 (32-274-3755 ; Oscar Bonilla 56, Casablanca ; centre d'information et café 9h-19h30 lun-ven, café 10h-19h30 sam)

Casas del Bosque
Voir p. 183 (2-2480-6941 ; casasdelbosque.cl ; Hijuelas 2 Ex Fundo Santa Rosa, Casablanca ; dégustation à partir de 15 000 $CH, visites avec dégustation 45 000 $CH ; 10h-17h30 lun-ven, 10h-18h sam-dim)

Cervecería CODA
Voir p. 184 (9-8903-3668 ; www.coda.cl ; Ruta 68, Casablanca ; 12h-17h lun-ven, 12h-19h sam-dim)

Bodegas RE
Voir p. 183 (9-9345-9114 ; www.bodegasre.cl ; F-850, Casablanca ; visite guidée sans/avec dégustation 12 000/24 000 $CH ; 10h-18h lun-sam)

Villard Fine Wines
Voir p. 183 (2-2235-7857 ; villard.cl ; F-864-G, km 14, 5, Casablanca ; dégustation 20 000 $CH, visite guidée et dégustation à partir de 35 000 $CH ; 9h-18h)

Hostal Mar de Boca
Voir p. 184 (9-9239-2569 ; www.facebook.com/HostalMardeBoca ; G-880, La Boca)

Hotel Casablanca BCW
Voir p. 183 (9-3862-8078 ; casablanca-bcw.com ; Valle Hermoso 298, Casablanca)

Hotel Surazo
Voir p. 184 (9-9600-0110 ; surazo.cl ; Carlos Ibañes del Campo, Matanzas)

Indomo Casablanca
Voir p. 183 (2-2241-1950 ; Casablanca)

OMZ - Olas de Matanzas
Voir p. 184 (9-9643-4809 ; www.184.cl ; Fundo San Luis de Lagunillas, Matanzas)

Patio Ferreiro
Voir p. 185 (9-7779-1898 ; Bulnes 290, Cartagena)

Residencial del Valle
Voir p. 183 (32-274-2568 ; www.residencialdelvalle.cl ; Humberto Moath Calle 2 621, Casablanca)

Caleta de Pescadores
Voir p. 185 (Playa Matanzas ; 11h30-20h30 lun-ven, 12h-21h sam, 12h-17h dim)

Casa Tunquén
Voir p. 184 (9-9748-8028 ; Ruta F-818, Tunquen ; 13h-17h et 18h30-20h jeu, 13h-17h et 18h30-21h ven-sam, 13h-17h dim)

Márola
Voir p. 185 (9-6636-1894 ; www.marola.cl ; Pupuya ; 13h-17h lun, 13h-21h jeu et dim, 13h-21h30 ven-sam)

Surazo
Voir p. 185 (9-9600-0110 ; surazo.cl ; Carlos Ibañes del Campo, Matanzas ; 12h-22h)

VIÑA DEL MAR

Artequin
Voir p. 188 (artequinvina.cl ; Parque Portrenillos 500 ; adulte/enfant 1 800/1 000 $CH ; 9h-14h et 15h-17h mar-ven, 10h-14h et 15h-17h sam-dim mars-déc, 11h-18h30 mar-dim jan-fév)

Castillo Wulff
Voir p. 187 (Avenida La Marina 37 ; entrée libre ; 10h-13h30 et 15h-17h30 mar-dim)

Museo de Arqueología e Historia Francisco Fonck
Voir p. 188 (www.museofonck.cl ; 4 Norte 784 ; adulte/enfant 4 500/1 000 $CH ; 10h-14h et 15h-18h lun, 10h-18h mar-sam, 10h-14h dim)

Museo Palacio Vergara
Voir p. 188 (www.museofonck.cl ; Parque Quinta Vergara ; entrée libre ; 10h-13h30 et 15h-17h30 mar-dim)

Jardín Botánico Nacional
Voir p. 188 (jbn.cl ; Camino El Olivar 305 ; adulte/enfant 3 000/1 500 $CH ; 9h-17h30 lun-ven, 9h-18h sam-dim ; 203)

Palacio Rioja
Voir p. 188 (www.museopalaciorioja.cl ; Quillota 214 ; entrée libre ; 10h-13h30 et 15h-17h30 mar-dim)

Bakery Lynch
Voir p. 187 (32-336-1365 ; 7 Norte 519 ; 8h-20h lun-sam, 9h-19h30 dim)

Donde Willy
Voir p. 187 (9-6171-3178 ; 6 Norte 353 ; 12h-23h)

Ilo Mapu
Voir p. 187 (32-269-1564 ; www.ilomapu.cl ; 6 Norte 228 ; 12h30-23h mer-sam, 12h30-17h dim)

San Pedro
Voir p. 180 (9-5622-2765 ; Calle Manuel Guerrero 49, paradero 5 1/2 Achupallas ; 10h30-16h lun-jeu, 10h30-16h30 ven-dim)

Festival Internacional de la Canción de Viña del Mar
Voir p. 188 (www.festivaldevina.cl ; Anfiteatro Quinta Vergara, Parque Quinta Vergara ; fév)

ENVIRONS DE VIÑA DEL MAR

Outlife Parque Aguas Claras
Voir p. 191 (www.outlife.cl ; Zapallar ; entrée libre ; 6h-21h)

Parque Nacional La Campana
Voir p. 190 (www.conaf.cl ; adulte/enfant 7 000/3 500 $CH ; 8h45-17h45 mar-dim)

Austral Divers
Voir p. 192 (9-9885-5099 ; australdivers.cl ; Avenida Costanera 68, Quintay ; plongée à partir de 40 000 $CH ; 9h-18h)

Escuela de Surf Maitencillo
Voir p. 192 (9-9885-6456 ; www.escuelasurfmaitencillo.cl ; Avenida del Mar 1442, Maitencillo ; cours à partir de 18 000 $CH ; 9h-20h)

Kayak Zapallar
Voir p. 192 (9-6494-2904 ; www.facebook.com/kayakzapallar ; Caleta Zapallar, Zapallar)

Biosfera Lodge
Voir p. 190 (9-9250-7833 ; biosferalodge.cl ; Avenida Cajón Grande, Olmué)

Cabañas Hermansen
Voir p. 191 (32-277-1028 ; hermansen.cl ; Avenida del Mar 592, Maitencillo)

Casa Wilson
Voir p. 191 (9-9742-3964 ; www.casawilson.cl ; Francisco de Paula 191, Zapallar)

Domos Ocoa
Voir p. 190 (9-9189-8334 ; www.domosocoa.cl ; Avenida Las Parcelas de Hualcapo 13-1, Hijuelas)

Cachagua

SIMON/STOCK.ADOBE.COM ©

El Copihue
Voir p. 190 (33-244-1544 ; copihue.cl ; Diego Portales 2203, Olmué)

Hostería Zapallar
Voir p. 191 (9-9944-6566 ; hosteriazapallar.cl ; Moisés Chacón 266, Zapallar)

Hotel Casa Zapallar
Voir p. 191 (9-4228-3810 ; hoteleracasachile.cl ; Diego Sutil 292, Zapallar)

La Ritoqueña
Voir p. 191 (9-6121-2436 ; laritoquena.com ; Sitio 70, Ritoque)

Posada Portal del Sol
Voir p. 191 (32-277-0239 ; Vista Hermosa, Maitencillo)

5unset Lounge
Voir p. 191 (9-5380-6061 ; 5unsetlounge.meitre.com ; Avenida del Mar 2681, Maitencillo ; 13h-23h lun et mer-sam, 13h-17h dim)

Aquí Jaime
Voir p. 191 (32-281-2042 ; aquijaime.cl ; Avenida Borgoño 21303, Concón ; 12h45-22h30 lun-jeu, 12h45-23h ven-dim)

Chiringuito
Voir p. 192 (33-274-1024 ; Francisco de Paula Pérez s/n, Zapallar ; 12h30-17h30 dim-mer, 12h30-17h30 et 19h30-23h30 jeu-sam, horaires étendus jan-fév)

Empanadas El Hoyo
Voir p. 191 (32-277-2355 ; Avenida del Mar 1060, Maitencillo ; 11h-22h30)

La Perla Del Pacífico
Voir p. 191 (9-4180-5029 ; www.laperladeconcon.cl ; Avenida Borgoño 25190, Concón ; 12h30-22h lun-jeu, 12h30-23h ven-dim)

Festival del Huaso de Olmué
Voir p. 190 (33-244-3755 ; www.festivaldelhuaso.cl ; Anfiteatro El Patagual, Olmué ; jan)

SANTA CRUZ

Hacienda Araucano
Voir p. 197 (francoislurton.cl ; Ruta I-72, km 29, Lolol ; visite guidée et dégustation à partir de 20 000 $CH ; 10h-17h mar-sam)

Laura Hartwig
Voir p. 195 (laurahartwig.cl ; Camino Barreales ; visite guidée et dégustation à partir de 20 000 $CH ; 9h-19h sept-avr, 9h-18h30 mai-août)

Museo Colchagua
Voir p. 195 (www.museocolchagua.cl ; Errázuriz 145 ; adulte/enfant 7 000/3 000 $CH ; 10h-18h30)

Museo de la Artesania
Voir p. 197 (www.rutamuseoscolchagua.cl ; Los Aromos 95, Lolol ; adulte/enfant 3 000/1 500 $CH ; 10h-19h mar-dim)

Museo del Automóvil
Voir p. 196 (vinasantacruz.cl ; Viña Santa Cruz, Lolol ; adulte/enfant avec Museo del Vino 17 000/10 000 $CH ; 10h-18h30 mar-dim)

Museo del Vino
Voir p. 196 (vinasantacruz.cl ; Viña Santa Cruz, Lolol ; adulte/enfant avec Museo del Automóvil 17 000/10 000 $CH ; 10h-18h30 mar-dim)

Parker Wine
Voir p. 196 (www.facebook.com/parkerwineco ; El Huape, Cunaco)

Viña Balduzzi
Voir p. 193 (www.balduzzi.com ; Avenida Balmaceda 1189, San Javier ; visite guidée et dégustation à partir de 10 000 $CH ; 9h-18h lun-sam)

Viña Casa Silva
Voir p. 195 (www.casasilva.cl ; Hijuela Norte s/n, San Fernando ; visite guidée et dégustation à partir de 18 000 $CH ; 10h30-19h lun-ven)

Viña Encierra
Voir p. 195 (encierra.cl ; Cañetenes de Puquillay, Peralillo ; visite guidée et dégustation à partir de 28 000 $CH ; 9h-17h)

Viña Estampa
Voir p. 195 (www.estampa.com ; Ruta 90, km 45, Palmilla ; visite guidée et dégustation à partir de 25 000 $CH ; 9h30-17h30 lun-ven, 10h-15h sam)

Viña Gillmore
Voir p. 193 (gillmorewines.cl ; Camino Constitución, km 20, San Javier ; visite guidée et dégustation à partir de 6 000 $CH ; 9h-16h lun-ven)

Viña J Bouchon
Voir p. 193 (bouchonfamilywines.com ; Camino Constitución, km 30, San Javier ; visite sur réservation 15 000 $CH ; 9h-18h lun-ven)

Viña Maquis
Voir p. 195 (turismo.maquis.cl ; Fundo Los Maquis, Palmilla ; visite guidée et dégustation à partir de 25 000 $CH ; 9h-13h30 et 14h30-17h30)

Viña MontGras
Voir p. 195 (www.montgras.cl ; Camino Isla de Yáquil, Palmilla ; visite guidée et dégustation à partir de 18 000 $CH ; 9h30-17h lun-sam, 9h30-16h dim)

Viña Santa Cruz
Voir p. 196 (www.vinasantacruz.cl ; Lolol ; visite guidée et dégustation à partir de 39 000 $CH ; 10h-18h30 mar-dim)

Viña Vik
Voir p. 195 (www.vikwine.com ; Ruta H-830, Millahue ; visite guidée et dégustation à partir de 39 000 $CH ; 8h-21h)

Viu Manent
Voir p. 195 (viumanent.cl ; Carretera del Vino, km 37, Cunaco ; visite guidée et dégustation à partir de 15 000 $CH ; 10h-18h)

Casa Suiza
Voir p. 196 (9-7578-7240 ; www.casa-suiza.com ; Los Libertadores 199 ; circuits à partir de 40 000 $CH, location vélo 15 000 $CH/jour ; 8h30-19h)

Ruta del Vino Colchagua
Voir p. 196 (72-282-4339 ; www.rutadelvino.cl ; Plaza de Armas 298 ; circuits à partir de 10 000 $CH ; 9h-18h30 lun-ven, 10h30-19h sam)

Upscape
Voir p. 196 (upscapetravel.com ; circuit 7 jours 4 970 $US)

Casa Colchagua
Voir p. 195 (9-9424-5007 ; www.casacolchagua.cl ; Barriales-Boldos ; 13h-23h30 mer-sam, 13h-16h dim)

Pavilion Restaurant
Voir p. 195 (9-5867-9370 ; www.vikwine.com ; Ruta H-830, Millahue ; 13h-15h mer-dim)

Rayuela
Voir p. 195 (22-840-3180 ; restaurantrayuela.cl ; Carretera del Vino, km 37, Cunaco ; 12h-16h)

Time Coffee
Voir p. 195 (Plaza de Armas 274 ; 9h30-18h30 lun-sam)

Vino Bello
Voir p. 195 (72-282-2755 ; www.ristorantevinobello.com ; Barreales s/n ; 13h-16h et 18h-21h)

La Casa del Artesano
Voir p. 197 (9-6225-0864 ; www.casadelartesanololol.com ; Las Acacias 45, Lolol ; 10h-18h mar-sam, 10h-13h dim)

La Vinogarage
Voir p. 196 (Ruta 90 28540, Cunaco ; 11h-19h)

Outlet de Vinos
Voir p. 196 (9-9170-0750 ; www.outletdevinos.cl ; Ruta 90, km 1 ; 11h30-19h30 lun-ven, 11h30-19h sam, 11h30-14h30 dim)

Tienda Ecobazar
Voir p. 196 (9-4482-1281 ; Avenida Rafael Casanova 572 ; 11h-19h lun-sam, 12h-16h dim)

ENVIRONS DE SANTA CRUZ

Parque Nacional Las Palmas de Cocalán
Voir p. 200 (72-250-13-00 ; contacter obligatoirement wines@larosa.cl ; www.conaf.cl ; Las Cabras)

Parque Nacional Radal Siete Tazas
Voir p. 200 (www.conaf.cl ; adulte/enfant 6 400/3 200 $CH ; 8h30-16h30 mar-dim)

Reserva Nacional Altos de Lircay
Voir p. 200 (www.conaf.cl ; adulte/enfant 6 400/3 200 $CH ; 9h-13h et 14h-17h mar-dim)

Reserva Nacional Río de Los Cipreses
Voir p. 200 (www.conaf.cl ; adulte/enfant 7 000/3 500 $CH ; 8h30-17h30 mars-déc, 8h30-20h jan-fév)

Océanos Chile
Voir p. 199 (9-7706-0392 ; oceanoschile.com ; Pasaje San Alfonso s/n, Pichilemu ; cours de surf 50 $US, excursions culturelles 55 $US)

Trekking Chile
Voir p. 200 (71-197-0097 ; www.trekkingchile.com ; circuits guidés dans le parc 33 000 $CH/jour environ ; 9h-17h lun-ven)

Camping Antahuara
Voir p. 200 (9-9064-3369 ; www.conaf.cl ; Reserva Nacional Altos de Lircay)

Ecorefugio Spa
Voir p. 200 (9-3178-4305 ; www.ecorefugio.cl ; Ruta L-391, Colbún)

Hostal Moreno
Voir p. 199 (9-3236-1415 ; hostalmoreno.cl ; José Joaquín Aguirre 260, Pichilemu)

Lodge Casa Chueca
Voir p. 200 (9-9419-0625 ; www.trekkingchile.com ; Viña Andrea s/n, Talca ; sept-mai)

SudEste Hostel
Voir p. 199 (9-9713-7326 ; www.sudestehostel.cl ; Antonio Bianchi 1389, Pichilemu)

Surf Lodge Punta de Lobos
Voir p. 199 (9-8154-1106 ; www.surflodgepuntadelobos.com ; Catrianca s/n, Pichilemu)

Cúrcuma
Voir p. 199 (9-9610-6940 ; www.curcumapichilemu.cl ; Avenida Comercio 2241, Local 23, Pichilemu ; 9h-20h)

Los Piures
Voir p. 199 (9-2259-3204 ; www.lospiures.cl ; Camino Punta de Lobos, Pichilemu ; 19h-1h jeu-sam, 13h-17h dim)

Taller 2470
Voir p. 199 (9-3407-6678 ; @taller_2470 ; Avenida Comercio 2470, Pichilemu ; 9h-17h15 lun-ven, 9h-18h sam-dim)

COBQUECURA

Parque Las Nalkas
Voir p. 204 (www.nuevo.parquelasnalkas.cl ; Talcamavida s/n, Buchupureo ; 4 000 $CH ; 11h30-17h30 mar-dim)

Ancestral Ecoturismo
Voir p. 205 (www.facebook.com/ancestralecoturismo ; Cobquecura ; 8h-23h)

El Chiringuito de Pullay
Voir p. 201 (9-9185-0344 ; Playa Pullay s/n, Pullay ; cours de surf en anglais 20 000 $CH ; 12h-20h déc-mars, week-end seulement sept-nov et avr)

Escuela Nanosurf Cobquecura
Voir p. 205 (9-8941-1579 ; Playa Rinconada, Rinconada ; 9h-20h)

Kayak Vilu Cobquecura
Voir p. 205 (8-399-0598 ; www.facebook.com/kayakink ; Cobquecura)

Stand-Up Paddle Buchupureo
Voir p. 205 (@buchupureo_sup)

Hotel Boutique Kurayafu
Voir p. 204 (9-7792-6995 ; Alcalde Barrios 594, Cobquecura)

Parque Las Nalkas
Voir p. 204 (9-3897-8765 ; www.nuevo.parquelasnalkas.cl ; Talcamavida, km 3,5, Buchupureo)

View Buchupureo
Voir p. 204 (9-3401-4372 ; www.viewbuchupureo.cl ; N-102-M, Cobquecura)

Caleta Rinconada de Taucú
Voir p. 201 (Rinconada, Taucú)

Ruka Antu
Voir p. 201 (9-6811-0895 ; rukaantu.cl ; Playa Rinconada s/n, Cobquecura ; 13h-16h30 et 19h-23h)

Salón Verde
Voir p. 201 (9-6159-6923 ; @salonverdecafeteria ; N-102-M, Pullay ; 10h-17h)

Cafeì La Mano
Voir p. 205 (9-6310-5799 ; Buchupureo ; 9h-21h lun-jeu, 9h-23h ven, 10h-23h sam, 10h-20h dim)

Cerveceria Kofke
Voir p. 205 (9-7532-7707 ; @kofkerestobar ; Alcalde Barrios 528, Cobquecura ; 17h-23h ven-sam)

ENVIRONS DE COBQUECURA

Artistas del Acero
Voir p. 208 (www.artistasdelacero.cl ; Calle Bernardo O'Higgins 1255, Concepción ; tarif variable ; 9h-19h lun-ven)

La Casa del Arte
Voir p. 208 (extension.udec.cl/pinacoteca ; angle Chacabuco et Paicaví, Concepción ; entrée libre ; 10h-18h mar-ven, 10h-14h sam-dim)

Entre Viñedos
Voir p. 207 (9-3246-9544 ; Ruta 170, Guarilihue. Ruta O-175, km 9,2, Guarilihue)

TresC
Voir p. 207 (9-7964-2674 ; www.vinostresc.cl ; Guarilihue)

Borra Bar de Vinos
Voir p. 207 (9-9794-4626 ; www.borrabardevinos.com ; Ruta O-164, km 6,5, Guarilihue ; 13h-22h jeu-sam, 13h-16h dim)

Casa de Salud
Voir p. 208 (casadesalud.cl ; Brasil 574, Concepción ; 18h-4h mer-jeu, 18h-5h ven-sam, 12h-17h dim)

La Bodeguita de Nicanor
Voir p. 208 (www.facebook.com/LaBodeguitaDeNicanor ; Anibal Pinto 1661, Concepción ; 20h-3h45 mar-jeu, 20h-4h45 ven-sam)

Teatro Biobío
Voir p. 208 (44-289-5970 ; teatrobiobio.cl ; Avenida Cardenal Raúl Silva Henríquez 477, Concepción)

Tienda Alma del Itata
Voir p. 207 (42-197-0313 ; www.facebook.com/TiendaAlmadelItata ; Nicasio Alarcón 458, Ñipas ; 11h-20h mar-dim)

Viña La Fábula de Guarilihue
Voir p. 207 (9-7624-8781 ; fabuladeguarilihue@gmail.com ; Coelemu)

Viña Mora Reyes
Voir p. 207 (9-9580-9894 ; Ruta O-176, Coelemu ; 10h-13h et 15h-19h mar-sam, 9h-13h et 14h30-20h dim-lun)

Viña Piedras del Encanto
Voir p. 207 (9-9400-3598 ; piedrasdelencanto.cl ; km 11, Camino Rafael-Ñipas)

Vinos TresC
Voir p. 207 (9-7964-2674 ; www.vinostresc.cl ; Guarilihue ; 9h-18h lun-ven)

TERMAS DE CHILLÁN

Parque Las Turbinas
Voir p. 210 (parque-las-turbinas.negocio.site ; Camino Atacalco, Ruta N-633 ; entrée 5 000 $CH/voiture ; 10h-18h jeu-dim)

Reserva Nacional Los Huemules de Niblinto
Voir p. 210 (www.conaf.cl ; entrée libre, réservation obligatoire ; 9h-16h oct-avr)

Reserva Nacional Ñuble
Voir p. 210 (www.conaf.cl ; adulte/enfant 7 000/3 500 $CH ; 9h-18h sept-avr)

Bike Park
Voir p. 210 (www.nevadosdechillan.com ; Camino Termas de Chillán ; tarif journalier 28 000 $CH ; déc-avr)

Nevados de Chillán
Voir p. 210 (44-335-0008 ; www.nevadosdechillan.com ; Camino Termas de Chillán, km 85 ; forfait ski 60 000 $CH/jour)

Parque de Agua Termal
Voir p. 211 (42-220-6166 ; www.nevadosdechillan.com ; Camino Termas de Chillán, km 87, Pinto ; entrée 33 500 $CH/pers ; piscines 9h-17h lun-ven, 10h-19h30 sam-dim)

Valle Hermoso
Voir p. 209 (42-220-6158 ; www.nevadosdechillan.com ; Camino Termas de Chillán, km 83 ; sources thermales 30 000 $CH/pers ; 9h-17h45 tlj déc-mars, 9h-17h45 mer-dim avr-nov)

Verde Tour
Voir p. 211 (9-8861-4413 ; www.verdetour.com ; Camino a Shangrila, km 0,2 ; 9h-18h)

Hotel Termas Chillán
Voir p. 210 (2-2322-3500 ; termaschillan.cl ; Ruta 55, km 80)

Bistro Las Cabras
Voir p. 210 (9-9188-2288 ; www.cabanaslascabras.cl ; Camino los Radales 72 ; 13h-16h et 19h-22h)

Las Bravas Bar & Café
Voir p. 210 (9-6419-5002 ; Termas de Chillán, km 71,8)

Malcontenta Panadería
Voir p. 210 (9-6342-3408 ; Termas de Chillán, km 71,8 ; 10h-19h mer-sam, 10h-18h dim)

ENVIRONS DES TERMAS DE CHILLÁN

Laguna del Laja
Voir p. 213 (www.conaf.cl ; adulte/enfant 4 200/2 200 $CH ; 8h30-17h mai-nov, 8h30-20h déc-avr)

Antucalhue
Voir p. 213 (9-6849-6340 ; Ruta Q-45, km 82, Antuco)

Hotel Salto del Laja
Voir p. 213 (43-232-1706 ; saltodellaja.cl ; Ruta 5, km 485, Salto del Laja ; restaurant 8h30-22h)

Parque Antuco
Voir p. 213 (9-9507-2559 ; www.parqueantuco.cl ; Ruta Q-45, Antuco)

SUR CHICO

VOLCANS MENAÇANTS, COURS D'EAU LIMPIDES ET AVENTURES NATURE

Drôles de sentinelles penchées sur les eaux émeraude des rivières et des lacs, les volcans dessinent le cadre frappant du Sur Chico. Cette nature qui invite à de belles escapades se conjugue merveilleusement à la culture d'influence à la fois mapuche et allemande.

Poétiquement baptisée Sur Chico ("Petit Sud"), la région possède de multiples surnoms – Zona Sur, Los Lagos, Lacs et volcans – qui résonnent comme autant de promesses. Les régions de l'Araucanie, de Los Ríos et de Los Lagos sont gardées par des volcans que l'on croirait émergés des royaumes d'Hadès. Leurs cendres et leur lave descendent des sommets enneigés jusqu'aux miroitants lacs couleur jade et aux rivières impétueuses qui ont creusé leur vaste sillon au cœur de l'immémoriale forêt valdivienne. Riche de neuf parcs nationaux et réserves, le Sur Chico est un paradis où vivre d'incroyables aventures.

L'Araucanie est le berceau spirituel des Mapuches, principal peuple originaire (*pueblo originario*) du pays. Ces derniers résistèrent aux conquistadors espagnols avec une ténacité et un succès presque uniques sur le continent, et les colons durent attendre la seconde moitié du XIXe siècle pour accéder à la rive sud du Río BioBío. En 1845, le Chili promulgua une loi sur l'immigration sélective dans le but de développer le sud du pays. De nombreux Allemands se sont alors établis sur de vastes territoires à et autour de Puerto Montt, Puerto Varas, Osorno et Valdivia. Ils laissèrent une empreinte forte sur l'architecture, la gastronomie, l'industrie et la production laitière. La belle nature chilienne est ainsi habitée par une spiritualité mapuche et des traditions aux accents allemands, ce qui en fait l'une des contrées les plus fascinantes de l'hémisphère Sud.

Aujourd'hui, des millions de visiteurs chiliens et étrangers, ainsi que les riches Santiaguinos en quête de résidences secondaires, poursuivent leurs efforts pour dompter et coloniser ce territoire jadis vierge. Les prix de l'immobilier flambent et les quelques centaines de milliers de Mapuches qui vivent encore là sont sans cesse repoussés plus loin dans la campagne.

SITES PRINCIPAUX

TEMUCO
Capitale ouvrière de L'Araucanie, à proximité de parcs extraordinaires. p. 226

PUCÓN
QG des sports d'aventure, à l'ombre d'un volcan menaçant. p. 233

VALDIVIA
Ville au bord de l'eau, à l'âme allemande, où la bière est reine. p. 241

PUERTO MONTT ET LAGO LLANQUIHUE
Lacs magiques, volcans puissants et nature sublime. p. 248

À GAUCHE : LMEDEIROS/SHUTTERSTOCK © ; CI-CONTRE : MBPROJEKT_MACIEJ_BLEDOWSKI/GETTY IMAGES ©

Page de gauche : Parque Nacional Vicente Pérez Rosales (p. 254). Ci-dessus : Volcán Villarrica et Pucón (p. 233)

S'orienter

Le Sur Chico couvre en gros 100 000 km² du Chili méridional. La région s'étire ainsi de 130 km au nord de Temuco (Araucanie) jusqu'à la pointe sud de Chiloé (Los Lagos).

Temuco, p. 226
Ville ouvrière à l'âme mapuche, la capitale de l'Araucanie est avant tout la porte des parcs nationaux et réserves dessinés par des millénaires d'éruptions volcaniques.

Valdivia, p. 241
Ville de travailleurs au fort accent allemand, sur la côte Pacifique, à la confluence de trois fleuves, la capitale de Los Ríos rime avec forts espagnols, lions de mer indolents et bière.

Pucón, p. 233
QG des aventures 100% adrénaline au Chili, Pucón vit et respire au rythme du Volcán Villarrica et de ses humeurs. Sports extrêmes, sources chaudes et loisirs en tous genres.

FERRY

Certains des nombreux (et très beaux) lacs de la région se traversent en bac ferry, comme le Lago Tagua-Tagua, entre Puelo et Llanada Grande, ou le Lago Todos Los Santos entre Petrohué et Peulla.

Puerto Montt et Lago Llanquihue, **p. 248**

Carrefour de transports et du tourisme d'aventure, Puerto Montt ouvre le chemin vers le deuxième plus grand lac chilien, le magnifique Lago Llanquihue et son volcan en arrière-plan.

VOITURE

À l'exception d'une poignée de routes menant à certains parcs nationaux et sources chaudes (Conguillío, Huerquehue et les Termas Geométricas, par exemple), les axes du Sur Chico sont en très bon état, le plus souvent bitumés. Une voiture de location est donc la meilleure option pour explorer pleinement la région.

BUS

La région jouit d'un excellent réseau de transports en commun (bus, minibus, vans et minivans) géré par des compagnies privées. C'est le moyen le moins cher de circuler. Pour les localités à l'écart, il est souvent nécessaire de regagner la ville la plus proche pour trouver le bon bus. Le site Web recorrido.cl est un bon moyen de connaître les compagnies desservant les différentes villes et pour comparer les tarifs.

Planifier son séjour

Comment résister à l'appel du grand air ? Rando, escalade, kayak : le Sur Chico est un paradis de réserves naturelles, parcs nationaux et paysages à couper le souffle.

GUAXINIM/SHUTTERSTOCK ©

Reserva Biológica Huilo-Huilo (p. 246)

Si vous avez peu de temps

- Vous êtes pressé et ne devez envisager qu'une seule aventure au Sur Chico... consultez la météo à **Pucón** (p. 233). Si les conditions sont réunies et si l'accès aux sommets est autorisé, partez pour le Parque Nacional Villarrica et sa star, le **Volcán Villarrica** (p. 237). Son ascension vous offrira l'occasion d'un incroyable frisson à la vision du fond de son cratère furieusement actif. Tous sens en émoi, odorat compris, l'expérience est indélébile. De retour sur le plancher des vaches, vous trouverez la ville revigorante et pourrez partager vos impressions autour d'un Pisco sour, avec des voyageurs de passage. Et, pour dîner sain, attablez-vous chez **Trawen** (p. 235) !

Au fil des saisons

À chaque saison ses joies du plein air. L'hiver, place à toutes sortes de glisse sur les pentes. La période d'avril à juin est rude : le beau temps s'est évanoui et la neige se fait attendre.

JANVIER

La fin de mois marque le début de la **Semana Musical de Frutillar**, 10 jours de têtes d'affiche au Lago Llanquihue.

FÉVRIER

On trinque et on retrinque durant la Kunstmann's **Bierfest** de Valdivia, fête vedette, s'il en est, de la bière au Chili.

MARS

Moins de monde et 19°C en maximale de saison : **Puerto Varas** est idyllique. Kayakistes et rafteurs doivent faire preuve de technique en eaux vives.

JÖRG SANCHO PERNAS/WIKIPEDIA/CC BY-SA 3.0 ©, JAZZ3311/SHUTTERSTOCK ©, JMAV/SHUTTERSTOCK ©

Si vous avez une semaine

- Avec une semaine devant vous, vous pouvez partager votre temps entre **Pucón** (p. 233) et **Puerto Varas** (p. 252), où vivre des aventures avec un grand A et d'où rayonner dans les environs. Depuis Pucón, partez vous frotter aux paysages spectaculaires du **Parque Nacional Villarrica** (p. 237), du **Parque Nacional Conguillío** (p. 230) et de la **Reserva Nacional Malalcahuello-Nalcas** (p. 232).

- Autour de Puerto Varas, consacrez vos journées à découvrir la culture, goûter la cuisine locale et explorer les beautés naturelles autour du **Lago Llanquihue** (p. 248), du **fjord de Reloncaví** (p. 259) et dans le plus ancien parc national du Chili, le **Parque Nacional Vicente Pérez Rosales** (p. 254) où il y a toujours un volcan aussi splendide que menaçant à portée de vue.

Si vous avez plus de temps

- Faites de **Pucón** (p. 233) et **Puerto Varas** (p. 252) vos ports d'attache, en profitant de la myriade d'aventures au grand air qui s'offre à vous.

- Dormez une ou deux nuits dans l'un des fantastiques hébergements qu'abritent les parcs nationaux, tels **La Baita** (p. 231) au Parque Nacional Conguillío, le **Refugio Tinquilco** (p. 238) du Parque Nacional Huerquehue ou encore **La Montaña Mágica** (p. 247), dans la Reserva Biológica Huilo-Huilo.

- Vous ne risquez pas de mourir de soif à Valdivia (p. 241), haut lieu chilien de la reine du houblon. Prenez la vôtre à emporter pour la savourer dans un cadre plus isolé et non moins magnifique, comme Caleta Cóndor (p. 257), bien cachée sur une portion difficilement accessible de la côte d'Osorno, ou La Junta (p. 261), nichée à 12 km au cœur de la vallée du Río Cochamó.

JUILLET
Ouverture de la saison de **ski** au Corralco Resort de Montaña, au Centro de Montaña Pillán et au Centro de Ski y Montaña Volcán Osorno.

SEPTEMBRE
Le mois idyllique dans le Sur Chico du fait de la douce montée des températures : parfait pour skier le matin et sortir son **kayak** l'après-midi.

NOVEMBRE
Le printemps est là, la foule estivale pas encore (elle arrive un ou deux mois plus tard). Le niveau d'eau des rivières offre des conditions idéales pour du **rafting**.

DÉCEMBRE
Profitez de **Pucón** et de Puerto Varas avant le pic de haute saison, mais avec de belles journées chaudes et ensoleillées.

TEMUCO

L'enfant du pays qu'est le poète Pablo Neruda (1904-1973) a un jour comparé Temuco au Far West. Sans être une destination prisée en soi, la capitale de l'Araucanie, agréable ville ouvrière du Sud, se démarque par la beauté incroyable de cet environnement qui a tant compté pour le poète dès son premier recueil, *Crepusculario* (1923).

Ville majeure du Sud chilien contemporain, Temuco plonge profondément ses racines dans le territoire traditionnel des Mapuches, premier *pueblo originario* du continent. On y séjourne majoritairement pour des raisons logistiques afin de gagner par les transports l'arsenal de parcs nationaux qui sont les joyaux de l'Araucanie.

Pour les infos pratiques, voir le Carnet d'adresses p. 263

À SAVOIR

Les bars, cafés et restaurants les plus branchés de Temuco se concentrent autour de l'Avenida Alemania, à l'ouest de Caupolicán, aux abords de Portal Temuco, le plus sympa des centres commerciaux de la ville. Si vous ne passez qu'une soirée à Temuco, c'est le quartier à privilégier, avec de bonnes adresses.

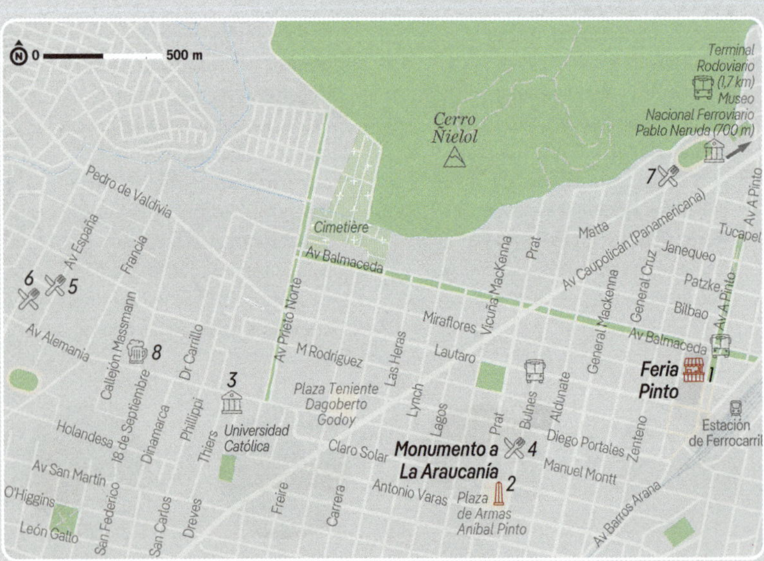

INCONTOURNABLES
1 Feria Pinto
2 Monumento a la Araucanía

VOIR
3 Museo Regional de la Araucanía

SE RESTAURER
4 Confiteria Central
5 Gohan Sushi
6 Mercato
7 Zuny Tradiciones

PRENDRE UN VERRE ET FAIRE LA FÊTE
8 Casa Birra

Arrêt express à Temuco

MARCHÉS ANIMÉS ET CULTURE MAPUCHE

Soyons francs : la plupart des visiteurs ne jettent sur Temuco qu'un regard dans le rétroviseur, pressés de filer le plus vite possible vers l'un des formidables parcs nationaux des environs. Mais si le vent (ou plus certainement des impératifs logistiques) vous amène à Temuco, votre appétit culturel sera aisément comblé. C'est ici que le poète Pablo Neruda a vécu enfant et adolescent, son père y étant venu travailler aux chemins de fer dès 1906. L'histoire est contée au **Museo Nacional Ferroviario Pablo Neruda**.

Le lien profond qui unit Temuco à la culture mapuche ne fait aucun doute. Prenez le temps d'admirer le Monumento à La Araucanía qui trône au centre de la verte Plaza de Armas Aníbal Pinto. Il représente un guerrier et un chaman mapuche, un soldat, un colon européen et un poète espagnol. Parcourez les vastes halles de la ville, la **Feria Pinto**, pour glaner, le long d'interminables allées, des fruits et légumes, divers aliments, des épices mapuches (notamment le *merkén*, du piment fumé), des articles en laine (ponchos, couvertures et pulls) et diverses babioles. À l'heure du déjeuner, prenez place au Zuny Tradiciones pour un régal de plats en équilibre entre cuisines chilienne et mapuche. Ensuite, faites un tour au **Museo Regional de La Araucanía**. Dans cette demeure de style pionnier (1924), les collections permanentes du musée retracent l'histoire des peuples d'Araucanie avant, pendant et après la conquête espagnole. Vous y remarquerez, évidé dans un tronc, un canoë mapuche (*wampo*) et la **Tienda Rakizuam** y propose les produits de la Fundación Chol-Chol, qui promeut le commerce équitable et le travail de 600 femmes mapuches des zones rurales.

Dans la soirée, poussez la porte de la **Casa Birra**, fière de ses quelque 35 bières en direct des fûts, dans la zone commerciale de Paseo Los Suizos. Enchaînez sur un dîner chez **Gohan Sushi** (pour vos envies de sushis aux saveurs chiliennes) ou au **Mercato** (pour des pâtes fraîches, des pizzas ou des burgers).

PAROLE D'HABITANT : BONNES ADRESSES À TEMUCO

Max Rueca (@maxreuca) est un militant, porte-parole de la Comunidad Mapuche Loncoyan de Puren. Voici ses bonnes adresses :

Feria Pinto
Un marché d'artisanat mapuche et de légumes, au croisement de Balmaceda et General Pinto.

Confiteria Central
Dans l'hypercentre de Temuco, un coin sympa pour boire du bon café et avaler de délicieuses pâtisseries.

Avenida Alemania
Pour sortir le soir et prendre l'apéro dans un bar-restaurant à l'ancienne.

Monumento Natural Cerro Ñielol
Une véritable petite oasis boisée en pleine ville. C'est ici qu'en 1881 les chefs mapuches cédèrent des terres aux colons.

COMMENT S'Y RENDRE ET CIRCULER

Le centre de Temuco se quadrille très bien à pied.

L'Aeropuerto de La Araucanía est situé près de Freire, à 20 km au sud de Temuco. Pour gagner la ville, il existe un service de navettes porte à porte, Transfer Temuco.

Le réseau ferroviaire (efe.cl) peut être utile pour rejoindre les villes alentour.

Plaque tournante, Temuco dispose de deux gares routières : les services longue distance partent du Terminal Rodoviario situé à l'entrée nord de l'agglomération. On retrouve notamment les compagnies NarBus, Condor et TurBus. Nombreux départs quotidiens pour Pucón (2 heures) et Santiago (environ 8 heures). Plus proche du centre-ville, le Terminal de Buses Rurales dessert des destinations locales et régionales comme Victoria (1 heure). Les compagnies ont des billetteries dans tout le centre. La compagnie Bio Bio (busesbiobio.cl), qui possède son propre Terminal, assure quotidiennement des transports pour Lonquimay, en passant par Malalcahuello (environ 2 heures 45).

Environs de Temuco

La ceinture de volcans actifs autour de Temuco a façonné un décor à nul autre pareil, protégé sous la bannière de parcs nationaux aux paysages carbonisés mais incroyablement beaux.

Porte d'entrée à toute une floppée de parcs nationaux et réserves, dont les joyaux sont d'impressionnants volcans, Temuco est bordée à l'ouest et au nord-ouest par le Parque Nacional Conguillío et la Reserva Nacional Malalcahuello-Nalcas qui vous transportent dans un monde qui semble venu d'ailleurs. Ces deux merveilles sont le fruit des éruptions majeures du Llaima en 2008 pour le premier et du Lonquimay en 1900 pour la seconde. Il est peu de sites chiliens comparables où randonner et skier. L'existence d'une route rend aussi possible la traversée nord-sud du Parque Conguillío (60 825 ha) en auto. Pénétrer ainsi au cœur du parc offre une vision radicalement différente de celle qu'on peut avoir des routes nationales tout autour.

Pour les infos pratiques, voir le Carnet d'adresses p. 263

À SAVOIR

Il faut réserver en ligne votre entrée pour le Parque Nacional Conguillío (aspticket.cl) et présenter le QR code aux gardes forestiers sur place.

Lago Conguillío et Volcán Llaima (p. 230), Parque Nacional Conguillío

ROBERTO VERDE/SHUTTERSTOCK ©

Reserva Nacional Malalcahuello-Nalcas

Serait-on sur Mars ?

VOLCÁN LONQUIMAY : RANDONNER EN TERRES BRÛLÉES

Des trois parcs, territoires volcaniques, qui entourent Temuco, la **Reserva Nacional Malalcahuello-Nalcas** (303 km²) vous transporte véritablement sur une autre planète alors qu'on n'est guère qu'à 2 heures de route à l'est de la ville. C'est un désert de sable, de cendre et de charbon que domine le Cráter Navidad, né le jour de Noël (d'où son nom, *Navidad* signifiant Noël en espagnol) lors de la dernière éruption du Volcán Lonquimay en 1988.

Si le temps vous est compté, vous pouvez rouler jusqu'à la station **Corralco Resort de Montaña** pour un aperçu de ces terres ravinées, brûlées (la neige empêche souvent de s'aventurer plus loin dans le parc). Quelques itinéraires de randonnée (2 à 5 heures) permettent d'en mesurer l'ampleur, avec des panoramas à couper le souffle. Le sentier le plus facilement accessible est celui de **Piedra Santa** (7,5 km, aller 5 heures), première portion de l'itinéraire de la Laguna Blanca. Le point de départ se trouve près du centre d'information de la Conaf, tout près de la route menant au hameau de Malalcahuello, le long de la nationale vers Lonquimay. L'ascension jusqu'au **Cráter Navidad** (1,5 km, aller 2 heures), star absolue du parc, est aussi tout

HORS DES SENTIERS BATTUS

À l'heure où la brume matinale se dissipe au sommet des collines qui gardent le chemin de terre menant au **Parque Nacional Tolhuaca** (64 km²), il n'est pas rare d'apercevoir une nuée de perroquets, témoins que vous êtes sur un itinéraire moins fréquenté. Sis à 120 km au nord-est de Temuco, sur la rive nord du Río Malleco, le parc Tolhuaca reste un secret bien gardé, de par sa relative difficulté d'accès comparé à ses voisins, le parc Conguillío et la réserve Malalcahuello-Nalcas. On peut y randonner à 850 m d'altitude autour de la Laguna Malleco et jusqu'à 1 830 m, sur le sommet du Cerro Colomahuida. Le Volcán Tolhuaca (2 806 m) qui a donné son nom au parc se situe néanmoins au-delà de sa lisière sud-est.

OÙ SE LOGER DANS LES ENVIRONS DE MALALCAHUELLO

Andenrose
Œuvre d'un charpentier bavarois, des logements tout équipés sur les rives du Río Cautín. Accueil chaleureux et bons repas. **$$**

Suizandina Lodge
Un vaste lodge géré par un couple helvético-chilien et dont le personnel est germanique. Équitation et spécialités suisses. **$$**

Spectra Lodge
Une vue imprenable sur le Lonquimay a conduit les propriétaires (un couple néo-zélandais et canadien) à créer ce lodge magique. **$$$**

ROAD TRIP

Face au Llaima

La conduite d'un 4x4 est recommandée pour suivre cet itinéraire (1 heure 30) assez incroyable au cœur du Parque Nacional Conguillío, dans un paysage brûlé, presque irréel, né de l'éruption du Volcán Llaima (3 125 m) en 2008. Un véhicule de tourisme pourra aussi faire l'affaire, à condition que la route n'ait pas été rendue impraticable par de fortes précipitations. En direction du sud depuis Curacautín, à 1 heure 20 de route de Temuco, vous attend une petite montée bien corsée juste après Laguna Captrén. Cramponnez-vous et foncez !

1 Laguna Captrén

En arrivant de Curacautín, arrêtez-vous à la Guardería Captrén, 6 km avant la Laguna Captrén et présentez le QR code de votre billet (13 $US) téléchargé sur aspticket.cl. La route est fermée de juin à septembre. Des arbres immergés percent les eaux translucides de ce petit lac, sanctuaire ornithologique durant la saison des migrations (d'octobre à mars). Vous passerez devant la coulée de lave de 2008 et prendrez la mesure de cette sublime catastrophe naturelle.

La route : roulez vers le sud sur 7 km. Juste après la Laguna Captrén, la montée sera ardue si vous n'êtes pas en 4x4. Restez en première et gardez l'accélérateur enfoncé – nous avons réussi à chaque fois avec une voiture de location d'entrée de gamme !

2 Lago Conguillío

Ce lac pittoresque est né des éruptions répétées (35 enregistrées depuis 1640).

Lago Conguillío et Volcán Llaima, Parque Nacional Conguillío

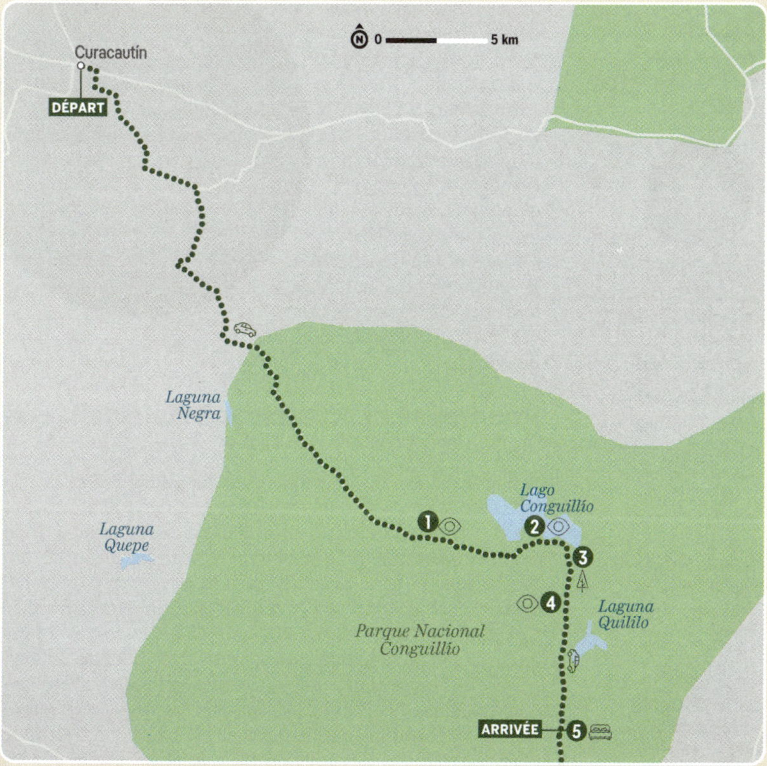

Los Ñirres, l'un des cinq campings gérés dans le parc par Sendas Conguillío sur concession de la Conaf, a un petit café avec vue sur le lac, où il est possible de pêcher et faire du kayak.

La route : au départ du Lago Conguillío, la route est sablonneuse et plus ou moins meuble. Poursuivez sur 3,5 km et admirez les enchevêtrements d'araucarias très photogéniques.

3 Sendero Sierra Nevada

Idéal pour une pause, le sentier de la Sierra Nevada (7 km, aller 3 heures) part du petit parking de Playa Linda pour grimper raide vers le nord-est à travers les coigües (hêtres du Chili), avec deux panoramas sur le lac. Depuis le deuxième, vous verrez les araucarias qui supplantent lentement mais sûrement les coigües le long de la crête.

La route : roulez sur 2,5 km en direction du sud depuis le Sendero Sierra Nevada.

4 Laguna Arcoíris

Ce petit lac s'admire depuis une plateforme à taille réduite. Une coulée de lave boucha un estuaire voisin et ainsi naquit le mélange de turquoise et de jade de ses eaux. Par temps calme et ciel dégagé, on en aperçoit le fond, tandis que le paysage environnant s'y miroite. Magnifique.

La route : parcourez 6,5 km vers le sud, dans le paysage noirci et absolument fascinant de Conguillío.

5 La Baita

Arrivé en lisière méridionale du parc, relaxez-vous dans ce lodge élégant et assez fantastique tenu par Isabel Correa, une ancienne chanteuse. Il y a neuf logements individuels et neuf chambres, avec poêle à bois, électricité solaire et éolienne. Même les lavabos sont bien pensés. Si vous n'y passez pas la nuit, rien ne vous empêche de recharger vos batteries au restaurant / espace détente avant de continuer.

à fait envisageable : le point de départ du sentier se trouve à 4,8 km au nord de la station de ski.

En hiver, à savoir de juin à octobre, ce panorama apocalyptique est recouvert d'un blanc manteau sur lequel nombre de skieurs s'adonnent à la glisse. Il faudra donc attendre la fonte des neiges pour se retrouver face au paysage d'un autre monde !

SKI VOLCANIQUE

La station de ski du Volcán Lonquimay est la plus appréciable du genre (sur un volcan actif) au Sur Chico. On aime aussi les pentes du **Volcán Villarrica** (p. 237), et celles du **Volcán Osorno** (p. 253) d'où la vue sur le Lago Llanquihue et le Parque Nacional Vicente Pérez Rosales est superbe.

Poudreuse et hors-piste à Malalcahuello

DESTINATION SKI

Si l'idée de skier sur les pentes d'un volcan actif n'éveille pas le même type de frissons au Chili que dans l'hémisphère Nord – Villarrica, Osorno et Chillán courent le risque d'une éruption volcanique à tout moment –, la proposition n'en demeure pas moins alléchante. Au cœur de la Reserva Nacional Malalcahuello-Nalcas, le **Corralco Resort de Montaña** offre 810 mètres verticaux de descentes sur 32 pistes, toutes situées en surplomb de la canopée, sans parler des possibilités de hors-piste, qui comptent parmi les plus excellentes du Sud chilien.

Les skieurs chevronnés fileront vers les remontées mécaniques du **Cumbre**, qui les déposeront à 2 400 m d'altitude (soit 465 m sous le sommet du Lonquimay). C'est ici que les pentes sont les plus intéressantes et les plus raides. Mais les 250 km^2 de hors-piste leur volent la vedette !

Si vous avez besoin d'aide pour choisir votre destination ski ou splitboard (une planche de snowboard qui se sépare en deux), rapprochez-vous d'**Apex Backcountry Guides**, dont l'un des dirigeants est un ancien snowboardeur professionnel américain et le guide le plus expérimenté du coin côté hors-piste. Vous pourrez bénéficier d'un accompagnement personnalisé selon votre niveau et vos envies d'adrénaline. **Sled Chile** est l'agence vers laquelle vous tourner pour des sorties grands frissons en motoneige.

Vous pouvez sinon vous contenter des huit remontées mécaniques – les équipes olympiques française, américaine et canadienne sont toutes passées par ces pentes hors saison, mais c'est quand même bien moins ébouriffant.

PAROLE D'HABITANT : MALALCAHUELLO À VÉLO

Kristin Kidd, Canadienne, codirige le **Spectra Lodge** (@spectraloge) à Malalcahuello.

Elle vit en Araucanie depuis sept ans. Voici ce qu'elle aime tant dans cette région.

Ce que j'aime par-dessus tout, c'est pédaler le long de la **Ciclovía Malalcahuello-Manzanar** (itinéraire à vélo). Et, que vous choisissiez de parcourir ce paysage en randonnant, en courant, voire à raquettes, c'est l'émerveillement garanti face aux volcans si majestueux, à la faune et à la flore sauvages, au cours d'eau impétueux qui s'enfoncent dans des tunnels très anciens et des forêts immémoriales. La piste cyclable convient à tous les niveaux, et tout le monde peut donc en prendre plein les mirettes.

COMMENT S'Y RENDRE ET CIRCULER

En bus, la compagnie Bio Bio effectue 4 trajets quotidiens pour Malalcahuello. Réservation en ligne possible via le site de la compagnie Tur Bus (turbus.cl). Malalcahuello étant très étendu, un véhicule est préférable pour circuler d'un lodge à l'autre, vers la station de ski et au sein du parc national.

PUCÓN

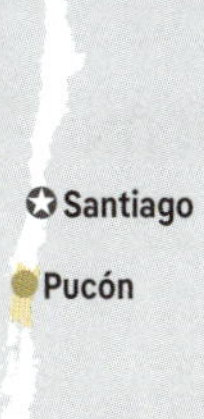

Pour les infos pratiques, voir le Carnet d'adresses p. 264

Avec son lot d'aventures grisantes en plein air, Pucón séduit encore et toujours. Les amateurs de grands frissons y viennent du monde entier depuis des décennies. Son emplacement au bord du joli Lago Villarrica, sous l'œil enflammé du volcan éponyme, évoque à lui seul des heures de découvertes, de sensations fortes et d'activités variées en plein cœur de la nature.

La ville a beau avoir une excellente infrastructure touristique pour sa taille, elle peine à tenir le rythme. Le recensement de 2017 fait état de 28 500 habitants. Depuis la crise du Covid-19, quelque 30 000 personnes auraient afflué sur place, pour travailler à distance dans ce splendide cadre naturel. Ajoutez à cela la foule de vacanciers de Santiago, les Brésiliens venus s'initier au snowboard, les voyageurs sac au dos et envies d'aventures en bandoulière, les adeptes du new age, les anciens militants politiques devenus pionniers de l'écologie et voici une ville qui peut facilement paraître prise d'assaut. Elle n'en conserve pas moins un charme fou. Il fait plutôt bon vivre à Pucón.

À SAVOIR

Les sources chaudes font partie des temps forts d'un séjour à Pucón, mais toutes ne sont pas aussi naturelles qu'elles le proclament. Certaines structures n'hésitent pas à faire chauffer l'eau et à user de produits chimiques pour faire illusion, ce qui revient à payer pour une piscine chauffée. Les Termas Los Pozones, Termas de Huife et Termas Geométricas (p. 247) sont fiables.

Snowboard, Lago Villarrica

PAROLE D'HABITANT : JOURNÉE DE RÊVE À PUCÓN

Guide de montagne installée à Pucón, **María Luisa Arratia** nous fait part de sa journée idéale :

Le printemps est *la* saison pour une journée parfaite à Pucón. Levez-vous à l'aube, montez au cratère du **Volcán Villarrica** et descendez-le à ski jusqu'à votre voiture. Récompensez-vous d'une bonne bière fraîche au **Restaurante El Castillo**, puis offrez-vous un après-midi plage ou escalade – tout est proche. Passez la soirée autour d'un barbecue ou filez au bar **Mama's & Tapas**.

INCONTOURNABLES
1 Playa Pucón
2 Trawen

SE LOGER
3 Aldea Naukana
4 Chili Kiwi
5 French Andes II

SE RESTAURER
6 La Maga

PRENDRE UN VERRE ET FAIRE LA FÊTE
7 El Camino
8 Madd Goat Coffee Roasters
9 Mama's & Tapas

Paradis pour intrépides (ou non)

100% AVENTURE ET NATURE

Pucón n'a pas à rougir face aux plus beaux sites naturels d'aventures du reste de la planète. Sur l'Avenida Bernardo O'Higgins, artère principale de la ville, une foule d'agences répondent à toutes les attentes, que l'on souhaite grimper, sauter, marcher, nager, pédaler... avec en priorité, pour beaucoup, l'ascension incontournable du Volcán Villarrica et la descente en rafting, tout aussi vedette, du Río Trancura.

OÙ SE LOGER À PUCÓN

Chili Kiwi
Au bord du lac, la plus accueillante des auberges de Pucón. Dortoirs, cabanes dans les arbres et bungalows-tonneaux. Pub privé. **$**

French Andes II
Des appart-hôtels bien équipés, parfaits pour des séjours prolongés. Le jardin et la vue sur le Villarrica ravissent les yeux. **$$**

Aldea Naukana
Bois locaux et pierre volcanique pour ce charmant boutique-hôtel de 10 chambres. Sauna sur le toit avec vue sur le volcan ! **$$$**

Le meilleur conseil qu'on puisse donner est de se familiariser déjà l'espace d'une journée avec Pucón. Cette ancienne villégiature estivale est l'une des plus jolies villes du Chili, et aussi l'une des plus cossues. Il n'y a pas spécialement de site culturel ou historique à découvrir, mais le charme de Pucón réside dans ses rues, qu'arpentent sac au dos moult trekkeurs harassés, mais impatients de raconter leurs aventures en haute montagne et de préparer la suivante. Tout ce petit monde se retrouve à **El Camino**, par exemple, qui draine étrangers et gens du coin venus savourer un burger inventif et une bonne bière comme la Cerveza Puesco's Piedra Mala (une porter souvent disponible hors menu). Ne passez pas à côté du croissant de sable noir que forme la **Playa Pucón** derrière le Enjoy Hotels Pucón (Gran Hotel), pour un farniente purement tropical.

Une fois que vous avez pris vos marques, voyez ce qui vous tente. **Antilco** est une référence pour les randonnées équestres d'une demi-journée comme les treks à cheval de plusieurs jours (jusqu'à 12 jours), le plus souvent dans la vallée de Liucura, le Parque Nacional Huerquehue, les réserves mapuches et jusqu'en Argentine. Des circuits encadrés par des guides anglophones, pour les débutants comme pour les cavaliers confirmés.

Si c'est l'eau vive qui vous appelle, vous aurez le choix, bien que le rafting et, dans une certaine mesure, le kayak, y soient relativement tranquilles. Voici les rivières accessibles et la classification de leurs rapides : le **haut Trancura** (III), le **bas Trancura** (IV), le **Liucura** (II-III), le **parcours du Puesco** (V) et le **Maichín** (IV-V). Deux prestataires fort fiables vous accompagneront, **Politur** pour les sorties rafting et **Pucón Kayak School** pour celles en kayak.

Il peut être franchement intéressant de conserver votre budget rafting pour l'épatant Futaleufú, en Patagonie, et opter, à Pucón, pour l'hydrospeeding (nage en eaux vives avec planche et palmes), qui vous garantit une sacrée dose d'adrénaline pour beaucoup moins cher qu'ailleurs. Poussez sans hésiter la porte d'**Aventur**, l'agence de référence pour cette expérience immersive dans les rapides.

Pour l'escalade, contactez Claudio Retamal, ancien champion de la discipline et moniteur diplômé, chez **Summit Chile** et partez pour **Cerduo**, au pied du Volcán Villarrica, où vous attendent 40 voies cotées de 5,8 à 5,12d. Vous pouvez opter pour de l'escalade sportive ou traditionnelle, au cœur de la forêt millénaire. Claudio peut organiser sur demande des parcours un peu plus physiques.

Et le champ des possibles continue : balade en raquettes, saut en parachute, parapente, motoneige et découverte des petites réserves naturelles à pied durant une randonnée ou à VTT.

BONNES TABLES ET CHOUETTES BARS DE PUCÓN

Trawen
Créativité et efforts écoresponsables : les saveurs sont éclectiques, les légumes bio et tout est fait sur place. **$$**

La Maga
Largement reconnue, une *parrilla* (grill) uruguayenne où avaler un *bife de chorizo* et d'autres viandes incroyablement délicieuses. **$$$**

Madd Goat Coffee Roasters
L'Américain Scott Roberts torréfie sur place des grains venus d'Afrique et d'Amérique latine. Le meilleur expresso du Sud chilien.

Mamas & Tapas
Depuis des lustres au cœur de l'animation nocturne à Pucón, avec un intérieur en bois conçu par un ingénieur en acoustique.

COMMENT S'Y RENDRE ET CIRCULER

La ville de Pucón (en pleine croissance) se limite pour l'heure à quelques rues bien animées et se parcourt aisément à pied.

Les meilleurs transports par bus depuis/vers Santiago sont assurés par Pullman (pullman.cl), de nuit, et TurBus (turbus.cl), de jour. Trajets également possibles depuis Viña del Mar/Valparaíso (environ 12 heures 30) et Temuco (2 heures). Les bus Caburgua (☎9-9838-9047 ; facebook.com/BusesCaburgua) effectuent des trajets pour Los Pozones, Huife et le Parque Nacional Huerquehue.

Environs de Pucón

Volcans magistraux, bastions mapuches, splendide paysage de cascades, de lacs de montagne et de forêts : découvrez le visage pluriel des environs de Pucón.

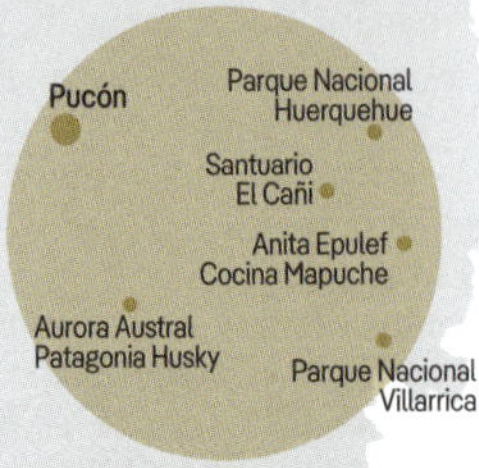

Si plaisante soit-elle, la ville de Pucón est avant tout la porte du paradis pour les mordus de sports d'aventure. Le Parque Nacional Villarrica, dont le volcan, maître des lieux, surveille la ville, est à moins d'un quart d'heure de route vers le sud. Ce mastodonte de roche et de magma promet aux fans de sensations fortes moult challenges, le plus fameux étant l'exigeante ascension de sa pente pour admirer des lacs et fontaines de lave depuis le bord du cratère.

Majestés volcaniques mises à part, les lacs glaciaires et les forêts immémoriales du Parque Nacional Huerquehue annoncent des balades incroyables, avec l'un des *refugios* de montagne les plus inoubliables du Chili. La culture mapuche imprègne le moindre recoin de ce territoire qui est le sien.

Au bord du cratère du Volcán Villarrica

THOMAS HALLE/GETTY IMAGES ©

Pour les infos pratiques, voir le Carnet d'adresses p. 264

À SAVOIR

La meilleure période pour grimper sur le Volcán Villarrica s'étend de septembre à mars, quand la météo et l'état du sentier sont optimaux.

AU CÔTÉ D'UN MUSHER

La direction est allemande, l'expérience super : **Aurora Austral Patagonia Husky** vous promet une balade avec d'adorables huskys, malamutes et eurohounds (croisement husky-pointer), à 19 km de Villarrica sur la route de Lican Ray. Excursions à la journée en hiver (et circuits plus courts de 5 km en été), mais aussi traversée des Andes, magique, pour des instants privilégiés avec les chiens les plus rapides d'Amérique latine. Les amoureux de nos amis les chiens peuvent loger sur place dans l'un des quatre très chouettes logements individuels. Il est aussi possible d'y faire du bénévolat durant 1 à 3 mois.

Quelle voie pour approcher le Villarrica ?

VOLCAN ACTIF

Trois quarts d'heure de route et vous voici au pied du plus terrible cracheur de lave qui veille au sud de Pucón, le **Volcán Villarrica**, l'un des plus actifs du Chili. La présence de ce stratovolcan aux lignes parfaites qui culmine à 2 847 m au-dessus de Pucón a inscrit la ville au palmarès des destinations mondiales majeures pour les sports d'aventure. Et l'on peut même dire que le Villarrica à lui seul justifie de venir au Sur Chico. Le volcan marque les esprits par sa forme conique et séduit les humains en mal d'adrénaline et d'escapades au grand air, avec le frisson du risque omniprésent.

On peut se frotter au volcan du **Parque Nacional Villarrica** de nombreuses manières selon la saison, la météo et, bien entendu, l'humeur du géant, qui peut se mettre à cracher de la lave. L'expérience la plus haute en couleurs est l'ascension jusqu'à son cratère. Peu d'aventures sont aussi fortes que celle-ci, qui permet d'observer les entrailles incandescentes de la bête. L'activité réclame une journée complète, au départ de Pucón entre 6h et 7h (selon la saison). Si aucune expérience en matière de grimpette n'est nécessaire, on est loin de la balade du dimanche. L'accès au sommet n'est jamais une garantie, et, si la météo change brusquement, les excursionnistes sérieux vous feront toujours faire demi-tour, sans discussion. Si l'ascension du volcan est autorisée (c'est rarement le cas, en raison de l'activité volcanique) à la période où vous y êtes, foncez. Rapprochez-vous d'**Aguaventura**, sympathique agence tenue par des Français depuis 1999 et mandatant des guides qualifiés pour explorer le volcan en toute sécurité.

Quand le Sernageomin, l'agence gouvernementale de surveillance volcanique, ferme l'accès au cratère (ou impose de se tenir à 500 m de lui, ce qui est sans intérêt), on peut envisager l'approche sous d'autres angles, notant en saison hivernale, en chaussant des skis ou un snowboard. La gestion du **Centro de Montaña Pillán**, sur la face nord-ouest du volcan, dépend du même opérateur que les stations d'El Colorado et de Parques de Farellones près de Santiago. Des efforts ont été réalisés en matière de sécurité et d'infrastructures, et il y existe au moins quatre remontées mécaniques et six pistes accessibles. La vue depuis le lodge d'altitude vaut à elle seule le prix de la remontée.

Ne désespérez pas si la glisse n'est pas votre affaire. Les randonneurs se lancent de préférence sur la **Villarrica Traverse** qui conduit en 3 à 5 jours au pied des trois volcans du parc – le Villarrica, le Quetrupillán (2 360 m) et le Lanín (3 747 m), à travers des forêts de lengas (hêtres blancs) et

VOLCAN EN TOUTE SÉCURITÉ

L'ascension du Volcán Villarrica est le temps fort d'une visite à Pucón. L'activité volcanique empêche toutefois souvent d'accéder au cratère. Il n'y a pas eu de véritable éruption depuis 2015, mais, à l'intérieur, des fontaines de lave sont presque tout le temps présentes. Renseignez-vous avant auprès d'agences réputées et de l'agence gouvernementale officielle de surveillance volcanique, le **Sernageomin** (sernageomin.cl). Si le sommet du Villarrica est inaccessible, tournez-vous vers d'autres volcans des environs : Quetrupillán, Llaima et Lanín.

OÙ SE RESTAURER DANS LES ENVIRONS DE PUCÓN

El Sabio
À Villarrica, de formidables pizzas préparées par un affable couple argentin et présentées sur des planches à découper. **$**

El Castillo
Sur la route du volcan, cuisine gastronomique et conviviale axée sur le gibier (lapin sauvage, chevreuil, sanglier). **$$**

Hotel Antumalal
Cuisine internationale aux accents chiliens, avec des produits du potager bio. Sur le bord du lac, avec terrasse. **$$$**

INITIATIVE POPULAIRE

Le Chili compte plus de 2 000 parcs privés. Tout a commencé en 1991, lorsque la Fundación Lahuén, un petit groupe de personnes investies dans la cause environnementale, a lancé une levée de fonds aux côtés d'Ancient Forests International et d'autres organisations pour acheter, en périphérie de Pucón, des terres près du Río Liucura, sur lesquelles l'industrie du bois avait des vues. Ainsi est né le **Santuario El Cañi**, parc d'une rare beauté, protégeant quelque 500 ha de forêt d'araucarias qu'entretient une association de guides locaux, Cañi Guides Group. Le parc est le plus ancien du genre (projet de conservation en autogestion) au Chili. Le sentier de randonnée qui vous mène sur des pentes raides direction la Laguna Negra est splendide, avec à la clé une vue incroyable sur les volcans des environs.

d'araucarias, près de champs de lave et de rivières glaciaires. **Ermitaño Expediciones** peut gérer la logistique.

S'il est interdit de rouler à VTT sur les sentiers officiels de la Conaf, il existe nombre d'autres pistes. Aguaventura peut vous équiper et vous guider. **El Clásico** est, comme son nom l'indique, l'itinéraire le plus plébiscité, avec un *single track* de 1 000 m de dénivelé sur 9 km et des panoramas splendides sur les lacs de Villarrica, Colico et Cabuga. Les cinq pistes du **Cerduo Bike Park** couvrent 13 km au total. Le sol meuble et rocailleux invite à la descente mais veillez à ne pas basculer par-dessus le guidon !

Moins physiques mais non moins géniales, les **excursions nocturnes** (quand la météo le permet) mènent vers le Villarrica ses jours de colère. On grimpe en voiture et, après une courte traversée à pied (sans effort), on plonge le regard dans les entrailles en fusion du volcan, qui illuminent le ciel au-dessus du cratère. C'est spectaculaire.

À SKI SUR LES VOLCANS ACTIFS DU SUR CHICO

Si vous avez en tête de skier sur les pentes des volcans, avisez le Lonquimay au **Corralco Resort de Montaña** (p. 232) et l'Osorno au **Centro de Ski y Montaña Volcán Osorno** (p. 254) dans le Parque Nacional Vicente Pérez Rosales.

La sérénité à Huerquehue

REFUGE DE L'ÂME

À 8 km du **Parque Nacional Huerquehue** (125 km^2) et 55 minutes de route au nord-est de Pucón, la S-905 passe du bitume à la terre et commence à serpenter sur El Alto, comme on appelle ici la colline verdoyante par laquelle on accède à l'une des retraites les plus merveilleuses du Sud chilien.

Une fois arrivé au Río Huerquehue, tout ce qui n'est pas un 4x4 doit rester sur place. De là, des panneaux tout simples indiquant *Refugio* vous mènent au cœur d'une incroyable forêt, vous font traverser le fleuve et atteindre votre destination : le **Refugio Tinquilco**, un luxueux pavillon de bois sur deux niveaux, occupant un terrain privé au départ du chemin du Lago Verde, 2 km après l'entrée.

Cet endroit, imaginé par un architecte, un écrivain, un ingénieur et un documentariste primé, est de ceux où l'on vient s'isoler du reste du monde une semaine durant et se régénérer.

OÙ PRENDRE UN VERRE DANS LES ENVIRONS DE PUCÓN

El Castillo
Les amateurs de grand air se retrouvent dans ce resto-bar avant ou après une longue journée sur le Volcán Villarrica.

Travellers
Prisé des voyageurs à Villarrica, un bar-restaurant LGBTQIA-friendly où les boissons l'emportent sur les plats.

Delirium Tremens
Une brasserie-pub à la terrasse accueillante pour savourer de la bière artisanale à Villarrica. Divers espaces sympas où déguster.

Vous y dînerez en compagnie de votre hôte, Patricio Lanfranco, qui prépare des plats chiliens généreux avec des touches appréciables, comme le (vrai) café et les très bons vins. Il est agréable de partager une bouteille de carménère avec celui qui a coréalisé, en 2008, *Le Juge et le Général*, un documentaire sur le régime de Pinochet, à voir absolument. Le domaine, qui s'étend sur 2 ha, est parfait : ruisseaux chantants, emplacements de camping au bord de l'eau, espaces de travail connectés à l'ombre d'immenses coigües et plage privée sur le **Lago Tinquilco**. Pensez à profiter du sauna et du bassin d'eau dans la forêt, un rituel assez addictif. On oublie facilement qu'on se trouve en lisière du Parque Nacional Huerquehue, qui abrite des lacs aux eaux émeraude et de vertes forêts. Peu importe, on est si bien ici !

En compagnie des Mapuches

CUISINE ET ÉVEIL SPIRITUEL

L'Araucanie est le berceau historique et spirituel du peuple mapuche. Son influence indiscutable sur la culture chilienne moderne se remarque aussi bien dans la cuisine que dans l'artisanat ou le nom des sites importants. Les Mapuches savent préserver leur identité, et en découvrir davantage à leur contact est une expérience très forte.

Dans un confortable chalet chauffé au poêle, à 40 minutes de route vers l'est depuis Pucón, l'**Anita Epulef Cocina Mapuche** se trouve à Curarrehue, où la population est à 80% mapuche. La cheffe Anita Epulef utilise des ingrédients de saison pour concocter de savoureux menus traditionnels et réveiller vos papilles avec des saveurs qui vous seront sûrement inconnues. Parmi les recettes indigènes, citons le *mullokiñ* (purée de haricots roulée dans du quinoa), les *piñones* (pignons) d'araucaria sautés ou les *brotes de colihue*, plante évoquant une asperge, aussi appelée bambou chilien. **Rutas Ancestrales Araucarias** propose des randonnées de plusieurs jours autour de Curarrehue.

¿QUIÉNES SON LOS MAPUCHES?

Qui sont les Mapuches ? Représentant près de 10% de la population d'après le recensement de 2017, ils forment le plus grand groupe de *pueblos originarios* (premiers habitants) du Chili. Féroces guerriers, les Mapuches opposèrent l'une des défenses les plus acharnées et les plus efficaces des Amériques face à l'envahisseur de l'Ancien Monde. Les Espagnols furent ainsi empêchés, jusqu'à la deuxième moitié du XIXe siècle, de s'établir au-delà du Río Biobío. Aujourd'hui, le territoire des Mapuches va de Concepción à Chiloé (et jusqu'en Argentine). Le peuple partage un même terreau social, religieux et économique, ainsi que divers dialectes dérivés du mapudungun.

Parque Nacional Huerquehue

GUAXINIM/SHUTTERSTOCK ©

Pignons d'araucaria

Ruta Newen Leufu est une coopérative mapuche autour de Pucón et de Villarrica proposant une immersion en quatre temps, avec pause bien-être et marche dans la **Reserva Natural Trawünko**, réserve naturelle privée à l'initiative de familles mapuches. Pour une immersion plus intense, **Elementos Turismo Experiencial** est pionnier en matière d'ethnotourisme. Cette agence tenue par des Allemands organise des expéditions de plusieurs jours de Biobío à Chiloé, avec cours de cuisine en compagnie de chefs mapuches, visite de *rukas* (maisons traditionnelles au toit de chaume) et rencontre avec des *machis* (guérisseurs).

MUSÉES MAPUCHES

Pour mieux comprendre l'histoire et la culture mapuches, direction le **Museo Histórico y Antropológico** (p. 242) de Valdivia et le **Museo de Volcanes** (p. 247) au sein de la Reserva Biológica Huilo-Huilo. Les deux collections sont passionnantes.

COMMENT S'Y RENDRE ET CIRCULER

La plupart des sites qui intéressent les voyageurs, le Parque Nacional Huerquehue (45 minutes) et le Santuario El Cañi en tête, sont desservis par les transports en commun depuis Pucón. La compagnie de bus Caburgua (☎9-9838-9047 ; facebook.com/BusesCaburgua ; Uruguay 540, Pucón) dessert le premier trois fois par jour. Pour rejoindre le Santuario El Cañi, rendez-vous au Terminal Pullman ou Rural où des bus pour Huífe passent par votre destination ; avisez le chauffeur en montant.

Une navette rallie le pied du volcan quand la station de ski est ouverte. Il vous faudra sinon un véhicule ou faire appel à un VTC.

On peut rejoindre les Termas Geométricas depuis Coñaripe ou dans le cadre d'une excursion d'une journée depuis Pucón. La route gravillonnée depuis Coñaripe s'est améliorée ces dernières années et peut être abordée, par beau temps, au volant d'un véhicule normal. Les bus locaux empruntent la route principale pour Villarrica (1 heure 30), Lican Ray (30 minutes), Liquiñe (1 heure) et Panguipulli (45 minutes).

VALDIVIA

Comparée à ses comparses du Sur Chico, la capitale de la région Los Ríos manque un peu de charme, mais son emplacement de choix à la confluence de trois cours d'eau – les *ríos* Calle-Calle, Cau-Cau et Cruces – est sublime. Fondée en 1552 par le conquistador espagnol Pedro de Valdivia, la ville ne connut un réel essor qu'au XIXe siècle, sous l'influence de l'immigration allemande.

Le séisme de 1960 a balayé en grande partie l'architecture de style germanique, mais on y décèle encore une effervescence bien allemande, ainsi que l'énergie de la jeunesse et la fierté d'être une ville de brasseurs reconnus. Au-delà des bonnes tables et des chopes bien remplies, la personnalité de Valdivia ressort surtout au bord de l'eau, où les lions de mer s'étalent sur les trottoirs avec indolence après s'être gavés de restes à la criée.

Pour les infos pratiques, voir le Carnet d'adresses p. 265

À SAVOIR

Pour vivre Valdivia côté branché, passez sur l'Isla Teja, de l'autre côté du pont. Bars et restaurants tendance vous y attendent dans les rues Los Robles, Oettinger, Saelzer et Los Alerces.

INCONTOURNABLES
1 Bar Bundor
2 El Growler

SE LOGER
3 Airesbuenos Hostel & Permacultura

SE RESTAURER
4 La Última Frontera
5 Parrilla de Thor

PROMENADE À PIED À VALDIVIA

Le cœur de Valdivia bat de part et d'autre du scintillant Río Calle-Calle, qui y serpente et constitue son atout majeur. Cette balade de 5,5 km peut se faire en 1 heure environ, avec un trio gagnant : tourelles espagnoles anciennes, lions de mer très à l'aise et délicieux chocolat. Partez d'un vestige du fort espagnol sur l'Avenida Ramón Picarte, le **1 Torreón del Barro**, tout près de la très jolie *costanera* construite en 1774. Aujourd'hui inaccessible, elle faisait autrefois partie de l'architecture défensive espagnole. Prenez la direction du nord, puis de l'ouest après le premier pâté de maisons. Longez le fleuve jusqu'à la **2 Feira Fluvial**, marché alimentaire agréablement animé. Attention à ne pas marcher sur l'un des lions de mer affalés sur le trottoir. Rebroussez légèrement chemin jusqu'au Puente Pedro de Valdivia et gagnez sur l'autre rive l'Isla Teja, où profiter de ses musées, ses restos branchés et ses bars où la bière artisanale est reine. Le **3 RA Philippi Museo de la Exploración** revient, entre science et nature, sur les explorations du paléontologue et zoologiste germano-chilien Rodolfo Amando Philippi. Juste à côté, le **4 Museo Histórico y Antropológico** occupe une demeure particulièrement pittoresque face au fleuve. C'est l'un des plus beaux musées du pays, où voir des objets du quotidien datant des premiers villages allemands (rez-de-chaussée), mais aussi des biens, bijoux, armes et objets précieux mapuches (à l'étage). Repassez le pont en admirant la vue sur Valdivia au passage, puis filez au sud jusqu' à une autre tour défensive du XVIIe siècle, le **5 Torreon de los Canelos**. Suivez Yerbas Buenas vers l'est sur un pâté de maisons, puis prenez direction nord le long de Pérez Rosales. Enfin il suffit de pousser la porte de la **6 Chocolatería Entrelagos** pour vous faire plaisir.

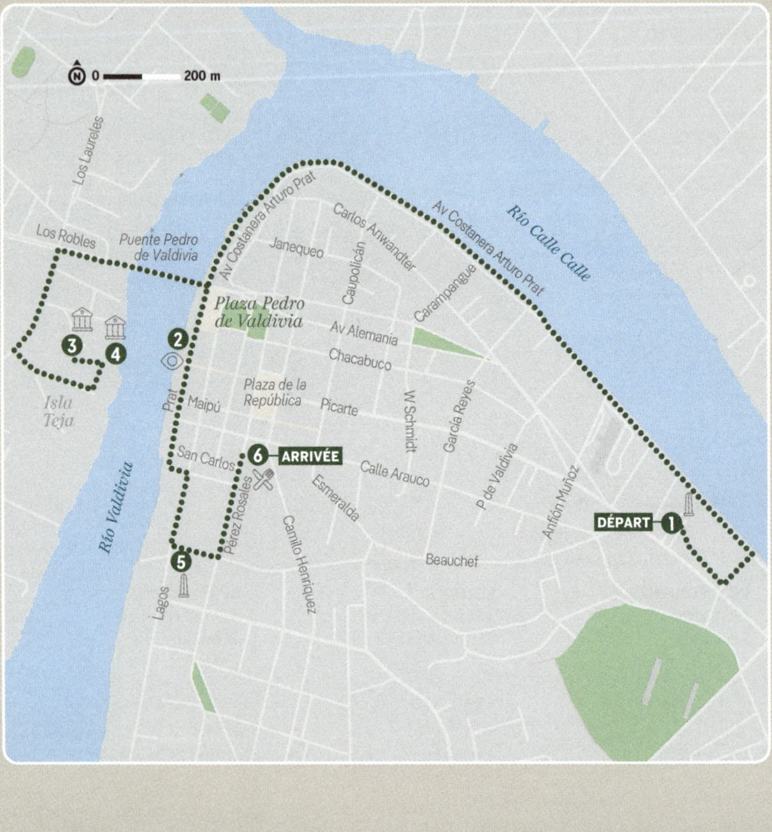

RON GILING/ALAMY STOCK PHOTO ©

Cervecería Kunstmann

Passion cerveza

LA CAPITALE CHILIENNE DE LA BIÈRE

Envie d'une bière un peu plus goûteuse que l'Escudo ou la Cristal (les références chiliennes en matière de production industrielle) ? Vous êtes au bon endroit. La brasserie artisanale chilienne a fait de grands bonds en avant et des marques comme Kross, Jester ou Tamango, autour de Santiago, ou Granizo à Valparaíso, produisent des IPA riches en houblon et d'autres bières bien parfumées qui n'ont rien à envier aux créations étrangères établies de plus longue date. Valdivia n'est pas en reste : c'est même ici que se trouve le nerf de la bière.

L'eau de la ville et la présence allemande firent un beau mariage, dont naquit tout d'abord la brasserie Anwandter, en 1851. Détruite lors du séisme de 1960, elle s'est relevée bien plus tard sous le nom de **Cervecería Kunstmann**, que tout le monde connaît dans le Sud chilien. Savourez une pinte de Torobayo non filtrée (indisponible ailleurs) à la faveur d'une visite guidée (45 minutes) du musée de la Brasserie, du restaurant et de son bar (32 références à la pression), passé le Río Cruces, sur la route de Niebla au sud-ouest (6 km). Un bon petit plat allemand au déjeuner et vous voici d'attaque pour la suite. Avec l'explosion de la

PAROLE D'HABITANT : TEMPS FORTS À VALDIVIA

Natif de Valdivia, **Christián Olivares** y a fondé Cuello Negro (cuellonegro.cl), l'une des grandes brasseries artisanales du Chili.

C'est aux abords de Valdivia que l'on trouve les meilleures tables : **De Pellin y Coigüe** et ses viandes succulentes à savourer face au **Lago Ranco** et **FishCarraldo** pour des plats gourmets sur les rives du **Río Valdivia**. En ville, je citerais **New Orleans**. Pour boire un verre, rien ne vaut l'ambiance intimiste de la **Cava del Buho**. Le week-end, un tour sur la côte s'impose. La **Playa San Ignacio**, la **Playa de los Enamorados** et la **Playa La Misión** sont des valeurs sûres. Visitez également les forts de la **Bahía de Corral**. Le plus beau se trouve sur l'**Isla Mancera**.

OÙ SE LOGER ET SE RESTAURER À VALDIVIA

Airesbuenos Hostel & Permacultura
La meilleure auberge de jeunesse de Valdivia. Passez trois nuits minimum à cette adresse éminemment écoresponsable. **$$**

La Última Frontera
Des sandwichs inventifs et des bières artisanales choisies. Atmosphère bohème d'une vieille maison en bois style cabane. **$$**

Parrilla de Thor
Grill typiquement argentin, face au fleuve, où avaler un *bife de chorizo* (steak) parfaitement grillé, avec ses accompagnements. **$$$**

LEILA MELHADO/GETTY IMAGES ©

Feira Fluvial, Valdivia

production de bière à Valdivia, l'endroit bondé de touristes n'a cependant plus le même cachet.

Si vous êtes fan de bière, il suffit juste, en ville, de traverser le Puente Pedro de Valdivia pour découvrir, sur l'Isla Teja, les 15 tireuses d'**El Growler**, tenu par un Américain de l'Oregon, et le **Bar Bundor** (20 pressions), que ne sépare qu'un petit pâté de maisons. Chacun y propose ses propres bières, ainsi que des références artisanales des quatre coins du pays. Le week-end, c'est la guerre pour trouver une table. En février, la **Bierfest** organisée par Kunstmann est la plus exaltante du genre.

ISLA TEJA

Outre la Bierfest, l'isla Teja abrite un agréable sentier qui longe la rive de la Laguna de los Lotos, couverte de nénuphars. L'endroit se prête aussi à l'observation des oiseaux !

COMMENT S'Y RENDRE ET CIRCULER

L'Aeropuerto Pichoy est situé à 32 km au nord-est de Valdivia sur la Ruta 5.

Des bus partent régulièrement de la gare routière Terminal Valdivia, située dans le centre, pour des destinations sur ou aux environs de la Panaméricaine entre Puerto Montt et Santiago, notamment ceux de TurBus (turbus.cl), de Pullman Bus (pullman.cl) et de Cruz del Sur (busescruzdelsur.cl) qui dessert le plus fréquemment Chiloé (7 heures 30 pour Castro). Chaque jour, Tur Bus rallie Viña del Mar/Valparaíso (13 heures, de nuit).

Environs de Valdivia

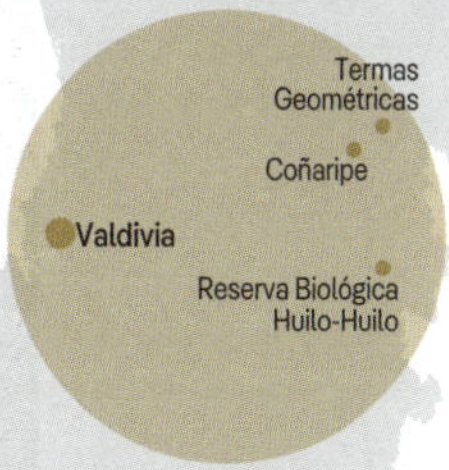

À l'est de Valdivia, au-delà des eaux bleues du Lago Panguipulli, la Reserva Biológica Huilo-Huilo fera le bonheur des amoureux de la nature privilégiant l'écotourisme.

Autour de Panguipulli et de son lac, les terres orientales de la province sont parées des plus beaux paysages du Sur Chico, sur lesquels veillent quatre volcans omniprésents : le Villarrica, le Quetrupillán, le Lanín et le Mocho-Choshuenco. La campagne y est sertie de sept lacs glaciaires, du Lago Riñihue au Lago Pirihueico, près de la frontière avec l'Argentine.

Le *Circuito Siete Lagos*, comme l'indique son nom touristique (assez inutile), désigne ce chapelet d'eaux turquoise que relient des flancs montagneux verdoyants, rehaussés par les sommets enneigés des volcans. Cette région de toute beauté accueille la réserve biologique (privée) de Huilo-Huilo, 1 000 km² de forêt pluviale tempérée magnifiquement préservée, joyeuse cour de récré pour les âmes aventurières.

Pour les infos pratiques, voir le Carnet d'adresses p. 266

À SAVOIR

Les beaux hôtels de Huilo-Huilo représentent un budget conséquent. Vous ferez des économies substantielles en séjournant plutôt dans le village de Neltume, à 3 km.

Panguipulli

CHOIX À RISQUE

La frontière nord de la région des lacs (Los Ríos) touche l'Araucanie et le Parque Nacional Villarrica, où grogne et rugit le Volcán Villarrica, l'un des volcans les plus actifs du Chili. Sur la rive sud-est du Lago Calafquén (à cheval sur les deux régions), **Coñaripe** est une bonne alternative à Pucón pour rayonner dans le parc. Seul petit hic : en cas d'éruption, la lave coule tout droit vers le village. Coñaripe a l'âme conviviale et compte plusieurs sources chaudes et plages de sable noir. L'activité volcanique a néanmoins freiné les ardeurs des investisseurs en immobilier, l'offre d'hébergement est donc moindre, les restaurants sont plus modestes et l'animation nocturne est limitée.

Salto de Huilo-Huilo

Un éden appelé Huilo-Huilo

NIDS FÉERIQUES ET TERRAIN D'AVENTURE

Destination aventure tout-en-un, la **Reserva Biológica Huilo-Huilo** a de quoi combler une large palette de visiteurs, des familles heureuses de retrouver la nature aux fans des ambiances à la Tolkien, en passant par les amoureux du grand air. Située à l'ombre du Volcán Mocho-Choshuenco, entre le Lago Pirihueico et le Lago Panguipulli – aussi photogéniques l'un que l'autre –, la réserve est traversée par l'écumeux trait bleu givré du Río Fuy. Fruit d'un projet de conservation lancé en 2000, elle couvre 1 000 km^2 de terres privées, au sein d'une bien plus vaste réserve de biosphère de l'Unesco. Prévoyez d'y rester plusieurs jours, pour vivre l'écotourisme sous le signe des sensations fortes. Et il y a le choix : randonnée, VTT, kayak, équitation, escalade, pêche à la mouche, ascension de volcan, rafting, cascades, sources chaudes, musées, spas, circuits dans la canopée... Et même une microbrasserie !

La faune endémique est extraordinaire. Peut-être croiserez-vous une grenouille de Darwin, un *pudu* (cervidé nain des Andes), un *monito del monte* (le plus petit marsupial au monde) ou l'une des 111 espèces d'oiseaux. Il y pousse aussi 35 espèces de fougères (juste un peu moins qu'aux îles Juan Fernández). La Fundación

OÙ SE LOGER ET SE RESTAURER DANS LES ENVIRONS DE VALDIVIA

Treca Rupan
À Neltume (3 km de Huilo-Huilo), un accueillant lodge d'un bon rapport qualité/prix. Le plus : le Río Fuy qui cascade. **$$**

Verde Bosque
Pour bavarder entre voyageurs, avaler une pizza, un sandwich ou une bière artisanale locale – la première de Coñaripe. **$**

Cervecería Petermann
Microbrasserie maison et pizzeria à Huilo-Huilo, point de chute idéal après une journée de sensations fortes. **$$**

Huilo-Huilo, qui détient et gère la réserve, a élevé et réintroduit avec succès le huemul, un cerf andin menacé d'extinction.

Commencez par choisir – et réservez dès que possible – votre hébergement parmi la gamme féerique au sens premier du terme. Les neuf chambres de **La Montaña Mágica** occupent une tour digne du *Seigneur des Anneaux*, au sommet de laquelle jaillit une fontaine. À l'intérieur, c'est une débauche de mobilier un rien kitsch et de touches surnaturelles. Plus grand hôtel de Huilo-Huilo, le **Nothofagus Hotel & Spa** et ses 55 chambres se nichent dans un cône renversé d'esprit Gaudí, suspendu dans les arbres de la forêt pluviale tempérée. Sorte de grande cabane de forme champignonnesque, le **Reino Fungi Lodge** abrite 22 chambres, un espace bien-être avec sauna (compris dans le prix de la nuitée), et tout un mobilier en bois. D'autres options moins "perchées" s'offrent à vous : une tente sur le plancher des vaches, une place en auberge de jeunesse (en saison haute uniquement), une cabane toute équipée dans les arbres, voire un chalet aménagé dernier cri avec bar.

Une fois que vous aurez pris vos marques, rendez-vous à l'accueil de Huilo-Huilo pour réserver les activités qui vous séduisent le plus, accompagnées d'un guide dans la plupart des cas. Prenez de la hauteur, de la largeur ou de la profondeur… il y a tant à voir et à faire. S'il est un unique choix à faire, n'ayez pas la moindre hésitation : le plus facile et rapide, de surcroît sans avoir à prévoir un guide, est de rallier en auto l'impressionnant **Salto de Huilo-Huilo** (37 m), cascade qui dévale à quelque 5 km avant l'entrée principale de la réserve. Premier du genre dans le sud du Chili, le **Teleférico Cóndor Andino** (fermé au moment de nos recherches) garantit aussi son lot d'émerveillements. De conception helvète, ses cabines vous mènent en 30 minutes de 580 m à 1 167 m au sommet, pour profiter du panorama. Il est également intéressant de s'aventurer dans le **Museo de Volcanes**, au toit de pierre. C'est le plus impressionnant des musées archéologiques du Sur Chico, avec ses collections d'ornements mapuches et une défense de mastodonte préhistorique. Pour trouver votre guide, renseignez-vous dans l'un des deux centres d'accueil des visiteurs.

Les excursions les plus enrichissantes réclament plus de temps, à savoir 8 heures de marche aller-retour pour contempler le Volcán Mocho-Choshuenco coiffé d'un glacier, ou 4 jours de randonnée pour parcourir le **Sendero de Lagunas Andinas**. Inauguré en 2020, c'est le seul sentier de cette longueur dans la réserve, et la troisième grande randonnée chilienne de plusieurs jours après le Torres del Paine et le Parque Tantauco à Chiloé.

Huilo-Huilo est à 2 heures 30 de route (mieux vaut y aller en voiture) à l'est de Valdivia.

SOURCES CHAUDES

La beauté naturelle qui caractérise le paysage de Los Ríos n'a pas échappé aux esprits ingénieux qui ont imaginé les **Termas Geométricas**, lieu épatant autour de sources chaudes. Situés à 15 km au nord de Coñaripe, au bout d'une route non bitumée mais praticable, ces thermes aux allures asiatiques forment un dédale de 20 bassins en ardoise et de passerelles en bois rouge. Deux cascades et trois bassins d'eau froide permettent de se rafraîchir. Les Termas Geométricas sont nichées dans un canyon verdoyant, en surplomb d'un cours d'eau. Cette région entre Pucón et Coñaripe repose en effet sur l'un des plus grands phénomènes géothermiques au monde et, si les sources chaudes y sont légion, aucune n'est plus photogénique que ce lieu.

COMMENT S'Y RENDRE ET CIRCULER

La nouvelle route goudronnée qui relie Lago Pirihueico, 101 km à l'est de Valdivia et 80 km au sud de Villarrica, à Puerto Fuy, longe le Río Huilo-Huilo, qui coule en cascades à travers un paysage splendide jusqu'à la réserve naturelle Huilo-Huilo. Si vous êtes sans voiture, une ligne de bus relie à horaires réguliers Puerto Fuy et Panguipulli (1 heure), marquant l'arrêt au hameau de Neltume (à 3 km des bureaux du parc) et à Huilo-Huilo.

PUERTO MONTT ET LAGO LLANQUIHUE

Carrefour commercial et de transports de la région des lacs, Puerto Montt est ironiquement appelée “Muerto Montt” du fait, peut-être de son faible intérêt intrinsèque. Mais la ville accueillera bientôt un Parque Costanera au bord de l'eau. Si vous avez choisi de visiter le sud du Chili, ses volcans, ses lacs glaciaires et ses parcs nationaux, de partir pour la Patagonie sur la Route australe ou de prendre le ferry Navimag, il vous faudra passer par cette capitale régionale.

À 17 km au nord à vol d'oiseau s'étire le Lago Llanquihue, deuxième lac du Chili. Sur ses rives, les Allemands ont fondé une petite ville pleine de charme, Puerto Varas, face aux impressionnants Osorno et Calbuco, deux volcans coiffés de neige qui veillent sur l'autre rive. Vous êtes à la porte d'aventures magiques en pleine nature. Très proches, Puerto Montt et Puerto Varas sont intrinsèquement liés, mais la seconde demeure plus agréable et pratique comme base pour rayonner dans la région.

Pour les infos pratiques, voir le Carnet d'adresses p. 267

À SAVOIR

Si on met de côté sa poignée de bonnes tables et l'hospitalité sans chichis de ses *hospedajes* (chambres chez l'habitant), il n'y a pas vraiment de quoi s'attarder à Puerto Montt. Il vous faudra peut-être y dormir une ou deux nuits, mais la plupart des voyageurs poussent jusqu'à Puerto Varas.

Puerto Montt et le Volcán Osorno (p. 253)

À bord de l'Esperanza

EN BATEAU DANS LES FJORDS DE PATAGONIE

L'expédition dans les fjords de Patagonie à bord du ferry de Navimag n'a peut-être pas la surface médiatique des grandes destinations du Sud chilien, mais cette croisière de 4 jours entre Puerto Montt et Puerto Natales, au cœur de l'une des régions les plus reculées et les plus belles du monde, est inoubliable.

Aucun bateau ne croise dans les eaux de Puerto Montt à Puerto Natales, si ce n'est l'*Esperanza* de Navimag, un cargo adapté à la Patagonie – de construction chinoise, il a été mis à l'eau en 2021. C'est une sacrée machine hydride, qui accueille aussi bien des poids lourds que du bétail, mais aussi des cabines pour les touristes. On peut y jouer au bingo, y faire du yoga, du reiki. Les repas sont à la sauce locale, avec par exemple les *porotos con riedas* (mijoté de spaghettis, chorizo et dés de potiron), le *merluza* (merlu) frit et les *cazuelas* (haché de bœuf ou de poulet accompagné de légumes). C'est un hôtel sur l'eau, la promesse de panoramas comptant parmi les plus beaux de Patagonie, qui, sans l'*Esperanza*, seraient hors de portée du voyageur lambda.

Le départ a lieu de Puerto Montt le mardi à 22h (le vendredi à 21h de Puerto Natales), peu après l'installation des passagers : la gamme d'hébergement va de la suite premium (1 300 $US par personne) à la couchette en dortoir sans fenêtre (550 $US). Toutes les cabines ont une salle de bains privative. Le bateau est également équipé d'une salle de gym, d'un ascenseur, d'une infirmerie, d'une cabine pour les passagers à mobilité réduite et d'un pont spacieux depuis lequel observer la faune (notamment les oiseaux) et la flore de Patagonie.

L'*Esperanza* se fraie un passage dans les étroits bras de mer de la province d'Aysén, comme le White Channel et l'Angostura Inglesa (le bateau épouse de près la terre de chaque côté), et jette l'ancre à Puerto Edén, petit port de pêche loin de tout et dernier village kawéskar (alacalufe) avant l'océan. Le capitaine gère son cap en fonction des conditions météo : la trajectoire n'est pas décidée d'avance. Vous pouvez aussi bien (et par exemple) fendre l'onde le long de l'embouchure du Guafo, entre l'Isla Guafo et l'archipel de Chonos, que traverser le canal de Ninualac près de l'Isla Tuap, ou celui de Pulluche, avec ses forêts de lengas (hêtres) et de cyprès. Quel que soit votre itinéraire, il est certain que vous verrez des cascades surgir de leur vallée glaciaire pour foncer droit vers la mer, et le soleil se refléter sur les majestueux sommets montagneux coiffés de blanc. Peut-être ferez-vous la rencontre d'une baleine de Minke, d'une baleine bleue ou d'otaries à crinière (lions de mer).

Au gré de parties de cartes et de jeux de société, on fait connaissance avec d'autres voyageurs à l'âme indépendante, on rigole des estomacs un peu remués. Il y a aussi les matchs de foot sur

POUR UNE BONNE NUIT À PUERTO MONTT

Sipo' Hostel
Hospitalité et accueil ultra-chaleureux dans cette auberge de jeunesse qui vous héberge en dortoir ou en chambre privative. $

Hospedaje Vista al Mar
L'une des plus belles pensions de Puerto Montt. Boiseries anciennes et chambres avec vue sur la baie. $

Casa Perla
Bibelots partout et vie familiale menée par Perla, chez qui l'on est bien. On y parle l'anglais et l'allemand. $

Tungulú Cabañas
Cabañas aussi sympas que la vue panoramique sur la mer depuis la colline où elles sont perchées à 11 km au sud-ouest de la ville. $$

OÙ SE RESTAURER À PUERTO MONTT

Puerto Fritos
En direct du marché, poisson et fruits de mer extrafrais, dont le ceviche et le mijoté de coques. Jolie vue. $

Chile Picante
Recettes imaginatives à base de produits locaux, pour un menu étonnamment gastronomique de trois plats. $$

Cotelé
Adresse légendaire pour déguster une viande méticuleusement cuite à la flamme d'un *quincho*. $$$

PUERTO MONTT ET LAGO LLANQUIHUE

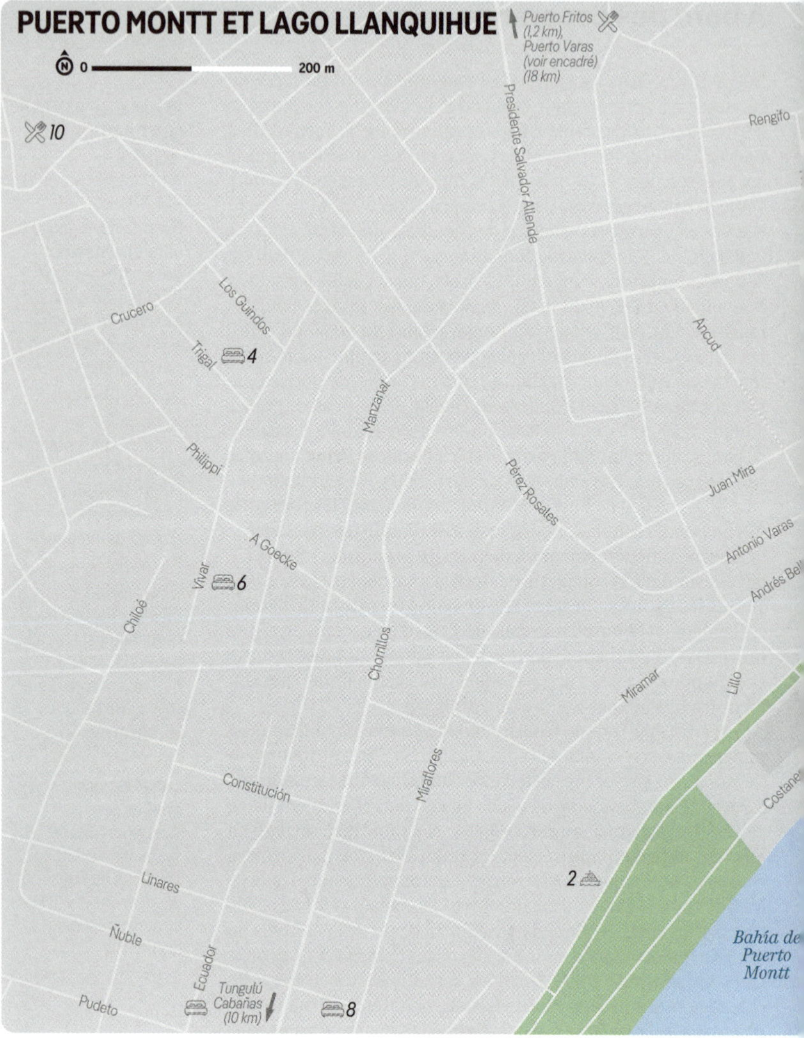

ACTIVITÉS
1 Birds Chile
2 Navimag

OÙ SE LOGER
3 Casa Kalfu
4 Casa Perla
5 Compass del Sur
6 Hospedaje Vista al Mar
7 MaPatagonia
8 Sipo' Hostel

SE RESTAURER
9 Casavaldés
10 Chile Picante
11 Cotelé
12 La Vinoteca
13 Mesa Tropera

BOIRE UN VERRE ET FAIRE LA FÊTE
14 Caffé El Barista
15 Taberna Nosé

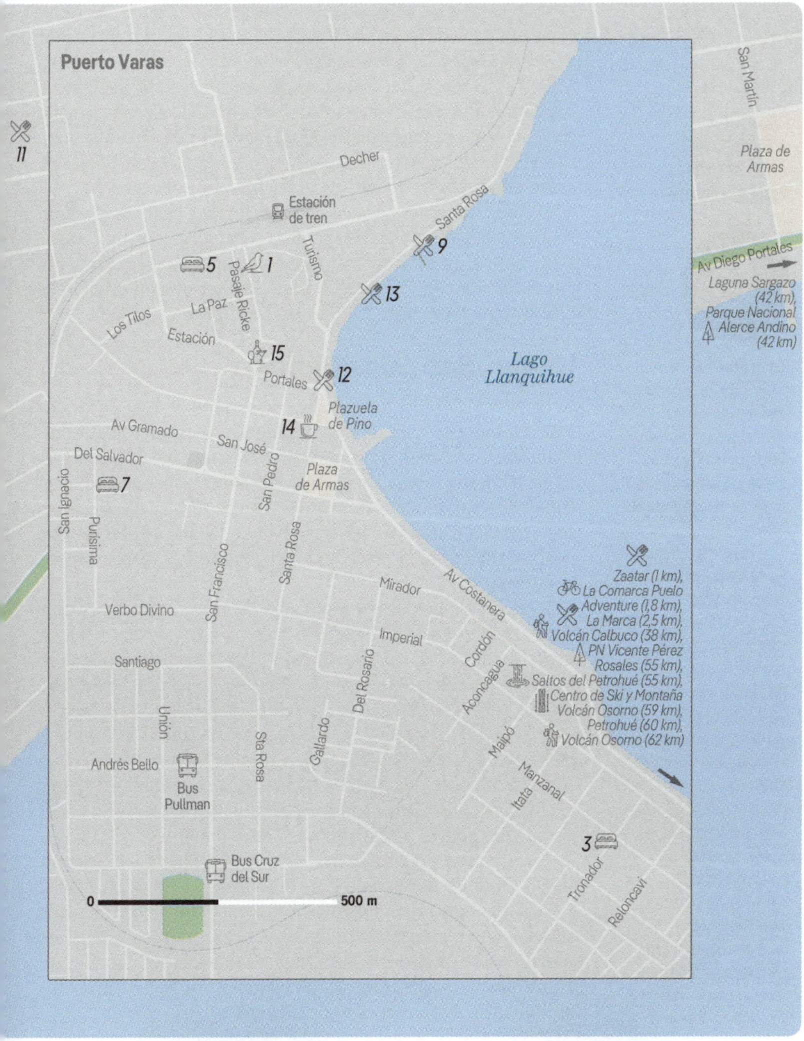

Vue des fjords depuis le Ferry de Navimag (p. 249)

Puerto Varas (p. 252)

le pont, les soirées où l'on danse jusqu'à point d'heure, les films proposés depuis l'interface Navimag Travel Play (il n'y a pas de Wi-Fi), les bœufs entre musiciens et la promesse de se recroiser à Torres del Paine. La bière comme le whisky sont interdits à bord, mais s'y retrouvent quand même miraculeusement et sont consommés sous l'œil d'un équipage indulgent. La vie sur le pont est de ces expériences dont naissent des amitiés durables, de façon plus certaine encore que dans une cour de récré.

Si cette expérience est aussi extraordinaire, c'est autant pour les paysages que pour ces instants partagés, hors du temps. Pourtant moins célèbre, l'aventure à bord de l'*Esperanza* n'est pas sans rappeler le Transsibérien, le Chemin de l'Inca ou la descente de l'Amazone en bateau. En un mot : épique !

PAROLE D'HABITANT : UNE JOURNÉE ROMANTIQUE

Russ Marquart codirige Chester Beer (@chester_beer), référence en matière de bière artisanale au Lago Llanquihue. Voici sa journée idéale à deux :

Le rêve est de partir sur la **Carretera Austral** direction le sud et Puerto Montt, pour entrer dans le **Parque Nacional Alerce Andino** et faire la très belle rando qui mène à la **Laguna Sargazo**, 2 heures 30 de marche dans la forêt, au fil des ruisseaux. Ensuite, retour en voiture à Puerto Varas pour un dîner à **La Vinoteca** face au lac. Un régal, accompagné d'un verre de vin, avant de rentrer dormir. Activité physique, nature, magnifiques panoramas, bonne chère : c'est ça, Puerto Varas !

Un lac, des possibilités

AVENTURES NATURE AUTOUR DE PUERTO VARAS

Puerto Varas n'est pas estampillée destination aventure de renommée mondiale, comme l'est Pucón par exemple, mais il en est peut-être mieux ainsi. Cette ville aux racines allemandes, construite sur les rives du Lago Llanquihue, a su mieux gérer son expansion et s'évite les travers du tourisme de masse dont peut souffrir Pucón, avec les mêmes activités 100% nature et adrénaline.

Si l'atout majeur de Puerto Varas est son emplacement en bord de lac (d'une photogénie à couper le souffle, notamment quand le ciel est bien dégagé), la ville recèle cependant de remarquables demeures particulières, datant du début du XXe siècle. Une carte de la ville, disponible à l'office du tourisme, invite à suivre le Paseo Patrimonial, une balade à pied de 5,7 km à la découverte de 9 propriétés historiques classées Monumentos Nacionales (monuments nationaux). Par son aménagement urbain et son architecture bien préservée, Puerto Varas a des allures très allemandes. Surplombant la ville depuis un promontoire, l'imposante Iglesia del Sagrado Corazón (1915) s'inspire de l'architecture religieuse de la Forêt-Noire.

Dans les boutiques, on trouve du chocolat artisanal, des articles de cuisine haut de gamme et du matériel pour les sports et aventures de plein air. Les restaurants sont nombreux à tirer profit du splendide écrin naturel qu'offre le Lago Llanquihue, avec le volcan en toile de fond.

Le vélo est le moyen le plus facile et le plus évident pour profiter pleinement des beautés du lac, voire en faire le tour (environ 168 km). Louez le vôtre à **La Comarca Puelo Adventure**, qui a des modèles de ville et des VTT (pensez à réserver bien à l'avance si c'est pour plus plusieurs jours). Quelque 86 km de la boucle, entre Puerto Varas et Las Cascadas, sur la rive ouest,

OÙ SE LOGER À PUERTO VARAS

MaPatagonia
Dans une demeure classée de 1932, une auberge à petits prix, grandes chambres et hospitalité franco-chilienne. **$**

Compass del Sur
Une maison allemande avec parquet au sol et hauts plafonds pour vous accueillir en chambres d'hôtes douillettes. **$$**

Casa Kalfu
Dans un grand chalet bleu des années 1940, 19 chambres décorées aux murs de tissages d'une artiste locale. **$$**

VITALII KARAS/SHUTTERSTOCK ©

Lago Llanquihue et Volcán Osorno

sont couverts par une *ciclovía* (piste cyclable), la plus longue du Chili. En chemin, vous profiterez des rives du le Lago Llanquihue et des hameaux qui le bordent, du Parque Nacional Vicente Pérez Rosales (p. 254) – le doyen des parcs chiliens –, des brasseries locales, de l'architecture rurale allemande, de viande cuite à la broche et de *küchen* (gâteaux) entre autres spécialités. Un itinéraire que propose en excursion de trois jours votre loueur (Llanquihue Lake Loop ; 250 $US/pers).

L'endroit se prête merveilleusement aux sports aquatiques, en particulier le kayak, mais aussi à l'escalade, à la pêche, à la randonnée et même au ski. Les lacs, montagnes, rivières et fjords à proximité sont sources de nombreuses activités, rafting et le kayak en tête. Les amateurs d'eaux vives sont éblouis par le turquoise du **Río Petrohué**, dont les rapides de classe III/IV ne peuvent pas rivaliser avec le Futaleufú de Patagonie, mais offrent davantage de sensations que le Río Trancura de Pucón pour une journée au grand air. Le fleuve serpente des Andes à l'océan Pacifique, en traversant les paysages du Parque Nacional Vicente Pérez Rosales, à la beauté affolante. Contactez **Ko'Kayak**, une valeur sûre, pour tout ce qui se fait avec rame ou pagaie.

Envie de prendre de l'altitude ? Pourquoi ne pas tenter l'ascension du **Volcán Osorno** (2 652 m) ou du **Volcán Calbuco** (2 006 m) ? Ces aventures spectaculaires ne nécessitent pas d'expérience préalable en alpinisme, mais l'Osorno est plus technique que le Volcán Villarrica, en raison de profondes crevasses et d'une paroi de glace. **Moyca Expediciones** est l'agence de référence à Puerto Varas, mais toutes se partagent la poignée de guides expérimentés pour ces ascensions. Pour

LES BONS INTERLOCUTEURS À PUERTO VARAS

Ko'Kayak
Dirigée par des Français, une référence pour les descentes en rafting sur le Río Petrohué comme pour explorer le fjord de Reloncaví, au nord du golfe de Reloncavi, en kayak de mer.

La Comarca Puelo Adventure
Le sympathique Ernesto Palm de Curto organise de superbes excursions à VTT dans des zones peu fréquentées mais toujours magiques.

Moyca Expediciones
Si vous avez envie de vous mesurer au Volcán Osorno ou au Volcán Calbuco, choisissez Niccolo Caruso comme guide.

Birds Chile
L'Italien Raffaele Di Biase, hispanophone et anglophone, est le naturaliste de référence dans la région. Il organise des circuits nature et d'observation des oiseaux.

OÙ BOIRE UN VERRE À PUERTO VARAS

Mesa Tropera
Brasserie-pizzeria de Coyhaique en surplomb du lac. Le meilleur choix de bières artisanales à la pression.

Caffé El Barista
C'est ici que tout le monde se retrouve pour boire un expresso ou un verre. Une fois la nuit tombée, place au bar.

Taberna Nosé
De la bière locale, La Tropera, et des plats façon pub en plus gastronomiques, dans un cadre attrayant.

BONNES TABLES DE PUERTO VARAS

Zaatar
Restaurant palestinien avec des recettes à se lécher les doigts, comme le houmous et le chawarma. **$$**

La Vinoteca
Boutique et bon petit resto gourmet. Partagez une assiette de fruits de mer snackés et des plats à base d'agneau, de canard ou de bœuf très compatibles avec un verre de carménère. **$$$**

La Marca
De généreuses tranches de bœuf grillées à la perfection : La Marca est à la hauteur de sa légende. On finit par de délicieux churros. **$$$**

Casavaldés
Meilleur restaurant de poisson de Puerto Varas, d'où admirer à la fois le lac et le Volcán Calbuco. Le poisson se marie délicieusement bien avec la *donostiarra*, une préparation à base d'huile d'olive, d'ail, de vinaigre et de piment rouge. **$$$**

Parque Nacional Vicente Pérez Rosales

les réaliser en solo, il faut une autorisation de la Conaf, mais il n'est pas recommandé de le faire, à moins d'avoir un bagage technique éprouvé et une solide expérience.

Pour une activité plus reposante, il y a la pêche à la mouche avec John Joy au **Tres Ríos Lodge**, à Ensenada, ou Gustavo Arenas chez **Patagonia Fishing Rockers**. Le Río Maullín, le Río Peulo et le Río Petrohué ont tous leurs lettres de noblesse côté pêche. Sérénité aussi avec **Birds Chile**, qui propose une rando d'interprétation géologique de 12 km entre le Lago Llanquihue et le Lago Todos Los Santos. C'est l'occasion de se frotter un peu plus au paysage et d'en profiter – c'est, après tout, ce qui vous a conduit à Puerto Varas.

Le doyen des parcs chiliens

VOLCANS IMPÉRIAUX ET LACS GLACIAIRES

Que l'on soit dans Puerto Varas ou alentour, impossible d'échapper à la présence du Volcán Osorno, figé dans ses glaciers. La star de la région est incroyablement photogénique, cône idyllique comme on les dessine dans les contes et légendes, illustration presque irréelle de ce que la nature sait faire de mieux – et de plus rageur. Qui dit Puerto Varas dit donc tout naturellement une journée ou plus à côtoyer ce géant aussi élégant que menaçant. Il règne en maître sur des paysages phénoménaux que protège sur 2 530 km^2 le plus ancien parc naturel créé au Chili, le **Parque Nacional Vicente Pérez Rosales**. Aménagé en 1926, il remonte cependant à des temps bien plus reculés. Les Mapuches empruntaient en effet, à l'époque précolombienne, le "Camino de Vuriloche", important itinéraire de traversée des Andes qu'ils parvinrent à cacher aux Espagnols pendant plus d'un siècle après le soulèvement de 1599. Les missionnaires jésuites voyageaient depuis Chiloé par l'Estero de Reloncaví et par le col au sud du Tronador pour rejoindre le Lago Nahuel Huapi, évitant la dangereuse traversée des lacs et des rivières de la région.

Sur le volcan même, on peut gagner en auto le **Centro de Ski y Montaña Volcán Osorno**, ne serait-ce que pour contempler le panorama sur le Lago Llanquihue. Mieux encore : grimper jusqu'à 1 675 m d'altitude grâce à ses deux remontées mécaniques en hiver, plus ses parcours de balade ou rando en été. Si vous pâmer devant le plus actif des volcans chiliens ne vous tente guère, vous opterez pour la lacustre Petrohué, lovée à la pointe ouest du Lago Todos Los Santos, là où l'on attend le ferry pour Peula, à l'autre bout du lac, tout près de la frontière avec l'Argentine. Au programme : des descentes en kayak dans un décor somptueux ou en rafting direction le Río Petrohué. Autant de temps forts à vivre au sein de ce parc naturel. Référence en la matière, Ko'Kayak à Puerto Varas vous aidera à planifier vos aventures.

Ne manquez pas les **Saltos del Petrohué**, à 6 km à l'ouest de Petrohué. Ces cascades bouillonnantes dévalent un étroit canyon de pierre volcanique, sculpté par la lave.

Cruce Andino assure les liaisons en bus et bateau entre Bariloche en Argentine et Puerto Varas. Le trajet dure 12 heures au total, croisant montagnes et lacs majestueux : Lago Frias et Lago Nahuel Huapi en Argentine, Lago Todos Los Santos au Chili.

SENSATIONS FORTES

Pucón (p. 233), à 321 km au nord de Puerto Varas, est le terrain de jeu grandeur nature le plus apprécié du Chili. On peut y grimper sur des volcans, y pratiquer des sports aquatiques, de la randonnée et y vivre mille aventures. Entre ici et Puerto Varas, vos envies de grand air devraient largement être comblées.

CHARMANTE PUERTO OCTAY

Puerto Octay, peu visitée, est pourtant l'une des localités les plus charmantes du Lago Llanquihue et une bonne alternative aux villes plus touristiques du Sud. Les rues paisibles de ce bourg perché en surplomb du lac renferment des trésors d'architecture remontant à l'installation des colons allemands dans les années 1800.

En vertu de ses origines et de son ancienneté, elle accueille, comme de juste, une **Oktoberfest** (facebook.com/Oktoberfest-PuertoOctay).

COMMENT S'Y RENDRE ET CIRCULER

Situé à 14 km à l'ouest de Puerto Montt, l'Aeropuerto (aeropuertodepuertomontt.cl) accueille la compagnie LATAM entre autres compagnies. Les vols rallient Punta Arenas, Balmaceda/Coyhaique et Santiago.

Puerto Montt est le principal port d'embarquement vers la Patagonie. Le Terminal de Transbordadores accueille la billetterie de **Naviera Austral** (navieraustral.cl), tandis que les bureaux de **Navimag** (navimag.com) se situent près de la gare routière.

Côté transports routiers, toutes les compagnies ont un bureau à la gare routière sur le front de mer de Puerto Montt. Il existe des bus tant pour Chiloé (4 heures) que pour Santiago (13 heures) ou encore Valparaíso (15 heures, bus de nuit). Pucón (5 heures 30), Villarrica (5 heures) et Valdivia (3 heures 30) sont desservies plusieurs fois par jour. Quelques compagnies rallient aussi Punta Arenas (32 heures) via l'Argentine ou encore Coyhaique (22 heures). Avisez les *micros* (minibus régionaux) pour Puerto Varas (25 minutes), Frutillar (1 heure) ou Puerto Octay (2 heures).

Concernant Puerto Varas, les bus longue distance partant de Puerto Montt, passent par Puerto Varas. La compagnie routière **Cruz del Sur** (www.busescruzdelsur.cl) a sa propre gare routière en périphérie du centre. Elle dessert Osorno (1 heure 45), Valdivia (3 heures 30), Temuco (6 heures), Chiloé (4 heures 30) et Punta Arenas (18 heures). Pour Santiago (12 heures), avisez les incontournables Pullman Bus.

Les villes et villages autour du Lago Llanquihue se parcourent aisément à pied, y compris Puerto Montt. Pour découvrir le lac et ses environs à votre rythme, il vous faudra une voiture ou faire appel aux *micros*.

Environs de Puerto Montt et du Lago Llanquihue

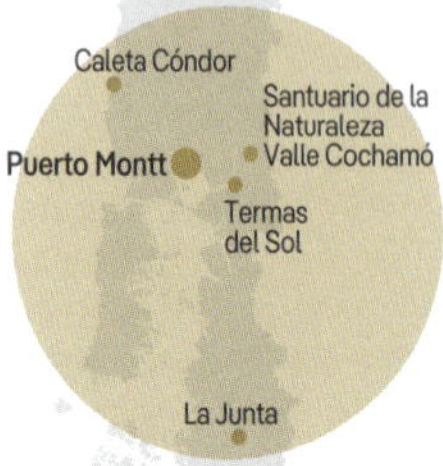

S'aventurer au-delà du Lago Llanquihue, c'est un peu quitter le monde moderne. Au nord, on part à la quête de l'inimaginable côte d'Osorno. Au sud, on gagne des petits paradis difficilement accessibles sur la route perdue qui mène en Argentine.

Puerto Montt et Puerto Varas s'ouvrent toutes deux non seulement sur la beauté naturelle de la Patagonie chilienne et argentine, mais aussi, au nord, sur la côte d'Osorno, largement vierge. Quelle que soit la direction que vous preniez, la nature vous montre son plus beau visage, loin de tout, épargnée des travers du tourisme de masse.

Des paradis solitaires comme Caleta Cóndor, au nord, ou La Junta, au sud, affichent des paysages singuliers. Dans un cas comme dans l'autre, le trajet pour s'y rendre est un peu fastidieux, mais c'est précisément ce qui fait leur charme. En chemin, des localités rurales telles que Puelo ou Llanada Grande sont plus accessibles et non moins dépaysantes. Un idéal du voyage et de l'aventure comme seul le Sud chilien sait en offrir.

Pour les infos pratiques, voir le Carnet d'adresses p. 268

À SAVOIR

L'accès à la vallée du Río Cochamó au niveau de La Junta est fortement contrôlé. Vous devez vous enregistrer au préalable sur reservasvallecochamo.org.

La Junta (p. 261)

Caleta Cóndor

PARADIS PERDU SUR LA CÔTE PACIFIQUE

À une époque où la moindre parcelle de terre semble avoir été conquise, **Caleta Cóndor** fait partie de ces lieux oubliés du tourisme mondial. Un coup d'œil à la *caleta* (baie) suffit à faire vibrer votre âme aventurière. Atteindre ses rives n'a cependant rien d'un jeu d'enfant.

Caleta Cóndor jouit d'une situation fort paisible, loin de tout dans une zone amérindienne protégée, le **Territorio Mapu Lahual**, sur la côte accidentée et très peu construite d'Osorno. Pour y accéder, il faut embarquer, après 2 heures de route depuis Puerto Montt, à **Bahía Mansa**, déjà d'une grande beauté. Son port n'a pas très fière allure et la traversée est souvent chahutée, mais un peu de mal de mer, ce n'est rien au regard de ce qui vous attend à l'arrivée.

Sur les quelques compagnies, **Caleta Cóndor Chile** (caletacondorchile.cl) est la plus fiable. Le bateau ne levant l'ancre qu'à compter de 10 passagers, réservez tôt votre passage en ligne. Tablez sur un embarquement entre 8h et 11h selon la météo, et uniquement entre septembre et avril (seulement le week-end jusqu'à décembre, une fois par jour généralement de janvier à mars). La traversée dans les eaux du Pacifique prend à peu près 2 heures. Le roulis constant auquel est soumis ce bateau couvert et homologué par la Marine nationale n'empêche pas de voir, durant tout le voyage, la forêt valdivienne qui habille les falaises au loin.

À l'arrivée, on passe de l'océan au Río Cholguaco. L'accueil est fort sympathique : eaux transparentes, nature sauvage (étendues de mousse comme autant de greens de golf naturels, où cohabitent chevaux et oiseaux marins) avec pour toile de fond des collines de *lumas* (myrte à écorce orange) et *arrayán*. Une trentaine de familles vit – à l'énergie solaire uniquement – à l'année dans ce petit paradis.

Le bateau jette l'ancre ici et là, décharge des sacs de pommes de terre, d'oignons, de la nourriture pour chien, des litres d'huile d'olive, des bombonnes de gaz, déposés sur des pontons de fortune. De quoi tenir plusieurs mois. C'est à ce moment que l'idée d'isolement total vous frappe. Il y a dix ans encore, la communication avec le monde extérieur se faisait exclusivement par radio VHF. Les réseaux Movistar, Claro et Wom fonctionnent à peu près ces temps-ci, mais le Wi-Fi est très capricieux. Vous vous contenterez donc de photographier pour vous un bateau échoué ici ou là, et remettrez à plus tard les messages envoyés à vos proches.

Le point d'orgue du voyage se dessine en même temps que la langue de sable au bout de la rivière, dans une étonnante

OÙ SE LOGER ET SE RESTAURER SUR LA CÔTE D'OSORNO

Hospedaje Rural Miramar
Séjour tout simple chez l'habitant. Une petite marche rapide mène au point de vue spectaculaire de Caucao, qui surplombe Caleta Cóndor. **$**

Altos de Pichi Mallay
Parenthèse merveilleuse dans cette pension familiale à Maicolpué Río Sur, au-dessus de la baie du même nom. Spa chauffé au feu de bois en pleine forêt, avec vue magique sur l'océan. **$$**

Hostal Caleta Cóndor
Un peu rustiques mais confortables, 13 chambres dans une pension construite à dessein en retrait de l'une des plus belles plages d'Amérique du Sud. **$**

La Casa de Temo
À Maicolpué, un chaleureux restaurant de poisson et fruits de mer. Goûtez au *caldillos* (soupes) et *chupes* (cassolettes). **$$**

OÙ SE LOGER À COCHAMÓ

Patagonia Nativa
Une confortable pension façon chalet construite par Cristian sur la hauteur avec vu sur le fjord Reloncaví. Sorties en kayak. **$**

La Frontera
Lodge douillet et idéalement placé pour attaquer le sentier pour La Junta. Douches chaudes et toilettes sèches.

Las Bandurrias Eco Hostal
Une maison d'hôtes helvético-chilienne donnant sur le fjord. Pains maison dont la tresse suisse. **$$**

ROAD TRIP

La route de Llanada Grande

Environ 166 km de route et 45 minutes de traversée sur un lac glaciaire séparent Puerto Varas, sur les radars du monde moderne, de Llanada Grande, contrée isolée de gauchos, de chevaux et de lièvres sauvages flirtant avec la frontière argentine. L'itinéraire longe en grande partie l'Estero de Reloncaví, qui justifie à lui seul ce trajet d'une demi-journée. En chemin, la tentation est grande de s'arrêter pour goûter aux plaisirs du kayak de mer, de l'équitation, de la pêche à la mouche...

1 Cochamó

Le joyau du petit village de Cochamó est l'**Iglesia Parroquial María Inmaculada**, bardée de bois d'alerce (cyprès de Patagonie) typiquement chilote. Telle une illustration de conte de fées, elle veille sur l'eau bleu laiteux du fjord Reloncaví (le plus septentrional du Chili). L'occasion rêvée pour s'accorder, le temps d'une halte, un tour en kayak avec Ensenada's Ko'Kayak. Lions de mer, cormorans, dauphins du Chili, martins-pêcheurs et même manchots sont de la partie, et le Volcán Yates vous surveille de loin. Vous pouvez aussi y faire halte plusieurs jours, le temps d'une randonnée équestre avec Trips.

La route : parcourez 31,5 km vers le sud, sur la V-69 non bitumée qui longe le spectaculaire

MAV DRONE/SHUTTERSTOCK ©

Kayak, Lago Tagua-Tagua

fjord de Reloncaví, sur votre droite durant la majeure partie du trajet.

2 Puelo

Ruban de jade particulièrement sublime au coucher du soleil, le Río Puelo traverse le hameau du même nom, proche du volcan Yates. Apprécié pour la pêche, ce site tranquille s'apprécie encore plus à la tombée de la nuit. Les sources chaudes de **Termas del Sol** invitent au prélassement total.

La route : il vous faut parcourir 14 km de route non bitumée (la V-721) pour gagner Puerto Canelo et le bac (toutes les 2 à 3 heures) qui vous fera traverser le Laguo Tagua Tagua.

3 Lago Tagua-Tagua

Pure joyau émeraude flanqué de hauteurs granitiques et entouré de cascades, le Lago Tagua-Tagua se niche en pleine forêt valdivienne. En elle-même inoubliable, la traversée est aussi la promesse d'heures de randonnée, de pêche à la mouche et d'observation des oiseaux dans le Parque Tagua Tagua. Deux lodges isolés, auxquels on accède uniquement par bateau, le **Lodge Tagua-Tagua** et le **Mítico Puelo Lodge**, sont posés sur les rives.

La route : les derniers 34 km de piste longent le flanc des montagnes où se dressent les squelettes de *coigües* (hêtres du Chili) morts, avant d'entrer dans Llanada Grande.

4 Llanada Grande

Le trajet comme la destination font partie du voyage et du plaisir. Au bout de l'itinéraire, **Campo Eggers**, une ferme et ses animaux, dans un paysage merveilleux, dominé par les chutes d'El Salto, à 1 200 m d'altitude. Vous n'oublierez pas de sitôt la joyeuse famille Eggers, sa ferme et ses *asados* (barbecues) d'agneau ou de sanglier. Vous êtes loin de tout... n'est-ce pas précisément ce que vous cherchiez ?

ATTENTION BIERGATEN !

Les zythophiles passant non loin d'Osorno ne manqueront pas de faire le détour jusqu'à la plus légendaire des brasseries artisanales du Chili. Pas facile à trouver ! Établie dans une maison ordinaire sur la Ruta 215 en direction d'Entre Lagos et de la frontière argentine, la **Cervecería Artesanal Armin Schmid** (ancienne Donde Armin?) se trouve à 12 km d'Osorno. On l'appelle parfois Cervecería Märzen car le Bavarois Armin Schmid concocte toute l'année des Märzen rafraîchissantes et non filtrées, plus de la Pils en été et de la Bock en hiver, complétées par d'autres bières pour des occasions spéciales ou accordées à la saison. Repérez le *Biergarten* improvisé en façade !

Bahía Mansa

ambiance tropicale, entre la plage fluviale et la plage océane. Au-delà, les chevaux, les moutons et les vaches en liberté paissent – les pâturages aussi détonnent ! S'il pleut, c'est d'une magnifique beauté désolée. S'il fait beau, c'est le paradis sur terre. Une fois les bagages déposés (les familles se sont organisées pour proposer des hébergements tout simples), marchez 30 minutes jusqu'au point de vue sur la colline derrière l'**Hostal Caleta Cóndor** pour profiter du panorama (si le temps le permet). **Caleta Cóndor Expediciones** organise des randonnées, des sorties en kayak et des plongées, durant lesquelles vous croiserez des étoiles de mer, des *locos* (ormeaux), des patelles, des mérous et peut-être des roussettes. Avec Cristian Vargas, enfant du pays, vous êtes entre de bonnes mains. Terminez la journée dans l'un de ses Jacuzzis face à l'océan.

De retour à Bahía Mansa, ne manquez pas les villages huilliches de **San Juan de la Costa**, où une série de magnifiques *caletas* – Pucatrihue, Maicolpué, Manzano, Tril-Tril – battues par les vents sont peuplées de dauphins et de lions de mer.

OÙ SE RESTAURER À COCHAMÓ

Peumayén
Ici, pas de vue sur le fjord ou le volcan, mais de sacrés burgers et frites maison, arrosés de bière artisanale. **$$**

El Faro
Ceviches et poissons frais maison à toutes les sauces et à déguster face au sublime estuaire du fjord Reloncaví. **$$**

La Ollita
Le Pisco sour de cette table d'Osorno s'accorde à merveille avec la vue sur le volcan. **$$**

Fascinante La Junta

RANDONNÉE ET ESCALADE DANS UN ÉCRIN MAGIQUE

D'immenses dômes de granit dominent la canopée verdoyante de la forêt humide, dont le colossal cyprès de Patagonie, dit alerce, est roi : la **vallée du Río Cochamó** mérite bien son surnom de Yosemite chilien. Faute de pouvoir y atterrir très utilement en parachute, on accède à ce paradis pour randonneurs et fans d'escalade après un trajet de 5 heures (12 km) à pied ou à cheval. S'il peut sembler absurde de marcher jusqu'à un lieu pour y faire de la marche, ici cela se justifie amplement. Votre destination ? **La Junta**, spectaculaire vallée, presque écrasée par le poids des montagnes et géants granitiques qui la surplombent.

Acclimatez-vous à l'âme des lieux en passant la nuit à **La Frontera**. Il y a deux chambres privatives, de quoi camper façon simple ou luxe à deux pas du sentier menant à La Junta, au bout de 6 km d'une route de gravier partant de l'embranchement sur la route principale, qui précède juste la traversée du Río Cochamó. Partez de bon matin (les meilleures périodes vont d'octobre à décembre et de mi-mars à fin avril ; évitez le pic de fréquentation de janvier et février). La lente descente le long du fleuve jusqu'à La Junta se fait dans un très charmant paysage de prairies et de forêt humide valdivienne.

Sur place, il y a quatre campings ainsi que le réputé **Refugio Cochamó**, tenu par une équipe de grimpeurs chiliens et américano-argentins, équipé de douches chauffées au feu de bois et alimentées en eau par la cascade Trinidad, avec des plats maison (réservés aux hôtes – les gens de passage prévoiront leur repas). Prenez le temps de profiter de ce lieu aussi beau que serein. Autour, ce ne sont pas moins de six sentiers de randonnée à couper le souffle, des bassins naturels où se baigner et, pour les mordus d'escalade, plus de 180 voies, sur paroi et terrain accidenté.

Se ressourcer

SOURCES CHAUDES AVEC VUE SUR VOLCAN

Après avoir sillonné le Chili une année durant à la recherche d'une source chaude, Samuel del Sol dirige aujourd'hui les **Termas del Sol** à Río Puelo, l'une des meilleures adresses du genre dans le Sud chilien, à environ 1 heure 30 de route de la rive sud-ouest du Lago Llanquihue. Longuement mûrie, l'installation thermale située sous le nez du Volcán Yates (2 187 m) fait tout pour venir à bout de vos maux.

Il suffit de s'enfoncer dans les pins, au cœur d'une végétation éblouissante, et de voir se dessiner les dix somptueux bassins où se plonger, pour oublier le tarif d'entrée. Parmi les plus de 3 000 plantes indigènes, on citera seulement la *nalca* (rhubarbe), le *calle calle* (iris chilien), les coigües et une armée de *costillas*

COMBATS POUR L'ENVIRONNEMENT

Le Sud chilien n'est pas étranger aux combats pour l'environnement. Ses protecteurs se sont engagés dans une lutte qui a duré plusieurs années – et s'est scellée par leur victoire en 2017 – contre un projet hydroélectrique baptisé HídroAysen, qui avait pourtant été entériné. On peut encore croiser des panneaux sur lesquels figure leur cri de ralliement : *¡Patagonia Sin Represas!* (une Patagonie sans barrages). La beauté sauvage de la région semble constamment menacée. Dernier cas en date : la vallée du Río Cochamó, détenue à près de 50% par un seul propriétaire, qui l'a mise en vente. L'Organización Valle Cochamó milite pour qu'elle devienne en grande partie protégée, sous le nom de **Santuario de la Naturaleza Valle Cochamó**, un titre dont elle a désespérément besoin si l'on veut empêcher l'arrivée des pelleteuses.

OÙ SE LOGER ET SE RESTAURER DANS LES ENVIRONS DE PUELO

Isla Las Bandurrias
Havre de paix sur une île au milieu du Lago Las Rocas, à 20 km au sud de Llanada Grande. **$$**

Hostal Vuelta al Sur
Élégant B&B (5 chambres) de Puelo, tenu par des habitants de Viña del Mar. Fantastique sauna face au fleuve. **$$**

Restaurant Tique
Ambiance rustique pour cet établissement familial dirigé par l'affable Coco. Cuisine chilienne simple et généreuse. **$$**

BONNE PÊCHE

Le Río Puelo est l'un des derniers grands fleuves à couler librement : il s'écoule ainsi sur 120 km de la montagne à l'océan sans aucun obstacle. C'est, à ce titre, un paradis pour les amateurs de pêche à la mouche, dont la saison (l'une des plus longues au Chili) s'étend de septembre à mai. La diversité des poissons y est assez incroyable : truite arc-en-ciel, truite commune, omble de fontaine, saumon royal, saumon atlantique, saumon argenté... Cette abondance de poissons et l'offre d'hébergement en lodges luxueux, jouissant souvent d'un fabuleux emplacement loin de tout, ont fait du Río Puelo une référence pour les pêcheurs avides de vivre leur passion quand l'hiver domine l'hémisphère Nord.

JUAN VILATA/ALAMY STOCK PHOTO ©

Dômes de granit, vallée du Río Cochamó

de vaca (fougère surnommée “côtes de vache”), entourées de bordures de lauzes de Coñaripe (comme aux Termas Geométricas de Coñaripe fondées par l'oncle de Samuel).

Glissez-vous dans une eau entre 36°C et 45°C. Il y a un bassin plus frais, à 24°C. Plonger dans l'un puis dans l'autre en alternance déclenche un nirvana bienfaiteur.

Après les bienfaits du corps, la meilleure table de Puelo – en dehors des lodges de pêche haut de gamme – propose à ses “curistes” des pizzas aux morilles, des sandwichs au bœuf et l'effilochée de porc, ainsi que de la bière de Llanada Grande. Un vrai bain de plaisir.

COMMENT S'Y RENDRE ET CIRCULER

La compagnie aérienne LATAM assure certains jours de semaine la liaison entre Santiago et l'aéroport d'Osorno, l'Aeródromo Cañal Bajo – Carlos Hott Siebert, 7 km à l'est du centre-ville.

Les bus longue distance des différentes compagnies sont accueillis au Terminal de Buses de Osorno, la principale gare routière. Les grandes destinations desservies sont Coyhaique (20 heures), Pucón (4 heures), Puerto Montt ou Puerto Varas (1 heure 15), Punta Arenas (28 heures), Santiago (12 heures), Temuco (3 heures 30), Valdivia (1 heure 45), Valparaíso (14 heures). De cette même gare routière, partent divers bus d'excursion pour les destinations proches du Lago llanquihue.

Des bus moins fréquents partent de Puerto Montt pour Cochamó, Río Puelo et Llanada Grande. Louer une voiture demeure néanmoins idéal pour vraiment profiter de ces destinations.

Carnet d'adresses

TEMUCO

Monumento Natural Cerro Ñielol
Voir p. 227 (www.conaf.cl ; Calle Prat ; adulte/enfant 3 000/1 500 $CH ; 8h30-17h30 mar-dim)

Museo Regional de La Araucanía
Voir p. 227 (www.museoregionalaraucania.gob.cl ; Avenida Alemania 84 ; entrée libre ; 9h30-17h30 mar-ven)

Museo Nacional Ferroviario Pablo Neruda
Voir p. 227 (Avenida Barros Arana 0565 ; www.museoferroviariodetemuco.cl ; tarif plein/réduit 1 000/300 $CH ; 9h-18h mar-ven, 10h-18h sam, 11h-17h dim avr-sept, 9h-18h mar-ven, 10h-18h sam-dim oct-mars)

Confiteria Central
Voir p. 227 (45-221-0083 ; confiteriacentral.cl ; Manuel Bulnes 442 ; 9h-19h lun-sam)

Feria Pinto
Voir p. 227 (Aníbal Pinto 045 ; 7h-17h lun-sam, 7h-15h dim)

Gohan Sushi
Voir p. 227 (45-291-1110 ; gohan.cl ; España 390 ; 13h-22h dim-mer et sam, 13h-23h jeu-ven)

Mercato
Voir p. 227 (45-248-2617 ; mercato.cl ; Hochstetter 425 ; 12h50-22h30 mar-sam, 12h50-21h30 dim)

Zuny Tradiciones
Voir p. 227 (9-9795-5280 ; @zunytradiciones ; General Cruz 0560 ; 12h-17h lun-sam)

Casa Birra
Voir p. 227 (9-8760-9206 ; casabirra.business.site ; Avenida Alemania 0425, local 105 ; 13h-minuit lun-sam)

Tienda Rakizuam
Voir p. 227 (45-259-2676 ; tiendacholchol.cl ; Avenida Alemania 84 ; 9h30-14h et 15h-17h30 lun-ven)

***Chemamules* (statues de bois mapuches), Cerro Ñielol**

ENVIRONS DE TEMUCO

Parque Nacional Conguillío
Voir p. 230 (www.conaf.cl ; adulte/enfant 9 300/4 600 $CH ; 8h30-18h mar-dim)

Parque Nacional Tolhuaca
Voir p. 229 (www.conaf.cl ; adulte/enfant 7 200/3 600 $CH ; 8h30-17h30 mar-dim)

Reserva Nacional Malalcahuello-Nalcas
Voir p. 229 (www.conaf.cl ; adulte/enfant 4 100/2 100 $CH ; 8h30-17h30 mar-dim)

Apex Backcountry Guides
Voir p. 232 (9-6209-2693 ; apexbackcountryguides.com ; Malalcahuello ; 10h-21h)

Camping Los Ñirres
Voir p. 231 (2-2840-6852 ; www.sendasconguillio.cl ; Lago Conguillío, Parque Nacional Conguillío)

Corralco Resort de Montaña
Voir p. 232 (45-294-0313 ; corralco.com ; Reserva Nacional Malalcahuello-Nalcas ; remontées mécaniques 2 jours adulte 87 550 $CH)

Sled Chile
Voir p. 232 (9-9541-3348 ; www.sledchile.com ; Volcán Lonquimay, km 6,5, Malalcahuello)

Andenrose
Voir p. 229 (9-9869-1700 ; andenrose-hotel-appartements-

MAURITIUS IMAGES GMBH/ALAMY STOCK PHOTO ©

***Merkén* (épices), Feria Pinto, Temuco.**

cabanas.business.site ; Camino Internacional, km 68,5, Malalcahuello)

La Baita
Voir p. 231 (☎ 45-258-1073 ; labaitaconguillio.cl ; Región de la Araucanía, km 18, Camino a Laguna Verde, Parque Nacional Conguillío)

Spectra Lodge
Voir p. 229 (☎ 9-6333-9331 ; www.spectralodge.com ; Ruta 181, km 83, Malalcahuello)

Suizandina Lodge
Voir p. 229 (☎ 45-197-3725 ; suizandina.com ; Camino Internacional, km 83, Malalcahuello)

PUCÓN

Antilco
Voir p. 235 (☎ 9-9713-9758 ; www.antilco.com ; Carhuello, km 7 ; randonnée équestre 2/4 heures 28 000/50 000 $CH ; 🕒 8h-17h lun-mar, 10h-17h mer-dim)

Aventur
Voir p. 235 (☎ 45-321-4144 ; www.turismoaventur.cl ; Palguin 261 ; hydrospeed 1 ou 2 jours 20 000 ou 25 000 $CH ; 🕒 9h-22h)

Oficina de Turismo
Voir p. 234 (☎ 45-288-8001 ; puconchile.travel ; Avenida Bernardo O'Higgins 483 ; 🕒 9h-14h et 15h-18h)

Politur
Voir p. 235 (☎ 45-244-1373 ; www.politur.com ; Avenida Bernardo O'Higgins 635 ; rafting 35 000 $CH/pers ; 🕒 9h-20h)

Pucón Kayak School
Voir p. 235 (☎ 9-8478-4609 ; puconkayakschool.getskedu.com ; Pasaje de los Ponys 80 ; kayak à partir de 40 000 $CH/pers ; 🕒 9h-13h et 14h-18h)

Summit Chile
Voir p. 235 (☎ 45-244-3259 ; www.summitchile.org ; Urrutia 585 ; escalade à partir de 60 000 $CH/pers ; 🕒 10h-20h nov-mars, 10h-18h avr-oct)

Aldea Naukana
Voir p. 234 (☎ 45-244-3508 ; www.aldeanaukana.com ; Geronimo de Alderete 656)

Chili Kiwi
Voir p. 234 (☎ 45-244-9540 ; www.chilikiwihostel.com ; Roberto Geis 355)

French Andes II
Voir p. 234 (☎ 45-244-3324 ; www.french-andes.com ; Pasaje Luck 795)

La Maga
Voir p. 235 (☎ 45-244-4277 ; Geronimo de Alderete 276 ; 🕒 13h-16h et 20h-minuit déc-mars)

Restaurante El Castillo
Voir p. 237 (☎ 9-8901-8089 ; elcastillocampobase.com ; Camino al Volcan, km 8 ; 🕒 12h-21h)

Trawen
Voir p. 235 (☎ 45-244-2024 ; trawen.cl ; Avenida Bernardo O'Higgins 311, local 5 ; 🕒 9h-22h30)

El Camino
Voir p. 235 (☎ 45-244-4078 ; Miguel Ansorena 191 ; 🕒 13h-1h30)

Madd Goat Coffee Roasters
Voir p. 235 (☎ 45-244-3610 ; Avenida Bernardo O'Higgins 717, local 3 ; 🕒 8h30-20h30 lun-ven, 10h-20h30 sam-dim)

Mama's & Tapas
Voir p. 235 (☎ 45-244-9002 ; mamasandtapas.cl ; Avenida Bernardo O'Higgins 597 ; 🕒 18h-2h lun-jeu, 18h-4h30 ven-sam)

ENVIRONS DE PUCÓN

Parque Nacional Huerquehue
Voir p. 238 (www.conaf.cl ; adulte/enfant étranger 7 200/3 600 $CH ; 🕒 8h30-17h mar-dim)

Parque Nacional Villarrica
Voir p. 237 (www.conaf.cl ; adulte/enfant 8 000/4 000 $CH ; 🕒 8h30-17h30 mar-dim)

Santuario El Cañi
Voir p. 238 (www.santuariocani.cl ; Pichares, km 21, Pucón ; avec/sans guide 15 000/4 000 $CH ; 🕒 entrée de 8h à 12h seulement)

Termas Geométricas
Voir p. 247 (termasgeometricas.cl ; Acceso a Termas Geométricas,

Coñaripe ; adulte/enfant 9h-10h 44 000/30 000 $CH, 11h-16h 48 000/30 000 $CH, 18h-20h 44 000/30 000 $CH ; 9h-21h)

Termas Huife
Voir p. 233 (9-7548-2532 ; termashuife.cl ; adulte/enfant 30 000/18 000 $CH ; 11h-20h)

Termas Los Pozones
Voir p. 233 (termaslospozones.com ; 8 000 $CH, 11h-20h 10 000 $CH, 20h-minuit ; 11h-minuit)

Aguaventura
Voir p. 238 (45-244-4246 ; www.aguaventura.com ; Palguin 336, Pucón ; ascension 110 000 $CH/pers ; 9h-19h30)

Aurora Austral Patagonia Husky
Voir p. 236 (9-8901-4518 ; www.auroraaustral.com ; Camino Villarrica-Panguipulli, km 19,5, Villarrica)

Centro de Montaña Pillán
Voir p. 237 (9-7669-1649 ; centropillan.cl ; Villarrica ; tarif journalier plein/étudiant/enfant à partir de 30 000/25 000/20 000 $CH ; 9h-17h30)

Cerduo Bike Park
Voir p. 238 (9-5600-8403 ; Pucón ; tarif journalier adulte/enfant 3 000/2 000 $CH ; 9h-21h)

Elementos Turismo Experiencial
Voir p. 240 (45-244-1750 ; www.elementos-chile.com ; Camino a Caburgua, km 16, Pucón ; 8h-22h30)

Ermitaño Expediciones
Voir p. 238 (9-7121-0109 ; www.ermitanoexpediciones.com ; Brasil 555, Pucón ; 10h-19h)

Ruta Newen Leufu
Voir p. 240 (9-8138-3777 ; www.rutanewenleufu.cl ; Camino Villarrica a Lican Ray, km 5, Villarrica)

Rutas Ancestrales Araucarias
Voir p. 239 (9-9541-2805 ; raaraucarias.com ; Curarrehue)

Refugio Tinquilco
Voir p. 238 (9-9539-2728 ; www.tinquilco.cl ; Parque Nacional Huerquehue ; sept-mai)

Anita Epulef Cocina Mapuche
Voir p. 239 (9-7510-3816 ; anita.epulef@gmail.com ; Ruta 199, Curarrehue ; 13h30-17h mer-jeu déc-fév, sur réservation uniquement avr-nov)

El Castillo
Voir p. 238 (9-8901-8089 ; elcastillocampobase.com ; Camino al Volcan, km 8 ; 12h-21h)

El Sabio
Voir p. 237 (9-7125-8957 ; Julio Zegers 393, Villarrica ; 13h-16h et 19h30-23h30 lun-sam)

Hotel Antumalal
Voir p. 237 (45-244-1011 ; www.antumalal.com ; Camino Pucón-Villarrica, km 2, Pucón)

Delirium Tremens
Voir p. 238 (9-7180-8373 ; Valentin Letelier 836, Villarrica ; 17h30-1h lun-jeu, 17h30-2h ven-sam)

The Travellers
Voir p. 238 (45-241-3617 ; thetravellersrestobar.negocio.site ; Valentin Letelier 753, Villarrica ; 17h-1h lun-mer, 17h-2h jeu, 17h-3h ven-sam)

VALDIVIA

Cervecería Kunstmann
Voir p. 243 (cerveza-kunstmann.cl ; Ruta T-350 950 ; visite guidée à partir de 10 000 $CH/pers ; 12h-22h)

Museo Histórico y Antropológico
Voir p. 242 (www.museosaustral.cl ; Los Laureles s/n ; adulte/enfant 1 500/300 $CH ; 10h-20h, horaires réduits en hiver)

RA Philippi Museo de la Exploración
Voir p. 242 (www.museosaustral.cl ; Los Laureles s/n ; adulte/enfant 1 500/300 $CH ; 10h-20h, horaires réduits en hiver)

Saltos del Petrohué

Airesbuenos Hostel & Permacultura
Voir p. 243 (63-222-2202 ; www.airesbuenos.cl ; García Reyes 550)

Chocolatería Entrelagos
Voir p. 242 (63-221-2047 ; www.entrelagos.cl ; Pérez Rosales 622 ; 9h30-21h lun-ven, 10h-13h30 et 16h-19h sam, 11h-13h30 dim)

De Pellin y Coigüe
Voir p. 243 (9-9755-5651 ; www.pellinycoigue.cl ; Condominio San Andrés, km 45, Futrono ; 13h-23h)

Feira Fluvial
Voir p. 242 (Avenida Prat s/n ; 8h-16h30)

FishCarraldo
Voir p. 243 (63-220-9881 ; @fish.carraldo ; Ruta T-350, km 8 ; 13h-23h mar-sam, 13h-17h dim)

La Última Frontera
Voir p. 243 (63-223-5363 ; www.facebook.com/cafe.laultimafrontera ; Vicente Pérez Rosales 787 ; 9h-2h lun-jeu, 9h-3h ven, 18h30-3h sam)

New Orleans
Voir p. 243 (63-221-8771 ; www.neworleans.cl ; Esmeralda 682 ; 12h-15h30 et 19h-22h30 mar-sam)

Parrilla de Thor
Voir p. 243 (63-224-0401 ; Avenida Costanera Arturo Prat 653 ; 12h-16h et 20h-minuit lun-sam, 12h-16h30 dim)

Bar Bundor
Voir p. 244 (63-229-9633 ; cervezabundor.cl ; Los Alerces 31 ; 12h30-1h lun-jeu, 12h30-2h ven-sam, 12h30-minuit dim)

Cava del Buho
Voir p. 243 (63-225-5343 ; Walter Schmidt 660 ; 18h-23h lun-ven, 18h-minuit sam)

El Growler
Voir p. 244 (63-222-9545 ; Saelzer 41 ; 12h30-minuit)

ENVIRONS DE VALDIVIA

Museo de Volcanes
Voir p. 247 (huilohuilo.com ; Camino Internacional Panguipulli-Valdivia CH-203, km 59, Neltume ; adulte/enfant 3 000/1 500 $CH ; 10h-20h déc-mars, 9h-17h30 avr-nov)

Reserva Biológica Huilo Huilo
Voir p. 246 (huilohuilo.com ; Camino Internacional Panguipulli-Valdivia CH-203, km 55, Neltume ; entrée à partir de 3 500 $CH, -6 ans gratuit ; 9h-18h)

Teleférico Cóndor Andino
Voir p. 247 (huilohuilo.com ; Camino Internacional Panguipulli-Valdivia CH-203, km 59, Neltume ; 15 000 $CH/pers ; 11h15-19h35 jan-fév, 12h-19h sam-dim mars-déc)

La Montaña Mágica
Voir p. 247 (9-7150-2025 ; huilohuilo.com ; Camino Internacional Panguipulli-Valdivia CH-203, km 60, Neltume)

Nothofagus Hotel & Spa
Voir p. 246 (9-7150-2025 ; huilohuilo.com ; Camino Internacional Panguipulli-Valdivia CH-203, km 60, Neltume)

Reino Fungi Lodge
Voir p. 246 (9-7150-2025 ; huilohuilo.com ; Camino Internacional Panguipulli-Valdivia CH-203, km 60, Neltume)

Treca Rupan
Voir p. 246 (9-7511-6434 ; trecarupan.cl ; Camino Internacional Panguipulli-Valdivia CH-203, km 107, Neltume)

Verde Bosque
Voir p. 246 (9-5016-5610 ; www.facebook.com/profile.php?id=100010734842366 ; Avenida Guido Beck de Ramberga 979, Conaripe ; 17h-minuit jeu-dim)

Cervecería Petermann
Voir p. 246 (9-7150-2025 ; huilohuilo.com ; Camino Internacional Panguipulli-Valdivia CH-203, km 59, Neltume ; 12h30-19h30 mar-jeu et dim, 12h30-20h45 ven-sam)

PUERTO MONTT ET LAGO LLANQUIHUE

Parque Nacional Vicente Pérez Rosales
Voir p. 254 (www.conaf.cl ; adulte/enfant 7 000/3 500 $CH ; 9h-17h)

Saltos del Petrohué
Voir p. 255 (www.conaf.cl ; Petrohué, Parque Nacional Vicente Pérez Rosales ; adulte/enfant 7 000/3 500 $CH ; 9h-17h)

Birds Chile
Voir p. 253 (9-9235-4818 ; www.birdschile.com ; Pasaje Ricke 108, Puerto Varas ; 9h30-13h et 14h30-18h lun et mer-jeu, 9h40-18h mar et ven, 10h-14h30 sam)

Centro de Ski y Montaña Volcán Osorno
Voir p. 254 (9-9158-7337 ; www.volcanosorno.com ; Ruta V-555, km 12 ; remontées mécaniques demi-journée/journée 30 000/35 000 $CH; 10h30-18h)

Cruce Andino
Voir p. 255 (9-3406-2885 ; www.cruceandino.com ; Del Salvador 72, Puerto Varas ; 7h30-19h lun-sam, 7h30-17h dim)

Ko'Kayak
Voir p. 253 (9-9310-5272 ; kokayak.cl ; Ruta 225, km 40, Ensenada ; kayak demi-journée/journée 40 000/80 000 $CH, excursion 2/4 jours 210 000/730 000 $CH ; 8h-20h)

La Comarca Puelo Adventure
Voir p. 253 (9-9799-1920 ; www.pueloadventure.cl ;

Aenida. Costanera Vicente Perez Rosales 1621, Puerto Varas ; location vélo demi-jour/jour à partir de 15 000/20 000 $CH ; 9h30-15h lun-ven)

Moyca Expediciones
Voir p. 253 (9-7790-5679 ; moyca.cl ; Avenida Vincente Pérez Rosales 1621, Puerto Varas ; à partir de 90 000 $CH ; 9h-19h)

Navimag
Voir p. 255 (9-6393-7278 ; www.navimag.com ; Avenida Diego Portales 2000, Puerto Montt ; 9h-13h et 14h30-18h30 lun-jeu, 9h-17h ven, 15h-18h sam)

Patagonia Fishing Rockers
Voir p. 254 (9-9090-6958 ; www.facebook.com/patagoniafishingrockers ; 9h-20h)

Tres Ríos Lodge
Voir p. 254 (65-271-5710 ; www.tresrioslodge.com ; Route 225 km 37, Ensenada)

Casa Kalfu
Voir p. 252 (65-275-1261 ; casakalfu.cl ; Tronador 1134, Puerto Varas)

Casa Perla
Voir p. 249 (65-226-2104 ; www.casaperla.com ; Trigal 312, Puerto Montt)

Compass del Sur
Voir p. 252 (65-223-2044 ; www.compassdelsur.cl ; Klenner 467, Puerto Varas)

Hospedaje Vista al Mar
Voir p. 249 (65-225-5625 ; www.hospedajevistaalmar.cl ; Francisco Vivar 1337, Puerto Montt)

MaPatagonia
Voir p. 252 (9-4050-6717 ; mapatagonia.cl ; Purisima 681, Puerto Varas)

Sipo' Hostel
Voir p. 249 (9-6340-5654 ; Ñuble 145, Puerto Montt)

SERGIO IGLESIAS/SHUTTERSTOCK ©

Puerto Varas

Tungulú Cabañas
Voir p. 249 (9-4290-9059 ; tungulu.cl ; Costa Tenglo Alto s/n, Puerto Montt)

Casavaldés
Voir p. 254 (9-9079-3938 ; restaurantcasavaldes.cl ; Santa Rosa 040, Puerto Varas ; 13h-22h lun-sam)

Chile Picante
Voir p. 249 (9-8454-8923 ; Vicente Pérez Rosales 567, Puerto Montt ; 12h-15h et 19h30-22h30 lun-ven)

Cotelé
Voir p. 249 (9-7716-0482 ; Rengifo 867, Puerto Montt ; 13h-minuit lun-mer, 13h-2h jeu-sam)

La Marca
Voir p. 254 (65-223-2026 ; Ruta 225, Puerto Varas ; 13h-22h lun-sam, 13h-16h dim)

La Vinoteca
Voir p. 254 (9-4041-5015 ; Diego Portales 204, Puerto Varas ; 13h-23h30 lun-sam)

Mesa Tropera
Voir p. 253 (65-223-7973 ; www.mesatropera.cl ; Santa Rosa 161, Puerto Varas ; 12h30-2h lun-sam)

Puerto Fritos
Voir p. 249 (Avenida Presidente Ibáñez 716, Mercado Municipal Presidente Ibáñez, Puerto Montt ; 9h30-17h30)

Zaatar
Voir p. 254 (65-250-8067 ; www.zaatarcocina.com ; Blanco Encalada 1160, Puerto Varas ; 12h30-21h30 lun-mer, 12h30-22h jeu-sam)

Caffé El Barista
Voir p. 253 (65-223-3130 ; Walker Martínez 211, Puerto Varas ; 8h-1h30 lun-ven, 9h30-2h sam, 10h30-1h dim, horaires restreints en hiver)

Chester Beer
Voir p. 252 (9-4287-2341 ; www.facebook.com/chesterbeer.cl ; Línea Nueva 11, Llanquihue ; 12h-18h mar, 15h-23h mer-ven, 13h-21h sam)

Cochamó

Taberna Nosé
Voir p. 253 (☎65-223-1604 ; www.tabernanose.cl ; Estación 535, Puerto Varas ; 8h-2h lun-ven, 10h-2h sam)

ENVIRONS DE PUERTO MONTT ET LAGO LLANQUIHUE

Parque Tagua Tagua
Voir p. 259 (parquetaguatagua.cl ; Puelo ; 25 000 $CH/pers)

Caleta Cóndor Expediciones
Voir p. 260 (☎9-9172-0433 ; caletacondorexpediciones.cl ; 8h-20h)

Termas del Sol
Voir p. 262 (termasdelsol.com ; Ruta V-69, Puelo ; adulte/enfant 32 000/20 000 $CH ; 10h30-20h)

Altos de Pichi Mallay
Voir p. 257 (☎64-255-4165 ; raicesrestaurant1@gmail.com ; Camino a Tril Tril, Maicolpué Río Sur)

Campo Eggers
Voir p. 259 (☎65-256-6644, 9-8730-0953 ; agroturelsalto@gmail.com ; Llanada Grande)

Hospedaje Rural Miramar
Voir p. 257 (☎Isabel 9-5930-8614, Florentin 9-4621-5716 ; www.facebook.com/lucerina.queupuan.1/ ; Caleta Cóndor)

Hostal Caleta Cóndor
Voir p. 257 (☎9-5371-2508 ; caletacondorchile.cl ; Caleta Cóndor)

Hostal Vuelta al Sur
Voir p. 261 (☎9-9044-1731 ; www.vueltaalsur.cl ; Ruta V-69, Puelo)

Isla as Bandurrias
Voir p. 261 (☎9-9263-6861 ; www.islalasbandurrias.cl ; Isla Las Bandurrias, Lago Las Rocas)

La Frontera
Voir p. 257 (☎9-8554-9033 ; www.lafronteravallecochamo.com ; La Junta)

Las Bandurrias Eco Hostal
Voir p. 257 (☎9-9672-2590 ; www.lasbandurriasecohostal.cl ; Sector el Bosque s/n, Cochamó)

Lodge Tagua-Tagua
Voir p. 259 (☎9-7794-1228 ; lodgetaguatagua.com ; Lago Tagua-Tagua)

Mítico Puelo Lodge
Voir p. 259 (☎23-263-2060 ; www.miticopuelo.com ; Lago Tagua-Tagua)

Patagonia Nativa
Voir p. 257 (☎9-9316-5635 ; patagonianativa.cl ; Avenida Aerodromo s/n, Cochamó)

Refugio Cochamó
Voir p. 262 (cochamo.com ; La Junta ; déc-mars)

El Faro
Voir p. 260 (☎9-8548-5000 ; Arturo Prat, Cochamó ; 10h-19h lun-sam, 12h-19h dim)

La Casa de Temo
Voir p. 257 (☎9-5538-3066 ; Malcalpué ; 10h-19h)

La Ollita
Voir p. 260 (☎9-8166-5225 ; Avenida Cochamó 91, Cochamo ; 10h-21h)

Peumayén
Voir p. 260 (☎9-8215-0832 ; @peumayen_restobar ; Avenida el Bosque s/n, Cochamó ; 17h-23h mer-dim)

Restaurant Tique
Voir p. 261 (☎9-9549-1069 ; www.andespatagonia.cl ; Ruta V-691, km 75, Puelo)

Cervecería Artesanal Armin Schmid
Voir p. 260 (☎9-8294-1818 ; Ruta 215, km 12, Osorno ; 16h-22h jeu-ven, 13h30-19h sam)

JOSE LUIS STEPHENS/SHUTTERSTOCK

Volcán Osorno depuis le Lago Llanquihue

Ci-dessus : la côte Pacifique de Chiloé ; à droite : Iglesia San Francisco de Castro (p. 283)

CHILOÉ

ÎLE DE MYTHES, ÎLE DE BRUME

L'Isla Grande de Chiloé est la cinquième plus grande île d'Amérique du Sud. Cette contrée mystérieuse, que distinguent ses églises et ses incroyables paysages, affiche une farouche indépendance d'esprit.

De l'Isla Grande de Chiloé, on connaît la taille. D'une superficie de 8 394 km^2, elle est la deuxième plus grande île du Chili, après la Terre de Feu, et sans doute la plus mémorable. Pour le reste, elle se dévoile par bribes et de bien des façons, depuis ses églises jésuites en bois, héritage d'influences mêlées, dont seize ont été distinguées par l'Unesco, jusqu'à sa mythologie, où cohabitent sorciers, bateaux fantômes et gnomes des bois.

Alliant descendants de Chonos, de Huilliches et de Cuncos, le peuple chilote, à la peau et à l'âme tannées par la pluie et le vent, mène la danse et ne s'en laisse pas conter. La spécificité de Chiloé se manifeste, entre autres, dans son architecture haute en couleurs, sa cuisine et son art de vivre.

Les *tejuelas* (bardeaux de bois des maisons), les *palafitos* (maisons sur pilotis), les emblématiques églises en bois et le *curanto* (fruits de mer, pommes de terre et viande cuits à l'étouffée dans un trou creusé dans le sol) la distinguent ainsi du Chili continental, à une demi-heure de ferry de là.

Ses paysages témoignent, eux aussi, de ce caractère unique, entre collines verdoyantes parfumées d'embruns et parcs nationaux noyés de brume.

SITES PRINCIPAUX

ANCUD
Une ville toute de simplicité, au splendide front de mer. p. 276

CASTRO
Chef-lieu de l'île, à la singulière architecture sur pilotis. p. 282

S'orienter

L'archipel chilote regroupe la grande île principale et la quarantaine d'autres qui l'entourent, dont Quinchao, Lemuy, Tranqui et Mechuque.

Ancud, p. 276
Première localité notable à l'arrivée sur l'île depuis le continent. Ancud a l'attrait d'un cadre exquis, donnant à la fois sur la baie et le canal. Les pépites naturelles ne manquent pas alentour.

Castro, p. 282
La ville cosmopolite de Chiloé, qui en est aussi le chef-lieu, se distingue par sa très jolie église en bois, sa remarquable architecture sur pilotis et sa scène culinaire.

MATYAS REHAK/SHUTTERSTOCK ©

BUS

Les grandes compagnies de bus, comme **Cruz del Sur** (☎ 65-262-2265 ; www.webcds.cl ; Los Carrera 850, à Ancud), desservent les trois principales localités de l'île (Ancud, Castro et Quellón) au départ des grandes villes du continent. Les **bus municipaux** (☎ 65-262-7247 ; Aníbal Pinto 1280, à Ancud) relient les principales villes et bourgades de l'Isla Grande, et permettent la correspondance avec les ferrys inter-îles. Depuis le **terminal Inter-Rural** (☎ 65-262-5878 ; Colo Colo 318, Ancud) vous pourrez rejoindre Chepu.

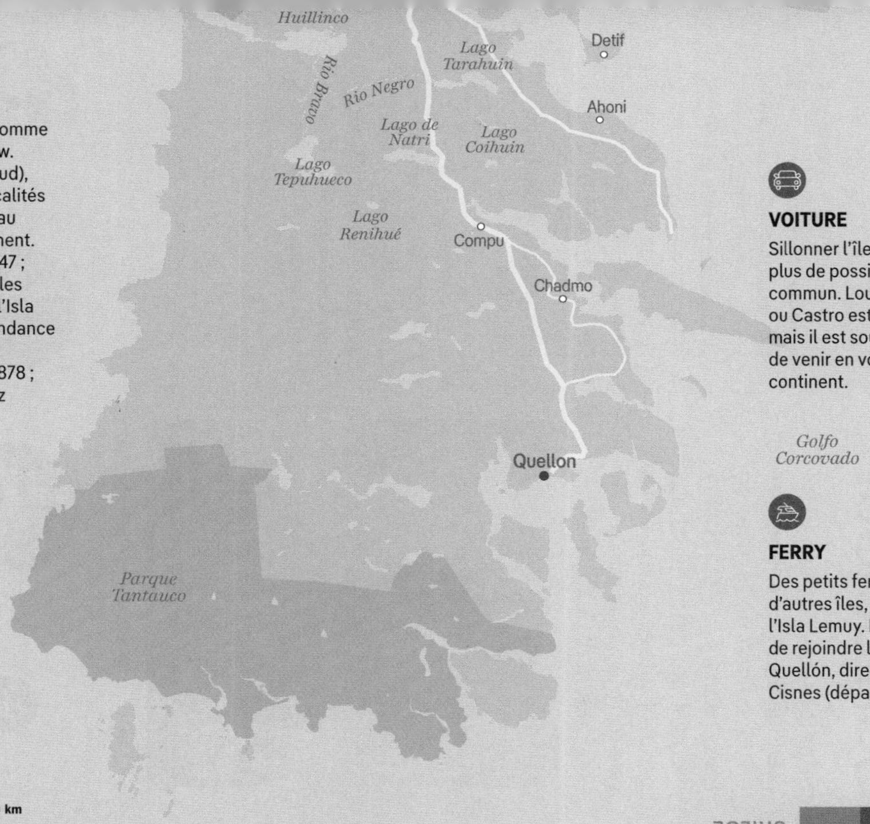

VOITURE

Sillonner l'île en voiture laisse bien plus de possibilités qu'en transport en commun. Louer son véhicule à Ancud ou Castro est ce qu'il y a de plus simple, mais il est souvent meilleur marché de venir en voiture, par bac, depuis le continent.

FERRY

Des petits ferrys font la navette entre d'autres îles, comme l'Isla Quinchao et l'Isla Lemuy. Il est également possible de rejoindre la Patagonie depuis Quellón, direction Chaitén et Puerto Cisnes (départs peu nombreux).

Planifier son séjour

Si les localités de l'île ne manquent pas de charme, c'est en découvrant ses églises en bois, inscrites au Patrimoine mondial, ses parcs nationaux à la beauté brute et ses marécages que l'on mesure le mieux l'envoûtement de Chiloé.

Iglesia Nercón, Castro (p. 283)

Si vous manquez de temps

- **Ancud** (p. 276) offre, à qui ne peut se lancer sur les routes, un bon aperçu du caractère de l'île. Goûtez au traditionnel **curanto al hoyo** (plat cuit à l'étouffée ; p. 278), avalez une bière artisanale, avec, à la clé, une vue incroyable, au **Jardín Cervecero** (p. 277) et, de septembre à mars, faites un petit détour pour découvrir l'unique site au monde où manchots de Humboldt et de Magellan vivent en harmonie : le **Monumento Natural Islotes de Puñihuil** (p. 280).

- Faute de pouvoir toutes les voir en vrai, admirez les modèles réduits des 16 églises en bois de l'île inscrites au patrimoine mondial de l'Unesco, au **Museo de las Iglesias de Chiloé** (p. 278).

Au fil des saisons

L'hiver connaît de fortes précipitations, à éviter si possible. En janvier et février, l'afflux touristique dans les villes principales peut en gâcher la découverte.

JANVIER

Il y a du monde sur Chiloé, mais les **fêtes et festivals** organisés partout sur l'île se prêtent à en découvrir la culture, la gastronomie et les traditions.

FÉVRIER

Les pommes de terre endémiques sont prêtes pour la récolte. Les œufs des manchots viennent d'éclore au **Monumento Natural Islotes de Puñihuil**.

MAI

Derniers jours de **météo clémente**, avec une maximale à 12 °C, avant l'hiver et la fermeture de nombreuses infrastructures touristiques.

En quelques jours

- Après Ancud et le Monumento Natural Islotes de Puñihuil, levez-vous de bon matin pour une paisible session de kayak à l'aube dans la forêt engloutie de **Chepu** (p. 281).

- Ensuite, direction **Castro** (p. 282) pour plusieurs temps forts : la découverte de l'**Iglesia San Francisco de Castro** (p. 283), un repas chilote aux accents modernes chez **Rucalaf** (p. 284) et une nuit d'hôtel avec supplément d'âme face aux *palafitos* (maisons sur pilotis).

- Le lendemain, partez en quête des **églises en bois inscrites au Patrimoine mondial** (p. 283) et essayez d'en voir le plus possible, notamment à Achao, Colo et Tenaún.

Un grand tour de 10 jours

- Profitez des panoramas naturels autour d'**Ancud** (p. 279), notamment ceux de la colonie de manchots de Humboldt et de Magellan, au **Monumento Natural Islotes de Puñihuil** (p. 280).

- Partez à l'aube pour découvrir en kayak la magie sereine de **Chepu** (p. 281), puis contemplez l'installation artistique **Muelle de la Luz** (p. 281).

- Entre deux repas dans l'un des excellents restaurants de **Castro** (p. 282), filez pour une journée entière sur la **Isla Mechuque** (p. 286). Aventurez-vous ensuite dans le **Parque Nacional Chiloé** (p. 286) et randonnez sur le Sendero Chanquín-Cole Cole, à la beauté sauvage.

- Durant votre séjour, faites tout pour voir autant d'**églises en bois inscrites au Patrimoine mondial** (p. 283) que vous le pourrez.

SEPTEMBRE

Début de la saison de reproduction des manchots de Humboldt et de Magellan au **Monumento Natural Islotes de Puñihuil**.

OCTOBRE

À Achao, l'**Encuentro Gastronómico De Productos Del Mar** s'accompagne de musique traditionnelle, de concours culinaires et de recettes revisitées.

NOVEMBRE

Dans le **Parque Nacional Chiloé**, la pluie devient relativement tolérable, avec une fréquentation encore plus faible qu'à l'ordinaire.

DÉCEMBRE

Le soleil brille sur **Ancud**, **Castro** et **Dalcahue**, et les foules de visiteurs ne sont pas encore là.

ANCUD

Pour les infos pratiques, voir le Carnet d'adresses p. 293

Pour qui arrive du nord, Ancud est la première ville notable que l'on croise à Chiloé, ce qui en fait un excellent point de chute pour explorer le très beau cadre naturel, pourtant moins touristique, de cette partie de l'île. On y prend facilement ses marques, et l'endroit se prête à goûter un peu aux charmes de Chiloé – ajoutés à de bons restaurants, des bars branchés et une belle offre d'hébergement – sans avoir à s'aventurer plus loin sur l'île.

Ancud était jadis une cité de belle architecture et de *palafitos* (maisons sur pilotis), reliée par chemin de fer et offrant un visage assez cossu. Mais, en 1960, le séisme de Valdivia, le plus puissant du siècle, avec une magnitude de 9,5, ainsi que le tsunami qui s'ensuivit, balayèrent tout en 10 minutes de cauchemar. Peu de bâtiments d'époque sont encore debout et la ville porte les marques d'une reconstruction un peu hâtive et brouillonne. Réaménagé il y a peu, le front de mer n'en est pas moins plaisant, avec ses promenades piétonnières, ses placettes où s'asseoir et des points de vue panoramiques à la fois côté baie et côté canal.

Ancud, front de mer

MATYAS REHAK/SHUTTERSTOCK ©

À SAVOIR

Depuis 2020, Ancud est devenue une (modeste) destination surf. Un break impressionnant du côté de Faro Corona, à 36 km au nord de la ville, attire les surfeurs chevronnés, quand les novices trouvent leur bonheur dans une houle plus tranquille, comme à Playa Guabún (25 km au nord-ouest d'Ancud).

BONNES TABLES À ANCUD

Ajo Panadería Artesanal
Deux frères dont l'ambition est de faire de leur boulangerie la meilleure de Chiloé. **$**

Indómito
Ses gros burgers, ses *pichangas* (assiettes à partager) et autres plats font le charme de ce restaurant qui ne désemplit jamais. Espèces uniquement. **$$**

Club Social Baquedano
Resto-bar branché avec excellent ceviche, poisson en panure et autres délices, dans une maison chilote traditionnelle. **$$**

Wabi Sabi
Gros succès pour ces sushis, à commander 1 heure 30 à l'avance sur Instagram (@ wabisabi_sushiancud) et à emporter. **$$**

INCONTOURNABLE
1 Museo de las Iglesias de Chiloé

VOIR
2 Museo Regional de Ancud Aurelio Bórquez Canobra

ACTIVITÉS
3 Austral Adventures
4 Casa Damasco

SE LOGER
5 13 Lunas Hostel
6 Hostal Mundo Nuevo

SE RESTAURER
7 Café Blanco
8 Club Social Baquedano
voir 6 Indómito
9 Kuranton
10 La Corita
11 Punto Copec

SHOPPING
12 Mercado Municipal

Plaisir de la détente à Ancud

LEVEZ VOTRE VERRE AUX BEAUX PAYSAGES

À Arena Gruesa, quartier à flanc de colline donnant sur le front de mer, posez-vous pour siroter une des excellentes bières servies au **Jardín Cervecere**, un établissement rénové en 2020, avec belle vue sur le canal de Chacao et la plage isolée du même nom. De fait, c'est de son cadre naturel que

OÙ SE LOGER À ANCUD

13 Lunas Hostel
Des salles de bains haut de gamme pour une auberge de jeunesse, et une belle vue depuis la terrasse. **$**

Hostal Mundo Nuevo
Le meilleur établissement de moyenne gamme à Ancud. Vue sur la baie et ambiance d'auberge de jeunesse. **$$**

Chil-Hué
Piscine écologique, yoga, bons repas, au calme face à la plage. Idyllique. L'équipe parle anglais. **$$$**

procède le charme d'Ancud, que l'on en profite attablé dans un restaurant, ou à la faveur d'une balade de front de mer au coucher du soleil, sur la promenade qui s'étire vers le sud, le long de la baie, sur 1 km.

Pour qui souhaite se faire une idée de l'île sans descendre jusqu'à Castro, au sud, Ancud est un excellent point de chute. Découvrez le **Museo de las Iglesias de Chiloé**, installé dans l'ancien Convento Inmaculada Concepción de Ancud (1875), et ses modèles réduits, en bois, des 16 églises de l'île, inscrites au Patrimoine mondial. Non loin de là, le **Museo Regional de Ancud Aurelio Bórquez Canobra** abrite un squelette de baleine bleue et la réplique grandeur nature de la goélette *Ancud* qui, en 1843, s'aventura dans les eaux traîtresses du détroit de Magellan afin de revendiquer la pointe sud du continent pour le Chili. Entre deux visites et balades, accordez-vous une pause au **Café Blanco**, aménagé dans une demeure chilote bourrée de charme. Mentionnons également le poisson frais, généreusement cuisiné, de **La Corita**, au **Mercado Municipal** d'Ancud.

Bien préparer le curanto

UNE TRADITION À CHILOÉ

Poussez la porte du **Kuranton** pour commander un *curanto* (fruits de mer, viande et pomme de terre cuits à l'étouffée), plat emblématique de Chiloé. L'idéal, pour une expérience plus authentique encore, consiste à le découvrir dans une *casa de campo* (maison de campagne) sous la forme d'un *curanto al hoyo*. Il faut du temps pour concocter cette version traditionnelle du plat, façon plancha de fruits de mer, cuit aux pierres chaudes dans un four creusé à même le sol.

Une fois les pierres chauffées et les bûches retirées, les choses sérieuses commencent. On y jette d'abord les fruits de mer (moules, palourdes, coques... ou ce qu'on a sous la main), puis on alterne feuilles de *pangue* (une plante endémique), *milcao* (pain de pommes de terre chilotes) et *chapaleles* (raviolis de pommes de terre bouillis), suivis d'un empilement de poulet, de porc fumé et de saucisses *longaniza*. On dispose de nouvelles feuilles de *pangue*, puis on recouvre l'ensemble d'un linge mouillé et d'une couche de feuilles de *nalca* (sorte de rhubarbe) ou de mottes de tourbe, pour bien sceller le tout.

Les choses se passent très vite, pour éviter toute fuite de chaleur de cette cocotte-minute naturelle ! Des volutes de vapeur s'élèvent, tandis que les aliments mijotent une ou deux heures, avant que vous puissiez vous attaquer à votre assiette.

À défaut de pouvoir y assister chez l'habitant, vous aurez toujours moyen de vous rabattre sur des restaurants, comme le **Quetalmahue**, installé dans un petit port de pêche à 12 km d'Ancud. Mieux encore : rapprochez-vous d'**Austral Adventures** à Ancud ou de **Chiloé Natural**, à Castro, qui sauront vous trouver un cadre propice où vivre cette expérience culinaire.

PAROLE D'HABITANT : BEAU PROGRAMME À ANCUD

Miska (@scushilewis) et **Tamia Lewis Echegaray** (@ understorylover) sont jumelles, de triple nationalité américaine, chilienne et péruvienne. Elles étudient l'anthropologie et les sciences environnementales à l'université. Voici à quoi ressemble une journée parfaite à Ancud, la ville qui les a vues naître et grandir.

Une journée parfaite à Ancud commence par un café à tomber chez **Punto Copec**, puis une balade le long de la **Costanera**, à regarder les bateaux s'éloigner de la jetée, sous les cris des mouettes. Après, c'est parti pour un déjeuner à **La Corita**, dans le centre-ville, avec fruits de mer et *empanadas* au fromage. Ensuite, 30 minutes de route et vous voici à **Playa Guabún**, avec ses amusants rochers et sa plage en croissant de lune, d'où savourer le coucher du soleil.

COMMENT CIRCULER

Ancud est une petite ville, que l'on parcourt aisément à pied. Mais il vous faudra une voiture pour accéder aux plages et sites alentour.

Environs d'Ancud

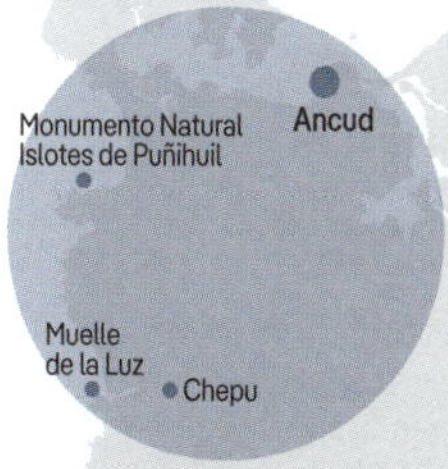

Ancud est nichée dans un écrin naturel où vous trouverez des manchots, une forêt engloutie, et de la beauté où que se posera votre regard.

Posée entre la baie éponyme et le canal de Chacao, Ancud est déjà, en soi, un bonheur à contempler. Mais ses environs, eux, semblent tout droit sortis d'un tableau de maître, entre charme pastoral des collines et eaux limpides à perte de vue.

À l'ouest, le Monumento Natural Islotes de Puñihuil protège trois îles au large. Celles-ci sont des sites de nidification uniques au monde, où cohabitent manchots de Humboldt et de Magellan. Au sud-ouest, Chepu (secteur nord du Parque Nacional Chiloé) est un magnifique sanctuaire naturel, dont la beauté doit beaucoup à ses rivages et à ses cours d'eaux où vivent 128 espèces d'oiseaux. Au confluent de trois rivières, repose une forêt engloutie.

Pour les infos pratiques, voir le Carnet d'adresses p. 293

À SAVOIR

La période idéale pour observer les manchots au Monumento Natural Islotes de Puñihuil est la fin février, après l'éclosion des œufs.

Monumento Natural Islotes de Puñihuil (p. 280)

POURQUOI J'AIME CHILOÉ

Kevin Raub, auteur

Je me suis peut-être rendu six ou sept fois à Chiloé, mais n'en demeure pas moins intrigué et fasciné par son énigmatique culture. Le paysage extraordinaire – les collines vert pastel, les pâturages ponctués de maisons bardées d'alerces, les précieux cyprès de Patagonie, les vaches, les moutons – me donnerait, à lui seul, envie de revenir, encore. C'est cependant aux églises en bois que je dois mes séjours à Chiloé. De ces monuments inscrits au patrimoine mondial de l'Unesco, l'église San Antonio de Colo est ma préférée. Son intérieur bleu-vert et saumon me captive invariablement. Et il y a aussi la gastronomie chilote. L'île entière est un creuset mystique qui me transporte comme nul autre endroit cher à mon cœur.

Manchots de Humboldt

Repaire de manchots

UN SITE UNIQUE AU MONDE

Trois îles au large de la baie de Puñihuil, à 26 km de route au sud-ouest d'Ancud, forment le **Monumento Natural Islotes de Puñihuil**, site de reproduction des manchots de Magellan et de ceux, en voie d'extinction, de Humboldt. Dans ce lieu protégé, les deux espèces vivent en harmonie, un cas unique au monde.

La saison de la reproduction et de la nidification s'étend de septembre à mars. Prenez l'un des bateaux qui partent de la plage toutes les 15 minutes environ, de 10h15 à 17h15, pour les voir de près crapahuter sur les rochers, parmi les colonies de cormorans (quatre espèces au total, dont le cormoran vigua), les brassemers (le plus gros canard que l'on croise au Chili,

OÙ SE LOGER ET SE RESTAURER DANS LES ENVIRONS D'ANCUD

Agroturismo Chepu
L'aimable famille Perez-Diaz a aménagé 10 chambres confortables au sein de sa ferme. **$**

Alihuen
Ferme écoresponsable dirigée par un chef flamand. Bungalow confortable avec 2 chambres et 5 couchages. **$$**

Costa Pacifico
Les vagues porteraient presque les manchots sur la terrasse de ce restaurant de poisson, sur la plage de Puñihuil. **$$**

qui ne vole pas et peut atteindre 6 kg) et les occasionnels lions de mer. Si vous êtes en veine, vous pourriez même apercevoir une baleine bleue (voire deux), en particulier de décembre à mai.

Ecoturismo Puñihuil possède trois des sept bateaux autorisés à faire ces excursions. Si vous êtes véhiculé, vous pourrez vous rendre directement sur la belle plage rocailleuse et monter à bord moyennant 9 000 $CH par personne. Si vous avez besoin d'un transport au départ d'Ancud, **13 Lunas Hostel** et **Casa Damasco** font partie des prestataires fiables, mais il vous faudra débourser 22 000 $CH pour la formule complète. **Austral Adventures**, agence américaine d'écotourisme hautement recommandée, propose également cette excursion en anglais.

ENVIE DE KAYAK ?

Chepu n'est pas le seul endroit de la région où pratiquer le kayak : à Cochamó, sur le continent, à 229 km au nord-est de Chepu, le cadre est radicalement différent mais la sortie tout aussi sereine dans l'estuaire de **Reloncaví** (p. 258).

Forêt engloutie

UNE SORTIE KAYAK À L'AUBE

Zone rurale à quelque 30 minutes de route au sud-ouest d'Ancud, **Chepu** est l'occasion rare de vivre une expérience inédite. On y trouve en effet une forêt engloutie de 140 km^2, un phénomène dû au séisme de 1960, qui vit le sol s'effondrer de 2 m, laissant l'eau salée inonder la zone et progressivement tuer les arbres. Le spectacle est encore plus appréciable à l'aube, à la faveur d'une sortie en kayak. C'est l'une des aventures les plus belles et les plus sereines qui se puissent vivre au Chili.

À mesure que le soleil monte à l'horizon, le **Río Puntra** s'éveille et dévoile les vestiges troublants de ce qui était autrefois une forêt. Les troncs sortent de l'eau, à la manière de stèles englouties, évoquant un cimetière sous-marin perdu dans les limbes du temps. On ne croise souvent personne durant cette sortie (1 heure 30) et seul le chant d'oiseau venu nidifier là (ils sont nombreux), rompt de temps à autre le silence des lieux.

Les pionniers de l'écotourisme à l'origine de cette excursion à faible impact environnemental sont partis en retraite à Valdivia, mais le flambeau a été repris par des habitants de la région, à l'image de Sandra Díaz et d'Armando Perez chez **Agroturismo Chepu**. L'agence en ligne d'écotourisme réputée **Chiloé Natural** propose, elle, des excursions sur 2 jours au départ de Castro.

PASSERELLE SUR LA MER

Le **Muelle de la Luz** est un splendide exemple d'art paysager en bord de mer. Accessible en quelques minutes de marche après une traversée en bateau de 30 minutes (6 000 CH$; appelez le ☎98 351 5946 ou le ☎93 427 1194 si aucun bateau n'est à quai) depuis le Muelle Anguay, près du Refugio Lugar de Encuentro à Chepu, cette jetée en lames de bois (2 500 $CH) est perchée sur une falaise qui tombe là où les eaux du Chepu rejoignent l'océan. On doit cette création étonnante et déconcertante à Marcelo Orellana Rivera, sculpteur qui a aussi imaginé le **Muelle de las Almas**, dont Instagram a malheureusement eu raison.

COMMENT CIRCULER

Il est préférable de louer une voiture, les transports en commun étant sporadiques et peu fiables à Puñihuil et Chepu. Renseignez-vous sur les départs au Terminal Inter-Rural de Ancud ou via le site Web de l'office du tourisme (www.ancud.cl/informaciones/).

CASTRO

Pour les infos pratiques, voir le Carnet d'adresses p. 293

L'actuel chef-lieu de Chiloé, qui en est aussi la plus grande bourgade, n'est pas très glorieux d'aspect, mais demeure l'âme cosmopolite et le cœur battant de l'archipel. Située à 85 km au sud d'Ancud, Castro se tient sur une falaise au-dessus d'un estuaire abrité, bordé de *palafitos* (maisons sur pilotis), son principal attrait. Sa petite scène gastronomique a beau lui donner un côté tendance, c'est sa fibre provinciale qui reste au cœur de son identité.

Elle sait d'ailleurs se faire aimer, et associe les particularismes et atouts de l'archipel au sein d'un paysage urbanisé mâtiné d'âme chilote. Les infrastructures touristiques en sont honorables, avec quelques très bonnes tables et, par endroits, des constructions qui ne dépareraient pas dans une grande métropole. Castro est proche du centre de l'île, assez désert, ce qui en fait la localité idéale pour partir rayonner plus loin sur Chiloé et en découvrir, entre autres merveilles, les églises en bois, ainsi que les réserves et parcs naturels.

À SAVOIR

Le meilleur moment de la journée pour admirer les *palafitos* de Castro le long de Pedro Montt et Puente Gamboa est le lever du soleil, lorsque la lumière les sublime. Dans l'après-midi, le contre-jour gâte souvent les photos.

Castro

BERND ZILLICH/SHUTTERSTOCK ©

LES ÉGLISES DE CHILOÉ

Chiloé comptait jadis plus de 150 églises et chapelles en bois. Aujourd'hui, une soixantaine sont encore debout, dont 16 inscrites au patrimoine mondial de l'Unesco. Construites, pour la plupart, aux XVIIe et XVIIIe siècles sous l'impulsion des missionnaires européens, elles révèlent des influences huilliches. Cette boucle d'une demi-journée, sur 174 km, vous fera découvrir les plus belles et les plus accessibles. Si vous aspirez à toutes les voir, contactez l'agence **Chiloétnico**, spécialisée dans l'écotourisme.

Sortez de Castro en direction du nord, jusqu'à la jolie petite ville de Dalcahue, dont **1** l'**Iglesia Nuestra Señora de Los Dolores**, fondée en 1849, domine la place principale. De là, prenez le bac (3 000 $CH/voiture) pour la traversée de 10 minutes vers l'Isla Quinchao. Filez vers Achao, au sud-est. À l'entrée de la ville, on reste bouche bée devant la vue sur la Patagonie au-delà du golfe de Corcovado. Sur la Plaza de Armas, **2** l'**Iglesia Santa María de Loreto** est la plus ancienne de l'île encore debout (1740). Surmontée d'un clocher de 25 m, elle est faite de bardeaux en cyprès de Patagonie, fixés au moyen de chevilles en bois. Reprenez le ferry pour Dalcahue et partez au nord-est, direction **3** l'**Iglesia de Nuestra Señora del Patrocinio**, à Tenaún, repérable à ses trois belles tours bleues et à sa façade étoilée. À 13 km au nord de Tenaún **4** l'**Iglesia San Antonio de Colo**, à la nef parée de rose saumon et de bleu-vert, est la plus petite des églises inscrites au Patrimoine mondial. Revenez à Castro, où la façade jaune rehaussée de violet de **5** l'**Iglesia San Francisco de Castro** recèle un intérieur en bois spectaculaire, surtout par beau temps, lorsque les vitraux subliment l'ambiance. L'architecte italien Eduardo Provasoli a mêlé les styles néogothique et classique pour la dessiner. Elle fut achevée en 1912.

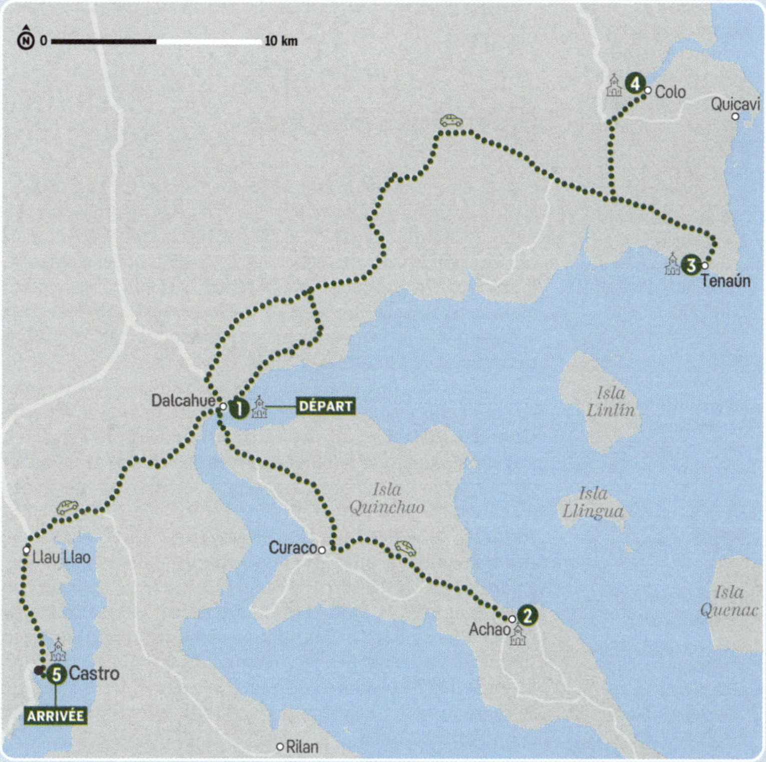

PAROLE D'HABITANT : UNE JOURNÉE DE CHEF À CASTRO

Lorna Muñoz Arias (@cocinerachilota) est une chercheuse chilote en gastronomie, mais aussi la propriétaire et cheffe du Restaurant Travesía.

Rejoignez la **Feria Yumbel** à pied pour y faire le plein de bonnes victuailles et avaler un bon petit-déjeuner à la **Cocineria Sra Amanda**. Sur le chemin du retour, repérez l'**Iglesia San Francisco de Castro**, d'un jaune éclatant. Quand sonne midi, prenez la direction de l'**Humedal de Putemún** (marécage de Putemún), en ayant sous le bras le livre **Guía Aves de Chile**. Vous pourrez y observer les oiseaux migrateurs qui viennent ici chaque année. Juste à côté, il y a **Rucalaf**, un délicieux restaurant.

COMMENT CIRCULER

Castro se parcourt aisément à pied, mais préparez-vous à transpirer un peu pour grimper la côte depuis Puente Gamboa.

INCONTOURNABLES **1** Puente Gamboa Mirador **SE LOGER** **2** Bledford Chiloé	**3** Palafito 1326 **4** Palafito Entre Mar y Tierra B&B **5** Palafito Hostel **6** Palafito Waiwen	**PRENDRE UN VERRE ET FAIRE LA FÊTE** **7** Palafito Patagonia **voir 3** Terraza 1326

Splendides palafitos

COULEURS SUR PILOTIS

Castro est le meilleur endroit pour découvrir des *palafitos* à Chiloé. Ces logements furent à l'origine installés par des paysans sans terre au XIXe siècle. Depuis la rue, les bâtiments ressemblent aux autres maisons de Castro. Mais, à l'arrière, leurs façades colorées sont perchées sur pilotis, les pieds dans l'eau. Hôtels, auberges de jeunesse, restaurants et bars occupent désormais ces lieux singuliers qui font le charme touristique du chef-lieu de Chiloé.

On peut voir des *palafitos* à six endroits différents, mais la plus belle vue est sans conteste celle depuis le **Puente Gamboa Mirador**, un pont à l'ouest du centre-ville. Envie d'aller plus loin ? Vous pourrez boire un verre, manger et même dormir dans un *palafito*. Les hébergements se concentrent du côté d'Ernesto Riquelme et de Pedro Montt. Citons ainsi **Palafito Hostel, Palafito Waiwen**, **Palafito 1326** et **Bledford Chiloé** sur le premier, avec des chambres simples à partir de 35 000 $CH et des appartements très confortables à 271 000 $CH la nuit. Dans Pedro Montt, **Palafito Entre Mar y Tierra B&B** et **Sizigia**, ne manquent pas d'élégance.

Pour goûter au meilleur expresso de Castro, poussez la porte du **Palafito Patagonia**. Trinquez à la santé des cygnes qui se regroupent ici à la tombée de la nuit avec un Pisco sour de la **Terraza 1326**.

Environs de Castro

Le Parque Nacional Chiloé et le Parque Tantauco veillent sur les flots écumants de la côte Pacifique, la forêt sempervirente et la faune sauvage chilote.

Les deux destinations les plus protégées de Chiloé recouvrent une magnifique partie du territoire de l'île (la troisième plus grande d'Amérique du Sud), à l'est et à l'ouest de son chef-lieu. Le vent fait trembler les feuilles de cette forêt millénaire, cœur sauvage abritant une incroyable faune. La forêt sempervirente du **Parque Nacional Chiloé** (430 km^2) débouche sur des plages longeant le fougueux Pacifique, offrant une inoubliable journée de randonnée. Le **Parque Tantauco** est une réserve naturelle privée, étalée sur 1 180 km^2 au sud de l'île, créée (et possédée) par Sebastián Piñera, président du Chili de 2010 à 2014 puis de 2018 à 2022. Il faut compter 3 heures de route depuis Castro. Là-bas, vous pourrez succomber à l'appel de la randonnée, avec un formidable itinéraire de plusieurs jours, d'un refuge à l'autre.

Pour les infos pratiques, voir le Carnet d'adresses p. 293

À SAVOIR

Le point d'accès le plus simple au Parque Nacional Chiloé est à Cucao, à 1 heure de route au sud-ouest de Castro.

Parque Nacional Chiloé (p. 286)

CHILOÉ MINIATURE

La très photogénique **Isla Mechuque** (qui appartient aux Islas Chauques, que d'aucuns considèrent comme le plus beau chapelet d'îles de Chiloé), est une sorte de Chiloé miniature, idéale pour une escapade. Des maisons couvertes de *tejuelas* (bardeaux de bois), un magnifique point de vue, un pont pittoresque, du *curanto al hoyo* et des *palafitos* : tout y est, dans une ambiance d'antan, accessible par bateau. La *Niña Hermosa* part le plus souvent de Quicavi, à 59 km au nord-est de Castro. Il vous faudra y passer la nuit pour une question d'horaires. L'**Hospedaje Maria Humilde** est une valeur sûre. La plupart des visiteurs choisissent plutôt une excursion organisée à la journée. **Turismo Pehuén**, agence de Castro, offre la meilleure expérience, avec une formule en petit groupe de 20 personnes maximum, sur réservation uniquement.

RAIMUNDO VARGAS A/SHUTTERSTOCK ©

Parque Tantauco

En quête de rivages perdus

PLAGE SECRÈTE ET FAUNE SAUVAGE

Le **Parque Nacional Chiloé** et ses 430 km^2 de superficie forment un trésor naturel sur la côte ouest de l'île, entre falaises accidentées, forêt sempervirente immaculée et plages de sable. Et cet extraordinaire site protégé est assez facile à atteindre. Depuis Cucao, vous pourrez filer droit vers le **secteur de Chanquín**, au sud – bien plus simple que le secteur nord du parc, à Chepu (qui englobe l'Isla Metalqui et sa colonie de lions de mer, mais n'est que très peu accessible), et le secteur central à Abtao (accès restreint par la Conaf, accessible uniquement après 18 km de randonnée). Il y a huit sentiers de randonnée officiels, de longueurs variées, et dont le plus apprécié est le **Sendero Chanquín-Cole Cole**. Ses 25 km épousent la côte, longent le Lago Huelde, pour atteindre le Río Cole Cole et l'une des plages isolées les plus belles du Chili – la raison même pour laquelle on entreprend ce périple humide en pleine nature.

OÙ SE LOGER DANS LES ENVIRONS DE CASTRO

Hospedaje Mirella
Près de l'étonnante église bleue de Tenaún, Mirella et sa famille régalent leurs convives de repas en plusieurs services. **$**

Palafito Cucao Lodge
Rien de mieux à Cucao que ce lodge les pieds dans l'eau, avec des chambres très tendance et un dortoir de six couchages. **$**

Refugio de Navegantes
Adresse la plus élégante de Dalcahue, ce boutique-hôtel de cinq chambres est installé à l'étage d'un café branché. **$$$**

Il faut s'équiper, car on est ici à la merci des tempêtes venues du Pacifique et des averses abondantes (300 cm annuels en moyenne). Si maints voyageurs partent avec l'idée de faire la boucle (avec retour à Cucao), la plupart ne dépassent pas le village traditionnel de **Huentemó**. Mieux vaut partir avec de quoi manger (vous ne pourrez plus faire d'achats après Cucao) et votre équipement de camping ou organiser votre trajet vers/depuis Huentemó. Prévoyez de passer la nuit à la **plage de Cole Cole**, où il y a un camping (tenu par des habitants originaires de l'île) et un *refugio* tout simple. En chemin, la faune sauvage est omniprésente. Parmi les animaux, mentionnons le rare poudou (le plus petit cervidé au monde), qui se cache à l'ombre de la forêt, parmi les branches de *tepú*. Le sentier sinue ainsi au cœur de la forêt sempervirente et offre des panoramas d'une grande beauté sur le rivage. Un paradis à l'âme résolument pacifique.

Balade en forêt

RANDO D'UN REFUGE À L'AUTRE

Isolement, difficultés d'accès et quota de visiteurs : ici, on veille à ce que les amoureux de la nature prêts à entreprendre la randonnée de six jours dans le **Parque Tantauco** soient justement récompensés pour leurs efforts. Cette réserve à la beauté frappante, difficilement accessible, est, selon Conservation International, l'un des 25 hauts lieux de biodiversité à l'échelle mondiale. C'est également l'un des rares parcs chiliens que l'on peut traverser à la faveur d'une randonnée de plusieurs jours d'un refuge à l'autre.

Seuls huit randonneurs par jour peuvent s'aventurer sur les 130 km de sentier que compte le parc, dont les tronçons sont reliés par six *refugios* rudimentaires. Apportez vos provisions. Au bout du chemin, à **Inío**, vous attendent une superbe pension et des repas maison. Être loin de tout revêt un nouveau sens au cœur de la forêt humide valdivienne, qui abrite une loutre endémique, des renards de Darwin et des poudous. Le plus petit marsupial (le *monito del monte*) et le plus grand mammifère au monde (la baleine bleue, dans les eaux environnantes) sont ici chez eux.

Cette expérience (randonnée, camping et observation de la faune sauvage dans un splendide écrin de nature) a un prix. Il vous faudra payer le trajet jusqu'au point de départ à Chaiguata (120 000 $CH jusqu'à quatre personnes), plus 20 000 $CH par personne et par nuit pour les *refugios* et un retour par les airs pour quitter Inío (320 000 $CH par personne). Sinon, **Chiloé Natural**, partenaire touristique officiel du parc, pourra tout organiser pour vous, avec guide et chef cuisinier.

LODGES LOIN DE TOUT À CHILOÉ

Isla Bruja Lodge
Sur l'estuaire de Palidad, un havre de paix à 15 km au sud-ouest de Queilén. $$$

Huillín Lodge
Six cabanes surélevées, en pin, donnant sur le Lago Huillinco et la forêt de Quiao, à Cucao, 20 km à l'est du secteur de Chanquín, dans le Parque Nacional Chiloé. $$$

OCIO Territorial Hotel
Hôtel au bardage de bois traditionnel, avec vue sur le fjord de Castro et efforts écoresponsables. $$$

Tierra Chiloé
Beau refuge posté à la lisière du plus vaste marais de Chiloé, avec ses arbres endémiques, son béton brut et une vue mémorable sur la péninsule de Rilán. $$$

COMMENT CIRCULER

Cucao, porte d'accès principale au Parque Nacional Chiloé à proximité du secteur de Chanquín, au sud, est bien desservi par Buses Unión Expresos et Buses Ojeda, au départ du Terminal de Buses Municipal de Castro (Pje. Gómez 670). Pour vous rendre au Parque Tantauco, il vous faudra disposer d'un véhicule ou vous être organisé de votre côté.

Carnet d'adresses

ANCUD

Museo de las Iglesias de Chiloé
Voir p. 278 (Federico Errázuriz 227 ; don apprécié 500 $CH ; 9h30-19h jan-fév, 9h30-13h et 15h-18h lun-ven, 9h30-17h sam mars-nov)

Museo Regional de Ancud Aurelio Bórquez Canobra
Voir p. 278 (www.museodeancud.gob.cl ; Libertad 370 ; entrée libre ; 10h-19h30 jan-fév, 10h-17h mar-ven, 10h-14h sam-dim mars-déc)

Austral Adventures
Voir p. 278 (65-262-5977 ; austral-adventures.com ; Avenida Costanera 904 ; 9h-18h lun-ven)

Chiloé Natural
Voir p. 278 (65-253-4973 ; www.chiloenatural.com ; Blanco Encalada 100, Castro ; 10h-21h lun-sam, 10h-14h dim, horaires réduits en hiver)

13 Lunas Hostel
Voir p. 277 (65-262-2106 ; www.13lunas.cl ; Los Carrera 855)

Chil-Hué
Voir p. 277 (9-9442-2161 ; www.chil-hue.com ; Playa Lechagua)

Hostal Mundo Nuevo
Voir p. 277 (65-262-8383 ; www.mundonuevohostal.com ; Avenida Salvador Allende 748)

Ajo Panadería Artesanal
Voir p. 276 (@ajopanaderiaartesanal ; Baquedano 90 ; lun-ven 10h-21h)

Café Blanco
Voir p. 278 (Eleuterio Ramírez 395 ; 7h30-20h lun-sam, 9h-20h dim)

Club Social Baquedano
Voir p. 276 (65-262-3633 ; www.facebook.com/clubsocial.baquedano ; Baquedano 469 ; 13h-minuit lun-sam)

El Jardín Cervecero
Voir p. 277 (65-262-3133 ; @eljardin_cervecero ; Baquedano 4 ; 18h-minuit mar-jeu et dim, 13h-2h ven-sam)

Indómito
Voir p. 276 (9-4552-4553 ; www.mundonuevohostal.com ; Avenida Salvador Allende 748 ; 13h-17h dim-lun, 13h-23h mar-sam)

Kuranton
Voir p. 278 (65-262-3090 ; Arturo Prat 94 ; 12h-16h mar-sam)

La Corita
Voir p. 278 (9-9151-2870 ; Arturo Prat 161 ; 10h-22h lun-sam)

Restaurant Quetalmahue
Voir p. 278 (9-8791-9410 ; W-20, Quetalmahue ; 13h-18h mer-dim)

Wabi Sabi
Voir p. 276 (9-6507-0107 ; @wabisabi_sushiancud ; Arturo Prat 356 ; 15h-21h lun-sam)

Mercado Municipal
Voir p. 278 (Prat, angle Dieciocho et Libertad ; 9h30-19h)

ENVIRONS D'ANCUD

Muelle de la Luz
Voir p. 281 (9-8351-5946/9-3427-1194 ; 25 000 $CH/pers, transport inclus ; Chepu ; 10h-19h)

Austral Adventures
Voir p. 281 (65-262-5977 ; austral-adventures.com ; Avenida Costanera 904, Ancund ; 9h-18h lun-ven)

Chiloé Natural
Voir p. 281 (65-253-4973 ; www.chiloenatural.com ; Blanco Encalada 100, Castro ; 10h-21h lun-sam, 10h-14h dim, horaires réduits en hiver)

Ecoturismo Puñihuil
Voir p. 281 (9-8317-4302 ; pinguineraschiloe.cl ; Puñihuil ; 9 000 $CH/pers)

13 Lunas Hostel
Voir p. 281 (65-262-2106 ; www.13lunas.cl ; Los Carrera 855, Ancund)

Agroturismo Chepu
Voir p. 280 (9-9635-0226/9-8523-6960 ; www.agroturismochepu.cl ; Camino Ancud-Castro, Km 25, Chepu)

Alihuen
Voir p. 280 (9-7489-9510 ; www.travelchiloe.com ; Chepu)

Casa Damasco
Voir p. 281 (9-8556-8446 ; Errázuriz 209, Ancud)

Costa Pacifico
Voir p. 280 (9-7711-6018 ; Puñihuil ; 12h-20h dim-ven, 12h-21h30 sam)

CASTRO

Chiloé Natural
Voir p. 287 (☎9-63-197-388 ; www.chiloenatural.com ; tours@chiloenatural.com)

Turismo Pehuén
Voir p. 286 (☎65-263-5254 ; turismopehuen.cl ; Chacabuco 498, Castro ; excursions à partir de 70 000 $CH ; 9h-21h30 lun-sam, horaires réduits en hiver)

Bledford Chiloé
Voir p. 284 (☎9-8211-2469 ; bledfordchiloe.cl ; Ernesto Riquelme 1438)

Palafito 1326
Voir p. 284 (☎65-253-0053 ; palafito1326.com ; Ernesto Riquelme 1326)

Palafito Entre Mar y Tierra B&B
Voir p. 284 (☎65-268-1810 ; marytierra.inn.fan ; Pedro Montt 547)

Palafito Hostel
Voir p. 284 (☎65-253-1008 ; palafitohostel.com ; Ernesto Riquelme 1210)

Palafito Waiwen
Voir p. 284 (☎9-5729-3521 ; palafitowaiwen.com ; Ernesto Riquelme 1236)

Sizigia
Voir p. 284 (☎65-268-5149 ; sizigia.cl ; Pedro Montt 817)

Cocineria Sra Amanda
Voir p. 284 (☎9-3696-6235 ; Yumbel 863 ; tlj)

Feria Yumbel
Voir p. 284 (Yumbel 863 ; 8h-20h, jusqu'à 19h en hiver)

Restaurant Travesía
Voir p. 284 (☎65-263-0137 ; www.facebook.com/restaurantravesia ; Eusebio Lillo 188 ; 13h-23h lun-sam, 13h-16h dim)

Rucalaf
Voir p. 284 (☎9-5610-0782 ; Ruta a Rilán, Km 3,6, Putemún ; 12h-17h dim-lun, 12h-22h30 mar-sam)

MATHESS/GETTY IMAGES ©

Museo de las iglesias de Chiloé

Palafito Patagonia
Voir p. 284 (www.facebook.com/palafitopatagonia ; Pedro Montt 651 ; 12h-21h, horaires réduits en hiver)

Terraza 1326
Voir p. 284 (☎9-4235-2276 ; palafito1326.com ; Ernesto Riquelme 1326 ; 13h-16h et 18h-22h30)

ENVIRONS DE CASTRO

Parque Nacional Chiloé
Voir p. 286 (www.conaf.cl ; adulte/enfant 6 000/3 000 $CH ; 9h-19h30 déc-mars, 9h-17h30 avr-nov)

Parque Tantauco
Voir p. 287 (www.parquetantauco.cl ; adulte/enfant 5 000/1 000 $CH)

Chiloétnico
Voir p. 283 (☎9-6849-2618 ; chiloetnico.cl ; Parcela 2, Pidpid , découverte des églises, excursion à la journée à partir de 130 000 $CH/pers)

Hospedaje Maria Humilde
Voir p. 286 (☎9-9012-6233 ; Isla Mechuque)

Hospedaje Mirella
Voir p. 286 (☎9-9647-6750 ; Calle Virgen María, Tenaún)

Huillín Lodge
Voir p. 287 (☎9-9825-4463 ; Huillinco)

Isla Bruja Lodge
Voir p. 287 (☎9-7732-3226 ; Estero Paildad, Comuna de Queilén)

OCIO Territorial Hotel
Voir p. 287 (☎65-287-0942 ; www.ocioterritorial.com ; Huenuco)

Palafito Cucao Lodge
Voir p. 286 (☎9-8403-4728 ; palafitocucaolodge.com ; Cucao)

Refugio de Navegantes
Voir p. 286 (☎65-264-1128 ; San Martín 165, Dalcahue)

Tierra Chiloé
Voir p. 287 (☎65-277-2080 ; www.tierrachiloe.com ; Bahía Pullao, San José Playa)

NORD DE LA PATAGONIE

MONTAGNES, RIVIÈRES, GLACIERS ET FJORDS

Sculpté par la glace et l'eau, le nord de la Patagonie est une région rude et mouvementée où souffle un vent d'aventures.

Des pics andins et glaciers craquelés des champs de glace patagoniens aux forêts valdiviennes peuplées d'alerces et aux impressionnants rapides du Río Futaleufú, le nord de la Patagonie est synonyme d'immensités sauvages. Ces paysages extrêmes attirent les intrépides et inspirent de grandes idées sur la préservation de l'environnement, tandis que le climat imprévisible et les occasionnelles éruptions volcaniques constituent un défi permanent pour ceux qui vivent sur ces terres.

Cette région est la dernière à avoir été colonisée, à partir du début du XXe siècle, et plusieurs villes comptent à peine cinquante ans d'existence. Les premiers habitants de la région étaient nomades, les Aónikenk parcourant la steppe aride, les Chonos et les Kaweskars pagayant dans les eaux turbulentes des fjords. La géographie accidentée a longtemps découragé les Européens de s'installer. Bien des expéditions visitèrent la région aux XVIIIe et XIXe siècles, parfois en espérant trouver un passage protégé vers l'Atlantique.

Il a fallu attendre 1976 pour que naisse le projet de rattacher à l'identité chilienne ces confins oubliés, et vingt ans de travaux pour que la Route australe relie ces localités l'une à l'autre. Longue de 1 240 km et partiellement asphaltée, elle est l'un des plus beaux road trips au monde.

Les luttes pour la préservation des ressources naturelles sont au cœur des questions actuelles : impact de l'élevage du saumon, résistance face aux projets de barrages hydroélectriques, recherche de compromis pour la conversion de grands élevages en parcs nationaux. Le tourisme n'est ici qu'à ses balbutiements, avec tout le charme et les imprévus que cela implique. La récompense du périple réside autant dans les paysages époustouflants traversés que dans le soutien apporté aux communautés locales.

SITES PRINCIPAUX

LA ROUTE AUSTRALE
Au bout du monde, le road trip d'une vie. p. 296

FUTALEUFÚ
Aventures tumultueuses dans des rapides de classe mondiale. p. 307

PARQUE NACIONAL LAGUNA SAN RAFAEL
Glaciers, icebergs et fjords aux côtes spectaculaires. p. 311

PARQUE NACIONAL PATAGONIA
Un safari inoubliable à la sud-américaine. p. 317

À gauche : pont suspendu, Valle Exploradores (p. 312). Ci-dessus : Parque Nacional Laguna San Rafael (p. 311).

S'orienter

Cette interminable frange montagneuse du Chili peut sembler intimidante au premier abord. Qu'on l'explore dans ses moindres recoins ou que l'on se contente d'y passer un moment, c'est le genre d'endroit où savoir prendre son temps apporte moult récompenses.

FERRY

Enclavée, la Route australe est entrecoupée de plusieurs traversées en ferry. La plupart des voyageurs prennent un ferry Naviera Austral (www.navieraustral.cl) depuis Puerto Montt ou Quellón, sur l'Isla Chiloé, et débarquent à Chaitén ou Puerto Chacabuco. Il est possible d'arriver par le sud, grâce à un car-ferry Transbordadora Austral (www.tabsa.cl) reliant Puerto Natales à Caleta Tortel et Puerto Yungay.

Futaleufú, p. 307
Des rapides de classe mondiale où faire le plein de sensations fortes. Fanas de kayak et de rafting y côtoient désormais les éleveurs historiques.

Route australe, p. 296
Un itinéraire sauvage à travers certains des écosystèmes montagneux, forestiers et riverains les plus spectaculaires du Chili, avec des escales dans des localités jadis isolées en plein développement.

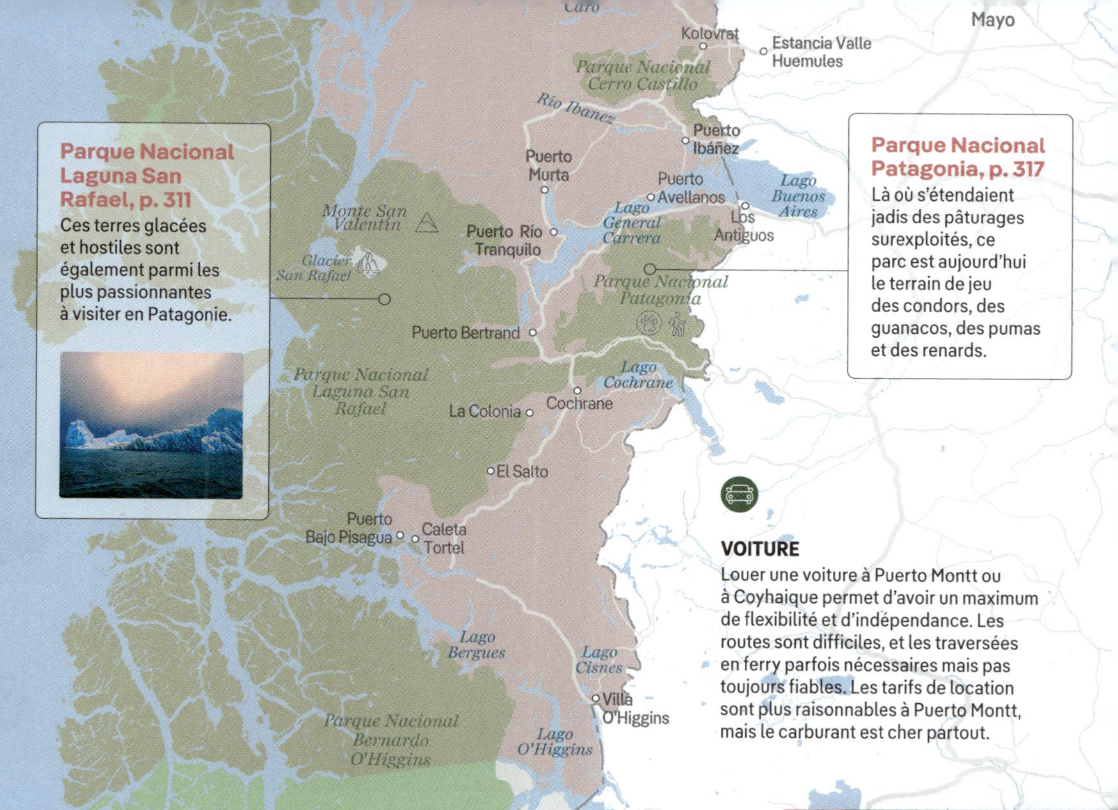

BUS

Certaines lignes de bus ne fonctionnent que quelques jours par semaine. De décembre à février, les bus longue distance sont souvent complets – réservez au moins trois jours à l'avance. Les voyageurs se déplaçant en bus finissent souvent par faire de l'autostop (censé être sûr dans la région mais déconseillé par Lonely Planet).

AVION

Pour les longues distances, l'avion permet de gagner un peu de temps. LATAM, Sky Airline et Jet Smart desservent la région avec des vols entre Santiago, Puerto Montt et Coyhaique. Il y a aussi des vols charters, et des lignes régionales relient parfois Puerto Montt, Chaitén, Coyhaique, Cochrane et Villa O'Higgins.

Parque Nacional Laguna San Rafael, p. 311

Ces terres glacées et hostiles sont également parmi les plus passionnantes à visiter en Patagonie.

Parque Nacional Patagonia, p. 317

Là où s'étendaient jadis des pâturages surexploités, ce parc est aujourd'hui le terrain de jeu des condors, des guanacos, des pumas et des renards.

VOITURE

Louer une voiture à Puerto Montt ou à Coyhaique permet d'avoir un maximum de flexibilité et d'indépendance. Les routes sont difficiles, et les traversées en ferry parfois nécessaires mais pas toujours fiables. Les tarifs de location sont plus raisonnables à Puerto Montt, mais le carburant est cher partout.

Planifier son séjour

S'il est une région chilienne où il faut savoir jouer avec la météo, c'est bien le Nord patagonien. Lorsque le temps est clément, on profite pleinement de la journée. Et, s'il pleut à verse, on s'équipe d'un bon imperméable, on se chausse en conséquence et l'on sort.

GUAXINIM/SHUTTERSTOCK ©

Lago General Carrera (p. 306)

Si vous avez peu de temps

- Filez directement vers **Futaleufú** (p. 307), paradis du rafting, et passez quelques jours sur les rapides tumultueux de ce splendide **río** (p. 308) dans l'embarcation de votre choix. Séchez-vous avant de partir **randonner** (p. 309) dans les belles montagnes autour.

- Casez une visite du redoutable volcan et des antiques forêts d'alerces du **Parque Nacional Pumalín** (p. 300), l'un des plus grands parcs de la région. Ces aventures vous donneront un tout petit aperçu de la **Route australe** (p. 296), et vous pourrez même faire une halte pour soulager vos muscles endoloris dans une célèbre **source chaude** (p. 300).

Au fil des saisons

Les fleurs sauvages colorent les paysages au printemps. L'été est la meilleure période pour visiter la région en bus. L'hiver est glacial, mais propice au ski ou aux raquettes.

JANVIER

Les **vacances scolaires** annoncent la haute saison. Hébergements et excursions sont très vite complets : réservez largement en amont.

FÉVRIER

On est toujours en pleine haute saison. Le **festival Costumbrista** célèbre la culture des pionniers et les villages de la région sont en fête.

AVRIL

Il pleut de plus en plus, surtout sur la côte ouest, d'où ses couleurs verdoyantes !

MONICA QUINTA/SHUTTERSTOCK ©, RHJPHTOTOS/SHUTTERSTOCK ©, KNIK/SHUTTERSTOCK ©

Si vous avez deux semaines

- Une fois atterri à Coyhaique, filez au sud par la **Route australe** (p. 296), pour le **Cerro Castillo** (p. 304). Sa randonnée jusqu'à ses flèches de basalte, et sa lagune alimentée par des glaciers est à couper le souffle.

- Continuez vers Puerto Río Tranquilo. En canot à moteur ou en kayak, explorez les **Capillas de Mármol** (p. 306) avant de marcher ou de prendre un bateau vers les glaciers du **Parque Nacional Laguna San Rafael** (p. 311).

- Descendez jusqu'à **Cochrane** (p. 321) et explorez à pied ou en bateau les paysages sauvages du **Parque Nacional Patagonia** (p. 317).

- Sortez de la Route australe pour rejoindre **Chile Chico** (p. 322) si vous pouvez trouver un ferry pour regagner Coyhaique.

Si vous avez plus de temps

- De Puerto Montt, suivez la **Route australe** (p. 296) pour randonner dans la forêt pluviale et sur les volcans du **Parque Nacional Pumalín** (p. 300).

- Faites un détour par **Futaleufú** (p. 307) pour tester ses eaux vives.

- Revenez vers le **Parque Nacional Queulat** (p. 302) pour une randonnée sur les glaciers avant de filer au sud à la recherche d'une **source chaude** (p. 306).

- À Coyhaique, partez pour une **randonnée équestre** (p. 303) ou allez voir les **condors** (p. 303). Puis visitez les **Capillas de Mármol** (p. 306), vers Puerto Río Tranquilo, et les glaciers du **Parque Nacional Laguna San Rafael** (p. 311).

- Partez observer les guanacos dans le **Parque Nacional Patagonia** (p. 317) avant d'arpenter les promenades en bois à **Caleta Tortel** (p. 315).

JUIN

L'hiver commence et les températures chutent régulièrement en dessous de 0°C. La pluie ne faiblit pas dans toute la région.

OCTOBRE

Le printemps est là, les pros du **rafting** se rassemblent à Futaleufú pour affronter le fleuve gonflé par la fonte des neiges.

NOVEMBRE

Les lupins jaunes, violets, roses et blancs envahissent le paysage tout au long de la Route australe, dans les parcs et le long des cours d'eau.

DÉCEMBRE

Le mois idéal pour un **road trip** sur la Route australe : les températures grimpent, les fleurs sauvages ne sont pas encore fanées, et il y a moins de voyageurs.

NIXY JUNGLE/SHUTTERSTOCK ©, MARTIN PASTENE/SHUTTERSTOCK ©, SUNSINGER/SHUTTERSTOCK ©, DANITA DELIMONT/SHUTTERSTOCK ©

ROUTE AUSTRALE

Les 1 240 km entre Puerto Montt et Villa O'Higgins portent le nom ambitieux de Carretera austral. Eu égard aux paysages traversés, l'appellation de "grande route australe" est tout appropriée. Achevée en 1996, après vingt ans de travaux, la construction de la Route australe était la volonté du général Pinochet (1973-1990), qui voyait là un ouvrage symbolique pour rattacher à l'identité nationale les avant-postes isolés, plus proches de l'influence argentine que du pouvoir central.

Impatients de rejoindre le sud de la Patagonie, les voyageurs tentent souvent de gagner au plus vite le Parque Torres del Paine, mais prenez le temps d'apprécier les trésors infinis à découvrir tout autour de ce trajet légendaire. Dans sa partie nord, l'essentiel de la route est goudronné, mais seul le ferry permet de franchir certains tronçons, là où mer et montagne se rencontrent. Passé Villa Cerro Castillo, les longues portions de route en terre et en gravier restent en revanche un défi à l'image du paysage.

Carretera Austral, Villa Cerro Castillo

Pour les infos pratiques, voir le Carnet d'adresses p. 323

À SAVOIR

Soyez flexible quant à votre itinéraire et restez paré à toute éventualité : orages, nids-de-poule géants, retards de ferrys, crevaisons ou rochers bloquant la route. Pour vos haltes randonnée, prévoyez de solides chaussures de marche, ainsi qu'une veste de pluie très technique.

AU VOLANT

Ayez toujours une roue de secours, un cric et des câbles de démarrage. Roulez tout le temps phares allumés comme le prescrit le Code de la route chilien et évitez la conduite de nuit. Faites le plein dès que l'occasion se présente et prévoyez de l'eau et des en-cas au cas où vous seriez bloqué. Prévoyez plus de temps en raison des travaux routiers et des passages de bétail. Arrêtez-vous si vous voyez que quelqu'un a besoin d'aide. Conservez une distance raisonnable avec les camions, le bris de pare-brise étant monnaie courante. Et prudence : profitez des splendeurs du paysage... tout en gardant un œil sur la route !

INCONTOURNABLES
1 Baños Termales Pichicolo
2 Lago General Carrera
3 Parque Nacional Pumalín
4 Ventisquero Colgante

VOIR
5 Parque Nacional Cerro Castillo
6 Parque Nacional Queulat

ACTIVITÉS
7 Cabañas Lahuan
8 Fundo Panguilemu
9 Punta del Monte
10 Puyuhuapi Lodge & Spa

OFFICE DU TOURISME
11 Casa del Turismo Rural

Capillas de Mármol (p. 306), Puerto Río Tranquilo

ROAD TRIP

La Carretera Austral

Réservée aux conducteurs aguerris, la Route australe longe certains des paysages les plus spectaculaires de Patagonie. Forêts pluviales exubérantes, steppes broussailleuses, volcans fumants, montagnes enneigées et vastes exploitations agricoles défilent à la fenêtre. Mais c'est l'eau qui définit véritablement ces paysages : rivières limpides en cascades, lacs turquoise, glaciers massifs et fjords labyrinthiques. Cet itinéraire passe par les sites clés de la Route australe tant pour le ravitaillement que pour l'environnement et le patrimoine humain.

1 Hornopirén

Les adeptes du road trip intégral démarrent de Puerto Montt, nœud de transports de la région des lacs et lieu d'élevage du saumon en bord de fjord. À proximité, vous trouverez des chutes d'eau, des sources chaudes et l'arrière-pays montagneux du Parque Nacional Hornopirén. Explorez le parc et faites le plein de provisions dans les petits kiosques de la ville.

La route : rejoindre Caleta Gonzalon, au sud, nécessite deux belles traversées en ferry à réserver en ligne (barcazas.cl). Une fois à terre, il reste 55 km à parcourir jusqu'à Chaitén.

2 Chaitén

L'éruption du Volcán Chaitén voisin a détruit de nombreuses maisons le 2 mai 2008. Aujourd'hui reconstruite, la ville a ouvert en 2023 un musée dédié à la catastrophe. Plaque tournante de la partie nord du parcours, Chaitén sert également de base pour l'exploration du Parque Nacional Pumalín, une étendue vierge de forêt pluviale tempérée dont un sentier mène à un point de vue sur le cratère encore fumant du volcan.

La route : entièrement goudronné et indéniablement agréable, le trajet de 200 km jusqu'à Puyuhuapi est ponctué de fjords, de lacs et de gués qui semblent relever du monde rêvé.

3 Puyuhuapi

Tout au fond d'un fjord magnifique remontant au nord, ce pittoresque village a été fondé en 1935 par des Allemands qui y travaillèrent la terre et tissèrent des tapis de première qualité. C'est aujourd'hui la porte d'entrée du Parque Nacional Queulat et une station thermale réputée.

La route : la première partie de ce trajet de 233 km est venteuse, non goudronnée et toujours en cours de construction. Après l'embranchement pour Ventisquero Colgante (p. 302), la route est asphaltée jusqu'à Coyhaique.

4 Coyhaique

Capitale de la province rurale d'Aysén, Coyhaique s'étend au pied d'une chaîne vallonnée où broute paisiblement du bétail sur fond de pics rocheux enneigés. Les voyageurs y trouvent tout ce dont ils ont besoin, et c'est aussi un point de départ pour des aventures variées : pêche à la mouche, randonnée pédestre ou équestre, observation des condors...

La route : cette portion de 100 km, asphaltée et splendide, file vers le sud jusqu'aux portes d'une des plus belles randonnées de la région.

5 Villa Cerro Castillo

Sous les tours basaltiques étincelantes du Cerro Castillo, cette petite ville à l'ambiance aussi poussiéreuse que chaleureuse est une bonne base pour explorer le parc éponyme. En février, artistes et artisans du Chili et d'Argentine rejoignent son festival Costumbrista, l'occasion d'apprécier le rodéo patagonien.

Ventisquero Colgante (p. 302)

La route : ici, ça commence à secouer. Les 120 km qui viennent ne sont pratiquement pas goudronnés, mais rejoindre le Lago General Carrera, d'un bleu surréaliste, se mérite.

6 Puerto Río Tranquilo

Ce village de maisons en bardeaux sur la rive occidentale du lac est en pleine expansion Entre autres aventures en plein air, envisagez une excursion aux “grottes de marbre” ou sur les glaciers du Parque Nacional Laguna San Rafael. L'hébergement est ici correct mais coûteux, la cuisine goûteuse et l'on a inauguré en 2022 un petit musée d'histoire.

La route : les imprévus ne sont pas rares sur le tronçon non asphalté de 115 km menant à Cochrane. Le trajet est d'une beauté saisissante, notamment à la confluence des *ríos* Baker et Neff.

7 Cochrane

Cet ancien avant-poste dédié à l'élevage est la principale localité de la portion sud de la Route australe. La proximité du Parque Nacional Patagonia en fait une destination montante, la Reserva Nacional Tamango n'étant qu'à quelques minutes. Cochrane constitue une base idéale pour explorer glaciers et rivières ou pour une sortie pêche sur le Lago Cochrane.

La route : non asphaltés et particulièrement difficiles, les 234 km entre Cochrane et la fin de la Route australe sont de loin les moins fréquentés.

8 Villa O'Higgins

Ce village mythique séduit par son isolement. Fondé par des Anglais en 1914, l'avant-poste n'a attiré que peu de Chiliens, et la route n'y est arrivée qu'en 1999. Les alentours s'explorent à cheval ou à pied, sont fantastiques pour la pêche et permettent un accès en bateau au Glacier O'Higgins. C'est un important point de passage pour les randonneurs effectuant la traversée vers l'Argentine depuis Chaitén.

L'ALERCE : DOYEN DES ARBRES ?

Les alerces, des conifères à croissance lente, jouent un rôle clé dans les forêts tempérées humides de Patagonie, mais les qualités de l'alerce comme bois d'œuvre résistant et quasi imputrescible ont entraîné une surexploitation et sa quasi-disparition. Il est aujourd'hui illégal d'abattre des alerces vivants, tels ceux que vous verrez dans la région des lacs et dans les forêts du nord de la Patagonie. L'alerce est l'une des espèces d'arbres les plus hautes au monde (40 à 60 m) et les plus anciennes, certains spécimens pouvant vivre plus de 4 000 ans. Un alerce surnommé *Gran Abuelo*, dans le Parque Nacional Alerce Costero, aurait même 5 484 ans. Si cette dendrochronologie contestée était confirmée, il détrônerait Methuselah, un pin Bristlecone de Californie âgé de 4 789 ans, actuellement considéré comme le doyen des arbres.

Escales thermales sur la Route australe

DOUCE CHALEUR RELAXANTE DES SOURCES VOLCANIQUES

Rouler sur la Route australe n'est pas de tout repos, mais la présence de sources chaudes sur ces terres hautement volcaniques invite à se détendre et reprendre des forces grâce à leurs vertus curatives. Toutes les expériences sont permises, et à tous les prix.

À proximité du bourg salmonicole d'Hornopirén, plusieurs options relaxantes s'offrent à vous. La plus immédiate se trouve à seulement 10 km de route à l'ouest aux **Baños Termales Pichicolo** (www.termasdepichicolo.cl), à réserver de préférence. Une expérience plus intimiste est proposée par les hôtes des **Cabañas Lahuan** qui peuvent vous organiser une traversée du fjord de Comau suivie d'une randonnée à travers la forêt valdivienne jusqu'aux **Termas de Porcelana**, en bord de rivière, où vous attendent bassins thermaux, massages et bains de boue, ainsi qu'un restaurant et un camping avec bungalows.

Bien plus au sud, au-delà de La Junta (à mi-chemin entre Chaitén et Coyhaique), le **Puyuhuapi Lodge & Spa** est la plus exclusive et la plus luxueuse des sources chaudes de la région. Perché dans une forêt humide sur la rive ouest du Seno Ventisquero, l'établissement n'est accessible qu'en bateau. Les bâtiments mêlent l'aspect rustique des *palafitos* (maisons sur pilotis) de Chiloé et des influences bavaroises. Quatre bains extérieurs, dont un lagon ombragé de fougères, bordent les rives du lac – idéal pour faire trempette avant de sauter dans l'eau froide. Sophistiqué, le spa intérieur réunit des piscines d'eau froide, des Jacuzzis et un grand bassin à jets, et toute une gamme de soins et de massages est proposée.

Randonnée dans le Parque Nacional Pumalín

FORÊT HUMIDE TEMPÉRÉE ET VOLCANS TURBULENTS

Des environs d'Hornopirén au sud de Chaitén, un espace vierge et verdoyant de 2 889 km^2, le **Parque Nacional Pumalín** englobe de larges zones de forêt pluviale tempérée, des rivières limpides, des volcans fumants et des paysages maritimes. On doit l'existence de cette remarquable réserve privée au philanthrope américain Douglas Tompkins, décédé en 2015. Deux ans plus tard, le Chili a hérité par donation de ce parc modèle, avec des routes et sentiers bien entretenus, de nombreuses infrastructures et un impact minimal sur l'environnement. Les parties isolées au nord du parc sont le territoire ancestral des Chonos, un peuple nomade qui se déplaçait en canoë et vivait de la chasse aux lions de mer, de la pêche et de la récolte de coquillages et d'algues. Aujourd'hui encore, on ne peut accéder à ces zones qu'en bateau ou en

OÙ SE LOGER LE LONG DE LA ROUTE AUSTRALE

Hotel Hornopirén
Tenue avec sérieux par Señora Olivia, une adresse intimiste typique de Patagonie, avec vue royale sur le fjord. **$$**

Lodge Caleta Gonzalo
Petits bungalows à bardeaux surplombant le fjord de Reñihué, avec déco en bois brut. **$$**

Cabañas Pudu
Bungalows douillets avec poêle à bois et lits confortables, très appréciés des motards. **$**

GALYNA ANDRUSHKO/SHUTTERSTOCK ©

Parque Nacional Pumalín

kayak à travers les fjords, mais la Route australe traverse le parc au sud de Caleta Gonzalo et l'entrée est gratuite.

À la simple traversée en auto, on préférera sans doute s'arrêter le temps de faire une randonnée ou deux. À 14 km au sud de Caleta Gonzalo, le **Sendero Los Alerces** vous mènera sur 1 km à travers la forêt humide tempérée, passant par une *pasarela* (pont suspendu) et un bois d'alerces millénaires. Non loin de là, le **Sendero Cascadas Escondidas** offre une superbe randonnée d'une heure reliant un camping à une série de cascades. Mais la randonnée la plus gratifiante est celle de cinq heures aller-retour qui conduit jusqu'au cratère fumant du **Volcán Chaitén**, le sentier suivant une coulée pyroclastique à travers une forêt brûlée par la chaleur.

À 20 km au sud de Chaitén – la ville principale du Parque Pumalín –, le plus bel itinéraire à parcourir dans le Sector **El Amarillo** est un trek plat et dégagé de 10 km partant du camping de Ventisquero vers la base du Glaciar Michinmahuida : le **Sendero Ventisquero Amarillo**, qui mène jusqu'au glacier suspendu du même nom. Sinon vous pouvez envisager un parcours en boucle de 2,5 km, le **Sendero Ranita de Darwin** qui progresse au cœur d'une forêt en régénération ponctuée de trois points de vue spectaculaires. Le centre d'accueil des visiteurs qui fait face à l'entrée du parc saura vous conseiller et vous mettre en garde selon les conditions climatiques.

LES MEILLEURS CAMPINGS SUR LA ROUTE AUSTRALE

Sector Amarillo
Sur d'anciennes terres cultivées, des emplacements plats et dégagés avec vue. Site idéal dans le Parque Nacional Pumalín. $

Camping Ventisquero
Dans le Parque Nacional Queulat, 10 emplacements dotés de barbecues couverts, tables de pique-nique et douches chaudes. $

Camping Pudu
À Puerto Río Tranquilo, douches chaudes, laverie et sauna pour ce joli terrain en bord de plage. $

Senderos Patagonia
Proche du Parque Nacional Cerro Castillo, une auberge de jeunesse-camping où sont organisées randonnées pédestres et équestres. $

Puyuhuapi Lodge & Spa
Le plus réputé des hôtels-spas du Chili est lové au cœur d'une forêt sur la rive du Seno Ventisquero. $$$

Posada Queulat
Nichés au bord d'un fjord, de spacieux bungalows avec poêle à bois, services et activités haut de gamme. $$$

Huella Patagónica
Auberge de jeunesse en tôle ondulée. Dortoirs modernes avec lampes et prises électriques pour chaque lit. $

POURQUOI J'AIME LA ROUTE AUSTRALE

Ashley Harrell, auteure

La Route australe m'aide certes à oublier un temps les problèmes du monde, mais je l'aime surtout pour les difficultés inattendues qu'on y rencontre : des vaches qui se bousculent et bloquent toute la route, les virages en épingle au bord d'à-pics vertigineux plongeant vers des lacs glacés, et les distractions innombrables qui invitent à quitter la route des yeux (explosions de lupins, montagnes enneigées, condors en plein vol...). Sans parler de la poussière soulevée et des impressionnants nids-de-poule sur les kilomètres de piste non goudronnée. Pourtant, lorsqu'on arrive sur une portion asphaltée, le soulagement s'accompagne d'une pointe de regret.

LEONARDO OLIVER/SHUTTERSTOCK ©

Parque Nacional Cerro Castillo (p. 304)

Le Ventisquero Colgante

UN GLACIER ÉQUILIBRISTE MAIS ACCESSIBLE

En conduisant le long de la Route australe, il est de réels cadeaux tombés du ciel (ou presque !) tel cet impressionnant glacier suspendu dans le **Parque Nacional Queulat** qu'on appelle **Ventisquero Colgante**. Sa position instable au-dessus d'un précipice abrupt semble exclure toute approche, et pourtant il suffit de s'inscrire en ligne (www.aspticket.cl) pour aller y voir d'un peu plus près entre 9h et 14h30. Pour ce faire, vous quitterez la Route australe à 20 km au sud de Puyuhuapi, réglerez l'entrée au parc (9 000 $CH) et marcherez 200 m sur une promenade en planches (adaptée aux fauteuils roulants) jusqu'à un point de vue époustouflant, quoiqu'un peu lointain.

Outre cette première approche, il existe deux autre moyens pour s'approcher du glacier suspendu : par une randonnée ou en bateau. À pied, on parcourt 3,2 km en passant par un pont au-dessus des eaux tumultueuses du Río Ventisquero avant de pénétrer dans une épaisse forêt de fougères et de hêtres. La randonnée se poursuit sur la crête d'une moraine et à travers le parc de 1 540 km^2 qui chevauche la Route australe sur 70 km à mi-chemin entre Chaitén et Coyhaique. Le ciel est souvent couvert, mais, lorsque les nuages se dissipent, l'arrivée du sentier offre un panorama magique sur des falaises abruptes, des cascades, un lac d'un turquoise laiteux et le Ventisquero Colgante, rampant sur son promontoire.

Uniquement envisageable l'été, la troisième option pour admirer le glacier est d'embarquer à bord d'un canot pneumatique sur la **Laguna de los Témpanos**. Un sentier de

OÙ SE LOGER LE LONG DE LA ROUTE AUSTRALE

Patagonia House
Propriété luxueuse en lisière de Coyhaique, avec déco moderne et discrète, Jacuzzi et dîners gourmets. **$$**

B&B Cabañas Cerro Castillo
Sur la route du parc national, des chambres avec vue sur un jardin et les montagnes. Plus un petit-déjeuner savoureux. **$$**

Rimaya Hostel
Auberge douillette aux tons de terre, lits confortables... Le meilleur rapport qualité/prix à Puerto Río Tranquilo. **$**

600 m longe la rivière déchaînée jusqu'à un ponton d'où partent les croisières sur le lac (12 000$CH, en été seulement). Il y a un minimum de 4 personnes et un maximum de 10 personnes pour ces tours en bateau de 35 minutes, qui rasent le pied des cascades avant d'atteindre le glacier. Quelle que soit l'option choisie, emportez de quoi boire et manger (vous ne trouverez rien dans le parc).

La vie de gaucho

À CHEVAL !

Partie la plus accidentée et la plus reculée du Chili continental, le nord de la Patagonie est un lieu où seuls quelques individus téméraires sont venus mener une existence de pionnier, et qu'arpentaient jadis les cow-boys itinérants que l'on appelle gauchos. Les *estancias* (grandes fermes d'élevage) de la Patagonie rurale offrent un rare aperçu de ce mode de vie en voie de disparition, que l'on ne peut guère comprendre qu'à cheval.

Tout le long de la Route australe, les possibilités de tourisme rural et d'excursions équestres abondent, certains opérateurs proposant même des randonnées de plusieurs jours à travers la campagne. Nombre d'entre eux ne parlent que l'espagnol, mais la **Casa del Turismo Rural** de Coyhaique pourra vous aider à organiser des séjours en pension rurale et vous mettre en contact avec des guides. Essayez de réserver au moins une semaine à l'avance pour laisser le temps à ces intermédiaires d'établir un contact radio avec ces prestataires éloignés.

Pour un aperçu de la vie moderne dans une *estancia*, visitez le **Fundo Panguilemu**. Perché en lisière de Coyhaique derrière la superbe Reserva Nacional Río Simpson, ce ranch de 1 000 ha élève vaches et moutons selon les méthodes de l'agriculture raisonnée et avec une approche holistique. Des sorties guidées à cheval vous emmènent observer le rassemblement du bétail, visiter l'espace de tonte des moutons et explorer de vastes étendues sauvages laissées intactes par les propriétaires. Vous pourrez ensuite passer la nuit dans l'une des superbes yourtes surplombant le Río Simpson et vous laisser tenter par des repas exquis à base de produits locaux.

Le condor des Andes

AU PLUS PRÈS DU GRAND RAPACE

En descendant la Route australe, vous ne manquerez pas d'apercevoir des condors des Andes, le plus grand oiseau volant d'Amérique du Sud. Bien que ces rapaces géants au plumage noir, brun et blanc soient classés en voie d'extinction,

TERRES OUBLIÉES

Pendant des millénaires, des tribus indigènes, dont les Chonos et les Kaweskars (Alakalufs), ont vécu le long des bras de mer et des îles du nord de la Patagonie, tandis que les Tehuelches occupaient les steppes du continent. De la fin du XVIIIe siècle au début du XIXe siècle, les Européens se contentèrent d'expéditions, telle celle de Charles Darwin à bord du *Beagle* (1831-1836), sans pour autant s'installer.

Au début du XXe siècle, le gouvernement chilien commença à décimer et à déplacer de force les populations indigènes, concédant 10 000 km² de terres autour de Coyhaique à la Sociedad Industrial Aysén, basée à Valparaíso, pour l'exploitation du bétail et du bois. Des colons arrivèrent, réclamant des terres pour l'agriculture, et le nord de la Patagonie fut peu à peu intégré au reste du Chili.

Aujourd'hui, cette région reste isolée et peu peuplée, et ses villes n'ont guère plus de 70 ans.

OÙ SE RESTAURER LE LONG DE LA ROUTE AUSTRALE

El Quijote
Dans ce bar-restaurant, goûtez les délicieux poissons locaux accompagnés de frites ou de salade. **$**

El Muelle
Bière locale, cuisine allemande et poissons du fjord dans une maison à bardeaux avec vue sur le bras de mer. **$$**

CB Gastronomia Patagonia
La meilleure table de Coyhaique. Les morilles ont la vedette et le carpaccio d'agneau est à tomber. **$$$**

ils sont environ 6 700 à planer dans les cieux, et avec une envergure de 3 m, ils ne passent pas facilement inaperçus. Vous en verrez peut-être s'envoler des dizaines de près au petit matin, se laissant porter par les rafales de vent. De telles rencontres sont fréquentes à **Punta del Monte**, une *estancia* de 125 km^2 à l'est de Coyhaique où la famille Galilea Carrillo élève bovins et ovins depuis 1976. Les condors vivaient déjà dans la place et, au fil des années, Alejandro Galilea a appris à les observer planer, élever leurs petits au creux des rochers de la pampa et se nourrir de carcasses d'animaux morts. Depuis vingt ans, il partage sa connaissance du grand rapace avec les voyageurs.

Au fil du temps, Alejandro a développé son offre avec une nuitée sur l'*estancia* (ou une prise en charge à 5h30 à Coyhaique) suivie d'une visite des lieux de vie des condors, où l'on peut les regarder s'ébrouer et commencer leur journée. En général, ce n'est pas moins de 20 à 50 condors que vous verrez évoluer, l'occasion de faire des photos exceptionnelles. Comptez 100 000 $CH par personne, avec un délicieux petit-déjeuner, un safari au cours duquel on peut apercevoir renards, guanacos et autres animaux, et une halte dans une zone où les tribus indigènes fabriquaient autrefois leurs outils. Demandez à Alejandro de vous montrer les pointes de flèche qu'il a retrouvées au fond des lacs asséchés de la propriété. Outre sa large connaissance des grands rapaces, votre hôte-guide hispanophone vous fera partager le passé de Coyhaique et l'histoire naturelle du ranch (son gendre Nicolas, qui parle anglais, le rejoint au besoin).

Ascension au Cerro Castillo

RANDONNÉE MAGNIFIQUE

Les tours de basalte du Cerro Castillo sont la pièce maîtresse du **Parque Nacional Cerro Castillo**, un parc de 1 435 km^2 à 75 km au sud de Coyhaique. Jadis le territoire des Tehuelches, peuple nomade qui chassait guanacos et nandous à l'aide de lances et de flèches, l'endroit a obtenu le statut de parc national en 2017. Le développement des infrastructures n'y est qu'à ses débuts, et les points d'accès traversant des propriétés privées, cela concourt à en rendre l'accès onéreux. La meilleure randonnée d'une journée dans le parc – et de toute la Route australe, à vrai dire – est le **Sendero Laguna Cerro Castillo**, un itinéraire de 15 km au départ du bourg de Villa Cerro Castillo. Si vous avez votre propre auto ou arrivez au point d'accès privé (signalé par un portail ouvert et un panneau rond et vert indiquant “siga”), vous vous épargnerez quelques

PAUSES FLORALES SUR LA ROUTE AUSTRALE

Parque Nacional Queulat
La *nalca* qui pousse partout dans le parc n'est pas une fleur, mais une grande plante comestible semblant sortir de la préhistoire, au goût proche de la rhubarbe.

Sendero Laguna Cerro Castillo
Les fleurs du *notro*, qui ressemblent à des ballons de baudruche rouge vif, éclosent au printemps le long de ce superbe sentier.

Puerto Río Tranquilo
Une explosion de lupins jaunes vous attend en ville et le long de la Route australe.

Río El Canal
À 40 km au sud de Puerto Río Tranquilo, les rives de cette rivière laiteuse se couvrent de lupins roses et violets.

OÙ SE RESTAURER LE LONG DE LA ROUTE AUSTRALE

La Cocina de Sole
Ces bus au bord de la route, peints de couleurs claquantes, servent d'énormes sandwichs à la viande et des jus de fruit. **$**

Casa Bruja
Spécialiste de l'agneau et du poisson, la meilleure table de Puerto Río Tranquilo, dans une jolie maison à deux niveaux. **$$**

Restaurante Quiyango
Énormes portions d'agneau, de bœuf et de poulet braisés, accompagnés de pommes de terre et de salade. **$$**

kilomètres de marche sur une piste de terre. À l'entrée, vous devrez régler 18 000 $CH avant d'amorcer 13 km d'ascension (et de descente) – le prix est élevé, mais ça vaut le coup.

Suivez les triangles jaunes renversés le long du sentier escarpé filant à travers une forêt de hêtres (rouge vif en automne) et passant devant plusieurs petites cascades. Après avoir traversé des prairies verdoyantes et sauté de tronc en tronc au-dessus d'étendues de boue et de mares peu profondes, vous atteindrez toute une série de bosquets rouge vif de *notros* avant de crapahuter dans le paysage rocailleux de haute montagne. L'horizon s'ouvre alors peu à peu, offrant des panoramas à couper le souffle sur la vallée, la petite ville, les lacs qui l'entourent et, par temps clair, l'Argentine. Le mercure chute, les condors patrouillent dans le ciel, et vous arriverez bientôt au bord d'une lagune couleur saphir alimentée par une cascade au pied du Cerro Castillo enneigé. Il ne vous reste plus qu'à contempler les triplés pointant à 2 700 m, flanqués de glaciers sur les pentes méridionales, et à savourer votre pique-nique.

Une randonnée un peu plus longue mais moins difficile mène en 16 km au Campamento Neozelandés – c'est un tronçon du **Sendero de Chile**. Avec du temps devant vous, à savoir quatre jours, vous pouvez envisager le must, le **Circuito Cerro Castillo**, qui part du Km 75 de la Route australe, à l'extrémité nord du parc. L'itinéraire en haute altitude contourne les pics en passant par des glaciers, des rivières et des lacs, et s'achève à Villa Cerro Castillo. Attention : c'est une randonnée éprouvante et isolée pour laquelle il convient d'informer quelqu'un de votre itinéraire et de se renseigner auprès des gardes forestiers des dangers liés à la saison.

Capillas de Mármol

ÉTAPE OBLIGÉE : LA CONFLUENCIA

Ne manquez pas ce point de vue spectaculaire le long de la Route australe, où le fleuve le plus puissant du Chili, le Río Baker, rejoint les eaux glaciaires laiteuses du Río Neff dans un tourbillon bouillonnant d'écume à 80 km au sud de Puerto Río Tranquilo et à 12 km au sud de Puerto Bertrand. Cette confluence frappe surtout par le contraste entre les eaux vert menthe de l'un et celles bleu électrique de l'autre.

Vous vous trouvez dans le Parque Nacional Patagonia libre d'accès (pas de droit d'entrée). Garez-vous sur le parking en gravier bordant la route et suivez les panneaux le long du sentier de 800 m. Emportez de quoi déjeuner, car le spectacle qui vous attend vous hypnotisera peut-être des heures durant.

Mystères des Capillas de Mármol

GROTTES DE MARBRE

Traverser les eaux d'un bleu intense du **Lago General Carrera** et se retrouver face à la symphonie de couleurs (jaune, turquoise et vert mêlés comme sur les papiers marbrés utilisés en reliure) des "grottes de marbre" est une aventure qui attire ici nombre de visiteurs de Patagonie du Nord. Ces cavités moirées qui n'ont rien de marmoréennes sont le fruit de 6 000 ans d'érosion. Les colonnes et les arches Capillas de Mármol ont été sculptées dans le carbonate de calcium par la houle du lac glaciaire battu par les vents.

La plupart des excursions partent de Puerto Río Tranquilo (et plus rarement de Puerto Sanchéz) et se font en bateau à moteur, en kayak ou en radeau. Le bateau est l'option la plus confortable et la plus économique (15 000 $CH par personne), mais l'excursion dure moins longtemps et vous ne pourrez pas explorer les entrées étroites et les tunnels à l'intérieur des grottes. Pour une exploration en profondeur, optez pour les excursions en kayak ou en canoë d'**Experiencia ChileAndes** (37 000 $CH) menées par Gonzalo, un Chilien anglophone connaissant les grottes comme sa poche. Il vous conduira à 8 km au sud de Puerto Río Tranquilo jusqu'au point de départ à Bahía Manso, où il vous fournira une jupe de kayak afin de garder la partie inférieure du corps au sec, un gilet de sauvetage, un coupe-vent et, bien sûr, un kayak et une pagaie. Ensuite, Gonzalo vous poussera de la plage de galets au lac, qui doit son bleu intense à la réfraction de la lumière à travers les minéraux contenus dans la glace fondue. De là, il faut pagayer environ 30 minutes à travers des paysages de montagne à couper le souffle pour arriver aux formations rocheuses que les habitants du coin ont surnommées la grotte, la chapelle et la cathédrale.

Par une matinée ensoleillée, l'eau se pare d'un turquoise irisé et la lumière se reflète dans les grottes pour un effet surréaliste. Notez que les vents violents peuvent rendre la traversée du lac difficile, voire causer l'annulation des excursions.

COMMENT S'Y RENDRE ET CIRCULER

Voyager sur la Route australe, quelle que soit la manière dont vous décidez de le faire, implique des compromis. Louer un véhicule s'avère coûteux, et les longs trajets dans des conditions difficiles peuvent être éprouvants, mais certains apprécient l'indépendance que cela offre. Voyager en bus coûte moins cher, mais les départs peu fréquents peuvent faire perdre beaucoup de temps. Les voyageurs les plus intrépides optent pour le vélo.

FUTALEUFÚ

Les habitants parlent volontiers de Futaleufú comme d'"un *paisaje pintado* por Dios" (paysage peint par Dieu). Les eaux turquoise éclatant du Río Futaleufú serpentent au cœur de la forêt humide tempérée et des montagnes, se faufilant avec fracas dans un canyon de granit. Dessinée en damier, la ville animée de Futaleufú (20 pâtés de maisons pastel) est devenue une base mondialement connue pour le rafting et le kayak, la pêche à la mouche, la randonnée pédestre et les balades à cheval.

À peine 10 km séparent de l'Argentine ce bourg de montagne colonisé au début du XXe siècle par des éleveurs venus des deux côtés de la frontière. Si le bétail reste omniprésent, les routes se sont améliorées, des expatriés sont arrivés et la ville connaît un essor important grâce au tourisme fluvial. Le Río Futaleufú fait en effet l'objet d'une vraie passion, et un mouvement aussi suivi qu'efficace est né pour le protéger des multinationales de l'énergie qui souhaiteraient y construire des barrages.

Pour les infos pratiques, voir le Carnet d'adresses p. 324

À SAVOIR

Venez pendant la saison du rafting, de décembre à mars. Les rafteurs chevronnés pourront s'attaquer aux rapides en octobre-novembre, lorsque le niveau du *río* est au plus haut, mais en cas de niveau excessif la sortie peut être annulée. Lorsqu'il baisse en fin d'été, la descente des rapides devient plus technique avec l'émergence de rochers et le renforcement des eaux vives.

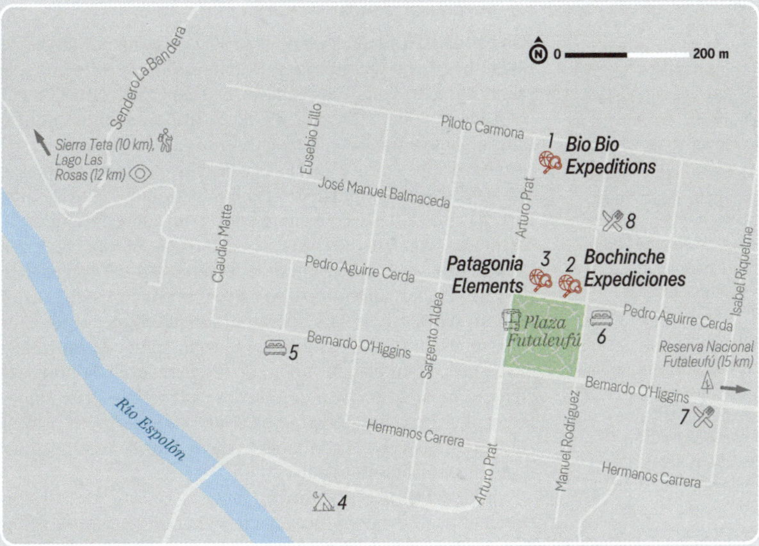

INCONTOURNABLES
1 Bio Bio Expeditions
2 Bochinche Rafting
3 Patagonia Elements

SE LOGER
4 Aldea Puerto Espolón
5 Hotel El Barranco
6 La Antigua Casona

SE RESTAURER
7 La Picá de los Colonos
8 Martín Pescador

Kayak sur le Río Futaleufú

À l'assaut du Río Futaleufú

DES RAPIDES DE CLASSE MONDIALE

Río Futaleufú signifie "grande eau" en langue mapuche, et c'est un euphémisme. Quand rafteurs et kayakistes professionnels se lancent à l'assaut de ses rapides, ils s'aspergent rituellement le visage et se souhaitent des "*buenas lineas*" (bonnes lignes) dans ce fleuve impétueux où garder le cap est impératif.

Souvent appelé "Futa" ou "Fu", ce fleuve majestueux, alimenté par les glaciers, comporte des rapides techniques et exigeants, certaines sections ne convenant qu'aux rafteurs expérimentés. Même les tronçons adaptés aux débutants comportent des rapides de classes III, IV et IV+, et la probabilité d'être projeté hors de l'embarcation dans les eaux tumultueuses et glacées est loin d'être nulle. Les opérateurs de confiance atténuent les risques en fournissant combinaisons, gilets de sauvetage et casques, et en plaçant un guide expérimenté à la proue de chaque embarcation pour donner des instructions et expliquer les meilleures techniques pour pagayer. Des experts en kayak et cataraft (deux coques gonflables) peuvent aussi accompagner la sortie pour plus de sécurité.

Baptisée **Puente a Puente** ("pont à pont"), l'excursion standard d'une demi-journée pour les débutants consiste en 7 km de parcours. Il faut franchir une dizaine de rapides difficiles,

LE TOP DES TOUR-OPÉRATEURS

Bochinche Rafting
Ce petit opérateur organise des expéditions de rafting ou en kayak, comme diverses activités avec guide. Location de kayaks et de vélos.

Patagonia Elements
Un prestataire établi de longue date et affichant un vaste programme : rafting, kayak, pêche à la mouche, randonnée équestre, canyoning et location de VTT.

Expediciones Chile
Agence réputée avec un éco-camp sur le Río Azul et une école de kayak sur le Río Espolón. Sorties à VTT et à cheval également.

Outdoor Patagonia
Opérateur local expérimenté avec camp au bord du fleuve et une sympathique auberge de jeunesse/bar/restaurant en ville.

OÙ SE LOGER À FUTALEUFÚ

Aldea Puerto Espolón
Emplacements de camping et dômes géodésiques sur une berge au pied des montagnes. Douches chaudes et cuisine. **$**

La Antigua Casona
Le moindre détail de cette grange de pionnier reconvertie est étudié, jusqu'aux oiseaux peints dans les chambres. **$$**

Hotel El Barranco
Lodge élégant en lisière de la ville, avec restaurant, piscine et sauna. Boiseries sculptées et grands lits. **$$$**

chacun avec son lot d'obstacles, comme El Cojín (le Coussin), qui implique d'éviter un gros rocher et un creux impressionnant qui ne demande qu'à vous aspirer, ou Mundaca, qui vous fouette le visage de ses vagues colossales. Les rafteurs plus expérimentés poursuivent l'aventure vers trois rapides plus imposants encore, dont le Terminator, l'un des plus puissants au monde à être exploité commercialement. Avant de s'y attaquer, les guides marquent une pause pour évaluer la situation et décider de la ligne la plus sûre. Vous aurez peut-être le temps d'admirer les méandres du fleuve, le canyon spectaculaire et les montagnes enneigées. Si vous ne vous sentez pas prêt pour le Punte a Puente, l'opérateur local **Origines Patagonia** organise des sorties niveau débutant pour les familles.

Selon l'opérateur et les services inclus, les tarifs pour une sortie rafting sur le Futaleufú démarrent à 70 000 $CH par personne (demi-journée sur le Puente a Puente). Les rafteurs chevronnés compteront un minimum de 90 000 $CH pour la journée entière avec quelques rapides de classe V en bonus.

Toute une gamme de parcours et de descentes sur le Futa permet de pratiquer le kayak en eaux vives – une discipline très technique qui nécessite souvent un apprentissage de plusieurs jours, notamment pour l'esquimautage (redresser seul son kayak chaviré sans quitter son siège). Cela est aussi possible sur ses affluents, le Río Espolón et le Río Azul, moins techniques. Pour prendre des cours, prévoyez un minimum de 70 000 $CH par jour.

Si votre budget le permet, plusieurs opérateurs installés sur le Futa proposent des expériences encore plus folles. Le meilleur d'entre eux est **Bio Bio Expeditions**, entreprise pionnière qui propose neuf jours d'aventure à partir d'un camp de base avec luxueuses tentes safari, Jacuzzis, bar bien fourni, sauna, service de massage et délicieux repas maison. Les membres du personnel, enthousiastes et compétents, viennent des quatre coins du monde, et il fait bon passer du temps avec eux.

Randonner autour du Futa

PANORAMAS SUR LE FLEUVE À TOMBER

Après avoir franchi les eaux tumultueuses du Río Futaleufú, allez contempler le fleuve de haut avec le corps au sec ouvre d'autres horizons. Nombre de randonnées pédestres autour du bourg sollicitent quelques efforts mais offrent de belles récompenses.

Dans la **Reserva Nacional Futaleufú**, une zone protégée bordant le fleuve au sud de la ville, deux itinéraires déploient de belles vues sur le Futa. Le plus difficile, appelé **Miradores Río Futaleufú y el Cóndor** (environ 2 heures 30), passe par des lacets abrupts pour atteindre un sommet où vous attendent deux plateformes d'observation. De la plus haute, on jouit d'un

PAROLE D'HABITANT : RANDONNÉES À CHEVAL

Né dans une ferme de Futaleufú, **Ervin Redlich** a monté une agence de randonnée équestre au bord du Lago Espolón. Voici les sites naturels qu'il recommande.

Saltos del Espolón
Ces cascades spectaculaires sont accessibles en bateau par le Lago Espolón ou à cheval par les rives du lac et le Valle de Espolón.

Lago las Rosas
Ce lac bleu saphir se distingue par son île. Des randonnées pédestres ou équestres y mènent. Comptez la journée, mais dormez sur place si vous le pouvez.

Sierra Teta
Ce sommet emblématique est l'un des sites naturels les plus connus de la région. Il est accessible par une randonnée de 13,2 km aller-retour, et des sentiers équestres devraient ouvrir bientôt.

OÙ SE RESTAURER À FUTALEUFÚ

Martín Pescador
Adresse locavore proposant une cuisine créative à base de produits locaux : champignons, fleurs, *nalca*, lièvre.... **$$$**

Restaurant Antigua Casona
Dans l'hôtel éponyme, une table italienne chic : pâtes, gnocchis et lasagnes maison, avec options végétariennes. **$$**

La Picá de los Colonos
Nelsa cuisine à la maison des côtes de porc comme de la *cazuela* (ragoût). Pas de menu, mais authentique. **$**

VOYAGE DANS LE TEMPS À PALENA

À 90 km au sud de Futaleufú, le paisible village de montagne de **Palena** est d'une hospitalité des plus authentiques, et l'occasion de se faire une idée de la vie des pionniers. Le rodéo local, qui a lieu le dernier week-end de janvier, et la Semana Palena, fin février, s'accompagnent de musique live et d'exercices équestres.

L'office du tourisme installé sur la grand-place organise des randonnées équestres et des sorties rafting ou pêche avec des guides. Organisez bien votre séjour, car certains opérateurs ruraux ne peuvent être contactés que par radio. On peut aussi vous mettre en contact avec la famille tenant la ferme Rincón de la Nieve à laquelle on accède à pied ou à cheval. On peut y séjourner ou bien partir cinq jours à cheval pour rejoindre le lointain Lago Palena.

DAVE STAMBOULIS/ALAMY STOCK PHOTO ©

Río Futaleufú (p. 308)

panorama sur la vallée entière et, en levant la tête, on voit souvent des condors des Andes planer dans les airs. Moins exigeante, la randonnée jusqu'au **Mirador Piedrero** (1 heure 30) longe une section paisible du Futa pour atteindre une plateforme d'observation tout aussi belle, mais moins vertigineuse. L'accès à la réserve, gratuit, nécessite juste de signer un registre à l'entrée.

Pour une balade bucolique, avisez au nord de Futaleufú le sentier **Piedra de Aguila** (rocher de l'Aigle, moins de 2 heures) qui passe en grande partie sur les terres d'un ranch privé (vous devrez verser 2 000 $CH à Don Perfecto Jesus, le propriétaire) pour atteindre la formation rocheuse d'où la vue plonge sur deux lacs d'un bleu surréaliste et englobe tout le nord-ouest de la vallée. Prévoyez écran solaire et chapeau.

Depuis 2019, les habitants s'aventurent jusqu'au **Lago Pinilla** (ou Lago Toro, ou encore Lago Obsession). Ce parcours ardu de 7 heures démarre près du Peuma Lodge et traverse d'épais bosquets de peupliers et de lenguas. Vous serez récompensé de vos efforts par un panorama saisissant et un lac d'un bleu étincelant. Ne faites pas cette randonnée par temps de pluie, car le sentier rocailleux devient glissant et dangereux.

COMMENT S'Y RENDRE ET CIRCULER

Une voiture simplifie l'exploration des alentours de Futaleufú ; autrement, il faut marcher ou vous faire conduire par des voyagistes. Le trajet de 1 heure 30 entre la Route australe et la ville n'est pas asphalté mais ne présente pas de difficultés majeures. Des bus partent de Futaleufú assez régulièrement – mais pas tous les jours, ni à horaires fixes – vers Puerto Montt (10 heures), Chaitén (3 heures), Coyhaique (10 heures) et Palena (2 heures). Des bus internationaux se rendent à la frontière argentine (15 minutes) deux fois par semaine, et les transports en commun permettent de rejoindre Trevelín et Esquel côté argentin. Horaires changeants.

PARQUE NACIONAL LAGUNA SAN RAFAEL

Pour les infos pratiques, voir le Carnet d'adresses p. 325

Créé en 1959, ce parc de 17 420 km² est l'un des plus grands du Chili, et ses glaciers, majestueux mais fondant rapidement, sont une destination courue de la région. Se confronter à la langue glacée du glacier San Rafael est un must. Descendant du champ de glace Nord de Patagonie, des morceaux de glace de la taille d'une maison s'en détachent pour plonger dans les eaux glaciales du lac. Classé réserve de biosphère de l'Unesco depuis 1979, le parc protège également une forêt humide tempérée, des fjords sauvages, des tourbières et des montagnes parmi les plus hautes de Patagonie.

Depuis les années 2010 une route à travers le Valle Exploradores permet d'y accéder depuis Puerto Río Tranquilo. Cela raccourcit l'approche en bateau et permet aussi de chausser les crampons pour marcher jusqu'au Glaciar Exploradores. Nombre de visiteurs rallient néanmoins toujours ces étendues glacées en croisière, juste pour écouter le glacier soupirer, craquer ou gronder.

À SAVOIR

Si possible, restez quelques jours à Puerto Río Tranquilo pour augmenter vos chances de visiter le parc par beau temps. La météo évoluant rapidement, prévoyez une bonne veste, de l'écran solaire et des vêtements de rechange.

Glaciar Exploradores (p. 312)

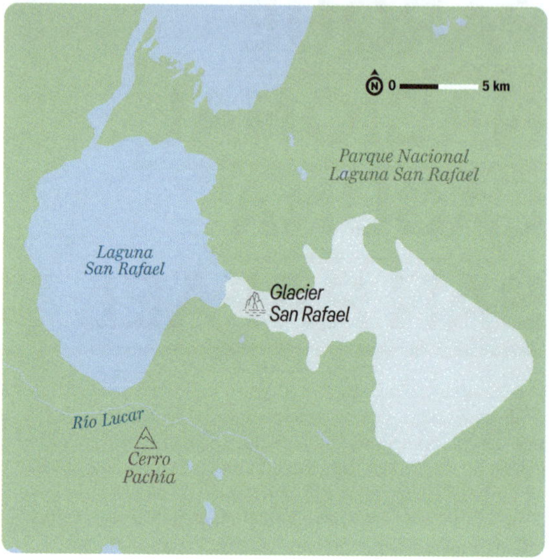

FONTE DES GLACIERS DE PATAGONIE

En 2023, des images satellite ont montré que les glaciers de Patagonie reculaient plus rapidement que partout ailleurs sur Terre. Le champ de glace Nord (Glaciar Steffens) – qui forme avec le champ de glace Sud (Glaciar Montt) l'une des plus grandes masses glaciaires au monde – compte 39 glaciers, et San Rafael est l'un de ceux qui se déplacent le plus vite et qui vêlent le plus activement. Si belle et instructive soit la chute de gigantesques blocs de glace dans le lac, il est tout de même très triste, et inquiétant, de penser qu'il y a 150 ans le glacier couvrait les deux tiers du lac. Certes la fonte saisonnière est un phénomène naturel, mais la vitesse de 7,6 km par an et le recul spectaculaire du glacier résultent du changement climatique induit par l'activité humaine.

Un monde de glace

DIFFÉRENTES APPROCHES

On peut aller “se frotter” aux glaciers céruléens du Parque Nacional Laguna San Rafael en randonnant, en pagayant, en prenant une auto, un bateau ou un avion, et aussi en combinant l'un et l'autre. L'isolement et la majesté de ce parc glacé invitent à prévoir plusieurs jours pour en profiter pleinement. Si votre temps est compté, mais que vous souhaitez vivre une aventure glaciaire de premier ordre, optez pour la journée d'excursion au départ de Puerto Río Tranquilo et menant au **Glaciar San Rafael**, incontestable monument du parc.

Opérateur historique et fiable entre tous, **Destino Patagonia** propose une camionnette confortable pour un trajet matinal à travers le Valle Exploradores, l'occasion d'admirer par la fenêtre le point culminant de la Patagonie chilienne, le Monte San Valentín (4 058 m), de puissantes chutes d'eau, des glaciers au loin et de paisibles lacs. Une fois arrivé à Bahía Exploradores et embarqué sur un bateau couvert de 14 places, on prend le petit-déjeuner avec les guides : thé sucré, café et solide sandwich. Le bateau file ensuite à travers les rivières et les fjords qui s'enroulent autour du champ de glace Nord de Patagonie. Lorsque la météo est clémente, le trajet est relaxant, mais, si l'eau est agitée, eh bien, c'est l'aventure !

TOUR-OPÉRATEURS AU TOP POUR LE PARQUE NACIONAL LAGUNA SAN RAFAEL

Destino Patagonia
Excursions d'une ou plusieurs journées vers le Glaciar San Rafael dans un bateau couvert, avec repas et whisky.

El Puesto Expediciones
Francisco Croxatta organise des randonnées réputées sur le Glaciar Exploradores, transport et services inclus.

Nomade Experience
Opérateur connu proposant des excursions à la Laguna San Rafael avec des guides polyglottes expérimentés.

L'arrivée à la Laguna San Rafael est saluée par ces montagnes flottantes translucides qu'on appelle icebergs et qui se détachent du glacier par centaines. Masse de glace itinérante, San Rafael déroule ainsi sa langue gargantuesque dans le lac. Si le temps le permet, une courte marche est prévue jusqu'aux ruines de l'ancien Hotel Ofqui, l'occasion d'apercevoir peut-être le plus petit félin d'Amérique, un chat sauvage tacheté appelé *guigna*. Une fois rembarqué, vous grimperez sur la proue pour observer d'un peu plus près le glacier millénaire qui fond à vue d'œil : les gigantesques blocs de glace qui s'en détachent s'écrasent dans l'eau 60 m plus bas dans un énorme grondement de tonnerre. Pour vous remettre de ces émotions, voici venue l'heure du déjeuner patagonien typique : souvent du *pastel de choclo* (gâteau de maïs écrasé avec viande rouge et poulet), accompagné de verres de whisky rafraîchi de glaçons millénaires directement puisés dans le lac. Le retour en bateau à travers les fjords peut être agité et le roulis complique parfois la digestion.

Si cette journée de 10 heures vous paraît trop longue, optez pour l'option "glacier express". À mi-chemin environ de la route de gravier menant à Bahía Exploradores, un panneau au niveau du Km 52 indique la bifurcation vers le **Refugio de los Exploradores** accessible en voiture. Une fois réglé le droit d'entrée (8 000 $CH), vous partirez à pied sur le sentier qui mène à travers la forêt jusqu'au **point de vue sur le Glaciar Exploradores**, face au front du glacier. Accompagné d'un guide, on peut prolonger la randonnée à travers la moraine de glace (2 heures). Lorsque la glace devient bleue et blanche, il vous faudra chausser les crampons pour poursuivre la marche à la surface du glacier et dans des tunnels de glace. Comptez 10 heures en tout. Une condition : être en bonne forme physique.

Ceux qui souhaitent un peu plus de piquant encore aviseront les excursions avec nuitée(s) proposées par **Destino Patagonia** sur deux jours à pied ou en kayak avec camping dans le parc, ou trois jours avec traversée de l'isthme d'Ofqui (où l'on aperçoit souvent des rorquals boréaux), voire six jours en kayak.

LÉOPARDS DE MER

Ce majestueux mammifère marin a un corps allongé, une grosse tête et une fourrure grise ponctuée de taches claires et foncées, évoquant le pelage des léopards dont il tire son nom. Pouvant peser jusqu'à 600 kg, ces prédateurs mangent des poissons, du krill, des oiseaux et même d'autres mammifères marins, et passent l'essentiel de leur temps juchés sur des icebergs. Un programme de surveillance à la Laguna San Rafael a permis d'identifier 12 individus vivant dans la région grâce à leurs taches distinctives. Si vous naviguez jusqu'au glacier, vous en apercevrez peut-être à plus de 50 m, distance réglementaire. De même, il ne faut pas nourrir ces mammifères marins, ni les toucher ni même les effrayer par le bruit ou le lancer d'objets dans l'eau.

COMMENT S'Y RENDRE ET CIRCULER

Partant de Puerto Río Tranquilo, 78 km de route ont été tracés à travers le Valle Exploradores, un trajet éprouvant de plusieurs heures sur un itinéraire non goudronné et cahoteux (4x4 conseillé), mais qui autorise une excursion à la journée. Si l'on peut ainsi faire soi-même une partie du trajet par voie terrestre, il est plus reposant, quoique plus onéreux, de profiter du véhicule d'un prestataire entre Puerto Río Tranquilo et Bahía Exploradores. Arrivée à Bahía Exploradores, la route s'arrête et il faut encore deux heures de bateau pour atteindre le glacier. Il existe aussi des croisières de plusieurs jours au départ de Puerto Chacabuco ou de Puerto Montt. En arrivant à Bahía Exploradores, les visiteurs embarquent sur des bateaux plus petits pour s'approcher du glacier.

Environs du Parque Nacional Laguna San Rafael

Loin d'être un simple point d'accès au parc, Caleta Tortel est un ancien village de pêcheurs et de bûcherons qui ne ressemble à aucun autre.

Pourquoi ne pas entrer dans le Parque Nacional Laguna San Rafael par la “petite porte” que constitue Caleta Tortel, site si unique qu'il a été classé Monument national. L'emplacement est sublime, coincé entre deux champs de glace et une baie d'un vert bouillonnant à l'embouchure du Río Baker. Le village lui-même semble sorti d'un conte du temps jadis avec ses maisons sur pilotis chamarrées, regroupées au creux d'un escarpement abrupt et reliées les unes aux autres par un réseau de passerelles en bois grinçant. Ici, pas le moindre asphalte !

Pendant des millénaires, ce fut le territoire d'un peuple nomade se déplaçant en canoë, les Kaweskars, autrefois appelés Alakalufs. Les premiers colons ne s'installèrent officiellement sur place qu'en 1955 et la route n'est arrivée qu'en 2003. Aujourd'hui la population vit de l'exploitation du bois de cyprès et d'un tourisme en plein essor.

Pour les infos pratiques, voir le Carnet d'adresses p. 325

À SAVOIR

La ville dépend d'une turbine pour l'eau et l'électricité, ce qui implique des pénuries d'eau et un rationnement de l'électricité pendant les périodes de sécheresse. Soyez économe avec l'eau.

Caleta Tortel (p. 315)

BOGDAN SKASKIV/SHUTTERSTOCK ©

Caleta Tortel

Faire le tour de Tortel

BALADE MÉMORABLE

Arpenter les passerelles de cyprès de **Caleta Tortel** est le meilleur moyen de découvrir l'inattendu qui se cache à chaque tournant du village : un mirador surplombant une crique cachée comme une boutique remplie de merveilles artisanales ou tout bonnement un sympathique chien du village. Bien chaussé et le goût de l'aventure en bandoulière, vous tirerez aussi tout bénéfice en parcourant les 2,5 km en boucle que trace le **Sendero Cerro Vigia** à travers le village et sur la montagne qui le borde.

Le départ du sentier se trouve derrière le rond-point du parking. À 300 m au nord de l'office du tourisme, montez l'étroit escalier de bois et suivez les panneaux. Une grande partie du sentier évoque un balancier sur pilotis, ce qui permet de garder les pieds au sec (la région est marécageuse). Vous finirez par atteindre une succession de magnifiques points de vue à 360°, donnant sur le Río Baker, la Cascada Pisagua, le Parque Nacional Laguna San Rafael et tout Caleta Tortel.

En continuant vers l'ouest, les passerelles disparaissent et le sentier est moins facile à suivre. D'où l'utilité de faire appel à l'un des guides de l'excellent tour-opérateur **Waeskar Expeditions**, et l'occasion, à ses côtés, d'en apprendre

PAROLE D'HABITANT : MÉTIERS ET CROYANCES

La famille de **Silvia Vega**, aujourd'hui navigatrice au sein de l'équipe de Waeskar Expeditions, fut l'une des premières à s'installer à Caleta Tortel. Silvia travaille aussi la laine de mouton de manière artisanale. Voici ses suggestions.

Naviguer sur le Río Baker
Les colons y assuraient le transport du bois sur des radeaux en cyprès de Las Guaitecas, entre des îles reculées et Tortel.

Sous le glacier
Près du Glaciar Steffen, plusieurs familles de bûcherons vivent et transportent encore le bois par radeau, ce qui n'est pas sans risque.

Ascension du Cordón las Heras
Point de repère pour les habitants, cette montagne dominant l'Isla de Los Muertos fait l'objet d'excursions.

OÙ SE RESTAURER À TORTEL

Kuspe Patagonia
Restaurant accueillant d'un bon rapport qualité/prix en lisière du village. Laura, la chef, y concote de délicieux repas. $

Restaurante Llao-Llao Tortel
Chaleureuse adresse au bord de l'eau, où savourer pâtes et sushis maison, avec une bière artisanale. $$

El Patagón
Adresse sans chichis spécialisées dans les *empanadas*, le poisson frais et les plats de viande. $$

davantage sur l'histoire, les plantes carnivores et comestibles, et les arbres feuillus de la région. Le guide vous fera descendre le versant ouest pour revenir par l'arrière du village. Ensuite, il faut parcourir 2 km sur les allées de Tortel pour revenir aux pontons principaux. En chemin, vous verrez de nombreux bateaux à terre pour réparation, des statues de bois sculptées par les artisans et de vastes places ornées de fresques murales. Pour cette balade d'environ trois heures, n'oubliez pas veste de pluie et appareil photo.

OÙ SE LOGER À TORTEL

Hostal Natureza
Un sympathique couple brésiliano-patagonien branché tient cet hôtel bohème à deux niveaux et au bar bien fourni. $

Residencial Estilo
La maison de bois d'Alejandra, bien tenue et colorée, loue de proprettes chambres doubles avec couettes en duvet. $$

Entre Hielos
En haut d'un escalier assez raide, une confortable maison en cyprès de style moderne. Excellents petits-déjeuners et dîners de chef. $$$

Camping Tortel
Idéalement situé au centre du village, un camping sur plateformes avec douches chaudes. $

Sur les eaux autour de Tortel

CROISIÈRES AU PAYS DES MERVEILLES

Le réseau de chenaux et de fjords entourant Caleta Tortel ne demande qu'à être exploré, et les tour-opérateurs programment diverses sorties sur l'eau. L'espace d'une heure suffit pour gagner une île du delta du Río Bake, l'**Isla de Los Muertos** (10 000 $CH/personne), aussi ravissante que chargée d'une histoire lugubre remontant à l'hiver 1906. Arrivés de Chiloé pour exploiter les cyprès de l'île, plusieurs dizaines de bûcherons y périrent dans des circonstances mystérieuses. Tout autour de l'île, le long d'une passerelle qui passe devant un cimetière, des panneaux rédigés en espagnol et en anglais donnent les différentes raisons invoquées.

Si le temps le permet, plusieurs expéditions sur l'eau plus poussées sont possibles. Les excursions vers le **Ventisquero Montt** (120 000 $CH/personne), dans le champ de glace Nord de Patagonie, vous feront passer par des archipels et des fjords avant d'atteindre un chenal émaillé d'icebergs. Certains opérateurs proposent une marche à travers la moraine près du glacier, et tous fournissent un déjeuner fait maison accompagné d'alcools locaux rafraîchis de glaçons naturels s'il en est car pêchés dans le chenal. **Paz Austral** programme des excursions de deux ou trois jours assorties de variantes telles que randonnées, dîners au soleil couchant, sorties d'observation des *huemules* (cerfs du sud andin, menacés d'extinction) et randonnée vers le **Ventisquero Steffen** au nord, dans le Parque Nacional Laguna San Rafael.

Parmi les opérateurs réputés avec guides anglophones, citons Paz Austral, Waeskar Expediciones et **BordeRío**, qui propose également des excursions en kayak dans le delta du Río Baker et autour de l'Isla de Los Muertos et de la Cascada Pisagua.

COMMENT S'Y RENDRE ET CIRCULER

La route s'arrête à l'entrée de Caleta Tortel, dans le secteur d'El Rincó, où vous devrez vous garer. Des passerelles et escaliers en bois mènent au centre et, au-delà, à la large plage d'Ancha. En haute saison, des bateaux-taxis permettent de se déplacer entre El Rincón et le centre, Playa Ancha et l'Isla de los Muertos. Compte tenu des nombreux escaliers, voyagez léger.

Les bus partent noin loin du kiosque touristique à l'entrée supérieure du village. Les bus sont gérés par des particuliers qui ont obtenu une concession du gouvernement : fournisseurs et horaires varient d'une année sur l'autre. Ils desservent Cochrane (3 heures) et Villa O'Higgins (4 heures). Un ferry venant de Puerto Natales et à destination de Puerto Yungay fait halte une fois par semaine.

PARQUE NACIONAL PATAGONIA

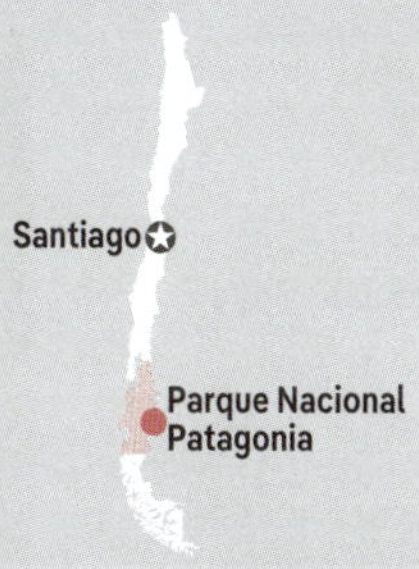

Les steppes émaillées de guanacos, les montagnes, les forêts de hêtres et les lacs peuplés d'oiseaux du Parque Nacional Patagonia sont loin de l'ancienne *estancia* vouée à l'élevage intensif d'ovins et de bovins. Aujourd'hui, ses 3 045 km^2 de paysages en voie de rétablissement constituent l'un des sites les plus visités de la région, et la faune y est si abondante qu'on qualifie souvent le Patagonia de "Serengeti du Cône Sud".

Pourtant la création remonte seulement à 2018, à la suite de la signature d'un accord public-privé entre le gouvernement chilien et Tompkins Conservation, qui a fait don du Sector Valle Chacabuco. Le Chili a également reclassé deux réserves nationales voisines, le Sector Lago Jeinimeni (au nord) et le Sector Tamango (au sud), afin de conférer à ce couloir de vie sauvage le plus haut niveau de protection existant.

Outre une foule d'animaux sauvages : *huemules*, pumas, flamants roses, viscaches..., randonnées, treks et safaris vous mèneront aussi jusqu'à des peintures rupestres. Renseignez-vous au centre d'accueil des visiteurs assorti d'un musée.

Pour les infos pratiques, voir le Carnet d'adresses p. 325

À SAVOIR

L'accessibilité n'est pas le point fort du parc. Les trois entrées, très reculées, ne sont pas desservies par les transports publics, et il vous faudra donc un véhicule. Si vous n'avez pas loué de voiture, le mieux est de réserver un transport privé ou une randonnée guidée longtemps à l'avance.

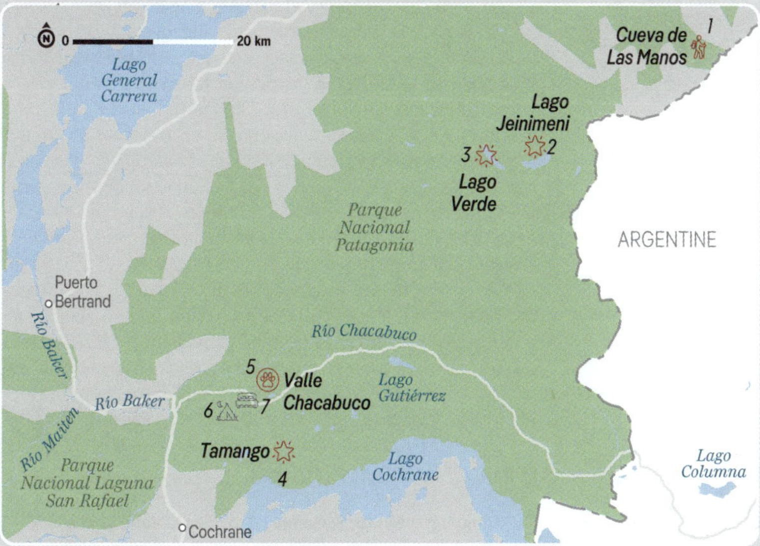

INCONTOURNABLES
1 Cueva de Las Manos
2 Lago Jeinimeni
3 Lago Verde
4 Tamango
5 Valle Chacabuco

SE LOGER
6 Camping Los West Winds
7 Lodge at Valle Chacabuco

L'HÉRITAGE DES TOMPKINS

Le philanthrope américain Douglas Tompkins (1943-2015) et son épouse Kristine ont commencé à acheter des terres au Chili dans les années 1990 pour préserver les vastes territoires sauvages de Patagonie. Ils ont fini par posséder 4 045 km², cédés totalement au Chili en 2018 par l'ONG Tompkins Conservation qu'ils avaient tous deux fondée. Le gouvernement y a incorporé 10 115 km² supplémentaires de terres publiques et reclassé 21 850 km² de réserves afin de créer cinq nouveaux parcs nationaux et d'en agrandir trois autres. Ce territoire représente une superficie supérieure à celle de la Suisse, et place le Chili à l'avant-garde mondiale des efforts de conservation de la nature.

DANITA DELIMONT/SHUTTERSTOCK ©

Guanacos, Parque Nacional Patagonia

Le Patagonia

À PIED, EN VOITURE OU EN BATEAU

L'immensité du parc national Patagonia nécessite, que l'on soit pressé ou non, de répertorier les sites majeurs et les itinéraires de randonnée dans les différents secteurs. Dans le **Sector Valle Chacabuco**, la faune, en particulier les guanacos qui vivent ici par milliers, est la priorité. Empruntez la X-83 qui relie le Río Baker à la frontière argentine, un trajet de 72 km qui remonte la vallée et serpente à travers la steppe en passant à côté de lacs, de guanacos et de viscaches. Avec un peu de chance, vous apercevrez aussi des flamants roses, des renards gris de Patagonie, des *huemules* ou des nandous. Non goudronnée et étroite, cette route requiert la prudence – conduisez lentement.

Dans ce secteur, la plus longue des deux superbes randonnées à envisager est le **Sendero Lagunas Atlas** (23 km) pour lequel il faut prévoir la journée et emporter beaucoup d'eau. Partant du camping Los West Winds, on grimpe vers une crête au sud avant de filer vers l'est à terrain découvert entre des petits lacs puis de redescendre vers les bâtiments de l'administration.

OÙ SE LOGER DANS LE PARQUE NACIONAL PATAGONIA

Camping Los West Winds
Principal camping du Valle Chacabuco : 60 emplacements, abris couverts pour cuisiner et douches solaires. **$**

Camping at Sector Tamango
Un terrain pour les familles à 200 m après l'entrée du parc. Accès à un lac, location de kayaks et toilettes. **$**

Lodge at Valle Chacabuco
De style colonial anglais, de beaux lodges en pierre mitoyens et un restaurant haut de gamme. Réservez ! **$$$**

La randonnée offre des panoramas somptueux sur le Valle Chacabuco, San Lorenzo, le champ de glace Nord de Patagonie et la chaîne des monts Jeinimeni.

Moins exigeant physiquement, le **Sendero Valle Avilés**, une boucle de 16 km à travers la steppe, part du camping de Casa Piedra et grimpe le long de la gorge d'une rivière. On traverse un pont de singe puis l'on redescend par l'autre rive du canyon, avec des chances de voir planer en chemin des condors des Andes. Les plus aguerris poursuivront au-delà pour un splendide trek de trois ou quatre jours (50 km environ) jusqu'au Sector Lago Jeinimeni. Le peu d'indications nécessite un bon sens de l'orientation et une préparation minutieuse en sorte d'organiser un moyen de retour car, une fois arrivé, vous serez loin de toute civilisation et de tout réseau mobile.

Le **Sector Lago Jeinimeni** chevauche la frontière chilo-argentine le long de la route X-753. Peuplés de flamants roses, ses lacs sont une petite merveille. Une randonnée aller-retour permet d'admirer le **Lago Jeinimeni**, d'un bleu turquoise indécent, et le **Lago Verde**, couleur menthe. Vous pourrez aussi grimper jusqu'à un point de vue ou camper au bord du Lago Verde. Dans le **Sector Cueva de las Manos** voisin, également situé le long de la X-753, une boucle spectaculaire de 7,4 km chemine à travers un paysage montagneux aride semé d'insolites formations rocheuses. Comme l'indique son nom, la grotte (*cueva*) a été décorée il y a quelque 10 000 ans de mains réalisées au pochoir et de guanacos. Quant à la “vallée lunaire”, sa crête exposée semble sortir d'un autre monde. Un 4x4 est nécessaire pour atteindre le départ de cette randonnée loin de tout et à l'itinéraire parfois difficile à repérer : faites plutôt appel à un guide.

Le **Sector Tamango** est le plus accessible avec ses sentiers en montagne ou le long du Río Cochrane. Ni la faune ni les paysages n'égalent ceux des autres secteurs, mais il a l'avantage d'offrir une exploration en bateau. Juste avant d'entrer dans le parc, prenez le chemin de terre sur votre droite et garez votre véhicule sur la rive proche de la maison et du ponton d'Elvis Tomasin. Après négociations du prix, Elvis vous fera remonter la rivière en amont, puis descendre près de sa source pour une petite balade avant de vous déposer dans le parc si vous souhaitez revenir chez lui par le sentier qui longe la rive (3 km).

Le droit d'entrée est de 9 000 $CH, ce qui couvre trois jours dans le parc, mais il n'y a aucun droit d'entrée pour le Sector Cueva de las Manos ni pour la navigation sur le Río Cochrane. Les réservations pour les parcs nationaux doivent être effectuées en ligne à l'avance (www.aspticket.cl).

LES GRANDES VEDETTES DU PATAGONIA

Guanacos
Ces cousins du lama gambadent par milliers sur les prairies et les hauts plateaux. Ils abondent particulièrement le long de la route X-83.

Huemules
Ces cervidés andins menacés d'extinction sont suivis de près. Ceux qui vivent dans le parc représentent 10% de la population mondiale de l'espèce.

Pumas
Autour du centre d'accueil des visiteurs du Sector Valle Chacabuco, on aperçoit souvent des pumas sur les sentiers, surtout au crépuscule.

Nandous
Parent de l'autruche, le *ñandú* a failli disparaître du sud du Chili, mais a été réintroduit avec succès. On en voit souvent le long de la X-83, près de la frontière.

COMMENT S'Y RENDRE ET CIRCULER

L'entrée du parc est à 18 km au nord de Cochrane. Suivez les panneaux indiquant “Entrada Baker”. Les voyagistes de Cochrane proposent des excursions à la journée et des transferts vers le Sector Valle Chacabuco (18 km) et le Sector Tamango (4 km). Le Sector Lago Jeinimeni, à 54 km de Chile Chico, est accessible en 4x4 ou dans le cadre d'excursions au départ de Chile Chico.

Environs du Parque Nacional Patagonia

Portes d'accès au Parque Nacional Patagonia, les petites villes de Cochrane et de Chile Chico sont en plein essor.

Au sud du Parque Nacional Patagonia, les habitants de Cochrane ont longtemps vécu de l'élevage, jusqu'au jour où le tourisme a changé la donne, créant des emplois et nécessitant de meilleures infrastructures. Pensions familiales et bungalows ont fait leur apparition. Des restaurants ouvrent peu à peu. Et le voyageur trouve désormais ici un agréable port d'attache pour pratiquer le kayak comme le snorkeling, partir en randonnée glaciaire jusqu'au Ventisquero Calluqueo ou s'attaquer à l'ascension du Monte San Lorenzo.

Quelque 200 km au nord-est, le vent souffle dans les branches des cerisiers de Chile Chico, également en plein essor. Les habitants de cette ville coincée entre le Patagonia et la rive sud du Lago General Carrera vivaient autrefois de l'élevage et de l'exploitation minière (or et argent). Ils ouvrent aujourd'hui des hébergements, des restaurants et des agences de tourisme, et les façades en bois fraîchement repeintes de Chile Chico éclatent de couleurs. Le vélo électrique et le paddle ont aussi fait leur apparition.

Chile Chico (p. 322)

ILDI.FOOD/ALAMY STOCK PHOTO ©

JAN JERMAN/SHUTTERSTOCK ©

Río Cochrane

Relâche à Cochrane

AVENTURES AQUATIQUES ET MONTAGNARDES

En plus d'être la meilleure base pour accéder au Parque Nacional Patagonia depuis l'ouest, **Cochrane** est un endroit agréable pour se promener, avec une jolie place centrale. La proximité des eaux azur du Río Cochrane, l'un des fleuves les plus limpides au monde, offre l'occasion de belles aventures aquatiques, notamment organisées par l'opérateur **Descubriendo**, cofondé par le guide Christian Restrepo, homme expérimenté et anglophone. En kayak ou à la nage en se laissant dériver vers l'aval, vous vivrez sur ce cours d'eau des moments uniques.

Point de départ des sorties : le bureau de Descubriendo au bord du fleuve, après distribution du matériel. Les kayakistes y embarquent pour 1 heure 30 à 8 heures d'aventure (35 000-90 000 $CH), les sorties sur l'eau les plus courtes traversant le parc national, tandis que l'excursion la plus longue mène jusqu'au Lago Cochrane, avec déjeuner (excellent). Pour la plongée libre et le snorkeling, tablez sur 3 à 5 heures d'exercice (50 000-100 000 $CH). Le cours de plongée libre se déroule autour du ponton, en face du bureau Descubriendo, avant de se prolonger en aval et dans le Sector Tamango. Tout l'équipement est fourni, épaisses combinaisons comprises (il fait frisquet dans l'eau !).

OÙ SE LOGER À COCHRANE

Hotel Ultimo Paraíso
Tapissé de cyprès, un nid délicieux aux lits douillets. Il y a des poêles à bois dans toutes les chambres. $$

Kalfu Patagonia
Appartements immaculés avec mezzanine, bois noueux et escaliers en colimaçon. En extérieur, boutique dédiée et café (délicieux). $$

Cabañas Sol y Luna
Un peu à l'écart de la ville, des logements parfaitement équipés avec sauna, Jacuzzi et petite brasserie sur place. $$

Residencial y Cabañas Sur Austral
Cette pension familiale, l'une des premières de Cochrane, réunit chambres douillettes à l'étage et *cabañas* tout équipées. $$

OÙ SE RESTAURER À COCHRANE

La Isla
Sur une île à l'extérieur de Cochrane, le cadre est charmant pour savourer poisson et agneau. Cottages à louer. $$

La Estrella Bakery
Excellentes pâtisseries et en-cas salés, dont des *empanadas*, des gâteaux et des donuts. $

Cervecería Tehuelche
Pizzas et bière locale correcte vous attendent jusque tard dans la nuit dans ce petit bar de brasserie. $

De nombreuses truites nagent à côté des nageurs dans le fleuve. Les amateurs s'adresseront à Carlos d'**Ultimo Paraíso** pour partir à leur pêche. Pour rendre visite à pied au glacier, le **Ventisquero Calluqueo**, ou pour une session escalade sur le **Monte San Lorenzo**, votre interlocuteur sera **Lord Patagonia**.

Tout doux à Chile Chico

KAYAK, VÉLO ET PLAGE

Il y a comme quelque chose dans l'air à **Chile Chico**. Il y règne en effet un microclimat inconnu ailleurs dans la région : plus chaud, plus venteux et nettement moins pluvieux. Le temps rêvé pour se promener en ville le long du lac ou encore grimper des centaines de marches jusqu'à la **Plaza del Viento**, un belvédère aux allures de Muraille de Chine d'où le regard plane sur le lac, les îles voisines et tout Chile Chico. Faites une halte à la **Casa de la Cultura**, où sont exposés les artistes de la région et divers objets et vestiges exhumés alentour, notamment des minéraux et des fossiles. À l'extérieur, *El Andes*, qui a longtemps navigué sur la Tamise assure désormais les traversées sur le lac (passagers et marchandises).

Selon ses goûts plus ou moins prononcés pour l'exercice et l'aventure, on peut louer kayaks et paddles pour explorer le lac, ou bien rester sur le plancher des vaches et s'adonner à l'escalade, la randonnée, le VTT, voire le vélo électrique. Opérateur réputé, **Patagonia Xpress** assure la location de cycles comme d'équipements en tous genres, organise des randonnées accompagnées et assure le transport jusqu'au point de départ des itinéraires. Vous pourrez aussi louer les vélos électriques de la municipalité à la gare routière – première étape d'un futur réseau de vélos électriques partagés entre le Chili et l'Argentine toute proche. Les plus téméraires pourront faire une balade de 16 km vers les eaux calmes et chaudes de Bahía Jara, ou l'on peut se baigner et camper, belle occasion de rencontrer les gens du coin.

La vie nocturne prend peu à peu de l'ampleur à Chile Chico. La microbrasserie de la ville, **Puesto Pioneeros**, ouvre tard presque tous les soirs, et quelques bars ont été créés en ville.

OÙ MANGER À CHILE CHICO

Lenga Café & Bistrot
Ce ravissant café sert salades, sandwichs, smoothies, café et thé. Tout est frais et presque tout est local. **$$**

Restaurante Jeinimeni
Outre les pizzas à pâte fine tout droit sorties du four en pierre, on a le choix entre des produits de la mer, des spécialités chiliennes et des sandwichs. **$$**

La Cuchara e' Palo
Haut lieu gastronomique de Chile Chico, cette épiceri ne cesse d'inventer des plats à base d'ingrédients végans et végétariens. **$$**

COMMENT S'Y RENDRE ET CIRCULER

Des bus circulent quotidiennement entre Coyhaique et Cochrane, et des services moins fréquents mais réguliers relient Cochrane à Caleta Tortel, Villa O'Higgins et Chile Chico.

Les lacets serrés de la Ruta CH-265 de l'intersection avec la Route australe vers l'est jusqu'à Chile Chico constituent l'un des plus beaux tronçons de route de la région. Effrayante et hypnotisante, la route enchaîne virages à l'aveugle et pentes en gravier abruptes à des hauteurs vertigineuses au-dessus du lac : roulez avec prudence. Les bus empruntant cette route appartiennent à des particuliers ayant obtenu une concession du gouvernement – fournisseurs et horaires varient donc d'année en année.

Une combinaison bus-ferry est parfois possible pour prendre un raccourci vers Coyhaique par le Lago General Carrera. Los Antiguos, côté argentin de la frontière, est à 9 km à l'ouest de Chile Chico. Il n'y a pas de bus, mais un réseau de vélos électriques en partage est en cours de développement pour aider les voyageurs à rejoindre la frontière.

Carnet d'adresses

CARRETERA AUSTRAL

Parque Nacional Cerro Castillo
Voir p. 304 (www.conaf.cl ; adulte/enfant 8 200/4 100 $CH ; 7h-16h)

Parque Nacional Pumalín
Voir p. 300 (www.conaf.cl ; entrée libre ; 9h-17h)

Parque Nacional Queulat
Voir p. 302 (www.conaf.cl ; adulte/enfant 9 000/4 500 $CH ; 9h-16h30 mar-dim)

Reserva Nacional Río Simpson
Voir p. 303 (www.conaf.cl ; adulte/enfant 8 200/4 100 $CH ; 10h-17h mar-dim)

Baños Termales Pichicolo
Voir p. 300 (9-8320-8334 ; www.termasdepichicolo.cl ; Carretera Austral, Km 90, Hualaihué ; forfait journalier tarif plein/réduit 24 000/17 000 $CH ; 11h-18h ma-dim)

Cabañas Lahuan
Voir p. 300 (65-221-7239 ; www.turismolahuan.com ; Calle Cahuelmó 40, Hornopirén)

Ventisquero Colgante

LEAMUS/GETTY IMAGES ©

Casa del Turismo Rural
Voir p. 303 (9-7954-4794 ; Plaza de Armas, Coyhaique ; 10h30-19h30 lun-ven, 14h-18h sam)

Experiencia ChileAndes
Voir p. 306 (9-9579-2890 ; experiencia@chileandes.cl ; facebook.com/Experiencia.Chileandes ; Pedro Lagos 240, Puerto Río Tranquilo)

Fundo Panguilemu
Voir p. 303 (9-8596-7387 ; www.fundopanguilemu.com ; Calle Panguilemu, Km 4,5, Coyhaique)

Punta del Monte
Voir p. 304 (9-9884-4950 ; www.puntadelmonte.cl ; Coyhaique ; 9h-13h et 15h-19h lun-ven)

Puyuhuapi Lodge & Spa
Voir p. 301 (2-2225-6489 ; www.puyuhuapilodge.com ; Bahia Dorita s/n, Puyuhuapi)

Termas de Porcelana
Voir p. 300 (9-9097-8860 ; www.turismolahuan.com ; Hornopirén ; 8h-18h)

B&B Cabañas Cerro Castillo
Voir p. 302 (9-8248-6928 ; www.refugiocerrocastillo.cl ; Camino Arroyo El Bosque, Villa Cerro Castillo)

Cabañas Pudu
Voir p. 300 (9-8227-9602 ; Corcovado 668, Chaitén)

JARCOSA/GETTY IMAGES ©

Puyuhuapi

Camping Pudu
Voir p. 301 (9-8920-5085 ; www.facebook.com/campingpudu ; Puerto Río Tranquilo ; mi-nov à mars)

Hotel Hornopirén
Voir p. 300 (65-221-7256 ; www.hotelhornopiren.cl ; Carrera Pinto 388, Hornopirén)

Huella Patagónica
Voir p. 301 (9-4410-1571 ; huellapatagonica.cl ; Ignacio Serrano 621, Coyhaique)
Serrano 621

Lodge Caleta Gonzalo
Voir p. 300 (9-9617-3311 ; lodgecaletagonzalo.cl ; Reñihué)

Patagonia House
Voir p. 302 (67-221-1488 ; www.patagonia-house.com ; Camino Campo Alegre s/n, Coyhaique)

Posada Queulat
Voir p. 301 (9-9319-0297 ; www.posadaqueulat.cl ; Carretera Austral, Km 228)

Rimaya Hostel
Voir p. 302 (9-4273-3470 ; www.facebook.com/rimayahostel ; Gilberta Flores 260, Puerto Río Tranquilo)

Senderos Patagonia
Voir p. 301 (9-6224-4725 ; aysensenderospatagonia.com ; Carretera Austral, Km 100, Villa Cerro Castillo)

Casa Bruja
Voir p. 304 (9-8929-4785 ; Los Chochos 332, Puerto Río Tranquilo ; 13h-22h)

CB Gastronomia Patagonia
Voir p. 303 (9-5657-4181 ; www.facebook.com/CBGastronomiaPatagonia ; Veintiuno de Mayo 655, Coyhaique ; 13h-14h30 et 19h-22h lun-sam)

El Muelle
Voir p. 303 (9-7654-3598 ; Avenida Otto Uebel s/n, Puyuhuapi ; 12h-22h lun-sam)

El Quijote
Voir p. 303 (Libertador Bernardo O'Higgins 298, Chaitén)

La Cocina de Sole
Voir p. 304 (9-9839-8135 ; Carretera Austral s/n, Villa Cerro Castillo ; 9h-21h sam-lun et mer-jeu, 10h-17h mar et ven)

Restaurante Quiyango
Voir p. 304 (9-9136-5133 ; Carretera Austral, O'Higgins ; 12h-23h)

FUTALEUFÚ

Reserva Nacional Futaleufú
Voir p. 309 (www.conaf.cl ; entrée libre ; 9h-17h30 été, 9h-17h30 lun-ven hiver)

Bio Bio Expeditions
Voir p. 309 (2-1964-258 ; bbxrafting.com ; Arturo Prat s/n ; expedition 9 jours 5 350 $US/pers ; 8h-17h lun-ven)

Bochinche Expediciones
Voir p. 308 (9-3392-0745 ; bochinchex.com ; Pedro Aguirre Cerda 545 ; à partir de 70 000 $CH/pers ; 8h30-22h)

Expediciones Chile
Voir p. 308 (65-256-2639 ; www.exchile.com ; Gabriela Mistral 296 ; 9h-19h dim-ven)

Office du tourisme de Palena
Voir p. 310 (65-274-1221 ; www.municipalidadpalena.cl ; Bernardo O'Higgins 740, Palena ; 8h-17h lun-jeu, 8h-16h ven)

Origines Patagonia
Voir p. 309 (9-8362-7047 ; origenespatagonia.cl ; Bernardo O'Higgins 672 ; à partir de 35 000 $CH/pers ; 9h-21h)

Outdoor Patagonia
Voir p. 308 (9-8570-2407 ; raftingfutaleufu.cl ; Manuel Rodríguez 129 ; à partir de 25 000 $CH/pers ; 9h-21h)

Patagonia Elements
Voir p. 308 (9-7744-7250 ; patagoniaelements.com ; Pedro Aguirre Cerda 549 ; à partir de 75 000 $CH/pers ; 8h-22h)

Rincón de la Nieve
Voir p. 310 (9-8186-4942 ; rincondelanieve@hotmail.com ; Valle Azul, Palena)

Aldea Puerto Espolón
Voir p. 308 (9-5324-0305 ; aldeapuertoespolon.cl ; Ruta 231)

Hotel El Barranco
Voir p. 308 (65-272-1314 ; www.elbarrancochile.cl ; Bernardo O'higgins 172)

La Antigua Casona
Voir p. 308 (9-8476-4480 ; antiguacasona.cl ; Manuel Rodriguez 215)

La Picá de los Colonos
Voir p. 309 (65-272-1326 ; Bernardo O'Higgins 782 ; 11h-19h lun-sam)

Martín Pescador
Voir p. 309 (9-9558-2561 ; Manuel Rodriguez 57 ; 12h-22h mar-dim)

Restaurant Antigua Casona
Voir p. 309 (9-8476-4480 ; antiguacasona.cl ; Manuel Rodriguez 215 ; 12h-22h)

PARQUE NACIONAL LAGUNA SAN RAFAEL

Parque Nacional Laguna San Rafael
Voir p. 311 (www.conaf.cl ; adulte/enfant 8 200/4 100 $CH ; 8h-17h)

Destino Patagonia
Voir p. 312 (9-8822-9491 ; destinopatagonia.cl ; Gilberta Flores 208, Puerto Río Tranquilo ; à partir de 180 $US/pers ; 10h-20h)

El Puesto Expediciones
Voir p. 312 (9-6207-3794 ; elpuesto.cl ; Pedro Lagos 258, Puerto Río Tranquilo ; à partir de 70 000 $CH ; 10h-20h)

Nomade Experience
Voir p. 312 (9-6643-8897 ; www.nomadexperiencechile.com ; Carretera Austral, Km 220, Puerto Río Tranquilo)

Lever du soleil sur le Parque Nacional Patagonia

STEVE ALLEN/SHUTTERSTOCK ©

ENVIRONS DU PARQUE NACIONAL LAGUNA SAN RAFAEL

BordeRío
Voir p. 316 (9-9940-8265 ; Sector Centro s/n, Caleta Tortel ; 9h-18h)

Paz Austral
Voir p. 316 (9-9579-3779 ; entrehielos.cl ; Sector Centro s/n, Caleta Tortel ; à partir de 70 000 $CH ; 9h-21h)

Waeskar Expeditions
Voir p. 315 (9-9497-0262 ; waeskarexpediciones.com ; Plaza de Armas, Tortel ; à partir de 20 000 $CH ; 9h-20h)

Camping Tortel
Voir p. 316 (9-7521-5330 ; www.campingtortel.cl ; Tortel)

Entre Hielos
Voir p. 316 (9-9579-3779 ; entrehielos.cl ; Sector Centro s/n, Tortel)

Hostal Natureza
Voir p. 316 (9-5158-6667 ; Sector Rincón Bajo, Tortel)

Residencial Estilo
Voir p. 316 (9-8255-8487 ; Tortel)

El Patagón
Voir p. 315 (elpatagon.zm@gmail.com ; Sector Rincón Bajo, Tortel)

Kuspe Patagonia
Voir p. 315 (www.facebook.com/kuspepatagonia ; Ruta X-904, Tortel ; déj et dîner)

Restaurante Llao-Llao Tortel
Voir p. 315 (9-9500-8988 ; Sector Rincón Bajo, Tortel ; 12h30-minuit)

PARQUE NACIONAL PATAGONIA

Parque Nacional Patagonia
Voir p. 317 (www.conaf.cl ; adulte/enfant 9 000/4 500 $CH ;

MIKASEK/STOCK.ADOBE.COM ©

Valle Chacabuco

Jeinimeni 9h-17h, Tamango 8h30-13h et 14h-17h30, Chacabuco 8h30-13h et 14h-18h)

Camping at Sector Tamango
Voir p. 318 (9-9898-2448 ; www.facebook.com/huellasdeltamangopatagonia ; Cochrane)

Camping Los West Winds
Voir p. 318 (Centro administrativo del parque nacional Patagonia, km 2, Valle Chacabuco)

Lodge at Valle Chacabuco
Voir p. 318 (2-2395-2800 ; www.explora.com ; Valle Chacabuco)

ENVIRONS DU PARQUE NACIONAL PATAGONIA

Casa de la Cultura
Voir p. 322 (67-241-2042 ; Bernardo O'Higgins 496, Chile Chico ; entrée libre ; 8h-13h et 14h-17h lun-ven)

Descubriendo
Voir p. 321 (www.descubriendo.net ; Ruta X-893, Cochrane ; à partir de 35 000 $CH/pers)

Lord Patagonia
Voir p. 322 (9-8425-2419 ; lordpatagonia.cl ; Lago Brown 388, Cochrane ; à partir de 35 000 $CH/pers ; 8h-19h lun-ven, 8h-16h sam-dim)

Patagonia Xpress
Voir p. 322 (67-239-4757 ; www.patagoniaxpress.com ; Bernardo O'Higgins 408, Chile Chico ; journée trek 80 $US, location VTT 15 000 $CH/jour ; 9h-17h)

Ultimo Paraíso
Voir p. 322 (67-252-2361 ; hotelultimoparaiso.cl ; Lago Brown 455, Cochrane)

Cabañas Sol y Luna
Voir p. 321 (9-8157-9602 ; cabañascontinajas.com ; Ruta X-893, Cochrane)

Hotel Ultimo Paraíso
Voir p. 321 (67-252-2361 ; hotelultimoparaiso.cl ; Lago Brown 455, Cochrane)

Kalfu Patagonia
Voir p. 321 (67-252-2047 ; Dr Steffens 747, Cochrane)

Residencial y Cabañas Sur Austral
Voir p. 321 (67-252-2150 ; Arturo Prat, Cochrane)

Cervecería Tehuelche
Voir p. 321 (9-6472-6220 ; Teniente Merino 372, Cochrane ; 17h-23h30)

La Estrella Bakery
Voir p. 321 (Dr Steffens 590, Cochrane ; 7h30-21h lun-ven, 9h-13h et 16h-20h sam)

La Cuchara e' Palo
Voir p. 322 (9-2052-3525 ; Pasaje Monte Fitz Roy, Chile Chico ; 12h-21h)

La Isla
Voir p. 321 (9-9888-5256 ; Arturo Prat 100, Cochrane ; 13h-16h)

Lenga Café & Bistrot
Voir p. 322 (9-4496-5758 ; Caupolicán 318, Chile Chico ; 12h30-14h30 et 17h-19h30 mar, 10h-20h30 mer-dim)

Restaurante Jeinimeni
Voir p. 322 (9-9745-0417 ; Blest Gana 237, Chile Chico ; 13h-22h lun-sam)

Puesto Pioneeros
Voir p. 322 (9-6202-5550 ; Carrera 203, Chile Chico ; 9h-1h lun-ven, 17h30-1h sam)

R.M. NUNES/STOCK.ADOBE.COM ©

Cuevas de Marmól

À GAUCHE : OLEG SENKOV/SHUTTERSTOCK ©, À DROITE : BUTEO/SHUTTERSTOCK ©

Ci-dessus : paysage coloré en Terre de Feu ; page de droite : guanacos

SUD DE LA PATAGONIE ET TERRE DE FEU

AVENTURES AU BOUT DU MONDE

Dans l'extrême sud du Chili vous attendent des paysages à couper le souffle, des parcs nationaux exceptionnels et un vaste choix d'activités en plein air.

Entre pics et lacs scintillants, péninsules battues par les vents et steppes à perte de vue, forêts émeraude et vastes champs de glace, le sud de la Patagonie et la Terre de Feu recèlent des paysages parmi les plus beaux de la planète. Sculptée par les glaciers bien avant l'arrivée de l'homme sur le continent, cette contrée, que ponctuent élevages de moutons et villages isolés, reste peu peuplée.

Les régions de Magallanes et d'Última Esperanza sont un paradis pour les amateurs d'aventures en plein air, qui y feront notamment de mémorables randonnées pédestres et équestres. Mentionnons également de singulières bourgades, des colonies de manchots et des sites historiques, ainsi que des baleines, des condors et des troupeaux de farouches guanacos. Le lieu phare de la région est le majestueux Parque Nacional Torres del Paine, qui attire chaque année des centaines de milliers de visiteurs du monde entier.

Au sud du détroit de Magellan, la Terre de Feu (Tierra del Fuego) est un labyrinthe d'îles, pour la plupart inhabitées, d'affleurements rocheux et de chenaux gelés dont la glace s'effrite dans les eaux tumultueuses de l'océan Austral. C'est une terre d'explorateurs et de pionniers à la beauté sauvage, où vous attendent le village de Puerto Williams, le plus méridional du monde, le célèbre canal Beagle et le cap Horn (Cabo de Hornos) – dernier bout de terre avant l'Antarctique.

Une fois arrivé au sud du Chili, cela vaut la peine de faire un saut du côté argentin de la Patagonie et de la Terre de Feu, et les principaux sites en figurent dans ce chapitre.

SITES PRINCIPAUX

PUNTA ARENAS
Ville portuaire attrayante et riche de son histoire.
p. 334

PUERTO NATALES
Carrefour de voyageurs sur le Seno Ultima Esperanza.
p. 344

PARQUE NACIONAL TORRES DEL PAINE
Paysages sublimes et randonnées inoubliables.
p. 352

PUERTO WILLIAMS
Village reculé sur le canal Beagle.
p. 364

S'orienter

Le sud de la Patagonie et la Terre de Feu couvrent une vaste région du Chili. De sorte que vous puissiez organiser votre propre périple, nous avons choisi ici des lieux qui en mettent en valeur les paysages remarquables, la faune, l'histoire et les cultures.

Parque Nacional Torres del Paine, p. 352

Depuis les innombrables sentiers de Torres del Paine, l'un des plus beaux parcs nationaux d'Amérique du Sud, on a vue sur les montagnes, les lacs, les glaciers et la steppe.

Puerto Natales, p. 344

Ville animée et tournée vers le tourisme, Puerto Natales est la porte d'entrée de Torres del Paine, et compte d'excellents restaurants, bars et hébergements.

BUS

Les principales localités du sud de la Patagonie sont bien desservies par les compagnies Bus-Sur (bussur.com) et Fernández (busesfernandez.com), et des services fréquents assurés par Barria-Ghisoni (busesbarria.cl) et TecniAustral (tecniaustral.com) traversent la frontière vers les sections argentines de la Patagonie et de la Terre de Feu (ces dernières comprennent une traversée en ferry). En revanche, les bus sont plus rares en Terre de Feu chilienne.

BATEAU

Des ferrys (tabsa.cl) relient Puerto Montt à Puerto Natales, ainsi que Punta Arenas à Porvenir et Puerto Williams. Il y a aussi, à Punta Arenas, des croisières vers Ushuaia, en Terre de Feu argentine assurées entre autres par Navimag (navimag.com) et Australi (australis.com). Les traversées entre Ushuaia et Puerto Williams sont suspendues, mais devraient reprendre à l'avenir.

AVION

De nombreux voyageurs arrivent à Punta Arenas ou Puerto Natales en avion depuis des villes comme Santiago. Des vols réguliers relient l'Aeropuerto Presidente Carlos Ibañez del Campo (PUQ ; aeropuertosaustrales.cl), à Punta Arenas, à l' Aeródromo Guardiamarina Zañartu (WPU), à Puerto Williams, qui n'est pas relié au reste du Chili par la route.

Puerto Williams, p. 364

Le village isolé de Puerto Williams est une base agréable pour explorer le spectaculaire massif des Dientes de Navarino et le canal Beagle.

Punta Arenas, p. 334

Ville portuaire historique au bord du détroit de Magellan, Punta Arenas est la plus grande localité du sud de la Patagonie, et un carrefour de transports majeur.

Planifier son séjour

Le sud de la Patagonie et la Terre de Feu forment une région immense, riche en sites mémorables. Prévoyez donc beaucoup de temps pour vous imprégner des paysages, de l'histoire et des cultures de ces contrées.

HUGO BRIZARD-YOUGOPHOTO/SHUTTERSTOCK ©

Randonneur dans le Parque Nacional Torres del Paine (p. 352)

Si vous avez peu de temps

● Filez tout droit au **Parque Nacional Torres del Paine** (p. 352), joyau de la région. Les randonnées les plus célèbres du parc – le **W** (p. 354) et le **Circuito Paine** (p. 356) – prennent environ une semaine. Mais, si vous manquez de temps, des randonnées plus courtes sont envisageables, ainsi que des croisières en bateau, des excursions en kayak et des balades à cheval. S'il est possible de visiter Torres del Paine en une journée depuis **Puerto Natales** (p. 344), il est bien plus intéressant de passer au moins deux nuits dans l'un des nombreux hôtels, lodges ou campings établis à l'intérieur et aux alentours du parc.

Au fil des saisons

Le climat du sud de la Patagonie est connu pour ses caprices. La plupart des voyageurs s'y rendent d'octobre à mars. Il y a moins de monde durant l'hiver austral, mais les conditions y sont rudes.

JANVIER

Le moment idéal pour observer l'accouplement des **lions de mer** – ainsi que des baleines, des dauphins et des oiseaux marins – sur le canal Beagle.

MARS

Les vents d'été commencent à faiblir, les **couleurs de l'automne** apparaissent et l'affluence à Torres del Paine diminue peu à peu.

JUIN

Maints endroits ferment pour l'hiver de fin juin à septembre. C'est le moment de randonner dans un Torres del Paine enneigé.

ANGELO DAMICO/SHUTTERSTOCK ©, GERARDO BELTRAN/SHUTTERSTOCK ©, STEVE ALLEN/SHUTTERSTOCK ©

Si vous avez 10 jours

- Après quelques jours dans le **Parque Nacional Torres del Paine** (p. 352), rejoignez **Puerto Natales** (p. 344) pour y passer une nuit. Promenez-vous le long du fjord, visitez le **Museo Histórico** (p. 345) et découvrez d'excellents cafés et restaurants.

- Continuez vers le sud jusqu'à la ville portuaire de **Punta Arenas** (p. 334), dont les bâtiments historiques, les musées et l'impressionnant cimetière donnent idée de la prospérité que l'élevage de moutons valut à la Patagonie du siècle dernier.

- Gardez une journée pour visiter le site historique et le musée du **Parque del Estrecho de Magallanes** (p. 341) ou le **Monumento Natural Los Pingüinos** (p. 342), une importante réserve de manchots.

Si vous avez plus de temps

- Prenez un bus à **Puerto Natales** (p. 344) pour traverser la frontière vers la **Patagonie argentine** (p. 362) et passer quelques jours à El Chaltén et El Calafate, points de départ pour de nombreuses activités dans le splendide **Parque Nacional Los Glaciares** (p. 362).

- À Punta Arenas, embarquez dans un avion ou un ferry pour **Puerto Williams** (p. 364), en Terre de Feu. Faites l'ascension du **Cerro Bandera** (p. 367), du sommet duquel la vue est mémorable, visitez le **Museo Antropológico Martín Gusinde** (p. 365) et accordez-vous une excursion d'observation de la faune le long du **canal Beagle** (p. 367).

- S'il vous reste quelques jours, lancez-vous dans l'exigeant trek des **Dientes de Navarino** (p. 367).

JUILLET

C'est la haute saison des sports d'hiver en Terre de Feu argentine. Punta Arenas est en fête pour le **Carnaval de Invierno**.

OCTOBRE

Les **manchots** reviennent nicher au Monumento Natural Los Pingüinos, et y restent d'usage jusqu'en avril.

NOVEMBRE

La fin de l'été et le début du printemps sont propices à la **randonnée**, et la haute saison n'a pas encore commencé.

DÉCEMBRE

C'est le début de la période la plus chaude et la plus animée, idéale pour la randonnée et les visites d'élevages, mais les **parcs nationaux** sont bondés.

PUNTA ARENAS

En bordure du détroit de Magellan, Punta Arenas, singulier mélange de rudesse et de grandeur, est la plus grande ville de l'extrême sud du Chili. Fondée en 1848, elle était à l'origine une garnison militaire et une colonie pénitentiaire qui vivait du négoce des peaux de phoques et de guanacos, et du commerce avec les navires en route pour la Californie, alors en pleine ruée vers l'or. Dans le dernier quart du siècle, l'élevage ovin, développé à partir de moutons achetés dans les Malouines, devint une industrie florissante avec, vingt ans plus tard, quelque deux millions de têtes. Cette nouvelle prospérité, qui attira des immigrants de toute l'Europe, se fit aux dépens des communautés indigènes de la région.

Aujourd'hui, Punta Arenas est un important centre des transports, et compte un vaste choix d'infrastructures touristiques, dont des hôtels, des restaurants et des agences de voyage. Si la ville est cernée des immenses espaces de duty free de la Zona Franca, le centre en est un trésor d'architecture, avec ses superbes demeures de magnats de la laine et son port rénové.

Pour les infos pratiques, voir le Carnet d'adresses p. 375

À SAVOIR

Punta Arenas organise deux fêtes animées au cœur de l'hiver austral. Le 21 juin, la ville célèbre le solstice d'hiver (la nuit la plus longue de l'année), et fin juillet a lieu le Carnaval de Invierno (Carnaval d'hiver), avec feux d'artifice, défilés et concerts.

Baqueano (cow-boy) chilien

MICHELE RINALDIO/SHUTTERSTOCK ©

LE TOP DES BARS ET DES CAFÉS

Wake Up
Les employés, branchés, servent d'excellents cappuccinos, *cortados* et expressos, ainsi que de savoureux repas légers, en-cas salés et pâtisseries.

Taberna Club de la Unión
Au pied du Palacio Sara Braun, ce bar-restaurant en sous-sol sert un large choix de piscos, gins, whiskys et bières patagoniennes.

Café Tapiz
Cet établissement élégant, à l'éclairage tamisé, invite à s'attarder autour d'un café ou d'une boisson alcoolisée. Plusieurs tables avec vue.

INCONTOURNABLES	SE LOGER	SE RESTAURER	PRENDRE UN VERRE ET FAIRE LA FÊTE
1 Cementerio Municipal **2** Museo Naval y Marítimo **3** Museo Regional de Magallanes **4** Palacio Sara Braun **5** Plaza Muñoz Gamero	**6** Hostal Buenavista **7** Hotel Plaza **8** Ilaia **9** Innata Patagonia **10** La Yegua Loca	**11** Fuente Hamburg **12** Kiosco Roca **13** La Marmita **14** La Vianda **15** Mercado Municipal	**16** Bodega 87 **17** Café Tapiz **18** Taberna Club de la Unión **19** Wake Up

Un aperçu de l'âge d'or

L'HÉRITAGE DES BARONS DE LA LAINE

L'impressionnante architecture du centre de Punta Arenas témoigne avec éclat des fortunes amassées par les grands éleveurs de moutons durant l'âge d'or de la fin du XIXe siècle et du début du suivant. La **Plaza Muñoz Gamero**, place

OÙ SE RESTAURER À PUNTA ARENAS

Kiosko Roca
Institution locale servant des mini-sandwichs au chorizo et du lait à la banane : surprenant, mais efficace. **$**

La Marmita
Table appréciée pour ses viandes et ses produits de la mer, ainsi que pour ses plats végans et végétariens. **$$**

La Vianda
Pâtisserie-café de premier ordre. Pains, gâteaux, douceurs et salades : tout, ici, est délicieux. **$**

LE ROI DES MERS

Séjourner dans l'extrême sud du Chili sans goûter à la *centolla* (crabe royal) tiendrait d'un sacrilège. Les eaux glaciales de cette région abondent en crustacés pouvant atteindre un mètre de long ou plus, et le Chili possède une industrie florissante consacrée à cette pêche lucrative, notamment à Puerto Williams et à Puerto Toro. Les restaurants du sud de la Patagonie et de la Terre de Feu proposent ce roi des crabes sous forme de gratins, de plats de pâtes, de risottos, de crêpes, de salades, de soupes, de sandwichs et de bien d'autres délices encore. Notez qu'il vaut mieux savourer de la *centolla* pendant la saison de pêche (juillet à novembre), sans quoi on pourrait vous servir du crabe congelé ou en conserve, lequel n'a rien à voir avec le crabe frais.

MARK GREEN/SHUTTERSTOCK ©

Statue de Ferdinand de Magellan, Plaza Muñoz Gamero

principale et cœur de la ville, en est le point d'orgue. Bordée de la cathédrale du Sacré-Cœur (*Sagrado Corazón*), d'opulentes demeures et autres beaux bâtiments, elle est l'endroit idéal pour entamer une plongée dans l'histoire de la ville. En son centre, entourée de conifères, se dresse une statue de Ferdinand de Magellan, offerte par le baron de la laine José Menéndez en 1920, en célébration du 400e anniversaire du voyage du navigateur portugais à travers le détroit qui porte désormais son nom. Le socle de la statue est flanqué des effigies, féminine et masculine, de deux indigènes de Patagonie et de Terre de Feu. Le pied de l'homme est poli par le frottement : selon une légende locale, quiconque le toucherait ou l'embrasserait serait assuré de revenir à Punta Arenas.

À quelques pas de la place se dresse le Palacio Braun-Menéndez, une demeure néoclassique construite entre 1903 et 1906. Il abrite aujourd'hui le **Museo Regional de Magallanes**, qui donne une idée de l'opulence dans laquelle certains vivaient naguère. L'intérieur, bien conservé, abrite le musée d'Histoire et de magnifiques collections d'arts décoratifs français, ainsi que de beaux parquets marquetés, des vases de Chine et d'austères portraits de famille. Les quartiers des domestiques, plus modestes, occupent un pan du rez-de-chaussée. Consacrées à la région, des expositions reviennent sur la géologie, les cultures indigènes, la colonisation et l'essor de l'élevage. Demandez une brochure au guichet, à l'entrée du musée.

OÙ SE LOGER À PUNTA ARENAS

Hostel Entre Vientos
Auberge de jeunesse avec dortoirs, chambres, cuisine et salons communs. À 25 minutes de marche du centre. $

La Yegua Loca
Boutique-hôtel à flanc de colline au-dessus de la ville, avec de belles chambres et un bon restaurant. $$$

Innata Patagonia
Bonne pension de milieu de gamme aux chambres simples et confortables avec salle de bain (de 1 à 4 personnes). $$

Poursuivez votre leçon d'histoire au coin de la rue, où se situe le majestueux **Palacio Sara Braun**, qui donne sur la place. Achevé en 1905, il abrite aujourd'hui l'hôtel haut de gamme José Nogueira et, au sous-sol, la **Taberna Club de la Unión**, un bar-restaurant plein de cachet.

Pour un aperçu de la vie quotidienne – et moins faste – des pionniers et populations qui traversèrent cette époque, rejoignez en *colectivo*, direction la zone franche, l'Universidad de Magallanes qui abrite le **Museo del Recuerdo**. Géré par l'instituto de Patagonia, ce musée en plein air, qui regroupe engins agricoles, boutiques et maisonnettes reconstituées d'origine, expose aussi dans sa bibliothèque des cartes ou leurs reproductions utilisées par les navigateurs.

Un œil sur la mer

UNE PLONGÉE DANS L'HISTOIRE MARITIME

Si vous aimez la mer, ne manquez pas le **Museo Naval y Marítimo** pour découvrir la fascinante histoire maritime de la Patagonie et de la Terre de Feu. Les expositions relatent notamment le sauvetage des membres d'équipage de l'explorateur polaire Ernest Shackleton, réfugié sur l'île de l'Éléphant après le naufrage de leur navire, broyé par les glaces.

Vous verrez plusieurs maquettes de bateaux, de vieilles cartes marines, une batterie de torpilles, des portraits d'officiers de marine, un antique scaphandre et un guide des phares de la région, ainsi que la reproduction, en taille réelle, d'un pont de navire avec sa barre, ses hublots et son équipement radio.

La cité des morts

HISTOIRES DU CIMETIÈRE

Un quart d'heure de marche, direction nord-est, au départ de la place principale vous conduira, sur l'Avenida Bulnes, au vaste **Cementerio Municipal**, l'un des cimetières les plus singuliers d'Amérique du Sud, inauguré dans les années 1890, et également connu sous le nom de Cementerio Sara Braun. Ses allées de cyprès canadiens soigneusement taillés s'étendent sur 4 ha. On trouve ici d'humbles sépultures, ainsi que d'ostentatoires tombeaux, à l'exemple du mausolée de Sara Braun, membre d'une importante dynastie d'éleveurs de moutons, ou de celui du non moins riche José Menéndez. L'ensemble donne un aperçu aussi fascinant que poignant de l'histoire de Punta Arenas, en particulier de la diversité culturelle des premiers colons européens – Croates, Allemands, Britanniques, Français, Espagnols et Italiens notamment. Plusieurs mémoriaux rendent également hommage aux innombrables marins ayant perdu la vie dans les eaux traîtresses bordant le sud du Chili.

BRUCE CHATWIN ET PUNTA ARENAS

Punta Arenas a joué un rôle important dans le récit de voyage *En Patagonie* de l'écrivain Bruce Chatwin. Charley Milward, capitaine de la marine marchande et parent éloigné de Chatwin, fit naufrage dans le détroit de Magellan en 1898 et s'installa par la suite à Punta Arenas. Il devint plus tard consul britannique de la ville, mais est surtout connu pour avoir envoyé à sa famille un morceau de peau d'un paresseux géant préhistorique trouvé dans la Cueva del Milodón. L'objet captiva le jeune Chatwin, qui écrivit : "Je l'ai baptisé 'le morceau de brontosaure' et j'en ai fait le centre du bestiaire de mon enfance". Il s'en inspira pour son livre de 1977 (dont les histoires sont pour le moins enjolivées).

Ilaia
Mélange attractif de chaleur familiale et d'espace, avec un style contemporain ; un choix sûr. **$$**

Hotel Plaza
Chambres surannées mais à prix doux dans une belle demeure à deux pas de la place principale. **$**

Hostal Buenavista
Pension moderne avec chambres doubles et triples propres sur les hauteurs bordant le centre. **$**

EXPLORATEURS DE L'ANTARCTIQUE

Punta Arenas est fière de ses liens avec "l'âge héroïque" de l'exploration en Antarctique, entre la fin du XIXe et le début du XXe siècle, dont de nombreuses figures de proue sont passés par la ville. Cette balade vous donnera à découvrir certains sites clés de ces aventures. Commencez au **1 Monumento Piloto Pardo**, sur la *costanera* (promenade), à quelques pas vers l'est du clinquant Hotel Dreams del Estrecho. Inauguré en 2021, le monument présente une statue du capitaine de la marine chilienne Luis Pardo à côté de la proue du *Yelcho*, le navire qu'il emprunta, en 1916, pour porter secours à l'*Endurance* d'Ernest Shackleton et à son équipage, échoués sur l'île de l'Éléphant, un morceau de roche et de glace inhospitalier juste au large de la péninsule antarctique. La visite suit en partie le Circuito Turístico Antártico, le long duquel sont présentés, au moyen de plaques bleues en espagnol et en anglais, les édifices historiques notables de Punta Arenas. Marchez ensuite quelques minutes vers le nord-ouest pour voir **2 l'Hotel de France**, où logea jadis l'explorateur norvégien Roald Amundsen, premier homme à avoir atteint le pôle Sud. Continuez encore deux rues pour rejoindre la Plaza Muñoz Gamero et admirer **3 l'ancien bureau de poste**, où l'infortuné capitaine Robert Falcon Scott se rendit, en 1904, pour envoyer des lettres à sa famille, et la **4 Residencia Blanchard**, ancienne résidence d'un riche baleinier français. Shackleton et ses équipiers Tom Crean et Frank Worsley priaient à **5 l'église anglicane St James**, à cinq minutes de marche au nord-ouest de la place. Revenez sur vos pas jusqu'à la place puis continuez sur deux pâtés de maison pour visiter le **6 Museo Naval y Marítimo**, où vous pourrez en apprendre davantage sur les exploits et la persévérance de Pardo, de Shackleton et de leurs équipages.

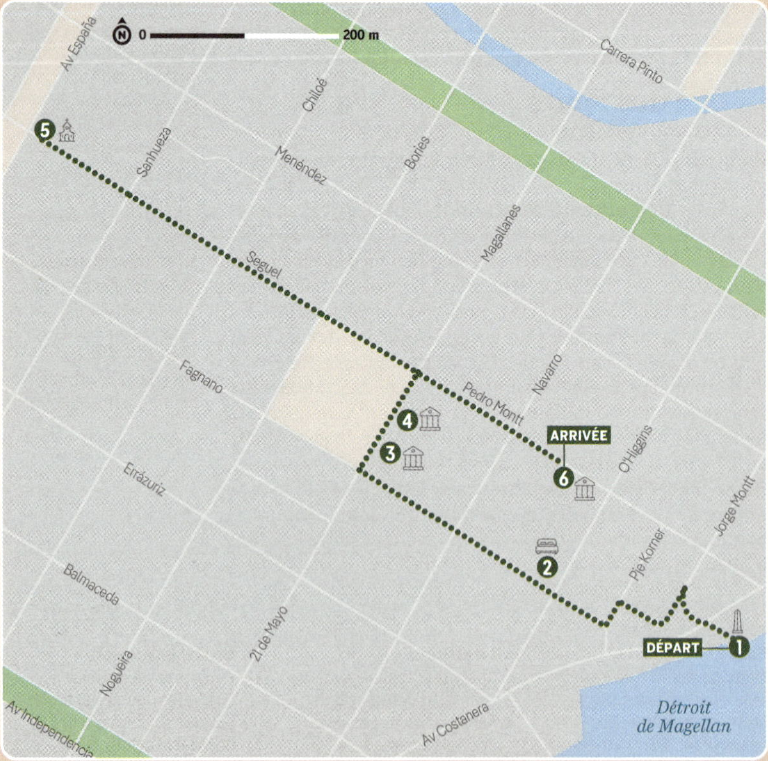

Classé monument historique en 2012, le cimetière abrite également, dressée sur une tombe, la statue d'un Sawésqar sans nom, appelé Indio Desconocido ("Indien inconnu"). Il attire un flot continu de visiteurs convaincus qu'il exauce les vœux. La statue est entourée de bouquets de fleurs, de photos d'êtres chers et d'ex-voto.

Prenez un plan des tombes les plus remarquables à l'entrée principale du cimetière.

Squelettes et croquis

MAGELLAN ET LA FAUNE MARINE

Si vous vous intéressez à la faune qui peuple le détroit de Magellan, direction le **Museo de Historia Natural Río Seco**, un muséum privé d'histoire naturelle créé par deux frères, l'un biologiste marin et l'autre, artiste. Il possède une collection de squelettes minutieusement reconstitués et présentés de manière imaginative, allant de baleines et d'otaries à une multitude d'oiseaux. Des séries de dessins magnifiques contribuent à donner vie aux créatures. Le muséum, idéal pour une visite en famille, se trouve dans la localité côtière de Río Seco, à 15 minutes de route au nord du centre de Punta Arenas.

Sur les traces de Magellan

CROISIÈRES AU SUD DE PUNTA ARENAS

L'ouverture du canal de Panama, en 1914, a réduit l'importance du port de Punta Arenas dans le trafic maritime mondial. Or, plus d'un siècle plus tard, il y a toujours quelque chose d'indéniablement romantique à prendre ici la mer. En naviguant vers le sud en **bateau de croisière** ou en **ferry** jusqu'à la Terre de Feu, vous emprunterez des voies navigables historiques, telles que le détroit de Magellan et le canal Beagle, et découvrirez les paysages époustouflants de la région, dont une grande partie est inaccessible autrement.

Si votre budget le permet, **Australis** (australis.com) propose des croisières luxueuses de quatre nuits vers Ushuaia, en Terre de Feu argentine. Moins chères, moins confortables mais tout aussi mémorables, les traversées en ferry de **Transbordadora Austral Broom** (tabsa.cl) permettent de rejoindre Puerto Williams et Porvenir. La compagnie exploite également une traversée en ferry, toutes les heures, du détroit de Magellan au niveau de la Primera Angostura, reliant Punta Delgada, à 170 km au nord-est de Punta Arenas côté patagonien, à Bahía Azul en Terre de Feu. C'est l'itinéraire suivi par les voitures et les bus qui voyagent entre Punta Arenas et Ushuaia.

De novembre à mars, des croisières partent également de Punta Arenas à destination de l'Antarctique.

SHOPPING EN DUTY FREE

La **Zona Franca**, une zone de libre-échange tentaculaire en périphérie de Punta Arenas, abrite un grand centre commercial, des hypermarchés et toute une série de magasins aux airs d'entrepôts, ainsi que quelques attractions familiales comme une patinoire. Cela vaut la peine de s'y rendre pour acheter des équipements d'aventures en plein air (bien moins chers ici qu'à Puerto Natales), des vêtements, du parfum, des ordinateurs portables, du matériel audiovisuel et autres appareils électroniques. La Zona Franca est à 4,5 km au nord de la Plaza Muñoz Gamero par l'Avenida España puis l'Avenida Bulnes. De nombreux *taxi colectivos* (taxis partagés) font la navette depuis le centre-ville.

COMMENT CIRCULER

Le centre-ville s'explore aisément à pied. Pour rejoindre l'aéroport, il faut prendre un taxi, une navette porte à porte ou l'un des bus pour Puerto Natales, qui partent des terminaux des différentes compagnies présentes dans le centre. Si vous souhaitez louer une voiture, vous paierez moins cher à Punta Arenas qu'à Puerto Natales. Les tarifs montent si vous passez la frontière argentine avec un véhicule chilien, en raison des surcoûts d'assurance.

Environs de Punta Arenas

Quittez la ville pour les contrées sauvages du sud de la Patagonie, dont les paysages austères et mélancoliques finissent toujours par séduire.

Coupée du reste du continent par des eaux glaciales et des chaînes andines dentelées, la région de Magallanes, autour de Punta Arenas, est désolée mais splendide. Parcourir ses vastes plaines, en grande partie dépourvues d'arbres, et son formidable littoral battu par les vents, procure un sentiment d'isolement envoûtant.

La région recèle un choix surprenant de choses à voir et à faire, notamment des parcs nationaux, des réserves marines, des colonies de manchots, des sentiers de randonnée et des monuments historiques. Traverser en ferry le détroit de Magellan permet de rejoindre Porvenir, une ville intéressante d'Isla Grande, dans le nord de la Terre de Feu. Au sud d'Isla Grande, laquelle est partagée entre le Chili et l'Argentine, se trouve le Parque Nacional Yendegaia.

Pour les infos pratiques, voir le Carnet d'adresses p. 375

À SAVOIR

Vents forts et intempéries peuvent retarder ou faire annuler les excursions en bateau ou en kayak ; prévoyez une certaine souplesse dans votre emploi du temps.

Manchot de Magellan, Monumento Natural Los Pingüinos (p. 342)

La colonisation de la Patagonie

UNE HISTOIRE MOUVEMENTÉE

Pour en savoir plus sur les tentatives de colonisation espagnoles et chiliennes de la Patagonie, visitez le **Parque del Estrecho de Magallanes**, où vous verrez les monuments nationaux de **Puerto Hambre** et **Fuerte Bulnes**. Fondé en 1584, Puerto Hambre (Port Famine) fut l'un des avant-postes espagnols les plus inhospitaliers et les plus éphémères d'Amérique du Sud. Il doit d'ailleurs son surnom au fait que nombre de ses occupants périrent d'inanition.

Fuerte Bulnes fut, quant à lui, établi en 1843 après que le président chilien Manuel Bulnes eut envoyé une goélette pour revendiquer la région – habitée depuis des millénaires par des peuples indigènes – pour le Chili. Le fort a été remarquablement restauré, et un bon musée, avec expositions multimédias, permet de découvrir les cultures indigènes, la faune et l'histoire géologique de la région. Plusieurs sentiers de randonnée donnent une idée de la rudesse du terrain et du climat qu'ont dû affronter les premiers colons.

Randonnée sur le cap

CAP SUR LE CAP FROWARD

Une randonnée éprouvante mais mémorable de deux jours et 50 km le long de falaises battues par les vents mène au **cap Froward** (Cabo Froward), le point le plus méridional d'Amérique du Sud continentale. Au cap, une colline de 365 m mène à une croix, érigée à l'origine par le Señor Fagnano en 1913, mais la plus récente a été dressée en 1987 pour la visite de Jean-Paul II. Vous aurez découvert, en route, une faune et une flore abondantes, en particulier autour du **phare de San Isidro**, à environ 15 km avant Cabo Froward, au pied du Monte Tarn (830 m). Vous y verrez des dauphins, des baleines, ainsi que de nombreux oiseaux comme des colibris du Chili et des pics de Magellan. Il est possible de faire la randonnée en solo et de camper pour la nuit, mais des voyagistes de Punta Arenas tels que **Turismo Comapa** proposent des randonnées guidées. **Chile Nativo**, à Puerto Natales, organise des expéditions combinant kayak et randonnée, et Kayak Agua Fresca des excursions en kayak le long de la côte.

Baleines et manchots

APERCEVOIR DES BALEINES ET OBSERVER DES MANCHOTS

Le détroit de Magellan foisonne de vie marine, que l'on peut observer, en bateau et en kayak, à la faveur de tout un choix d'excursions. Les 670 km² du **Parque Marino Francisco Coloane** sont visités, de décembre à mai, par des baleines à bosse venues s'y nourrir. On y observe aussi, parfois, des baleines de Minke et des rorquals boréaux, passer au large

AVANT-POSTES COLONIAUX : PUERTO HAMBRE ET FUERTE BULNES

La malheureuse colonie de Puerto Hambre (Port Famine), également connue sous le nom de Ciudad Rey Don Felipe (Ville du Roi Philippe), fut établie en 1584 par le commandant naval espagnol Pedro Sarmiento de Gamboa. Faute de ravitaillement, ses habitants moururent de faim ou succombèrent aux intempéries. Deux siècles et demi plus tard, la colonie de Fuerte Bulnes (Fort Bulnes) se révéla tout aussi éphémère. Confrontés à un manque d'eau potable et de terres agricoles, les colons chiliens tentèrent leur chance plus au nord, trouvant un lieu plus prometteur appelé "Lacolet" par les Aónikenk et "pointe sablonneuse" par les navigateurs européens. L'endroit devint ensuite la ville moderne de Punta Arenas, qui signifie "pointe sablonneuse" en espagnol.

LA FAUNE DU SUD DE LA PATAGONIE ET DE LA TERRE DE FEU

Manchots de Magellan
Présents le long de la côte patagonienne, ces manchots de taille moyenne ont une poitrine blanche barrée de deux bandes noires.

Manchots royaux
La deuxième plus grande espèce de manchots a des plumes orange sur le cou et vit habituellement dans les régions subantarctiques.

Baleines à bosse
Pouvant peser jusqu'à 40 tonnes, les baleines à bosse se distinguent notamment par leurs très grandes nageoires pectorales.

de colonies de lions de mer. Pour explorer ces eaux, contactez **Solo Expediciones**, qui propose des excursions d'une journée en bateau ou en kayak, ou **Whalesound** pour des expéditions scientifiques de trois jours en bateau.

Englobant l'Isla Magdalena et l'Isla Marta, le **Monumento Natural Los Pingüinos** est peuplé de dizaines de milliers de manchots de Magellan de novembre à mars, ainsi que de lions de mer et d'oiseaux comme des albatros à sourcils noirs et des cormorans. Des croisières de cinq heures au départ de Punta Arenas – organisées par des opérateurs comme **Solo Expediciones** ou **Turismo Selknam** – permettent de faire le tour de ces îles, situées à une trentaine de kilomètres au nord-est de la ville.

Sur l'Isla Grande, la **Reserva Natural Pingüino Rey** abrite la seule colonie de manchots royaux d'Amérique du Sud. Se cantonnant habituellement aux îles subantarctiques, ces oiseaux ont fait leur apparition sur l'Isla Grande en 2010. La réserve est ouverte de septembre à mai. La plupart des visiteurs réservent une excursion à la journée depuis Punta Arenas auprès d'opérateurs comme **Turismo Fin del Mundo**, mais vous pourrez aussi explorer l'île en solo si vous trouvez, à Porvenir, un moyen de transport vers et depuis la réserve.

UN DÉTROIT CHARGÉ D'HISTOIRE

Séparant la Patagonie de la Terre de Feu et reliant les océans Atlantique et Pacifique, le détroit de Magellan était autrefois l'une des voies navigables les plus importantes de la planète. Parcouru en canoë par les peuples indigènes kawésqar et yagán pendant des milliers d'années, le détroit porte le nom de Ferdinand de Magellan, qui fut le premier Européen à l'emprunter en 1520. Il devint au milieu du XIXe siècle une route commerciale essentielle pour les bateaux à vapeur, avant de perdre de son importance au début du XXe siècle du fait de l'ouverture du canal de Panama et du raccourci que celui-ci offrait entre l'Atlantique et le Pacifique. Le détroit n'est plus aujourd'hui parcouru que par des ferrys, ainsi que par les kayaks et les bateaux des tour-opérateurs de Punta Arenas.

Là où vit le diable

RANDONNÉE À PALI AIKE

Avec ses paysages volcaniques austères criblés de cônes, de grottes, de cratères et de bancs de lave, on comprend pourquoi le **Parque Nacional Pali Aike** – "terre désolée où vit le diable" en langue tehuelche – est baptisé ainsi. Les 50 km^2 du parc s'explorent au fil de sentiers serpentant à travers des roches rouges, jaunes et gris-vert et une mosaïque de cratères dont certains si profonds qu'un immeuble de quatre étages pourrait y tenir. Vous passerez aussi devant les grottes de Fell et Pali Aike, où des fouilles dans les années 1930 ont révélé des signes d'activité humaine remontant à quelque 11 000 ans. Y furent également excavés, d'une profondeur de 17 m, des restes étonnamment récents d'animaux aujourd'hui disparus, tels que le mylodon ou le cheval primitif hippidion.

Des excursions d'une journée au départ de Punta Arenas sont organisées notamment par **Turismo Fin del Mundo**, mais si vous avez votre propre véhicule vous pourrez explorer le parc en solo. Munissez-vous de chaussures robustes pour parcourir les champs de lave et les sentiers du parc.

Terre de Feu sauvage

EXPLORER LES RÉSERVES DE L'ISLA GRANDE

Pour une aventure en pleine nature, traversez le détroit de Magellan jusqu'à l'Isla Grande. Le **Parque Natural Karukinka** recèle tout un réseau de sentiers de randonnée, dont certains

LA FAUNE DU SUD DE LA PATAGONIE ET DE LA TERRE DE FEU

Guanacos
Cousin sauvage du lama, le guanaco est l'un des plus grands herbivores d'Amérique du Sud.

Condors des Andes
Le condor des Andes est l'un des plus grands oiseaux volants du monde. Son envergure peut dépasser 3 m.

Nandous
Ressemblant à l'autruche et à l'émeu, le nandou est un grand oiseau incapable de voler présent dans toute la Patagonie.

Cráter Morada del Diablo, Parque Nacional Pali Aike

adaptés aux VTT, permettant d'explorer le littoral, la steppe, les forêts, les marécages et les montagnes du parc. Ouvrez l'œil pour apercevoir éléphants de mer, dauphins, guanacos, renards, loutres et pics de Magellan. Le parc dispose d'hébergements basiques, ainsi que d'aires de camping (feux interdits), mais il n'y a nulle part où acheter de la nourriture. Il est possible de visiter le parc en solo, à condition d'avoir son propre véhicule ou de réserver un transport depuis Porvenir.

À l'extrême sud de l'Isla Grande, le **Parque Nacional Yendegaia** ("baie profonde" en langue yagán) reçoit encore moins de visiteurs. Cette réserve de 1 500 km^2 dans la Cordillera Darwin, est un royaume de montagnes, de pampas, de fjords et de forêts fuégiennes. Abritant des espèces menacées telles que la loutre du Chili et l'ouette à tête rousse, ainsi qu'une abondante vie marine, c'est un couloir stratégique entre le Parque Nacional Alberto de Agostino et le Parque Nacional Tierra del Fuego. La réserve n'a pas de véritables infrastructures et l'accès des visiteurs est limité, mais **Chile Nativo** propose des expéditions à pied hors des sentiers battus.

REJOINDRE L'ISLA GRANDE

La principale porte d'entrée de l'Isla Grande est Porvenir, sur la côte nord-ouest. Peu visitée, cette bourgade de 6 000 habitants, enroulée autour d'une baie, est desservie par des ferrys et des vols réguliers vers et depuis Punta Arenas. Du fait de l'absence de transports publics, il est difficile d'explorer l'Isla Grande en solo, la plupart des visiteurs optant pour un circuit organisé. Les agences de Punta Arenas proposent des excursions d'une journée à Porvenir, comprenant généralement un arrêt à la Reserva Natural Pingüino Rey. Porvenir compte quelques modestes maisons d'hôtes dont les propriétaires peuvent organiser transport et excursions vers des sites comme le Parque Natural Karukinka. Des vols saisonniers relient Pampa Guanaco, près du parc, à Punta Arenas. Il n'y a pas de liaisons directes entre Puerto Williams et l'Isla Grande.

COMMENT CIRCULER

En dehors des ferrys et des avions partant pour Porvenir, sur l'Isla Grande, les transports publics sont limités autour de Punta Arenas.

Hormis à louer une voiture ou à prendre un taxi, vous devrez rejoindre un circuit organisé pour visiter les parcs et réserves.

PUERTO NATALES

Jadis modeste port sur le Seno Última Esperanza, Puerto Natales doit à son nouveau statut de porte d'entrée du Parque Nacional Torres del Paine d'être devenue un haut lieu du tourisme. La ville compte maints restaurants, hébergements et commerces ciblant le public international qui y afflue désormais.

Or cette popularité grandissante n'en altère pas le charme rustique, que caractérisent encore ses maisons en tôle ondulée, ses cabanes, son rythme de vie décontracté et ses superbes vues sur le fjord. Située à 250 km au nord-ouest de Punta Arenas, la capitale de la province d'Última Esperanza (Dernier Espoir) est la deuxième plus grande agglomération de la région et le terminus sud des lignes de ferry circulant dans les fjords chiliens. S'il n'y pas grand-chose à voir ou à faire en ville, Puerto Natales invite à la détente et la région environnante est riche en découvertes.

Pour les infos pratiques, voir le Carnet d'adresses p. 379

À SAVOIR

Les commerces de Puerto Natales pratiquent des prix plus élevés encore qu'ailleurs en Patagonie. Pour louer une voiture ou acheter vêtements, équipements, nourriture et autres produits pour une randonnée à Torres del Paine, faites vos courses à Punta Arenas : le choix y est plus grand, et les tarifs y sont plus raisonnables.

INCONTOURNABLES
1 Centro Cultural Galpón Patagonia
2 Museo Histórico

ACTIVITÉS
3 Navimag

SE LOGER
4 Kau Patagonia
voir 12 Vinnhaus
5 Wild

SE RESTAURER
6 Afrigonia
7 Aluen
8 Cafe Kaiken
9 El Bote
10 Vinnhaus

PRENDRE UN VERRE ET FAIRE LA FÊTE
11 Holaste!
12 Distillerie Last Hope
13 Ludopía

SHOPPING
14 Espacio Ñandu
15 Pueblo Artesanal Etherh Aike
16 Wine & Market Patagonia

Promenade sur la Costanera

MONUMENTS, ART ET PANORAMAS

En plus d'offrir une vue imprenable sur les eaux du Seno Última Esperanza et les montagnes enneigées au-delà, une balade sur la **Costanera** – promenade piétonnisée au bord du fjord de Puerto Natales, parallèle à l'Av. Pedro Montt – se prête à découvrir des monuments, des sculptures et des œuvres d'art contemporain.

En marchant vers le nord du quai des ferrys, on arrive rapidement devant un mémorial à Hermann Eberhard Schmith, l'un des premiers colons européens à s'être installé dans la région du Seno Última Esperanza, célèbre pour avoir découvert dans les années 1890 les restes d'un mylodon (paresseux géant préhistorique devenu depuis l'emblème de la ville) dans une grotte des alentours ; le site est aujourd'hui ouvert au public (p. 351). En continuant vers le nord, vous rejoindrez bientôt un petit skatepark à côté duquel planent deux personnages connus sous le nom d'*Amores de Viento en Natales* (*Amoureux du vent à Natales*).

Poursuivez votre promenade pour voir une autre œuvre d'art impressionnante, une main géante semblant surgir du trottoir pour attraper les passants imprudents. Le dernier monument, un peu plus loin au nord au milieu d'un rond-point marquant l'extrémité de Puerto Natales, est une grande statue de mylodon. Des panneaux permettent d'en savoir plus sur cette créature fascinante, dont l'image orne de nombreux panneaux du centre-ville.

Regards sur la Patagonie

HISTOIRE ET CONTEXTE CULTUREL

Pour un aperçu éclairant sur l'histoire mouvementée du sud de la Patagonie, rendez-vous au **Museo Histórico**, petit musée riche en informations sur la faune et la flore préhistoriques, les cultures aónikenk, kawésqar, selk'nam, yagán et haush et l'énorme impact de l'industrie de l'élevage ovin à la fin du XIXe siècle et au début du XXe siècle.

Le musée aborde sans détour des questions telles que les conséquences sur les peuples indigènes de Patagonie, qui vivaient dans la région depuis au moins 10 000 ans, de l'arrivée des explorateurs européens, puis des colons chiliens. Dans la section intitulée "Génocide et exil indigène en Patagonie", des panneaux en anglais et en espagnol décrivent comment les communautés indigènes ont été "persécutées… déportées… exhibées comme des animaux … présentées comme la dernière étape de l'évolution en Europe et aux États-Unis … [et] massacrées par des bandes de mercenaires, perdant ainsi leur liberté et leurs terres"… et leur vie.

LE TOP DU SHOPPING À PUERTO NATALES

Pueblo Artesanal Etherh Aike
Marché couvert du centre avec des petits magasins locaux vendant objets artisanaux, œuvres d'art, vêtements et souvenirs.

Wine & Market Patagonia
Traiteur chic de produits gastronomiques : fromages, charcuterie, chocolats, vins, bières artisanales et alcools. Fréquentes séances de dégustation.

Espacio Ñandu
En face de la place principale, ce magasin polyvalent vend matériel et accessoires d'aventures en plein air, ouvrages sur la Patagonie, produits alimentaires locaux et souvenirs.

OÙ SE LOGER À PUERTO NATALES

Wild
Auberge de jeunesse avec chambres privées (certaines avec salle de bain partagée) et bungalows, un bar-restaurant et une agence de voyages. **$**

Vinnhaus
Pension élégante avec chambres et suites à l'ambiance vintage. Excellents petits-déjeuners. **$$$**

Kau Patagonia
Hôtel moderne tout en lambris, chambres confortables avec salle de bain, vue sur le fjord et café prisé. **$$**

PAROLE D'HABITANT : LE CHARME DE PUERTO NATALES

Kiera Shiels et **Matt Oberg**, propriétaires de la distillerie Last Hope, nous parlent de ce qu'ils aiment à Puerto Natales.

Entourée de splendeurs naturelles, Puerto Natales est riche du charme d'un village de pêcheurs endormi où sont passés moult aventuriers. C'est le point de départ idéal pour l'une des plus belles randonnées du monde. Nous aimons cette région pour sa beauté mais aussi pour les voyageurs qu'elle attire. Il faut en effet de la détermination pour consacrer son peu de vacances à partir camper dans la nature sauvage et à affronter le climat imprévisible de la Patagonie. Nous adorons rencontrer ce genre d'aventuriers dans notre bar. Nous apprécions aussi la communauté que forment les Chiliens venus ici pour travailler et pour vivre.

TODD POWELL/SHUTTERSTOCK ©

Ferry Navimag

D'autres parties du musée abordent des événements notables, mais souvent négligés, de l'histoire du sud de la Patagonie. Mentionnons notamment une exposition sur la migration à grande échelle d'habitants de l'archipel de Chiloé venus travailler dans l'industrie florissante de l'élevage de moutons à Puerto Natales et dans les environs au début du XXe siècle, et une autre sur la rébellion menée en 1919 par des anarchistes contre l'exploitation des travailleurs dans les usines de conditionnement de viande et les élevages de la région d'Última Esperanza.

Une fois sorti du musée, faites un tour au **Centro Cultural Galpón Patagonia**, à la fois centre culturel, espace de travail et musée, installé dans un entrepôt reconverti au bord du fjord. L'endroit accueille régulièrement des expositions d'artistes locaux et d'ailleurs, ainsi que des projections de films et de documentaires, ou des marchés alimentaires de producteurs locaux.

Garçon ? Un gin tonic !

VISITE D'UNE DISTILLERIE DE GIN ARTISANAL

On ne s'attend pas forcément à trouver un producteur de gin artisanal à Puerto Natales, et la **distillerie Last Hope** est donc une bonne surprise. Fondée par un couple d'Australiens, Matt et Keira, tombés amoureux de cette partie de la Patagonie après avoir parcouru le W dans le Parque Nacional Torres del

OÙ SE RESTAURER À PUERTO NATALES

Afrigonia
Restaurant africano-chilien sophistiqué délivrant une bonne dose d'épices, de créativité et de flair culinaire. **$$**

El Bote
Adresse rustique servant de copieux plats patagoniens comme du ragoût de guanaco et du gratin de crabe royal. **$$**

Café Kaiken
Restaurant intimiste, avec des plats délicieux comme les raviolis aux épinards et tomates séchées. **$$**

Paine en 2015, elle propose d'excellentes visites gratuites qui connaissent une belle affluence (du mercredi au dimanche, 17h30 en anglais, 18h30 en espagnol). Elles permettent de découvrir le processus de fabrication du gin, de goûter les différentes plantes qui donnent au spiritueux sa saveur distincte, de découvrir comment le gin de Last Hope a pris une tournure typiquement patagonienne et, bien sûr, de déguster le produit fini.

Prenez ensuite place dans le bar attenant pour siroter un cocktail parfaitement préparé à partir du gin sec de la maison, ou une version violet foncé de ce breuvage, aromatisée aux calafates, une baie aigre-douce de Patagonie. La distillerie produira bientôt du whisky : pour l'heure, le bar possède un vaste choix de whiskys en provenance d'autres distilleries. Les en-cas et plateaux inventifs sont à tomber, notamment le sandwich au pastrami de guanaco, au houmous et au dukkah (mélange d'épices du Moyen-Orient) à la noisette, et, côté sucré, un délicieux pudding aux dattes nappé d'une sauce au caramel et au bourbon.

Fjords, forêts et ferrys

METTRE LES VOILES DEPUIS PUERTO NATALES

Croisière spectaculaire à travers les fjords bordés de forêts qui séparent le nord et le sud de la Patagonie, le voyage en ferry **Navimag** de Puerto Natales à la ville de Puerto Montt (ou vice versa) est, pour maints voyageurs l'un des moments forts de leur équipée chilienne. Pendant quatre jours et trois nuits, le navire traverse le Parque Nacional Bernardo O'Higgins, une région isolée, largement inaccessible et parsemée de glaciers géants. Sans doute verrez-vous aussi des baleines, des manchots, des dauphins et des albatros, entre autres créatures.

Le ferry **Transbordadora Austral Broom** (www.tabsa.cl) assure une traversée plus basique, mais non moins belle, entre Puerto Natales et le village de pêcheurs reculé de Puerto Yungay, avec une escale dans le village isolé de Puerto Edén, dans l'enceinte du parc national, où vit une communauté indigène kawésqar. Comptez 41 heures en tout. Les voyages mémorables à bord de ce ferry et de celui de Navimag sont en outre un moyen plus écologique que l'avion pour passer du nord au sud de la Patagonie.

Pour les deux itinéraires, il faut réserver longtemps à l'avance. Les horaires et la durée des traversées varient selon la météo et les marées ; prévoyez une marge dans votre périple.

LE TOP DES CAFÉS ET DES BARS DE PUERTO NATALES

Aluen
Heladería (glacier) haut de gamme avec des parfums comme *dulce de leche* ou riz au lait. **$**

Vinnhaus
Bar-restaurant chic servant de bons cocktails, un vaste choix de vins et des en-cas appétissants. **$$**

Last Hope
Tenu par des Australiens, ce bar et distillerie sert les meilleurs cocktails de Puerto Natales ; à ne pas manquer.

Holaste!
Ce petit café prépare de superbes expressos, cappuccinos and cortados. Il y a du monde, mais l'attente vaut le coup.

Ludopía
Café-boutique avec un grand choix de jeux de société pour jouer (à vendre également).

COMMENT CIRCULER

Puerto Natales est une petite ville, qui s'explore à pied. Maintes auberges de jeunesse et certaines agences de voyage louent des vélos, utiles pour qui souhaite pousser un peu plus loin. Louer une voiture revient plus cher qu'à Punta Arenas. Les bus reliant la ville à Punta Arenas, au Parque Nacional Torres del Paine et à El Calafate se prennent au Rodoviario (gare routière), situé à 1,5 km au sud-est du centre-ville. Le petit aéroport de Puerto Natales, qui dessert Santiago, est à 8 km au nord. Des taxis attendent à la gare routière, à l'aéroport et autour de la place principale. Votre hébergement pourra également vous en commander un.

Environs de Puerto Natales

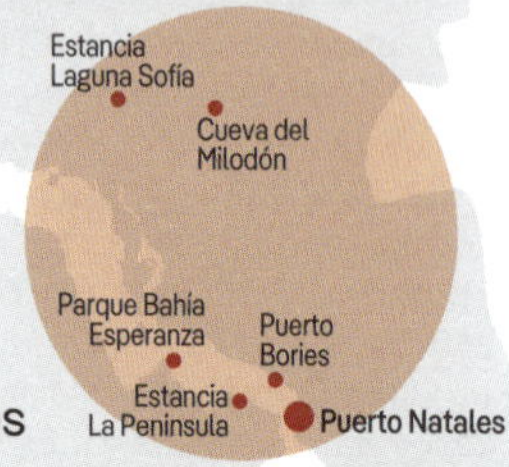

Malgré son nom inquiétant, la province d'Última Esperanza (Dernier Espoir) affiche des paysages époustouflants et de mémorables sites historiques.

Última Esperanza est certes connue pour le Parque Nacional Torres del Paine, mais compte nombre d'autres sites, pour beaucoup ignorés des voyageurs et pourtant accessibles en une journée depuis Puerto Natales. Il y a notamment Puerto Bories, un ancien centre industriel jadis essentiel à l'économie patagonienne, ainsi que le Parque Bahía Esperanza, une réserve naturelle privée où l'on peut randonner et observer la faune.

Mentionnons également le curieux site historique et archéologique de la Cueva del Milodón, ainsi que deux ranchs de moutons – l'Estancia La Peninsula et l'Estancia Laguna Sofía – qui proposent de superbes promenades à cheval. Enfin, les paysages d'Última Esperanza, tout en fjords bleu acier, steppes accidentées et montagnes tutoyant les nuages, valent à eux seuls une visite.

Pour les infos pratiques, voir le Carnet d'adresses p. 376

À SAVOIR

Pour des déplacements écologiques à travers la région, louez un vélo électrique auprès de Patagonia Zero Emission, à Puerto Natales.

Cueva del Milodón (p. 351)

ADRIAN WOJCIK/ALAMY STOCK PHOTO ©

STEVE BARZE/SHUTTERSTOCK ©

Balance industrielle, musée de l'hôtel Singular

Une tranche d'histoire industrielle

LE MOTEUR DE L'ÉCONOMIE PATAGONIENNE

Aussi étonnant que cela puisse paraître, la région d'Última Esperanza était autrefois un centre industriel prospère. À 6 km au nord de Puerto Natales par la côte, l'ancienne ville de **Puerto Bories** s'est développée autour d'une vaste usine de transformation de viande et de laine appartenant à l'empire commercial de la Sociedad Explotadora de Tierra del Fuego. Inaugurée dans les années 1910, l'usine recevait des moutons des côtés chilien et argentin de la Patagonie, abattait les bêtes, transformait les carcasses et congelait la viande, qui était exportée vers l'Europe et au-delà, générant des profits faramineux. À son apogée, le complexe traitait entre 150 000 et 250 000 têtes par an. Il ferma finalement ses portes au milieu des années 1980. Du fait de son importance culturelle, industrielle et architecturale, il a été déclaré monument national en 1996.

Le *frigorífico* (entrepôt frigorifique) a été joliment converti en un hôtel de luxe, le **Singular**, qui a su conserver une grande partie du patrimoine de l'époque. Dans l'hôtel, un intéressant **musée** retrace l'histoire de Puerto Bories – et, par extension, d'une grande partie de la Patagonie du XXe siècle – et présente des machines d'époque, la plupart fabriquées au Royaume-Uni, dont on jurerait qu'elles pourraient reprendre du service en un

L'AGNEAU DE PATAGONIE À SON MEILLEUR

Le *cordero al palo*, un agneau rôti à la broche, ouvert en papillon et braisé lentement au feu de bois, est un classique de la cuisine patagonienne. La cuisson lente donne une viande succulente et fumée, qui figure en bonne place sur les menus des restaurants de Puerto Natales et du sud de la Patagonie. Mais le meilleur endroit pour déguster un authentique *cordero al palo* reste un ranch. Essayez l'**Estancia La Peninsula** ou l'**Estancia Laguna Sofía**, qui proposent toutes deux des méchouis à tomber accompagnés de salades, de pommes de terre, de pain maison, de l'omniprésente sauce *pebre* (oignon émincé, tomate, piment, persil, ciboulette et vinaigre), et, bien sûr, d'excellents vins chiliens.

OÙ SE LOGER DANS LES ENVIRONS DE PUERTO NATALES

Singular Patagonia
Accessible par un funiculaire, un cinq-étoiles de caractère au bord du fjord, que distingue son patrimoine industriel. **$$$**

Puerto Bories House
Charmant trio de maisons à Puerto Bories ressemblant à des cottages anglais. Idéal pour les groupes. **$$$**

Simple Patagonia
Un lodge typique à Puerto Bories, avec une déco moderne et épurée et une vue imprenable sur le fjord. **$$$**

LA ROUTE DES PARCS

S'étendant sur 2 800 km de Puerto Montt au cap Horn, la **Ruta de los Parques** (Route des parcs ; www.rutadelosparques.org) est un réseau de 17 parcs nationaux (dont Torres del Paine) en Patagonie et en Terre de Feu, tout en paysages à couper le souffle, sentiers de randonnée et faune sauvage. Le projet a été lancé en 2018 après que l'organisation environnementale pionnière Tompkins Conservation a fait don de de terres pour créer cinq nouveaux parcs nationaux (voir p. 200). Outre la protection des écosystèmes, le projet vise à stimuler le développement économique des communautés locales, à relier les régions isolées et à promouvoir le tourisme durable.

GRAHAM PRENTICE/ALAMY STOCK PHOTO ©

Estancia La Peninsula

claquement de doigts. Il n'est pas nécessaire de loger à l'hôtel pour visiter le musée, que ce soit en solo ou en prenant part à une visite guidée.

Ensuite, passez au **bar-restaurant** du Singular pour prendre un verre avec vue sur le Seno Última Esperanza.

Aventures en Estancia

LA VIE AU RANCH

L'**Estancia La Peninsula**, un ranch de moutons typiquement patagonien, est un endroit merveilleux pour des randonnées à cheval de plusieurs jours. Dirigée par une famille qui pratique l'élevage dans la région depuis six générations, l'*estancia* organise également des excursions d'une journée comprenant des promenades à cheval ou à pied, un repas copieux de *cordero al palo* (agneau rôti à la broche), des démonstrations de tonte de moutons et de travail de chiens de berger, ainsi que la possibilité de s'immerger dans les activités d'un ranch. Si cette vie vous plaît, il existe aussi un programme de bénévolat et des formations plus poussées. L'*estancia* se trouve sur la Península Antonio Varas, en face de Puerto Natales, et est accessible depuis les quais de Puerto Bories.

Tout aussi belle, l'**Estancia Laguna Sofía**, à 30 km au nord de Puerto Natales près du Lago Sofía, propose des activités similaires. Outre les randonnées à cheval d'une heure, d'une demi-journée ou d'une journée complète avec des guides *baqueanos* (cow-boys), il y a des randonnées guidées vers des cascades, des grottes archéologiques et le sommet du Cerro Mocho, ainsi que des démonstrations de chiens de berger et de délicieux méchouis d'agneau. On peut aussi camper et faire du kayak sur place.

OÙ SE LOGER DANS LES ENVIRONS DE PUERTO NATALES

Estancia Laguna Sofía camping
Camping bien équipé sur un ranch paisible ; idéal si vous avez votre propre véhicule. **$**

Remota Patagonia Lodge
Hôtel isolé en lisière de Puerto Natales, avec déco contemporaine, spa, et tout un choix d'excursions. **$$$**

Casa Bahía Esperanza
Cette ferme lumineuse et spacieuse est idéale pour les familles et les groupes. **$$$**

Sentiers nature

UNE RÉSERVE NATURELLE PRIVÉE

À seulement 15 minutes en bateau de Puerto Bories, le **Parque Bahía Esperanza** tient d'un avant-goût de la Patagonie sauvage. Dans ce ranch transformé en réserve naturelle, vous pourrez randonner à pied, à cheval ou en VTT à travers des forêts anciennes résonnant du chant des oiseaux, le long de lacs scintillants et à travers des collines ondulantes. Le Sendero Monumento mène, quant à lui, à une structure saisissante, la proue d'un navire en bois de 40 m de long.

Les sentiers, d'une longueur de 1 km à 5,2 km, sont bien balisés et peuvent s'explorer en solitaire, même si des guides sont disponibles. Le prix de l'entrée comprend la traversée en bateau depuis le quai de Puerto Bories.

Un paresseux dans les entrailles de la Terre

GROTTES, PANORAMAS ET VESTIGES DE LA PRÉHISTOIRE

En 1895, l'Allemand Hermann Eberhard Schmith découvrit les restes partiels d'un mylodon (un énorme paresseux) dans une vaste grotte trouant le flanc du Cerro Benítez, à 24 km au nord-ouest de Puerto Natales. Cet herbivore flegmatique, éteint depuis des millénaires et mesurant près de 4 mètres, attira rapidement l'attention des médias internationaux. Un morceau de sa peau parvint à Bruce Chatwin, qui s'en inspira pour écrire son célèbre récit de voyage *En Patagonie* (l'auteur crut d'abord que le fragment provenait d'un brontosaure).

La **Cueva del Milodón** a depuis été classée monument naturel. Une réplique grandeur nature de l'animal se dresse devant la grotte principale où ses restes ont été mis au jour. Des chemins filent vers les profondeurs de la grotte. Deux grottes plus petites, la Cueva Chica et la Cueva del Medio, sont également ouvertes au public. Dans la seconde, des archéologues ont découvert des traces d'activité humaine datées de quelque 11 000 ans.

Un autre sentier mène à une singulière formation rocheuse, la Silla del Diablo (la Chaise du Diable). Depuis plusieurs belvédères, on a vue sur de vastes panoramas, que survolent parfois des condors. Le centre d'accueil des visiteurs expose des éléments sur la faune préhistorique et l'histoire géologique de la Patagonie.

Des voyagistes de Puerto Natales proposent des excursions d'une demi-journée à la Cueva del Milodón. Autrement, prenez un taxi et demandez au chauffeur de vous attendre pendant la visite. Les bus pour Torres del Paine (rares hors saison) pourront vous déposer à l'embranchement menant au site, mais il vous faudra marcher 8 km pour atteindre la grotte principale.

LE TOP DES RESTAURANTS ET DES BARS DES ENVIRONS PUERTO NATALES

Singular Patagonia
Hôtel-restaurant sophistiqué à l'atmosphère romantique, expert en saveurs locales et fort d'une bonne carte des vins. **$$$**

La Caldera
Café lambrissé confortable avec bons cafés, thés et gâteaux, et une vue magnifique sur le Seno Última Esperanza, à 2 km au nord du centre de Puerto Natales. **$**

Estancia Laguna Sofía
Faites un festin de *cordero al palo* (méchoui d'agneau) dans ce superbe ranch de moutons. Réservez ; minimum six personnes. **$$$**

COMMENT CIRCULER

Les environs de Puerto Natales sont très peu desservis par les transports publics. Hormis à louer une voiture ou un taxi ou, pour les trajets plus courts, d'utiliser un vélo (traditionnel ou électrique), vous serez largement tributaire des circuits organisés. Sinon, de nombreuses *estancias* (ranchs) peuvent organiser des transferts depuis/vers Puerto Natales.

PARQUE NACIONAL TORRES DEL PAINE

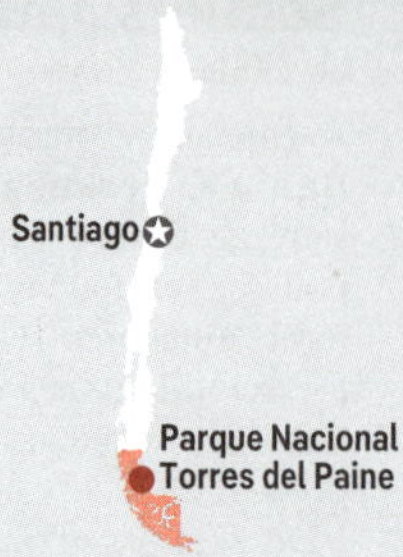

Comptant parmi les plus beaux parcs nationaux d'Amérique du Sud, le Parque Nacional Torres del Paine est un paradis pour randonneurs. S'étendant sur 1 810 km^2, il est dominé par les Torres del Paine, un ensemble de piliers de granit de 2 800 m qui s'élèvent presque verticalement dans le ciel. Le parc comprend des paysages aussi variés que sublimes, de forêts vert émeraude à des steppes ouvertes en passant par des lacs azur et des glaciers scintillants et est peuplé d'une faune tout aussi variée. Les nombreux hébergements permettent de parcourir confortablement les célèbres sentiers W et du Circuito Paine, qui vous protègeront de la météo capricieuse. Sachez que ce n'est pas ici que vous trouverez la solitude : le parc étant très prisé des voyageurs, sa protection constitue un véritable défi.

Pour les infos pratiques, voir le Carnet d'adresses p. 377

À SAVOIR

La météo dans le Parque Nacional Torres del Paine est notoirement capricieuse ; prévoyez des vêtements toutes saisons quelle que soit la période de votre séjour. Le vent est parfois très violent en été, jusqu'à 120 km/h.

Randonnée vers Los Cuernos, Parque Nacional Torres del Paine

BLEUNG/SHUTTERSTOCK ©

INCONTOURNABLES
1 Lago Paine
2 Mirador Nordenskjöld
3 Salto Grande

ACTIVITÉS
4 Glacier Grey
5 Mirador Las Torres
6 Valle Francés

SE LOGER
7 Awasi
8 EcoCamp Patagonia
9 Hotel Las Torres
10 Patagonia Camp
11 Tierra Patagonia

PLANIFIER UNE VISITE À TORRES DEL PAINE

De nombreux visiteurs explorent le parc dans le cadre de circuits organisés de longueurs diverses, et visiter le Parque Nacional Torres del Paine en solo requiert de la préparation en amont. Le parc est ouvert toute l'année, mais, de mai à septembre, vous devrez être accompagné d'un guide agréé, car les sentiers sont plus périlleux en hiver. Les billets d'entrée doivent être réservés en ligne (www.aspticket.cl) au moins 24 heures avant votre arrivée. Vous devrez également vous munir de votre passeport et de votre carte de tourisme. Les hébergements doivent être réservés longtemps à l'avance. Il n'y a aucun DAB dans le parc ; il faut donc emporter suffisamment d'argent liquide de Puerto Natales. La plupart des hôtels et des *refugios* acceptent les cartes bancaires.

Ce que vous pourrez croiser lors de vos excursions

UN PROGRAMME DE PRÉSERVATION RÉUSSI

Ce parc classé réserve de biosphère par l'Unesco en 1978, abrite des colonies de nandous, des condors des Andes, des flamants et de nombreuses autres espèces. La plus belle réussite du parc est sans doute la sauvegarde des guanacos, qui paissent tranquillement dans la steppe. Leurs prédateurs naturels, les pumas, n'ont en effet aucun moyen de les approcher sans être vus. Après plus de quinze ans de protection contre les braconniers, les troupeaux de guanacos sont de plus en plus importants, au point que les animaux bougent à peine à l'approche d'une personne ou d'un véhicule.

La population de pumas est elle aussi en expansion, et l'on a aperçu des *huemules* (cerfs andins, une espèce menacée) dans le Valle Francés. Ouvrez l'œil lors de vos randonnées !

OÙ SE LOGER DANS LE PARQUE NACIONAL TORRES DEL PAINE ET LES ENVIRONS

Tierra Patagonia
Hôtel splendide se fondant dans le paysage, avec vue sur le Lago Sarmiento et le massif du Paine. **$$$**

EcoCamp Patagonia
Lodge neutre en carbone avec dômes plus ou moins luxueux, un bar-restaurant convivial, cours de yoga et massages. **$$**

Estancia Cerro Guido
Ranch en activité louant des chambres dans un corps de ferme rénové des années 1920 au pied du Mont Cerro. **$$$**

UN SENTIER DE RENOM MONDIAL

À l'assaut du W

Randonnée la plus fréquentée à Torres del Paine, le W met en valeur les incroyables paysages du parc. Tirant son nom de la forme qu'il dessine sur la carte, cet itinéraire offre une vue imprenable sur les pics sédimentaires noirs baptisés Los Cuernos (les cornes).
Ouvert toute l'année, le W est une randonnée de 71 km (aller) prenant généralement quatre à cinq jours, plus un jour ou deux pour aller et revenir du parc. Si vous manquez de temps, vous pourrez vous contenter de parcourir un ou deux tronçons du W – celui menant au Mirador Las Torres est un choix populaire. Notez qu'au vu de la fréquentation, ce n'est pas ici que vous trouverez calme et solitude. Réservez bien à l'avance vos points d'hébergement, et retenez un guide en cas de traversée en hiver.

1 Guarderia Paine Grande

De ce point de départ, que la plupart des randonneurs rejoignent en bateau en traversant le lago Pehoé, un aller-retour s'impose pour suivre la branche ouest du W jusqu'au campement du Lago Grey.

La randonnée : Il faut compter 10 km et 4 heures de marche relativement facile, même s'il comprend quelques montées ardues, pour rejoindre le campement du Lago Grey.

2 Refugio Lago Grey

Arrivé au refuge du Lago Grey, comptez 30 minutes pour atteindre le point de vue sur le glacier (Glaciar Grey). Selon sa forme et son envie, on peut chosir de loger sur place

Vue sur le Glaciar Grey

SCOTT BIALES DITCHTHEMAP/SHUTTERSTOCK ©

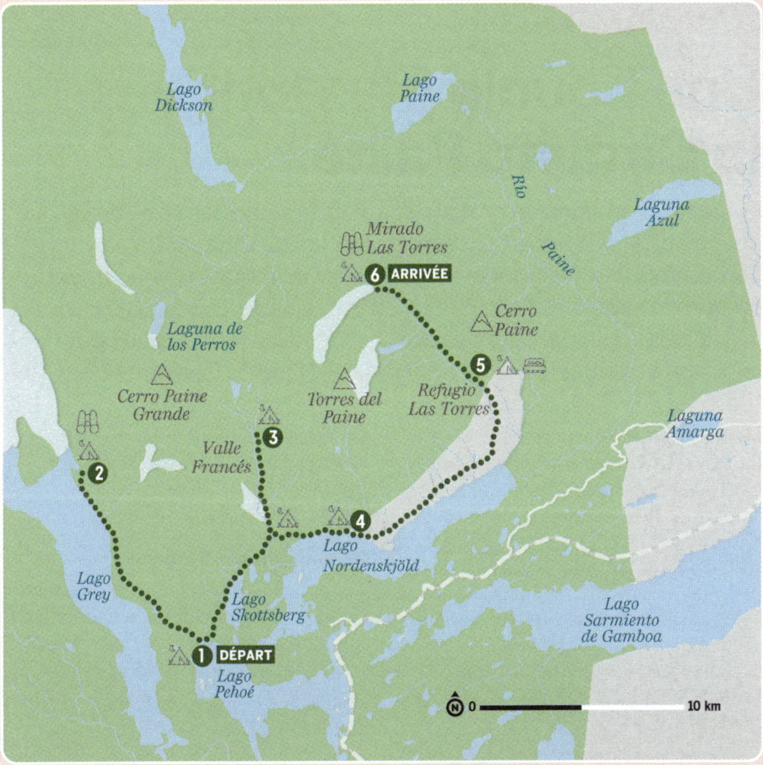

ou de faire l'aller-retour jusqu'à Guarderia Paine Grande dans la journée.

La randonnée : Revenu à la Guarderia Paine Grande, un sentier de 13 km mène au Valle Francès en longeant le Lago Skottsberg avant de remonter la vallée et de traverser un pont suspendu avant le Campamento Británico. Il se parcourt en 5 heures..

3 Valle Francés

Là encore, le circuit en W impose un aller-retour. Mais c'est un détour magique dans cette vallée qui se glisse entre les panoramas du Cerro Paine Grande à l'ouest et ceux des Torres del Paine et Los Cuernos à l'est.

La randonnée : Pour rejoindre Los Cuernos, comptez 5 heures pour parcourir les 10 km.

4 Los Cuernos

Le campement de Los Cuernos est à quelques encablures du Lago Nordenskjöld.

La randonnée : Veillez bien en rejoignant le Refugio Las Torres à rester sur le sentier inférieur, car les randonneurs se perdent souvent sur le sentier supérieur, qui n'est pas indiqué sur les cartes. Comptez 7 heures pour parcourir les 12 km.

5 Refugio Las Torres

Il y a un hôtel, un camping et un refugio. les vents sont parfois violents en été.

La randonnée : La marche pour le Mirador Las Torres est relativement facile, et les 8 km se parcourent en 4 heures. Cette portion du W est très fréquentée, et un nouveau sentier est en construction pour remédier au problème.

6 Mirador Las Torres

Un dernier aller-retour pour achever son W ! Pour ce faire, il faut remonter le Río Ascencio jusqu'à un petit lac, au pied du versant est du Torres del Paine. C'est d'ici que vous verrez les pics au plus près. Grand spectacle garanti !

UN TREK ÉPIQUE

Une boucle plus longue : le Circuito Paine

Pour une immersion en profondeur dans les paysages de Torres del Paine, lancez-vous à l'assaut des 112 km du Circuito Paine. Surnommée le O, la boucle englobe le W ainsi que la zone arrière comprise entre le Refugio Grey et le Refugio Las Torres. La parcourir prend habituellement sept à neuf jours, plus un jour ou deux pour rejoindre et quitter le parc, et l'itinéraire est moins fréquenté que le W.

1 Laguna Amarga

Le Circuito Paine se parcourt dans le sens inverse des aiguilles d'une montre, en partant de la Laguna Amarga (ou du Refugio Las Torres) à l'est du parc et en terminant au Valle Francés et à Los Cuernos. Le circuit est inaccessible en hiver, à moins de vous adresser à un tour-opérateur autorisé par la Conaf. Les Torres del Paine sont visibles dès le départ de la Laguna Amarga ("Lac amer", en référence à sa salinité).

La randonnée : Le premier tronçon du circuit, en terrain découvert, est relativement facile. Il y a 15 km jusqu'au Campamento Serón ; comptez quatre à cinq heures de marche.

2 Campamento Serón

Le spectaculaire itinéraire qui part de ce camping rustique s'enroule autour des rives du Lago Paine. Le vent est souvent fort et le balisage des sentiers flou. Restez sur le sentier le plus éloigné du lac pour éviter de vous perdre.

Lago Dickson

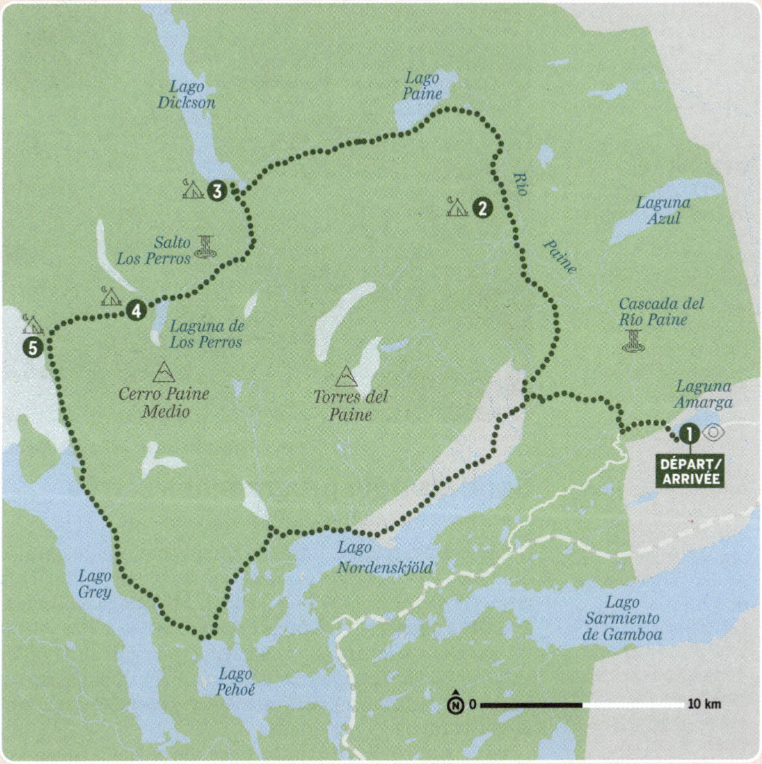

La randonnée : La deuxième étape de la randonnée mène au Campamento Lago Dickson, à 18,5 km, et prend six à sept heures.

3 Campamento Lago Dickson

Situé au calme sur une rive du Lago Dickson, au nord du parc, ce camping est le point de départ de la marche vers le Campamento Los Perros, au sud-ouest, qui passe par la lagune et le glacier de Perros.

La randonnée : Cette étape de 9 km est assez simple mais venteuse. Comptez cinq heures environ.

4 Campamento Los Perros

Le haut lieu – dans tous les sens du terme – de l'étape partant du Campamento Los Perros est le Paso John Gardner, un col situé à 1 241 m d'altitude. Souvent couverte d'une épaisse couche de boue et parfois enneigée, c'est la portion la plus extrême du Circuito Paine, mais elle offre des panoramas exceptionnels. Juste après le col, ne vous laissez pas piéger par ce qui semble être un camping, et continuez jusqu'à apercevoir une cabane.

La randonnée : Cette étape est physiquement éprouvante, surtout en hiver, mais gratifiante. Il faut marcher 8,6 km jusqu'au Campomento Paso, ce qui prend environ quatre heures.

5 Campamento Paso

La dernière étape de la marche est ponctuée de panoramas saisissants sur le glacier. Depuis le Campamento Paso, une descente abrupte – des bâtons de marche seront utiles – mène à une succession de ponts suspendus au-dessus de ravines étroites.

La randonnée : La dernière étape du Circuito Paine mène au Refugio Lago Grey, à 10 km. Comptez environ deux heures.

RÉSERVER UN HÉBERGEMENT À TORRES DEL PAINE

Il y a des hébergements variés dans le parc, mais la demande est très forte, surtout de décembre à février, et il faut réserver environ six mois à l'avance. Les prix sont élevés.

La **Conaf** (www.parquetorresdelpaine.cl) propose des campings basiques et gratuits. Deux entreprises titulaires de concessions, **Las Torres** (www.lastorres.com) et **Vertice** (www.vertice.travel) gèrent des campings payants plus confortables, des *refugios* (refuges avec dortoirs), des bungalows et des *domos* (dômes géodésiques). On y trouve d'usage des locations de matériel (onéreuses), des restaurants et des kiosques alimentaires.

Les hôtels, les lodges et les campings de luxe du parc et des alentours proposent des formules en pension complète ou tout compris.

RENATO GRANIERI/ALAMY STOCK PHOTO ©

Puma, Parque Nacional Torres del Paine

Sentiers pour programmes serrés

RANDONNÉES À LA JOURNÉE À TORRES DEL PAINE

Outre ses treks épiques, Torres del Paine compte une multitude de randonnées plus courtes pouvant s'effectuer en une journée ou moins. Les plus beaux sites du W – le **Mirador Las Torres**, le **Valle Francés** et le **Glaciar Grey** – peuvent être visités en une journée (aller-retour). Le sentier menant au Mirador Las Torres commence au Refugio Las Torres, tandis que les itinéraires menant au Valle Francés et au Glacier Grey partent de la Guardería Paine Grande.

Des marches faciles d'une heure environ relient la Guardería Pudeto au **Salto Grande**, une puissante cascade, et au **Mirador Nordenskjöld**, un point de vue sur les montagnes et le lac éponyme. Pour une randonnée un peu plus exigeante, essayez celle de quatre heures reliant la Laguna Azul au **Lago Paine**, qui offre un bon aperçu des paysages magnifiques du parc.

Plusieurs randonnées d'une journée partent de la Guardería Lago Grey, notamment vers la **Playa Grey** en passant par un pont suspendu et offrant une belle vue sur les glaciers, vers la **Cascada Pingo**, une impressionnante cascade que l'on rejoint en longeant une rivière (guide accrédité obligatoire), et vers le **Mirador Ferrier**, un point de vue à couper le souffle.

Les tour-opérateurs **Antares, Chile Nativo** et **Erratic Rock** proposent des randonnées guidées variées.

Pour une expérience différente, **Bigfoot Patagonia** organise des randonnées glaciaires au sommet du Glaciar Grey. D'une durée d'environ cinq heures, elles nécessitent crampons et piolets.

OÙ SE LOGER DANS LE PARQUE NACIONAL TORRES DEL PAINE ET LES ENVIRONS

Patagonia Camp
Yourtes dans une forêt paisible au-dessus du Lago Toro. Équipements verts et traitement des eaux usées. **$$$**

Awasi
Cinq-étoiles élégant à l'écart de tout. Les villas isolées sont réparties autour du lodge principal. **$$$**

Hotel Las Torres
Grand hôtel bien équipé et bien situé, avec des chambres confortables et un spa. **$$$**

Pagayer sous l'œil des pumas

EXCURSIONS EN KAYAK, À CHEVAL ET D'OBSERVATION DE LA FAUNE

On peut aussi explorer Torres del Paine sans faire de randonnée. Les voyagistes de Puerto Natales et les hôtels situés dans le parc et aux alentours proposent une myriade d'excursions en minibus vers une série de points de vue. Bien qu'ils ne donnent qu'un aperçu du parc, ils constituent une bonne option pour les visiteurs à mobilité réduite.

Bigfoot Patagonia organise diverses excursions en kayak, notamment entre les icebergs du Lago Grey et le long des rivières Pingo et Serrano, tandis que Navegación Glaciar Grey propose, entre octobre et avril, des croisières de trois heures en catamaran qui permettent d'observer le glacier de plus près. Pour monter à cheval, des opérateurs tels que Baqueano Zamora, Las Torres et Chile Nativo proposent des promenades à cheval, et certains sentiers sont praticables à VTT. Plusieurs opérateurs organisent des excursions axées sur l'observation des oiseaux, de la faune et de la flore, la photographie et même la recherche de fossiles dans la vallée de Zapata.

Les **excursions de pistage des pumas** gagnent en popularité. Voir ces grands félins à l'état sauvage est un privilège, et leur nombre dans le parc est en augmentation. Cependant certains prestataires s'en approchent trop et restent trop longtemps à proximité. Choisissez un opérateur responsable comme Chile Nativo. En lisière du parc, l'**Estancia Cerro Guido** propose des "safaris" axés sur la protection des pumas.

Torres en hiver

RANDONNÉE ÉQUIPÉE AU CŒUR DE L'HIVER

Avec ses paysages enneigés désertés par la foule, le parc tente les voyageurs intrépides en hiver. La demande estivale étant en croissance constante, l'administration du parc facilite désormais les visites hivernales, en offrant plus de services et en ouvrant plus de sentiers. Mais cette exploration hivernale n'est pas une sinécure. Il faut se munir d'un équipement de saison de qualité et il est utile d'avoir des bâtons de marche et des crampons.

Le parc exige aussi que les randonneurs soient accompagnés de guides agréés du 1er mai au 1er août, sans quoi ils ne peuvent entrer dans le parc. On peut les trouver en s'adressant à des agences de Puerto Natales, aux hôtels et organismes titulaires d'une concession dans le parc, ou à la Conaf. Le site www.parquetorresdelpaine.cl indique les sentiers et hébergements fermés ainsi que les derniers avertissements.

LES DANGERS DU TOURISME EXCESSIF

Les centaines de milliers de visiteurs annuels du parc ont un réel impact sur l'environnement et les infrastructures. La détérioration des sentiers, l'érosion et la multiplication des déchets sont des problèmes majeurs. Contribuez à protéger le parc en respectant les règlements. Évitez l'eau en bouteille et emportez vos déchets. Les feux de camp sont interdits. Manipulez cigarettes, briquets et réchauds avec précaution. Évitez la période de pointe estivale, optez pour des sentiers et des sections du parc plus calmes et séjournez dans des camps gérés de manière durable. Choisissez des opérateurs locaux responsables. Vous pouvez également faire un don au **Torres del Paine Legacy Fund** (tdplegacyfund.org), qui travaille sur des projets de conservation et communautaires.

COMMENT CIRCULER

Si vous n'avez pas réservé une visite auprès d'un tour-opérateur, des bus publics desservent plusieurs destinations dans le Parque Nacional Torres del Paine depuis Puerto Natales, à 112 km au sud. Divers services de navettes et de catamarans/ferrys permettent de se déplacer dans le parc. Les forfaits tout compris des hôtels de luxe, lodges et éco-camps situés à Torres del Paine et dans ses environs comprennent les transferts depuis et vers le parc.

Environs du Parque Nacional Torres del Paine

Ne vous limitez pas au parc national – la région environnante, bien moins fréquentée, affiche des paysages non moins impressionnants.

La majorité des visiteurs se concentrent naturellement sur le Parque Nacional Torres del Paine, mais visiter les sites des alentours permet d'échapper à la foule et de réduire la pression croissante qui pèse sur le parc. Les *estancias* (ranchs) voisines proposent une multitude d'activités de plein air et d'observation de la faune, tandis que, plus loin, se trouve le Parque Nacional Bernardo O'Higgins, une réserve immense, mais peu visitée, parsemée d'imposants glaciers. Maints voyageurs combinent leur visite de cette partie du Chili avec un périple de l'autre côté de la frontière, en Patagonie argentine, où vous attendent aussi des paysages à couper le souffle (notamment d'immenses champs de glace), des randonnées exceptionnelles, des installations touristiques développées et des transports efficaces.

Parque Nacional Bernardo O'Higgins

MAKINAJP/SHUTTERSTOCK ©

Pour les infos pratiques, voir le Carnet d'adresses p. 378

À SAVOIR

Le Parque Nacional Los Glaciares est très fréquenté en été. Il est beaucoup plus agréable de le visiter pendant les saisons intermédiaires ou hivernales, plus calmes.

LE TOP DES BARS ET CAFÉS D'EL CALAFATE ET D'EL CHALTÉN

La Vinería
Ce bar-restaurant d'El Chaltén propose un choix de bières et de vins inégalé, à accompagner de tapas et de steaks.

La Zorra
Ce bar animé d'El Calafate sert d'excellentes bières artisanales à la pression, dont des IPA, des stouts, des ales blondes et des bières aux fruits et au miel.

Kau Kaleshen
Adresse agréable d'El Calafate, idéale pour une paisible *merienda* (goûter de thé et de gâteaux).

À la recherche du "félin fantôme" de Patagonie

UN PROGRAMME POUR LA PROTECTION DES PUMAS

Depuis l'introduction des moutons en Patagonie à la fin du XIXe siècle, la tension est forte entre les éleveurs et la faune locale, en particulier les pumas. Ce félin reste d'ailleurs chassé dans la région, alors même que la pratique est illégale. Toutefois, un ranch en lisière du Parque Nacional Torres del Paine entend montrer qu'une autre voie est possible.

L'**Estancia Cerro Guido** (estanciacerroguido.com) a lancé un programme de protection novateur qui fait appel à des pisteurs pour étudier les pumas, tandis qu'en parallèle sont développées des stratégies plus humaines – pièges photographiques, dispositifs lumineux, chiens de berger – pour dissuader ces grands félins, menacés d'extinction, de s'attaquer aux moutons. L'objectif consiste à montrer qu'il est possible de pratiquer un "élevage respectueux qui coexiste avec les espèces indigènes". Parmi un large choix d'excursions à pied, à cheval, en 4x4 et axées sur la culture, le ranch propose des "safaris de conservation" instructifs lors desquels on peut accompagner les pisteurs professionnels du ranch chargés de surveiller et d'étudier ces "félins fantômes" dans des zones comme la spectaculaire crête des Condoreras, qui, comme son nom l'indique, est également un endroit propice à l'observation des condors.

Une terre de glaciers

LE PARQUE NACIONAL BERNARDO O'HIGGINS EN BATEAU

Au nord-ouest de Torres del Paine, le **Parque Nacional Bernardo O'Higgins** englobe une bonne partie du champ de glace Sud de Patagonie. Il abrite 49 glaciers géants, dont le Glaciar Pío XI, le plus grand de l'hémisphère Sud en dehors de l'Antarctique. Au cours des cinquante dernières années, il a progressé de plus de 9,5 km.

Il n'est possible d'explorer le parc qu'en bateau ou en kayak, en empruntant des chenaux et des fjords parsemés d'icebergs. D'une superficie de 35 260 km², soit à peu près la taille de Taïwan, c'est le plus grand parc national du Chili, mais son accessibilité réduite fait qu'il reçoit peu de visiteurs. Outre les glaciers, on peut y observer des animaux sauvages tels que des lions de mer, des otaries à fourrure, des renards gris, des loutres et, avec un peu de chance, des *huemules*.

Il n'est pas possible de visiter le parc en solo, mais l'opérateur **Turismo 21 de Mayo**, basé à Puerto Natales, propose des croisières d'une journée qui permettent d'explorer le parc et de voir également le Glaciar Balmaceda, à Torres del Paine.

LA BAIE DU CALAFATE

Le *calafate* (*Berberis microphylla*) est un buisson à fleurs jaunes très répandu en Patagonie. Selon la légende, manger ses baies, c'est s'assurer de revenir un jour dans la région. Cette histoire trouve son origine dans les mythes aónikenk. Également connues sous le nom d'épine-vinette de Magellan, les baies de calafate sont petites, de couleur bleu-violet foncé et ont un goût aigre-doux caractéristique. Elles sont couramment utilisées pour fabriquer des confitures, des glaces, des bonbons et même de la bière, ainsi que pour ajouter une touche patagonienne à un Pisco sour. Des produits à base de calafate sont disponibles dans les magasins et les restaurants de Puerto Natales, Punta Arenas, El Calafate et El Chaltén.

OÙ SE LOGER EN PATAGONIE ARGENTINE

América del Sur
Adresse d'El Calafate établie de longue date et prisée des voyageurs, avec des chambres et dortoirs impeccables. **$**

Estancia Cristina
Au sein du parc national et accessible uniquement en bateau, des bungalows modernes et propres. **$$$**

Nothofagus B&B
Pension accueillante et bon marché d'El Chaltén, avec des touches personnelles pleines de charme. **$$**

PAROLE D'HABITANT : LES PUMAS DE PATAGONIE

Ricardo Muza raconte une journée de travail en tant que pisteur de pumas pour le programme de protection de l'Estancia Cerro Guido.

Les pumas se fondent parfaitement dans le paysage. Pour les éleveurs de moutons, ces félins sont une menace, mais ils ont une influence positive sur la diversité de la faune et de la flore, et intéressent également les touristes. Une journée typique commence avant l'aube. J'arpente la base de la crête des Condoreras, puis le sommet. Si nous trouvons un puma, nous restons, nous observons et prenons des notes, surtout si nous trouvons un site de chasse actif. La journée est longue, surtout en été, mais c'est un endroit magnifique, calme et paisible pour travailler. Il n'y a que vous et la nature.

Vous pourrez aussi découvrir les glaciers O'Higgins et Chico en bateau ou en kayak depuis Villa O'Higgins, dans le nord de la Patagonie. Les ferrys circulant entre Puerto Natales et Puerto Montt/Puerto Yungay passent également par le parc.

Un détour par la Patagonie argentine

DE L'AUTRE CÔTÉ DE LA FRONTIÈRE

Juste après la frontière, l'incontournable Parque Nacional Los Glaciares est sillonné de sentiers de randonnée rivalisant avec ceux de Torres del Paine, qui permettent d'admirer de près de majestueux glaciers.

Visiter la région depuis Última Esperanza ne saurait être plus simple. Des bus réguliers relient Puerto Natales à la ville touristique d'**El Calafate**, porte d'entrée de la partie sud du parc. La ville, qui porte le nom d'une baie de Patagonie, abonde en hébergements, bars, restaurants et tour-opérateurs. On y trouve également une gare routière et un aéroport bien desservis. L'agglomération elle-même ne compte que peu de sites d'intérêt, mais il serait dommage de ne pas visiter le **Glaciarium**, un impressionnant musée moderne dédié au monde de la glace.

Des bus circulent entre El Calafate et **El Chaltén**, qui a su conserver son caractère frontalier malgré son succès auprès des randonneurs et des alpinistes, ainsi que sa situation privilégiée dans la partie nord du Parque Nacional Los Glaciares. Fondé en 1985 pour empêcher le Chili de revendiquer les terres alentour, l'endroit attire, au printemps et en été, un nombre croissant de voyageurs venus parcourir les sentiers de la région. L'hiver (mai à septembre), en revanche, de nombreux commerces et opérateurs d'El Chaltén ferment pour la saison et les transports publics sont considérablement réduits.

Aventures sur le champ de glace

À L'ASSAUT DU GLACIAR PERITO MORENO

Rien ne saurait vous préparer à l'époustouflant **Glaciar Perito Moreno**. D'une superficie de 250 km^2, cette immense langue de glace bleu-blanc est plus grande que Buenos Aires et s'avance lentement dans le Lago Argentino, la plus vaste étendue d'eau du pays. De temps à autre, de gros morceaux du glacier s'en détachent et plongent dans le lac pour former des icebergs. Alors que la plupart des glaciers du monde reculent, le Perito Moreno est actuellement considéré comme stable.

C'est la pièce maîtresse de la partie sud du majestueux **Parque Nacional Los Glaciares**, un site de 7 300 km^2 inscrit au patrimoine mondial de l'Unesco, qui englobe l'un des champs de glace les plus vastes et les plus accessibles au monde.

OÙ SE RESTAURER À EL CALAFATE ET EL CHALTÉN

Pura Vida
Un restaurant accueillant idéal pour les végétariens, dans la rue principale d'El Calafate. **$$**

Domo Blanco
Ce glacier d'El Chaltén propose aussi des en-cas et des déjeuners salés. **$**

Don Pichon
Pour une pièce de bœuf ou d'agneau cuite à la perfection, essayez cette *parrilla* (grill) argentine d'El Calafate. **$$$**

OLEG SENKOV/SHUTTERSTOCK ©

Glaciar Perito Moreno

Le glacier peut être observé à partir d'un réseau de promenades en bois ou lors d'une excursion en bateau sur le lac parsemé d'icebergs. La façon la plus exaltante de le découvrir consiste à enfiler une paire de crampons et à faire une randonnée sur sa surface lors d'une excursion organisée par **Hielo & Aventura,** un opérateur basé à El Calafate. Une aventure idéale pour les explorateurs polaires en herbe, permettant de passer jusqu'à trois heures sur le glacier, et d'en visiter les grottes, les fissures et les bassins d'eau de fonte aux reflets saphir.

Après cette mise en bouche glaciaire, filez à El Chaltén, porte d'entrée de la partie nord du parc, où se dressent les pics en dents de requin du massif du Fitz Roy. Des paysages de montagne envoûtants et un réseau de sentiers de classe mondiale ont fait de cette région la capitale du trekking en Argentine, tandis que des alpinistes du monde entier viennent se mesurer aux célèbres ascensions du Cerro Torre et du Cerro Fitz Roy.

LE TOP DES TOUR-OPÉRATEURS DU PARQUE NACIONAL LOS GLACIARES

Hielo y Aventura
Excursions glaciaires sur le Glaciar Perito Moreno, croisières en catamaran et aventures à pied et en bateau.

Glaciar Sur
Propose une excursion d'une journée incluant une visite de l'Estancia Nibepo Aike et l'observation de glaciers depuis une zone moins fréquentée du parc.

Fitz Roy Expediciones
Treks dans la partie nord du parc, expéditions d'alpinisme et excursions d'une demi-journée en kayak.

Walk Patagonia
Randonnées guidées dans et autour de la partie nord du parc.

Chaltén Mountain Guides
Nombreux treks, expéditions d'alpinisme et de ski, plus des cours d'escalade.

COMMENT CIRCULER

Des bus circulent régulièrement entre Puerto Natales et El Calafate, El Calafate et El Chaltén, et El Calafate et la partie sud du Parque Nacional Los Glaciares. Les services sont très réduits en hiver. Conduire une voiture de location chilienne de l'autre côté de la frontière revient très cher en raison de l'assurance internationale. Si vous avez besoin d'un véhicule en Argentine, louez-le à El Calafate.

Il est possible de se rendre d'El Chaltén à la localité chilienne de Villa O'Higgins, mais cela implique un périple compliqué d'un à trois jours. Possible uniquement entre novembre et avril, le voyage comprend des randonnées à pied ou à cheval, des traversées en bateau ou en ferry, et un trajet en bus. L'auberge de jeunesse Rancho Grande d'El Chaltén peut fournir des informations et des conseils logistiques.

PUERTO WILLIAMS

Coincée entre le canal Beagle et les pics déchiquetés des Dientes de Navarino, Puerto Williams est la ville la plus méridionale de la planète. L'Antarctique est à moins de 1 000 km au sud, tandis que Santiago est à plus de 2 400 km au nord. Établie sur l'Isla Navarino, en Terre de Feu, et comptant quelque 2 000 habitants, Puerto Williams a été élevée au rang de ville par les autorités chiliennes en 2019, mais l'endroit relève plus d'une bourgade. Il s'agissait à l'origine d'une base navale établie en 1953 dans une région alors habitée, depuis des millénaires, par le peuple yagán.

Aujourd'hui, Puerto Williams se développe rapidement. De nouvelles infrastructures, notamment un grand quai moderne, sont en cours de construction et un nombre croissant de navires de croisières y font escale. Cernée de paysages époustouflants, la ville est une superbe base pour la randonnée, et on y éprouve la sensation d'être *al fin del mundo* – au bout du monde.

Pour les infos pratiques, voir le Carnet d'adresses p. 378

À SAVOIR

Pour se rendre à Puerto Williams, il faut obligatoirement prendre l'avion ou arriver en ferry de Punta Arenas. Le mauvais temps peut entraîner des retards : prévoyez de la marge dans votre itinéraire. Au moment de la rédaction de ce guide, les services de bateau entre Puerto Williams et Ushuaia, en Argentine, étaient suspendus.

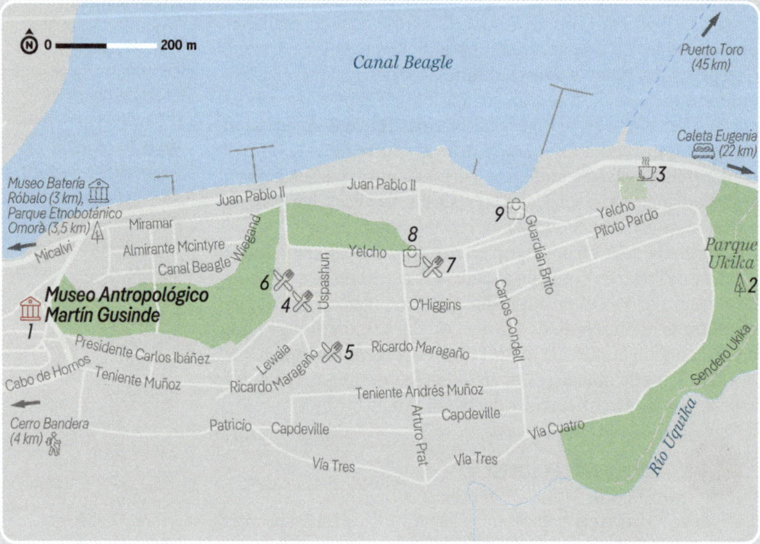

INCONTOURNABLES
1 Museo Antropológico Martín Gusinde

VOIR
2 Parque Ukika

SE RESTAURER
3 Campero
4 Restaurante Dientes De Navarino
5 Resto del Sur
6 Bistro del Sur
7 Worus

SHOPPING
8 Comercial Antarctica
9 Jardín Fuegia

PEP ROIG/ALAMY STOCK PHOTO ©

Puerto Williams

Perspectives indigènes et exploration de l'Antarctique

MUSÉE D'ANTHROPOLOGIE ET EXPOSITION SUR SHACKLETON

Moderne et bien conçu, le **Museo Antropológico Martín Gusinde**, à l'ouest de Puerto Williams, est consacré à l'histoire naturelle et humaine de la Terre de Feu. Il porte le nom d'un prêtre et ethnographe allemand qui vécut parmi les Yagán de 1918 à 1923. Des artéfacts tels que des harpons, des canoës et une réplique d'abri donnent un aperçu de la remarquable culture des Yagán, dont les sociétés nomades, reposant sur la navigation en canoë ont prospéré dans le sud de la Terre de Feu pendant des millénaires en dépit d'un environnement incroyablement hostile.

Le musée traite également de l'impact de l'arrivée des Européens dans la région. Juste en face de l'entrée principale se trouve la Casa Stirling, un bâtiment préfabriqué importé du Royaume-Uni en Terre de Feu en 1869, utilisé par des missionnaires anglicans britanniques, bientôt suivis dans la région par des vagues d'éleveurs de moutons et de chercheurs

LA COMMUNAUTÉ YAGÁN DE VILLA UKIKA

Il suffit de marcher 1 km vers l'est depuis le centre de Puerto Williams pour rejoindre le village yagán de **Villa Ukika**. Fondé dans les années 1960, on y trouve un bâtiment en bois traditionnel connu sous le nom de Kipa Akar ("Maison des femmes" en langue yagán) où l'on peut parfois acheter des objets artisanaux. Le village borde le **Parque Ukika**, où un sentier forestier ponctué d'aires de pique-nique longe la rive du Río Ukika. En chemin, repérez les grappes de *Cyttaria hariotii* accrochées aux arbres. Ce champignon orange en forme de balle de golf, communément appelé "*pan de indio*" ("pain indien"), était traditionnellement consommé par les peuples indigènes de Patagonie et de Terre de Feu.

OÙ SE LOGER À PUERTO WILLIAMS

Hotel Fio Fio
Excellent hôtel de milieu de gamme, personnel compétent, superbes petits-déjeuners et chambres confortables. **$$**

Hostal Pusaki
Pension établie de longue date avec chambres d'un bon rapport qualité/prix (certaines avec salle de bain) et repas maison. **$**

Lakutaia Lodge
Lodge moderne et élégant à 2 km de la ville, avec chambres attrayantes, un restaurant, des excursions et des activités. **$$$**

RANDONNER EN SÉCURITÉ SUR LE CIRCUIT DES DIENTES DE NAVARINO

À l'exception de l'étape initiale du Cerro Bandera, le balisage du circuit Dientes de Navarino est minimal et les conditions peuvent être traîtres. Il est conseillé de partir avec un guide (assurez-vous de pouvoir communiquer, vérifiez son niveau d'expérience et demandez s'il possède un brevet de secourisme). Utilisez un GPS associé à des cartes, munissez-vous d'une radio VHF et prévenez le poste de police de votre départ.

Prévoyez un plan B en cas de mauvais temps – ce qui peut impliquer un ajournement, un changement d'itinéraire et parfois un ou deux jours supplémentaires de marche. Il est préférable de faire ce trek en été (janvier à mars). Les randonnées hivernales ne conviennent qu'aux alpinistes expérimentés. Plus d'informations et liste de guides à l'office du tourisme (www.visitacabodehornos.cl).

ANDREW BAIN/ALAMY STOCK PHOTO ©

Vue sur les *dientes* le long du circuit des Dientes de Navarino

d'or. Ces arrivées bouleversèrent le mode de vie des Yagán et d'autres communautés indigènes telles que les Selk'nam, qui peuplaient le nord de la Terre de Feu. Beaucoup moururent de maladies apportées par les colons, à l'exemple de la rougeole et de la variole. D'autres furent déplacés de leurs terres ancestrales ou tués par des chasseurs de primes travaillant pour des éleveurs.

Le musée possède également une collection de photos noir et blanc, ainsi que des présentations sur la flore et la faune de la région.

Après votre visite, retournez dans le centre de Puerto Williams pour découvrir l'un des épisodes les plus célèbres de "l'âge héroïque" de l'exploration de l'Antarctique à la fin du XIXe siècle et au début du XXe siècle. Devant les quartiers de la marine se dresse la réplique de la proue du **Yelcho**, le navire

OÙ SE LOGER À PUERTO WILLIAMS

Errante Ecolodge
Écolodge élégant situé au calme à l'une des extrémités du trek des Dientes de Navarino. **$$**

Refugio El Padrino
Auberge de jeunesse conviviale au bord du canal Beagle, avec dortoirs petits mais propres et un camping à proximité. **$**

Hostal Akainij
Chambres impeccables avec salle de bain dans la maison d'une famille accueillante. **$$**

qui partit en 1916 à la rescousse de l'équipage de l'*Endurance*, d'Ernest Shackleton, à qui le navigateur avait trouvé, au terme d'un terrible périple, un abri précaire sur l'île de l'Éléphant, avant d'aller chercher des secours. Des panneaux informatifs reviennent sur le contexte du sauvetage. La proue originale est, quant à elle, exposée sur les quais de Punta Arenas.

Ascension du Cerro Bandera et au-delà

RANDONNÉE AU BOUT DU MONDE

Pour un panorama sensationnel sur le canal Beagle et les Dientes de Navarino, suivez un sentier forestier bien balisé jusqu'au **Cerro Bandera** (610 m), pierreux et balayé par les vents. Un drapeau chilien semble en marquer le sommet, mais si vous continuez à monter 45 minutes à une heure en suivant une série de cairns, vous serez récompensé par une vue encore plus sublime sur les *dientes* et le canal.

Cette randonnée de 12 km peut se couvrir de manière indépendante, sans guide, en quatre à cinq heures aller-retour. L'itinéraire commence à l'autel de la Plaza de la Virgen, à 1 km de marche à l'ouest de Puerto Williams le long de la Vía Uno. De là, une piste mène à un barrage avec un centre d'information pour les visiteurs avant de monter vers le sommet, qui peut être très froid, venteux et humide. Prévoyez un équipement approprié et emportez de l'eau et des en-cas.

L'ascension du Cerro Bandera n'est que la première étape du **circuit des Dientes de Navarino**, un sentier exigeant de 53 km qui serpente à travers les paysages sauvages de la Terre de Feu. D'une durée totale de quatre à cinq jours, l'itinéraire comprend une série de lacs magnifiques et des vues absolument sensationnelles sur les pics en forme de crocs des *dientes* (dents). Le nombre de randonneurs a augmenté ces dernières années, mais le circuit ne convient pas aux marcheurs occasionnels. Il faut des connaissances en orientation et une expérience de l'arrière-pays bien plus affirmées que pour les randonnées dans le Parque Nacional Torres del Paine, par exemple. Ici, vous serez livré à vous-même.

La gratifiante randonnée de 41 km jusqu'au **Lago Windhond**, un endroit reculé et peu visité, est une bonne alternative au circuit des Dientes de Navarino, en particulier si le vent est trop fort pour tenter ce dernier. D'une durée de trois à quatre jours et suivant un itinéraire relativement abrité, la randonnée vous emmènera à travers un paysage sauvage de forêts, de tourbières et de montagnes. Le lac glacé et cristallin est également apprécié des pêcheurs pour ses truites brunes et arc-en-ciel. Contactez **Turismo Shila**

OÙ SE RESTAURER À PUERTO WILLIAMS

Bistró del Sur
Un menu varié comprenant poisson frit, pâtes, burritos et plats sautés. **$$**

Campero
Excellent café-boulangerie servant focaccias, mini-pizzas, roulés à la cannelle, donuts et café. **$**

Restaurante Dientes De Navarino
Restaurant tenu par des Colombiens proposant notamment de la *bandeja paisa* (haricots, riz, bananes plantains, œufs et viande). **$$**

Resto del Sur
Restaurant accueillant idéal pour une pizza avec une bière. **$$**

Worus
Burgers, sandwichs (au crabe royal notamment) et plateaux à partager, plus des soirées karaoké. **$$**

LE TOP DES TOUR-OPÉRATEURS DE PUERTO WILLIAMS

Turismo Shila
Treks guidés, excursions pêche et location de matériel et de vélos.

Explora Isla Navarino
Treks, VTT, kayak, paddle et bien d'autres activités encore.

Serendipia
Croisières en voilier vers Puerto Toro, le cap Horn et le Parque Nacional Alberto de Agostini.

OÙ FAIRE DU SHOPPING À PUERTO WILLIAMS

Jardín Fuegia
Tenu par un auteur de voyages et jardinier argentin, Jardín Fuegia est un charmant magasin/pépinière qui vend un choix de livres sur la Terre de Feu, des cartes, des cartes postales, des croquis et des illustrations, ainsi que des confitures maison à la rhubarbe.

Comercial Antarctica
Cette épicerie bien fournie se révélera utile si vous avez besoin de matériel d'aventure en plein air pour vous lancer sur le circuit des Dientes de Navarino. Comme on pourrait s'y attendre, les prix sont élevés.

(www.turismoshila.cl) pour plus d'informations, des visites guidées et des excursions de pêche.

"Forêts miniatures" et sites militaires

SENTIERS NATURE ET VESTIGES HISTORIQUES

Le **Parque Etnobotánico Omora** est une réserve naturelle, un centre de recherche scientifique et un projet de conservation qui vise à faire connaître la flore et la faune de la Terre de Feu. On peut y faire des visites guidées avec des guides spécialisés, sur réservation uniquement (www.omora.org).

Omora, dont le nom signifie colibri en langue yagán, possède un réseau de sentiers de randonnée (1 heure 30 à 3 heures chacun) traversant des forêts et des tourbières sauvages. Les plantes et les arbres sont étiquetés avec leur nom espagnol, yagán et latin. Le parc est notamment connu pour son incroyable variété d'espèces de mousses, de lichens et de champignons. Ces minuscules organismes recouvrent les troncs et les branches des arbres, formant des "forêts miniatures" magnifiques à observer à la loupe. Le parc est à 3 km à l'ouest de Puerto Williams par la route Y-905.

Situé à proximité de l'embranchement pour le Parque Etnobotánico Omora, le **Museo Batería Róbalo** est un petit musée à ciel ouvert où l'on peut voir des véhicules militaires, des armes et des équipements datant du conflit frontalier de 1978-1983 entre le Chili et l'Argentine pour la possession des îles Picton, Lennox et Nueva. Juste après le musée, prenez vers le nord pour rejoindre la **Península Zañartu**, où vous attendent un lac et un panorama saisissant.

Jusqu'au bout de la route et au-delà

CALETA EUGENIA ET PUERTO TORO

Puerto Toro
IVAN KONAR/ALAMY STOCK PHOTO ©

Si Puerto Williams n'est pas assez au sud pour vous, vous pouvez visiter deux localités encore plus éloignées. Roulez 25 km vers l'est sur la route côtière Y-905, émaillée de sites archéologiques yagán, pour arriver à **Caleta Eugenia**, le point le plus méridional accessible par la route au monde. L'*estancia* (ranch), posée au bord d'une baie faisant face au canal Beagle où l'on voit parfois des bateaux de pêche à la *centolla* (crabe royal), appartient à la marine chilienne et est entretenue par un père et son fils. Deux minibus font la navette une fois par semaine entre Puerto Williams et Caleta Eugenia (horaires disponibles à l'office du tourisme). Des voyagistes tels qu'Explora Isla Navarino proposent également des excursions d'une demi-journée.

LE TOP DES TOUR-OPÉRATEURS DE PUERTO WILLIAMS

Parque Etnobotánico Omora
Randonnées guidées dans le parc naturel.

Denis Chevallay
Guide proposant randonnées d'une journée, observation des oiseaux et visites de la ville. (denischevallay@gmail.com)

Office du tourisme
Le personnel pourra vous mettre en contact avec des guides locaux, certains spécialisés dans la culture yagán.

Filets de pêche, Isla Navarino

Puerto Toro, le village, occupé en continu, le plus méridional de la planète, est encore plus isolé. Fondé en 1892, il est situé sur la côte ouest de l'Isla Navarino et n'est accessible qu'en bateau. Le village compte une dizaine d'habitants, plus quelques soldats de la marine, mais sa population grimpe en flèche pendant la saison de pêche à la *centolla*. Aucune route ne part vers le reste de l'Isla Navarino – bien que des projets de construction aient été envisagés par le passé – mais un ferry gratuit relie Puerto Williams à Puerto Toro le dernier dimanche du mois (3 heures l'aller simple, avec une heure à Puerto Toro ; réservez auprès de l'office du tourisme). **Serendipia** propose également une excursion en voilier faisant escale au village.

Il n'y a aucune infrastructure touristique à Puerto Toro, et, à part une courte promenade dans le village, il n'y a pas grand-chose à faire. On vient principalement ici pour se faire une idée de ce qu'est la vie au bout du monde.

POURQUOI J'AIME PUERTO WILLIAMS

Shafik Meghji, auteur

Comme la plupart des visiteurs, c'est d'abord l'isolement de Puerto Williams, à l'extrémité sud des Amériques, et le cadre magnifique sur le canal Beagle, à l'ombre du massif des Dientes de Navarino, qui m'ont attiré ici. Mais j'ai bien vite apprécié l'incroyable hospitalité de la communauté locale, et le fait que la ville est la porte d'entrée vers certains des paysages les plus spectaculaires du monde. Depuis le sommet du Cerro Bandera, tout proche, la vaste étendue sauvage et en apparence intacte de la Terre de Feu s'étend au loin. On a l'impression de l'avoir pour soi seul.

COMMENT CIRCULER

Puerto Williams est suffisamment petite pour être explorée à pied. Un vélo de location – disponible à Turismo Shila et ailleurs – est utile pour atteindre certains sites des environs comme le Parque Etnobotánico Omora, le Museo Batería Róbalo et la Península Zañartu. Des minibus se rendent chaque semaine à Caleta Eugenia, et un ferry dessert chaque mois Puerto Toro (horaires disponibles à l'office du tourisme). L'aéroport, qui a des vols réguliers pour Punta Arenas, est à 3 km au nord-ouest de Puerto Williams par la route (les tarifs d'hébergement comprennent généralement un transfert gratuit). Les ferrys vers et depuis Punta Arenas utilisent le quai principal (un nouveau quai, plus moderne, est en cours de construction).

Environs de Puerto Williams

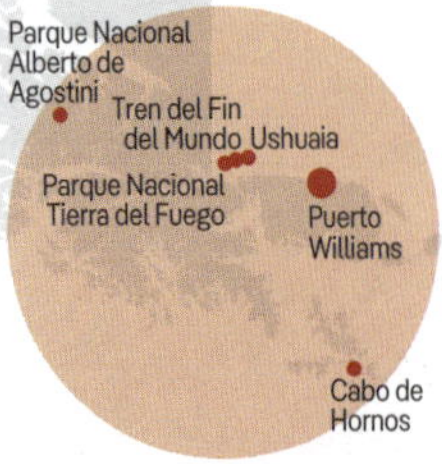

Si vous êtes en quête d'évasion absolue, il n'y a pas meilleur endroit que la Terre de Feu.

Explorer le sud de la Terre de Feu demande du temps, de la souplesse dans les itinéraires et, surtout pour les régions les plus isolées, pas mal de dépenses. Mais tout cela en vaut vraiment la peine. Il s'agissait autrefois du territoire de peuples indigènes tels que les Yagán et les Selk'nam, dont les feux, allumés sur la grève, inspirèrent son nom actuel. Cet enchevêtrement d'îles, pour la plupart inhabitées, est constitué de chaînes de montagnes déchiquetées et de forêts fouettées par le vent, de côtes serpentines et de lacs cristallins, le tout émaillé de hameaux isolés et de ranchs.

Peu de voyageurs en Terre de Feu chilienne poussent jusqu'au cap Horn ou au Parque Nacional Alberto de Agostini, mais la partie argentine de l'archipel est étonnamment touristique.

Pour les infos pratiques, voir le Carnet d'adresses p. 379

À SAVOIR

Si certains sites remarquables de la Terre de Feu peuvent se visiter depuis Puerto Williams, d'autres nécessitent de passer par Punta Arenas.

Glaciar Pia, Parque Nacional Alberto de Agostini

LEONARD ZHUKOVSKY/SHUTTERSTOCK ©

ALEXANDRE G. ROSA/SHUTTERSTOCK ©

Cap Horn

La “corne” de l’Amérique du Sud

AVENTURE AU CAP HORN

Cap le plus avancé de l’Isla Hornos, le **cap Horn** (*Cabo de Hornes*, ou “cap des Cornes”) fend les eaux tumultueuses du passage de Drake. L’endroit évoque des récits d’aventures et de catastrophes maritimes, plus de 700 naufrages y ayant été recensés. Franchi pour la première fois au XVIIe siècle (1616), il a été délaissé par les navires marchands depuis la création du canal de Panama. En revanche, d’intrépides navigateurs continuent à l’emprunter lors de courses mythiques, comme le Vendée Globe.

Point de rencontre des océans Pacifique et Atlantique, le cap est couvert de tourbières et de forêts subantarctiques que visitent de nombreux oiseaux marins, dont des albatros, des pétrels géants et des manchots de Magellan. **Explore Isla Navarino** et **Serendipia** peuvent organiser des sorties en voilier, et de nombreuses croisières vers l’Antarctique et sur le canal Beagle passent par là. Les vols touristiques sont une autre option pour découvrir ce bout du monde.

Glaciers, forêts et fjords

À LA DÉCOUVERTE DU PARQUE NACIONAL ALBERTO DE AGOSTINI

Aux confins occidentaux de la Terre de Feu chilienne, le **Parque Nacional Alberto de Agostini** est constitué de paysages

INDUSTRIEUX CASTORS

Dans les forêts de Terre de Feu, on tombe parfois sur des zones dévastées, couvertes d’enchevêtrements de branches cassées et de troncs dénudés. On dirait presque qu’un ouragan est passé par là, mais il s’agit en fait de l’œuvre des castors. Afin de développer le commerce de la fourrure dans les années 1940, les autorités argentines ont imprudemment introduit 20 castors canadiens dans l’archipel. Ce fut non seulement un échec commercial, mais en l’absence de prédateurs naturels, les castors se sont rapidement reproduits et répandus partout. Ils ont depuis endommagé un quart des forêts de Terre de Feu. Les tentatives d’éradication de l’animal sont restées vaines, et on estime à 200 000 leur population actuelle.

OÙ SE LOGER À USHUAIA ET DANS LES ENVIRONS

Estancia Harberton
Ce ranch anglo-argentin historique propose une excellente cuisine et des cottages de charme. **$$**

Antarctica Hostel
Auberge de jeunesse prisée au cœur d’Ushuaia ; atmosphère conviviale, chambres et dortoirs propres. **$**

Tierra de Leyendas
Boutique-hôtel charmant au sud-ouest du centre d’Ushuaia, avec belles vues et un superbe restaurant. **$$**

PASSION TRAVEL FRUIT/SHUTTERSTOCK ©

Train pour Ushuaia

quasi vierges. On y découvre la saisissante Cordillera Darwin, chaîne de montagnes longue de 34 km, une succession de collines couvertes de forêts épaisses plongeant vers des fjords scintillants, et une constellation de glaciers géants, sans parler d'une faune variée, dont des éléphants de mer. Avec plus de 14 600 km^2, c'est le troisième plus grand parc national du Chili.

Se rendre à Alberto de Agostini relève cependant du défi. Aucune route ni sentier n'y mènent, mais les croisières de luxe d'**Australis** entre Punta Arenas et Ushuaia comprennent de courtes excursions dans le parc. **Serendipia** propose des sorties en voilier le long du littoral du parc au départ de Puerto Williams. Les ferrys de **Transbordadora Austral Broom** reliant Punta Arenas à Puerto Williams permettent aussi d'apercevoir les paysages du parc.

Explorer la Terre de Feu argentine

PORTS ANIMÉS, PARCS NATIONAUX ET ESTANCIAS HISTORIQUES

La **partie argentine de la Terre de Feu** attire bien plus de voyageurs que son pendant chilien. Tout tourne autour d'**Ushuaia**, ville touristique au pied des montagnes enneigées du Martial, sur la rive nord du canal Beagle. Grâce à son port très fréquenté – d'où partent la plupart des croisières antarctiques au départ de l'Amérique du Sud – la ville compte d'innombrables hôtels, auberges de jeunesse, restaurants, boutiques et voyagistes, ainsi que d'excellents musées qui vous donneront à découvrir l'histoire mouvementée de la région.

Aménagés dans une ancienne prison, le **Museo Marítimo** et le **Museo del Presidio** retracent de manière vivante l'histoire maritime de la région et les origines de la ville en tant que colonie pénitentiaire, respectivement. Déambuler dans les anciennes cellules, où des panneaux d'affichage

OÙ SE RESTAURER ET PRENDRE UN VERRE À USHUAIA

Kalma Resto
Restaurant sophistiqué servant un menu inventif renouvelé chaque saison. **$$$**

Ramos Generales
Boulangerie-restaurant agréable, avec pâtisseries maison, sandwichs savoureux et classiques de la cuisine argentine. **$**

Freddo
Une adresse de la célèbre chaîne de glaciers argentine ; goûtez le parfum *dulce de leche*. **$**

Kaupé
Restaurant établi de longue date réputé pour son poisson et ses fruits de mer, notamment les crêpes à la *centolla* (crabe royal). **$$**

María Lola Restó
Vue superbe et délicieux poissons, fruits de mer, viandes et pâtes. **$$**

OÙ SE LOGER À USHUAIA ET DANS LES ENVIRONS

La Posta
Appartements bien équipés avec kitchenette ; une adresse fiable et d'un bon rapport qualité/prix à Ushuaia. **$$**

Arakur
Haut perché au-dessus d'Ushuaia, ce cinq-étoiles a tout bon ; ne manquez pas la piscine à débordement chauffée. **$$$**

Posada Fin del Mundo
B&B de caractère à Ushuaia avec des chambres variées (les meilleures sont à l'étage) et un salon douillet. **$$**

racontent l'histoire de détenus notables, tient d'une expérience troublante. Construite entre 1906 et 1920, cette prison fut fermée en 1947. Conçue pour héberger 380 prisonniers, elle en reçut jusqu'à 800. Le **Museo del Fin del Mundo** présente, quant à lui, des expositions d'histoire naturelle, des photos des débuts de la ville et des expositions sur les peuples indigènes de la région, qui ont payé un lourd tribut à la modernité.

Ushuaia est un bon point de départ pour explorer le reste de la Terre de Feu argentine. Plusieurs voyagistes proposent des **croisières** sur le canal Beagle permettant de découvrir des phares, des colonies de lions de mer et des petites îles ponctuées d'anciens tumulus yagán de coquillages. En hiver, vous pourrez faire du ski et du snowboard dans des stations telles que **Cerro Castor**, facilement accessible depuis Ushuaia.

Située à 85 km à l'est de la ville, l'**Estancia Harberton** est le plus ancien ranch de la Terre de Feu, fondé en 1886 par le missionnaire Thomas Bridges (auteur du premier dictionnaire yagán-anglais) et sa famille. Le lieu fut rendu célèbre par *Aux confins de la Terre : une vie en Terre de Feu* de Lucas Bridge, les passionnants mémoires (traduits en français) du fils de Thomas, qui y raconte son adolescence parmi les Selk'nam et les Yagán. On y trouve des visites guidées axées sur l'histoire, un musée de la vie marine et un excellent restaurant, ainsi que des excursions vers une colonie insulaire de manchots de Magellan et de manchots papous.

Randonnée, observation des oiseaux et voyages en train

À LA DÉCOUVERTE DU PARQUE NACIONAL TIERRA DEL FUEGO

Les forêts subantarctiques, lacs, tourbières et baies du **Parque Nacional Tierra del Fuego** sont des lieux merveilleux pour la randonnée et l'observation des oiseaux. Le parc compte 40 km de sentiers bien balisés, avec de nombreuses options courtes pouvant s'effectuer en moins d'une heure. Parmi les sentiers plus longs, l'ascension éprouvante du Cerro Guanaco (970 m) offre un beau panorama, tandis que le sentier Costera, plus facile, longe la côte. L'itinéraire Pampa Alta file vers le Río Pipo à travers plusieurs forêts. Ouvrez l'œil pour apercevoir condors, brassemers à bec orange, huîtriers, ouettes marines

Ushuaia

REJOINDRE LA TERRE DE FEU ARGENTINE

Depuis Punta Arenas, des bus se rendent régulièrement à Ushuaia via le ferry de Punta Delgada et la ville de Río Grande. Des bus partent également de Río Gallegos et d'El Calafate, en Patagonie argentine, et des vols réguliers décollent de Buenos Aires.

Si vous louez une voiture en Patagonie argentine, vous devrez passer par le Chili pour atteindre la Terre de Feu argentine, ce qui nécessite des documents spéciaux et une assurance internationale supplémentaire. La plupart des loueurs peuvent s'en charger pour vous.

Les traversées en bateau entre Ushuaia et Puerto Williams étaient suspendues à l'heure de nos recherches, mais devraient avoir repris au moment de votre visite. Des croisières de plusieurs jours relient également Punta Arenas à Ushuaia.

Croisière au cap Horn

et pics de Magellan. La plupart des visiteurs viennent pour la journée, mais si vous souhaitez passer la nuit sur place, il y a plusieurs campings.

Des minibus partent régulièrement d'Ushuaia pour le parc, mais vous pourrez aussi prendre le **Tren del Fin del Mundo** (train du bout du monde). Ce chemin de fer, le plus méridional du monde, a été construit dans la première décennie du XXe siècle pour le transport de bois par des détenus de la prison d'Ushuaia, dont la réputation effroyable lui a valu le surnom de "Sibérie du Sud". Il a été transformé, depuis, en train touristique, et le trajet est mémorable.

Prochain arrêt : l'Antarctique

CROISIÈRES VERS LE CONTINENT BLANC

Si la Terre de Feu n'est pas assez au sud pour vous, l'**Antarctique** vous attend de l'autre côté du passage de Drake, à 1 000 km seulement. La plupart des bateaux partent d'Ushuaia, même si certaines compagnies lèvent l'ancre à Punta Arenas et Puerto Williams. Il y a des croisières régulières de novembre à mars, qui durent généralement une à trois semaines. Des aventures plus longues passent également par les îles Malouines et l'île de Géorgie du Sud. Ces croisières sont chères, mais des offres spéciales de dernière minute sont parfois disponibles, en particulier à Ushuaia en fin de saison.

COMMENT CIRCULER

Voyager à travers le sud de la Terre de Feu peut s'avérer difficile, long et coûteux. Se rendre au cap Horn nécessite une excursion en bateau ou un vol touristique, tandis que le Parque Nacional Alberto de Agostini n'est accessible qu'en croisière ou en ferry. Il n'y a aucune liaison directe entre Puerto Williams et la partie argentine de la Terre de Feu, ce qui complique les déplacements entre les deux.

Carnet d'adresses

PUNTA ARENAS

Cementerio Municipal
Voir p. 337 (entrée principale Avenida Bulnes 949 ; entrée libre ; 9h-18h)

Museo de Historia Natural Río Seco
Voir p. 339 (mhnrioseco.com ; Avenida Juan Williams 012812, Río Seco ; 15h-18h jeu-ven)

Museo del Recuerdo
Voir p. 337 (61-220-7051 ; @museodelrecuerdo ; Avenida Bulnes 01890 ; 9h-17h lun-ven, 9h-12h30 sam)

Museo Naval y Marítimo
Voir p. 337 (Pedro Montt 981 ; tarif plein/réduit 2 000/500 $CH ; 9h45-11h45 et 14h-16h lun-ven)

Museo Regional de Magallanes
Voir p. 336 (www.museodemagallanes.gob.cl ; Magallanes 949 ; entrée libre ; 10h30-17h lun et mer-sam, 10h30-14h mai-déc)

Palacio Sara Braun
Voir p. 337 (Plaza Muñoz Gamero ; entrée libre ; 10h-12h45 lun, 10h-12h45 et 15h30-19h mar-sam)

Australis
Voir p. 339 (2-2797-1000; www.australis.com ; croisière 4 nuits 1 640 $US/pers ; sept-mai)

Transbordadora Austral Broom
Voir p. 339 (61-272-8100 ; www.tabsa.cl ; Juan Williams 06450)

Hostal Buenavista
Voir p. 337 (9-9304-4886 ; hostalbuenavistapatagonia.paxer.com ; Avenida Cristobal Colón 130)

Hostel Entre Vientos
Voir p. 336 (61-237-1171 ; www.hostelentrevientos.cl ; Jorge Montt 0690)

Hotel Plaza
Voir p. 337 (61-224-1300 ; hotelplaza.cl ; José Nogueira 1116)

Ilaia
Voir p. 337 (61-272-3100 ; www.ilaiapatagonia.com ; Ignacio Carrera Pinto 351 ; sept-avr)

Innata Patagonia
Voir p. 336 (9-6279-4254 ; www.innatapatagonia.com ; Hernando de Magallanes 631)

La Yegua Loca
Voir p. 336 (61-237-1734 ; www.yegualoca.com ; Fagnano 310)

Fuente Hamburg
Voir p. 335 (Errázuriz 856 ; 11h-22h lun-ven, 12h-22h sam)

Kiosco Roca
Voir p. 335 (9-4472-7231 ; kioskoroca.cl ; Avenida Presidente Julio Roca 875 ; 7h-19h lun-ven, 8h-13h sam)

La Marmita
Voir p. 335 (61-222-2056 ; Plaza Francisco Sampaio 678 ; 12h-23h30 lun-sam)

La Vianda
Voir p. 335 (9-7590-6864 ; Errázuriz 928 ; 7h30-20h lun-ven, 9h30-19h sam)

Mercado Municipal
Voir p. 335 (21 de Mayo 1465 ; 11h-20h lun-ven, 11h-18h sam-dim)

Bodega 87
Voir p. 335 (61-237-1357 ; @bodega_87 ; 21 de Mayo 1469 ; 20h-1h30 lun-jeu, 20h-2h30 ven-sam)

Café Tapiz
Voir p. 334 (69-6565-5294 ; www.cafetapiz.cl ; Presidente Julio A. Roca 912 ; 10h-20h30 lun-ven)

Taberna Club de la Unión
Voir p. 334 (9-5974-6467 ; Plaza Muñoz Gamero 716 ; 18h30-3h lun-ven, 19h-3h sam)

Wake Up
Voir p. 334 (61-237-1641 ; www.facebook.com/wakeupcafepuq ; Errázuriz 944 ; 7h30-18h30 lun-ven, 9h-18h sam-dim)

Zona Franca
Voir p. 339 (61-236-2000 ; zonaustral.cl ; Avenida Bulnes, Km 3,5 Norte ; 10h-21h)

ENVIRONS DE PUNTA ARENAS

Monumento Natural Los Pingüinos
Voir p. 342 (www.conaf.cl ; adulte/enfant 9 000/4 500 $CH ; oct-avr)

Parque del Estrecho de Magallanes
Voir p. 341 (home.parquedelestrecho.cl ; Ruta 9, Km 56 Sud ; adulte/enfant 10 000/5 000 $CH ; 10h-17h)

Parque Nacional Pali Aike
Voir p. 342 (www.conaf.cl ; adulte/enfant 4 500/2 500 $CH ; oct-mai)

PNPY/STOCK.ADOBE.COM ©

Punta Arenas

Parque Nacional Yendegaia
Voir p. 343 (www.parquesnacionales.cl ; Ruta Y-85 n/s,, ou accès par voie maritime depuis Puerto Navarino)

Parque Natural Karukinka
Voir p. 342 (chile.wcs.org/Karukinka.aspx ; entrée 7 000 $CH/pers ; 9h-18h nov-avr)

Reserva Natural Pingüino Rey
Voir p. 342 (Km 14,5, Ruta Y-85, Tierra del Fuego ; www.pinguinorey.com ; adulte/enfant 12 000/8 000 $CH ; 11h-17h jeu-dim oct-mai)

Chile Nativo
Voir p. 343 (61-269-1391 ; chilenativo.travel ; Hermann Eberhard 230, Puerto Natales ; expéditions 3 jours 2 295 $US/pers ; 9h-14h et 15h-19h lun-ven)

Kayak Agua Fresca
Voir p. 341 (9-5411-2369 ; www.kayakaguafresca.com ; 21 de Mayo 1342, Punta Arenas ; sortie 4 heures 30 120 $US)

Solo Expediciones
Voir p. 342 (61-271-0219 ; www.soloexpediciones.com ; José Nogueira 1255, Punta Arenas ; expédition 310 $US ; 8h-19h30 lun-ven, 8h-18h sam-dim)

Turismo Comapa
Voir p. 341 (61-220-0206 ; www.comapa.com ; Magallanes 990E, Punta Arenas ; circuits à partir de 30 000 $CH/pers ; 9h-13h et 14h30-18h30 lun-ven, 9h-13h sam)

Turismo Fin del Mundo
Voir p. 342 (9-8849-9799 ; www.turismofindelmundo.cl ; Lautaro Navarro 1003, Punta Arenas ; 8h-17h)

Turismo Selknam
Voir p. 342 (9-8930-9934 ; turismoselknam.cl ; Presidente Pedro Montt 913, Punta Arenas ; à partir de 70 000 $CH/pers ; 9h30-19h lun-ven, 9h30-14h sam)

Whalesound
Voir p. 342 (61-222-1935 ; www.whalesound.com ; Lautaro Navarro 1191, Punta Arenas ; forfait 3 jours 1 800 $US/pers ; nov-avr)

PUERTO NATALES

Museo Histórico
Voir p. 345 (61-241-1263 ; Manuel Bulnes 285 ; 3 000 $CH ; 8h-13h et 14h30-17h lun-jeu, 8h-16h ven)

Navimag
Voir p. 347 (www.navimag.com ; Avenida Pedro Montt 308)

Transbordadora Austral Broom
Voir p. 347 (61-272-8100 ; www.tabsa.cl ; Juan Williams 06450, Punta Arenas)

Kau Patagonia
Voir p. 345 (61-241-4611 ; kaulodge.com ; Pedro Montt 161)

Vinnhaus
Voir p. 345 (9-8269-2510 ; www.vinnhaus.com ; Manuel Bulnes 499)

Wild
Voir p. 345 (9-7715-2423 ; www.wildhostel.com ; Manuel Bulnes 555 ; sept-avr)

Afrigonia
Voir p. 346 (61-241-2877 ; Magallanes 247 ; 17h-23h lun-sam)

Aluen
Voir p. 347 (Tomás Rogers 171 ; 14h-19h30 mar-dim sept-mai)

Cafe Kaiken
Voir p. 346 (9-8295-2036 ; www.facebook.com/cafekaiken.cl ; Baquedano 699 ; 13h-15h et 19h-21h30 mar-dim)

El Bote
Voir p. 346 (61-241-0045 ; Manuel Bulnes 380 ; 12h-15h et 19h-23h lun-sam)

Holaste!
Voir p. 347 (9-9571-1208 ; www.holaste.cl ; Hermann Eberhard 547 ; 9h-16h lun-ven, 15h-19h sam)

Last Hope Distillery
Voir p. 347 (9-7201-8585 ; www.lasthopedistillery.com ; Esmeralda 882 ; 17h-2h

mer-dim oct-avr, 20h-1h jeu-sam mai-août)

Ludopía
Voir p. 347 (9-4793-6247 ; www.ludopia.cl ; Tomás Rogers 61 ; 11h-13h et 16h-20h30 lun-ven, 16h-minuit sam)

Centro Cultural Galpón Patagonia
Voir p. 346 (9-9779-5314 ; elgalponlab.cl ; Pedro Montt 16 ; 9h-19h30 lun-ven, 9h-15h sam)

Espacio Ñandu
Voir p. 345 (61-241-5660 ; Hermann Eberhard 301 ; 9h-23h)

Pueblo Artesanal Etherh Aike
Voir p. 345 (Valdivia 600 ; 9h-19h30 lun-sam)

Wine & Market Patagonia
Voir p. 345 (61-269-1138 ; www.wmpatagonia.cl ; Magellan 46 ; 16h-20h lun-sam)

ENVIRONS DE PUERTO NATALES

Cueva del Milodón
Voir p. 351 (cuevadelmilodon.cl ; Ruta Y-290 ; adulte/enfant 9 000/4 500 $CH ; 8h-19h oct-avr, 8h30-17h30 mai-sept)

Estancia La Peninsula
Voir p. 350 (9-6303-6497 ; estanciaspatagonia.com ; Península Antonio Varas ; excursion journée 195 000 $CH ; 9h-16h30)

Estancia Laguna Sofía
Voir p. 350 (9-6236-0371 ; pingosalvaje.com ; Laguna Sofía ; équitation 1 heure 40 000 $CH/pers)

Parque Bahía Esperanza
Voir p. 351 (9-7752-0007 ; Península Antonio Varas ; entrée 69 000 $CH/pers)

Puerto Bories House
Voir p. 349 (9-4745-3415 ; puertobories house.com ; Puerto Bories)

Remota Patagonia Lodge
Voir p. 350 (2-2387-1270 ; remotahotel.com ; Ruta 9, Km 1 Norte, Puerto Natales)

Simple Patagonia
Voir p. 349 (9-9640-0512 ; www.simplepatagonia.cl ; Puerto Bories)

Singular
Voir p. 349 (61-272-2030 ; www.thesingular.com ; Ruta 9, Puerto Bories ; restaurant 12h30-15h et 19h-22h)

La Caldera
Voir p. 351 (9-4201-2726 ; @la_caldera_ ; Ruta 9 Norte, Puerto Natales ; 8h30-21h lun-ven, 8h30-22h sam, 9h-20h dim)

PARQUE NACIONAL TORRES DEL PAINE

Parque Nacional Torres del Paine
Voir p. 352 (parquetorresdelpaine.cl ; 3 jours adulte/enfant 28 500/14 500 $CH ; 7h-21h)

Antares
Voir p. 358 (61-241-4611 ; antarespatagonia.com ; Avenida Pedro Montt 161, Puerto Natales)

Baqueano Zamora
Voir p. 359 (61-261-3531 ; www.baqueanozamora.cl ; Manuel Baquedano 534, Puerto Natales ; 10h-13h et 15h-19h)

Bigfoot Patagonia
Voir p. 359 (9-4272-0578 ; bigfootpatagonia.com ; Avenida Pedro Montt 161, Puerto Natales ; kayak 80 000 $CH, randonnée sur glace 150 000 $CH ; oct-avr)

Chile Nativo
Voir p. 359 (61-269-1391 ; chilenativo.travel ; Hermann

Lac de Puerto Natales

KSENIA RAGOZINA/SHUTTERSTOCK ©

Eberhard 230, Puerto Natales ; expédition 3 jours 2 295 $US/pers ; 9h-14h et 15h-19h lun-ven)

Erratic Rock
Voir p. 358 (61-241-5299 ; www.erraticrock.com ; Manuel Baquedano 719, Puerto Natales ; expédition 5 jours 1 800 $US)

Estancia Cerro Guido
Voir p. 359 (9-6588-1314 ; www.estanciacerroguido.com)

Las Torres
Voir p. 358 (2-2898-6043 ; lastorres.com ; randonnée équestre à partir de 120 000 $CH ; juil-mai)

Navegación Glacier Grey
Voir p. 359 (61-271-2100 ; www.lagogrey.com ; adulte/enfant 100 000/50 000 $CH ; oct-avr)

Awasi
Voir p. 358 (2-2233-9641 ; awasipatagonia.com)

EcoCamp Patagonia
Voir p. 353 (2-2923-5974 ; www.ecocamp.travel)

Hotel Las Torres
Voir p. 358 (2-2898-6043 ; lastorres.com ; juil-mai)

Patagonia Camp
Voir p. 358 (61-241-5149 ; patagoniacamp.com ; Ruta Y-290, Km 74 ; sept à mi-mai)

Tierra Patagonia
Voir p. 353 (2-6469-0518 ; www.tierrapatagonia.com ; oct-avr)

ENVIRONS DU PARQUE NACIONAL TORRES DEL PAINE

Glaciarium
Voir p. 362 (glaciarium.com ; RP11, El Calafate, Argentine ; tarif plein/réduit 4 000/3 000 $AR ; 9h-20h sept-mai, 12h-19h juin-août)

Parque Nacional Bernardo O'Higgins
Voir p. 361 (www.conaf.cl ; adulte/enfant 11 500/6 000 $CH ; 8h-18h oct-avr)

Parque Nacional Los Glaciares
Voir p. 362 (www.argentina.gob.ar/parquesnacionales/losglaciares ; adulte/enfant 10 000/1 500 $AR)

Chaltén Mountain Guides
Voir p. 363 (02962-493329 ; chaltenmountainguides.com ; Río de las Vueltas 212, El Chaltén, Argentine ; 9h-13h et 16h-21h)

Estancia Cerro Guido
Voir p. 353 (9-6588-1314 ; www.estanciacerroguido.com)

Fitz Roy Expediciones
Voir p. 363 (02962-493178 ; www.fitzroyexpediciones.com.ar ; San Martín 56, El Chaltén, Argentine ; 9h-13h et 17h-21h lun-ven, 9h-13h sam oct-mars)

Glaciar Sur
Voir p. 363 (02902-495050 ; glaciarsur.com ; Avenida del Libertador 1180, El Calafate, Argentine ; 9h-20h lun-sam, 17h-20h dim)

Hielo & Aventura
Voir p. 363 (02902-492205 ; www.hieloyaventura.com ; Avenida del Libertador 935, El Calafate, Argentine ; trek à partir de 70 000 $AR ; 9h-19h45)

Turismo 21 de Mayo
Voir p. 361 (61-261-4420 ; www.turismo21demayo.com ; Hermann Eberhard 560, Puerto Natales ; croisière 1 jour à partir de 125 000 $CH/pers ; 9h-20h lun-sam)

Walk Patagonia
Voir p. 363 (02962-494025 ; walk-trek.tur.ar ; Avenida Antonio Rojo 62, El Chaltén, Argentine ; 7h-20h oct-avr)

América del Sur
Voir p. 361 (02902-493525 ; americahostel.com.ar ; Puerto Deseado 153, El Calafate, Argentine)

Estancia Cristina
Voir p. 361 (02902-491133 ; estanciacristina.com ; Lago Argentino, Parque Nacional Los Glaciares, Argentine)

Nothofagus B&B
Voir p. 361 (02962-493087 ; nothofagusbb.com.ar ; angle Hensen et Riquelme, El Chaltén, Argentine ; oct-avr)

Domo Blanco
Voir p. 362 (02962-493368 ; San Martín 164, El Chaltén, Argentine ; 17h-22h jeu-dim)

Don Pichon
Voir p. 362 (02902-492577 ; donpichon.com.ar/qr ; Puerto Deseado 242, El Calafate, Argentine ; 19h-minuit)

Pura Vida
Voir p. 362 (02902-493356 ; puravidaavlibertador1876.negocio.site ; Avenida del Libertador 1876, El Calafate, Argentine ; 19h30-23h30 jeu-mar)

Kau Kaleshen
Voir p. 360 (02902-491188 ; www.kaukaleshen.com.ar ; Gobernador Gregores 1256, El Calafate, Argentine ; 16h-23h jeu-dim)

La Vinería
Voir p. 360 (02962-493301 ; Lago del Desierto 265, El Chaltén, Argentine ; 15h30-2h oct-avr)

La Zorra
Voir p. 360 (02902 488042 ; www.facebook.com/lazorracalafate ; Avenida del Libertador 832, El Calafate, Argentine ; 12h-2h mar-jeu et dim-lun, 12h-3h ven-sam)

PUERTO WILLIAMS

Museo Antropológico Martín Gusinde
Voir p. 365 (www.museomartingusinde.gob.cl ; angle Araguay et Gusinde ;

entrée libre ; 9h30-13h et 14h30-17h mar-ven, 14h30-18h30 sam, horaires réduits hors saison)

Parque Etnobotánico Omora
Voir p. 368 (omora.org ; Ruta Y-905 ; adulte/enfant 15 000/7 000 $CH ; 9h-18h lun-ven)

Explora Isla Navarino
Voir p. 367 (9-9185-0155 ; www.exploraislanavarino.com ; Centro Comercial 140B ; à partir de 55 000 $CH/pers ; 11h-17h)

Office du tourisme
Voir p. 368 (9-6619-4121 ; www.visitacabodehornos.cl ; O'Higgins 293 ; 9h-13h et 14h30-17h30 lun-sam)

Serendipia
Voir p. 367 (9-5621-3220 ; www.serendipia-sailing.com ; Centro Comercial 140B)

Turismo Shila
Voir p. 367 (9-7897-2005 ; www.turismoshila.cl ; O'Higgins 220 ; 9h-13h30 et 16h-20h lun-sam)

Errante Ecolodge
Voir p. 366 (9-9368-9723 ; www.errantecolodge.com ; Ruta Y-905, Km 5,5 ouest)

Hostal Akainij
Voir p. 366 (61-262-1173 ; www.turismoakainij.cl ; Austral)

Hostal Pusaki
Voir p. 365 (9-9833-3248 ; pattypusaki@yahoo.es ; Piloto Pardo 222)

Hotel Fio Fio
Voir p. 365 (9-3186-0121 ; Cabo de Hornos 14)

Lakutaia Lodge
Voir p. 365 (9-6726-0282 ; lakutaia.com ; Camino al Aeropuerto)

Refugio El Padrino
Voir p. 366 (61-262-1136 ; Juan Pablo II 276)

Campero
Voir p. 367 (9-6619-6552 ; Juan Pablo II 338 ; 10h-13h et 15h30-19h30 mar-sam)

Restaurante Dientes De Navarino
Voir p. 367 (9-7586-7840 ; Uspashum ; 10h-minuit lun-sam)

Resto del Sur
Voir p. 367 (Maragaño 146 ; 12h30-15h30 et 19h-23h lun-sam)

Bistró del Sur
Voir p. 367 (9-6580-0231 ; Uspashum 144, Centro Comercial Puerto Williams ; 12h-15h et 18h-22h)

Worus
Voir p. 367 (9-9882-2996 ; Piloto Pardo 209 ; 17h-tard)

Comercial Antarctica
Voir p. 368 (Arturo Prat 0187 ; 9h-13h et 14h30-19h lun-sam)

Jardín Fuegia
Voir p. 368 (9-7764-7890 ; www.facebook.com/jardinfuegia ; Patrullero Ortíz y Costanera)

ENVIRONS DE PUERTO WILLIAMS

Estancia Harberton
Voir p. 371 (www.estanciaharberton.com ; Ruta J, Km 43, Ushuaia, Argentine ; Museo Acatushún et visite guidée 5 000 $AR/pers ; 14h-19h mer-lun oct-mars)

Museo del Fin del Mundo
Voir p. 373 (mfm.tierradelfuego.gob.ar ; Avenida Maipú 173, Ushuaia, Argentine ; 1 900 $AR ; 10h-19h lun-ven, 13h-19h sam)

Museo Marítimo et Museo del Presidio
Voir p. 372 (museomaritimo.com ; angle Yaganes et Gobernador Paz, Ushuaia, Argentine ;

Parque Nacional Los Glaciares

OLEG SENKOV/SHUTTERSTOCK ©

Parque Nacional Tierra del Fuego

tarif plein/réduit/-12 ans 7 000/5 500 $AR/gratuit ; 10h-20h avr-nov, 9h-20h déc-mars)

Parque Nacional Alberto de Agostini
Voir p. 371 (www.conaf.cl ; adulte/enfant 9 000/4 500 $CH ; oct-avr)

Parque Nacional Tierra del Fuego
Voir p. 373 (www.argentina.gob.ar/parquesnacionales/tierradelfuego ; Ushuaia, Argentine ; 2 100 $AR ; 8h30-21h)

Australis
Voir p. 372 (2-2797-1000 ; www.australis.com ; 4 jours/3 nuits 1 590 $US/pers ; sept-mai)

Cerro Castor
Voir p. 373 (02901-499301 ; www.cerrocastor.com ; Ruta Nacional 3, Km 26, Ushuaia, Argentine ; mi-juin à mi-oct)

Explora Isla Navarino
Voir p. 367 (9-9185-0155 ; www.exploraislanavarino.com ; Centro Comercial 140B, Puerto Williams ; à partir de 55 000 $CH/pers ; 11h-17h)

Serendipia
Voir p. 367 (9-5621-3220 ; www.serendipia-sailing.com ; Centro Comercial 140B, Puerto Williams)

Transbordadora Austral Broom
Voir p. 372 (61-272-8100 ; www.tabsa.cl ; Juan Williams 06450, Punta Arenas)

Tren del Fin del Mundo
Voir p. 374 (02901-301141 ; www.trendelfindelmundo.com.ar ; Ruta Nacional 3, Km 3065, Ushuaia, Argentine ; billet adulte/enfant 11 000/5 500 $AR ; 9h-17h)

Antarctica Hostel
Voir p. 371 (02901-435774 ; antarcticahostel.com ; Antártida Argentina 270, Ushuaia, Argentine)

Arakur
Voir p. 372 (02901-442900 ; arakur.com ; Cerro Alarken, Ushuaia, Argentine)

La Posta
Voir p. 372 (+5492901588554 ; www.apartlaposta.com.ar ; Juan Domingo Perón Sur 864, Ushuaia, Argentine)

Posada Fin del Mundo
Voir p. 372 (02901-435062 ; www.posadafindelmundo.com.ar ; angle Rivadavia et Valdéz, Ushuaia, Argentine)

Tierra de Leyendas
Voir p. 371 (02901-446565 ; tierradeleyendas.com.ar ; Tierra de Vientos 2448, Ushuaia, Argentine)

Freddo
Voir p. 372 (02901-430946 ; ar.freddo.com ; Avenida San Martín 209, Ushuaia, Argentine ; 10h-0h30)

Kalma Resto
Voir p. 372 (02901-425786 ; www.kalmaresto.com.ar ; Gobernador Manuel Fernández Valdez 293, Ushuaia, Argentine ; 19h-23h lun-sam)

Kaupé
Voir p. 372 (02901-585854 ; www.kaupe.com.ar ; Presidente Julio Argentino Roca 470, Ushuaia, Argentine ; 18h30-23h lun-sam)

María Lola Restó
Voir p. 372 (02901-421185 ; marialolaresto.com.ar ; Gobernador Deloqui 1048, Ushuaia, Argentine ; 12h30-15h et 19h-23h lun-sam)

Ramos Generales
Voir p. 372 (02901-424317 ; ramosgeneralesush.com.ar ; Avenida Maipú 749, Ushuaia, Argentine ; 9h-minuit)

Trek sur le Perito Moreno

ÎLE DE PÂQUES (RAPA NUI)

UN FRAGMENT DE POLYNÉSIE MYTHIQUE

Si les touristes viennent avant tout sur l'île de Pâques pour en contempler les énigmatiques moais, l'immensité de l'océan Pacifique, la forte identité locale et l'excellente cuisine à base de produits de la mer contribuent elles aussi à rendre l'expérience inoubliable.

Rien ne prépare vraiment à la première rencontre avec les moais. Effigies d'ancêtres, ces insondables statues mégalithiques, érigées en des lieux improbables, bordent tout le littoral de Rapa Nui (île de Pâques). Tournées vers l'intérieur des terres, elles en contemplent les 8 500 habitants. Quelles croyances ont motivé la création des moais ? Comment ont-ils été acheminés jusqu'à leurs lointains *ahu* (platesformes cérémonielles) ? Pourquoi ont-ils tous été renversés entre le XVIIIe et le XIXe siècle ? Peut-être ne connaîtrons-nous jamais les réponses aux grands mystères de Rapa Nui, mais c'est justement ce qui fait rêver.

L'incroyable isolement de cette île, l'un des endroits habités les plus reculés de la planète (juste derrière l'archipel Tristan da Cunha, dans l'Atlantique Sud), participe également de son attrait. Son voisin le plus proche, les îles Pitcairn, se situe à 2 080 km à l'ouest, et il faut parcourir quelque 3 700 km vers l'est pour atteindre le Chili, le territoire continental le moins distant. Or, si l'horizon est vide au point qu'on peut voir la courbure de la Terre, l'océan Pacifique abonde, quant à lui, en vie marine. En témoigne l'offre culinaire des restaurants, où le thon et le mahi-mahi sont d'une telle fraîcheur que les chefs les proposent souvent crus.

Notez-bien que Rapa Nui ne correspond pas à l'image que l'on se fait souvent de la Polynésie. L'île ne compte ainsi qu'une seule grande plage (Anakena) et peu de palmiers. Son paysage, lui, rappelle parfois davantage l'Irlande que Tahiti. Les pentes arides de ses volcans endormis n'en sont pas moins le paradis des randonneurs, et Hanga Roa, son chef-lieu, devient plus verte chaque année.

SITES PRINCIPAUX

HANGA ROA
Le cœur de l'île.
p. 388

PARQUE NACIONAL RAPA NUI
Plages, volcans et moais.
p. 395

À gauche et ci-dessus : moai d'Ahu Tongariki (p. 396)

VOITURE

Le moyen le plus pratique et le plus confortable pour circuler dans l'île, surtout si vous logez à Hanga Roa mais souhaitez passer du temps sur la plage d'Anakena. Des agences de location sont installées dans la rue Atamu Tekena.

S'orienter

Rapa Nui est un confetti de terre mesurant à peine 25 km de bout en bout, perdu au milieu du plus vaste océan de la planète. Presque toutes ses infrastructures sont concentrées dans son unique agglomération, Hanga Roa.

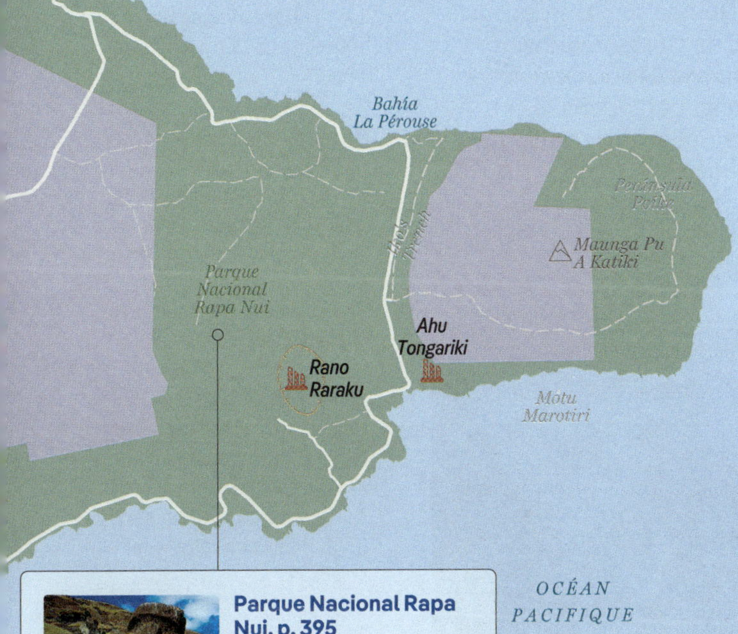

Parque Nacional Rapa Nui, p. 395

Ce parc national couvre la majeure partie de l'île et renferme des trésors archéologiques, à commencer par une carrière conservant des centaines de moais inachevés.

VÉLO

Le temps généralement agréable et le relief point trop abrupt de l'arrière-pays sont propices au cyclotourisme. Quoique en mauvais état, la route qui longe la côte sud est plus plate et plus pittoresque que l'axe central.

CIRCUIT ORGANISÉ

De nouvelles règles mises en place en 2022 obligent à prendre un guide pour visiter la plupart des sites archéologiques en dehors de Hanga Roa. Nombre de touristes optent désormais pour un circuit privé ou en groupe. Les hôtels les plus haut de gamme incluent parfois guide et transferts dans leurs formules de séjour.

Planifier son séjour

Rapa Nui ne saurait se découvrir au pas de charge. Elle invite au contraire à la contemplation, à de longues randonnées et à des après-midi de farniente sur la plage.

THOMAS LUSTH/SHUTTERSTOCK ©

Vue depuis le bord du cratère du Rano Kau (p. 393)

Si vous avez trois jours

- Il s'agit vraiment de la durée minimum pour voir les sites phares de l'île de Pâques. Commencez par le **village cérémoniel d'Orongo** (p. 393) pour découvrir le culte de l'homme-oiseau.

- Le lendemain, consacrez du temps aux nombreux moais inachevés de la carrière de tuf de **Rano Raraku** (p. 396) et aux 15 statues monolithiques du magnifique **Ahu Tongariki** (p. 396), avant d'aller faire trempette sur la plage d'**Anakena** (p. 396).

- Passez le dernier jour à **Hanga Roa** (p. 388), où le **Museo Rapa Nui** (p. 390) met en contexte les sites visités. Le soir, un spectacle de danse du groupe **Kari Kari** (p. 388) conclura votre séjour en beauté.

Au fil des saisons

Sur cette île au climat subtropical, l'été (janvier-mars) correspond à la haute saison. Préférez les intersaisons (avril-juin et octobre-décembre), plus attrayantes.

JANVIER

La haute saison bat son plein, avec des eaux chaudes propices au **snorkeling** et à la **baignade** à Anakena.

FÉVRIER

Tapati Rapa Nui, le principal événement annuel de l'île, donne lieu à deux semaines de concours de chant, danse et artisanat autochtones.

AVRIL

À Hanga Roa, la **Semana de las Artes y la Cultura** met à l'honneur le travail des artistes et artisans locaux.

JHVEPHOTO/SHUTTERSTOCK ©, JHVEPHOTO/SHUTTERSTOCK © , ALEXANDRALAW1977/SHUTTERSTOCK ©

Rapa Nui en cinq jours

- Ajoutez au programme précédent une sortie de snorkeling en pleine mer à **Motu Nui** (p. 391) ou près de la plage à **Ovahe** (p. 397). Vous pourrez ensuite vous lancer dans l'ascension, de difficulté modérée, du **Mauga Terevaka** (p. 396), point culminant de l'île, avec, à la clé, une vue fabuleuse. La randonnée part et s'achève généralement à l'**Ahu Akivi** (p. 394), une plateforme cérémonielle dont les sept moais regardent l'océan.

- Explorez la carrière de **Puna Pau** (p. 394), dont sont issues les coiffes cylindriques rouges de nombreux moais.

- Pour votre dernier soir, contemplez, à Hanga Roa, le coucher de soleil derrière l'**Ahu Tahai** (p. 390), entouré de formidables restaurants de fruits de mer.

Si vous avez plus de temps

- Prolongez votre découverte de l'île par une randonnée sur la **côte nord** (p. 393) reculée, riche de sites archéologiques ignorés de la plupart des touristes.

- Peu fréquentée, la péninsule de **Poike** (p. 396) compte plusieurs moais singulièrement placés, ainsi qu'un splendide point de vue d'en haut sur l'Ahu Tongariki.

- Intéressez-vous aux sites archéologiques moins connus de la côte sud, dont l'**Ahu Hanga Te'e** (p. 394), assorti d'un centre d'interprétation. Ces platesformes cérémonielles aux moais renversés donnent un aperçu de ce à quoi ressemblait Rapa Nui avant les restaurations entamées dans les années 1950.

JUIN

Des coureurs du monde entier participent au **Marathon de Rapa Nui**.

JUILLET

Les insulaires affluent en masse à Anakena pour commémorer l'arrivée du premier colon polynésien, **Hotu Matu'a**.

SEPTEMBRE

Les températures douces, propices à la randonnée, et les **Fiestas Patrias**, en font un moment hors saison de choix.

NOVEMBRE

Les écoles fêtent **Mahana O Te Re'o** (Jour de Notre Langue) par des récitals, des expositions d'art et des projections de documentaires.

HANGA ROA

Hanga Roa est la capitale de facto de Rapa Nui – et sa seule vraie ville –, du reste des plus décontractées. Bien que le tourisme constitue la principale industrie de l'île, il n'a pas pris ici des proportions exagérées comme dans d'autres destinations polynésiennes. La rue principale, Atamu Tekena, regroupe quelques boutiques, hôtels et cafés séparés par des hibiscus et des bougainvilliers. Le long de la côte, les enfants se baignent dans des criques protégées, les surfeurs chevauchent de douces vagues et les joueurs de foot s'affrontent sous les yeux attentifs des moais, dressés au loin.

Pendant ce temps, des petits bateaux quittent le port pour rejoindre des sites de plongée, en passant devant un chapelet de restaurants de poisson et fruits de mer. Lorsque le soleil plonge enfin dans le Pacifique, les artistes enfilent leurs pagnes en raphia et montent sur scène pour chanter et danser les légendes pascuanes.

Bateau, Hanga Roa

TERO HAKALA/SHUTTERSTOCK ©

Pour les infos pratiques, voir le Carnet d'adresses p. 398

À SAVOIR

Rapa Nui est la destination la plus onéreuse du Chili. Les passagers des vols ayant souvent le droit d'embarquer avec deux grandes valises, vous pourrez apporter du continent quelques provisions afin de réduire un peu les dépenses sur place.

LES MEILLEURS SPECTACLES DE MUSIQUE ET DE DANSE

Kari Kari
Cette troupe talentueuse aux costumes élaborés, la doyenne de Rapa Nui, présente les légendes de l'île à travers le chant et la danse. Elle se produit dans le monde entier.

Te Ra'ai
Outre des spectacles folkloriques classiques, Te Ra'ai propose une mise en scène de la préparation de l'*umu*, plat traditionnel de viande et de poisson cuit dans le sol sur des pierres chaudes.

Iti Lafken
Pour vivre une expérience moins touristique, mêlez-vous aux habitants de l'île dans ce lieu de concert qui programme régulièrement des musiciens du cru.

INCONTOURNABLES
1 Ahu Tahai
2 Ahu Tautira
3 Museo Rapa Nui

VOIR
4 Ana Kai Tangata
5 Caleta Hanga Piko
6 Caleta Hanga Roa
7 Cimetière catholique
8 Iglesia de la Santa Cruz
9 Playa Pea
10 Playa Poko Poko

ACTIVITÉS, COURS ET CIRCUITS
11 École de plongée Mike Rapu
12 Orca Diving Center

SE LOGER
13 Altiplanico Rapa Nui
14 Hare Nua Hotel Boutique
15 Nayara Hangaroa

SE RESTAURER
16 Aloha Food Trucks
17 Polynesian Coffee & Tea
18 Puka Puka
19 Taina Beer Garden
20 Tataku Vave
21 Te Moai Sunset
22 Te Moana

SORTIR
23 Iti Lafken
24 Kari Kari
25 Te Ra'ai
26 Toki

SHOPPING
27 Feria Artesanal
28 Mana Gallery
29 Mercado Artesanal

OÙ SE LOGER À HANGA ROA

Hare Nua Hotel Boutique
L'adresse la plus chic du centre-ville, organisée autour d'une luxuriante cour intérieure et digne d'un magazine de déco. **$$$**

Altiplanico Rapa Nui
Cet établissement de catégorie moyenne se compose de beaux bungalows ovales (avec douche en plein air !) sur une colline verdoyante face au Pacifique. **$$**

Nayara Hangaroa
Un complexe tout compris en bord de mer, le plus luxueux de Hanga Roa, sur le thème d'Orongos. **$$$**

UN FUTUR PLUS DURABLE

Rapa Nui s'est coupée du monde pendant deux ans et demi lors de la pandémie de Covid-19. La suspension de tous les vols commerciaux au départ du Chili s'est traduite par une baisse des produits importés. Face à la pénurie, les insulaires se sont tournés vers des pratiques ancestrales comme l'*umanga* (principe de partage), créant 1 300 jardins maraîchers familiaux qui permettent aujourd'hui une relative autosuffisance alimentaire. Dans le même temps, des guides privés d'emploi ont planté des arbres et déblayé 10 tonnes de détritus des fonds marins et du rivage. Rapa Nui a finalement rouvert en août 2022, plus verte et plus durable que jamais.

Promenade côtière

BAIGNADE ET MOAI

Rejoignez en taxi la périphérie sud de Hanga Roa, où vous commencerez par **Ana Kai Tangata**, une grotte creusée dans des falaises noires qui renferme des peintures rupestres représentant l'homme-oiseau. Vers le nord, un sentier conduit à un bassin naturel où l'on peut se baigner et à la **Caleta Hanga Piko**, un petit port de pêche utilisé pour des courses de pirogues à balancier. À l'heure du déjeuner, arrêtez-vous pour manger un morceau sur la terrasse du restaurant **Tataku Vave**, à quelques mètres de l'eau.

Le croissant de sable importé de la **Playa Pea**, la petite plage de la ville, vous attend de l'autre côté d'une jolie petite presqu'île. Piquez une tête dans la crique, protégée par une barrière rocheuse. À un jet de pierre, la **Caleta Hanga Roa**, le port principal, abrite de nombreux centres de plongée. C'est ici que les visiteurs tombent souvent sur leur premier moai, l'**Ahu Tautira**.

En continuant vers le nord, via une aire de jeux pour enfants, on atteint la **Playa Poko Poko**, une autre crique de baignade, où les gens viennent pique-niquer au milieu de têtes sculptées dans la roche volcanique par des artistes d'aujourd'hui. À proximité, le principal **cimetière catholique** de l'île se distingue par son syncrétisme religieux. Certaines pierres tombales arborent, par exemple, des croix supportées par des moai. L'**Ahu Tahai** marque le point d'orgue de l'itinéraire côtier. Ce site rassemble trois *ahu* (plateformes cérémonielles) restaurés. *Ahu Tahai* désigne celui du milieu, sur lequel se dresse un imposant moai solitaire, sans couvre-chef. Essayez de voir l'endroit au coucher du soleil, lorsque la lumière dorée nimbe les cinq moais de la plateforme principale. Sur les flancs de la colline, on distingue les fondations de plusieurs *hare paenga* (maisons traditionnelles en forme de canoë renversé, avec une entrée basse et étroite).

Fenêtre sur la culture polynésienne

HISTOIRE, ART ET ARTISANAT

Le **Museo Rapa Nui**, de son vrai nom Museo Antropológico Sebastián Englert, est incontournable pour comprendre l'histoire et la culture de Rapa Nui. Vous y verrez notamment des hameçons en basalte, des pointes de flèche en obsidienne et autres armes, des huttes circulaires en forme de ruche, des pétroglyphes, des cistes funéraires, des moais kavakava (figurines en bois antropomorphes) et un rare moai féminin. Les répliques de tablettes en rongorongo, un ensemble de signes gravés, retiennent particulièrement l'attention, d'autant qu'il n'en existe que 23 dans le monde et qu'elles demeurent indéchiffrables.

Moai kavakava

NURPHOTO SRL/ALAMY STOCK PHOTO ©

OÙ MANGER PAS CHER À HANGA ROA

Aloha Food Trucks
Dans une cour ombragée, au choix : sushis, burgers et *empanadas* originales, dont une au ceviche. **$**

Taina Beer Garden
Pizza et bière artisanale. **$**

Polynesian Coffee & Tea
Café au lait et omelettes le matin, bols d'açaï et sandwichs généreux à midi, le tout sur le front de mer. **$**

La **Mana Gallery** présente quant à elle des pièces modernes des meilleurs peintres et artisans de l'île. Dans les deux marchés d'artisanat, la **Feria Artesanal** et le **Mercado Artesanal**, les sculptures et bijoux authentiques côtoient des babioles fabriquées en Chine. Le second se tient en face de l'**Iglesia de la Santa Cruz**, dont les sculptures, à l'intérieur, témoignent d'une fusion entre catholicisme et traditions pascuanes. Le dimanche matin, la messe s'accompagne de psaumes et de chants en langue locale. Sinon, on peut assister aux concerts de musique traditionnelle organisés à l'occasion par **Toki**, l'école de musique de l'île. Installée au nord de la ville, celle-ci occupe un étonnant bâtiment respectueux de l'environnement, construit à l'aide de matériaux recyclés.

LE CULTE DE L'HOMME-OISEAU

Visitez le **village cérémoniel d'Orongo** (p. 393) pour en apprendre davantage sur la compétition qui se déroulait à Motu Nui autour du culte de l'homme-oiseau, la religion de l'île de Pâques entre l'ère des *moai* et la christianisation.

Plongée et snorkeling

DES EAUX CRISTALLINES PEUPLÉES DE CORAUX

La plongée connaît une popularité croissante sur l'île de Pâques, et se pratique à tous niveaux. Des bateaux lèvent l'ancre de la Caleta Hanga Roa ou de la Caleta Hanga Piko à destination de spots comme **La Catedral**, une grotte sous-marine, et **Le Jardin**, une éminence en forme de pyramide recouverte de coraux. On peut aussi plonger par 23 m de fond sur le site du **Moai immergé**, star des selfies subaquatiques. Si la légende veut que cette statue en ciment ait été fabriquée pour le film *Rapa Nui* (1994), produit par Kevin Costner, elle aurait en réalité été déposée au fond de l'eau pour les besoins d'une série télévisée chilienne, *Iorana* (1997).

Offrant une visibilité jusqu'à 60 m, les eaux transparentes recèlent de nombreuses formations coralliennes préservées, mais une densité réduite en poissons tropicaux. Cela dit, on trouve ici 142 espèces marines endémiques, dont le rare poisson-papillon de l'île de Pâques, doté d'un corps plat gris argenté, d'un museau allongé et d'une nageoire dorsale continue.

Les excursions de snorkeling au départ de Hanga Roa se rendent invariablement à l'îlot de **Motu Nui**, rendu célèbre par la compétition du culte de l'homme-oiseau qui avait lieu chaque année au village cérémoniel d'Orongo. Avec un peu de chance, vous croiserez une tortue verte ou imbriquée. Autrement, on peut parfois en apercevoir près des bateaux amarrés dans le port. La plongée et le snorkeling se pratiquent toute l'année car la température de l'eau varie entre 20°C en hiver et 26°C en été. Parmi les prestataires, nous recommandons **Mike Rapu** et l'**Orca Diving Center**, forts de décennies d'expérience.

LES MEILLEURES RESTAURANTS DE FRUITS DE MER

Puka Puka
Un petit endroit calme où se régaler de crevettes *pil pil* (au vin blanc et à l'ail) et de ceviche de mahi-mahi. **$$**

Te Moai Sunset
Son *tiradito de ika*, poisson cru au coulis de mangue et de piment *aji*, est un délice. **$$**

Te Moana
Cette adresse du front de mer au décor agrémenté de tiki prépare des plats de fruits de mer aussi savoureux que copieux, comme le ceviche Te Moana servi dans une conque. **$$$**

COMMENT CIRCULER

Vous n'aurez besoin d'une voiture que si vous logez à la périphérie de Hanga Roa. Les taxis sont pratiques pour les petits trajets (jusqu'à l'aéroport par exemple) mais onéreux. Nombre d'hôtels proposent des vélos et le temps se prête généralement à la marche. Les billets pour des activités comme les spectacles de danse le soir incluent souvent le transport.

Environs de Hanga Roa

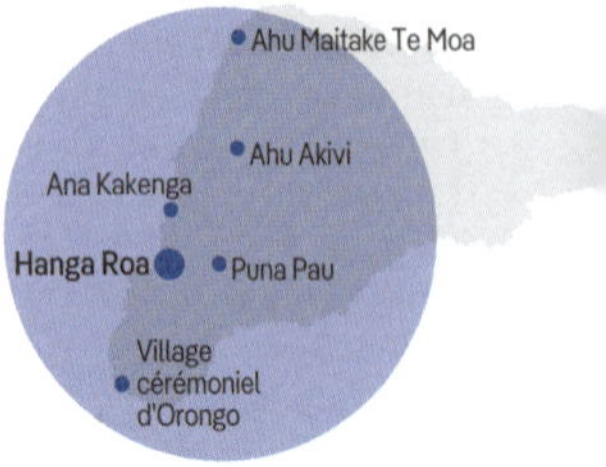

Portions de côte sauvages, sites historiques fascinants et ruines remarquablement préservées.

Il suffit d'une rapide promenade à pied ou en voiture pour constater que Hanga Roa n'a pas toujours été le seul pôle d'activité de Rapa Nui. Au sud-ouest, le vaste village cérémoniel d'Orongo se tient en équilibre précaire au bord du cratère du Rano Kau, l'un des principaux volcans, avec le Poike et le Terevaka, dont les éruptions furent à l'origine de la formation de l'île triangulaire. Les pentes verdoyantes du Terevaka, au nord-est, abritent la majeure partie des terres cultivées. Plusieurs sites archéologiques sont facilement accessibles depuis la ville, mais ils reçoivent curieusement beaucoup moins de visiteurs que ceux situés au cœur du Parque Nacional Rapa Nui, plus à l'est.

Pour les infos pratiques, voir le Carnet d'adresses p. 399

À SAVOIR

La couverture Internet et de téléphonie mobile laisse, au mieux, à désirer. En dehors du centre de Hanga Roa, attendez-vous à ne pas avoir de réseau.

Motu Nui

Cratère du Rano Kau et village cérémoniel d'Orongo

LE CULTE DE L'HOMME-OISEAU

À la fin de la période des moais (au cours du XVIIe siècle), l'épuisement des ressources de Rapa Nui probablement due à une surpopulation (plus de 15 000 habitants) provoqua conflits et guerres. Apparut alors aux XVIIIe et XIXe siècles le culte du *Tangata manu* (homme-oiseau), susceptible d'unir à nouveau les insulaires. L'un des rites de la nouvelle religion prenait la forme d'une course annuelle organisée dans le **village cérémoniel d'Orongo**, au sommet du volcan **Rano Kau**. Les concurrents descendaient vers le rivage, nageaient jusqu'à l'îlot de **Motu Nui**, récupéraient un œuf de sterne fuligineuse, puis revenaient à Orongo.

En grimpant jusqu'au bord du cratère, on peut voir aujourd'hui 54 maisons composées d'un parement en pierres empilées et d'un toit voûté herbeux. Près de 1 300 pétroglyphes, représentant majoritairement la figure de l'homme-oiseau, sont répertoriés sur ce site. En contrebas, les profondeurs luxuriantes et sauvages du Rano Kau renferment une biodiversité endémique. L'unique moai découvert sur place, Hoa Hakananai'a, a été emporté en 1868 et figure toujours dans les collections du British Museum de Londres (il fait partie de la dizaine de statues que les autorités de Rapa Nui espèrent rapatrier un jour).

Depuis Hanga Roa, on atteint Orongo au terme d'une ascension à pied en pente raide ou d'un court trajet en voiture. Ne manquez pas l'**Ahu Vinapu** peu visité, à l'arrière du volcan, qui comporte un rare moai féminin en roche rouge et une plate-forme en pierres taillées et ajustées sans mortier rappelant les ruines incas (certains archéologues avancent la thèse d'un contact des Pascuans avec cette civilisation précolombienne).

Randonnée sur la côte nord

L'AUTRE FACETTE DE RAPA NUI

Plus sauvage et moins fréquentée, la côte septentrionale s'étire sur près de 16 km depuis la périphérie de Hanga Roa jusqu'aux rivages sablonneux d'Anakena. Pour la parcourir à pied, empruntez la route qui part de l'Ahu Tahai vers le nord et se transforme en chemin près d'**Ana Kakenga** (Dos Ventanas), deux grottes ouvertes sur l'océan. La suite de l'itinéraire est jalonnée d'autres grottes qui servirent de cachettes à l'époque de la guerre civile et des raids esclavagistes péruviens au XIXe siècle. Beaucoup intègrent des pierres provenant des ruines visibles de maisons-bateaux (habitations en forme de coque renversée).

PAROLE D'HABITANT : CONSEILS DE VOYAGE

Sebastián Paoa, fondateur et dirigeant de Kava Kava Tours, donne quelques recommandations.

Billets d'entrée
Acheter à l'avance vos billets pour le Parque Nacional Rapa Nui (rapanuinationalpark.com) vous fera gagner un temps précieux.

Guides
Il est obligatoire de louer les services d'un guide agréé pour arpenter le parc. Ces professionnels maîtrisent l'histoire, la géographie et la culture de Rapa Nui.

Miel
Produit par des abeilles qui butinent la flore endémique, le miel local est l'un des plus purs au monde.

Zéro plastique
Apportez une gourde pour contribuer à la protection de l'environnement et soutenir les compagnies locales qui proposent des points de ravitaillement en eau filtrée.

OÙ LOGER EN BUNGALOW

Cabañas Christophe
Ces quatre bungalows en bois dur à la base du Rano Kau sont l'hébergement le plus avantageux de l'île. **$$**

Hare Swiss
Le coucher du soleil au-dessus du Pacifique est le point fort de ces *cabañas* bien gérées, au nord de Hanga Roa. **$$**

Pikera Uri
Des bungalows spacieux superbement décorés pour ceux qui souhaitent explorer Rapa Nui à cheval. **$$$**

SITES MOINS TOURISTIQUES

Puna Pau
Cette carrière de roche volcanique était utilisée pour la fabrication des *pukaos*, ces coiffes cylindriques rouges placées sur la tête des moais. Une soixantaine d'entre elles ont été transportées vers différents sites de l'île, mais il en reste environ 25 sur place et alentour.

Ahu Akivi
Premier site restauré scientifiquement en 1960, cet *ahu* a la particularité d'être à l'intérieur des terres. Fait unique, les sept moais sont tournés vers le Pacifique.

Ahu Hanga Te'e
La plupart des visiteurs s'arrêtent pour voir le centre d'interprétation sans réaliser qu'un *ahu* avec huit moais renversés se tient un peu plus loin.

Moai

En l'absence de route d'accès, aucun des sites archéologiques du secteur n'a été restauré. Certains *ahu*, comme l'**Ahu Maitake Te Moa**, ont la particularité de comporter des moais de réemploi à l'arrière. On peut également voir des plateformes *poe-poe* plus récentes ressemblant à la proue d'un navire, dont l'**Ahu Atanga**, qui furent édifiées au XVIIIe siècle après le contact avec les Européens. Faites le tour de la pointe nord de l'île pour atteindre la petite crique de pêche de **Hanga Oteo**, puis longez les hautes falaises jusqu'à la plage d'**Anakena** (attention aux chiens de garde sur le tronçon final, ponctué d'habitats illégaux).

La côte nord compte tant de sites cachés qu'il vaut mieux l'explorer en compagnie d'un guide, et pourquoi pas à cheval avec le tour-opérateur **Cabalgatas Pantu**. Dans tous les cas, organisez votre un retour à Hanga Roa auprès d'une compagnie de taxis de la ville afin d'avoir le temps de vous baigner à Anakena.

COMMENT CIRCULER

Beaucoup des sites archéologiques sont accessibles à pied depuis Hanga Roa. Des taxis circulent dans la ville et alentour, et des magasins dans Atamu Tekena louent vélos, motos, buggies et SUV. Attention aux vaches, chevaux et chiens errants sur les routes.

PARQUE NACIONAL RAPA NUI

Inscrit au patrimoine mondial de l'Unesco, le Parque Nacional Rapa Nui englobe une grande partie du territoire de l'île en dehors de Hanga Roa et presque tous les sites archéologiques, notamment la carrière de pierres de Rano Raraku, qui servaient à réaliser les moais, la plateforme cérémonielle Ahu Tongariki et la plage d'Anakena. Si la plupart des touristes n'y passent que 3 jours, le nombre de ruines cachées et de beaux sentiers de randonnée peuvent facilement vous retenir au moins une semaine.

Depuis 2017, la communauté indigène Ma'u Henua est l'unique gestionnaire du parc, après que le Chili a signé le décret de passation de l'administration. Les visiteurs doivent se procurer un pass au bureau de la Communidad Indigena Ma'u Henua, situé près de la Feria Artesanal à Hanga Roa. Il coûte 80 $US pour les étrangers et reste valable 10 jours. Certains sites, dont Orongo et Rano Raraku, ne peuvent toutefois être vus qu'une seule fois.

Pour les infos pratiques, voir le Carnet d'adresses p. 399

À SAVOIR

À l'exception d'Anakena, les sites se visitent avec un guide agréé. Le bureau de la **Communidad Indigena Ma'u Henua** fournit une liste de professionnels, également disponible sur leur site Web (certains guides parlent français). Si vous vous présentez seul dans un endroit, un garde du parc pourra éventuellement vous accompagner moyennant 5 000 CH$ (par personne).

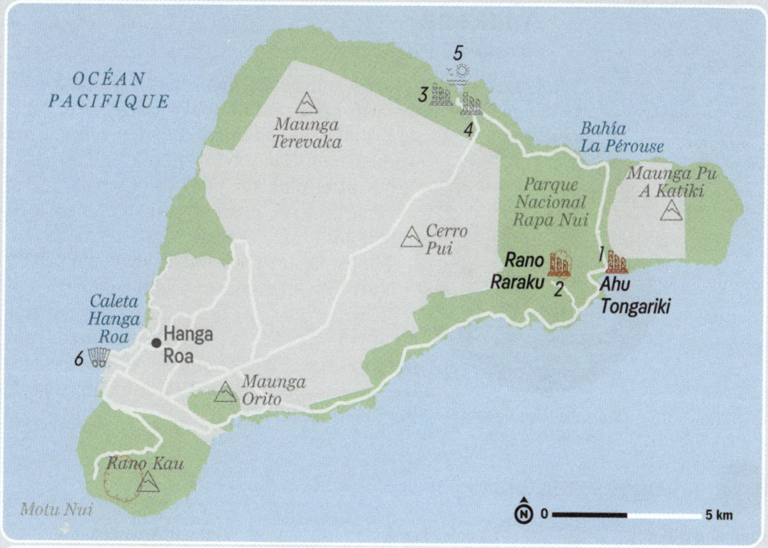

INCONTOURNABLES
1 Ahu Tongariki
2 Rano Raraku

VOIR
3 Ahu Ature Huki
4 Ahu Nau Nau
5 Anakena
6 Ovahe

LES MEILLEURS RANDONNÉES À L'ASSAUT DES VOLCANS

Maunga Terevaka
Un itinéraire de 9,5 km aller-retour au départ de l'Ahu Akivi mène au sommet du Maunga Terevaka (507 m), point culminant de l'île, où l'on apprenait jadis aux jeunes à s'orienter d'après les étoiles. La vue fabuleuse sur l'horizon entièrement dégagé justifie l'effort.

Péninsule de Poike
De l'Ahu Mahatua, la randonnée couvre l'ascension du Maunga Pu A Katiki (400 m), avant de descendre vers les falaises érodées au-dessus de l'Ahu Tongariki, le point de vue le plus spectaculaire de Rapa Nui. Comptez 12 km si vous faites le tour de la péninsule, ou 8 km si vous la traversez.

Rano Raraku

LA "NURSERIE" DES MOAIS

Des 887 moais connus à ce jour, 396 sont encore disséminées dans la carrière de tuf du volcan **Rano Raraku** et l'on se sent, à déambuler parmi ces colosses abandonnés à différents stades de fabrication, transporté à l'époque des premiers Polynésiens. La plupart se trouvent sur le versant sud, mais une vingtaine, brûlés en 2022 par un incendie, se dressent à l'intérieur du cratère. Remarquez **El Gigante**, qui aurait pesé 182 tonnes s'il avait été achevé, et le moai **Tukuturi**, le seul de l'île à être agenouillé.

Curieusement, moins de 20% des statues taillées ici sont parvenues jusqu'à leur *ahu*, 92 ayant chuté en route. On peut retracer le sort de neuf d'entre elles le long d'un chemin qui mène vers la côte.

À Rano Raraku, les moais sont plus récents et plus stylisés qu'ailleurs, avec des têtes carrées et des visages allongés au maxillaire proéminent et au nez fort. L'**Ahu Tongariki** voisin, la plus grande plateforme cérémonielle jamais construite, compte 15 moais d'une époque antérieure présentant des des caractéristiques polynésiennes spécifiques. Ravagé par un tsunami en 1960 et restauré grâce à des fonds japonais dans les années 1990, il s'agit d'un site spectaculaire, surtout au lever du soleil. À l'entrée de Tongariki se tient le **Moai voyageur**, envoyé au Japon pour une exposition dans les années 1980. Le site comporte aussi des pétroglyphes et des vestiges de maisons-bateaux.

Anakena

UN PARADIS POLYNÉSIEN

Les adeptes de plage viendront décompresser à **Anakena**, un éden tropical de carte postale dont le croissant de sable blanc à l'ombre des palmiers et les eaux bleu lagon évoquent tous les stéréotypes de la Polynésie. Endroit le plus sûr pour la baignade, cette crique protégée abrite en outre une poignée de bars animés sur la pente herbeuses au-dessus. Elle forme un arrière-plan parfait pour l'**Ahu Nau Nau**, bien conservé, qui comporte sept moais, certains coiffés d'un *pukao*. Sur une hauteur au sud de la plage, l'**Ahu Ature Huki** possède un seul moai, redressé par l'explorateur norvégien Thor Heyerdhal et une douzaine de Pascuan en 1956.

Moais de l'Ahu Nau Nau
FCG/SHUTTERSTOCK ©

OÙ CAMPER SUR RAPA NUI

Camping Mihinoa
Emplacement sur le front de mer, douches chaudes, location de tentes, Wi-Fi et cuisine.

Tipanie Moana
Un établissement d'une propreté impeccable, qui loue aussi des chambres d'un excellent rapport qualité/prix. $

Camping Anakena
Un camping basique plus éloigné de Hanga Roa mais à deux pas de la plage. $

Bateau traditionnel, Anakena

Considérée comme le berceau historique de Rapa Nui, Anakena est souvent le théâtre de célébrations. D'après la tradition orale, c'est là que le puissant chef polynésien Hotu Matu'a aurait débarqué sur l'île en compagnie des premiers colons, un événement rejoué chaque année en juillet.

Pour éviter la foule du week-end, la petite plage voisine d'**Ovahe**, divisée en deux par un promontoire rocheux, constitue une bonne alternative. Par ailleurs, ses coraux abondants en font le spot de snorkeling par excellence.

POURQUOI J'AIME RAPA NUI

Mark Johanson, auteur.

Un accident de moto en 2017 a laissé dans mon corps la marque indélébile de Rapa Nui. Tout au long des années suivantes, ce rappel quotidien m'a fait rêver d'y retourner. Bien sûr, la force d'attraction des moais a inévitablement joué un rôle. Ils dégagent une mystérieuse énergie, qu'on peine à s'expliquer avant que de l'avoir éprouvée en personne. Alors que la plupart des îles tropicales sont associées au délassement, Rapa Nui réclame au contraire un regain d'attention, voire étourdit par les questions qu'elle pose. C'est une destination à nulle autre pareille.

COMMENT CIRCULER

Il était naguère facile d'explorer le Parque Nacional Rapa Nui par ses propres moyens en louant une voiture ou un vélo à Hanga Roa. On peut toujours le faire, mais la réglementation mise en place en 2022 oblige désormais à prendre un guide pour visiter la plupart des sites archéologiques. En conséquence, une majorité de touristes optent pour un circuit en voiture organisé par l'une des agences basées en ville.

Carnet d'adresses

HANGA ROA

Museo Rapa Nui
Voir p. 390 (www.museorapanui.gob.cl ; Sector Tahai ; entrée libre ; 9h30-17h30 mar-ven, 9h30-12h30 sam-dim)

Communidad Indigena Ma'u Henua
Voir p. 395 (32-255-0455 ; contacto@rapanuinationalpark.com ; www.rapanuinationalpark.com ; Kiri Reva s/n ; accès parc adulte/enfant 80/40 $US ; 9h-17h)

Orca Diving Center Mike Rapu Diving Center
Voir p. 391 (32-255-1055 ; mikerapu.cl ; Caleta Hanga Roa s/n ; initiation 50 000 $CH, forfait plongée 35 000 $CH, snorkeling 25 000 $CH ; 8h-18h lun-sam, horaires élargis déc-mars)

Orca Diving Center
Voir p. 391 (9-4294-4598 ; orcadivingcenter.cl ; Caleta Hanga Roa s/n ; initiation avec/sans photos 60 000/50 000 $CH, cours 370 000 $CH, forfait plongée 45 000 $CH, snorkeling 25 000 $CH ; 9h-19h lun-sam)

Altiplanico Rapa Nui
Voir p. 389 (32-255-2190 ; www.altiplanico.cl ; Sector Tahai)

Plage d'Anakena (p. 396)

MARABELO/STOCK.ADOBE.COM ©

Hare Nua Hotel Boutique
Voir p. 389 (9-3391-4780 ; www.harenua.com ; Atamu Tekena s/n)

Nayara Hangaroa
Voir p. 389 (2-2957-0141 ; nayarahangaroa.com ; Pont s/n)

Aloha Food Trucks
Voir p. 390 (9-9130-1346 ; @aloha_food.truck ; Atamu Tekena s/n ; 12h30-23h)

Polynesian Coffee & Tea
Voir p. 390 (9-4286-0062 ; www.facebook.com/polynesiancoffee ; Policarpo Toro s/n ; 7h-18h)

Puka Puka
Voir p. 391 (9-4451-7351 ; Sector Tahai ; 12h-23h30 lun-sam)

Taina Beer Garden
Voir p. 390 (9-7898-1895 ; tainarapanui.com ; Atamu Tekena s/n ; 13h-23h)

Tataku Vave
Voir p. 390 (32-255-1544 ; www.facebook.com/tatakuvave ; Caleta Hanga Piko s/n ; 12h30-17h mer-lun)

Te Moai Sunset
Voir p. 391 (32-343-1864 ; www.facebook.com/temoaisunset ; Sector Tahai ; 12h30-22h lun-sam)

Te Moana
Voir p. 391 (32-255-1578 ; Policarpo Toro s/n ; 12h-23h lun-sam)

Iti Lafken
Voir p. 388 (☎9-9212-9349 ; Policarpo Toro s/n ; 20h-tard)

Kari Kari
Voir p. 388 (☎9-4280-5388 ; www.karikari.cl ; Atamu Tekena s/n ; spectacle 20h mer, ven)

Te Ra'ai
Voir p. 388 (☎32-255-1460 ; teraai.com ; Kai Tuoe s/n ; 18h-minuit mar-mer, 13h-17h sam)

Toki
Voir p. 391 (☎9-5628-1600 ; tokirapanui.org ; Sector Tahai ; 10h-15h lun-ven)

Feria Artesanal
Voir p. 391 (☎32-255-1162 ; angle Atamu Tekena et Tu'u Maheke ; 9h-20h lun-sam)

Mana Gallery
Voir p. 391 (☎32-255-1686 ; Petero Atamu s/n ; 9h-17h lun, mer-jeu et sam, 9h-15h mar et ven)

Mercado Artesanal
Voir p. 391 (☎32-255-1346 ; angle Tu'u Koihu et Ara Roa Rakei ; 9h-19h45 lun, 9h-20h mar-sam, 10h-13h45 dim)

ENVIRONS DE HANGA ROA

Cabalgatas Pantu
Voir p. 394 (☎32-210-0577 ; www.pikerauri.com ; Sector Tahai, Hanga Roa ; demi-journée/journée 60/125 $US ; tlj sur réservation)

Port de Hanga Roa

Kava Kava Tours
Voir p. 393 (☎9-7216-5015 ; kavakavatours.com ; Ana Tehe Tama s/n, Hanga Roa ; excursions à partir de 180 $US/pers ; 9h-19h)

Cabañas Christophe
Voir p. 393 (☎32-210-0826 ; Policarpo Toro s/n, Hanga Roa)

Hare Swiss
Voir p. 393 (☎32-255-2221 ; Sector Tahai, Hanga Roa)

Pikera Uri
Voir p. 393 (☎32-210-0577 ; www.pikerauri.com ; Sector Tahai, Hanga Roa)

PARQUE NACIONAL RAPA NUI

Parque Nacional Rapa Nui
Voir p. 395 (www.rapanuinationalpark.com ; adulte/enfant 80/40 $US ; 9h-17h)

Camping Anakena
Voir p. 396 (☎9-9690-6941 ; plage d'Anakena)

Camping Mihinoa
Voir p. 396 (☎32-255-1593 ; campingsenchile.cl/valparaiso/isla-de-pascua ; Pont s/n, Hanga Roa)

Tipanie Moana
Voir p. 396 (☎32-255-2192 ; près de Tu'u Koihu, Hanga Roa)

AFEX

CARNET PRATIQUE

Ce chapitre présente toutes les informations pratiques essentielles dont vous aurez besoin pour voyager au Chili et sur l'île de Pâques.

Arriver au Chili p. 402

Comment circuler p. 404

Argent p. 405

Hébergement p. 406

Avec des enfants p. 407

Santé et sécurité p. 408

Manger, boire et sortir p. 410

Voyage responsable p. 412

Voyageurs LGBTQIA+ p. 414

Voyage et handicap p. 415

Visiter l'île Robinson Crusoé p. 416

Bon à savoir p. 419

Langue p. 420

Estación Central, Santiago (p. 44)

Arriver au Chili

L'aéroport international de Santiago est le principal point d'accès international au Chili. L'aéroport El Loa de Calama pour le nord du pays et l'aéroport international El Tepual de Puerto Montt pour le sud sont aussi des points d'arrivée populaires. Il est également possible d'entrer au Chili par voie terrestre via les pays voisins ou lointains.

Visas

Les citoyens de l'Union européenne, de Suisse et du Canada n'ont pas besoin de visa pour des séjours n'excédant pas 90 jours.

Cartes SIM

Il n'est pas possible d'acheter une carte SIM à l'aéroport de Santiago. Évitez les rabatteurs dans la rue et dans les stations de métro et rendez-vous directement dans la boutique d'un opérateur, par exemple Movistar, Entel, Claro ou Wom.

DAB

Des DAB sont installés dans le hall des arrivées de l'aéroport de Santiago, mais la commission s'élève à 7 000 $CH. Quand vous arrivez dans le hall après la douane, ils sont situés sur la gauche.

Wi-Fi

Le Wi-Fi est gratuitement disponible dès l'arrivée dans le terminal. Connectez-vous à "Airport WiFi – Free" et inscrivez vos email, année de naissance, nationalité et sexe.

Transports publics entre l'aéroport et le centre-ville ($CH)

	Santiago	Calama	Puerto Montt
BUS	1 heure 1 600-1 800 $CH	-	-
UBER	25 min 15 270 $CH	15 min 5 700 $CH	25 min 3 300 $CH
NAVETTE	40 min 8 500 $CH	-	30 min 3 000 $CH

FORMALITÉS DOUANIÈRES

Les contrôles douaniers sont assez fréquents et plus stricts que dans de nombreux pays. Ne laissez pas d'aliments frais ou sans emballage dans vos bagages : fruits, produits laitiers, épices, fruits secs, graines, viandes et produits bio. Le SAG (Servicio Agrícola-Ganadero ; Service de l'Agriculture et du Bétail) vérifie les sacs (souvent avec des chiens) et appliquent, le cas échéant, de lourdes amendes. Le but est d'éviter la propagation de maladies ou de parasites susceptibles d'affecter les exportations de fruits du Chili. Il est obligatoire de remplir une déclaration en ligne dans les 48 heures suivant l'arrivée sur sagingresoachile.cl. Limites pour les produits duty-free : 400 cigarettes, 500 g de tabac, 50 cigares et 2,5 l de boissons alcoolisées.

Voie aérienne

Les vols long-courriers arrivent à Pudahuel, à 15 km à l'ouest de Santiago, à l'**Aeropuerto Internacional Arturo Merino Benítez** (SCL ; ✆2-2690-1796 ; www.nuevopudahuel.cl). Les aéroports régionaux d'**Arica** (www.aeropuertoarica.cl), d'**Iquique** (www.aeropuertodiegoaracena.cl) et de **Punta Arenas** (www.aeropuertosaustrales.cl/) sont eux aussi desservis par des vols internationaux en provenance des pays d'Amérique latine.

DEPUIS L'EUROPE

Des vols directs depuis Paris sont assurés par Air France et KLM. Vous pourrez transiter par Madrid ou Barcelone, d'où des vols directs fréquents pour Santiago sont assurés par la LATAM, membre de l'alliance oneworld, et Iberia. British Airways assure également des liaisons directes depuis Londres. Plusieurs compagnies, dont Alitalia et LATAM, assurent la liaison entre les principales villes d'Europe et Santiago, via le Brésil ou l'Argentine. Les transporteurs américains, tels American Airlines et Delta, avancent des prix compétitifs, avec escale aux États-Unis. Comptez 17 à 30 heures pour un vol avec une escale depuis l'Europe. Les tarifs les plus bas commencent à 750 €.

British Airways (✆depuis la France 0344 493 0787 tlj 7h30-20h ; www.britishairways.com)
Iberia (✆depuis la France 0 825 800 965, depuis la Belgique ✆707 00 050, depuis la Suisse ✆848 000 015 ; www.iberia.fr)
KLM (✆depuis la France 09 69 36 86 05 ; www.klm.fr)
LATAM Airlines (✆depuis la France 01 85 14 87 25 lun-ven 9h-19h ; www.latamairlines.com)
Delta (✆depuis la France 09 69 39 17 79 ; fr.delta.com)
American Airlines (✆0821 980 999 en français 8h-18h lun-ven et 9h-17h sam-dim ; www.americanairlines.fr)

DEPUIS LA FRANCE

Air France et KLM assurent une liaison directe pour le Chili. Le voyage dure au mieux 14 heures. Si les tarifs commencent à 750 €, il est plus fréquent de trouver des allers-retours entre 1 000 et 1 500 €.

Air France (✆09 69 39 36 54 ; www.airfrance.fr)
KLM (www.klm.fr)

DEPUIS LA BELGIQUE

Il n'existe pas de vol direct vers le Chili. Des vols au départ de Bruxelles avec une escale à Barcelone, Madrid ou Lisbonne sont assurés respectivement par Vueling, Iberia et TAP Air Portugal. Comptez entre 18 heures et 25 heures de trajet. Les prix démarrent à 1 100 € pour la haute saison (décembre-mars).

Vueling (✆028087812 ; www.vueling.com)
Iberia (www.iberia.com)
TAP Air Portugal (✆0800 29 606 ; www.flytap.com)

DEPUIS LA SUISSE

Il n'y a pas de liaison directe vers le Chili depuis la Suisse. Les départs se font depuis Genève, Bâle ou Zurich. Des billets sont disponibles à partir de 800 €.
Quelques transporteurs :

Air Canada (www.aircanada.com)
Air France (www.airfrance.com)
KLM (www.klm.com)
LATAM Airlines (www.latamairlines.com)
Swiss International Airlines (www.swiss.com)

DEPUIS LE CANADA

Air Canada assure une liaison directe pour Santiago au départ de Toronto. Les prix démarrent à 999 CA.
À défaut, vous devez transiter par les États-Unis. Prévoyez 12 à 20 heures de vol en moyenne pour un vol avec escale (10 heures pour un vol direct).

Air Canada (www.aircanada.com)
Expedia (www.expedia.ca)
Travelocity (www.travelocity.ca)

Comment circuler

Le Chili possède un excellent maillage routier et un réseau de bus longue distance très développé. Les déplacements sont plus difficiles en Patagonie chilienne.

BUDGET

Location
À partir de 36 800 $CH/jour

Essence
Environ 1 396 $CH/litre

Bus de Santiago à Pucón
À partir de 31 400 $CH

Vol de Santiago à Calama
À partir de 23 990 $CH

Avion

La plus grosse compagnie aérienne nationale est LATAM. Sky Airlines et JetSmart desservent aussi les grandes villes chiliennes, tandis que DAP, basé à Punta Arenas, assure les vols réguliers et charters entre Santiago et la Patagonie chilienne. Des taxis aériens se rendent dans les régions isolées.

Bus

Un gigantesque réseau de bus couvre le pays. Les liaisons sont efficaces et abordables, avec tous les niveaux de confort, du *clásico* (sièges légèrement inclinables, pas de toilettes) à la classe *salóncama* (couchettes de luxe). Turbus et Pullman Bus sont les deux plus grosses compagnies de bus du Chili.

À SAVOIR

Sur la Carretera Austral et dans les régions isolées, il est prudent d'avoir un jerrican d'essence de secours dans votre véhicule. Demandez un *bidón* (jerrican) à l'agence.

Le site de vente de billets www.recorrido.cl est facile d'usage pour les étrangers qui souhaitent voyager en bus. Il compare plus de 40 compagnies.

FERRYS DANS LE SUD DU CHILI

Le service de ferry Navimag entre Puerto Montt et Puerto Natales est l'une des meilleures expériences de voyage du continent et le maillage serré de liaisons en ferry de passagers desservant le littoral du sud Chili, pareil à un puzzle, est essentiel pour explorer la région. Les trajets les plus populaires sont Castro à Laguna San Rafael, La Arena à Puelche, Puerto Montt à Laguna San Rafael et Chacabuco, Pargua à Chiloé, Chiloé et Puerto Montt à Chaitén, Puerto Ibáñez à Chile Chico, ainsi que Punta Arenas à la Terre de Feu.

Bateau

Le très long littoral du Chili est ourlé d'un chapelet de ports, mais les possibilités de se déplacer en bateau sont concentrées au sud de Puerto Montt. La Patagonie chilienne et la Terre de Feu sont desservies par des ferrys sillonnant un immense dédale d'îles et de fjords.

État des routes

Plus longue route du Chili, la Ruta 5 (Carretera Panamericana) est une autoroute en excellent état reliant la frontière péruvienne à Chiloé, avec des péages réguliers (*peajes* ; tarifs sur concesiones.mop.gob.cl). En dehors de l'autoroute, plus vous irez au sud, plus la probabilité de trouver des routes non goudronnées sera élevée.

Location de voiture

Pour louer un véhicule, il faut avoir un permis de conduire international (excepté, en principe, pour les ressortissants canadiens), être âgé de 21 à 25 ans minimum (selon les agences) et avoir une carte bancaire (Mastercard ou Visa, sinon attendez-vous à devoir verser une grosse somme d'argent en espèces pour la caution).

CODE DE LA ROUTE

60

La vitesse est limitée à 60 km/h dans les zones urbaines, 100 km/h sur les routes secondaires et 120 km/h sur les autoroutes.

0,03

Le taux d'alcool autorisé dans le sang est limité à 0,03 g/l

Argent

MONNAIE : **PESO CHILIEN ($CH)**

DAB

Les nombreux DAB (Redbanc dans le langage courant) sont le moyen le plus pratique d'obtenir des espèces, mais les commissions sont parfois élevées (jusqu'à 8 000 $CH). Il y a des DAB partout, sauf le long de la Carretera Austral. Les cartes bancaires sont acceptées quasiment partout, mais certains restaurants prennent uniquement les espèces ou les virements bancaires.

Pourboire

Les serveurs des bars et restaurants vous demanderont habituellement si vous souhaitez inclure la taxe de service de 10% (*servicio*) avant le paiement par carte bancaire. Si vous réglez en espèces, il est courant de laisser 10% pour le service. Le pourboire n'est pas obligatoire pour les chauffeurs de taxis, mais les habitants arrondissent généralement le montant de la course. Pour les visites, les guides apprécient un pourboire de 10%.

Paiements sans contact

Le paiement sans contact a mis longtemps à se développer. Apple Pay a été repoussé à maintes reprises. Google Wallet existe de façon très marginale.

TVA

Une taxe sur la valeur ajoutée (*impuesto de valor agregado* ; IVA) de 19% est appliquée sur tous les biens et services.

COMBIEN COÛTE...

Trajet en métro
720 $CH

Entrée de musée
8 000 $CH

Entrée de cinéma
4 000 $CH

Entrée du Parque Nacional Torres del Paine
18 $US

BON PLAN Acheter un vol intérieur

Vous voulez économiser quelques pesos ? N'achetez pas vos vols intérieurs depuis l'étranger, en même temps que votre vol international, avant d'avoir vérifié les tarifs en pesos chiliens directement auprès de Sky Airlines, LATAM ou JetSmart. Souvent, en achetant ce vol à part et en payant en pesos – selon le taux de change – vous obtiendrez un prix inférieur à celui d'une agence de voyages internationale en ligne.

À SAVOIR

Les frais de transaction pouvant s'élever à 10 $US, mieux vaut retirer de grandes sommes afin d'en payer moins.

LE CHILI N'EST PAS BON MARCHÉ

Le Chili est le pays le plus développé d'Amérique du Sud et par conséquent la destination la plus onéreuse du continent pour les voyageurs. Si vous arrivez du Pérou ou de Bolivie, préparez-vous à un choc. Les prix n'atteignent pas les niveaux de l'Europe ou de l'Amérique du Nord, mais ils sont plus élevés que dans le reste de l'Amérique du Sud (selon le taux de change, ce n'est pas toujours vrai pour le Brésil, autre pays du continent considéré comme une destination coûteuse).

Hébergement

Pensions

Les *hospedajes* (pensions) constituent la majorité des hébergements chiliens, en particulier dans les petites villes et les zones rurales. Ces options confortables, offrant généralement le choix entre salles de bains communes ou privées, sont des établissements simples, gérés en famille. Attendez-vous à des matelas en mousse, des oreillers assez durs, des draps propres et des couvertures chaudes. Le petit-déjeuner se compose souvent de café instantané, *hallullas* (pain rond et plat omniprésent au Chili), beurre et confiture (et œufs brouillés si vous êtes chanceux).

Lodges

Quand Explora a ouvert son premier lodge de luxe dans le parc national Torres del Paine en 1993, l'entreprise a donné le ton pour de somptueux hébergements isolés dans des paysages spectaculaires. Ainsi, tout un secteur de logements bien équipés, associés à de trépidantes aventures en plein air, s'est développé. Vous trouverez ces lodges en Patagonie, dans le désert d'Atacama, sur l'île de Pâques, sur Chiloé et ailleurs.

Chambres chez l'habitant

Pour une immersion dans la culture locale, choisissez une *casa de familia* (chambre chez l'habitant). Dans le sud du pays et sur Chiloé en particulier, où le tourisme est plus informel, beaucoup de familles et de fermes reçoivent des voyageurs. Les hôtes n'ont pas toujours accès à une cuisine, mais ils peuvent généralement profiter de repas copieux et d'un service de laverie pour des prix raisonnables. Les offices du tourisme ont la liste de ces hébergements. Achitur (Asociación Gremial de Turismo Rural ; achitur.cl) fournit une liste pour tout le pays.

COMBIEN COÛTE UNE NUIT DANS...

un dortoir en auberge de jeunesse
12 600 $CH

un *hospedaje*
23 000 $CH

un hôtel de catégorie supérieure
210 000 $CH

CAMPING

La culture du camping s'est développée au Chili, mais plus sous la forme de nuits blanches alcoolisées que d'un retour à la nature. La plupart des campings structurés visent une clientèle familiale, avec emplacements spacieux, sanitaires, laverie, restaurant ou snack-bar et gril pour l'incontournable *asado* (barbecue). Dans les zones isolées, le camping sauvage est possible, mais la plupart du temps sans eau potable ni sanitaires.

Auberges de jeunesse

Le Chili possède un vaste réseau d'excellentes auberges de jeunesse. Elles comportent généralement des dortoirs et quelques doubles plus onéreuses pour les couples voulant bénéficiant de l'ambiance conviviale avec davantage de confort. Backpackers Chile (backpackerschile.com) est une bonne source pour des adresses dans tout le pays.

HÉBERGEMENTS SANS TAXE

Les étrangers visitant le Chili sont exemptés de la TVA de 19% appliquée par les hôtels pour les paiements avec des dollars américains ou une carte bancaire étrangère. Vous devrez prouver votre statut de touriste en présentant le formulaire Tarjeta Unica Migratoria (carte touristique) délivrée par la Police des Investigations du Chile (PDI) à votre arrivée, ainsi que votre passeport. Le bémol : cette mesure fonctionne uniquement dans les hébergements enregistrés auprès du Service national des impôts du Chili, et beaucoup de *casas de familia* (chambres chez l'habitant) et *hospedajes* (pensions) ne le sont pas.

Avec des enfants

Le Chili est l'une des meilleures destinations d'Amérique du Sud pour voyager en famille. Le pays offre une incroyable palette de sites naturels adaptés aux enfants, d'aventures et d'hébergements conçus pour les familles. Les enfants sont chaleureusement accueillis et chouchoutés, et l'empathie à l'égard des parents est courante. Même des inconnus vous aideront, et les hôtels et services font généralement en sorte de répondre aux besoins des petits.

Les meilleures régions pour les enfants

Santiago La capitale offre beaucoup d'options pour les familles, entre les musées, les parcs et les stations de ski, des événements ludiques et des cours.

Sur Chico Volcans, balades à cheval, lacs et multiples activités aquatiques possibles dans les villes comme Pucón et Puerto Varas.

Norte Chico Sur le littoral, des colonies de manchots à observer et des stations balnéaires pour les plaisirs de la plage. Dans le Valle del Elqui, d'inoubliables séances d'observation des étoiles.

Réductions

Les enfants de moins de deux ans voyagent gratuitement sur les genoux d'un parent avec LATAM et Sky Airlines. Les principales compagnies de bus offrent la gratuité aux enfants ; la limite d'âge varie selon les enseignes.

Au restaurant

Peu de restaurants chiliens proposent un menu ou des plats spécifiques pour les enfants, mais la plupart du temps la carte comporte de nombreuses options qui plairont aux plus jeunes. Les portions sont souvent copieuses : en général, les enfants peuvent partager un plat. Il y a parfois des chaises hautes. Pour le dîner, la plupart des restaurants n'ouvrent pas avant 19h.

Pratique

Les tables à langer sont courantes dans les toilettes des aéroports et des centres commerciaux, mais beaucoup plus rares dans les restaurants. Les équipements s'améliorent légèrement dans d'autres types de toilettes publiques, mais prévoyez un matelas de change. La plupart des hôtels de catégories moyenne et supérieure fournissent des lits pour bébé à la demande.

NOTRE SÉLECTION

Parque Metropolitano (p. 59). Le plus vaste espace vert de Santiago est doté d'aires de jeux et d'attractions.

Réserve biologique Huilo-Huilo (p. 246). Une réserve naturelle parfaite pour les familles.

Artequin (p. 188). Le musée des enfants de Viña del Mar comporte des aires de jeux et des reproductions de chefs-d'œuvre.

Centro Cultural La Moneda (p. 52). Le centre culturel de Santiago, avec une galerie d'art pour enfants ludique.

Cueva del Milodón (p. 351). Posez avec une réplique de paresseux terrestre préhistorique, ultra-kitsch, en périphérie de Puerto Natales.

ALLAITER AU CHILI

Souvent considéré comme un pays conservateur, le Chili est bien plus ouvert que nombre de pays en matière d'allaitement. Des avancées ont été réalisées en matière de droits des femmes, et l'allaitement en public fait partie des libertés les plus âprement revendiquées. Chaque femme est invitée à faire en fonction de sa zone de confort personnelle, mais, dans les grandes villes, vous n'aurez pas à vous enfermer dans des toilettes. Toutefois, dans les secteurs plus traditionnels, on vous lancera peut-être un regard noir si vous ne vous couvrez pas.

Santé et sécurité

CHIENS ET INSECTES

Les chiens errants sont un vrai problème au Chili. On estime que 2,5 millions de chiens vagabondent dans les rues ; beaucoup sont atteints de la gale, qui est contagieuse. De façon générale, évitez de toucher les chiens errants. Dans le sud du Chili, le *tábano* est un grand taon qui peut piquer ; il ne présente pas de danger pour la santé mais, en été, il peut devenir le cauchemar des amateurs de plein air.

Séismes et volcans

À l'échelle de la planète, un tiers des séismes d'une magnitude dépassant 8,5 se produisent au Chili, principalement à cause de la plaque de Nazca, une plaque tectonique qui se déplace vers l'est et pousse contre la plaque d'Amérique du Sud au large de la côte chilienne. Beaucoup d'édifices ne répondent pas aux critères de sécurité sismique et les constructions en adobe sont particulièrement vulnérables. En outre, le Chili compte 19 volcans actifs, la cinquième plus forte concentration du monde.

Criminalité et manifestations

Par rapport à d'autres pays d'Amérique du Sud et à une bonne partie de l'Amérique du Nord, le Chili est très sûr. Toutefois, depuis l'Estadillo Social – les vagues de manifestations sociales qui ont secoué les pays en 2019 et 2020, provoquées par l'augmentation des tarifs des transports publics à Santiago –, la délinquance (pickpockets, vols à l'arraché) est à la hausse dans les zones urbaines denses. Les manifestations peuvent survenir d'un jour à l'autre, avec parfois une certaine violence.

EAU DU ROBINET

Au Chili, l'eau du robinet est généralement potable, mais les estomacs fragiles doivent être avertis que la forte teneur en minéraux peut provoquer des désagréments.

ARAIGNÉE RECLUSE CHILIENNE

L'araignée recluse du Chili (*araña de rincón*) n'est pas agressive, mais la morsure brutale peut causer des lésions, une insuffisance rénale et même la mort. Elle est présente partout dans le pays (et sur la majorité du continent) et se reconnaît à sa couleur brune, son céphalothorax en forme de violon et ses six yeux (la plupart des araignées en ont huit). En cas de morsure, mettez de la glace et cherchez immédiatement une prise en charge médicale.

Soins de santé en zone rurale

Des infrastructures modernes, comme la Clinica Las Condes et la Clinica Alemana à Santiago, sont disponibles dans les grandes villes, mais le système de santé sur l'île de Pâques (Rapa Nui) et dans les villes de Patagonie du Nord est extrêmement limité. Les *postas* (cliniques) rurales sont rarement dotées de médicaments et sont gérées par des secouristes uniquement. Si vous voyagez dans ces régions, prévoyez un kit de premiers secours et vos médicaments habituels.

MOUSTIQUES DE L'ÎLE DE PÂQUES

Hormis les traitements préventifs, la protection contre les piqûres de moustique est le premier moyen d'éviter d'être contaminé par la dengue, présente sur l'île de Pâques. Le soir, dès le coucher du soleil, couvrez vos bras et surtout vos chevilles, et mettez de la crème antimoustique. Ils sont parfois attirés par le parfum ou l'après-rasage. En vente en pharmacie, les moustiquaires constituent une protection efficace, à condition qu'elles soient imprégnées d'insecticide. Vérifiez bien que celles des hôtels n'ont pas de trous.

Mal des montagnes

Également appelé *soroche*, le mal des montagnes se fait parfois sentir lorsque l'on monte rapidement au-delà de 2 500 m d'altitude. Parmi les symptômes : maux de tête, nausées, vomissements, étourdissements, malaises, insomnie et perte d'appétit. Dans les cas les plus graves, ils peuvent s'accompagner d'une accumulation de liquide dans les poumons (œdème pulmonaire de haute altitude). Le meilleur traitement consiste à redescendre. Ne poursuivez pas votre ascension si vous commencez à éprouver des symptômes, et, s'ils sont graves ou persistants, redescendez immédiatement. Laissez à votre corps le temps de s'habituer à l'altitude et buvez abondamment (mais pas d'alcool !).

UV = danger !

Le trou de la couche d'ozone au-dessus de l'Antarctique est devenu une préoccupation telle que les autorités de santé recommandent de s'équiper de vêtements anti-UV et d'écran total. Le sud de la Patagonie est touché plus qu'aucune autre région habitée de la Terre, en particulier au printemps quand le trou atteint sa taille maximale. Les voyageurs, notamment les enfants, doivent porter des lunettes de soleil et des chapeaux à large bord, et ne pas lésiner sur la crème solaire. Des indicateurs de la force des rayons ultra-violets sont présents dans tout le pays. Plus d'informations sur le site www.solmaforo.com

VOYAGER EN SOLO

Le Chili est l'un des pays les plus sûrs d'Amérique du Sud. Voyager seul, y compris pour une femme, est facile, mais les petits vols sont courants. Faites attention à vos affaires.

SE BAIGNER EN TOUTE SÉCURITÉ

Apto para bañar	No apto para bañar	Peligroso
Baignade sans danger	Baignade déconseillée	Baignade dangereuse et interdite

Manger, boire et sortir

Où se restaurer

Cafes Ambiance conviviale de bar ou café, moins formelle qu'un restaurant.

Cocinas costumbristas Populaires sur les fronts de mer, ces stands de cuisine proposent généralement des soupes et des produits de la mer.

Fuentes de soda Snack-bars ou cafétérias.

Marisquerías Restaurants de produits de la mer.

Restaurants Du fast-food à la *cocina de autor* (nouvelle cuisine et cuisine fusion).

COMPRENDRE LA CARTE

Asado Barbecue.
Caldillo de mariscos Ragoût de fruits de mer.
Cazuela Ragoût de viande.
Centolla Crabe royal de Patagonie.
Chacarero Sandwich au steak avec des haricots verts et du piment.
Chorrillana Frites recouvertes de viande, œufs frits et oignons caramélisés.
Churrasco Sandwich au steak grillé.
Completo Italiano Hot dog agrémenté d'avocat, petits morceaux de tomate et mayonnaise.
Congrio Sorte de donzelle (poisson) similaire à l'abadèche.
Curanto Ragoût typique de Chiloé.
Empanada Chausson sucré ou salé.
Humita *Tamale* au maïs.
Küchen Gâteaux sucrés de style allemand.
Loco Mollusque similaire à l'ormeau.
Lomito Sandwich au porc braisé.
Machas a la parmesana Couteaux gratinés au parmesan.
Manjar *Dulce de leche* (confiture de lait).
Merkén Piment mapuche épicé.
Merluza Merlu.
Mote con huesillo Jus de pêche à l'orge et à la cannelle.
Pastel de choclo Casserole de viande et maïs.
Pastel de jaiba Casserole de crabe.
Pebre Sauce épicée.

Les repas

Desayuno (petit-déjeuner ; 8h-10h). Petits pains blancs, beurre et confiture, thé ou café instantané.

Almuerzo (déjeuner ; 12h-15h). Le repas principal. Les soupes généreuses et les ragoûts sont courants. Le *menú del dia* (menu du jour) à prix fixe comporte en général un jus, une salade et un plat.

Once (goûter ; 17h-21h). Surtout dans le Sud, en raison de l'influence allemande. Gâteaux, pain frais, fromage et charcuterie. Peut remplacer le dîner.

Cena (dîner ; 20h-22h). Similaire au déjeuner mais souvent plus léger.

L'ART DE...

Boire du pisco

La plupart des visiteurs découvrent le pisco, alcool national du Chili, dans le rafraîchissant Pisco sour, une sorte de Margarita – variante du Whisky sour avec du sucre de canne, du blanc d'œuf, du citron et une pointe d'Angostura. Le Pérou revendique la paternité de ce cocktail, mais nous débattrons de ce sujet une autre fois.

Cet alcool régional fabriqué à partir de raisin quebranta ou muscat peut être apprécié de différentes manières. Le pisco existe sous quatre formes : *corriente* (traditionnel, jeune, clair), *especial* (un peu vieilli, beige clair), *reservado* (vieilli, brun clair) et *gran pisco* (vieilli longtemps, brun foncé). Les *pisco tragos* (cocktails) les plus simples sont généralement concoctés avec du *corriente*, pour des raisons évidentes. La Piscola est un pisco mélangé avec du coca et le Chilcano est un mélange de pisco, jus de citron et ginger ale. Le pisco de meilleure qualité peut être dégusté seul, comme un vin ou un alcool fin, dans un verre ballon.

COMBIEN COÛTE

Expresso
2 200 $CH

Pisco sour
4 900 $CH

Pinte de bière artisanale
4 500-6 000 $CH

Verre de carménère
4 900 $CH

Sánguche de lomito completo
8 500 $CH

Pastel de choclo
9 200 $CH

Caldillo de congrio
10 200 $CH

Menu dégustation dans un restaurant gastronomique
126 000 $CH

L'ART DE…

Déguster le curanto al hoyo

L'une des aventures culinaires les plus palpitantes du Chili vous attend sur l'île de Chiloé, réputée pour son *curanto*. Aucun mot ne peut vous préparer à votre premier bol de *curanto* brûlant. Passé la surprise, vous ne tarderez pas à vous régaler.

Sous sa forme la plus traditionnelle, le *curanto* est préparé en faisant chauffer des pierres dans un trou creusé dans le sol jusqu'à ce qu'elles explosent, et à poser directement les coquillages, le porc et le poulet, puis les feuilles de *nalca* (sorte de rhubarbe) ou de *pangue* (plante endémique) et des tissus humides avant de recouvrir le tout de terre et d'herbe et de laisser mijoter pendant près de deux heures. Les habitants, et quelques restaurants traditionnels de l'île, mitonnent encore cette recette authentique, appelée *curanto al hoyo*. Le plat ressemble au *clambake* de Nouvelle-Angleterre : un événement très apprécié, à la fois un festin et une occasion de se retrouver, avec beaucoup d'alcool et de bonne humeur pendant que les ingrédients cuisent à petit feu.

Au moment du service, préparez-vous à une montagne de nourriture brûlante : coquillages (moules, palourdes), viande (poulet, saucisses), pommes de terre, *milcao* (pain de pomme de terre de Chiloé), *chapaleles* (boulettes de pommes de terre) et légumes variés. Ne vous laissez pas intimider par la quantité et régalez-vous !

LES ORIGINES DU CURANTO

Les origines du plat le plus typique de Chiloé sont inconnues, mais son mode de préparation rappelle les fours en terre de la tradition culinaire polynésienne. Le mot lui-même vient du mapuche *kurantu* ("caillouteux" ou "sol caillouteux").

L'IMPROBABLE TRIOMPHE DU CARMÉNÈRE

Si le Chili est considéré comme le Nouveau Monde du vin, ses habitants ont commencé à vinifier dès le XVIe siècle, quand les Espagnols apportèrent de la vigne commune (*Vitis vinifera*) en Amérique du Sud. Quelques siècles plus tard, les Français plantèrent du cabernet sauvignon, du merlot et, plus intéressant encore, du carménère. Jusqu'au milieu des années 1990, tout ce raisin fut presque exclusivement réservé à la consommation chilienne.

Les dictatures militaires, les taxes élevées et une bureaucratie sclérosante furent autant de freins à l'exportation du vin chilien. Du moins avant que le monde ne redécouvre le carménère. Ce cousin du cabernet, originaire de la région du Médoc, près de Bordeaux, est largement considéré comme l'un des six cépages originels de cette célèbre région viticole. Mais, quand le phylloxéra ravagea les vignes européennes en 1867, on crut que ce cépage avait complètement disparu.

Dans le même temps, au Chili, cette variété fut involontairement préservée et se développa sous le nez des œnophiles jusqu'en 1994, quand on s'aperçut que 50% de ce qui était censé être du merlot chilien était en fait du carménère. Ainsi fut établi le cépage signature du Chili, approuvé par le Département chilien de l'agriculture en 1998. C'est alors que commença l'essor improbable et fulgurant du Chili dans les cartes de vins les plus sélectives du monde – et par conséquent l'explosion de l'œnotourisme. Aujourd'hui, les caractéristiques très prisées du carménère chilien (tannins moyens, corps moyen, notes de fruits rouges sur le palais et arôme poivré) en ont fait un vin de classe mondiale et une raison suffisante pour attirer des amateurs de vin au Chili.

Voyage responsable

Voyage et changement climatique

Il est impossible d'ignorer les conséquences de nos voyages et il est important d'opérer des changements quand c'est possible. Lonely Planet invite tous les voyageurs à se préoccuper de leur empreinte carbone. Il existe de nombreux calculateurs en ligne permettant d'estimer les émissions de carbone générées par un voyage. Beaucoup de compagnies aériennes et de sites de réservations proposent aux voyageurs de compenser l'impact de leurs émissions de gaz à effet de serre en soutenant des initiatives écologiques partout dans le monde. Nous continuons de compenser l'empreinte carbone de tous les membres de l'équipe Lonely Planet, tout en étant conscient qu'il ne s'agit que d'une solution partielle.

Soutenir l'économie locale

- Séjournez dans des *hospedajes* (pensions) familiaux et chez l'habitant.
- Achetez des tissages et textiles mapuches auprès d'associations pratiquant le commerce équitable, comme la Fundación Chol-Chol (p. 227).
- Marchez dans des réserves naturelles en gestion locale, comme le Santuario El Cañi (p. 238).

Tourisme rural

Trouvez une chambre chez l'habitant et des guides via la Casa del Turismo Rural (p. 303) à Coyhaique, qui vous indiquera des possibilités de tourisme rural et des excursions à cheval le long de la Carretera Austral, par exemple des circuits de plusieurs jours dans la campagne ou la pampa.

Bénévolat

AMA Torres del Paine (@amatorresdelpaine). Travaille avec un nombre limité de bénévoles dans le Parque Nacional Torres del Paine.

Experiment Chile (experiment.cl). Organise des programmes de bénévolat dans des entreprises sociales.

Un Techo Para Chile (cl.techo.org). Coordonne la construction de maisons pour des familles à faible revenu, partout au Chili.

Hauts lieux de l'écotourisme

Mangez, dormez et jouez dans la réserve biologique de Huilo-Huilo (p. 246), un projet de conservation privé qui fait partie d'une réserve de biosphère de l'Unesco beaucoup plus vaste. Rivières puissantes, immenses cascades, faune endémique extraordinaire et écotourisme à faible impact.

Lancez-vous dans une randonnée d'observation des oiseaux avec Raffaele Di Biase, naturaliste italien passionné travaillant pour Birds Chile (☎9 92354818 ; birdschile.com ; Pasaje Ricke 108, Puerto Varas), seul prestataire du pays bénéficiant du label durable de niveau 3 accordé par Sernatur, l'office national du tourisme.

Soutenez les efforts de conservation communautaire dans la vallée du Río Cochamó, où les habitants s'unissent – en s'appuyant sur l'écotourisme – pour lutter contre le développement en demandant le statut officiel de réserve naturelle pour le secteur.

Ruines amérindiennes

Visitez l'Aldea de Tulor (p. 108), près de San Pedro de Atacama, un fascinant site archéologique. Ces ruines de maisons circulaires sont gérées par la communauté amérindienne des Likan Antay. Le site fut fondé il y a 2 500 ans et abandonné en 300.

À GAUCHE : TONIFLAP/ALAMY STOCK PHOTO © ; À DROITE : LOCOMOTIVE74/SHUTTERESTOCK ©

Randonnée durable

Arpentez les 2 800 km de la Route des parcs, un parcours qui protège 113 300 km² de Patagonie chilienne et traverse 17 parcs nationaux. L'itinéraire est un moteur économique pour plus de 60 communautés des environs.

Protection du puma

Accompagnez des pisteurs de pumas professionnels dans le cadre d'un "safari de conservation" à l'Estancia Cerro Guido (p. 353), qui fait partie d'un projet de protection du puma avant-gardiste, dans un secteur proche du Parque Nacional Torres del Paine, où l'élevage ovin et la faune sauvage sont souvent en conflit.

Métro

Depuis 2017, le très innovant Metro de Santiago, deuxième plus grand réseau de métro d'Amérique latine derrière celui de Mexico, utilise au moins 60% d'énergie renouvelable (solaire et éolienne) pour ses besoins opérationnels.

Parcs de Patagonie

Randonnez dans de vastes étendues de forêt humide tempérée, de volcans fumants et de fjords venteux dans le Parque Nacional Pumalín (p. 300) et dans la steppe devenue pâturage, les forêts, les montagnes, les lacs et les lagunes du Parque Nacional Patagonia (p. 317), tous deux créés grâce à un travail de protection.

De la poubelle aux trésors musicaux

Assistez à un concert à l'ONG Toki Rapa Nui (p. 391), première école de musique complètement durable d'Amérique latine et d'Océanie. Les visites de l'école, entièrement construite à partir de déchets recyclés, aident à financer les cours pour les enfants des environs, qui étudient les instruments et les disciplines traditionnels.

Dormez sous les étoiles du Valle del Elqui dans des tentes bédouines marocaines, dans le Campo de Cielo (p. 151), alimenté à l'énergie solaire.

Évitez de consommer du saumon d'élevage au Chili, à moins qu'il soit certifié par l'ONG Aquaculture Stewardship Council (ASC).

SITES UTILES

tompkinsconservation.org Association à but non lucratif œuvrant pour le ré-ensauvagement et la création de parcs.

fondonaturaleza.org Association à but non lucratif gérant des fonds pour la protection de la nature à grande échelle au Chili.

chile.wcs.org Organisation internationale travaillant sans relâche pour protéger la faune patagonienne.

Voyageurs LGBTQIA+

Le mariage homosexuel a été autorisé en 2022 au Chili (les unions civiles entre personnes de même sexe sont légales depuis 2015), une avancée majeure pour l'un des pays les plus conservateurs et catholiques d'Amérique du Sud. Les Chiliens sont généralement tolérants, surtout dans les grandes villes. Ailleurs, une certaine forme de prudence reste de mise pour les démonstrations d'affection en public.

Le Chili gay

La culture gay est active à Santiago. La vie nocturne se concentre dans le Barrio Bellavista, surtout le long de la rue Bombero Núñez, bordée de bars. Station RestoBar, Bar 105 Fetish, Blondie et Club Soda sont les piliers de la communauté gay. Les lesbiennes se rendent au Chueca Bar ou dans les soirées organisées par Realidad Paralela. Hotspot Club est l'équivalent gay du Chueca Bar. Beaucoup de bars et clubs urbains branchés ont aussi une programmation gay. En dehors de la capitale, Valparaíso et Viña del Mar abritent les cultures gay les plus dynamiques du pays.

TORTA GOLOSA

Le groupe de reggaeton lesbien-féministe Torta Golosa est devenu la bande-son de l'histoire de l'intolérance à l'égard des lesbiennes à Valparaíso, en particulier celles qui adoptent des codes masculins, désignées par le mot péjoratif *camionas*. Plusieurs meurtres médiatisés n'ont jamais été élucidés. La prudence est de mise.

FESTIVALS

Chaque année en novembre, pour célébrer le Día Nacional de la Diversidad, la Santiago Parade, Open Mind Fest associe un défilé pour la diversité avec l'un des plus grands festivals de musique électronique du Chili. L'événement se déroule sur la Plaza Baquedano (Plaza Italia), de l'autre côté du fleuve Mapocho par rapport au Barrio Bellavista.

Gauche, droite, gauche

Sebastián Piñera, ancien président chilien, de droite, a signé la *Ley de Matrimonio Igualitario* (loi pour le mariage égalitaire) fin 2021. Cette proposition de loi avait été envoyée au Congrès durant le second mandat de sa prédécesseur Michelle Bachelet, de gauche. Mais le ping-pong politique avait commencé avant. Michelle Bachelet avait finalisé le projet de loi pour l'union civile entre personnes de même sexe en 2015, initialement lancé durant le premier mandat de Piñera en 2014.

Marche des Fiertés

La Marcha del Orgullo Gay (marche des fiertés) se déroule chaque année à Santiago, le dernier samedi de juin. C'est le plus grand événement gay du Chili, organisé par Movil H et la Fundación Iguales (iguales.cl). L'édition de 2022 a rassemblé 80 000 participants.

SITES UTILES

Movil H (Mouvement pour l'Intégration et la Libération des Homosexuels ; movilh.cl) lutte pour les droits des homosexuels au Chili. Parmi les sections régionales figurent Aysén, Bío-Bío, Maule, Los Lagos et Valparaíso.

Out Adventures (outadventures.com) et **Pride Tours Chile** (pridetours.net) organisent des voyages *gay friendly* au Chili.

Voyage et handicap

Le Chili reste une destination compliquée pour les personnes à mobilité réduite, mais les choses s'améliorent. Les rampes d'accès sont courantes dans les centres commerciaux, édifices publics, musées et hôtels de catégorie supérieure (la législation exige désormais que les nouveaux édifices publics soient accessibles), mais pour être sûr de vivre une merveilleuse expérience, mieux vaut préparer son séjour en amont, avec un organisme spécialisé.

Circuler dans Santiago

Le métro de Santiago (metro.cl) possède des ascenseurs et les nouveaux bus de Transantiago sont équipés de rampes d'accès et d'espaces pour les fauteuils roulants. Certains feux de circulation sont pourvus de signaux sonores pour les personnes non voyantes. Les trottoirs en mauvais état demeurent problématiques.

Aéroport

L'aéroport international Arturo Merino Benítez de Santiago prête gratuitement des fauteuils roulants et offre une assistance aux passagers à mobilité réduite. Réservez 48 heures à l'avance sur nuevopudahuel.cl. Dans le cas d'un handicap invisible, demandez un pass spécial afin d'obtenir une attention personnalisée à l'aéroport.

Hébergement

Dans le passé, les rampes et chambres adaptées n'étaient pas garanties, même dans les hôtels de catégorie supérieure mais, en 2019, une loi a imposé l'accessibilité universelle dans tous les hôtels et hébergements du Chili dans un délai de trois ans. Attendez-vous à des changements.

Parcs nationaux et réserves

Selon le site Internet de l'office du tourisme du Chili (chile.travel), au moins 40 des parcs nationaux, réserves et monuments naturels du pays sont accessibles (rampes d'accès, indications en braille, etc.).

Valparaíso

En raison de ses pentes abruptes, Valparaíso peut être intimidante pour les personnes à mobilité réduite, mais un gigantesque projet d'accessibilité universelle est en cours, avec entre autres des billetteries adaptées dans le Metro Valparaíso, des bandes de guidage au sol, des bancs accessibles et des ascenseurs supplémentaires.

SITES UTILES

Sernatur (sernatur.cl/accesibilidad-turistica). Initiative gouvernementale pour l'accessibilité des voyages.
Fundación Eres (fundacioneres.cl). Association à but non lucratif œuvrant pour l'inclusivité, en particulier dans la culture, le tourisme et les loisirs.
Corporación Ciudad Accesible (ciudadaccesible.cl). Conseils pour les personnes handicapées voyageant au Chili.
Jass Puerto Varas (jasspuertovaras.com). Randonnées et kayak de mer pour personnes à mobilité réduite.

WHEEL THE WORLD

En 2016, le Chilien Alvaro Silberstein fut la première personne à explorer le parc national Torres del Paine en fauteuil roulant (tout-terrain). Son expérience mena à la création de Wheel the World (wheeltheworld.com), une agence de voyages accessibles, fondée par des Chiliens et basée aux États-Unis.

VOYAGEURS SENIORS

Au Chili, les seniors, ou tercera edad (troisième âge, à partir de 60 ans) bénéficient souvent de réductions dans les musées et sites touristiques ainsi que dans le métro. En outre, la prise en charge médicale est plus complète pour les plus de 55 ans.

JEREMY RICHARDS/SHUTTERSTOCK ©

San Juan Bautista, île Robinson Crusoé

L'ART DE...

Visiter l'île Robinson Crusoé

"Si l'île désire que vous restiez, vous restez" aiment à répéter les habitants de l'île Robinson Crusoé. Se rendre sur l'île, situé à près de 700 km de la côte pacifique du Chili, est une aventure exigeant patience et chance – ce trajet pourrait bien être l'un des plus mémorables de votre vie. Par Shivya Nath.

Avec ses 48 km², l'île Robinson Crusoé peut sembler petite, mais elle abrite une incroyable diversité d'expériences naturelles. Nous avons choisi les plus singulières, saupoudrées de culture insulaire et d'informations pratiques, pour que vous prépariez votre propre aventure.

COMMENT CIRCULER

Plus de 90% de l'île est un parc national protégé, donc tous les équipements sont concentrés dans les 9% restants. Tous les services sont à distance de marche à San Juan Bautista. Il n'y a pas de taxis sur l'île, mais au besoin, les gérants d'hébergements et les habitants possédant des voitures seront heureux de vous déposer quelque part.

Comment se rendre sur l'île Robinson Crusoé

Il existe deux options pour gagner l'île Robinson Crusoé.

Lassa, Aerocardal et Ata proposent des vols entre Santiago et l'île pour un coût moyen de 745 $US l'aller-retour. Lassa assure la liaison la plus fréquente, pour six passagers. Les vols d'Ata sont moins fréquents, avec un avion un peu plus gros (huit passagers). Aerocardal, plus cher, est le favori de nombreux insulaires. Les vols peuvent être réservés par courriel ou téléphone, mais ils ne sont confirmés que la veille du départ (voire quelques heures avant), en fonction de la météo. La plupart des compagnies aériennes acceptent 15 kg de bagages par passager. Les petits sacs souples sont recommandés car les bagages sont glissés directement derrière les sièges. Le transfert en bateau depuis la piste d'atterrissage de Robinson Crusoé jusqu'au village de San Juan Bautista est inclus dans le prix du billet d'avion. Prévoyez un imperméable et préparez-vous à un trajet sur mer agitée.

Faire la traversée en bateau est aussi une option. Transmarko assure un bateau hebdomadaire depuis Valparaíso ; 310 $US aller-retour, tous les repas inclus. Le trajet dure trois jours et deux nuits, avec hébergement en cabine de quatre personnes. La houle peut être extrêmement forte, donc si vous êtes sujet au mal de mer, mieux vaut prendre l'avion. Le vent doit être stable pour que le bateau puisse accoster sur l'île, donc attendez-vous à des retards. Pour les réservations, renseignez-vous auprès des hébergements sur l'île.

Que vous voyagiez par voie maritime ou aérienne, prévoyez une marge de quelques jours pour votre trajet de retour, car l'état de la mer et du vent doit être favorable.

Où se restaurer

Matemala Charmant restaurant au sommet d'une montagne, avec vue exceptionnelle sur le Pacifique. Régalez-vous de produits locaux et goûtez la bière brassée sur place. Réservez par téléphone (+569 9324 2280). **$$**

Bahia Un restaurant familial proposant la prise du jour et des plats réconfortants. Le vendredi soir, joignez-vous aux habitants pour une partie de billard. **$$**

Tamara Dans le passé, la chef Tamara et son fils géraient le premier restaurant végan de l'île. Ils proposent désormais de délicieux plats à emporter depuis la cuisine de leur maison. **$**

Planifier son séjour

L'essence même de Robinson Crusoé invite à ralentir. Marchez jusqu'à Villagra pour découvrir les différents paysages de l'île et faites du snorkeling ou de la plongée avec les otaries de Juan Fernandez.

Blague récurrente sur Robinson Crusoé : si vous n'aimez pas la météo, revenez dans cinq minutes. Il n'est pas rare de vivre les quatre saisons, entrecoupées de pluie et d'arcs-en-ciel, dans la même journée. L'été (novembre à février) est la meilleure période pour bénéficier d'une météo clémente, sans trop de vent. De mai à août, il fait plus froid et il pleut beaucoup.

Randonnée jusqu'à la Plazoleta El Yunque

La courte randonnée autoguidée entre le village de San Juan Bautista et la Plazoleta El Yunque – située au pied du plus haut pic de l'île – passe par l'incroyable forêt à croissance lente qui a évolué au fil de siècles d'isolement. Suivez le ponton en bois et repérez les arbres extraordinaires, *pangues* en forme de parapluie et vénérables *canelos*, ainsi que le colibri robinson (en photo), au plumage châtain brillant, endémique de l'île.

Avant de commencer la randonnée, inscrivez-vous au bureau de la Conaf, dans le centre de San Juan Bautista, et payez les droits d'accès de 8 000 $CH.

À SAVOIR AVANT DE PARTIR

Argent Prévoyez suffisamment d'espèces pour votre séjour sur Robinson Crusoé, ainsi qu'un peu de marge en cas de départ repoussé (environ 50 €/jour, hors dépenses pour l'hébergement et la nourriture). Il n'y a ni DAB ni bureau de change officiel sur l'île. Les cartes bancaires sont rarement acceptées.

Dans la valise Soyez prêt pour toutes les météos, même pour un séjour court en plein été. Emportez un imperméable et de bonnes chaussures de marche.

Internet La plupart des hébergements ont une connexion Wi-Fi acceptable, qui peut être médiocre les jours venteux.

Régimes alimentaires spéciaux Une boutique spécialisée vend des produits végans et sans gluten. La plupart des restaurants et hébergements s'adaptent aux régimes particuliers s'ils ont été prévenus.

EXPÉRIENCES DE SLOW TRAVEL

Kayak Par temps calme, louez un kayak à la Conaf et pagayez dans le Pacifique pour observer des otaries de Juan Fernandez.

Achats Commandez un souvenir sur mesure, fabriqué à partir du rare corail noir (en photo) par l'artisane locale Brenda Coral. Les coraux noirs ne peuvent être sortis de l'eau que lorsqu'ils se cassent naturellement ou se coincent par accident dans des filets de pêche.

Repas Organisez un repas de la ferme à la table dans l'une des fermes bio de l'île, avec une famille de pêcheurs. Réservez via Turisma Aventura (+569 9235 9324).

Plongée ou snorkeling avec les otaries à fourrure de l'archipel Juan Fernandez

Plongez dans les eaux turquoise du Pacifique avec le prestataire **Marenostrum** : vous passerez un après-midi à faire du snorkeling ou de la plongée avec les otaries à fourrure endémiques de l'île (photo). Ces créatures facétieuses, en particulier les jeunes, auront peut-être tendance à s'approcher de vous, mais comme toujours avec les animaux sauvages, il convient de conserver une distance de sécurité. Louez une combinaison au centre de plongée pour braver l'eau froide. (☎9 6141 6583 ; marenostrumexpediciones.cl ; Alfred Von Rodt 382, Robinson Crusoe)

EN HAUT : VVOE/SHUTTERSTOCK © ; EN BAS : SVEA PIETSCHMANN/ALAMY STOCK PHOTO ©

Randonnée de l'aéroport à Villagra et nuit en bivouac

La diversité de paysages entre l'aéroport (une simple piste d'atterrissage en réalité) et Villagra est époustouflante. Vous marcherez sur la côte, dans le désert, dans la montagne et en forêt avant d'atteindre le sublime campement de Villagra, entouré de collines surgissant du Pacifique. Revenez à San Juan Bautista en passant par les magnifiques points de vue de la Punta De Isla et du Mirador Selkirk. Cette boucle vous fera découvrir la majeure partie de l'île. La randonnée exige une bonne forme physique. Un guide certifié est obligatoire : organisez votre escapade via le bureau de la Conaf à San Juan Bautista.

Où se loger

Isla Pacifico Ecolodge Un lodge moderne, géré en famille, avec des chambres spacieuses ou de douillettes cabañas (cabanes) indépendantes. Délicieux petits-déjeuners et levers de soleil sur le Pacifique. **$$$**

Casa Isla La résidence créative d'un collectionneur d'art chilien, dans un secteur paisible de la ville. Accueille également des artistes sur le principe du troc artistique. **$$**

Cabanas Baron de Rodt Trois cabañas rustiques gérées par la plus ancienne famille de l'île. Plongez dans la fascinante histoire insulaire en savourant leur célèbre sandwich au maquereau royal. **$**

Bon à savoir

HEURES D'OUVERTURE

Banques 9h-14h lundi-vendredi, parfois 10h-13h samedi

Administrations et entreprises d'État 9h-18h lundi-vendredi

Musées Souvent fermé lundi

Bureaux de poste 9h-18h lundi-vendredi, 9h-12h samedi

Restaurants 12h-23h, beaucoup sont fermés 16h-19h

Commerces 10h-20h, certains ferment de 13h à 15h

Accès Internet

La connexion Internet est excellente dans la majorité du Chili. Les hôtels, auberges de jeunesse et cafés proposent généralement le Wi-Fi gratuit. Toutefois, il est rare de trouver une connexion en Patagonie. Tentez le Wi-Fi public gratuit sur la place principale de certaines localités.

Tabac

Il est interdit de fumer dans les espaces publics fermés, y compris dans les restaurants, bars et transports publics.

Toilettes

Les toilettes publiques sont mal entretenues. Prévoyez du papier toilette, à déposer dans la poubelle et non dans la cuvette.

EN BREF

Fuseau horaire
GMT-4 (GMT-3 mi-décembre à fin mars)

Indicatif du pays
56

Numéro d'urgence
131

Population
19,6 millions d'habitants

Électricité 220/50 Hz

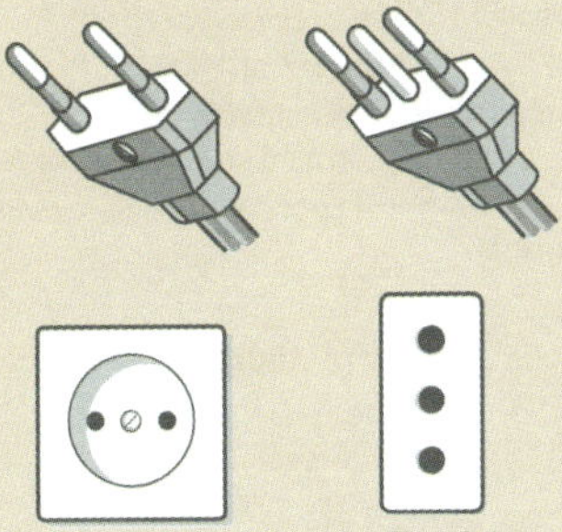

Type C 220 V/50 Hz

Type L 220 V/50 Hz

JOURS FÉRIÉS

Año Nuevo (Nouvel An). 1er janvier

Semana Santa (Pâques). Mars ou avril

Día del Trabajo (fête du Travail). 1er mai

Glorias Navales. Commémoration de la bataille navale d'Iquique ; 21 mai

Corpus Christi. Mai/juin ; date variable

Asunción de la Virgen (Assomption). 15 août

Día de Unidad Nacional (journée d'unité nationale). Premier lundi de septembre

Día de la Independencia Nacional (Jour de l'indépendance nationale). 18 septembre

Día del Ejército (Jour des forces armées). 19 septembre

Día de la Raza (Découverte de l'Amérique). 12 octobre

Todo los Santos (Toussaint). 1er novembre

Inmaculada Concepción (Immaculée Conception). 8 décembre

Navidad (Noël). 25 décembre

Langue

Avec tout un continent de locuteurs hispanophones prêts à discuter avec vous, il serait dommage de se limiter au "gringo lingo". En outre, vous prendrez vite plaisir à rouler les *eres* "é·rès" (r) et à forcer les *jotas* "*kho*·tas" (j).

Les essentiels

Bonjour. Hola. o·la
Au revoir. Adiós. *a·dyoss*
Oui. Sí. *si*
Non. No. *no*
S'il vous plaît. Por favor. *por fa·vor*
Merci. Gracias. *gra·syass*
Pardon. Perdón. *per·don*
Désolé. Lo siento. *lo syènn·to*
Quel est votre nom ?
¿Cómo se llama Usted?
ko·mo sé ya·ma ou·sté (pol)
¿Cómo te llamas?
ko·mo té ya·mass (inf)
Je m'appelle... Me llamo ...
me ya·mo ...
Parlez-vous français ?
¿Habla francés? *a·bla frann·théss* (pol)
¿Hablas francés? *a·blas frann·théss* (inf)

Demander son chemin

Où est ...?
¿Dónde está ...? *don·dé èss·ta ...*
Quelle est l'adresse ?
¿Cuál es la dirección?
koual és la di·rèk·thyonn
Pouvez-vous l'écrire s'il vous plait ?
¿Puede escribirlo, por favor?
poué·dé ess·kri·bir·lo por fa·vor
Pouvez-vous me montrer (sur la carte) ?
¿Me lo puede indicar (en el mapa)?
mé lo poué·dé inn·di·kar (ènn èl ma·pa)

Panneaux

Abierto Ouvert
Cerrado Fermé
Entrada Entrée
Hombres/Varones Hommes
Mujeres/Damas Femmes
Prohibido Interdit
Salida Sortie
Servicios/Baños Toilettes

Heure

Quelle heure est-il ?
¿Qué hora es?
ké o·ra ès
Il est (10) heures. Son (las diez).
sonn (las dyès)
(Une) heure et demie.
Es (la una) y media.
ès (la ou·na) i mé·dya
matin mañana *ma·nya·na*
après-midi *tar·dé*
soirée noche *no·tche*
hier ayer *a·yèr*
aujourd'hui hoy *oï*
demain mañana *ma·nya·na*

Urgences

Au secours ! ¡Socorro! *so·ko·ro*
Va-t-en ! ¡Vete! *vé·té*
Je suis malade. Estoy enfermo/a.
èss·toï én·fér·mo/a (m/f)
Appelez...! ¡Llame a ...! *ya·mé a ...*
un médecin
un médico *oun mé di·ko*
la police la policía *la po·li·si·a*

Au restaurant

Que conseillez-vous ?
¿Qué recomienda?
ké ré·ko·myènn·da
Santé ! ¡Salud! *sa·lou*
C'était délicieux.
¡Estaba buenísimo!
es·ta·ba boué·ni·si·mo

CHIFFRES

1 **uno** *ou·no*
2 **dos** *doss*
3 **tres** *tress*
4 **cuatro** *koua·tro*
5 **cinco** *cinn·ko*
6 **seis** *séys*
7 **siete** *syé·té*
8 **ocho** *o·tcho*
9 **nueve** *noué·vé*
10 **diez** *dyès*

EMPRUNTS À L'ESPAGNOL

Ils sont très nombreux : armada, aficionado, embargo, fiesta, salsa, patio...

SONS PARTICULIERS

Dans nos indications de prononciation, le r est fort et roulé, tandis que le *kh* est un "j" guttural (proche du *ch* dans "achtung" en allemand).

Zézaiement

Si vous connaissez bien l'espagnol européen, vous remarquerez que les Latino-Américains ne "zézaient" pas – un son z en espagnol européen se prononce s au Chili et ailleurs en Amérique latine.

Grammaire

L'espagnol posséde un pronom de vouvoiement (*usted*, par opposition au *tú*). Comme en français, les verbes ont une terminaison différente pour chaque personne.

La langue Rapa Nui

Bien que les Rapa Nui de l'île de Pâques parlent espagnol, beaucoup utilisent entre eux la langue indigène de l'île, le rapa nui. En raison de l'isolement de l'île, cette langue avait jusque-là subi peu d'influences, tout en présentant des similitudes avec d'autres langues polynésiennes comme l'hawaïen, le tahitien et le maori. Le rapa nui d'aujourd'hui traduit de plus en plus l'influence de l'anglais et de l'espagnol. L'écriture rongorongo, de type hiéroglyphique, mise au point par les insulaires après l'arrivée des Espagnols en 1770 et utilisée jusque dans les années 1860, serait la plus ancienne forme écrite du rapa nui. La langue écrite aujourd'hui fut créée au XIXe siècle par les missionnaires, qui transcrivirent les sons de cette langue dans l'alphabet romain. Malheureusement, si la plupart des Rapa Nui comprennent la langue originelle, rares sont les jeunes insulaires à la parler couramment, malgré les efforts actuels pour la préserver, conjointement à la culture qu'elle véhicule.

Bonjour. 'Iorana.
Au revoir. 'Iorana.
Merci. Maururu.

L'ESPAGNOL DANS LE MONDE

Au cours des 500 dernières années, l'espagnol d'Amérique latine a évolué différemment de l'espagnol parlé en Europe. Influencé par les langues amérindiennes, l'espagnol latino-américain varie légèrement d'un pays à l'autre, en particulier en matière de vocabulaire.

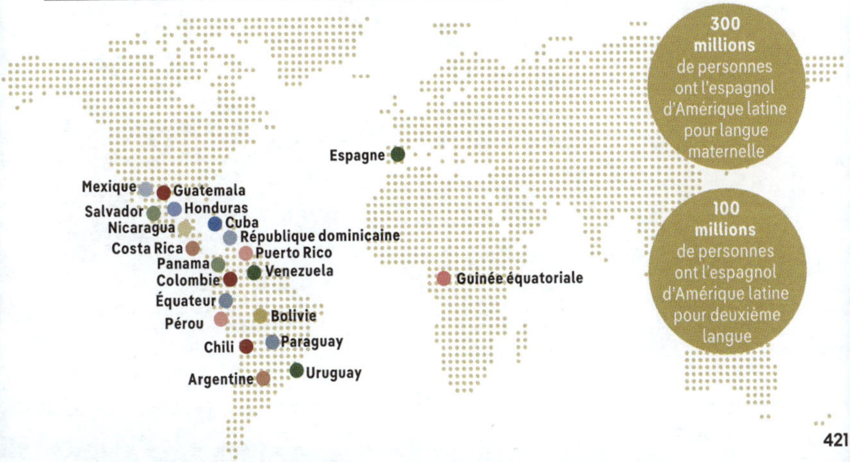

COMPRENDRE

LE CHILI ET L'ÎLE DE PÂQUES

Nos auteurs proposent une découverte des multiples facettes du Chili et de l'île de Pâques

Une histoire du Chili et de l'île de Pâques en 15 lieux

Ce florilège de quinze lieux vous permettra de mieux comprendre le pays tel qu'il s'est fait.

Isabel Albiston

p. 424

À la rencontre des Chiliens

Les Chiliens vivent une période de grands changements politiques et sociaux et peuvent se montrer un peu réservés lors d'une première rencontre, mais ils sauront vous conquérir par leur sympathie.

Soledad Balduzzi

p. 428

"Chile desperto "

Même s'ils remontent à 2019, les troubles sociaux qui ont secoué le Chili ont façonné la nation moderne.

Mark Johanson

p. 430

La planète entière sur une île

Robinson Crusoé n'est pas seulement une destination incroyablement isolée, c'est aussi un microcosme de notre planète – et un aperçu de son futur.

Shivya Nath

p. 433

Guanacos, Parque Nacional Torres del Paine (p. 352)

UNE HISTOIRE DU CHILI ET DE L'ÎLE DE PÂQUES EN 15 LIEUX

Bande de terre démesurément longue, coincée entre les Andes et le Pacifique, le Chili a vu, plus qu'ailleurs, son histoire façonnée par sa géographie. De son relatif isolement procèdent ainsi des cultures et traditions distinctes de celles des pays voisins. Ce florilège de quinze lieux vous permettra de mieux comprendre le pays tel qu'il s'est fait. Par Isabel Albiston.

PAYS DU plus vieux site habité découvert dans les Amériques, le Chili a vu ses populations successives s'adapter, des millénaires durant, à des conditions difficiles, marquées aussi bien par les climats extrêmes du Nord et du Sud que par la menace constante des tremblements de terre.

L'histoire récente de la nation a été ponctuée de tensions liées aux inégalités socio-économiques, entre concentration des terres aux mains d'une élite et mainmise sur les ressources minières. À compter de l'arrivée des Espagnols, en 1535, les peuples indigènes ont été peu à peu marginalisés. Les Mapuches d'Araucanie ont d'ailleurs lutté, des siècles durant, pour leur autonomie. En 2018, l'assassinat du fermier mapuche Camilo Catrillanca par des policiers des forces spéciales a mis l'Araucanie en ébullition et causé une crise institutionnelle. Le tireur a été condamné, en 2021, à seize ans de prison, mais la famille du défunt met en cause ses supérieurs.

En 2019, des milliers de manifestants ont investi les rues pour réclamer une nouvelle Constitution, plus égalitaire. Un projet appuyant les droits et l'autonomie des communautés indigènes a été rédigé en aval, mais rejeté lors d'un référendum national, en 2022. Cette péripétie illustre bien les divisions sociétales qui marquent la vie du pays.

1. Villa Ukika

LES PREMIERS HABITANTS DE LA TERRE DE FEU

Bien que ce village ait été fondé dans les années 1960, la communauté yagán de Villa Ukika pourrait descendre des premiers habitants de la Patagonie. À l'origine, ces indigènes constituaient des sociétés nomades qui se déplaçaient en canoë et survécurent, des millénaires durant, au rude climat de la Terre de Feu. Plusieurs sites mis au jour sur l'archipel à Cerro de los Onas, comme la grotte de Tres Arroyos, attestent d'une présence humaine dès 12 000 av. J.-C. Plus au nord, à Monte Verde, près de Puerto Montt, d'autres vestiges laissent supposer l'existence d'une activité dès 16 500 av. J.-C. *p. 365*.

2. Museo de Sitio Colón 10

LES MOMIES CHINCHORRAS DU VALLE DE AZAPA

En 2004, en creusant les fondations d'une maison du XIXe siècle à Arica, dans la perspective de construire un hôtel, des architectes mirent au jour un site funéraire de la culture chinchorra. Habitants nomades du littoral, les Chinchorros vécurent dans cette région entre 8 000 et 2 000 av. J.-C, mais ce lieu de sépulture, à Sitio Colón 10, daterait de 4 200 à 3 800 av. J.-C, époque où les rites funéraires impliquaient de couvrir les corps de fibres végétales et de plumes. D'autres sites mortuaires antérieurs, découverts à proximité, abritent des corps momifiés intentionnellement, qui seraient les plus anciens du genre connus au monde. *p. 125.*

3. Parque Nacional Rapa Nui

LE MYSTÈRE DES GÉANTS MÉGALITHIQUES

Les chercheurs de Rapa Nui s'interrogent depuis longtemps sur l'histoire des moais, grandes représentations des ancêtres polynésiens des insulaires. On ignore toujours ce qui a inspiré leur création et comment ils ont été amenés sur leurs *ahu* (plateformes). Leur datation précise, elle, tient encore d'une gageure. La plupart des statues furent produites dans la carrière de Rano Raraku, à l'instar des 396 disposées dans ou autour d'un cratère et sculptées dans la roche volcanique. Plusieurs moais plus anciens se dressent sur l'Ahu Tongariki, tout proche. Ces deux sites archéologiques sont inclus dans le Parque Nacional Rapa Nui. *p. 395.*

Moais sur l'Ahu Tongariki (p. 396)

4. Pukará de Quitor

LA LUTTE CONTRE LES COLONS ESPAGNOLS

Longtemps avant que fut fondé le village voisin de San Pedro de Atacama, cette forteresse du XIIe siècle, à flanc de montagne accueillit et protégea les Lickan Antay, peuple indigène qui cultivait pommes de terre, maïs et quinoa sur les terrasses alentour. En 1536, alors que la région était contrôlée par les Incas, la Pukará de Quitor fut avisée de l'irruption des Espagnols et entreprit de se préparer. Arrivés quelques années plus tard, les hommes de Francisco de Aguirre l'emportèrent sur les Lickan Antay et tuèrent les défenseurs du fort. Un chemin pédestre mène, de nos jours, à ses ruines. *p. 106.*

5. Monumento a la Araucanía

LE CENTRE DE LA CULTURE MAPUCHE

L'Araucanie est le cœur de la culture mapuche. Sur la Plaza Aníbal Pinto de Temuco, le Monumento a la Araucanía représente plusieurs personnages, dont un chaman et un *toqui* (chef militaire) mapuches, tournés vers les points cardinaux. Au fil des quelque trois siècles que dura la guerre d'Arauco, débutée en 1536, une succession de conflits opposa les résistants mapuches aux Espagnols. De 1861 à 1883, l'armée chilienne entreprit la "pacification de l'Araucanie", au terme de laquelle elle prit le contrôle de la région. Des heurts liés aux droits fonciers ancestraux et des violences policières ont ravivé les tensions entre la communauté mapuche et l'État chilien. *p. 227.*

6. Plaza de Armas

PLACE COLONIALE AU CENTRE DE SANTIAGO

Santiago fut fondée en 1541 par Pedro de Valdivia. Sa place principale, où trône une statue équestre de ce conquistador, est depuis toujours l'épicentre de la ville. À l'époque coloniale, des gibets étaient dressés sur la Plaza de Armas. Aujourd'hui, en revanche, une statue du libérateur sud-américain Simón Bolívar, qui conduisit une armée du Venezuela au Pérou, y commémore la fin du joug espagnol et l'indépendance du Chili en 1818. Santiago dut sa libération, cette même année, à l'Argentin José de San Martín, qui traversa les Andes depuis Mendoza, avant de regagner Lima par la mer pour chasser les Espagnols du Pérou. *p. 54.*

7. Vignobles du Valle del Itata

LES PLUS ANCIENS VINS CHILIENS

Les plus anciennes vignes du Chili auraient été plantées au XVIe siècle par des missionnaires européens. Des prêtres jésuites cultivaient le cépage país dans le Valle del Itata, considéré aujourd'hui comme l'une des plus vieilles régions viticoles des Amériques, d'autant que certaines vignes y seraient plusieurs fois centenaires. Longtemps tenu pour un cépage de moindre qualité, le país servait jadis à des assemblages, mais il a retrouvé ses lettres de noblesse, et certains sommeliers le comparent même à un beaujolais. *p. 207.*

8. Corbeta Esmeralda

LA GUERRE DU CUIRASSÉ DU PACIFIQUE

À Iquique, une réplique de l'*Esmeralda*, corvette naufragée, retrace la guerre du Pacifique (1879-1884), durant laquelle le Chili battit l'alliance du Pérou et de la Bolivie et agrandit son territoire vers le nord. Auparavant, Iquique et la province de Tarapacá étaient péruviennes. Lors du conflit, le Chili s'empara promptement d'Antofagasta (aujourd'hui ville du littoral bolivien) et livra plusieurs batailles navales au Pérou. Suite à sa victoire à Iquique en 1879, puis à une campagne terrestre, il occupa Lima deux ans durant. En 1883, le Pérou signa un traité de paix cédant la Tarapacá au Chili, et, en 1929, il reconnut officiellement l'Arica comme un territoire chilien. *p. 119.*

9. Ruinas de Huanchaca

VESTIGES D'UNE SOCIÉTÉ MINIÈRE BOLIVIENNE

Ville jadis bolivienne, Antofagasta a vu son importance stratégique croître à partir de 1866 avec l'essor du nitrate et la découverte d'argent à Caracoles en 1870. La lutte pour ces ressources minières fut l'une des causes de la guerre du Pacifique (1879-1884), au terme de laquelle cette région passa aux mains du Chili. Aujourd'hui, il ne reste du site de la Bolivian Huanchaca Company que les ruines de Huanchaca. Bâti à la fin du XIXe siècle, il servait de raffinerie pour les matériaux bruts. C'est à présent un musée, mais le port d'Antofagasta reste un point d'import-export majeur avec la Bolivie. *p. 113.*

10. Humberstone et Santa Laura

VILLES FANTÔMES DE LA PROSPÉRITÉ MINIÈRE

Des rues vides et des bâtiments abandonnés dans le désert près d'Iquique sont les seuls vestiges de Humberstone et Santa Laura, naguère florissantes grâce au nitrate. Ces villes fantômes, devenues des musées, témoignent de la vie des familles de mineurs dans ces bourgades de la pampa, lors du boom du nitrate du tournant du XXe siècle. Le développement des nitrates synthétiques fit chuter la demande, et le site ferma en 1960, mais on y voit encore des théâtres, maisons, écoles, magasins et hangars industriels, plus ou moins délabrés. *p. 122.*

11. Museo Casa-Escuela Gabriela Mistral

UN PAYS DE POÈTES

La petite école primaire du village de Montegrande, dans le Valle del Elqui, que fréquenta Gabriela Mistral a été transformée en musée. Cette poétesse repose non loin, dans un mausolée sur lequel une plaque rappelle qu'elle fut la première écrivaine (tous genres confondus) d'Amérique latine à remporter le prix Nobel de littérature, en 1945. Ces deux sites retracent le parcours de cette femme, de ses débuts modestes à sa renommée internationale, et renvoient à son fort attachement au Valle del Elqui. Comme en témoigne ce double hommage, le Chili se considère comme une nation de poètes. Pablo Neruda, Vicente Huidobro et Nicanor Parra en sont d'illustres exemples. *voir p. 157.*

12. Palacio de La Moneda

LE THÉÂTRE DU COUP D'ÉTAT DE 1973

Après avoir servi d'hôtel des Monnaies, le palais de La Moneda, bâti à la fin du XVIIIe siècle, est devenu la résidence présidentielle. Il est intimement lié au coup d'État du 11 septembre 1973, lorsque les rebelles, dirigés par le général Augusto Pinochet, lancèrent des bombements aériens sur le bâtiment, l'encerclèrent avec des chars et renversèrent le gouvernement. Retranché à l'intérieur, Salvador Allende, élu premier président socialiste en 1970, refusa de quitter les lieux. Quand les militaires les

La Route australe (p. 296)

eurent investis, ils trouvèrent le dirigeant mort, par suicide. Une statue d'Allende a depuis été érigée sur la place en face du palais. *voir p. 54.*

13. Carretera Austral

UN AXE ESSENTIEL EN PATAGONIE

En 1976, Pinochet entama la construction de la Route australe, route "nationale" reliant les villages reculés du sud de la Patagonie, en vue de renforcer la présence du Chili dans la région face aux tensions croissantes avec l'Argentine. En effet, jusqu'alors, les véhicules devaient passer par cette dernière pour se rendre dans l'extrême sud du Chili. En 1978, les deux pays faillirent s'affronter militairement pour les trois petites îles du canal Beagle, mais le pape intervint comme médiateur, et le différend fut réglé en 1979. Au final, la construction de la Carretera Austral dura plus de 20 ans et coûta quelque 300 millions de dollars américains. *p. 296.*

14. Museo de la Memoria y los Derechos Humanos

EN MÉMOIRE DES VICTIMES DE LA DICTATURE

La dictature militaire du général Pinochet débuta avec le coup d'État de 1973 et se maintint jusqu'aux élections démocratiques de 1989. Durant cette période, le régime viola impunément les droits humains des citoyens : plus de 40 000 personnes furent emprisonnées et torturées, dont 3 000 exécutées, et des centaines de Chiliens contraints à l'exil. Le musée de la Mémoire et des Droits humains de Santiago est un lieu lugubre mais essentiel, en ce qu'il témoigne de ces exactions et rend hommage aux disparus. *p. 65.*

15. Mina San José

SAUVETAGE SPECTACULAIRE DE 33 MINEURS

Le 5 août 2010, 33 mineurs se retrouvèrent pris au piège 700 m sous terre après un effondrement dans la mine d'or et de cuivre de San José, dans une zone aride du désert de l'Atacama, près de Copiapó. Le 13 octobre, après deux mois d'efforts relayés sans relâche par les médias internationaux, et un investissement d'environ 14 millions d'euros, ce furent pas moins d'un milliard de téléspectateurs qui suivirent en direct la sortie des mineurs au moyen d'une capsule conçue tout spécialement. La mine n'est plus exploitée, mais a désormais le rang de curiosité touristique. *p. 163.*

À LA RENCONTRE DES CHILIENS

Les Chiliens vivent une période de grands changements politiques et sociaux et peuvent se montrer un peu réservés lors d'une première rencontre, mais ils sauront vous conquérir par leur sympathie. Par Soledad Balduzzi.

LA GÉOGRAPHIE UNIQUE DU CHILI a façonné notre caractère. Notre pays – cette longue et étroite bande de terre – donne parfois l'impression d'être une île. Nous avons le désert d'Atacama au nord, l'Antarctique au sud, les Andes à l'est et l'océan Pacifique à l'ouest. Le fait d'être dans cette "enclave" nous a peut-être rendus plus réservés et moins extravertis que d'autres peuples latino-américains, mais nous sommes tout aussi sympathiques.

Le Chili compte 19,5 millions d'habitants. Des vagues d'immigration ont apporté différentes cultures depuis la colonisation espagnole et suite à l'indépendance du Chili qui a affirmé son statut de république en 1818. Aux XIXe et XXe siècles, les Européens sont arrivés et leurs descendants constituent encore de grosses communautés. Au XXIe siècle, les migrants sont venus d'Amérique du Sud et des Caraïbes. Environ 12% des Chiliens s'identifient comme appartenant à un groupe amérindien.

OÙ VIVENT LA PLUPART DES CHILIENS ?

La région métropolitaine de Santiago constitue seulement 2% de la superficie du pays mais concentre environ 40% de sa population. Les autres régions les plus peuplées sont Biobío et Valparaíso. Près de 90% des Chiliens habitent en zone urbaine, tandis que les 10% restants vivent à la campagne.

Jadis considéré comme l'un des pays les plus conservateurs d'Amérique latine, le Chili s'est tourné vers une société plus libérale et moderne, en établissant des lois pour le mariage homosexuel et le droit à l'avortement. Environ 45% des Chiliens se présentent comme catholiques, une part qui a baissé au fil des années, même si elle demeure la religion prédominante. En outre, la population du Chili vieillit rapidement : 16,5% des Chiliens ont plus de 60 ans. Dans le même temps, le taux de naissance a chuté. Les femmes ont en moyenne 1,44 enfant, l'un des taux les plus bas de la région sud-américaine.

Si vous parlez un peu espagnol mais que vous ne comprenez pas un traître mot de ce que l'on dit, pas d'inquiétude : le problème ne vient pas de vous, mais de nous. Même des locuteurs hispanophones ont du mal à nous comprendre. Pire encore, nous utilisons tellement d'argot que vous penserez sans doute que nous parlons un langage codé. Certains mots que nous employons au quotidien viennent de langues amérindiennes. Par exemple, *yaya* signifie "bobo" ou "coupure" en aymara, *pichintún* veut dire « minuscule » en mapuche et le joli *nanay* est une expression quechua pour consoler quelqu'un ou calmer une douleur.

L'une de nos plus belles qualités est la solidarité. Les gens peuvent avoir des avis différents sur de nombreux sujets – en 2022, des sondages ont montré une augmentation de la polarisation sociopolitique au Chili – mais dès lors que nous sommes frappés par une tragédie ou une catastrophe naturelle, nous nous soutenons les uns les autres. Le Chili se distingue pour avoir l'une des activités sismiques les plus intenses du monde, et je pense que cet élément nous a rendus plus unis, résilients et même audacieux. Sinon, comment expliquer que le pays ayant subi le séisme le plus fort jamais enregistré (en 1960, à Valdivia), possède aussi le Grand Torre Santiago, le plus haut édifice d'Amérique du Sud ?

De haut en bas et de gauche à droite : femme mapuche ; mère chilienne et son fils ; commerçant à Santiago ; défilé à Santiago

MÉLANGE DE CULTURES

Je suis journaliste et j'habite à Santiago. J'ai déménagé ici l'âge de 18 ans pour étudier le journalisme et je suis tombée amoureuse de la vie culturelle et bohème de la capitale.

Ma famille vient de la région du Maule, à trois heures de route au sud. Beaucoup de familles chiliennes sont très unies, un trait de notre culture qui nous apporte beaucoup d'amour mais de l'inquiétude aussi. Quand je rends visite à ma famille, trop souvent peut-être, je me régale des plats de mon enfance.

Ma mère est équatorienne, mon père est chilien et ma grand-mère paternelle est italienne : j'ai donc grandi dans un mélange de cultures. J'ai appris très jeune à apprécier les coutumes et rituels de chaque culture, souvent associés à des repas particuliers. Par exemple, le *once* chilien est un goûter ou dîner léger composé de thé, de pain et d'un bonus délicieux comme la *palta* ("avocat"). Une tradition que j'adore et que je ne manquerais pour rien au monde.

"CHILE DESPERTÓ"

Même s'ils remontent à 2019, les troubles sociaux qui ont secoué le Chili ont façonné la nation moderne. Par Mark Johanson.

LE 18 OCTOBRE 2019, une manifestation étudiante assez calme contre la hausse des tarifs du métro de Santiago dégénéra en un immense soulèvement populaire contre les inégalités, qui galvaniserait la nation les années suivantes. Des milliers de protestataires se heurtèrent à la police partout dans la capitale, mais la Plaza Italia, lieu de passage majeur de la ville qu'ils bloquèrent avec des barricades en feu, était l'épicentre. La police riposta avec des chars d'assaut, et les gaz lacrymogènes rendirent l'air irrespirable. Les transports publics s'arrêtèrent juste avant l'heure de pointe, obligeant 2,5 millions de travailleurs bloqués à rentrer chez eux à pied. Mais beaucoup rejoignirent alors des manifestations pacifiques sur les places principales en soutien aux étudiants, tapant sur des casseroles et des poêles à la tombée de la nuit.

Vers minuit, la situation avait pris une tout autre ampleur : 20 stations de métro vides étaient incendiées, et 57 autres lourdement endommagées, un feu avait démarré au siège de la plus grande compagnie d'électricité du Chili et des dizaines de magasins de Santiago étaient pillés. Le président de droite libérale, Sebastián Piñera, qui avait suivi tout cela depuis une pizzeria du quartier huppé de Vitacura, ne rentra au palais présidentiel, La Moneda, qu'après minuit et annonça alors à la télévision que des soldats patrouilleraient désormais dans les rues de la capitale.

Manifestants à Santiago

Depuis la fin de la dictature d'Augusto Pinochet, en 1990, les Chiliens n'avaient pas connu pareil événement, lequel jeta les bases d'un conflit prolongé. Des semaines durant, Santiago vécut en état d'urgence, avec des couvre-feux la nuit et des fonctionnaires lourdement armés pour faire la loi. Beaucoup comprirent alors que le Chili, considéré pendant des décennies comme un modèle de stabilité dans une région instable, s'orientait vers un avenir incertain.

La fin du rêve chilien

Une semaine plus tard, 1,2 million de Chiliens manifestèrent calmement sur la Plaza Italia. La hausse du ticket de métro avait mis le feu aux poudres, mais la liste des revendications pour une société plus juste s'allongea vite. *Chile despertó* ("le Chili s'est réveillé") devint le credo des contestataires, qui réclamaient à présent davantage d'éducation, de meilleurs salaires et pensions, une santé moins onéreuse et la fin des inégalités enracinées. L'heure du changement avait sonné.

Le pays a souvent incarné de loin la plus belle réussite de l'Amérique latine, les migrants animés par le "rêve chilien" affluant de tout le territoire. En trois décennies, grâce au passage à l'économie de marché initiée pendant la dictature et inspirée par l'économiste américain Milton Friedman (conseiller de Ronald Reagan, président des États-Unis, et Margaret Thatcher, Première ministre britannique), la pauvreté passa de plus de 50% à moins de 5%, faisant du Chili le pays le plus riche par habitant de la région. Mais ces chiffres ne sont qu'une partie de l'histoire.

Au moment de l'"explosion sociale" (*Estallido Social*), les 1% les plus fortunés du pays détenaient la moitié de la richesse nationale, alors qu'un travailleur sur deux gagnait au mieux 550 $US par mois. Les hausses successives du prix des produits de base, comme l'eau (privatisée au Chili), l'électricité et les transports publics, mirent au pied du mur de nombreux citoyens, qui "se réveillèrent" face à tant d'inégalités.

Les prémices de la crise

Les émeutes continuèrent à Santiago, Arica, Punta Arenas et bien d'autres villes jusqu'au début de la pandémie, en mars 2020. On comptait alors 36 personnes tuées, et des milliers blessées et arrêtées. Michelle Bachelet, haut-commissaire des Nations unies aux droits de l'homme et ex-présidente socialiste du Chili, avait suivi la situation de près. Inquiète, elle mandata une délégation pour enquêter sur les infractions commises par le gouvernement, dont les forces de sécurité armées de balles en caoutchouc avaient été accusées de viser les yeux au lieu des jambes – cible préconisée dans les directives de l'ONU –, rendant aveugles nombre de manifestants. Le rapport fait état de 350 cas de lésions oculaires, 113 de torture et maltraitance, et 24 de violences sexuelles.

Les contestataires concentrèrent alors leur énergie sur l'obtention d'une nouvelle Constitution, susceptible de remédier à la quantité de revendications. Le gouvernement soumit l'idée à un vote et fixa le 26 avril 2020 comme date d'un référendum où les Chiliens se prononceraient pour ou contre la rédaction d'une nouvelle Constitution. Le pays étant bien sûr confiné à cause du Covid-19, l'*Estallido Social* gronda en sourdine jusqu'au 25 octobre 2020, jour où les citoyens purent enfin s'exprimer officiellement.

Une Constitution avortée

Le résultat fut sans appel : les Chiliens votèrent à 78% pour qu'une Convention constitutionnelle rédige une nouvelle Constitution. Écrite par une commission nommée par Pinochet, l'ancienne charte avait été approuvée lors d'un référendum controversé pendant son règne autoritaire. Cette fois, des représentants élus par le peuple rédigeraient la nouvelle version. De nombreux Chiliens eurent alors le sentiment de voir s'envoler prochainement les dernières cendres de la dictature.

Quelques mois plus tard, les électeurs préférèrent massivement des indépendants de gauche aux candidats des grands partis politiques pour occuper une large part des sièges de la Convention constitutionnelle. La droite n'obtint même pas le tiers des sièges requis pour bloquer la législation. La rédaction ne débuta réellement qu'en juillet 2021, et la gauche fraîchement investie voyait vraiment dans cette charte le début d'une nouvelle ère pour le Chili. Après tout, ce serait la première Constitution au monde écrite dans le respect de la parité hommes-femmes et l'une des rares à accorder des sièges aux représentants des peuples indigènes. Il y avait même à sa tête une linguiste mapuche et militante pour les droits des indigènes : Elisa Loncón.

Parallèlement, Gabriel Boric, ancien syndicaliste étudiant de 35 ans étiqueté de gauche et figure des manifestations de 2011 durant lesquelles il réclamait une éducation publique gratuite, profita de ce vent de nouveauté pour devenir le plus jeune président de l'histoire du Chili. Il s'impliqua fortement pour que la chambre basse du Parlement adopte la réforme constitutionnelle en 2019, et le référendum de septembre 2022 aurait dû être son premier grand test en tant que président. Seulement, à l'approche de cette date, les cartes politiques furent de nouveau rebattues.

Un avenir incertain

Alors qu'en 2020, plus de trois quarts des Chiliens s'étaient prononcés pour une nouvelle Constitution, lors du référendum de 2022, seuls 38% votèrent pour la ratification du projet proposé : c'en était fini de la nouvelle Constitution du Chili.

Les critiques ne manquaient pas. Avec 388 articles, la charte prolixe aurait été l'une des plus longues au monde. Pourtant, aux yeux de beaucoup, elle restait vague sur des points importants. Mais peut-être était-elle tout simplement trop progressiste pour un pays catholique conservateur, où le mariage entre personnes de même sexe avait été légalisé à peine quelques mois plus tôt et le divorce interdit jusqu'en 2004.

Cette Constitution aurait entériné la parité hommes-femmes en politique, considérablement étendu les droits LGBTQIA+, chargé le gouvernement de gérer l'impact du changement climatique et reconnu le Chili comme État plurinational, avec plus d'autonomie pour les peuples indigènes. Pour la majorité de la nation, la refonte proposée était tout bonnement trop radicale et progressiste.

IGNACIO BUSTAMANTE/SHUTTERSTOCK ©

DES MILLIERS DE MANIFESTANTS SE HEURTÈRENT À LA POLICE PARTOUT DANS LA CAPITALE, MAIS L'ÉPICENTRE ÉTAIT LA PLAZA ITALIA, LIEU DE PASSAGE MAJEUR DE SANTIAGO.

Le soulèvement populaire et les référendums qui suivirent montrèrent au moins la force de la démocratie dans ce pays face à moult défis. Pourtant, la seule tentative de changement vers une société chilienne plus juste, égalitaire et représentative de tous les citoyens fut un échec retentissant. En 2023, pas la moindre résolution en vue et retour à la case départ pour le Chili, qui essaya d'élire une nouvelle convention chargée de rédiger une Constitution différente, acceptable pour la majorité de la nation.

Un impact durable

Le temps a passé, mais l'*Estallido Social* reste très présent dans les esprits. Nombre de Chiliens y voient l'événement majeur d'une génération, avec des manifestations d'une ampleur inédite. Les émeutiers ne paralysent plus les rues de Santiago, mais, partout, ce soulèvement a laissé des traces. Témoins les bâtiments historiques du Centro, toujours couverts des graffitis par lesquels les manifestants exprimaient leur colère. Quantité de restaurants et bars populaires ont fui ce quartier et Bellavista, à côté, pour des secteurs plus riches de la ville, privant le cœur historique d'une partie de son dynamisme d'antan.

À présent, le Santiago Centro est surtout habité par des immigrants récents venus du Venezuela, du Pérou et de Colombie, les Chiliens ayant principalement déménagé à l'est, vers les Andes. Cette rébellion aurait aussi accru la criminalité dans la capitale, qui resterait néanmoins l'une des métropoles latino-américaines les plus sûres. La Plaza Italia, où tout a débuté, a été rebaptisée Plaza de la Dignidad, en référence aux revendications des contestataires qui, des années plus tard, continuent de réclamer plus de dignité.

LA PLANÈTE ENTIÈRE SUR UNE ÎLE

Robinson Crusoé n'est pas seulement une destination incroyablement isolée, c'est aussi un microcosme de notre planète – et un aperçu de son futur. Par Shivya Nath.

PAR UNE DOUCE matinée, à près de 700 km au large de la côte pacifique du Chili, je pars en randonnée sur l'île Robinson Crusoé, qui s'appelait à l'origine Más a Tierra ("Plus proche de la Terre"). Malgré la taille modeste de l'île - 48 km^2 - le paysage se transforme continuellement : océan, collines, forêt et désert.

Au début du chemin, on aperçoit l'océan Pacifique qui arbore une scintillante palette de bleus. Peu à peu apparaissent des collines semblant surgir des flots et façonnées par des siècles de vent et de vagues. Dans la forêt, je marche à l'ombre d'immenses myrtes du Chili et *canelos* centenaires, des arbres endémiques à croissance lente, en compagnie des rangers du parc national. Puis le sentier serpente le long d'une vallée érodée et nous mène à un fascinant désert de terre rouge, criblé d'étranges formations volcaniques qui nous feraient presque croire que nous avons quitté la Terre.

L'île est connue pour avoir inspiré le roman *Robinson Crusoé* de Daniel Defoe (1719), ce qui lui valut d'être rebaptisée en 1966. Pourtant, ce qui devrait attirer davantage l'attention, c'est le fait qu'elle abrite une biodiversité exceptionnelle, encore plus importante que celle des Galapagos, d'après l'ONG Island Conservation.

Environ 10 km plus loin, les pieds fatigués et le cœur battant, nous atteignons

Île Robinson Crusoé

SJ TRAVEL PHOTO AND VIDEO/SHUTTERSTOCK ©

enfin notre destination – non pas un lieu, mais un arbre.

Un arbre que le monde ne connaîtra peut-être jamais

Prudemment penchée au bord d'un ravin asséché, je peux voir l'un des deux derniers *Dendroseris neriifolia* sauvages de l'île – et de la planète. Vieux de 140 ans, il est doté d'un tronc court et mince, de longues feuilles retombantes et de jolies fleurs blanches en forme de flocons de neige. Comme beaucoup d'espèces qui se sont développées au cours de millions d'années d'isolement sur Robinson Crusoé, cet arbre est endémique de l'île. Concurrencé par des espèces invasives introduites par les premiers habitants, et incapable de résister aux conditions météorologiques de plus en plus erratiques en raison du changement climatique, l'arbre qui se dresse devant moi est le dernier spécimen de son espèce poussant à l'état sauvage.

Au cours de mes dix dernières années en tant qu'auteure de voyages, j'ai eu la chance de découvrir la beauté sauvage de notre planète sous de nombreuses formes et j'ai ressenti le besoin de m'engager pour sa protection. J'ai souvent lu que nous vivons actuellement la sixième extinction de masse, mais me retrouver face au dernier élément d'une telle espèce a complètement bouleversé ma façon d'imaginer notre avenir. Robinson Crusoé n'est pas seulement une île sauvage du Pacifique, c'est aussi un microcosme de la planète et une fenêtre ouverte sur la fragilité de notre futur.

Un trajet éprouvant

Arriver jusqu'ici n'est pas chose aisée, et beaucoup de voyageurs intrépides ont échoué. Il faut la combinaison parfaite entre argent, temps, chance, patience et conditions météorologiques optimales.

En 2022, quand j'ai été sélectionnée avec seulement quatre autres personnes dans le monde pour participer à la première phase du projet Work For Humankind, j'ai eu le sentiment que l'île m'appelait. Le but était de tester la technologie Lenovo (l'accès à Internet était alors quasiment inexistant sur l'île), de prouver qu'il était possible de travailler à distance depuis un lieu aussi éloigné et d'œuvrer avec la communauté de l'île pour mettre en place des solutions de développement durable répondant aux défis locaux.

La législation en vigueur nous imposait alors une quarantaine de six nuits au Chili continental avant de gagner l'île. Mais la météo se montra défavorable pendant plusieurs jours, et, quand les étoiles s'alignèrent enfin, je compris pourquoi l'organisation était si complexe.

Sur une piste militaire rudimentaire à Santiago, nous avons embarqué à bord d'un minuscule avion bimoteur, d'une capacité de quatre passagers et deux pilotes. Pendant près de deux heures, nous avons survolé le Pacifique avant d'apercevoir enfin notre destination, un paysage surréaliste de collines abruptes nimbées de brume et émergeant de l'océan.

Nous avons effectué un périlleux atterrissage sur une bande étroite et courte, prise en sandwich entre les collines arides et le bleu infini : âmes sensibles s'abstenir. J'ai appris plus tard que la réglementation pour les liaisons aériennes vers l'île n'avait pas toujours été aussi stricte. En 2011, un célèbre comédien chilien et 20 autres passagers périrent dans un accident d'avion. L'émotion fut telle que des règles furent imposées : les avions bimoteurs doivent désormais attendre une vitesse de vent optimale avant de décoller, dans un sens comme dans l'autre.

Tandis que nous attendions le bateau qui devait nous mener à San Juan Bautista, seul village habité de l'île (environ 800 habitants), nous avons eu la surprise d'observer des otaries de Juan Fernandez qui batifolaient dans l'eau. Endémiques de l'île, elles ont évolué différemment de leurs congénères ; elles ont des oreilles minuscules et la capacité de se tenir sur leurs nageoires frontales. Les navires américains chassaient ces créatures joueuses pour leur fourrure imperméable qui, selon la légende, constituait également les manteaux d'hiver des soldats de Napoléon Bonaparte. La population de quatre millions d'otaries fut quasiment exterminée dans les années 1800. En 1965, un résident de l'île, Alexander Selkirk, trouva par hasard une portée de chiots dans une grotte, et la communauté se donna pour mission de les protéger. Les autorités chiliennes ont fini par interdire leur chasse et on dénombre désormais plusieurs milliers d'individus. Quelques jours plus tard, dans les eaux froides du Pacifique, j'allais passer un moment précieux à faire du snorkeling avec les otaries.

En savoir plus sur l'extinction des espèces

Durant le mois passé sur l'île, j'ai découvert l'ahurissante biodiversité de Robinson Crusoé et les conséquences de la présence humaine. Les randonnées à travers l'île, qui est à 91% un parc national, me donnaient l'impression d'être dans un paradis vert. Quand les premiers colons européens arrivèrent sur cette île inhabitée il y a quelque 600 ans, ils apportèrent de nombreuses espèces invasives. Des plantes sauvages comme les ronces à mûres furent utilisées pour faire des haies, tandis que des rats débarquèrent des bateaux. Les lapins et les chats sauvages furent introduits pour régler le problème des rats, tandis que les animaux domestiques comme les chats, chiens, chèvres, chevaux et vaches furent amenés pour les loisirs et l'agriculture. Les cyprès, eucalyptus et pins furent plantés afin de recréer un environnement familier. Ces espèces poussent plus vite, consomment plus d'eau, s'adaptent mieux au changement climatique et ont envahi la flore endémique à croissance et reproduction lentes, qui avait pu se développer pendant des siècles sans menaces extérieures. Les rats et les lapins dévorent les graines endémiques, tandis que les chevaux, vaches et chèvres broutent les jeunes pousses, ce qui rend presque impossible leur propagation. C'est pourquoi on voit très peu d'arbres natifs juvéniles sur l'île.

DARIO CASTRO/SHUTTERSTOCK ©

APRÈS 600 ANS D'HABITATION HUMAINE, DES ESPÈCES QUI AVAIENT ÉVOLUÉ PENDANT DES MILLIONS D'ANNÉES SONT DÉSORMAIS AU BORD DE L'EXTINCTION.

À 30 minutes de marche de San Juan Bautista, la Plazoleta El Yunque est un bon exemple d'intervention humaine raisonnée. Des centaines d'hectares d'espèces invasives ont été minutieusement retirées de ce secteur pour permettre aux arbres endémiques de regagner leur territoire. J'ai passé beaucoup d'après-midi paisibles sur le sentier boisé, à observer les jolis *picaflores* (colibris) rouges voleter autour des *pangues* en forme de parapluie, des fougères aux branches délicates, des magnifiques racines des *canelos* et de la canopée des myrtes *lumas*. Appelés colibris robinson, ils existent uniquement sur Robinson Crusoé, mais ils sont menacés par les chats et les oiseaux qui mangent leurs œufs, par les colibris non endémiques qui détruisent leurs nids et par les effets du changement climatique, qui provoque des nidifications tardives et endommage les nids en raison des vents forts. L'association à but non lucratif Oikonos étudie leur habitat et estime que moins d'un millier de colibris robinson survivent sur l'île aujourd'hui.

Dans presque toutes mes discussions avec des insulaires, le futur de l'île a été abordé, tout comme la perte colossale qui découlerait de la disparition de cette biodiversité endémique. Les écologistes avancent que 60% de la forêt native sera perdue en 2070 – ou avant – en raison des espèces invasives et du changement climatique.

Repenser le voyage

À quoi sert ce voyage s'il ne contribue à protéger l'extraordinaire biodiversité de l'île ? S'il ne nous fait pas cesser de regarder le monde comme un post Instagram et ne nous oblige pas à repenser le voyage pour en faire un puissant outil de connaissance sur le changement climatique, l'extinction des espèces et l'impact de l'homme sur l'environnement ?

Robinson Crusoé – où 600 ans d'habitation humaine ont amené au bord de l'extinction des espèces qui avaient évolué pendant des millions d'années – n'est pas une destination comme les autres. C'est une expérience qui ouvre les yeux sur une planète incroyable mais en péril.

Pour plus de détails sur la visite de l'île Robinson Crusoé, voir p. 416.

INDEX

A

activités sportives 8, 38, **40**, 120
Aguada los Sapos 164
alerce 300
Algarrobo 185
alpinisme 38, 363
Alto del Naranjo 79
Alto Las Vizcachas 79
Ana Kai Tangata 390
Ana Kakenga 393
Anakena 396
Ancud 276, **277**
  cuisine locale 278
  environs d'Ancud 279
  hébergements 280
  promenade 277
  restaurants 276, 280
  transports 278, 281
Antarctique 374
Antofagasta **112**
  hébergements 113
  promenade 114
  restaurants 113
  transports 115
architecture 67, 152, 159, 252, 335
argent 405
Arica 25, 124
  environs d'Arica 128
  hébergements 125
  promenade 126
  restaurants 125
  transports 127, 131
arriver au Chili 402
art 62, 78, 105, 176
artisanat 77, 184, 391
auteurs 4
Avenida Manuel Montt 72
avion 403

Référence des cartes **000**

B

bahía Inglesa
  hébergements 162
  restaurants 163
bahía Mansa 257
baleines à bosse 157, 341
Baños Morales 87
Baños Termales Pichicolo 300
bière 60, 243, 260
biodiversité 435
Blondie 66
Boca de Pupuya 185
bodyboard 120
Boragó 77
Boric, Gabriel 63
Bridge, Lucas 373

C

Cachagua 191
Cáhuil 199
Cajón del Maipo
  hébergements 89
  restaurants 88
Cajón Grande 190
Calama
  restaurants 110
Caldera 158
  environs de Caldera 161
  hébergements 159
  restaurants 159
  transports 160, 165
Caleta Abarca 187
Caleta Cóndor 15, 257
Caleta de Zapallar 192
Caleta Eugenia 368
Caleta Hanga Piko 390
Caleta Hanga Roa 390
Caleta Los Verdes 120
Caleta Quintay 184
Caleta Riquelme 119
Caleta Tortel 19, 29, 314
canal Beagle 364, 367
canyoning 39
cap Froward 341
cap Horn 371
Capilla de San Isidro 108
Capillas de Mármol 306
Carnet pratique 401
  argent 405
  arriver au Chili 402
  avec des enfants 407
  bon à savoir 419
  comment circuler 404
  hébergements 406
  manger, boire et sortir 410
  santé et sécurité 408
  voyage et handicap 415
  voyage responsable 412
  voyageurs LGBTQIA+ 414
Carretera Austral 252, 427
  voir aussi Route australe
Casa Bauza 146
Casa Bolognesi 126
Casa de Isla Negra 185
Casa de la Cultura 322
Casa Tornini 159
Casa Tunquén 184
Casa Vicens 146
Casa Wilson 146
cascades
  Las Ánimas 86
  Salto de Apoquindo 79
  Salto de Huilo-Huilo 247
  Saltos del Petrohué 255
Casino Español 118
castors 371
Castro 14, 26, 282
  architecture 284
  cuisine locale 284
  environs de Castro 285
  hébergements 286, 287
  transports 284, 287
Catedral San Marcos 126
Cementerio General, Santiago 57
Cementerio Municipal, Punta Arenas 337
centolla 336
Centre du Chili 171, **172**
  agenda 174
  itinéraires 174
  transports 172
  Valparaíso 176
  environs de Valparaíso 182
  Viña del Mar 186
  environs de Viña del Mar 189
  Santa Cruz 193
  environs de Santa Cruz 198
  Cobquecura 201
  environs de Cobquecura 206
  Termas de Chillán 209
  environs de Termas de Chillán 212
  carnet d'adresses 214
Centro Cultural Estación 159
Centro Cultural Galpón Patagonia 346
Centro Cultural La Moneda 52
Centro Cultural Matucana 100 64
Centro Cultural Palace 146
Cerduo 235
cerfs andins 210
Cerro Alegre 177
Cerro Azul 200
Cerro Bandera 367
Cerro Castillo 13, 28
Cerro Concepción 177
Cerro Fitz Roy 363
Cerro La Campana 190
Cerro La Cruz 192
Cerro Las Cabras 211
Cerro Manquehue 79
Cerro Provincia 79
Cerro San Cristóbal 59
Cerro Santa Lucía 52
Cerros Pintados 123
Cerro Torre 363
Chaitén 298
Chatwin, Bruce 337, 351
Chepu 281
chez l'habitant 19
Chile Chico 322
  restaurants 322
Chile Despertó 430
Chiloé 271, **272**
  agenda 274
  itinéraires 274
  transports 272
  Ancud 276
  environs d'Ancud 279
  Castro 282
  environs de Castro 285
  carnet d'adresses 288
Chinchorros 124, 129
Chonos 303
Cine Arte El Biógrafo 55
cinéma 33

climat 31, 164
Cobquecura 201, **202**
environs de Cobquecura 206
hébergements 204
restaurants 201
transports 205
Cochamó 258
hébergements 257
restaurants 260
Cochiguaz 155
Cochrane 321
hébergements 321
restaurants 321
Colchane 123
Conaf 190
Coñaripe 246
Concepción 14, 208
transports 208
Concón 191
restaurants 191
condors des Andes 88, 303, 342
Constitution 431
Copiapó
hébergements 164
restaurants 164
Coquimbo
prendre un verre et faire la fête 151
Cordillera Darwin 372
Costanera 345
côte des Poètes 185
Coyhaique 298
Cráter Morada del Diablo 343
Cruz del Tercer Milenio 151
cueca 66
Cueva del Milodón 351
Cuevas de Anzota 127
cuisine 18, 34, 74, 104, 205, 239, 336, 349, 361
cuisine gastronomique 36
spécialités locales 36
culture polynésienne 390
curanto 278

D

Darwin, Charles 190, 303
Dendroseris neriifolia 434
désert 65, 164
dictature 122
Dientes de Navarino 13, 366
douanes 402

E

Eberhard, Hermann 351
écologie 433
Edificio Armada de Chile 177
églises en bois, Chiloé 17, 283
El Alfalfal 89
El Calafate 361, 362
restaurants 362
El Chaltén 362
bars 360
cafés 360
restaurants 362
El Colorado 85
El Melocotón 89
El Morro 126
El Pinocho 89
El Tatio, geysers d' 110
Embalse El Yeso 87
enfants, voyager avec des 211, 407, 39
environnement, protection de l' 238, 261, 312, 359, 390, 433
équitation 38, 107
escalade 107, 261
Esmeralda 426
Estación de Ferrocarril Arica–La Paz 126
Estadio Nacional de Chile 69
Estallido Social 59, 431
événements sportifs
Copa Verano Iquique 120
Héroes de Mayo Pro 120
Ex Aduana 126

F

Factoría Franklin 62
Farellones 85
Faro de Punta Caldera 159
Faro, La Serena 146
faune 88, 109, 156, 157, 280, 303, 313, 317, 319, 342, 361, 371
Feria Artesanal 391
fêtes et festivals 31, 35
Festival Internacional de la Canción de Viña del Mar 188
festival de la Vierge du Carmen, La Tirana 121, 123
Festival del Huaso de Olmué 190
films 239
flamants 132
flamants des Andes 109
fleuves
Río Colorado 89
Río El Canal 304
Río Futaleufú 9, 307
Río Olivares 89
Río Petrohué 253
Río Puelo 262
Río Puntra 281
flore 300, 304, 361, 434
forêt fluviale tempérée 245, 300
fossiles 160
Fuerte Bulnes 341
Fuerte Coquimbo 146
funiculaires 177
Futaleufú 307, **307**
activités sportives 307
hébergements 308
transports 310

G

gaucho 303
géoglyphes 121, 123, 131
geysers 24, 110
Gigantes de Lluta 131
Glaciarium 362
glaciers 312, 361
excursions 312
Glaciar Exploradores 313
Glaciar Perito Moreno 362
Glaciar San Rafael 312, **312**
grands dauphins 157
Granizo 190
Gran Torre Santiago 72
Gruta del Padre Negro 160
Guallatiri 132
guanacos 319, 342
Guarilihue 207
guerre civile 393
guerre du Pacifique 119, 426
guigna 313

H

handicap 415
Hanga Oteo 394
Hanga Roa 388, **389**
danse 388
hébergements 389, 393
restaurants 390, 391
transports 394
histoire 17, 67, 113, 122, 303, 341, 349, 424
Hornopirén 298
Huanchaca 426
huemules 319
Huentemó 287
Huilo-Huilo 27
Humberstone 17, 122, 426

I

Iglesia de Piedra 204
Iglesia de San José 157
Iglesia Parroquial María Inmaculada 258
Iglesia San Francisco 147
Île de Pâques (rapa Nui) 15, 23, 382, **385**
agenda 386
itinéraires 386
transports 385
conseils aux voyageurs 393
Hanga Roa 388
environs de Hanga Roa 392
Parque Nacional Rapa Nui 395
carnet d'adresses 398
île Robinson Crusoé 416, 433
randonnée 417
restaurants 417
immigration 428
Inío 287
Iquique 24, 116
environs d'Iquique 121
hébergements 119, 122
promenade 118
restaurants 119
transports 120, 123
Isidora Goyenechea 78
Isla Chañaral 157
Isla Choros 157
Isla Damas 157
Isla de Cachagua 191
Isla de Los Muertos 316
Isla Grande 342
comment s'y rendre 343
Isla Mechuque 286
Isla Pan de Azucar 164
itinéraires 22-29

J

Jardín Botánico Nacional, Viña del Mar 188
Jardín Japonés 147
Jardín Mapulemu 60
jours fériés 419

K

Kaweskars 303
kayak 39, 192, 205, 235, 253, 281, 308, 359
kitesurf 154

L

La Chascona 58
La Confluencia 306
lacs
Lago Chungará 131
Lago Colbún 200
Lago Conguillío 230
Lago General Carrera 306
Lago Jeinimeni 319
Lago las Rosas 309
Lago Pehoé 355
Lago Pinilla 310

Lago Tagua-Tagua 259
Lago Tinquilco 239
Lago Verde 319
Lago Windhond 367
Laguna Amarga 356
Laguna Arcoíris 231
Laguna Captrén 230
Laguna Cejar 110
Laguna Chaxa 110
Laguna del Huemul 211
Laguna del Laja 213
Laguna de los Témpanos 302
Laguna Miñiques 110
Laguna Miscanti 110
Laguna Piedra 110
Laguna Tuyajto 110
Laguna Villablanca 123
Lago Llanquihue 248
activités sportives 252
environs du Lago Llanquihue 256
transports 255
Lagunillas 86
La Junta 261
La Lobería 204
langue 33, 420
La Parva 84
La Serena
hébergements 147
promenade 146
restaurants 148
shopping 148
transports 149
Las Lomitas 164
La Tirana 123
La Vega Central, Santiago 53
léopards de mer 313
LGBTQIA+ 414, 432
lions de mer 157, 204
littérature 33
Llanada Grande 259
Los Choros 157
Los Cuernos 355

M

Magallanes 340
Magellan, détroit de 342
Magellan, Ferdinand de 336
Maitencillo 191
restaurants 191

Référence des cartes **000**

Malalcahuello 232
transports 232
manchots royaux 342
manchots de Humboldt 156, 157, 191, 280
manchots de Magellan 373
manchots papous 373
manifestation 430
Mano del Desierto 113
Mapuches 239, 254
marchés
mercado artesanal, Hanga Roa 391
mercado central, Antofagasta 115
mercado central, Santiago 53
mercado puerto, Valparaíso 180
terminal Pesquero, Antofagasta 115
terminal Pesquero, La Serena 146
terminal Pesquero, Tongoy 152
Marine Parque Francisco Coloane 16
Matanzas 22, 185
bars 185
hébergements 184
restaurants 185
Ma'u Henua 395
Maunga Terevaka 396
météo 30
Mina San José 138, 161, 163, 427
mines 110, 113, 122, 426
Mirador Chico 164
Mirador de Cóndores 89
Mirador de la Virgen 126
Mirador Grande 164
Mirador Jorge Alessandri 187
Mirador La Boca 185
Mirador Las Torres 355
Mirador Piedrero 310
Mistral, Gabriela 156, 157
moais 22, 396
Ahu Akivi 394
Ahu Atanga 394
Ahu Ature Huki 396
Ahu Hanga Te'e 394
Ahu Maitake Te Moa 394
Ahu Nau Nau 396
Ahu Tahai 390
Ahu Tautira 390
Ahu Tongariki 396
Ahu Vinapu 393
Tukuturi 396
momies 127, 129
montgolfière 107
Monumento a la Araucanía 425
Monumento a los Héroes de Iquique 177
Monumento Boya Esmeralda 118
Monumento Natural El Morado 87
Monumento Natural Islotes de Puñihuil 16, 280
Monumento Natural La Portada 115
Monumento Natural Los Pingüinos 342
Monumento Natural Salar de Surire 131
Morro Las Papas 79
Motu Nui 391, 393
Muelle de la Luz 281
Muelle de las Almas 281
Muelle Prat 180
Muelle Vergara 187
Musée de l'histoire de Puerto Bories 349
Museo Andino 82
Museo Antropológico Martín Gusinde 365
Museo Arqueológico, La Serena 147
Museo Arqueológico San Miguel de Azapa 17, 127
Museo Artequin 67, 188
Museo Batería Róbalo 368
Museo Casa-Escuela Gabriela Mistral 157, 426
Museo Chileno de Arte Precolombino 53
Museo Corbeta Esmeralda 119
Museo de Arqueología e Historia Francisco Fonck 188
Museo de Arte Contemporáneo (MAC) 55
Museo de Arte Contemporáneo (MAC) Quinta Normal 67
Museo de Artes Visuales (MAVI) 55
Museo de Colchagua 196
Museo de Historia Natural Río Seco 339
Museo de la Artesania 197
Museo de la Memoria y los Derechos Humanos 65, 427
Museo del Automóvil 196
Museo del Fin del Mundo 373
Museo del Presidio 372
Museo del Recuerdo 337
Museo del Vino 196
Museo de Sitio Colón 10 125, 424
Museo de Volcanes 247
Museo Ex Ballenera 184
Museo Ferroviario de Santiago 67
Museo Gabriela Mistral 156
Museo Histórico 345
Museo Histórico Casa Gabriel González Videla 145
Museo Interactivo Las Condes 78
Museo Marítimo 372
Museo Nacional de Bellas Artes 55
Museo Nacional de Historia Natural 67
Museo Nacional Ferroviario Pablo Neruda 227
Museo Naval 118
Museo Naval y Marítimo 337
Museo Palacio Vergara 188
Museo Rapa Nu 390
Museo Regional de Atacama 163
Museo Regional de La Araucanía 227
Museo Regional de Magallanes 336
Museo Regional, Iquique 118
Museo Universitario del Grabado 177
musher 236
musique 33, 115, 208
mythe et légendes 155
mythes et légendes 108

N

nandous 109, 319, 342
NAVE 66
Navimag, ferry 347
Neruda, Pablo 58, 176, 180, 185
Nord de la Patagonie 290, **292**
agenda 294
itinéraires 294
transports 292
Route Australe 296
Futaleufú 307
Parque Nacional Laguna San Rafael 311
environs du Parque Nacional Laguna San Rafael 314
Parque Nacional Patagonia 317
environs du Parque Nacional Patagonia 320
carnet d'adresses 323
Norte Chico 138, **140**
agenda 142

itinéraires 142
transports 140
La Serena 144
environs de La Serena 150
Caldera 158
environs de Caldera 161
transports 157
carnet d'adresses 166
Norte Grande 99, **100**
agenda 102
itinéraires 102
transports 100
San Pedro de Atacama 104
environs de San Pedro de Atacama 109
Antofagasta 112
Iquique 116
environs d'Iquique 121
Arica 124
environs d'Arica 128
carnet d'adresses 133
Nueva Costanera 78

O

observation de la faune 341, 361
des baleines 341
des étoiles 30, 107, 153
des oiseaux 160, 373
observatoires astronomiques 111, 153
Olmué 190
Orongo, village cérémoniel d' 17, 39
Orsorno, côte d' 256
hébergements 257
otaries de Juan Fernandez 434
Ovahe 397

P

Palacio Astoreca 118
Palacio Baburizza 177
Palacio de La Moneda 426
Palacio Presidencial de Cerro Castillo 187
Palacio Rioja 188
Palacio Sara Braun 337
palafitos 284
Palena 19, 310
parapente 38, 120
parcs municipaux
Parque Aguas de Ramón 79
Parque Araucano 78
Parque Bicentenario 77
Parque Cultural de Valparaíso 181
Parque de las Esculturas 69
Parque Quinta Normal 67
Parque San Carlos de Apoquindo 79
parcs privés et nationaux
Parque bahía Esperanza 351
Parque de Agua Termal 211
Parque del Estrecho de Magallanes 341
Parque Etnobotánico Omora 368
Parque Las Nalkas 204
Parque Las Turbinas 210
Parque Marino Francisco Coloane 341
Parque Nacional Alberto de Agostini 370, 371
Parque Nacional Bernardo O'Higgins 361
Parque Nacional Bosque Fray Jorge 152
Parque Nacional Cerro Castillo 304
Parque Nacional Chiloé 285, 286
Parque Nacional Conguillío 10, 230
Parque Nacional Conguillío 27
Parque Nacional Glaciares de Santiago 88
Parque Nacional Huerquehue 238
Parque Nacional La Campana 190
Parque Nacional Laguna del Laja 213
Parque Nacional Laguna San Rafael 15, 311
Parque Nacional Las Palmas de Cocalán 200
Parque Nacional Lauca 25, 131
Parque Nacional Llanos de Challe 164
Parque Nacional Los Glaciares 362
Parque Nacional Nevado Tres Cruces 164
Parque Nacional Pali Aike 342
Parque Nacional Pan de Azúcar 163
Parque Nacional Patagonia 13, 16, 28, 317
Parque Nacional Pumalín 300
Parque Nacional Queulat 302, 304
Parque Nacional Radal Siete Tazas 200
Parque Nacional Rapa Nui 395, 425
Parque Nacional Tierra del Fuego 373
Parque Nacional Tolhuaca 229
Parque Nacional Torres del Paine 10, 352, **353**
Parque Nacional Vicente Pérez Rosales 254
Parque Nacional Villarrica 237
Parque Nacional Volcán Isluga 15, 123, 131
Parque Nacional Yendegaia 343
Parque Natural Karukinka 342
Parque Paleontológico Los Dedos 160, 162
Parque Quinta Vergara 188
Parque Tantauco 285, 287
Parque Ukika 365
Parque Nacional Patagonia 317, **317**
sector Cueva de las Manos 319
sector Lago Jeinimeni 319
sector Tamango 319
sector Valle Chacabuco 318
environs du Parque Nacional Patagonia 321
hébergements 318
transports 319,322
Parque Nacional Rapa Nui 395, **395**, 425
hébergements 396
transports 397
Parque Nacional Torres del Paine 10, 352, **353**
hébergements 353, 358
préparer sa venue 353
transports 359, 363
Parinacota 131
Paseo Atkinson 177
Paseo Gálvez 177
Paseo Gervasoni 177
Patagonie argentine 361
Patronato 58
pêche 254, 262
peintures rupestres 131, 151
pélicans 157
Península Zañartu 368
Péninsule de Poike 396
Persa Biobío 62
Petroglifos de Yerbas Buenas 111
pétroglyphes 111, 393, 396
phare de San Isidro 341
Pichilemu
hébergements 199
Piedra de Aguila 310
Pinochet, Augusto 122, 239, 431
pirates 162
pisco 60, 154, 410
plages 149, 184, 187, 243
bahía Cisne 163
bahía Inglesa 160, 162
Cole Cole 287
Humedalas Salinas 163
La Boca 185
playa Brava 120
playa Cavancha 120
playa Chorrillos 162
playa de Guanaqueros 152
playa del Deporte 187
playa El Canelillo 185
playa El Faro 152
playa El Laucho 127
playa El Sol 187
playa Grande 152
playa La Lisera 127
playa Las Machas 127, 160, 162
playa Las Salinas 187
playa La Virgen 160, 162
playa Los Cañones 187
playa Pea 390
playa Poko Poko 390
playa Pucón 235
playa Rinconada 204
playa Socos 152
playa Totoralillo 149, 152
playa Zapallar 192
punta de Teatinos 152
planche à voile 154
Plaza 21 de Mayo, Iquique 118
Plaza Colón, Arica 126
Plaza de Armas, La Serena 145
Plaza de Armas, San Pedro de Atacama 105
Plaza de Armas, Santiago 425
Plaza de la Dignidad, Santiago 59
Plaza del Viento 322
Plaza Gabriela Mistral 60
Plaza Muñoz Gamero, Punta Arenas 335
Plaza Ñuñoa 72
Plaza Prat, Iquique 118
Plaza Vergara, Viña del Mar 188
plongée 39, 192, 391, 418
politique 431
Pomaire 184
Pomairer 19
Portillo 86
Prat, Arturo 119

préhistoire 111, 124
prendre un verre
et faire la fête 35, 119
préparer son voyage 32
Pucón 27, 234, **234**
activités sportives 234
bars 235, 238
environs de Pucón
hébergements 234
restaurants 233, 235, 237
transports 235
Puelo 259
hébergements 261
restaurants 261
Puente Gamboa Mirador
284
Puertecillo 185
Puerto Hambre 341
Puerto Montt 248, **250**
environs de Puerto
Montt 256
excursion en ferry 249
hébergements 249
restaurants 249
transports 255, 262
Puerto Natales 29, 344
bars 347, 351
cafés 347
croisière 347
environs de Puerto
Natales 348
hébergements 345, 350
restaurants 351
shopping 345
transports 347, 351
Puerto Octay 255
Puerto Río Tranquilo 28,
299, 304
Puerto Toro 19, 369
Puerto Varas 26
bars 253
hébergements 252
restaurants 254
road trip 258
Puerto Williams 10, 364
hébergements 365, 366
restaurants 367
shopping 368
transports 369
Pukará de Quitor 106
pumas 319, 359, 361, 362
Puna Pau 394
Punta Arenas 17, 335
bars 334
cafés 334
croisières 339
environs de Punta Arenas
340
hébergements 336
promenade 338
restaurants 335
shopping 339
transports 339, 343
Punta del Monte 16, 304
Putre 25, 130
hébergements 129
restaurants 130
Puyuhuapi 298

Q

quand partir 30
Quebrada de Chulacao
107
Queremos Parque 88

R

rafting 39, 89, 308
randonnée 12, 38, 89, 130,
152, 229, 342, 358, 362,
366, 368, 393, 396
Circuito Cerro Castillo
305
Circuito Paine 356
Miradores Río Futaleufú
y el Cóndor 309
Paine 13
Piedra Santa 229
Sendero Andinista 190
Sendero Cascadas
Escondidas 301
Sendero Cerro Vigia 315
Sendero Chanquín-Cole
Cole 286
Sendero de Chile 200,
305
Sendero de Lagunas
Andinas 247
Sendero de Wilacabrani
131
Sendero El Portezuelo
de Ocoa 190
Sendero Enladrillado
200
Sendero Laguna Cerro
Castillo 304
Sendero Laguna
del Alto 200
Sendero Lagunas Atlas
318
Sendero Las Chilcas 213
Sendero Los Alerces 301
Sendero Los Coigües 213
Sendero Los Peumos 79
Sendero Ranita de
Darwin 301
Sendero Sierra Nevada
231
Sendero Sierra Velluda
213
Sendero Ventisquero
Amarillo 301
W 13, 29, 354
randonnée équestre 309
Rano Kau, cratère du 393
Rano Raraku 396
Reloj de Flores 187, 188
Reñaca 191
réserves nationales
et privées
Reserva Biológica
Huilo-Huilo 246
Reserva Nacional Altos
de Lircay 198, 200
Reserva Nacional
Futaleufú 309
Reserva Nacional Los
Flamencos 16, 110
Reserva Nacional
Malalcahuello-Nalcas
229
Reserva Nacional
Pingüino de Humboldt
157
Reserva Nacional Río
de Los Cipreses 200
Reserva Nacional Río
Simpson 303
Reserva Natural Pingüino
Rey 342
Ritoque 191
rock 208
Route australe 28,
Voir aussi Carretera
austral
hébergements 300, 302
restaurants 303, 304
road trip 298
sécurité 296
transports 306
route du sel 199
Ruinas de Huanchaca 113
Ruta de los Parques 350

S

Salar de Atacama 110
Salar de Pedernales 165
Salto del Gato 163
Salto del Laja 213
Saltos del Espolón 309
San Alfonso 89
sandboard 107, 108, 120
San José de Maipo 89
San Juan Bautista 434
San Juan de la Costa 260
San Pedro de Atacama 19,
24, 104, **105**
environs de San Pedro
de Atacama 109
hébergements 106
transports 108, 111
Santa Cruz 11, 22, 193, **194**
environs de Santa
Cruz 198
restaurants 195
shopping 196
transports 197
Santa Laura 17, 122, 426
santé 408
Santiago 22, 44, **47**
itinéraires 48
transports 47
Centro 14, 50, **51**
Bellavista 56, **57**
Barrio Franklin 61, **61**
Barrio Brasil 63, **64**
Barrio Yungay 63, **64**
Ñuñoa 68, **70**
Providencia 68, **70**
Las Condes 75, **76**
Vitacura 75, **76**
Valle del Maipo 80
Cajón del Maipo et
stations de Ski Andines
83, **84**
bars 55, 60
hébergements 55, 73,
74, 79
promenade 54
restaurants 59, 67, 74, 79
shopping 58
carnet d'adresses 90
sécurité 408
séisme 204
Shackleton, Ernest 367
Sierra Teta 309
sites archéologiques
108, 351, 395
ski 38, 83, 210, 232, 238
Sky Costanera 72
Voir aussi Gran Torre
Santiago
snowboard 38
Socaire 110
société 428
stand up paddle 205
street art 14, 177
Sud de la Patagonie
et Terre de Feu 329, **330**
agenda 332
itinéraires 332
transports 330
Punta Arenas 334
environs de Punta Arenas
340
Puerto Natales 344
environs de Puerto
Natales 348
Puerto Williams 364
environs de Puerto
Williams 370
Parque Nacional Torres
del Paine 352

Référence
des cartes **000**

environs du Parque Nacional Torres del Paine 360
carnet d'adresses 375
Sur Chico 220, **222**
agenda 224
itinéraires 224
transports 222
Temuco 226
environs de Temuco 228
Pucón 233
environs de Pucón 236
Valdivia 241
environs de Valdivia 245
Lago Llanquihue 248
environs du Lago Llanquihue 256
Puerto Montt 248
environs de Puerto Montt 256
carnet d'adresses 263
surf 39, 120, 149, 192, 203, 204, 276
El Buey 127
El Gringo 127
La Puntilla 199
Pullay 205
Punta de Lobos 9, 199

T

Teatro Municipal de Santiago 52
Teatro Municipal, Iquique 118
Temuco 226, **226**
bars 227
environs de Temuco 228
activités sportives 232
hébergements 229
road trip 230
marchés 227
restaurants 227
transports 227
Termas de Chillán 9, 209, **209**
promenade 211
restaurants 210
transports 211
Termas del Sol 259, 261
Termas de Polloquere 132
Termas de Porcelana 300
Termas Valle de Colina 87
Terre de Feu
transports 374
Terre de Feu argentine
transports 373
Territorio Mapu Lahual 257
Tompkins, Douglas 318
Tongoy 148, 152
Torre Reloj 118
Torres del Paine 29
Tortel
hébergements 316
restaurants 315
tourisme 89, 359
trek
Circuito los Cóndores 200
tremblement de terre 204
Tren del Fin del Mundo 374
Tunquén 184
tursiops 157

U

Última Esperanza 348
Unesco 176, 280, 311, 353, 395
Ushuaia
bars 372
hébergements 371, 372
restaurants 372

V

Valdivia 26, 241, **241**
bars 246
environs de Valdivia 245
hébergements 243
Isla Teja 244
promenade 242
restaurants 243, 246
transports 244
Valle de Aguas Calientes 211
Valle de Azapa 129
Valle de Catarpe 107
Valle de Colchagua 11
Valle de la Luna 10, 106
Valle de la Muerte 108
Valle del Arcoiris 111
Valle del Elqui 150
hébergements 151
restaurants 152
Valle del Encanto 151
Valle del Itata 11, 207, 426
hébergements 207
Valle de Lluta 131
Valle del Maipo 11, 80
Valle del Maule 193
Vallée de Casablanca 11, 23, 183
transports 185
vallée du Río Cochamó 261
Valle Francés 354
Valle Nevado 85
Valparaíso 14, 23, 176, **178**
Barrio Italia 14
Cerro Bellavista 180
Cerro Florida 180
El Plan 177
bars 181
hébergements 180
restaurants 177
transports 181
vélo 39, 107, 120, 154, 160, 232
Ventisquero Colgante 302
Ventisquero Montt 316
Ventisquero Steffen 316
vignobles 182, 193, 196, 207
vigognes 109
Villablanca 123
Villa Cerro Castillo 298
Villa O'Higgins 299
Villa Ukika 365, 424
villes fantômes 113, 122
vin 11, 22, 80, 182, 193, 195, 207
Viña del Mar 186, **186**
environs de Viña del Mar 189
restaurants 187
transports 188, 192
volcans
Cráter Navidad 229
Ojos del Salado 165
Volcán Antuco 213
Volcán Calbuco 253
Volcán Chaitén 301
Volcán Chillán 210
Volcán Descabezado 200
Volcán Licancabur 104
Volcán Llaima 230
Volcán Nevado 211
Volcán Osorno 253
Volcán Parinacota 131
Volcán Renegado 211
Volcán Tolhuaca 229
Volcán Villarrica 221, 233, 237
Volcán Villarrica 9
VTT 39, 210, 238

Y

Yagán 365
Yelcho 366

Z

Zapallar 191
hébergements 191

NOTES

L'Ahu Tongariki (p. 396),la plus grande plateforme cérémonielle jamais construite, compte 15 moais présentant des caractéristiques polynésiennes spécifiques.

[Dans le Parque Nacional Lauca], les points de vue sur le cône enneigé du volcan Parinacota (p. 131) sont multiples. Suivez le sentier sur les rives du scintillant Lago Chungará, où vous pourrez pique-niquer dans un endroit idyllique.

À GAUCHE : FOCUS FUSION/SHUTTERSTOCK ©, À DROITE : PRZEMYSLAW SKIBINSKI/SHUTTERSTOCK ©

À PROPOS DE CET OUVRAGE

Traduction
Frédérique Hélion-Guerrini, Servane Heudiard, Sophie Lecoq, Jeanne Robert et Antoine Thibault.

Direction éditoriale
Dominique Bovet

Responsable prépresse
Jean-Noël Doan

Coordination éditoriale et adaptation française
Camille Marie

Maquette
Caroline Donadieu

Cartographie Cartes adaptées en français par Nicolas Chauveau

Couverture adaptatée en français par Laure Wilmot et Laurent Briard

Remerciements à
Pierrine Mallette, Agnès Poujol et Jean-Victor Rebuffet pour leur contribution au texte et leurs remarques avisées, à Christiane Mouttet pour sa relecture et à Vahagn Terzian et Olympe Richez pour la préparation du manuscrit et les carnets d'adresses. Un grand merci à Stéphanie Rian pour son aide et à Dominique Bovet pour son regard attentif, et à toute l'équipe du bureau de Paris. Merci enfin à Luan Angel, Kim Else et Nigel Longuet à Londres et à Jean-Pierre Masclef à Melbourne.

Chili et île de Pâques

6e édition
Traduit et adapté de l'ouvrage *Chile & Rapa Nui (Easter Island),12th edition, september 2023*
© Lonely Planet Global Limited 2023
© Lonely Planet et Édi8 2023
92 avenue de France - 75013 Paris

Dépôt légal Novembre 2023
ISBN 978-2-38492-363-2
Photographes © comme indiqué 2023
Imprimé par ESTIMPRIM, Autechaux, France

#lisez engagé !
www.lisez.com
Imprimé sur du papier issu de forêts gérées durablement.
Plus d'information ci-dessus

En Voyage Éditions | un département édi8